科学出版社“十三五”普通高等教育本科规划教材

粮油食品微生物学

主　编　蔡静平
副主编　胡元森

科 学 出 版 社
北 京

内 容 简 介

本书主要包括9章和3个附录。第1～4章主要介绍微生物学的基础知识，重点介绍了粮油食品相关微生物的形态和分类、微生物的营养与培养、微生物的代谢与生长。第5～9章主要介绍与粮油食品相关微生物的专业知识及应用技术，内容包括微生物与粮油食品变质，微生物与食品安全，粮油食品的微生物危害防控，微生物与食品工业，食品微生物检测技术等。附录是粮油食品微生物研究和应用中常用的方法、相关的国家标准及培养基配方。

本书兼具基础性和专业性，可作为农林、轻工、食品等相关高等院校食品科学与工程、粮食工程、食品质量与安全、农产品储藏加工及生物工程等专业本科生和研究生的教材，也可作为粮油储运、粮油加工、食品科学、食品安全等行业科技工作者及从业人员的参考书。

图书在版编目（CIP）数据

粮油食品微生物学 / 蔡静平主编. —北京：科学出版社，2018.6

科学出版社“十三五”普通高等教育本科规划教材

ISBN 978-7-03-057510-4

Ⅰ. ①粮… Ⅱ. ①蔡… Ⅲ. ①粮食–食品微生物–微生物学–高等学校–教材 ②食用油–食品微生物–微生物学–高等学校–教材 Ⅳ. ①TS201.3

中国版本图书馆CIP数据核字（2018）第110152号

责任编辑：刘 畅 / 责任校对：王晓茜 严 娜

责任印制：吴兆东 / 封面设计：迷底书装

科学出版社 出版

北京东黄城根北街16号

邮政编码：100717

http://www.sciencep.com

北京凌奇印刷有限责任公司印刷

科学出版社发行 各地新华书店经销

*

2018年6月第 一 版 开本：787×1092 1/16

2024年11月第六次印刷 印张：27 1/4

字数：640 000

定价：88.00元

（如有印装质量问题，我社负责调换）

《粮油食品微生物学》编写委员会

主　编　蔡静平
副主编　胡元森
编　者（以编写章节为序）
　　　　蔡静平　胡元森　屈建航
　　　　张帅兵　翟焕趁　李海峰
　　　　黄　亮　陈　亮　张　莉
　　　　吕扬勇　刘　娜

前　言

本书主要阐述粮食、油料及其制品在储藏、运输、加工等环节中与微生物相关的问题，其内容是一门与诸多专业有密切联系的交叉学科。粮油及相关食品数量规模巨大、价格相对低廉，在控制微生物危害或利用微生物进行转化等环节的技术应用方面受制约的因素较多；更重要的是，粮油食品是人们摄入量最大的营养物，如果微生物的活动在粮油及其产品中产生有毒物质，其影响面将非常巨大。因此，粮油及其制品的微生物学问题应该引起人们的高度关注。

本书包含了普通微生物学的基础知识、粮油食品微生物学的专业知识及粮油食品微生物学实验技术等内容，可作为农林、轻工、食品等相关高等院校食品科学与工程、粮食工程、食品质量与安全、农产品储藏加工及生物工程等专业本科生和研究生的教材，也可作为粮油储运、粮油加工、食品科学、食品安全等行业科技工作者及从业人员的参考书。

本书是在《粮油食品微生物学》（2002 年版）的基础上，通过增、删或修改部分内容编写而成。由蔡静平任主编，胡元森任副主编。编写人员具体编写分工为：第一章由蔡静平编写，第二章由胡元森、屈建航编写，第三章由张帅兵、翟焕趁编写，第四章由李海峰、黄亮编写，第五章由陈亮、张莉、吕扬勇编写，第六章由翟焕趁、张帅兵编写，第七章由吕扬勇、陈亮、刘娜编写，第八章由屈建航、胡元森、吕扬勇、张莉编写，第九章由黄亮、李海峰、张莉、翟焕趁编写。由蔡静平对全书进行了统稿和调整。

由于编者水平所限，书中难免会有不足之处，恳请读者在使用过程中给我们提出宝贵意见。

编　者

2018 年 1 月

目　录

第一章 绪　论

粮油食品是人类赖以生存的必需生活资料，其量值规模远高于其他商品。粮油食品在其生产、运输、加工、储藏、销售等环节均可与微生物的存在及其生命活动产生密切的联系，研究粮油食品中的微生物特性是食品科学和微生物学研究的重要内容。在微生物学研究领域，粮油食品微生物学只是众多微生物学分支学科之一，但对粮油食品中微生物的认知探索和应用实践具有悠久的历史。谷物酿酒、食品防腐均是人类发展史中迈进科学研究大门的重要里程碑，人们对微生物这类微小生物的认识和主动利用正是从原始的粮油食品储藏、农产品加工生产开始的，并在解决生产问题的过程中建立和发展了微生物学。在现代社会，涉及粮油食品中微生物相关的问题仍是微生物学研究的核心问题。

第一节　微生物的基本特性

自然界的生物类群中除了肉眼可以观察到的动物、植物等生物以外，还有一类个体不能或不易被肉眼直接观察到的生物，我们将这一类个体微小、结构简单的低等生物称为微生物。根据这一特点，微生物应该包括病毒、细菌、放线菌、蓝细菌、立克次氏体、支原体、衣原体、酵母菌、霉菌及一些原生动物等生物类群。

一、微生物的特点

微生物作为自然界独特的生物类群，与其他宏观生物有鲜明的区别，主要表现为具有个体微小、种类多、分布广、繁殖快、易变异等特点。

个体微小是微生物的主要表观特征。通常我们用“微米”作为度量微生物个体大小的单位，个体更小的病毒则以“纳米”为度量单位。为了观察微生物个体的形态，需要借助光学显微镜或电子显微镜进行放大。当微生物在某一物体、溶液表面（或内部）聚集生长时，大量微生物的堆积可以形成较大的聚集体，这时肉眼即可观察到微生物的存在。

微生物的种类多。微生物虽然个体微小、结构简单，但它们也像大型生物一样有众多的类群，如常见的真菌，仅目前已经定名的就有 10 多万种，每年世界上都不断有许多新种被发现；再如常见的细菌，虽然按目前常用的分类方法只有 1000 多种，但随着研究的深入，人们发现同一种细菌的生物学特性有较大差异，应用免疫学或其他现代生物学方法可将它们继续细分为许多不同的型。

微生物在自然界中的分布极为广泛。在人类可以生存的环境中，无处不存在着大量的微生物，它们的个体密度远远超过任何其他生物。例如，一般城市街道每立方米的空气中约含 5000 个微生物，普通宿舍的空气中每立方米约含 20 000 个微生物，土壤中微生物存在的密度更高，每克肥沃土壤中可含数亿个甚至更多的微生物。在人类及其他高等生物难以生活的环境中，如在缺氧、高温、低温、酸碱性环境及有毒物质存在等条件下，有些微生物仍然可以正常生活。

微生物的繁殖速度比其他生物更快。在牛乳组成的基质中如果提供最适的培养条件，普通的大肠杆菌菌体繁殖一代仅需12.5min，以此速度计算，在理想条件下一个大肠杆菌细胞一昼夜就能繁殖115代，数量可增殖到4.15×10^{34}个，干菌体重量可达约1×10^{16}t（通常每克干的细菌菌体约4.5×10^{12}个）。当然这种惊人的增殖速度在现实中是无法实现的。但微生物这种强大的繁殖能力为我们利用微生物和进行科学研究提供了有利条件。例如，我们可以以石油为原料，通过微生物发酵，生产蛋白质。要获得同等数量的蛋白质，利用微生物合成蛋白质的速度比栽种植物快500倍，比饲养动物快2000倍。通过计算可知，4500t酵母所含蛋白质相当于10 000头牛，前者可在一个发酵企业中一天完成生产，而肉牛的繁殖和饲养则需要漫长的时间。在遗传学的研究上，选用微生物作为试验材料，可大大缩短研究周期。但是，微生物繁殖速度快这一特性给动植物疫病的防治，食品的防腐、保鲜等带来了巨大的困难。

微生物易受各种因素的影响，引起遗传性发生变异。据统计，细菌自发突变的频率为10^{-8}左右。人为地利用各种物理、化学诱变因子处理微生物，可以促进微生物发生变异，提高变异率。微生物容易变异的特性既为人们选育优良菌种提供了方便，也给优良菌种的保藏带来了困难。另外，在疾病的预防和控制等方面，常因微生物的易变异特性而导致药物或疫苗失效。

微生物具有强大的分解能力和细胞物质合成能力，可以在简单的营养基质中生长，除了少数特殊类型的微生物外，大多数微生物很容易在人为提供的环境中进行人工培养。因此，我们可以利用微生物的这一特性来生产人们所需的物质。

二、微生物在自然界中的作用

虽然微生物个体小到肉眼难以分辨的程度，但它们在自然界中扮演的角色却是举足轻重的。微生物在自然界中所起的最重要的作用在于其分解功能，它们分解生物圈内存在的动物、植物和微生物残体等复杂有机物质，并最终将其转化成最简单的无机物，供植物等其他生物利用。

微生物参与所有物质的循环，大部分元素及其化合物都受到微生物的作用。例如，作为生命有机体最大组分的碳元素循环，主要依靠微生物来完成从有机碳到CO_2的转变过程。在缺氧条件下，微生物是唯一的有机物分解者；腐殖质、蜡和许多人造含碳化合物只有微生物才能分解。因此，没有微生物这一生物类群的分解转化作用，自然界的物质循环将不能进行，其他生物也将不可能存在。

微生物也是自然界生态系统中化合物的初级生产者。有些微生物可像植物一样，在自然界直接以太阳能作为能源，从简单的无机物合成有机化合物；也有些微生物以无机物氧化产生的化学能作为能量来源，以无机物为原料合成有机化合物。微生物的这一特性使人类有可能摆脱土地资源的束缚，实现可持续发展。

三、微生物对人类生活的影响

微生物与人类的日常生活、工农业生产等有密切的关系，因而对人类的生活有极其重要的影响。它们既可造福于人类，也可给人类生活的各个方面带来灾难，造成经济损失。

微生物对人类生活的有益影响在食品方面尤为突出。例如，人们日常生活中需要的味精、酱油、醋等调味品均经微生物转化生产而成；白酒、啤酒、葡萄酒等酒类及有些饮料是微生物发酵的产物；面团经微生物生长产气，制成了松软可口的馒头或面包。

在工业方面，利用微生物发酵可生产各种有机酸、维生素、酶制剂等重要的食品添加剂，生产各类抗生素及多种工业有机合成所需的原料；近年来，利用微生物生产活性多糖、功能性低聚糖等被广泛关注，这些产品对改善人类生活质量，提高人们的健康水平等有非常重要的作用。

在农业方面，利用微生物的固氮作用可产生农作物生长所需的氮化合物，利用微生物产生的生物农药可防治农业害虫，避免了生产、使用化肥、农药造成的环境污染，是农业可持续发展的重要保证。

当然，微生物对人类社会的危害性也是显而易见的，并且人们对微生物造成的危害作用可能感受得更深刻、更直接一些。微生物的感染可使人体及其他动、植物罹患各种疾病；微生物在食品、工业产品等上面的生长将导致产品品质的劣变，甚至使它们失去使用价值，从而给人类的生命财产造成巨大的损失。但随着科学的发展，随着人们对微生物这一微小生物认识的深入，微生物的有益作用将不断被拓展，其对人类的危害作用将会受到更大程度的控制。

第二节 微生物学科的发展

一、微生物的利用与微生物的发现

由于微生物个体太小，需要有特定的工具和技巧才能观察到，因此自然界中最古老的这一类生物类群迟迟未被人们所认识。但人类利用微生物可追溯到远古时期。根据我国与美国科学家合作研究发表在著名刊物《美国国家科学院学报》（*Proceedings of the National Academy of Sciences of the United States of America*，*PNAS*）上的考古研究论文介绍（Mcgovern et al., 2004），在我国的河南省舞阳县北舞渡镇贾湖村发现了公元前 7000 多年，即距今 9000 多年的新石器时代早期酿酒的证据，推测当时已经可利用稻米、蜂蜜、山楂酿制含酒精的饮品。到了商代（公元前 17 世纪到公元前 11 世纪），酿酒技术已有极大的发展，并逐渐从农业中分化出来成为独立的手工业，出现了一些酿酒工场。

根据有关的史料和研究推测，解决食品防腐的问题伴随着人类原始生产的形成就已经开始。因为不管是原始的狩猎、采集，还是原始的农业种植生产、动物驯养，都存在机会性和时效性，人类为了自身的生存需求，必须对食品进行必要的储存。食品防腐是食品储存的关键，古人在没有意识到微生物存在的情况下就已经根据生产和生活中观察、积累的经验，利用干燥、腌制及自然发酵等方法抑制食品腐败的发生。解决食品防腐问题仍然是现代食品微生物学研究的中心内容，因此可以说食品微生物学研究的相关内容是人类应用微生物最古老的技术之一。

真正看见并描述微生物的先驱者是荷兰人安东·列文虎克（Antony van Leeuwenhoek, 1632～1723）。列文虎克具有熟练的透镜磨制技术，他利用磨制的透镜制作了非常简易的显微镜（图 1-1，图 1-2），并喜欢用其来观察自然界中的各种物质，终于以他高超的观察技术在 1680 年前后发现了自然界中存在的细菌、酵母菌、原生动物等微小生物。虽然有人认为列文虎克并非第一个见到微生物的人，但肯定是他首次以文字的形式描述了微生物，并在正式的学术刊物上发表了他的观察结果。因此，在学科发展史上将打开微生物世界大门的功劳记在列文虎克身上。

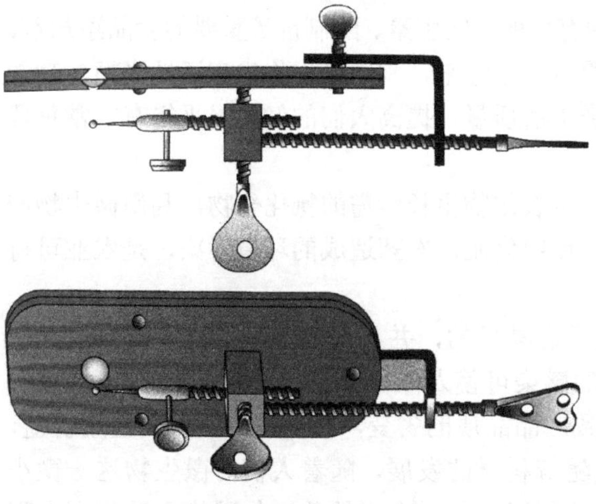

图 1-1　原始的简易显微镜
（引自：Atlas，1995）

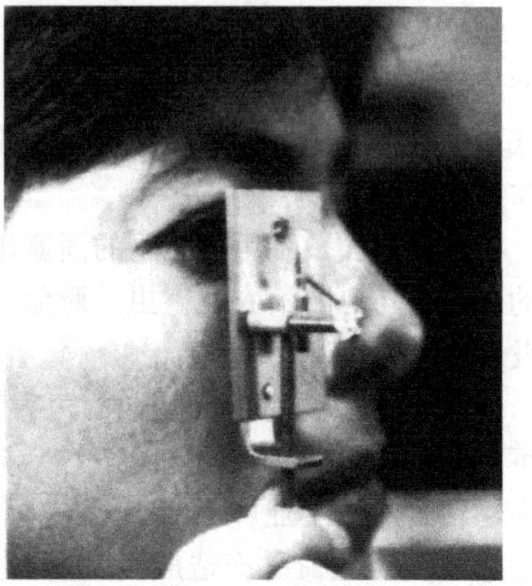

图 1-2　简易显微镜的实物大小
（引自：Talaro，1996）

二、微生物学及食品微生物学的建立

在列文虎克发现微生物后 200 年的漫长时期中，人们对微生物的认识几乎没有什么实质性的进展，其原因主要是研究微生物的工具，如显微镜等设备的制造技术没有实质性的突破；以及社会生产力水平的低下，对微生物学及相关科学没有紧迫的需求。直到 19 世纪中期，为了解决当时工农业生产发展中出现的葡萄酒发酵酸败、人畜传染病等与微生物相关的问题，以法国的巴斯德（Louis Pasteur，1822～1895）和德国的柯赫（Robert Koch，1843～1910）为代表的科学家才开始对微生物的特性、生理进行研究。

巴斯德对微生物学的建立和发展的主要贡献在于：他以无可辩驳的事实否定了微生物“自然发生说”的论点；证实了葡萄酒发酵是酵母菌的作用，发酵酸败是由发酵过程中感染的其他杂菌，如产酸细菌等微生物引起的；认识到微生物可引起动物疾病等。柯赫则主要从事病原微生物的研究，他发现并证实了动物炭疽病、肺结核病的病原菌，提出了证明某种微生物是否为某种疾病的病原体的基本原则，并在他的研究过程中建立了分离、培养、接种微生物等一系列研究微生物的技术。

巴斯德、柯赫等科学家在微生物研究领域的不懈努力和杰出贡献，使人们对微生物有了真正意义上的认识。他们在解决社会生产发展中有关微生物的实际问题时形成的科学思想和研究方法奠定了微生物学发展的基础，同时也使微生物学研究走上科学的轨道，使微生物学逐渐发展成为自然科学中的一个学科门类。

食品微生物学的形成和发展与微生物学是密不可分的。由于人类在没有认识到微生物存在的远古时代就已经开始探索防止食品腐败变质的问题，当微生物被发现，食品腐败变质的本质被认知后，对这一方面的研究就有了质的飞跃，食品微生物学作为一门专门研究解决食品相关微生物问题的学科的建立就顺理成章了。

三、近代微生物学的发展

从 19 世纪末，特别是 20 世纪以来，由于工农业生产发展的需要和为了研究、解决许多生物学理论及技术问题，微生物成为重要的研究对象和研究材料，微生物学进入了高速发展时期，并且随着研究的深入，衍生出众多的微生物分支学科，如细菌学、真菌学、病毒学、微生物生理学、微生物遗传学、微生物生态学、工业微生物学、农业微生物学、医学微生物学、食品微生物学等。

近代微生物学的发展是与微生物研究工具、条件的改变及其他学科的研究发展分不开的。显微镜制造技术的不断改进使人们更容易地观察到各类微生物的形态，特别是电子显微镜（图 1-3）的出现，不仅使人们观察到更小的生物——病毒的存在，还使人们对微生物的研究深入亚细胞水平。另外，微生物作为一种简单而又具有完整生命特征的微小生物为其他生物学科，尤其是遗传学、分子生物学的研究提供了理想的研究材料，加速了这些学科的发展；现代生物科学的许多重大研究成果，如遗传物质的本质、生物遗传密码的破译、生物基因理论的建立等都是以微生物为材料研究得出的。反过来，其他生物学科研究的进展和突破也不断推动微生物学的发展，使人们对微生物的认识进一步从细胞水平深入分子水平。

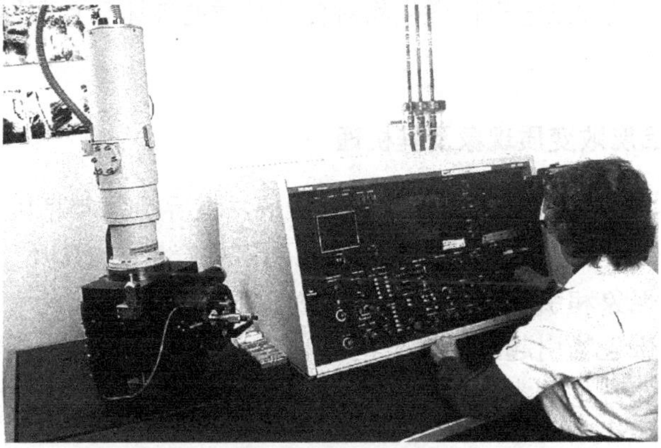

图 1-3　一种扫描式电子显微镜（引自：Atlas，1995）

第三节　粮油食品微生物学的特点

粮油食品微生物学是一门综合性的应用科学。虽然粮油食品微生物学有自身的特色，但它与微生物学的其他分支学科是互相渗透的。例如，粮油食品微生物学离不开普通微生物学这一基础；粮油食品的原料来源于农业，因而粮油食品微生物学的研究必然包含部分农业微生物学的内容；食品的加工属于工业范畴，所以它与工业微生物学有密切的联系；食品中包含一些可引起人类疾病的微生物类群及有毒的微生物代谢产物，其疾病传播方式、致病机理、预防措施等也是医学微生物学需要研究的内容。

粮油食品微生物学的研究对象包括与粮油及食品生产、储藏、流通、消费等环节相关的各类微生物，其中主要为细菌、放线菌、酵母菌、霉菌四大类微生物中的某些类群；病毒中的噬菌体在食品发酵生产中有很大的危害性，因而也是食品微生物学研究的范畴。随着现代食品科学的发展，食品研究的范畴不断被拓宽，食品微生物学研究的微生物类群也不断增多。例如，近年来人们发现疯牛病不仅对英国及其他国家的牛饲养业造成灾难性的危害，还可通过食品传播使人患病，从而引起世界各国对疯牛病的病原因子——朊病毒的高度关注；为了开发人类可持续发展的食品及营养物质资源，人们研究营养要求简单，蛋白质含量高或具有特殊营养价值的微生物细胞作为营养食品添加剂，一些能进行光合作用、利用二氧化碳合成细胞物质的藻类也逐渐成为食品微生物学研究的对象。

利用食品微生物学以研究防止粮油食品腐败变质及微生物相关的食品安全问题为主要特色，其研究内容主要包括以下几个方面。

一、食品相关微生物的基础

食品在生产、加工、储存、运输、销售等各个环节中会涉及各种类型的微生物，它们在食品中存在的数量、类群、与食品品质及人类健康的关系和这些微生物本身的生理特性、遗传特性等因素有关，因此食品微生物学要对这些相关的微生物类群进行重点分析，研究它们的形态特征、生理特征、生态学、遗传学特征。

研究食品相关微生物的形态特征有助于人们识别它们，检验它们在食品中的存在状态和数量；微生物的生理特征、生态学、遗传学特征也是检测许多微生物类群的基础。同时，通过深入研究微生物的这些性质，对促进生产上应用的微生物按照人们的愿望进行生长、代谢，合成人类所需物质，以及抑制危害性微生物对食品品质的破坏和食源性微生物疾病的传播等都有重要的意义。

二、微生物引起的食品腐败变质现象及其机理

食品的腐败变质将使食品丧失应有的食用价值，世界上每年都因食品的腐败变质而产生大量的经济损失，仅粮食的霉变损失平均就达到年总产量的2%以上。由于食品的种类繁多，各种食品的变质现象和引起食品变质的机理也均有差别，因此食品微生物学要根据各类食品的特点，研究微生物引起食品变质的各种现象及其与食品内在特性，食品生产、储存条件，食品中存在的微生物类群特点等诸方面本质的联系，从而揭示和阐明食品腐败变质的机理。

三、微生物相关的食品安全问题

微生物在食品中生长繁殖不仅会引起食品的腐败变质，还可经食品传播疾病，危害人体的健康，如与食品相关的细菌性食物中毒、食源性传染病、真菌毒素中毒症等。食品微生物学要研究引起食源性疾病的微生物的特性，生长、产毒的条件，致病的机理及预防措施。

对于食品安全问题，过去的研究主要注重个体的防范，即从某一食品制作单位及消费者的角度进行预防。随着社会经济的发展、食品科学水平的提高及有关食品安全法律、法规的建立和健全，越来越多的国家要求各种食品从初级生产开始直到消费者食用的各个环节均设立关键控制点，防范可能出现影响食品安全的因素。因此，食品安全性问题也已经成为食品微生物学研究的重要内容之一。

四、防止食品腐败变质的方法

防止食品腐败变质是人类自有食品生产历史以来一直追求的目标。由于微生物种类的多样性及食品类型、特性的丰富多彩，至今仍无普遍适用的食品防腐方法。许多可以抑制微生物生长的措施可能因为其毒性的问题不能在食品中应用，有些可能因为对食品的风味、特色有影响而导致应用范围受到限制，也有一些方法可能因为处理成本过高而不能被采用。食品微生物学将对各种有可能在食品中应用的防腐方法的特点、应用范围、影响因素等进行探讨，解决食品生产、储藏、流通等环节中的食品防腐保鲜问题。

五、粮油食品微生物的检验和监测技术

对粮油食品中存在的微生物类群和数量的演变进行检验和监测是食品防腐保鲜的关键环节，也是确保食品安全性的重要手段。许多食品防腐方法往往对某一类微生物类群有效，或当食品中这类微生物处于某种生理状态、数量范围内才有效；通过食品微生物检验，掌握准确的信息是最大限度发挥防腐措施的效能，降低对食品品质的影响及创造最高食品生产经济效益的保证。同样，要保证食品的安全性，避免食品污染致病性微生物及可以潜在产生有毒物质的微生物是最有效的方法，这些目标的实现也有赖于准确地应用微生物检验技术。

因此，微生物检验技术是食品微生物学的基础和重要组成部分，除了要研究传统的食品带菌量检测方法外，还要根据微生物的形态、生理生化特性、免疫学特性、遗传学特性等探讨其直接或潜在的致病性及对食品品质的危害性；同时，检验技术的突破在很大程度上也促进了食品微生物学的发展。近年来，随着现代生物学、免疫学、酶学、电化学及电子技术的发展，为食品微生物检验技术的进步创造了非常有利的条件，使检验技术朝着更准确、更快捷、更易操作的方向发展。

六、微生物在食品工业中的应用

微生物对粮油食品的影响虽有危害的一面，但更多的是与食品之间有益的联系。微生物细胞本身是良好的蛋白质资源；微生物是食品发酵生产的主角；微生物分解与合成代谢可生产各种人们生活所需的食品及食品添加剂；微生物的酶制剂是现代食品生产不可或缺的材料。由于微生物在食品工业中的应用大都有复杂的或独特的工艺，每一类通常都有专门的论著，因此，在粮油食品微生物学中一般对此不进行详细的探讨，而是以提纲或综述的方式论述微生物在食品工业中的诸多应用。

第二章　微生物的形态和分类

微生物种类繁多，根据进化水平不同和结构、性状上的明显差异，可将微生物分为原核微生物（prokaryotic microorganism）、真核微生物（eukaryotic microorganism）和非细胞微生物（acellular microorganism）三大类群。

原核微生物是指一大类细胞核无核膜包裹，只有核区部分裸露DNA的原始单细胞生物，包括真细菌（eubacteria）和古生菌（archaea）。真细菌细胞壁含有肽聚糖（无细胞壁的支原体除外），而古生菌细胞壁不含有肽聚糖，由假肽聚糖或杂多糖、糖蛋白等构成。通常根据外表和生理特征判断，细菌、放线菌、蓝细菌、支原体、立克次氏体和衣原体等属于真细菌，而产甲烷菌、热球菌、盐杆菌等属于古生菌。

真核微生物有真正的细胞核，细胞核被核膜包裹，能进行有丝分裂，细胞质中有线粒体或同时存在叶绿体等细胞器。真核微生物主要类群包括真菌（含酵母菌、霉菌、蕈菌）、单细胞（显微）藻类和原生动物等。与原核生物相比，真核微生物进化水平更高，其形态更大、结构更复杂、细胞器功能更专一，可更完善地执行生物的遗传功能。

非细胞微生物通常指病毒，是一类仅有蛋白质与/或核酸构成、专性寄生、不具有细胞结构的一类微小病原体。现代病毒学家把这类非细胞生物分为真病毒（euvirus，简称病毒）和亚病毒（subvirus）两大类。

- 微生物
  - 原核微生物
    - 真细菌：细菌、放线菌、蓝细菌、支原体、立克次氏体、衣原体
    - 古生菌：产甲烷菌、热球菌、盐杆菌等
  - 真核微生物
    - 显微藻类
    - 原生动物
    - 真菌
      - 单细胞真菌——酵母菌
      - 丝状真菌——霉菌
      - 大型子实体真菌——蕈菌
  - 非细胞微生物
    - 真病毒
    - 亚病毒

第一节　细　　菌

细菌（bacteria）是一类单细胞、非丝状的原核生物。细菌的细胞壁坚韧，多以二分分裂

方式繁殖。一个细菌细胞是一个完整的生命体，可单独实现自身的营养、代谢、繁殖等生命活动全过程。

细菌种类多、分布广、数量庞大，绝大部分都是异养型，与人类的生产、生活密切相关。部分有害细菌常引起人和动物传染性疾病、农作物病害、食品腐败变质、污染发酵工业等，给人们带来病痛和巨大的财产损失；但同时越来越多的有益菌被利用于工、农、医、药和环保等生产实践中，如食品工业中酒类、调味品、氨基酸、酶制剂等产品的发酵生产，让人类生活更加便利、丰富多彩。认识和了解细菌形态、构造与功能，能更好地利用有益细菌和控制有害细菌。

一、细菌的形态与大小

（一）细菌的形态

细菌是单细胞微生物，按其个体形态，可分为球状、杆状、螺旋状三大类型，具有这三种形态的细菌分别称为球菌、杆菌和螺旋菌（图 2-1）。在自然界存在的细菌中，杆菌最为常见，球菌次之，而螺旋菌最少。食品领域中常见和常用的是球菌和杆菌，尤其是杆菌最为重要，螺旋菌通常是病原菌。

图 2-1　细菌的基本形态

A. 球菌；B. 杆菌；C. 螺旋菌

1. 球菌（coccus）

球菌的菌体呈圆球形或近圆球形。各种球菌细胞在繁殖过程中的分裂方式不同，分裂后子细胞的排列方式有其种族的特点。在细菌形态学研究中通常根据球菌细胞分裂方向及分裂后子代细胞的空间排列形式，把球菌分为不同的类群。

（1）单球菌　细胞分裂后产生的子代细胞相互分开，以单一个体独立存在的球菌称为单球菌，如尿素微球菌（*Micrococcus ureae*）。

（2）双球菌　细胞分裂后产生的子代细胞成对排列在一起，称为双球菌。肺炎双球菌（*Diplococcus pneumoniae*）是一种典型的双球菌，它是许多动物的致病菌，可以引起人和某些动物的呼吸道炎症。

（3）链球菌　细胞分裂后产生的子代细胞相互连接，排列成链状，称为链球菌。典型的链球菌如乳酸链球菌（*Streptococcus lactis*，在新的分类系统中为 *Lactococus lactis*，中文名为乳酸乳球菌），该类细菌可发酵乳糖等单糖产生乳酸，是酸乳、酸菜发酵的常用菌种。

（4）四联球菌　细胞沿两个相垂直的平面进行分裂，产生的子代细胞 4 个排列在一起，呈“田”字形，如四联微球菌（*Micrococcus tetragenus*）。

（5）八叠球菌　细胞沿三个相垂直的平面进行分裂，产生的8个子代细胞排列在一起，呈正方体，如乳酪八叠球菌（*Sarcina casei*）。

（6）葡萄球菌　细胞可向各个方向分裂，产生的子代细胞聚集成团，呈葡萄串状，称为葡萄球菌，如常引起皮肤炎症的病原菌——金黄色葡萄球菌（*Staphylococcus aureus*）等。

球菌分裂后细胞的排列方式是由细胞分裂方向决定的，细胞向一个方向分裂形成单球菌、双球菌和链球菌；向两个方向分裂可产生四联球菌；向三个方向分裂可产生八叠球菌；向多个方向分裂形成的是葡萄球菌。球菌细胞的排列方式对种族而言并不非常严格，有许多球菌可同时存在多种排列方式，但通常是某种特征性的排列方式占优势。

2. 杆菌（bacillus）

杆菌是细菌中种类最多的类型，常见的有短杆状、长杆状、棒状、梭状、纺锤状等。杆菌的两端常呈不同形状，如半圆形、钝圆形、平截形和略尖形。同种杆菌的粗细较为稳定，但长度经常随培养时间及培养条件的改变呈现较大变化。多数杆菌分裂后产生的子代细胞分散存在，为单杆菌；有的杆菌分裂后，新细胞连接排列呈现链状、八字状、栅栏状等。

3. 螺旋菌（spirilla）

细胞呈螺旋状，螺旋不满一圈者，称为弧菌（vibrio），如霍乱弧菌（*Vibrio cholerae*）；螺旋满2～6环者，称为螺菌（spirillum），如干酪螺菌（*Spirillum tyrogenum*）；若螺旋在6环以上，称为螺旋体菌（spirochaeta），如梅毒螺旋体（*Treponema pallidum*）。与前两种相比，螺旋体菌的菌体更加细长和柔软。

除上述三种基本形态外，还有少数细菌形态较为特殊。例如，柄杆菌属（*Caulobacter*），杆状或梭状细胞末端有一细柄；球衣菌属（*Sphaerotilus*），能形成衣鞘，细胞呈链状排列在衣鞘内。近年来，还发现了呈三角形、星形、方形和圆盘形的细菌。

细菌的形态受环境条件的影响，如培养时间、培养温度、培养基的组成与营养物浓度等的改变，均能引起细菌形态发生变化。一般处于幼龄及适宜生长条件时，细菌的形态整齐，正常；若培养时间较长或培养条件不适宜，细菌则常表现出异常形态。例如，巴氏醋杆菌（*Acetobacter pasteurianus*）在不适宜的培养温度下，其形态从正常的短杆状改变成纺锤状、丝状、锁链状等；培养时间过长的乳酪杆菌（*Bacillus casei*），其形态从正常的长杆状转变成分枝状。形态异常的细菌在适宜的培养条件下，又能够恢复其正常形态。

（二）细菌的大小

细菌的个体很小，必须用显微镜才能见到。测定细菌个体大小的单位通常为微米（μm）。球菌的个体大小以其直径来表示，杆菌和螺旋菌的个体大小则以长度×宽度表示，螺旋菌的长度是指菌体两端的直线距离，而不是由螺旋的直径和圈数所计算的实际长度。

不同种类的细菌大小差异很大，目前发现的最小细菌——纳米细菌（nanobacteria），其细胞直径仅有50nm，比最大的病毒还要小一些，在光学显微镜下很难看到；迄今发现最大的细菌是纳米比亚嗜硫珠菌（*Thiomargarita namibiensis*），呈球形，其直径大小通常在0.1～0.3mm，有些可达0.75mm，能够清楚地用肉眼看到。大多数常见细菌的大小则为1μm到几微米。球菌的直径多为0.2～1.5μm，杆菌一般宽0.5～1.0μm，长1.0～5.0μm。一些细菌的大小见表2-1。从表2-1中可知，产芽孢细菌一般大于非芽孢细菌。

表 2-1　几种常见细菌的个体大小比较

细菌名称	直径或宽/μm	长/μm
肺炎链球菌（*Streptococcus pneumoniae*）	0.5～1.25	—
金黄色葡萄球菌（*Staphylococcus aureus*）	0.8～1.0	—
乳酸乳球菌（*Lactococus lactis*）	0.5～0.6	—
最大八叠球菌（*Sarcina maxima*）	4.0～4.5	—
藤黄八叠球菌（*Sarcina lutea*）	1.0～1.5	—
铜绿假单胞杆菌（*Pseudomonas aeruginosa*）	0.5～0.6	1.5～3.0
枯草芽孢杆菌（*Bacillus subtilis*）	0.7～0.8	2.0～3.0
大肠杆菌（*Escherichia coli*）	0.4～0.7	1.0～3.0
普通变形杆菌（*Proteus vulgaris*）	0.5～1.0	1.0～3.0
德氏乳酸杆菌（*Lactobacterium delbruckii*）	0.4～0.7	2.8～7.0
巨大芽孢杆菌（*Bacillus megaterium*）	1.0～1.6	3.0～6.0
霍乱弧菌（*Vibrio cholerae*）	0.3～0.6	1.0～5.0

测量细菌大小时，由于细菌个体间的大小存在差异，所用的固定、染色的方法不同，测量结果表示的只是近似值或平均值。细菌在不同生长期，或受环境因素影响形态发生改变，导致细胞大小差异较大，一般幼龄菌比成熟菌或老龄菌大；而培养基中过高的渗透压则会使细菌变小。

二、细菌细胞的基本结构

细菌细胞的模式构造如图 2-2 所示。在几乎所有细菌细胞中都存在的构造称为基本结构，包括细胞壁（cell wall）、细胞膜（cell membrane）、细胞质（cytoplasm）、核区（nucleus）等；把仅在部分细菌细胞中才具备或在特殊环境条件下形成的构造称为特殊结构，主要包括荚膜（capsule）、鞭毛、芽孢（endospore 或 spore）等。

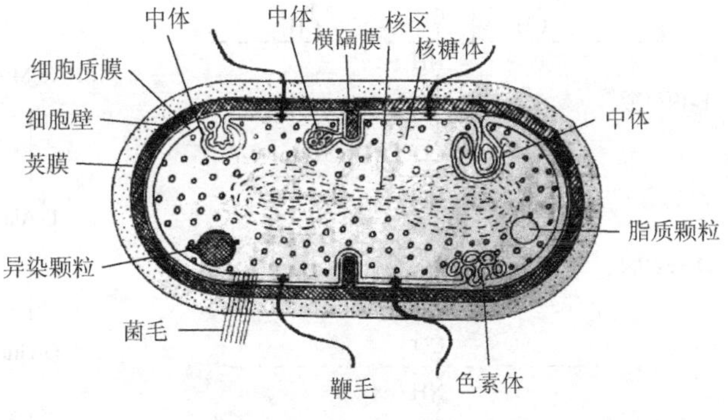

图 2-2　细菌细胞的模式构造

（一）细胞壁

细胞壁是覆盖在细胞膜外表面的一层厚实、坚韧的包被，其重量占细胞干重的 10%～20%。通过质壁分离和染色后在光学显微镜下观察，可证实细胞壁的存在；电子显微镜下观察细菌的超薄切片，细胞壁结构更为清晰。各种细菌细胞壁的厚度不等，一般在 10～80nm。

1884 年，丹麦细菌学家 Hase Christian Gram 创立了一种细菌的鉴别染色法，即革兰氏染色法。该方法是先用草酸铵结晶紫染液和稀碘液对细菌涂片进行初染和媒染，再加 95%乙醇脱色，最后用番红进行复染。根据染色结果可把所有的细菌分为两大类：一类染色后呈初染液草酸铵结晶紫的颜色（紫色），称为革兰氏阳性菌，用 G^+ 表示；另一类染色后呈复染液的颜色（红色），称为革兰氏阴性菌，用 G^- 表示。细菌革兰氏染色后呈现不同的结果是由细菌细胞壁的化学组成与结构的差异决定的。

1. 细胞壁的化学组成

细菌细胞壁的主要成分有肽聚糖（peptidoglycan）、磷壁酸（teichoic acid）、脂多糖（lipopolysaccharide，LPS）和外膜蛋白（outer membrane protein）等。革兰氏阳性菌与革兰氏阴性菌在细胞壁的化学组成上存在较大差异。

（1）肽聚糖　肽聚糖又称为黏肽（mucopeptide）、胞壁质（murein）或黏质复合物（mucocomplex），是真细菌细胞壁中的特有成分。

肽聚糖是由大分子组成的复合体，它由聚糖和短肽两部分构成（图 2-3）。聚糖是 *N*-乙酰葡萄糖胺（G）和 *N*-乙酰胞壁酸（M）通过 β-1, 4-糖苷键相互交替连接成的多糖链，一般每条多糖链含 10～65 个双糖单位，其长度因细菌种类而异，如金黄色葡萄球菌肽聚糖中的多糖链只含有 9 个双糖单位，而地衣芽孢杆菌肽聚糖中的多糖链则含有 79 个双糖单位；短肽的组成可因细菌的种类而异，如大肠杆菌肽聚糖的短肽按 L-丙氨酸、D-谷氨酸、L-二氨基酸（即 L-赖氨酸或二氨基庚二酸等）和 D-丙氨酸顺序排列组成。不同多糖链上相邻的短肽互相交联，从而构成纵横交叉、三维网状结构的肽聚糖大分子，这种大分子是细胞壁的骨架，使细胞壁具有一定的韧性，韧性的大小取决于短肽的交联方式及程度。

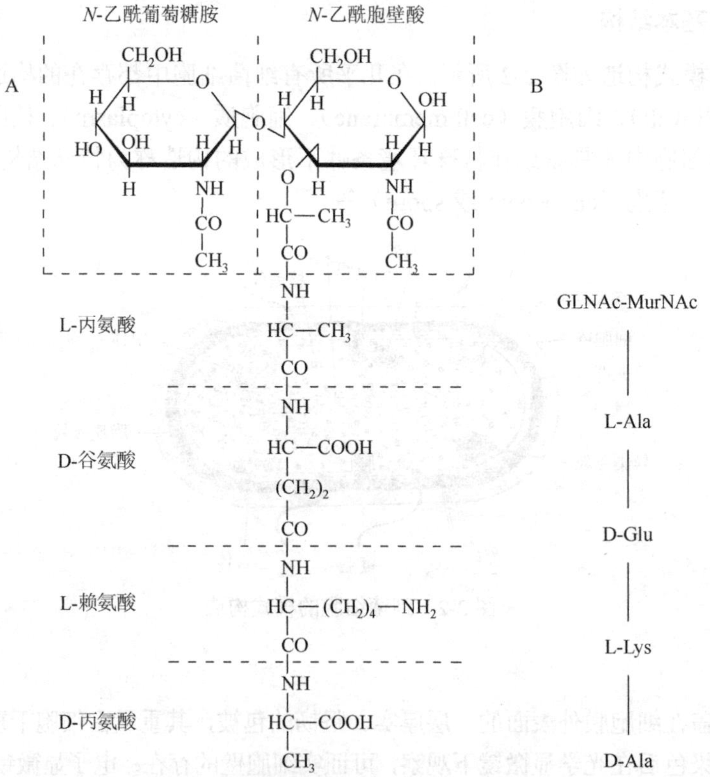

图 2-3　肽聚糖的基本组成（革兰氏阳性菌）

A. 肽聚糖中单个亚单位的完整结构及两个氨基糖之间的连接；B. 为 A 的简单表示方式

革兰氏阳性菌的肽聚糖与革兰氏阴性菌的有所不同，差别主要在于短肽中氨基酸的组成及聚糖间短肽的交联方式。大肠杆菌是典型的革兰氏阴性菌，细胞壁中肽聚糖层较薄，厚度仅有2～3nm，由1～2层肽聚糖网状分子组成。肽聚糖中一个短肽的第4个氨基酸（D-丙氨酸）的羧基与另一个短肽的第3个氨基酸（m-二氨基庚二酸）的氨基直接相连。大肠杆菌肽聚糖中短肽间的交联度较低，约30%，故其网状结构较为疏松，机械强度较差，不如革兰氏阳性菌紧密、坚固（图2-4）。

金黄色葡萄球菌是典型的革兰氏阳性菌，它的肽聚糖层较厚，为20～80nm，由40层左右的网状分子交织而成。短肽中的第3个氨基酸是L-赖氨酸，相邻的两个短肽通过“肽桥”连接，肽桥为一个甘氨酸五肽，其氨基端与一个短肽的第4个氨基酸——D-丙氨酸的羧基相连，羧基端则与另一个短肽的第3个氨基酸——L-赖氨酸的氨基相连，肽聚糖中短肽间的交联度达到70%以上（图2-5）。

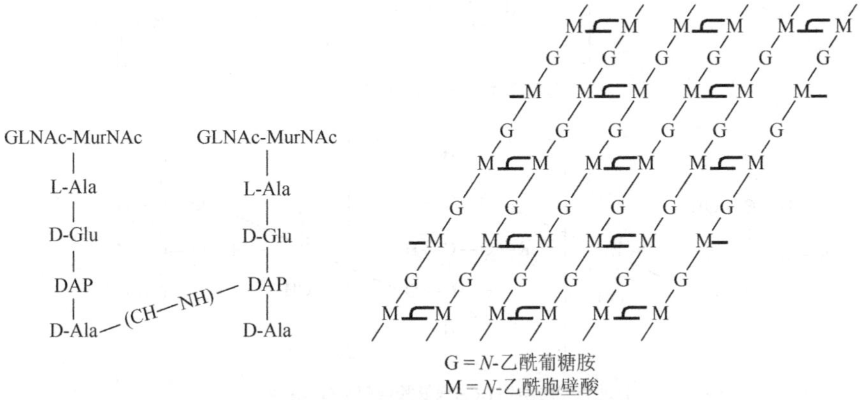

图2-4 革兰氏阴性菌细胞壁的肽聚糖交联形式（大肠杆菌）

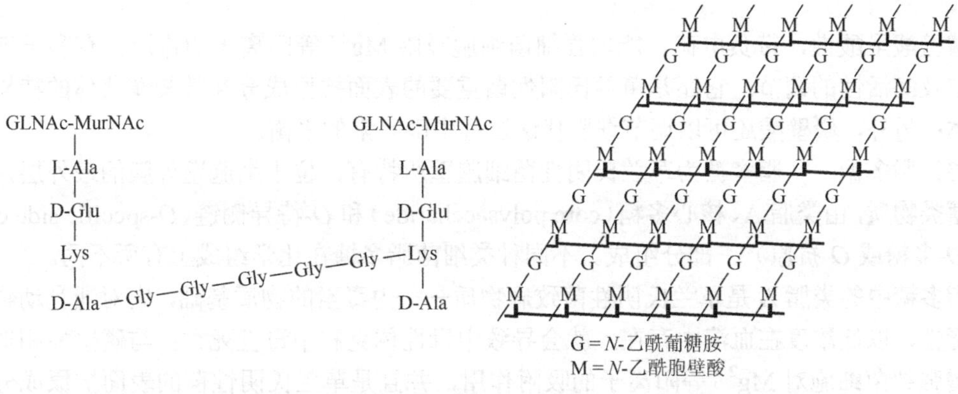

图2-5 革兰氏阳性菌细胞壁肽聚糖交联形式（金黄色葡萄球菌）

对肽聚糖的研究，有助于了解青霉素和溶菌酶对细菌的作用原理。溶菌酶能水解*N*-乙酰胞壁酸与*N*-乙酰葡萄糖胺之间的β-1，4-糖苷键。青霉素能与转肽酶结合，前后两个肽聚糖单体间不能形成肽桥，合成的肽聚糖缺乏机械强度，由此导致了细胞壁缺损，当细菌处于不利环境中时，极易裂解死亡。

（2）磷壁酸 磷壁酸是革兰氏阳性菌细胞壁中特有的一种酸性多糖，目前已知磷壁酸有5种类型，常见的2类为甘油磷壁酸和核糖醇磷壁酸。干酪乳杆菌等细菌的磷壁酸以甘油磷壁酸为亚基组成，在甘油上连接有丙氨酸；金黄色葡萄球菌等细菌的磷壁酸以核糖醇磷酸为亚基组成，在核糖醇上还含有丙氨酸和 *N*-乙酰葡萄糖胺（图 2-6）。

根据磷壁酸在细胞壁中的存在方式，还可将其分为两类：一类称为壁磷壁酸，它与肽聚糖分子间进行共价结合，含量随培养基成分不同而改变，一般占细胞壁质量的 10%，有时可接近 50%，用稀酸或稀碱可以提取；另一类称为膜磷壁酸（又称为脂磷壁酸），其跨越肽聚糖层与细胞膜上的磷脂进行共价结合，在细胞壁中的含量与培养条件关系不大，可用 45%热酚水提取。

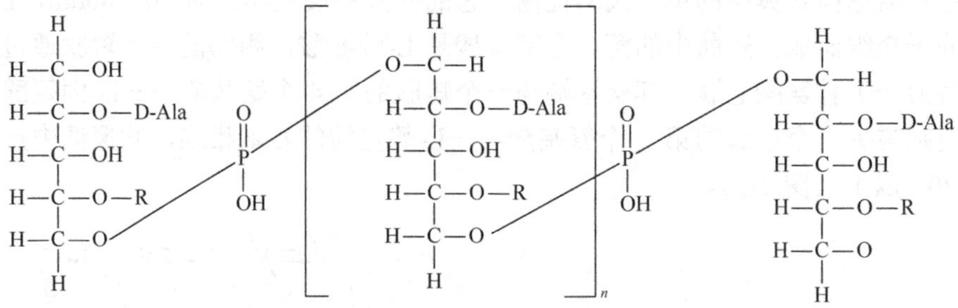

核糖醇磷壁酸结构 (R为多糖)

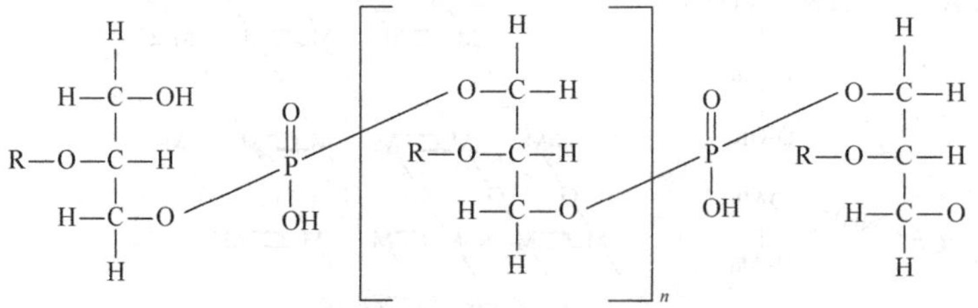

甘油磷壁酸结构 (R为丙氨酸或糖类或氢)

图 2-6　核糖醇磷壁酸与甘油磷壁酸的化学结构

磷壁酸呈酸性，带负电荷，能增强细菌细胞吸附 Mg^{2+} 等阳离子的作用，有利于细胞膜的稳定及酶活性的调节；它还是革兰氏阳性菌重要的表面抗原成分和某些噬菌体的特异性吸附受体；另外，磷壁酸还可以调节细胞代谢过程中磷元素的平衡。

（3）脂多糖　脂多糖为革兰氏阴性菌细胞壁所特有，位于细胞壁外膜的最外层，属类脂多糖类物质，由类脂 A、核心多糖（core polysaccharide）和 *O*-特异侧链（*O*-specific side chain，或称 *O*-多糖或 *O*-抗原）三部分组成。不同种类细菌脂多糖在化学组成上有所不同。

脂多糖中的类脂 A 是革兰氏阴性菌致病物质——内毒素的物质基础，它对哺乳动物有很高的毒性，以低浓度在血清中存在，就会导致中毒性休克和中毒性死亡；与磷壁酸相似，它也能增强细菌细胞对 Mg^{2+} 等阳离子的吸附作用，并且是革兰氏阴性菌的表面抗原成分和许多噬菌体的特异性吸附受体。LPS 的结构多变，决定了革兰氏阴性菌细胞表面抗原决定簇的多样性。例如，根据 LPS 的抗原性所鉴定的沙门氏菌属的抗原型就多达 2000 多个。另外，LPS 还能够选择性地控制某些物质进出细胞，如允许嘌呤、嘧啶、双糖、短肽和氨基酸等较小分子物质透过，而阻拦溶菌酶、抗生素（如青霉素）、去污剂和某些染料等较大分子物质透过。

（4）外膜蛋白　革兰氏阴性菌细胞壁的外膜主要由磷脂和 LPS 构成，但嵌有多种蛋白质，即外膜蛋白。目前发现的功能清楚的外膜蛋白主要有孔蛋白（porin）和脂蛋白（lipoprotein）。

孔蛋白是一种三聚体结构蛋白，由三个分子质量为 36 000Da 的蛋白质亚基组成，中间有一直径约 1nm 的小孔贯通膜内外，允许亲水性的小分子物质（相对分子质量小于 900）被动扩散通过外膜层，如双糖、氨基酸、二肽和三肽等。

脂蛋白分子质量较小，数量较多，它们的疏水脂埋藏在外膜中，同时以共价键与肽聚糖相结合，从而将外膜与肽聚糖层牢固地连接起来。有些外膜蛋白与噬菌体的吸附或细菌素的作用有关。

2. 革兰氏阳性菌与革兰氏阴性菌细胞壁的差异

对细菌细胞壁进行电子显微镜观察及化学分析发现：革兰氏阳性菌细胞壁厚（厚度为 20～80nm），化学组成简单，一般含 90%的肽聚糖和 10%的磷壁酸；革兰氏阴性菌细胞壁较薄（厚度为 8～10nm），层次较多，化学成分复杂，厚 2～3nm 的肽聚糖层机械强度较弱。两类细胞壁的结构如图 2-7 所示。

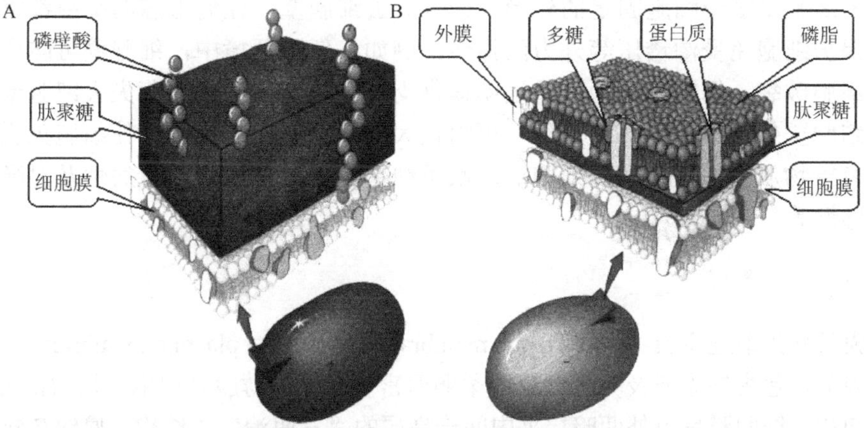

图 2-7　革兰氏阳性菌与革兰氏阴性菌的细胞壁结构示意图（引自：Talaro，1996）

A. 革兰氏阳性菌；B. 革兰氏阴性菌

革兰氏阳性菌和革兰氏阴性菌不仅在细胞壁化学组成和构造上存在较大的差别，而且在染色反应、生理特性及致病性等方面也有明显的不同，表 2-2 对这两类细菌的一些特性进行了比较。

表 2-2　革兰氏阳性菌和革兰氏阴性菌一些特性的比较

项目	革兰氏阳性菌	革兰氏阴性菌
革兰氏染色反应	呈结晶紫的颜色（紫色）	呈复染液的颜色（红色）
细胞壁组成	厚，一般单层	薄，多层
磷壁酸	多数含有	无
外膜	无	有
脂多糖	无	有
对溶菌酶抗性	弱	强
对青霉素抗性	敏感	不敏感
碱性染料的抑菌作用	强	弱
对干燥	抗性强	抗性弱
产芽孢	有的可产生	不产生
对机械力的抗性	强	弱

3. 革兰氏染色机制

用溶菌酶等方法处理革兰氏阳性菌，除去其细胞壁后，剩下的原生质体仍可被草酸铵结晶紫-碘复合物染色，但会被乙醇脱色，这一现象表明，革兰氏阳性菌的细胞壁有阻留草酸铵结晶紫-碘复合物的作用。对这种阻留作用的解释，是阐明革兰氏染色机制的关键。对此，历来存在着一些不同的意见，目前普遍为人们所接受的观点是：革兰氏阳性菌细胞壁肽聚糖层较厚，且交联度高，脱色处理时，乙醇的脱水作用造成肽聚糖层网架结构间的孔径缩小，通透性降低，使草酸铵结晶紫-碘复合物不易渗出细胞而被阻留，从而呈现为紫色；而革兰氏阴性菌细胞壁的外膜层受到乙醇的溶脂作用时会变得疏松，且肽聚糖层薄，交联度低，网孔较大，因此在脱色处理时，结晶紫-碘复合物易于渗出细胞，经复染后呈现出复染液的红色。

4. 细胞壁的生理功能

细菌的细胞壁赋予细胞固定的外形，一旦失去细胞壁，任何形态的细菌都将呈球形；细胞壁可保护细胞免受渗透压等外力的损伤。例如，低渗环境中，细胞壁可防止由大量吸水引起的细胞破裂；细胞壁可为鞭毛运动提供支点，具有鞭毛的细菌失去细胞壁后，则不能运动；细胞壁作为细菌外部的屏障，可阻拦大分子物质进入细胞，使细胞免受溶菌酶、消化酶等有害物质的伤害；另外细胞壁还赋予细菌特定的抗原性、致病性及对噬菌体和抗生素的敏感性等。

（二）细胞膜

细胞膜又称为细胞质膜（cytoplasmic membrane）或质膜（plasmic membrane），是一层紧贴细胞壁内侧，包裹细胞质及其内含物的柔弱而富有弹性的薄膜。用电子显微镜观察细菌细胞的超薄切片，细胞膜呈内外两暗层夹中间一亮层的“三明治”式结构，厚约7.5nm。

1. 细胞膜的化学组成

细菌细胞膜主要由磷脂和蛋白质组成，其中磷脂含量为20%～30%，蛋白质含量为50%～70%。

磷脂分子由磷酸（或结合有带正电荷基团的磷酸）、甘油、脂肪酸组成。两个脂肪酸分子通过酯桥分别连接在甘油的两个羟基上，甘油的第3个羟基通过磷酸酯键连接一个磷酸基，从而形成磷脂。两个非极性的脂肪酸链形成磷脂分子的疏水端，称为疏水尾；带正电荷基团的磷酸残基形成磷脂分子的亲水端，称为亲水头。细胞膜由两层磷脂分子整齐地对称排列，两层磷脂分子极性的亲水端都朝向内外两侧，而非极性的疏水尾则埋在膜的内层。

常见的细菌细胞膜磷脂有磷脂酸、磷脂酰甘油、磷脂酰乙醇、磷脂酰胆碱、磷脂酰丝氨酸或磷脂酰肌醇等，它们的差别在于亲水头中磷酸残基连接的正电荷基团不同。细菌细胞膜中磷脂的种类及其含量因菌种而异。

根据蛋白质在细胞膜上存在的部位不同，可将其分为两类：一类以不同深度嵌插在膜内，称为整合蛋白（integral protein）或内嵌蛋白（intrinsic protein）。整合蛋白均为双性分子，非极性区插入膜内，极性区朝向膜的表面，它们通过很强的疏水或亲水作用与膜牢固结合，不容易被分离开。另一类蛋白质黏附在膜内、外两侧的表面，称为外周蛋白（peripheral protein）或膜外蛋白（extrinsic protein）。外周蛋白与细胞膜结合较为松弛，容易被分开。从生理作用看，膜蛋白皆属酶类，主要包括如下几种。

（1）呼吸酶　与细菌产能代谢有关的酶，如NADH脱氢酶、琥珀酸脱氢酶、细胞色素氧化酶等电子传递系统及氧化磷酸化酶系。

（2）合成酶　　与细胞膜上脂类合成及细胞壁上各种大分子物质合成有关的酶类。

（3）渗透酶　　选择性地携带各种物质穿过细胞膜的酶。

2. 细胞膜的结构

关于细胞膜的结构曾提出过各种假说和模型，其中辛格（J. S. Singer）和尼科尔森（G. L. Nicolson）于 1972 年提出的液态镶嵌模型受到许多实验结果的支持，真实地说明了细胞膜的结构和属性，为学术界普遍认同。该模型的中心思想是，细胞膜具有流动性和镶嵌性，主要内容包括：①膜的基本结构是磷脂双分子层，两层脂分子的亲水头朝外，疏水尾向里；②蛋白质以不同程度镶嵌在磷脂双分子层中；③膜具有流动性，磷脂分子和蛋白质分子在膜中的位置不断发生变化；④膜两侧的分子性质和结构不同，因此膜具有不对称性。

有关细菌细胞膜的模式结构如图 2-8 所示。

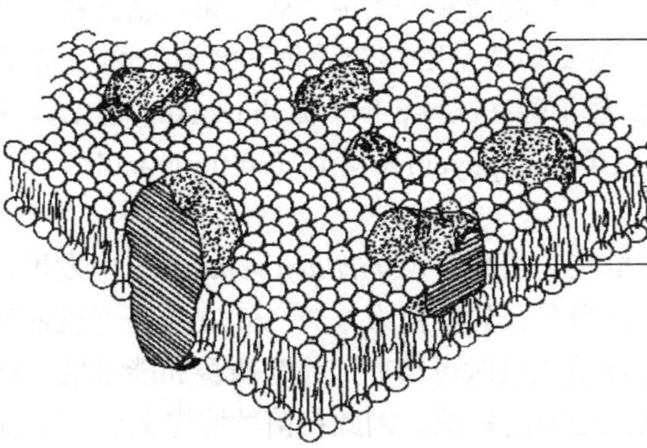

图 2-8　细胞膜镶嵌模式图

3. 细胞膜的生理功能

细菌细胞膜是细菌代谢活动的重要场所，担负着极其重要的生理功能，主要有：①作为细胞内部与外界环境的最后一道屏障，防止原生质流失；②选择性地控制营养物质和代谢产物进出细胞，以满足细胞的营养需求和维持细胞正常的生长环境；③是细菌能量代谢的中心，相当于真核生物线粒体的内膜；④合成细胞壁和荚膜成分（如肽聚糖、磷壁酸、LPS、荚膜多糖等）的基地；⑤与细菌的运动有关，因为鞭毛基体着生在细胞膜上。

细菌细胞膜受到损伤和破坏，会导致细胞停止生长或死亡。因而，许多抗菌剂就利用细菌细胞膜的特点，特异性地作用于细菌细胞膜的某些位点，达到专一性抑制和杀死某一类细菌的目的。

电子显微镜观察发现，细菌细胞膜的某些部位内陷折叠，在细胞质中形成层状、管状或囊状体，称为间体（mesosome）或中体。间体在革兰氏阳性菌中较为常见，其生理功能还未完全了解。一般认为，间体的存在增加了细胞膜接触胞内物质的范围，使其功能得以更充分地发挥，并且在细菌分裂时，间体促进横隔壁的形成，参与 DNA 的复制与分离。近年来有学者提出，间体只是电镜制片时由脱水作用引起的一种赝像。

（三）细胞质和内含物

细胞膜内除细胞核区以外的全部细胞物质统称为细胞质。光学显微镜下，细胞质是无色、透明、黏稠的胶体状物质，主要成分是水、蛋白质、核酸、脂类、少量糖和无机盐等。这些成分或以可溶性状态存在，或以某种方式结合成一些种类不同、大小不一的颗粒状结构。细胞质中形状较大的颗粒状结构称为内含物（inclusion body），主要包括核糖体（ribosome）、各种贮藏物（reserve materials）、磁小体（megnetosome）、羧酶体（carboxysome）和气泡（gas vocuoles）等。不同种类的细菌细胞中内含物有较大差别。

1. 核糖体

核糖体由60%的核糖体核酸（rRNA）和40%的蛋白质组成，原核细胞的核糖体沉降系数为70S，一定条件下可解离成50S和30S两种亚基。电镜观察发现，核糖体直径约20nm，常以单个游离状态或排列成链状的多聚核糖体分布在细胞质中。

核糖体是细胞合成蛋白质的最终场所，细胞内核糖体的数量与细菌的生长速率呈正相关，快速生长时，菌体内核糖体数量可达数万个，而缓慢生长的菌体中，核糖体数量可减至2000个左右。

2. 其他颗粒状物质

细菌细胞质中通常存在由某一种物质集合而成的较大颗粒状结构，其成分可为糖类、脂类、含氮化合物及无机物等，主要功能是贮存营养物和代谢产物。常见的贮藏物有异染粒（metachromatic granule）、聚β-羟丁酸（poly-β-hydroxybutyrate，PHB）、糖原（glycogen）和淀粉粒（starch granule）、藻青素（cyanophycin）、硫粒（sulfur granule）和伴孢晶体（parasporal crystal）等。

（1）异染粒　异染粒最早在迂回螺菌（*Spirillum volutans*）中发现，因可被亚甲蓝或甲苯胺蓝等蓝色染料染成红紫色而得名。异染粒为0.5～1.0μm，是无机偏磷酸的聚合物，分子呈线状。当该菌在含磷丰富的环境生长时可形成，作为磷源和能量的贮藏物，同时降低细胞的渗透压。形成异染颗粒是某些细菌的特征，因此在菌种鉴定上有一定意义。

（2）聚β-羟丁酸　聚β-羟丁酸是β-羟丁酸的聚合物，不溶于水，可溶于氯仿，易被脂溶性染料，如苏丹黑着色。至今已发现60属以上的细菌能合成并贮存PHB，当碳源丰富而氮源不足时，有些细菌细胞内所积累的PHB含量可高达细胞干重的60%。PHB是细菌所特有的贮藏物，可作为碳源和能源，并具有降低细胞渗透压的作用。在细胞内羟丁酸呈酸性，而聚合成PHB后就成为中性脂肪酸，从而维持细胞的中性环境，避免内源酸性物质抑制菌体生长。

PHB无毒、可塑、易降解，被认为是生产医用塑料、生物降解塑料的良好原料。

（3）糖原和淀粉粒　大多数蓝细菌、部分肠道杆菌和许多芽孢杆菌常在细胞中积累多聚葡萄糖，以糖原或淀粉粒的形式贮存。它们通常均匀分布在细胞质中，体积小，只能在电子显微镜下识别。当细胞中存在大量糖原或淀粉粒时，可用碘液使其染色，并在显微镜下观察到：糖原被碘液染成红色，淀粉粒则被碘液染成蓝色。糖原和淀粉粒主要作为碳源和能源的贮藏物，也具有降低细胞渗透压的作用。

（4）藻青素　藻青素通常存在于蓝细菌中，它是一种不在核糖体中合成的氨基酸多聚物，包括由天冬氨酸组成的骨架和精氨酸的侧链基团，主要作为氮源贮藏物，同时兼作能源贮藏物。它是天然蓝色色素，可用于食品着色。

（5）硫粒　当某些硫细菌，如贝氏硫菌属（*Beggiatoa*）和丝硫菌属（*Thiothrix*），生活在含有H_2S的环境时，细胞内就会积累折光性较强的硫粒。硫粒是硫源贮藏物，也可被硫细菌作为能源物质加以利用。

（6）伴孢晶体　少数芽孢杆菌会在形成芽孢的同时，在芽孢旁形成一颗菱形、方形或不规则形的碱溶性蛋白质晶体，称为伴孢晶体。伴孢晶体的干重可达芽孢囊重的30%左右，对鳞翅目、双翅目和鞘翅目等200多种昆虫和动、植物线虫有毒杀作用，而对人畜安全。

当害虫吞食伴孢晶体后，先被昆虫肠内的碱性消化液分解，释放出蛋白质原毒素亚基，该亚基特异地结合在昆虫中肠上皮细胞的蛋白质受体上，使细胞膜上产生小孔，并引起细胞膨胀、死亡，进而使得中肠里的碱性内含物及菌体、芽孢都进入血腔，并很快使昆虫患败血症而死亡。苏云金芽孢杆菌（*Bacillus thuringiensis*，简称 BT）是最常见的在胞内形成伴孢晶体的细菌，人们将它制成有利于环境保护的生物农药——“BT”细菌杀虫剂。

3. *羧酶体*

一些光合细菌和化能自养菌细胞内所含有的一种多角形小体，大小约 10nm。羧酶体由以蛋白质为主的单层膜包围，内含自养生物特有的 5-磷酸核酮糖激酶和 1，5-二磷酸核酮糖羧化酶，这两种酶是 Calvin-Benson 循环中的关键酶，在 CO_2 固定中起重要作用。蓝细菌及化能自养菌如硝化细菌等细胞中均有羧酶体。

4. *磁小体*

趋磁细菌胞内合成的磁性纳米粒子，大小为 20～120nm，主要成分是 Fe_3O_4，外包一层磷脂、蛋白质或糖蛋白膜。磁小体有立方八面体、平行六面体或六棱柱体等多种形态，每个细胞内有 2～20 颗。磁小体的功能是导向作用，即借鞭毛游向对趋磁细菌最有利的泥、水界面微氧环境中生活。目前认为趋磁菌有一定的实用前景，包括生产磁性定向药物或抗体，以及制造生物传感器等。

5. *气泡*

气泡是由蛋白质膜包裹的一种充满气体的泡囊状结构，大小为（0.2～1.0）μm×75nm，内含许多小空泡。气泡只透气，不透水和溶质。许多光合细菌，如鱼腥蓝菌属（*Anabaena*）、微囊藻属（*Microcystis*），部分水生细菌，如盐杆菌属（*Halobacterium*）、暗网菌属（*Pelodictyon*）等都产生气泡，每个细胞中含几个至几百个气泡。它们借助气泡调节细胞比重，使细胞生活在最适于获取光能、O_2 和营养物的水层中。

综上所述，细胞质是细菌的内部环境，含有丰富的可溶性物质和各种内含物，在细菌的物质代谢及生命活动中起十分重要的作用。细菌的蛋白质合成、脂肪酸合成、糖酵解和核苷酸代谢等都在细胞质中进行。

（四）核区

细菌是原核生物，不具备核膜、核质和核仁等真核生物细胞核所具有的结构，不是真正的细胞核，因此通常称为拟核或核区。细菌的核区实际上是一个裸露在细胞质中的染色体，主要由一大形的环状双链 DNA 分子组成。用富尔根（Feulgen）染色法对细菌染色，在光学显微镜下可见到呈球状、棒状、哑铃状或带状的原核。高分辨率电子显微镜下可见原核中 DNA 高度折叠紧缩形成丝状结构。快速生长的细菌细胞中，一般有 2～4 个原核，而生长缓慢的细菌细胞中则只有 1～2 个原核。

细菌的细胞核区虽然在形态结构上比真核简单、原始，但具有与真核基本一致的生理功能：①贮存遗传信息；②通过复制把遗传信息传递给子代；③通过转录和翻译调控细胞的全部生命活动。

三、细菌细胞的特殊结构

（一）芽孢

芽孢是某些细菌在特定生理时期（通常是生长发育后期）在细胞内形成的、对不良环境具有较强抗性的休眠体。芽孢的形状一般呈圆形或椭圆形，形成时的大小和在细胞中的位置有种族的特异性，是细菌菌种鉴定的依据之一（图 2-9）。例如，芽孢杆菌属（*Bacillus*）细菌产生的芽孢一般直径小于菌体细胞，常位于细胞中间；梭状芽孢杆菌属（*Clostridium*）细菌产生的芽孢直径可超过菌体，位置可在菌体细胞中间或偏于一端。芽孢老熟后可从菌体细胞中释放出来。由于一个芽孢在条件适宜时重新萌发形成一个营养细胞，数量没有增加，因此芽孢不是细菌的繁殖体，而是细菌的休眠体。

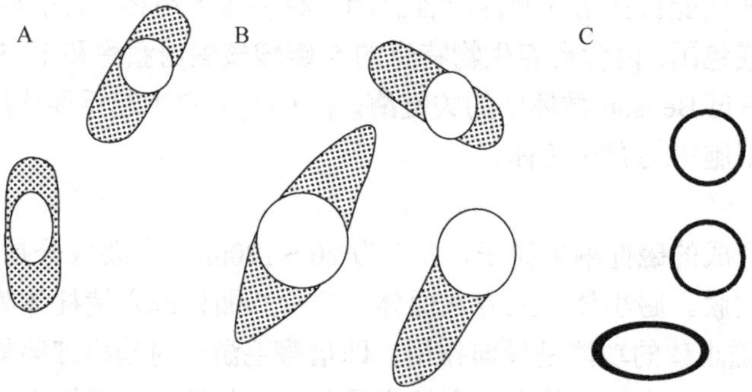

图 2-9　各种类型芽孢示意图

A. 芽孢直径小于菌体细胞；B. 芽孢直径大于菌体细胞；C. 释放到细胞外的芽孢

1. 可产生芽孢的细菌种类

可产生芽孢的杆菌主要有两个属，一个是好氧性的芽孢杆菌属，另一个是厌氧性的梭状芽孢杆菌属。球菌中只有芽孢八叠球菌属（*Sporosarcina*）产生芽孢。另外有少数其他杆菌及某些螺菌可产生芽孢。

2. 芽孢的结构与化学组成

芽孢有较为复杂的多层结构，包括孢外壁、芽孢衣、皮层及核心几大部分。其中核心部分包含营养细胞的基本结构，在芽孢萌发后可形成营养细胞的细胞壁、细胞膜、细胞质及细胞核区。但核心部分的含水量极低，通常仅有 10%～25%，另外还含吡啶二羧酸钙盐（calcium picolinate，简称 DPA-Ca），这些特点与芽孢抗热和抗其他不良环境有关。

芽孢核心的外部包裹较厚的皮层（cortex），内含特有的芽孢肽聚糖及大量的 DPA-Ca。皮层外部是芽孢衣，一般由疏水性角蛋白组成，对酶解及化学药剂有很强的抗性。许多芽孢在芽孢衣外还有一层主要由脂蛋白组成的孢外壁，孢外壁的通透性很差。

3. 芽孢的形成和萌发

芽孢是否形成是由细菌的遗传特性决定的，但也需要一定的环境条件。大部分芽孢杆菌在营养缺乏、温度较高、有害代谢产物积累等不良条件下，在衰老的细胞体内开始形成芽孢。也有少数菌种需要在营养丰富、适宜的温度条件下在幼龄细胞中大量形成芽孢，如苏云金芽孢杆菌（*Bacillus thuringiensis*）。

芽孢在适当的条件下可萌发而转变成细菌的营养细胞，转变的过程一般包括活化、出芽和生长等几个阶段。短时间的热处理、低 pH 及一些化学剂对芽孢有促进活化的作用。例如，在实验条件下巨大芽孢杆菌在 60℃、70℃、80℃分别经 50min、17min 和 8min 处理即可被活化；蜡状芽孢杆菌在 pH2～3 的缓冲液中短时间处理也可被活化。芽孢在自然环境中，随着条件的变化可被缓慢地活化。活化后的芽孢在适宜的条件下很快就会萌发出芽（可在几分钟内完成），这时芽孢的通透性将迅速提高，外界的水分及其他营养物不断进入芽孢的核心部位，使各类酶的作用活跃，从而生长并形成新的营养细胞。

4. 芽孢的特点

细菌芽孢对热、有害化学物质、辐射及其他不良环境具有非常强的抗性。例如，热解糖梭菌（*Clostridium thermosaccharolyticum*）的营养细胞在 50℃下经数分钟即可被杀死，但将一定数量的芽孢置于 132℃的高温下处理 4.4min 却只能杀灭其中的 90%；肉毒梭状芽孢杆菌（*Clostridium botulinum*）的芽孢在 100℃的沸水中需要经 5.0～9.5h 才能被杀灭。芽孢的抗紫外线的能力一般是其营养细胞的数十倍或更强；芽孢的休眠能力更是令人吃惊，据文献记载，有的芽孢甚至可以休眠亿年之久，如宾夕法尼亚州西切斯特大学的科学家在美国新墨西哥州卡尔斯巴德地区的地下洞穴盐结晶中发现并复活了 2.5 亿年前二叠纪的芽孢。

芽孢对不良环境的抗性有利于菌种的保藏，但对食品工业是非常有害的，许多食品的腐败、人类食物中毒的发生都与细菌芽孢的存在有关。因此，对需要保藏的低酸性食品加工必须要求达到肉毒梭菌致死的加工条件。芽孢与普通营养细胞特性的比较见表 2-3。

表 2-3 细胞与营养细胞的特性比较

特点	芽孢	营养细胞
形状	球状或椭圆状（杆菌的芽孢）	产芽孢菌主要为杆状
核到外层的包被	层次多	层次少
含水量	低（核心为 10%～25%）	高（80%～90%）
折光率	高	低
普通染色	不易着色	容易着色
含 Ca 量	高	低
含 DPA	有	无
细胞质 pH	5.5～6.0（核心）	约为 7
酶活性	低	高
对热、辐射或化学剂的抗性	强或极强	弱
溶菌酶处理	不敏感	敏感
保存期	长或极长（以年计）	短（以月计）

（二）鞭毛

鞭毛是某些细菌在体表上着生的长丝状、波曲的蛋白质附属物，是可运动细菌的运动器官。

鞭毛是细长的丝状体，长度远远超过菌体，一般为 10～20μm，直径为 0.01～0.02μm，因此自然着生的鞭毛必须借助电子显微镜才能观察到。用特殊的鞭毛染色法，使染料在鞭毛上沉积，鞭毛直径加粗，达到光学显微镜可以分辨的尺寸，才可在光学显微镜下进行鞭毛形态和着生方式的观察。

细菌的鞭毛都有共同的构造，由基体、鞭毛钩、鞭毛丝三部分组成。基体嵌埋在细胞壁和细胞膜中，但革兰氏阳性和阴性菌的基体组成有所不同。革兰氏阴性菌的鞭毛，如大肠杆菌的基体由 4 个环构成，分别为处于细胞壁外膜层中的 L 环、肽聚糖中的 P 环及在膜中的 S 环和 M 环（图 2-10）。革兰氏阳性菌，如枯草芽孢杆菌的基体则没有 L 环和 P 环。鞭毛钩和鞭毛丝均由特殊的蛋白质亚基组成，细菌的运动就是通过鞭毛丝的高速旋转而实现的。

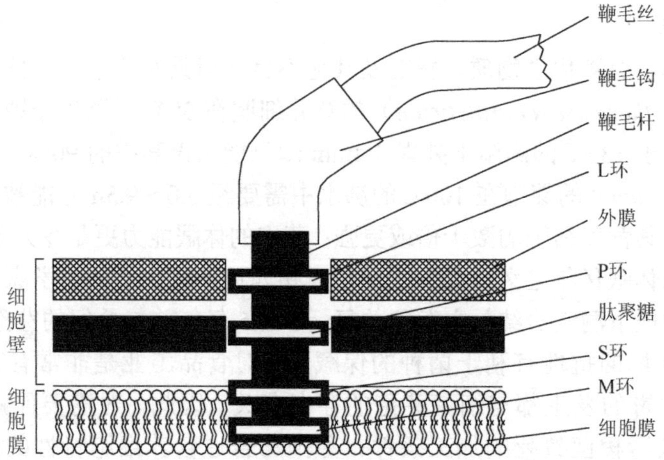

图 2-10　革兰氏阴性菌（大肠杆菌）的鞭毛结构

细菌鞭毛的存在与否、鞭毛数量及着生方式由细菌的遗传特性决定，这些特性也是细菌分类、鉴定的重要依据。常见的细菌有以下几种鞭毛的着生方式。

（1）单生鞭毛　细菌的一端或两端着生一根鞭毛，其运动方式一般为直线运动，如蕈状杆菌（*Bacillus mycoides*）等。

（2）丛生鞭毛　在细菌的一端或两端着生多根鞭毛，其运动方式常为摇摆型，一些假单胞杆菌产生这种类型的鞭毛。

（3）周生鞭毛　在细菌的整个细胞周围均可着生鞭毛，常做翻转运动，常见的大肠杆菌即产生这种类型的鞭毛。

具有鞭毛的细菌在培养时可凭肉眼观察出不同的特征。例如，利用半固体培养基进行穿刺培养，然后观察呈混浊的扩散区，即可判断菌体是否具运动性及推断鞭毛的存在，这是细菌学鉴定的常用方法之一。另外，在一般的平板培养基上，如果某种细菌形成的菌落大而扩展、较薄，边缘不圆整，说明该菌有鞭毛，且具有较强的运动能力。

细菌在生长后期，鞭毛会断裂或脱落，因此在细菌形态鉴定时要观察鞭毛应选择菌龄较幼的细胞，菌体培养的方法也以液体培养为佳。

有些细菌伸出细胞壁外的还有除鞭毛以外的其他丝状物，如有些革兰氏阴性致病菌细胞壁表面着生的菌毛（fimbria，复数为 fimbriae）主要起黏附宿主的作用，它比鞭毛更细且较短；有些革兰氏阴性菌的雄性菌株可形成一到少数几根丝状的性毛（pili，复数为 pilus），其功能是可与雌性菌株接合并传递遗传物质。

（三）荚膜

有些细菌在细胞壁外周形成一层较厚的黏液状物质，称为荚膜。荚膜的主要成分为水和多糖，还有一些多肽或蛋白质。细菌的荚膜在实验室中可用碳素墨水进行负染色后观察，染色后背景为黑色，荚膜及菌体在显微镜下为一个个透明的小区。

荚膜主要起保护作用，可保护菌体免遭干燥的损害，避免受宿主白细胞的吞噬，因此一些有荚膜的病原菌致病力更强，如有荚膜的肺炎链球菌（*Streptococcus pneumoniae*）更易引起人的肺炎；荚膜的另一个重要功能是作为储藏的营养物，当外界营养缺乏时，细菌可吸收利用荚膜成分而维持生命活动。另外，荚膜还可作为细胞的渗透屏障，使细胞免受重金属离子的毒害，以及可作为菌体黏附的基质等。

荚膜及荚膜类物质对食品工业及医药工业等具有重要的意义。例如，有些黄单胞杆菌（*Xanthomonas* sp.）可产生胞外多糖——黄原胶，这种多糖物质具有强的黏性和低的剪切阻力，这一特性使其成为食品工业中较为理想的增稠剂。另外，在石油钻井、印染、污水处理等领域也被广泛应用。肠膜状明串珠菌（*Leuconostoc mesenteroides*）产生的胞外多糖为葡聚糖，经水解等方法处理、制备后可作为“代血浆”，或作为凝胶层析用的试剂；但肠膜状明串珠菌是蔗糖生产的危害菌，在制糖工业中污染该菌后将会造成严重的损失。

四、细菌的繁殖

细菌最普遍的繁殖方式是裂殖。绝大多数细菌以二分分裂方式进行，即分裂后形成大小相等、形态相似的两个子细胞。有少数细菌分裂后形成的子细胞大小不等，称为不等二分裂。

（一）细菌繁殖的一般过程

细菌在分裂繁殖时首先是进行染色体DNA的复制。通常细胞染色体附着在细胞膜的特殊位点上进行环状DNA的双向复制。快速生长期间的细菌往往在一个细胞中有多个染色体，并且可同时启动复制。在染色体复制的同时，细胞膜、细胞壁、细胞质和内含物也被合成，使子细胞可获得与亲代细胞相同的全套细胞结构。

在细菌繁殖阶段，随着细胞物质的被合成，宏观上表现出细胞个体的增大，如球菌直径的增大及杆菌长度的延伸。当细胞体积增大到一定程度后，细胞中间将形成凹陷，新细胞膜和细胞壁向内生长，形成横隔膜和横隔壁，直至在细胞中心汇合，完成一个细胞到两个细胞的整个分裂过程（图2-11）。

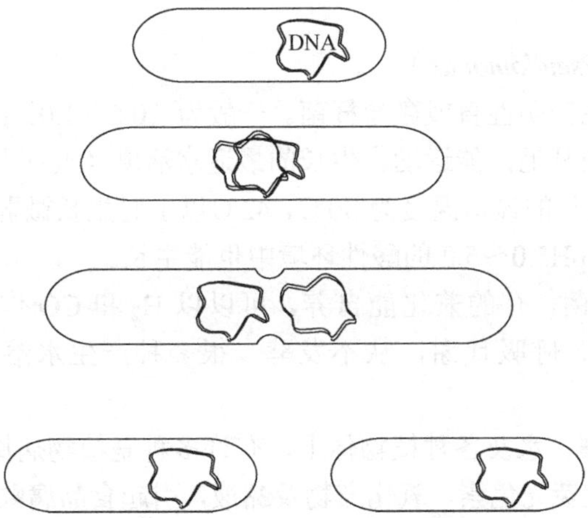

图2-11 细菌分裂繁殖示意图

（二）细菌的菌落

将单个或多个细菌细胞接种在固体培养基表面，细胞以接种点为中心大量繁殖、扩展、堆积，将形成肉眼可见的细菌群落，称为细菌的菌落（colony）。如果将某一细菌纯种大量密集接种到固体培养基表面，菌体生长形成的菌落就会连接成片，这种细菌的集合体称为菌苔（lawn）。

细菌的菌落一般较小，较薄，在培养基上易于挑取。由于细菌为非丝状微生物，菌落表面没有绒毛状的气生菌丝。微生物菌落的特征是菌种鉴定的重要依据之一，菌苔在菌种鉴定方面没有太大的意义，但由于单位培养基表面细胞量密集，工业生产上的菌种制备均利用菌苔。

不同细菌形成的菌落具有多样性。有些细菌形成的菌落比较扩展、直径较大，有些则生长非常局限，菌落大小如针尖；菌落的表面有些比较湿润、光滑，有些却显得干燥而粗糙，凹凸不平，甚至形成各种图案的皱纹；菌落的边缘有些比较平滑、圆整，有些则可形成不规则的波纹状、锯齿状、树根状、放射状等形状。不同细菌形成的菌落在颜色方面也具有多样性的特点，如大肠杆菌形成的菌落为无色或乳白色，黏质沙雷氏菌（*Serratia marcescens*）形成的菌落为橙红色，黄单胞菌形成的菌落为黄色等。

各类细菌形成各种各样形态的菌落都与菌种的各种生理特性相联系。例如，有些细菌菌落带色而培养基无色，有些细菌菌落附近的培养基也有颜色，这是因为前者细菌产生的是脂溶性的色素，而后者细菌产生的是水溶性的色素，可将色素分泌到培养基上使培养基着色，并可向菌落外部扩散。产荚膜的菌种产生的菌落一般表面比较光滑，通常称为光滑型菌落；失去产荚膜能力的菌种形成的菌落表面比较粗糙，通常称为粗糙型菌落。另外，菌种的运动性、是否产芽孢等都会影响菌落的形态特征。

五、食品中常见的细菌类群

污染食品的细菌种类很多，它们对食品的影响各不相同。有些可引起食品的腐败变质，有些可引起食用者的细菌性食物中毒，还有些可导致食源性传染病。以下介绍在食品中较为常见的及与食品生产和品质密切相关的一些细菌类群。

（一）革兰氏阴性菌

1. 假单胞杆菌属（*Pseudomonas*）

假单胞杆菌属为革兰氏阴性直或微弯杆菌。一般为（0.5～1.0）μm×（1.5～5.0）μm，需氧，无芽孢，极生单毛或丛毛，能运动。生长的最适水活度（A_W）比较高，为 0.97～0.98，耐干燥性不强。很多种生长的最适温度为 30℃，42℃以上时生长微弱或不生长，耐盐性较差。适宜 pH 为 7.0～8.5，在 pH5.0～5.2 的酸性环境中也能生长。

该属菌为化能异养菌，有的兼化能自养，可以以 H_2 和 CO 作为能源。氧化糖类和芳香族化合物的能力很强，呼吸代谢，从不发酵。很多种产生水溶性黄绿色或蓝绿色荧光色素。

该属菌多分布于土壤、水及各种植物体上，有许多种是植物病原菌。在污染的食品表面可迅速生长，产生水溶性荧光色素、氧化产物及黏液，引起食品腐败变质。有些种是冷育菌，能在 5℃的低温下生长，引起冷藏食品的变质。除各种食品外，在小麦、稻谷、玉米、面粉上常见。该属菌常见的有荧光假单胞杆菌（*Pseudomonas fluorescens*）、恶臭假单胞杆菌（*Pseudomonas putida*）、铜绿假单胞杆菌（*Pseudomonas aeruginosa*）。

2. 黄单胞杆菌属（*Xanthomonas*）

黄单胞杆菌属为革兰氏阴性杆菌，为（0.4～0.7）μm×（0.7～1.8）μm，多为单生，严格好氧，无芽孢。一根端生鞭毛，能运动。生长适宜温度为 25～30℃，5℃不能生长，但大多数能在 7℃时生长；某些种 9℃以下不生长，30℃能生长，40℃不生长。

化能异养型，在琼脂培养基上产生黄色非水溶性色素。呼吸代谢，从不发酵，氧化酶阴性或很弱的阳性。接触酶阳性，不还原硝酸盐。在溴甲酚紫牛奶中不产酸。大多数种能迅速水解淀粉和吐温 80，0.1%～0.2%的三苯基四唑化氯能抑制其在营养琼脂上的生长。细胞形态与假单胞杆菌属无显著差别。除少数种能在肉汁蛋白胨培养基上产生褐色扩散性色素外，不产生水溶性色素。所产生的黄色非水溶性色素是该属所特有的一种类胡萝卜素。该属模式种为野油菜黄单胞杆菌（*Xanthomonas campestris*）。

该属菌基本上都是植物病原菌，在新收获的粮食中常带有较多黄单胞杆菌。在粮食常规储藏的条件下，该菌不能繁殖，也不会影响储粮的品质。随着储粮储存期的延长，该菌的带菌量将迅速降低，因此有时将这类细菌作为粮食新鲜度的指标。

3. 醋酸杆菌属（*Acetobacter*）

醋酸杆菌属为革兰氏阴性(少数可变)。严格好氧，细胞椭圆形到杆状，直或稍弯，为(0.5～2.5）μm×（1.2～10）μm，单个、成对或成链状排列，无孢子，以周身鞭毛运动或不运动。醋酸杆菌非常容易发生变异，在琼脂平板上的菌落从正圆形、隆起、表面湿润、大小一致的“光滑型”菌落，变异成不正圆、扁平、表面粗糙、颗粒状结构的“粗糙型”菌落。在有的种中退化型是常见的，可以是球状、细长、膨大、弯曲、分枝或丝状的。醋酸杆菌不产生色素，适宜生长温度为 25～30℃，适宜 pH 为 5.4～6.3。

醋酸杆菌为化能异养，呼吸代谢，从不发酵，氧化酶阴性，接触酶阳性，可以氧化乙醇产生乙酸，氧化乙酸盐和乳酸盐成二氧化碳和水，故乙醇和乳酸都是该属菌很好的碳源。大多数的菌株可利用六碳糖和甘油作为碳源。不水解乳糖、糊精和淀粉。

该属模式种是醋酸醋杆菌（*Acetobacter aceti*），常用来制造食醋，但在酒精饮料中可使乙醇氧化而变酸，这是其有害的一面。该属菌常在粮食、水果、蔬菜、醋、酒中发现。

4. 埃希菌属（*Escherichia*）

埃希菌属为革兰氏阴性，短直杆菌，为（1.1～1.5）μm×（2.0～6.0）μm，无芽孢，周身鞭毛，运动或不运动，单个或成对排列。有些菌株有荚膜，属中温性细菌，生长适宜温度为 30～37℃，兼性厌（好）氧。在简单的培养基上易生长。菌落光滑或粗糙，也可以形成黏液状的菌落。

能利用有机碳化物作为碳源和能源，可以利用乙酸盐，但不利用柠檬酸盐作为唯一碳源，发酵葡萄糖和其他碳水化合物，产生乳酸、乙酸和甲酸，甲酸部分可被甲酸脱氢酶分解为等量的 CO_2 和 H_2。DNA 中（G＋C）%为 48%～52%。

该属目前已发现有 5 种，模式种是大肠杆菌，即大肠埃希菌（*Escherichia coli*），是人和哺乳动物肠道中的正常菌群。在人和家畜粪便中极易分离到。常随肠道传染病菌排出体外污染食品，通过对食品大肠杆菌菌数的测定可以间接指示食品被污染的情况，因此常将大肠杆菌作为卫生指标微生物。该菌除存在于动物肠道中外，还广泛分布于水、污水、土壤、谷类、乳制品等基质中。

5. 沙门氏菌属（*Salmonella*）

沙门氏菌属属于肠杆菌科，革兰氏阴性杆菌，为（0.7～1.5）μm×（2.0～5.0）μm，除少数种外，有周身鞭毛，能运动，无芽孢，无荚膜，兼性厌氧菌。生长适宜温度为 35～37℃，适宜 pH 为 6.5～7.5，适宜生长水活度为 0.94～0.97。

分解葡萄糖，多数能产气。不分解乳糖、蔗糖、侧金盏花醇、水杨苷；不产生吲哚，不产生乙酰甲基甲醇。不凝固牛乳、不液化明胶、不分解尿素。产生硫化氢，还原硝酸盐为亚硝酸盐。

沙门氏菌属包括 4 个亚属，根据血清学反应目前约可分为 2000 多种菌型，是人畜共患的致病菌，常污染食品引起沙门氏细菌性食物中毒，尤其以肉类食品食物中毒为主。因此，沙门氏菌是食品卫生检验中一个很重要的卫生指标菌，该属细菌分布很广，多分布于食品、土壤、水等基质中。

6. 志贺氏菌属（*Shigella*）

志贺氏菌属为革兰氏阴性，无鞭毛，不运动，无芽孢，好氧杆菌。生长最适温度为 37℃，不产生硫化氢，发酵碳水化合物，产酸不产气。氧化酶阴性，耐盐力 5%～6%，最适 pH 为 7.0。

志贺氏菌属由痢疾志贺氏菌（A 群）、费氏菌（B 群）、鲍氏菌（C 群）和索氏菌（D 群）4 群组成。在 KCN 培养基上不生长。DNA 的（G + C）%是 49%～53%。该属菌是引起人类细菌性痢疾的病原菌。常污染食品、牛乳和水等，可导致痢疾暴发流行。该属细菌的抵抗力较其他肠道菌弱，在食品中存活期较短，但仍是食品卫生指标中的重要微生物之一。

7. 变形杆菌属（*Proteus*）

变形杆菌属是与志贺氏菌属和沙门氏菌属类似的病原性肠道细菌。革兰氏阴性、无芽孢，周身鞭毛、运动性活跃的杆菌。为（0.4～0.8）μm×（1.0～3.0）μm，在固体培养基上呈现游走现象。而且在培养基上很快形成薄而扩展的阿米巴状菌落。难以形成圆的、独立的单个菌落。生长最适温度为 37℃。

变形杆菌属分解各种糖的能力较弱，可以分解蔗糖生成酸和气，分解蛋白质能力很强，是好气性腐败菌的代表。能引起肉、蛋的腐败并产生腐败的臭味。尿酶阳性。在引起动物性食品腐败时，产氨和 pH 上升特别激烈。具有氨基酸脱羧酶，使氨基酸变成胺，因而可引起食物中毒。

该属菌在自然界分布极广，鱼、蟹、水产加工品中很多，可在人畜的肠道，腐物上寄生。模式种为普通变形杆菌（*Proteus vulgaris*）。

8. 欧文氏菌属（*Erwinia*）

欧文氏菌属为革兰氏阴性直杆菌，为（0.5～1.0）μm×（1.0～3.0）μm，单生或成对，有时成链；无芽孢，周身鞭毛，能运动。适宜生长温度为 27～30℃，最高温度为 32～40℃。兼性厌氧，有些种厌氧生长微弱。发酵葡萄糖、果糖、半乳糖、蔗糖，产酸不产气或产生极少量的气。只能水解淀粉成糊精，可利用乙酸盐、延胡索酸盐、葡萄糖酸盐、苹果酸盐和琥珀酸盐作为碳源和能源。不利用苯甲酸盐和丙酸盐，对氨基酸无脱羧作用。氧化酶阴性，接触酶阳性。

该属菌为植物病原菌、腐生菌或植物体表的附生菌。典型代表种为草生欧文氏菌（*Erwinia herbicola*）。在新收获小麦上的细菌区系中占优势，可占细菌总数的 80%～100%。但至今尚未发现它对储粮有什么危害作用。随着储藏时间的延长，会逐渐减少，甚至消失，而被其他腐生菌所代替，故常把它作为粮食品质新鲜程度的标志。

9. 黄杆菌属（*Flavobacterium*）

黄杆菌属为革兰氏阴性菌，细胞从球杆状到细长杆状，为 0.5μm×（1.0～3.0）μm，周身鞭毛，能运动或不运动，无芽孢，兼性厌氧。在特殊的温度下能产生黄、橙、红和茶色色素。色彩随培养基和温度变化而变化，在温度 15～20℃时颜色特别显著，要产生大量色素需要经常光照。色素不溶于培养基的水中。菌落呈典型的半透明，光滑、圆形，偶尔是不透明的。培养温度低于 30℃为宜，高温能抑制生长。少数种在 39℃时生长。化能异养，呼吸代谢，发酵能力较弱，一般在含碳水化合物的培养液中不产酸，不产气。氧化酶和接触酶阳性。

该属菌广泛分布在土壤、淡水和海水中，除在新收获稻谷和其他粮食上常见到外，也常见于蔬菜、乳制品中，与肉表面的着色，鱼、蟹类、家禽、蛋、黄油、牛奶等变质有关。

（二）革兰氏阳性菌

1. 芽孢杆菌属（*Bacillus*）

芽孢杆菌属为革兰氏染色阳性，细胞呈直杆状，为（0.5～2.5）μm×（1.2～10）μm，常成对或链状排列，具有圆端或方端，以周生鞭毛运动。芽孢椭圆、卵圆、柱状或圆形，不同的种，芽孢产生的位置不同。芽孢能抗许多不良环境，芽孢的产生不被氧所抑制。好氧或兼性厌氧。化能异养型，利用各种底物，严格的呼吸代谢，或严格的发酵代谢或者两者兼有，接触酶阳性。

该属与食品相关的常见种有：枯草芽孢杆菌（*Bacillus subtilis*）、巨大芽孢杆菌（*Bacillus megaterium*）、蜡样芽孢杆菌（*Bacillus cereus*）、炭疽芽孢杆菌（*Bacillus anthracis*）等。芽孢杆菌广泛存在于土壤、水、植物表面及其他环境中；在粮食上芽孢杆菌较多，特别是发热的陈粮上最多；蜡样芽孢杆菌等还与细菌性食物中毒有关。

2. 梭菌属（*Clostridium*）

梭菌属细胞杆状，为（0.3～2.0）μm×（1.5～2.0）μm，常排列成对或短链状，端部圆或渐尖，通常多形态，幼龄时革兰氏染色常呈阳性，在极端形成大于菌体的芽孢，芽孢卵圆形至球形，导致细胞膨大成梭状。严格厌氧。多数种周身鞭毛，能运动。接触酶通常阴性。分解葡萄糖等多种糖类。有的分解蛋白质，有的不分解蛋白质。发酵代谢，发酵糖产生各种有机酸，通常为乙酸和丁酸及少数的乙醇和丙酮，产生氧气和氢气。模式种为丁酸芽孢梭菌（*Clostridium butyricum*）。

该属菌中种的鉴定主要是根据芽孢在细胞内的位置，其次为是否水解明胶。此外，还有在普通常用培养基上是否生长，是否需要特殊的营养物质等。

该属菌污染发酵的豆、麦制品，牛肉、羊肉等肉类食品。此外，还可以污染鱼类、奶制品、水果罐头等。热解糖梭菌（*Clostridium thermosaccharolyticum*）是食品加工中最难杀灭的污染菌之一；由于肉毒梭菌（*Clostridium botulinum*）能产生剧毒的肉毒毒素，因此它是低酸性食品加工时热杀菌的指标菌。

3. 微球菌属（*Micrococcus*）

微球菌属为革兰氏阳性球菌，细胞球形，直径 0.5～2.0μm，单生、双生或形成四联球状，但不形成链状。通常不运动，严格好氧，生长适宜温度为 25～37℃，耐盐力为 5%，在简单培养基上生长良好，并可产生黄色、红色色素。

化能异养，通常可以利用碳水化合物，完全分解成二氧化碳和水。可以利用丙酸盐、乙酸盐等，不产生吲哚，接触酶阳性，常显弱阳性。该属的种营养要求不一致，有些菌种以磷酸铵作为唯一氮源，或以谷氨酸作为碳源、氮源和能源。以硫胺素或生物素作为生长素。

该属菌分布广泛，存在于土壤、水中，在人、畜的皮肤上也常发现，陈粮中很多。

4. 葡萄球菌属（*Staphylococcus*）

葡萄球菌属为革兰氏阳性球菌，直径 0.5～1.5μm，形成单球、双球和不规则的葡萄状排列。不运动，无芽孢。兼性厌氧，但在好氧条件下生长良好，适宜温度为 30～37℃。呼吸或发酵代谢，在有氧条件下氧化水解多种糖，产生乙酸和少量二氧化碳。在无氧条件下发酵葡萄糖生成乳酸。接触酶阳性。生长要求氨基酸、烟酸、泛酸等。

该属菌产生橙黄色色素的菌株很多，白色菌株也能见到。多数是从动物生乳、干酪或者酿造物（清酒、豆酱、酱油或初期的醪）中分离到。模式种金黄色葡萄球菌（*Staphylococcus aureus*）是人皮肤、黏膜上的常见菌，为条件致病菌。污染食品后在适宜的条件下可产生毒素，导致摄食者食物中毒。

5. 链球菌属（*Streptococcus*）

链球菌属为革兰氏阳性球菌，直径 0.5～2.0μm，细胞球形到卵圆形，可形成双球，短链和长链状排列。无芽孢，无鞭毛，不运动，多数无荚膜，好氧或兼性厌氧。在普通培养基上生长不良。产生或不产生色素。能发酵葡萄糖产生右旋性乳酸，接触酶反应阴性。

该属包括 29 种，嗜热链球菌（*Streptococcus thermophilus*）是酸乳制品生产的常用菌种。该属菌在应用 16S rRNA 序列同源性和化学分类以后，其分类体系发生了很大的变化，如在酸菜腌制中常见的乳酸链球菌原属于该属，现已划归至乳球菌属（*Lactococcus*）。

6. 乳酸杆菌属（*Lactobacillus*）

乳酸杆菌属革兰氏阳性，老龄培养物中的细胞可能是阴性，为（0.5～1.2）μm×（1.0～10.0）μm，形态变化很大，从长的和细长杆状到球杆状，单生或链生，少数有双歧分枝或原始分枝。通常不运动，运动者具有周身鞭毛。不形成芽孢。微好氧、厌氧，有些菌株严格厌氧。实验室常用的很多细菌培养基上生长非常微弱或不生长，营养要求严格，生长中要求多种氨基酸、维生素、肽、核酸衍生物、盐类及作为能源的碳水化合物。生长适宜温度为 30～40℃。耐酸性很强，适宜 pH 为 5.5～5.0 或更低些。发酵代谢，多数种可发酵乳糖，不利用乳酸。葡萄糖发酵时，终产物中至少有一半是乳酸。其他产物可能有乙酸、甲酸、琥珀酸，二氧化碳和乙醇。极少见硝酸盐还原反应。不液化明胶，不产生吲哚和硫化氢，不产生色素，偶有黄、橙或锈红色色素。接触酶和氧化酶阴性。根据利用葡萄糖进行同型发酵和异型发酵，将该属分成两群，即同型发酵群和异型发酵群。

该属菌常见于粮食、蔬菜、发酵面团、酒、麦芽汁、水、酸泡菜中。尤其在乳制品、青贮饲料和人的肠道中很多。

第二节　放　线　菌

放线菌（actinomyces）由于菌落呈放射状而得名，是呈菌丝状生长和以孢子繁殖的单细胞原核微生物。该菌具有分枝状的菌丝，与霉菌相似，曾被认为是“介于细菌与霉菌之间的微生物”。随着现代生物研究技术的发展，已确认放线菌属于原核微生物的范畴，而且至今发现的放线菌革兰氏染色多数呈阳性，与细菌十分接近。

放线菌大多数为腐生菌，少数为寄生菌，在自然界分布广泛，特别在含水量较低、有机物丰富和弱碱性土壤中存在较多。在粮食和食品上也能经常见到，尤其是陈粮及含泥尘、杂质多的粮食上更常见。放线菌不但能使食品和粮食发出刺鼻的异味，某些嗜热放线菌还是粮食储藏期间发热的促进者。

放线菌与人类的关系极其密切，最大的经济价值是产生很多种抗生素，据不完全统计，目前，由放线菌生产的抗生素约占已知抗生素的 2/3。近年来发现的许多新型生化药物，如抗癌药物、免疫抑制剂和杀虫剂等多数都是放线菌的次级代谢产物。

一、放线菌的形态与构造

放线菌的细胞为丝状，称为菌丝。菌丝不断分枝缠绕形成具有一定空间形态特征的菌丝聚集体，称为菌丝体。在营养生长阶段，菌丝内无隔膜，因此一般呈多核的单细胞状态。放线菌具有原核生物的细胞结构，即细胞壁、细胞膜、细胞质及核质。从形态及功能上来看，放线菌菌丝体可分为三部分，即基质菌丝、气生菌丝和孢子丝。

基质菌丝又称为营养菌丝，这种菌丝生长在培养基内或紧贴培养基表面，纠缠在一起形成密集的分枝菌丝，主要用来吸收各种营养物质。基质菌丝大部分都有颜色，有白色、奶油色、黄色、粉色、橙色、绿色、棕色甚至黑色，其色素为水溶性或脂溶性的。色素的产生随菌种和培养基的成分不同而异。

气生菌丝是基质菌丝生长到一定阶段后，从培养基表面伸向空气中的菌丝。气生菌丝一般颜色较深，较基质菌丝粗大，通常它的覆盖使菌落表面呈棉絮状、粉状和颗粒状。气生菌丝常有白、黄、红、橙、蓝、紫等颜色。

孢子丝是由气生菌丝发育到一定阶段特化而成的，然后分裂成孢子。孢子丝在气生菌丝上着生的方式常有交替着生、丛生或轮生的区别，孢子丝的形状有直的、波曲的、螺旋的。螺旋则有松有紧，有大有小，有左旋右旋之分。螺旋长的达 5～10 个，甚至以上，短的仅有 1～2 个。孢子丝和孢子是放线菌的繁殖器官，是分类鉴定的重要依据（图 2-12）。

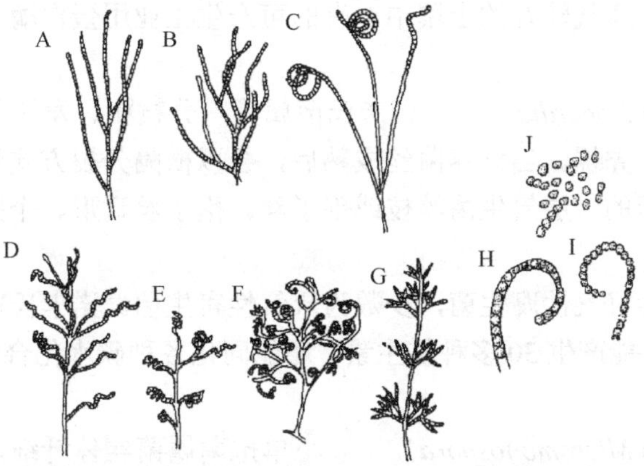

图 2-12　放线菌的孢子丝和孢子形态

A. 垂直形；B. 波曲形；C. 螺旋形；D. 松螺旋单轮生；E. 紧螺旋交替着生；F. 紧螺旋丛生；G. 无螺旋二级轮生；H. 孢子丝内细胞质分段凝聚；I. 孢子形成，孢子丝消失；J. 成熟的孢子

二、放线菌的繁殖特征

放线菌主要以形成孢子的方式进行繁殖。大多数放线菌类群当菌丝生长到一定阶段后即可分化产生孢子丝。根据电子显微镜对放线菌孢子丝超薄切片的观察表明，孢子丝形成分生孢子的过程是通过横隔分裂完成的。横隔分裂的形式有两种：一种是由细胞膜内陷并形成横隔膜，从而把孢子丝分割成许多分生孢子；另一种是细胞壁和细胞膜同时内陷，再逐步向内收缩，将孢子丝缢裂成分生孢子链。

游动放线菌属（*Actinoplanes*）等少数类群的放线菌，气生菌丝或基质菌丝顶端膨大，形成圆形、椭圆形或梨形的“囊状结构”，在囊的内部聚集大量细胞核物质并与其周围的细胞质浓缩形成孢囊孢子。孢囊成熟后，孢囊孢子从孢囊中释放出来。

放线菌在液体培养时很少形成孢子，但菌丝可断裂形成片段，每个断裂的片段即可繁殖成新的菌体丝。

三、放线菌的菌落特征

放线菌的菌落生长局限，较小而薄，多为圆形，光滑或有皱褶，边缘有辐射状的菌丝，着生牢固，用接种针不易挑起，这是因为放线菌产生的基质菌丝深入培养基质内，气生菌丝又紧贴在基质表面交织成网状。菌落初期较光滑，后期产生孢子后呈粉状。菌落的颜色随基质菌丝和气生菌丝的颜色的不同而变化，有些放线菌可产生水溶性的色素，可使培养基带上相应的颜色。

四、放线菌的常见类群

引起食品腐败变质的放线菌很少，仅有链霉菌属可能对食品有所危害。与人们生活密切相关的放线菌主要有以下几种。

（1）链霉菌属（*Streptomyces*）　链霉菌属是放线菌最大的一个属，已知的有 1000 多种。该属放线菌的最大特点是集中了绝大部分生产抗生素的菌种，已知放线菌所产抗生素的 90%由该属产生。链霉菌的基质菌丝纤细，无横隔，多分枝。气生菌丝较发达，直径通常比基质菌丝粗 1～2 倍。孢子丝为长链状，单生，呈直形、波曲或螺旋状，成熟时呈现各种颜色。常分布于含水量较低、通气较好的土壤中。有的可产生工业用蛋白酶、葡萄糖异构酶及维生素 B_{12} 等。

（2）诺卡氏菌属（*Nocardia*）　诺卡氏菌属具有分枝状、发达的营养菌丝，但多数无气生菌丝，菌落平坦、秃裸。当营养菌丝成熟后，会以横隔分裂方式形成分生孢子。少数种在营养菌丝表面覆极薄的一层气生菌丝枝或孢子丝。孢子丝直形、个别种呈钩状或螺旋状，具横隔膜。

诺卡氏菌属大多为好气性腐生菌，少数为厌气性寄生菌。诺卡氏菌主要分布在土壤中，现已报道有 100 余种，能产生 30 多种抗生素，还能同化各种碳水化合物，有的能利用碳氢化合物、纤维素等。

（3）小单孢菌属（*Micromonospora*）　小单孢菌属菌丝体纤细，只形成基质菌丝，深入培养基内，不形成气生菌丝。在基质菌丝上长出多个分枝，顶端着生单个孢子。该属有 30 多种，也是产生抗生素较多的一个属，如庆大霉素就是该属中的棘孢小单孢菌和绛红小单孢菌产生的。

（4）放线菌属（*Actinomyces*）　放线菌属菌丝细长，无分隔，有分枝，不形成气生菌丝，也不产生孢子，多为厌气或兼性厌气菌。该属菌以裂殖方式繁殖，培养比较困难，致病菌多。

第三节　真　菌

真菌是自然界中很大的一个类群，无论在土壤、水体、空气，还是在人类生产的各类工农业产品上，都有真菌的分布或间接地与真菌相关。据估计，地球上存在的真菌种类可达 100 多万种，目前人类已经认知的自然界中的真菌仅占其很小的一部分。

真菌与人类活动关系密切，对食品行业更有重大的影响。蘑菇、木耳是人类的美食；灵芝、虫草是良好的药材；酵母菌是酒类酿造，面包、馒头制作不可缺少的发酵剂；调味品、有机酸、酶制剂等食品工业和人类生活必需品的大量生产更离不开真菌的参与。同时，真菌对食品行业也产生巨大的危害性，仅引起粮食、食品的霉腐变质就可造成惊人的经济损失。本节主要介绍与食品行业有密切联系的真菌常见类群。

一、真菌的基本概念

真菌属于真核生物，虽然种类繁多，但其有区别于动、植物的共同特征，是独特的生物类群。真菌具有以下基本特点：①细胞具有真正的细胞核，能进行有丝分裂；②除酵母菌外，多数为丝状体，菌丝呈顶端生长；③具细胞壁，多数细胞壁含纤维素或几丁质；④异养型，无化能合成作用，需从胞外吸收营养物；⑤通过无性和有性繁殖的方式产生孢子延续种族。

（一）真菌细胞的主要结构

真菌细胞有典型的真核生物细胞结构，无论是细胞器的构造、化学组成，还是其生物学功能都与其他真核生物相似，而与细菌等原核生物有显著的不同。图 2-13 和图 2-14 分别为霉菌菌丝细胞和酵母菌细胞的一般结构。霉菌和酵母菌均为与食品密切相关的微生物，它们虽然在形态上有所差异，但在细胞构造上是基本相同的。

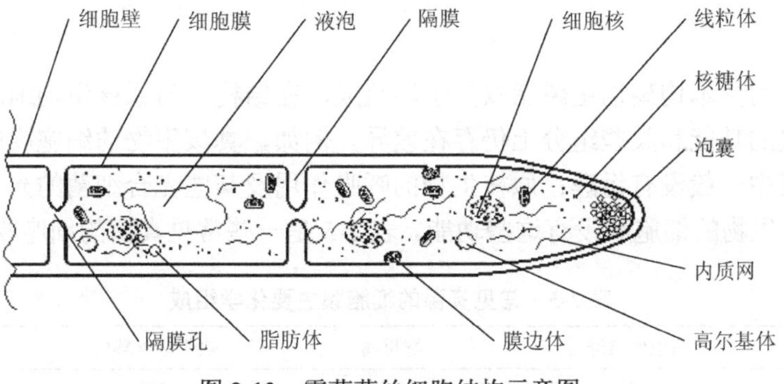

图 2-13　霉菌菌丝细胞结构示意图

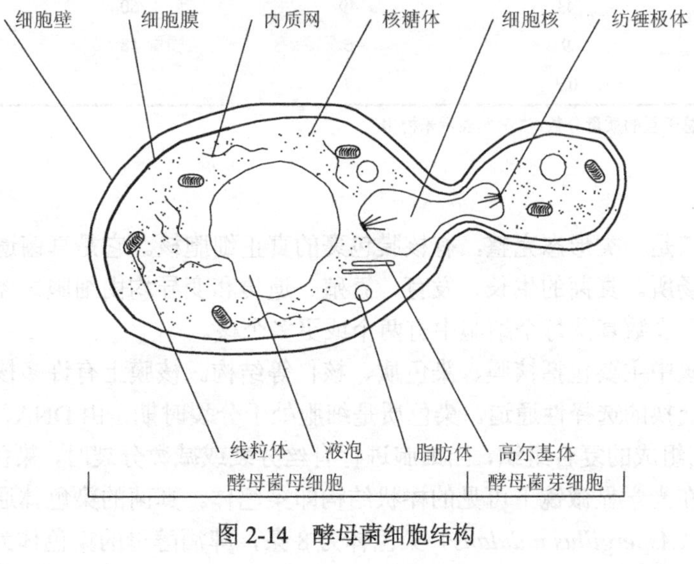

图 2-14　酵母菌细胞结构

1. 细胞壁

真菌细胞壁具有较高的机械强度和一定的刚性，在固定细胞外形，保护菌体细胞免受外界不良因子损伤，调节营养物质的吸收和代谢产物的分泌等方面起重要作用。

真菌细胞壁的厚度一般为 0.1～0.2μm，重量占细胞干物质的 30%左右。细胞壁的化学成分主要为多糖，如纤维素、葡聚糖、甘露聚糖等。研究发现，低等真菌的细胞壁成分以纤维素为主，酵母菌以葡聚糖为主，而高等陆生真菌则以几丁质为主。此外，细胞壁中还含有少量的蛋白质和类脂等物质。不同真菌的细胞壁组分有所差异，甚至同一种真菌在不同的生理阶段其细胞壁的成分也不完全相同。表 2-4 列出了几种常见真菌的细胞壁主要成分。

表 2-4　常见真菌的细胞壁主要成分

成分	毛霉（接合菌）	曲霉（半知菌）	酵母（子囊菌）	裂褶菌（担子菌）
葡聚糖	0	43	29	61
几丁质	9	19	1	10
壳聚糖	33	—	0	—
甘露聚糖	2	2	31	<3
蛋白质	6	11	13	7
脂类	8	5	9	3

注：数字为细胞壁总干重的质量分数；“—”表示未检出

2. 细胞膜

真菌细胞膜的基本构架也由磷脂双分子层组成，在结构上与原核生物细胞的膜没有本质的区别，但在膜的功能和某些组分上仍存在差异。例如，真核生物的细胞膜中含甾醇，而原核生物的细胞膜中一般没有甾醇；原核生物的呼吸作用及某些光合细菌的光合作用在细胞膜中进行，而真核生物的细胞膜没有这些功能。表 2-5 是一些常见真菌的细胞膜主要化学组成。

表 2-5　常见真菌的细胞膜主要化学组成

成分	白色假丝酵母	酵母属	热带假丝酵母	脉孢霉属
类脂	52	39	23	29
蛋白质	43	49	60	56
碳水化合物	9	5	18	14
核酸	0.3	7	—	2

注：数字为细胞膜总干重的质量分数；“—”表示未检出

3. 细胞核

真菌的细胞核是一类形态完整，有核膜包裹的真正细胞核。它是真菌遗传信息储存、复制和转录的主要场所。真菌的生长、发育、繁殖、遗传和变异均由细胞核控制。每个真菌细胞通常有一个核，少数真菌每个细胞中有两个或更多个核。

真菌的细胞核中主要包括核膜、染色质、核仁等结构。核膜上有许多核孔，是细胞核与细胞质进行物质交换的选择性通道。染色质是细胞处于分裂时期，由 DNA、组蛋白、其他蛋白质及少量 RNA 组成的复合组织，当细胞进行有丝分裂或减数分裂时，染色质丝经盘绕、折叠、浓缩后变成在光学显微镜下可见的棒状结构即染色体。真菌的染色体通常多于一条，如常见的构巢曲霉（*Aspergillus nidulans*）染色体为 8 条，啤酒酵母的染色体为 17 条。

4. 细胞质和细胞器

真菌的细胞质和细胞器包括了真菌细胞膜内，除核以外的所有物质。真菌的细胞器较原核生物更复杂，主要包括核糖体、内质网、高尔基体、线粒体、液泡等。

真菌核糖体在功能上与原核生物核糖体相同，但其个体更大些，沉降系数为 80S。内质网是由脂质双分子层围成的囊腔和细管系统，其内侧可与核膜的外膜相通。附有核糖体的内质网也称为粗糙内质网，内质网一般与细胞内物质的运输有关。

高尔基体是由一叠具有管状的扁平囊及其外围的小泡囊构成，它是对合成的蛋白质、脂类进行化学修饰的重要部位，目前仅在少数真菌中发现有内质网的存在。

线粒体是真菌进行氧化磷酸化的重要场所，一般其直径为 0.5～1.0μm，长度为 1.5～3.0μm；线粒体有自身的膜系统、环状双链 DNA 及 70S 核糖体。

真菌液泡的形态变化很大，可以进行大液泡的分割和小液泡的融合，一般随菌龄老化而增加；液泡的主要成分有各种碱性氨基酸、糖原、脂肪及酶等，具有维持渗透压、储存营养物及作为溶酶体的功能。

（二）真菌的营养体

霉菌的营养体呈丝状，其长度没有限制，直径一般为 5～10μm。根据菌丝中是否有隔膜可将霉菌的菌丝分为无隔菌丝和有隔菌丝。无隔菌丝中可以有多个细胞核，只有在形成繁殖体或菌丝受伤后才形成封闭型的隔膜。有隔菌丝是由真菌细胞壁向内做环状生长而将菌丝隔成一个个小室，菌丝的隔膜有孔，可以允许细胞内含物的流动。菌丝隔膜的存在可加强菌丝的机械强度。

酵母菌的营养体为单细胞非丝状的结构，其形态可随酵母种的不同、环境条件的变化及培养时间的长短而异。常见的酵母菌细胞形状有球形、椭圆形、卵形、柠檬形、腊肠状等。由于酵母菌不是通过二均分裂繁殖，细胞的形状一般不像细菌那样均一，同种酵母往往也可见到不同长度和形状的细胞。酵母菌细胞的尺寸比细菌大，通常可达到（5～6）μm×（7～20）μm。

（三）真菌的繁殖体

真菌有极强的繁殖能力，而且繁殖方式多样。一种真菌往往既可进行有性繁殖，也可进行无性繁殖。既能以各种孢子的形式繁殖，也能进行菌丝断裂等方式繁殖。但产生各种有性或无性孢子是真菌的主要繁殖方式。

1. 真菌的无性孢子

真菌通过无性繁殖产生无性孢子。无性繁殖是指菌丝不经两性细胞的配合而直接分化产生子代新细胞的繁殖方式。真菌常见的无性孢子有游动孢子、孢囊孢子、分生孢子、厚垣孢子等（图 2-15）。

（1）游动孢子　游动孢子是鞭毛菌微生物在孢囊内产生的一种无性孢子。这类孢子上通常有 1 或 2 根鞭毛，外表无细胞壁。真菌鞭毛的结构特征为鞭毛内部有 9 根周围纤丝包围着 2 根中心纤丝，与细菌的鞭毛在结构上有差异。

（2）孢囊孢子　孢囊孢子是接合菌在孢囊内产生的无性孢子。孢囊可以着生在菌丝顶端或孢囊梗的顶端，通常菌丝原生质首先密集于端部，结构膨大，并在下端产生隔膜；然后囊内的原生质割裂成许多小块，每一小块有一细胞核，外包原生质；最后形成孢子壁即发育成一个孢囊孢子。一个孢囊内可以有大量的孢囊孢子，当孢囊成熟后就会破裂，将孢囊孢子释放出来。

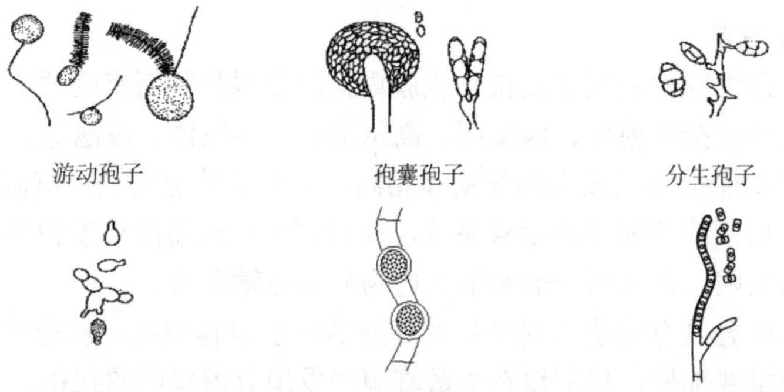

图 2-15　常见真菌的无性孢子

（3）分生孢子　　分生孢子是在菌体端部或分生孢子梗端部特化而成的单个或成簇的孢子，是真菌最常见的无性孢子。分生孢子的形状、大小、结构及着生方式多种多样，其形成的基本方式为芽裂型和菌丝型。常见的半知菌类、子囊菌类微生物均可以产生分生孢子进行无性繁殖。酵母菌芽殖产生芽孢子、地霉菌丝产生隔膜形成节孢子等均可归类于分生孢子。

（4）厚垣孢子　　厚垣孢子是某些真菌类群在一定条件下通过菌丝中间或顶端的细胞原生质浓缩，然后在外围生出厚壁与其他细胞组织分开，或使原细胞壁加厚而形成的厚壁细胞。厚垣孢子的形态、大小和着生部位可因真菌种类不同而异。

2. 真菌的有性孢子

真菌不同性别的细胞结合，一般经质配、核配及减数分裂过程产生的子代新个体称为有性孢子。常见的真菌有性孢子有卵孢子、接合孢子、子囊孢子、担孢子（图 2-16）。真菌产生的有性孢子种类是由其遗传因素决定的。

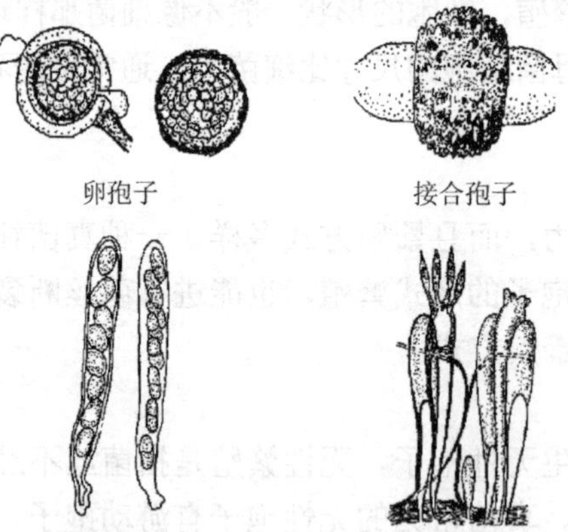

图 2-16　真菌常见的有性孢子

（1）卵孢子　　卵孢子由两个异形配子囊结合后发育而成，小型配子囊称为雄器，大型配子囊称为藏卵器。当两个异型配子囊结合时，雄器内的核与细胞质通过授精管进入藏卵器并与藏卵器内的卵球配合，此后卵球生出外壁发育成双倍体的卵孢子。低等的壶菌可产生这类有性孢子。

（2）接合孢子　　接合孢子是接合菌亚门真菌典型的有性孢子，它是由菌丝上生出形态相同或相近的两个配子囊接合而成，有同宗配合和异宗配合两种形式。当两个邻近的菌丝相遇时，各自向对方长出极短的侧枝，称为原配子囊；两个原配子囊接触后，各自顶端膨大并形成横隔，隔成一个细胞，称为配子囊；两个配子囊逐渐发育，中间的隔膜消失，两个配子囊的质与核经配合即形成双倍体的接合孢子。

（3）子囊孢子　子囊孢子是子囊菌形成的一类有性孢子。各类子囊菌形成子囊孢子的方式有所差异，其中高等子囊菌形成子囊孢子的过程比较复杂，有些酵母菌形成子囊孢子的方式最为简单，一般由两个性别不同的单倍体细胞接合，经质配、核配、减数分裂的过程即可形成子囊，子囊内有数个子囊孢子。

许多子囊菌产生的子囊包裹在由菌丝组成的包被内，形成具有一定形状的子实体，称为子囊果（ascocarp）。常见的子囊果有闭囊壳（cleistothecium）、子囊壳（perithecium）及子囊盘（apothecium），其特点为子囊壳的包被有一内外相通的孔口，闭囊壳的包被是封闭型的，子囊盘为盘状或杯状开口的子囊果（图 2-17）。

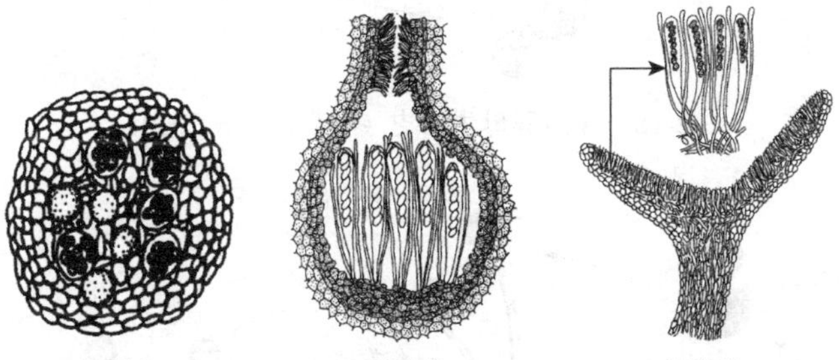

图 2-17　真菌的子囊果形态

（4）担孢子　担孢子是担子菌产生的有性孢子，是生长在担子上的外生型孢子。在担子菌中，两性器官多已退化，通常以菌丝结合的方式产生双核菌丝，双核菌丝的顶端膨大为担子，担子内两性细胞配合后形成一个二倍体的细胞核，经减数分裂和形成 4 个单倍体的核，同时可在担子上长出 4 个小梗，小梗稍微膨大，最后 4 个核分别进入小梗的膨大部位，形成 4 个外生的单倍体担孢子。

（四）真菌的生活史

真菌的生活史是指真菌从某种形态（如孢子）开始，经生长繁殖，其中包括无性繁殖和有性繁殖阶段，最后又产生该形态所经历的过程。由于真菌生理过程的多样性，不同真菌的生活史差别也较大。图 2-18 和图 2-19 分别是啤酒酵母及匍枝根霉（*Rhizopus stolonifer*）的生活史。

（五）真菌的菌落

菌落显示真菌在固体培养基上的生长特性，由于真菌，特别是霉菌的菌落特征变化较大，因此它们是霉菌鉴定的重要依据之一。

酵母菌与细菌一样没有菌丝体，形成的菌落一般表面湿润、光滑、黏稠，但与细菌菌落相比，酵母菌的菌落一般更大、更厚。

霉菌的菌丝发达，形成的菌落一般呈絮状、绒状、蜘蛛网状等。霉菌菌落表面的颜色有些是菌丝的颜色，有些则是其繁殖体的颜色，如曲霉、青霉菌落的颜色就是当分生孢子形成后才产生的颜色。有些真菌可产生水溶性的色素，可以在培养基中扩散，使菌落的背面带上相应的颜色。

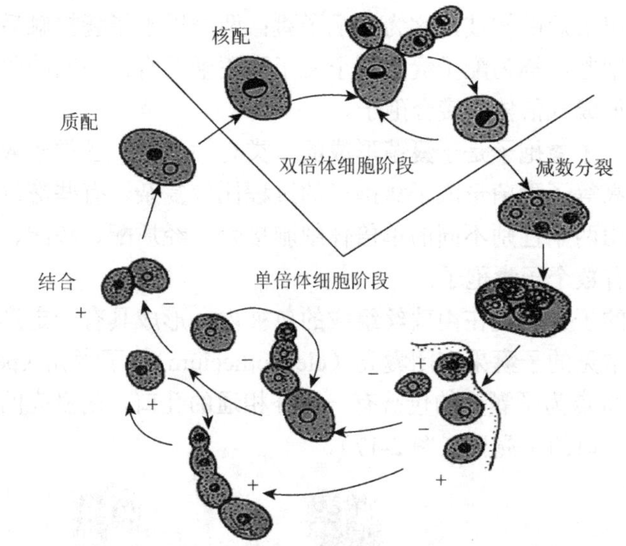

图 2-18　啤酒酵母生活史（引自沈萍，2000）

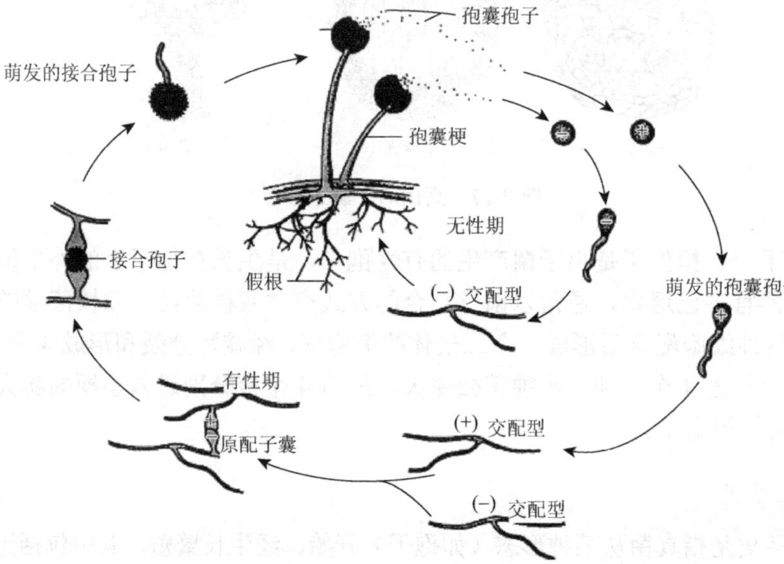

图 2-19　匍枝根霉（*Rhizopus stolonifer*）生活史（引自沈萍：2000）

二、酵母菌

酵母菌不是分类学上的名称，而是一类以芽殖或裂殖为主要特征的单细胞非丝状真菌的统称。一般认为，酵母菌具有以下 5 个特点：①个体以单细胞状态存在；②多数以出芽方式繁殖，少数种可进行裂殖或形成有性的子囊孢子；③能发酵糖类为细胞提供能量；④细胞壁化学组分常含甘露聚糖；⑤常在含糖量高的酸性环境中生活。

酵母菌被认为是人类的“第一种家养微生物”，其发酵产品极大地改善和丰富了人类的生活，如酒类的酿造、馒头和面包的制作、甘油发酵、有机酸发酵、单细胞蛋白的生产等，均是以酵母菌作为生产菌种。酵母菌也能给人类带来危害，腐生型酵母菌能使食品、纺织品及其他原料腐烂。少数酵母，如白假丝酵母（*Candida albicans*）和新型隐球菌（*Cryptococcus neoformans*）能引起人和一些动物的疾病。

酵母细胞生长到一定阶段时，细胞可向外突出，产生小芽，随后新合成的细胞壁物质不断地在芽和细胞之间的部位插入，导致芽的不断长大；同时复制的核与原生质被导入芽内，最后在芽与母细胞之间形成横隔壁并与母细胞分离。子代新酵母菌从母细胞上分离后可在母细胞上留下一个芽痕，相应地在子细胞细胞壁上的位点称为诞生痕（birth scar），也称为蒂痕。

有些酵母菌芽殖后的子细胞与母细胞连在一起成为链状或树枝状的结构，称为假菌丝。假菌丝与真菌丝有本质的不同，其中主要有以下三个方面：①假菌丝各细胞间的隔膜是封闭型的，而有隔菌丝细胞间的隔膜一般有隔膜孔；②假菌丝在细胞连接处通常向内缢缩、直径较小些，而真菌丝在横隔处无缢缩；③假菌丝受外力作用，如在水溶液中搅拌通常细胞容易分离，而真菌丝受外力作用不一定在隔膜处断裂。

（一）汉逊氏酵母属

汉逊氏酵母属（*Hansenula*）属于子囊菌亚门半子囊菌纲内孢霉目酵母科。

该属酵母菌的细胞呈球形、卵形、圆柱形或腊肠状。营养繁殖为多边芽殖，有假菌丝，有的有真菌丝。子囊形状与营养细胞相同，子囊成熟后破裂释放出子囊孢子。子囊孢子1～4个，呈帽形、土星形、圆形、半圆形，表面光滑。汉逊氏酵母属的各个种，可以是单倍体、二倍体或两种类型均有。同宗配合或异宗配合。形成或不形成菌醭（图2-20）。

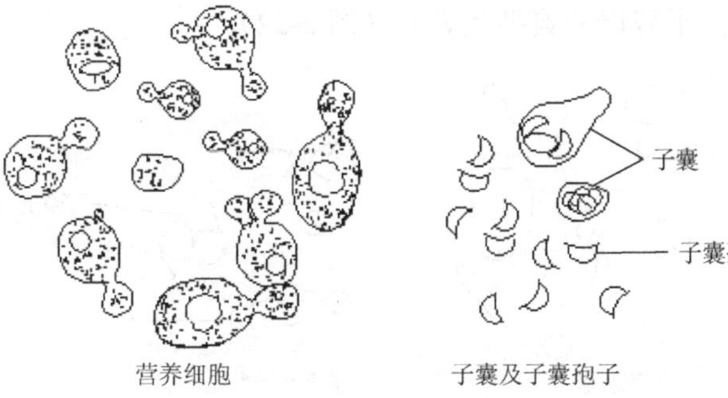

图2-20 汉逊氏酵母

该属酵母对糖有强的发酵作用，主要产物不是乙醇而是酯，不合成淀粉，可同化硝酸盐，并可利用葡萄糖产生磷酸甘露聚糖，用于纺织和食品工业。同时汉逊氏酵母有降解核酸的能力，微弱利用十六烷烃。

汉逊氏酵母是常见的酒类饮料污染菌。可在饮料表面生长成干而皱的菌醭。由于大部分种能利用乙醇作为碳源，该菌是乙醇发酵工业的有害菌。

（二）毕赤酵母属

毕赤酵母属（*Pichia*）属于子囊菌亚门半子囊菌纲内孢霉目酵母科。

该属酵母菌的细胞具有各种不同的形状。多边芽殖，多数种可以形成假菌丝。在子囊形成前，以同型或异型接合，或不接合。子囊孢子球形、帽形、土星形，常有一油滴在其中。子囊孢子表面光滑，有的孢子外壁层有痣点。每个子囊中有1～4个子囊孢子，通常子囊易破裂，释放出孢子（图2-21）。

该属菌发酵糖的能力弱，不产生乙醇、不同化硝酸盐，对正癸烷、十六烷氧化力较强。

日本曾用石油或农副产品或工业废料培养毕赤酵母生产单细胞蛋白。另外，还有的种能产生麦角固醇、苹果酸、磷酸、甘露聚糖等。毕赤酵母能耐高浓度乙醇，并使之氧化，是饮料酒的污染菌，常在酒类和酱油的表面形成一层白色干燥的菌醭。

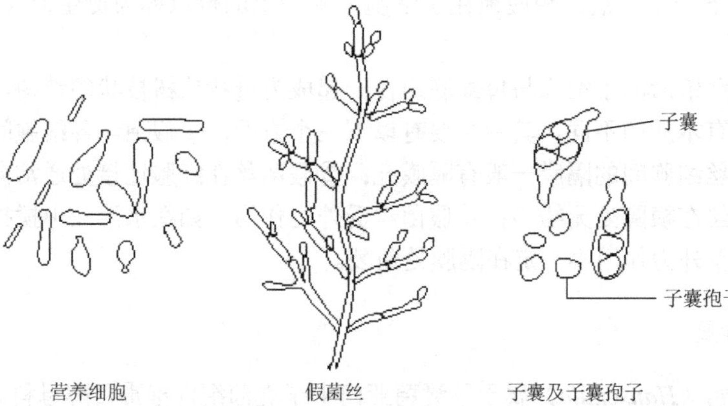

图 2-21　毕赤酵母

（三）啤酒酵母

啤酒酵母（*Saccharomyces cerevisiae* Hansen）在分类上属于子囊菌亚门子囊菌纲内孢霉目酵母科酵母属，是有孢子酵母的典型代表菌（图 2-22）。

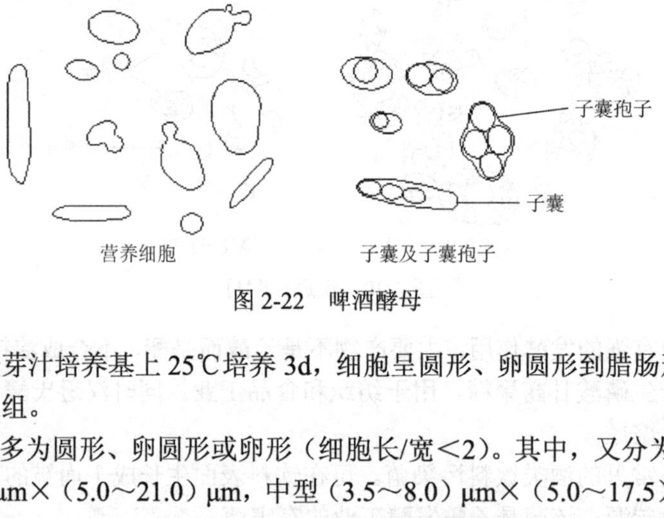

图 2-22　啤酒酵母

啤酒酵母在麦芽汁培养基上 25℃培养 3d，细胞呈圆形、卵圆形到腊肠形。按照细胞长与宽的比例可分为三组。

第一组：细胞多为圆形、卵圆形或卵形（细胞长/宽＜2）。其中，又分为大、中、小三型。大型（4.5～10.5）μm×（5.0～21.0）μm，中型（3.5～8.0）μm×（5.0～17.5）μm，小型（2.5～7.0）μm×（4.5～11.0）μm。无假菌丝或有较发达但不典型的假菌丝，主要用于制造饮料酒和面包。该组菌只适用于糖化淀粉为原料生产白酒和乙醇。

第二组：细胞以卵形和长卵形为主，也有些圆或短卵形细胞（细胞长/宽≈2）。按大小也分为三型，大型（3.5～9.5）μm×（6.0～14.0）μm，也有的可达 20μm，中型（3.0～7.5）μm×（5.0～14.0）μm，小型（2.5～6.0）μm×（3.5～13.0）μm。常形成假菌丝，但不发达也不典型。该组酵母主要用于酿造葡萄酒和果酒，也有用于啤酒业、蒸酒业和酵母工厂的。

第三组：大部分细胞长/宽＞2，即细胞较前两组都长。也分为三种类型，一型（2.2～5.5）μm×［6.0～14.0（～33）］μm，二型细胞略粗（4.0～7.0）μm×［8.0～16.0（～22）］μm，三型为中间型，细胞大小为（3.0～6.5）μm×［6.5～14.0（～23）］μm。常能形成很多假菌丝，但不典型，仅是长形细胞连成的树枝状。该组菌耐高渗透压，多用于发酵甘蔗糖蜜生产乙醇。

啤酒酵母生长的适宜温度为25～26℃，在麦芽汁上菌落为乳白色，有光泽、平坦，边缘整齐。繁殖方式主要是典型的芽殖。由营养细胞（2*n*）直接变成子囊，每个子囊中有1～4个圆形光面的子囊孢子。

啤酒酵母可以发酵葡萄糖、蔗糖、麦芽糖、半乳糖及棉子糖，但不发酵乳糖，不利用硝酸盐，能利用硫酸铵。

啤酒酵母广泛分布在各种水果表面、发酵的果汁、土壤（尤其是果园）、酒曲等上。

（四）产朊假丝酵母

产朊假丝酵母［*Candida utilis*（Henneb）Let Kregeve R］又称为产朊圆酵母或食用圆酵母（*Torula utilis* Henneberg）、食用球拟酵母［*Torulopsis utilis*（Henneb）Lodder］，属于半知菌亚门芽孢纲隐球酵母目隐球酵母科假丝酵母属。

该菌在葡萄糖-酵母汁-蛋白胨液体培养基中25℃培养3d，无醭，管底有菌体沉淀。细胞为圆形、椭圆形、圆柱形或腊肠形（图2-23）。细胞大小为（3.5～4.5）μm×（7.0～13.0）μm。

在麦芽汁琼脂培养基上菌落为乳白色，平滑，有或无光泽，边缘整齐或菌丝状。在加盖玻片的玉米粉琼脂培养基上仅产生原始假菌丝，或无假菌丝，不产生真菌丝，营养繁殖为多边芽殖。

能发酵葡萄糖、蔗糖、棉子糖，不发酵麦芽糖、乳糖、半乳糖和蜜二糖，有氧条件下不产乙醇。不分解脂肪，能同化硝酸盐和硫酸铵。可以利用糖蜜、土豆淀粉废水、木材水解液、造纸工业的亚硫酸废液大量培养产朊假丝酵母，生产富有蛋白质和维生素B的食用及饲用蛋白质。

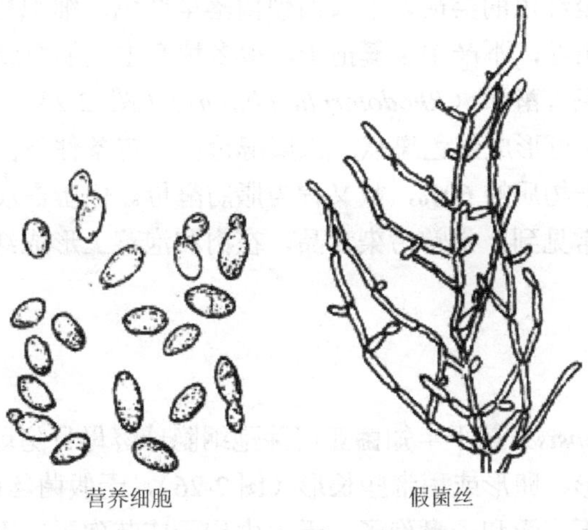

图2-23　产朊假丝酵母

（五）热带假丝酵母

热带假丝酵母［*Candida tropicalis*（Cast）Berkhout］属于半知菌亚门芽孢纲隐球酵母目隐球酵母科假丝酵母属。

在葡萄糖-酵母汁-蛋白胨液体培养基中，25℃培养3d，液面有醭或无醭，有环，菌体沉淀于管底。细胞卵形或球形，大小为（4.0～8.0）μm×（5.0～11.0）μm。在麦芽汁琼脂培养基上菌落白色到奶油色，无光泽或稍有光泽，软而平滑或部分有皱纹。培养久时菌落渐硬呈菌丝状。营养繁殖为多边芽殖（图 2-24）。

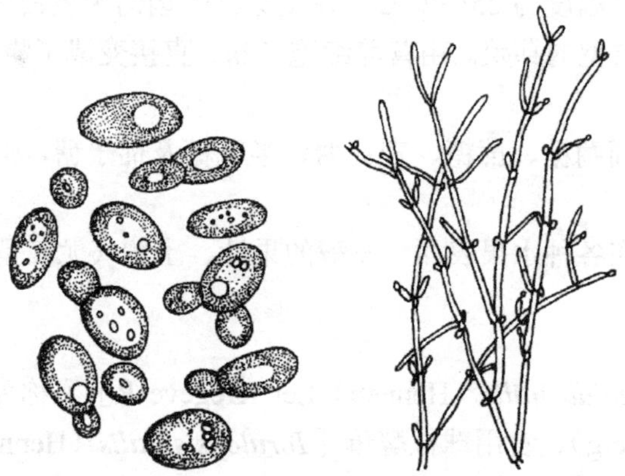

图 2-24　热带假丝酵母

热带假丝酵母发酵葡萄糖、麦芽糖、半乳糖和蔗糖，不发酵乳糖、棉子糖和蜜二糖。能同化葡萄糖、麦芽糖、半乳糖和蔗糖，不分解脂肪，不同化硝酸盐。热带假丝酵母氧化烃类的能力很强，因此为石油蛋白生产的重要酵母，用农副产品和工业废料也可以培养生产饲料蛋白。

（六）红酵母属

红酵母属（*Rhodotorula*）属于半知菌亚门芽孢纲隐球酵母目隐球酵母科。

该属菌因产生黄色至红色的类胡萝卜素而使菌落呈红色。细胞呈圆形、卵形或长形。多边芽殖，大多不形成假菌丝，不产生子囊孢子，很多种产生荚膜而成黏质菌落。

红酵母属代表种为黏红酵母（*Rhodotorula glutinis*）（图 2-25）、胶红酵母（*Rhodotorula mucilaginosa*），在食品上可形成红色斑点。该属酵母在一定条件下菌体内可积蓄大量脂肪，细胞内脂肪含量可高达干物质的 60%，故又称为脂肪酵母。但蛋白质含量较其他酵母低。

红酵母在空气中经常见到，常常污染食品，在肉和泡菜上形成红斑而使食品着色。在粮食上也经常分离到。

（七）球拟酵母属

球拟酵母属（*Torulopsis*）属于半知菌亚门芽孢纲隐球酵母目隐球酵母科。

该属酵母的细胞球形、卵形或稍带些长形（图 2-26），无假菌丝或仅有极原始的假菌丝。营养繁殖为多边芽殖，无子囊和子囊孢子，无内生孢子或节孢子。不产生色素，对多数糖有分解作用，在适宜条件下，能把 40%的葡萄糖转化成多元醇。另外，该属中有的种氧化烃类能力较强，有的种能生产有机酸、油脂等。在液体培养基中有沉渣及环，有时产生菌醭，但无干燥而蔓延的特征。

该属菌具有耐高浓度糖和盐的特性，如杆状球拟酵母（*T. bacillaris*）能在含糖 55%的蜂蜜中生存，故称为耐糖性酵母。易变球拟酵母（*T. versatilis*）是酱油中常见到的一种酵母，可使酱油具有特殊香味。该属菌常在果汁、乳制品及鱼贝类食品中出现。

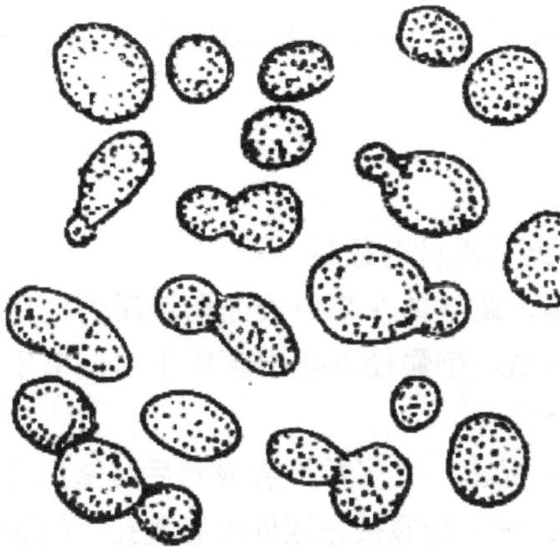

图 2-25　黏红酵母

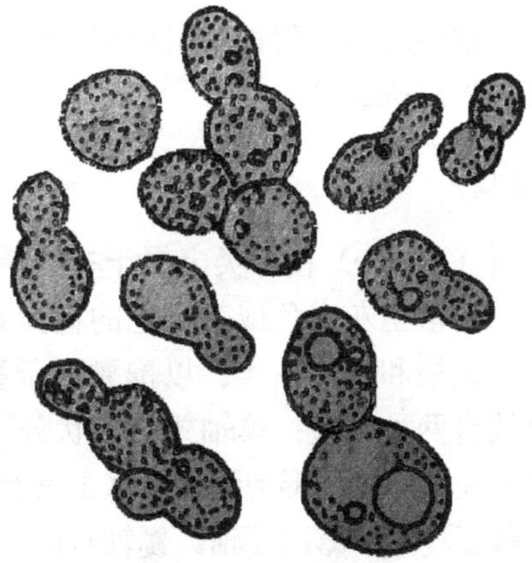

图 2-26　白色球拟酵母

三、粮食及食品中常见的霉菌

霉菌（mold）意为“发霉的真菌”，不是分类学上的名词，而是丝状真菌的通称。凡是生长在固体基营养基质上，形成绒毛状、棉絮状或地毯状菌丝体的真菌，统称为霉菌，是真菌的一部分。

霉菌在自然界分布很广，种类繁多。大多数的霉菌能够引起多种物质霉腐变质，对于粮食及各种食品的安全储藏及品质稳定有重要影响。另外，霉菌具有强大的分解和合成能力，成为食品工业重要的生产用菌，普遍用于传统的酿酒、制酱及发酵食品的制作；在乙醇、柠檬酸、抗生素、酶制剂、食品添加剂生产等方面，霉菌也被广泛地应用。下面主要介绍食品中常见的霉菌种类及其特征。

（一）根霉属

根霉属（*Rhizopus*）在分类上属于接合菌亚门接合菌纲毛霉目毛霉科。

根霉的菌落呈棉絮状，灰白色，老熟时变为灰黑色，其中表面密布黑色小点，即孢囊。根霉的菌丝为灰白色无隔膜菌丝，多核，分枝状。在培养基或自然基质上生长时，靠由营养菌丝产生的匍匐菌丝向四周蔓延。匍匐菌丝与基质接触处可分化出根状结构的菌丝，能伸入基质吸收营养并支撑上部菌丝体，即假根。从假根着生处向上长出一根或数根直立不分枝的孢囊梗，孢囊梗顶端膨大后形成孢囊，孢囊孢子在孢囊内形成。孢囊成熟后壁消解或成块破裂，释放出孢囊孢子。破裂的孢囊露出囊轴，呈球形或近球形。囊轴基部与孢囊梗相连处形成囊托。孢囊孢子球形、卵形、不规则形，或有棱角，或有线状条纹，无色或浅褐色、蓝灰色等，单细胞。

根霉有性繁殖产生接合孢子，除有性根霉为同宗配合外，目前已知的其他种都是异宗配合（图 2-27）。

根霉在自然界分布极广，土壤和空气中很多，也是实验室最常见的污染菌。根霉能引起各种有机物质腐烂，在发霉的食品和潮湿的粮食上很容易分离到；夏季家庭存放的馒头、米饭等淀粉质食品有时隔夜后长出绒毛状的霉菌往往就是根霉。另外，根霉在食品工业上的用途很广，用它制曲酿酒已有悠久历史。某些种可以产生乳酸、淀粉酶、脂肪酶、果胶酶等，有些根霉是转化甾族化合物的重要菌种。

常见和常用的根霉菌种有黑根霉（*R. nigricans*）、华根霉（*R.chinensis*）、米根霉（*R. oryzae*）、少根根霉（*R. arrhizus*）。

（二）毛霉属

毛霉属（*Mucor*）在分类上属于接合菌亚门接合菌纲毛霉目毛霉科。

毛霉的菌落呈灰白色或带褐色的棉絮状，不具横隔，菌丝体在基质表面和基质内广泛蔓延，不产生假根和匍匐菌丝。以孢囊孢子和接合孢子繁殖。孢囊梗直接由菌丝生出，单生或分枝。分枝有两种类型：单轴式的总状分枝及假轴状分枝。

孢囊梗顶端产生球形孢囊，囊壁上常有针状的草酸钙结晶。大多数孢囊成熟后其壁易消失或破裂，留下囊领，露出囊轴。囊轴有圆形、圆柱形。囊轴与孢囊梗相连处没有囊托。孢囊孢子呈球形、椭圆形或其他形状；单胞，大多无色；无线状条纹，壁薄而光滑。某些种产生厚垣孢子。有性繁殖产生接合孢子，多数为异宗配合，也有同宗配合的种类（图 2-28）。

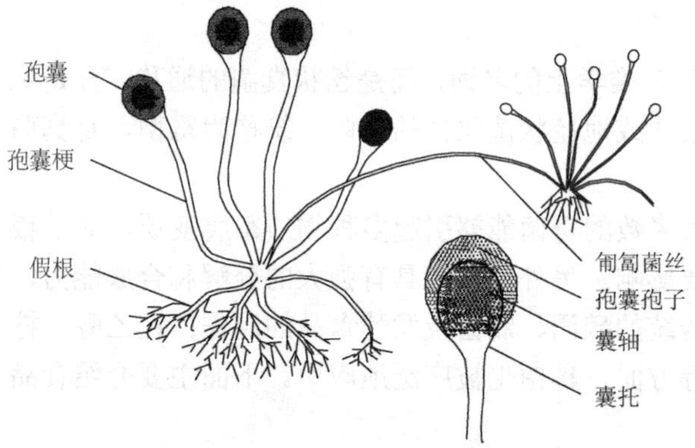

图 2-27　黑根霉

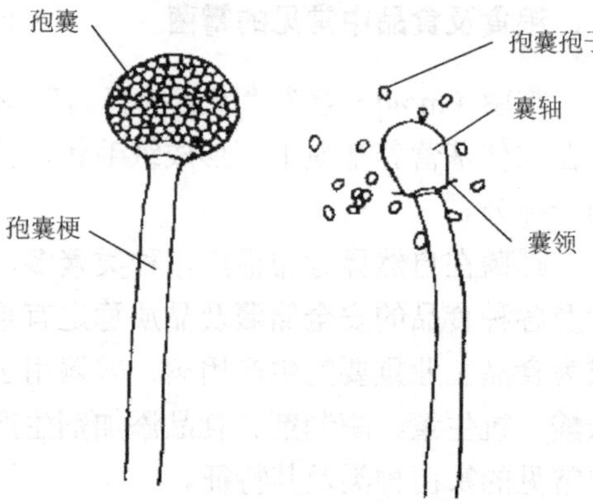

图 2-28　高大毛霉

毛霉种类多而且分布广，能参与高水分粮食的发热霉变。因具有嫌气的特点，在高水分密闭储藏的粮食中，可使粮食发酵变质。毛霉大都产生蛋白酶，能分解大豆的蛋白质，我国的腐乳就是以豆腐坯为原料经毛霉发酵制成的，可使腐乳产生芳香的物质及使蛋白质分解产生鲜味等。此外，毛霉有些菌种具有较强的糖化发酵能力，可用于酒曲、乙醇等有机酸工业原料的糖化和发酵，如鲁氏毛霉、爪哇毛霉等。

常见的毛霉有高大毛霉（*M. mucedo*）、总状毛霉（*M. racemosus*）、微小毛霉（*M. pusillus*）、刺囊毛霉（*M. spinosus*）、鲁氏毛霉［*M. roxianus*（Calmette）Wehmer］。

（三）犁头霉属

犁头霉属（*Absidia*）分类上属于接合菌亚门接合菌纲毛霉目毛霉科。

犁头霉的菌落呈棉絮状，灰褐色。菌丝体与根霉相似，产生弧形的匍匐菌丝，向四周蔓延，并在同基质接触处生出带有分枝的假根，不发达（图 2-29）。但它与根霉又有不同，它的孢囊梗是散生在匍匐丝中间，不与假根对生。孢囊梗大多 2～5 个成簇，很少单生，常有分枝。孢囊顶端呈洋梨形，有明显的囊托，孢囊壁与囊轴汇合处呈漏斗状的基部。囊轴呈锥形、近球形或其他形状。顶端有时有突起。孢囊孢子单胞，大多无色、无线状条纹。有性繁殖产生接合孢子，由一个或两个配子囊柄生出的附属物将接合孢子包围。有些种则不产生附属物，异宗配合或同宗配合。

犁头霉在自然界分布很广，常见于土壤、各种酒曲中，粮食和饲料上也经常见到。蓝色犁头霉（*A. coerulea*）具有转化多种甾族化合物的能力。

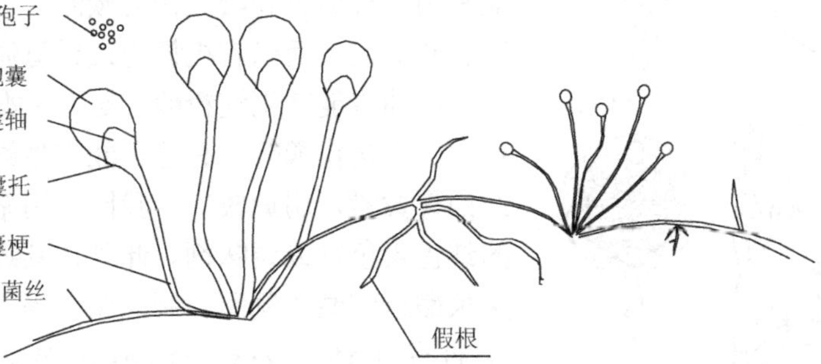

图 2-29 犁头霉

（四）共头霉属

共头霉属（*Syncephalastrum*）分类上属于接合菌亚门接合菌纲毛霉目共头霉科。

共头霉的菌落初为浅灰色，后变黑灰色，外观上与毛霉属和根霉属相似。菌丝体分枝甚繁，向四周蔓延。孢囊梗从菌丝长出，直立或倒状如匍匐菌丝，上面长出许多不定假根，但基部无假根。孢囊梗呈多次不规则分枝，每个分枝顶端膨大成泡囊，上面着生长形管状孢子囊，呈放射状，无囊轴，用低倍显微镜观察时类似曲霉菌的分生孢子头。孢囊孢子球形，呈串珠状生于孢囊内。有性繁殖产生黑色的接合孢子，有粗疣状突起，无附属物，异宗配合（图 2-30）。

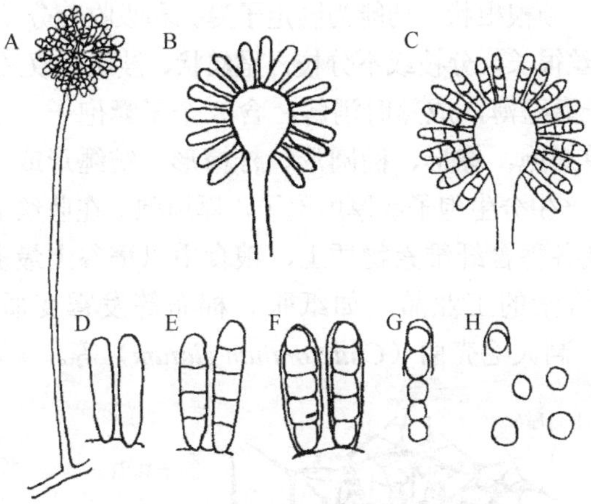

图 2-30 共头霉

A. 孢囊梗和聚生成头状的孢囊；B，C.头状孢囊的形成；D～H. 孢囊孢子的形成和释放

（五）红曲属

红曲属（*Monascus*）在分类上属于子囊菌亚门不整囊菌纲散囊菌目红曲科。

红曲霉在麦芽汁琼脂培养基上生长良好，菌落初为白色，老熟后变成粉红色、紫红色或灰黑色等，因种而异。通常都能产生红色色素。菌丝具有横隔膜，多核，分枝甚繁而且不规律（图 2-31）。菌丝体不产生与营养菌丝有区别的分生孢子梗。分生孢子着生在菌丝及其分枝的顶端，单生或成链。闭囊壳球形、有柄，内散生 10 多个子囊，子囊球形，含 8 个子囊孢子，成熟后壁解体，孢子则留在薄壁的闭囊壳内。

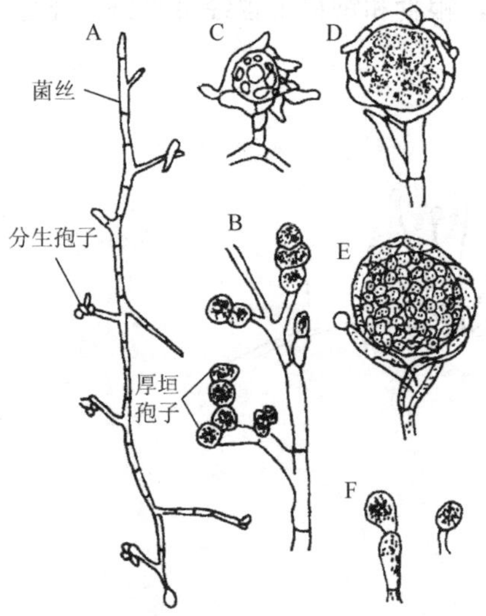

图 2-31　紫红曲霉

A，B. 菌丝、分生孢子、厚垣孢子；
C～E. 闭囊壳的形成过程；F. 厚垣孢子

红曲霉生长温度为 26～42℃，适宜温度为 32～35℃；适宜 pH 为 3.5～5.0，能耐 pH2.5 和 10%的乙醇。能利用多种糖类和酸类作为碳源，可同化硝酸钠、硝酸铵和硫酸铵，而以有机氮为最适氮源。

红曲霉能产生淀粉酶、麦芽糖酶、蛋白酶、柠檬酸、乙醇、麦角甾醇等；有些种能产生鲜艳的红曲霉红素和红曲霉黄素，用途较广。我国常用来培制红曲作为食品的红色染色剂或调味剂。此外，其还可以作为中药，或用来酿造红酒、制醋、制红腐乳等。重要的红曲霉有紫红曲霉（*Monascus purpureus* Went）和烟色红曲霉（*Monascus fulginosus* Sato）。

该菌分布很广，常出现在乳制品中，红曲霉最早是从我国红曲中发现的，在各地酿酒的大曲中也常见到。

（六）毛壳菌属

毛壳菌属（*Chaetomium*）分类上属于子囊菌亚门核菌纲球壳目毛壳科。

毛壳菌菌丝有隔膜、透明、交织。子囊壳表生、球形、卵形、瓶形等，顶端有一孔口。子囊壳壁膜质，初期半透明，成熟后呈暗色、易破裂，表面着生各种形式的附属丝，通常分化为须根、侧生附属丝和顶生附属丝。须根根状，功能为固定子囊壳和吸收养分。侧生附属丝较短，直或微弯曲，似刚毛。顶生附属丝很长，分枝或不分枝，呈丝状、波状、双叉状等。子囊基部束生，具柄，棍棒状或圆柱状。子囊壁薄，成熟时消解，含 8 个子囊孢子，或有 4 个的，不规则排列或排成单行。子囊孢子单细胞，球形、椭圆形、柠檬形、纺锤形或三角形，黄褐色、暗褐色或橄榄色。该属的某些种产生分生孢子或厚垣孢子，厚垣孢子在菌丝上间生或顶生（图 2-32）。

毛壳菌常见于土壤及各种含纤维素物质上，粮食中以稻谷上最多。它们大多数含有较强的纤维素酶，可使含纤维素的工业品，如纸张、棉布等发霉变质。常见的种有球毛壳菌（*Chaetomium globosum*）、高大毛壳菌（*Chaetomium elatum*）等。

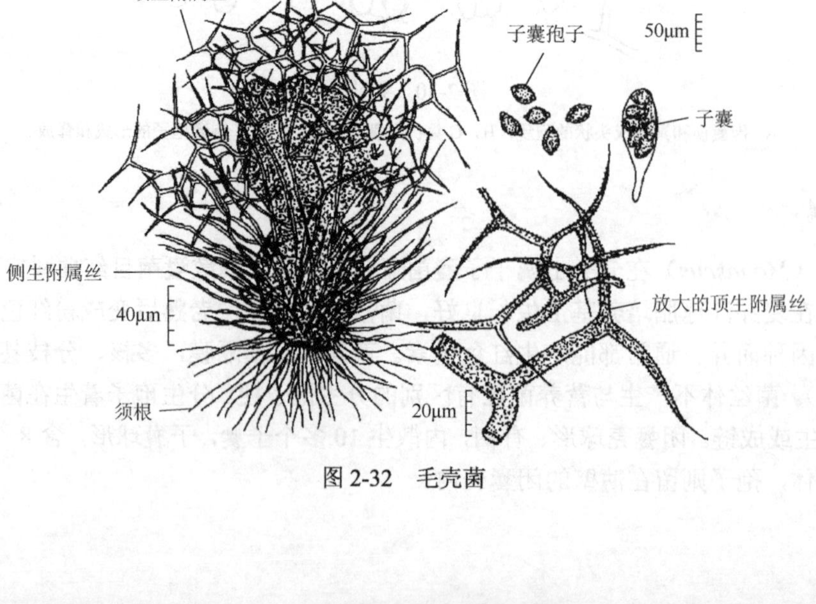

图 2-32　毛壳菌

（七）脉孢霉属

脉孢霉属（*Neurospora*）分类上属于子囊菌亚门子囊菌纲粪壳霉目粪壳霉科。

脉孢霉俗称链孢霉、红色面包霉。在马铃薯琼脂和玉米粉琼脂培养基上生长良好。菌落初为白色、粉粒状，很快变成淡黄色、绒毛状，成熟后上层复盖成团的分生孢子。菌丝蔓延生长，透明，有隔，多核，生孢子的菌丝不规律地伸向空中生长，即气生菌丝，呈双叉式分枝。分生孢了球形或近球形，成链，单细胞。子囊壳簇生或散生，光滑或具有松散的菌丝，成熟的子囊壳暗褐色，梨形或卵形，孔口乳头状。子囊壳内有多个子囊，圆柱形，有短柄，1个子囊内一般含有8个子囊孢子。子囊孢子初期为无色透明，成熟时由橄榄色变为淡绿色，外壁上有突起和纵的纹饰，故名脉孢霉（图2-33）。

该属菌腐生在发霉的玉米上，特别是在玉米轴上常出现，有人称其为红色面包霉。分生孢子耐高温，湿热70℃，4min后失去活性，干热可耐130℃，是面包生产作业中的有害菌，特别是好食脉孢霉（*N. sitophila*），常造成面包“红霉病”。另外，脉孢霉用途很广，如粗糙脉孢霉（*N. crassa*）的某些变异或诱变菌株，可用来生产生物素、胆碱、肌醇、硫胺素及作多种氨基酸的生物测定菌。用稻草培养脉孢霉，可制作稻草曲，该曲含有丰富的维生素B_{12}，是猪的一种良好饲料。

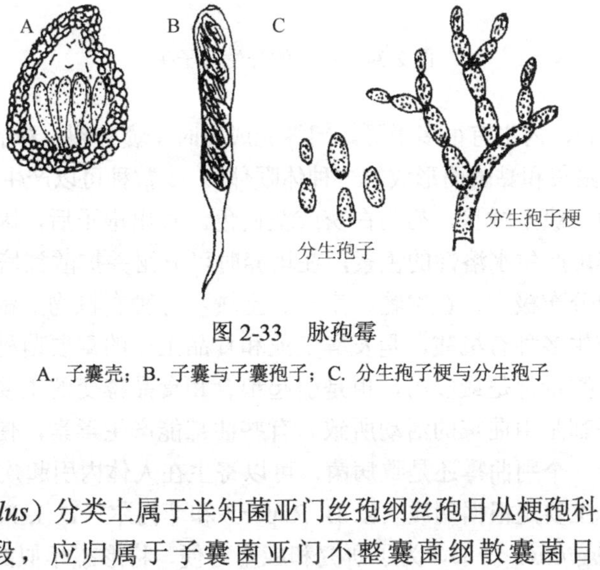

图2-33 脉孢霉

A. 子囊壳；B. 子囊与子囊孢子；C. 分生孢子梗与分生孢子

（八）曲霉属

曲霉属（*Aspergillus*）分类上属于半知菌亚门丝孢纲丝孢目从梗孢科。由于少数种的曲霉已发现有性繁殖阶段，应归属于子囊菌亚门不整囊菌纲散囊菌目散囊菌科散囊菌属（*Eurotium*）、新萨托菌属（*Neosartorya*）、裸壳孢菌属（*Emericella*）等。

曲霉菌丝为有隔膜的分枝的多细胞，无色或淡色，少数类型在局部缓慢地呈褐色或其他颜色。有基质菌丝和气生菌丝。菌丝的某些细胞膨大，形成厚壁，称为足细胞（图2-34）。自足细胞垂直向上生出分生孢子梗，分生孢子梗无隔膜，光滑或粗糙，或有痣点，顶端膨大形成顶囊，顶囊呈球形、半球形、椭圆形、棍棒形等。顶囊表面着生单层或双层小梗。双层小梗的下一层，即直接着生在顶囊上的小梗叫作梗基（或叫作初生小梗）。每个梗基上再着生一个或几个小梗（或叫作次生小梗）。小梗的顶端着生成串的分生孢子，叫作分生孢子链。分生孢子呈球形，单细胞，有各种颜色和纹饰。顶囊、小梗及分生孢子链构成分生孢子头（又称为孢子穗）。分生孢子头有各种颜色和形状，如球形、放射形、棍棒形、直柱形等。

曲霉属中的大多数以分生孢子进行无性繁殖，少数可形成子囊孢子进行有性繁殖。曲霉有

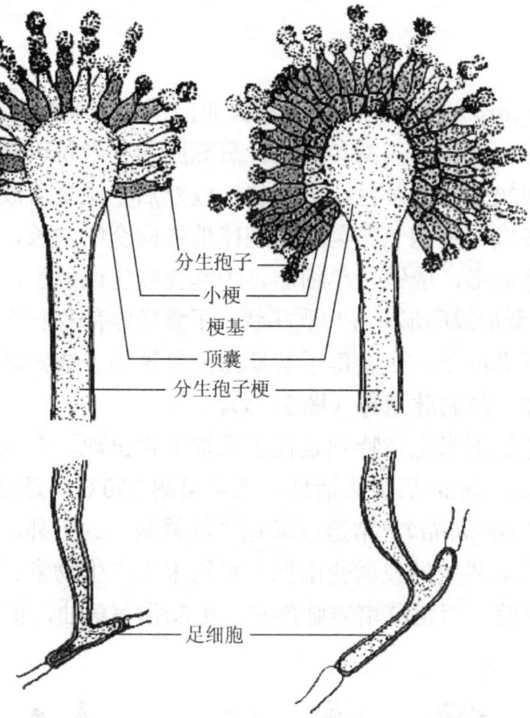

图 2-34　曲霉的分生孢子头

性繁殖阶段产生闭囊壳，内生有很多子囊。闭囊壳成熟时子囊破裂，释放出子囊孢子。某些种能产生菌核（由菌丝聚集和黏附而形成的一种休眠体）。少数种可以产生不同形状的壳细胞。

曲霉的菌落表面一般呈绒状，初为白灰或灰白色。长出孢子后，因种类不同而有各种各样的颜色；有些曲霉可产生水溶性的色素，在培养时可分泌并扩散到培养基中。

曲霉在自然界中分布极广，在谷物、空气、土壤和各种有机物上都存在。由于它们具有强大的酶活性，并产生多种有机酸，是发酵工业和食品工业的重要菌种。在粮食及食品微生物中，曲霉的种类和数量都是最多的，也是引起粮食和食品霉变的主要微生物。特别是低水分粮食的变质，几乎都是由曲霉的活动所致。有些曲霉能产生毒素，使粮食、饲料和食品带毒，危害人畜的健康。个别曲霉还是致病菌，可以寄生在人体内引起疾病。

曲霉属的分类，主要是根据瑞波（K. B. Raper）和菲内尔（D. I. Fennell）合著的《曲霉属》（*The Genus Aspergillus*）一书，为了研究和应用方便，将形态相似的种集合成群。现将粮食和食品上常见的 10 个曲霉群分述如下。

1. 棒曲霉群

棒曲霉群（*A. clavatus* group）在土壤中和腐败的有机质上普遍存在，可产生棒曲霉素。某些菌系有一定的蛋白质分解能力。该群的菌落生长快、绒状或厚的毡状、蓝灰绿色，有些菌系有显著的腐臭。分生孢子头初形成时呈棍棒状，老后裂成几个短柱。分生孢子梗粗大，光滑无色，顶端稍膨大形成棍棒状的顶囊。顶囊长达 200～300μm，宽 40～60μm。小梗单层，密集着生于整个顶囊表面。分生孢子椭圆形。绿色，光滑（图 2-35）。

2. 灰绿曲霉群

灰绿曲霉群（*A. glaucus* group）在一般察氏培养基上生长缓慢，在渗透压高的培养基上生长良好，因此需在改良的察氏培养基上进行培养。它是使低水分粮食和食品霉变的主要菌种。粮食水分超过 13%时，灰绿曲霉便可危害，可使种子丧失发芽能力及发生变色。灰绿曲霉还有耐低氧的能力，因此是研究粮食霉菌的主要对象之一。

灰绿曲霉群的分生孢子头放射状至略呈柱状。典型的种呈绿色色调，但个别种有淡褐色。分生孢子梗壁光滑，无色或接近于圆顶形顶囊部分呈褐色，小梗单层，略粗大（图 2-36）。分生孢子球形、近球形、椭圆形，表面粗糙，但个别变种是光滑的。闭囊壳一般存在，黄色，球形至近球形，壁薄，围绕红色或黄色菌丝。子囊内有 8 个子囊孢子，没有一定的排列形状，通常在 2～4 周成熟。子囊孢子双凸镜状，壁光滑或粗糙，一般呈现一条赤道线或沟，有或没有侧脊或冠状突起。主要根据子囊孢子表面的形态特征，把灰绿曲霉分为下面几种。

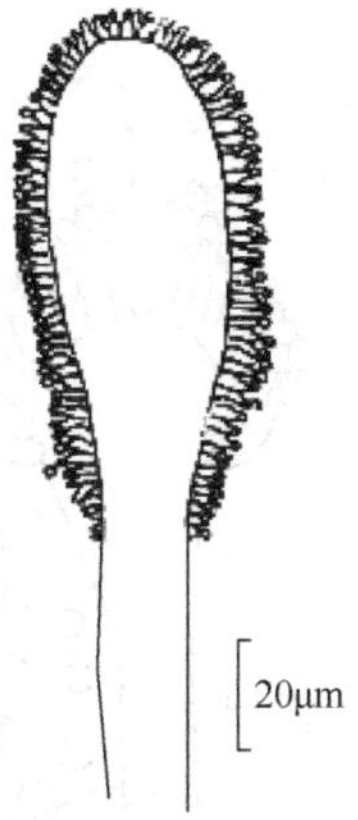

图 2-35 棒曲霉

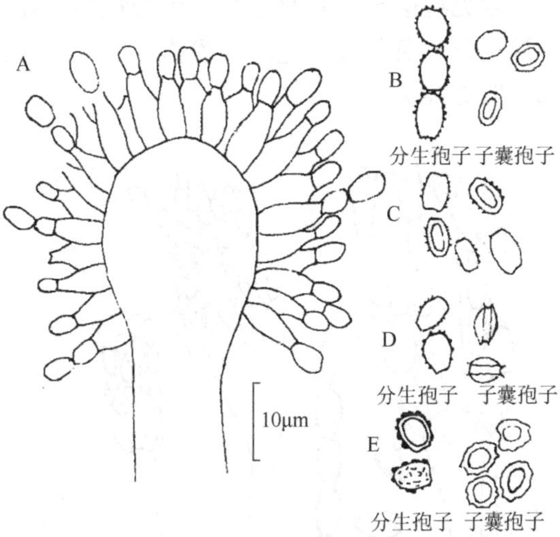

图 2-36 灰绿曲霉

A. 匍匐曲霉分生孢子头；B. 匍匐曲霉分生孢子和子囊孢子；C. 赤曲霉子囊孢子；D. 薛氏曲霉分生孢子和子囊孢子；E. 阿姆斯特丹曲霉分生孢子和子囊孢子

匍匐曲霉（*A. repens*）：菌落混合藏绿色及黄褐色，反面黄色至带褐色。子囊孢子光滑（4.8～5.6）μm×（3.8～4.4）μm。仅有沟的痕迹而无冠状凸起。

赤曲霉（*A. ruber*）：菌落锈红色，这是色素沉积于菌丝上形成的颜色，反面红褐色。子囊孢子光滑，具有宽而浅的沟，（5.2～6.0）μm×（4.0～4.8）μm。

薛氏曲霉（*A. chevalieri*）（谢瓦曲霉）：子囊孢子具薄而明显的冠状凸起，侧面看像一个滑轮，表面光滑，（4.6～5.0）μm×（3.4～3.8）μm。

阿姆斯特丹曲霉（*A. amstelodami*）：菌落浓绿色，并且有硫黄小粒，反面无色或淡黄色。子囊孢子双凸镜形，全部粗糙，具有明显的沟及圆钝的冠状凸起，一般（4.7～5.0）μm×（3.6～3.8）μm。

3. 局限曲霉群

局限曲霉群（*A. restrictus* group）在自然界中分布广泛，但由于生长缓慢，不易被人们发现，对防腐剂有较强的抵抗力，能在干燥的物质上生长，可使低水分粮食变质、丧失发芽能力。

该群菌生长极慢，菌落局限，暗绿色或灰绿色。分生孢子头呈明显的细长柱状或疏松的柱状，绿色，类似单轮青霉帚。分生孢子梗短，壁光滑或近光滑，通常无色透明，但偶尔在末端区呈绿色。顶囊由分生孢子梗顶端凸面膨大至近球形不等，小梗单层。分生孢子椭圆形、卵圆形、桶形或球形，表面具有小刺（图 2-37）。

4. 烟曲霉群

烟曲霉是烟曲霉群（*A. fumigatus* group）中最常见的一种，在土壤和腐败的有机物上普遍存在。适应温度范围相当广泛，并嗜高温，在 45℃或更高的温度下生长旺盛，常大量出现在发热的粮食中，可促使粮堆温度不断升高而变质。具有分解纤维素和油脂的能力；有报道指出，该菌有些种可在人及鸟类的肺部、呼吸道中寄生，属病原真菌。

烟曲霉群菌落生长迅速，绒状或呈一定絮状，浅蓝绿色至暗烟绿色，老时颜色变得更深。分生孢子呈典型的柱状，较为致密，呈深浅不同的绿色。顶囊烧瓶状，典型的在上半部至 3/4 以上处可育，通常呈绿色。小梗单层并密集，分生孢子梗光滑，带绿色。分生孢子球形至近球形，罕见椭圆形，具有小刺至细密粗糙。在某些种中产生闭囊壳，初为白色，老时呈奶油色、淡黄色、黄色或橙色。子囊孢子无色，双瓣形具有赤道冠。并且在凸面具有各种不同的纹饰（图 2-38）。

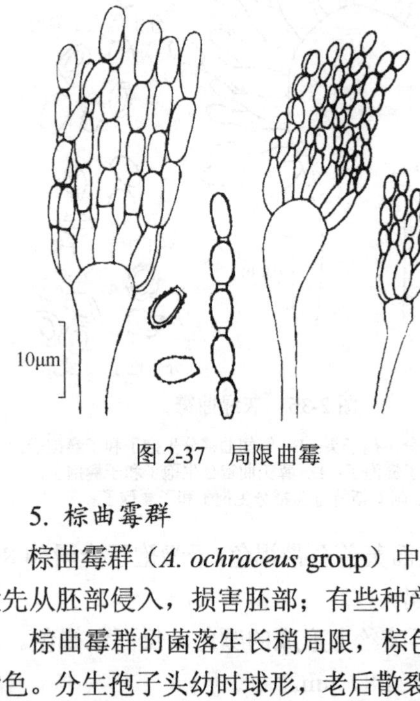

图 2-37　局限曲霉

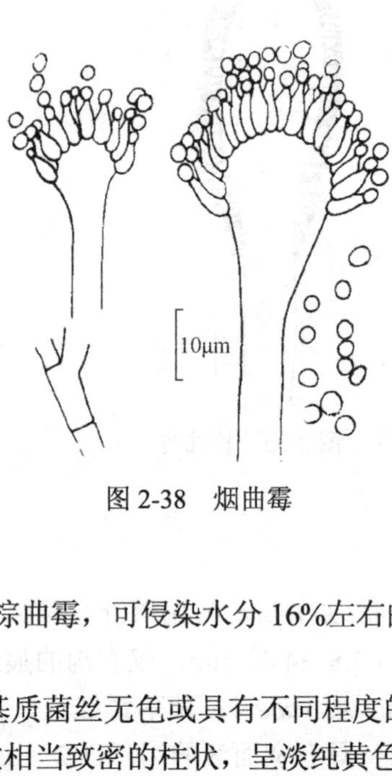

图 2-38　烟曲霉

5. 棕曲霉群

棕曲霉群（*A. ochraceus* group）中常见的一种是棕曲霉，可侵染水分 16%左右的粮食，一般先从胚部侵入，损害胚部；有些种产生毒素。

棕曲霉群的菌落生长稍局限，棕色或浅黄色，基质菌丝无色或具有不同程度的黄色或带紫色。分生孢子头幼时球形，老后散裂成少数至多数相当致密的柱状，呈淡纯黄色、橙黄色、淡黄色或棕色。分生孢子梗呈浅淡至显著的黄色至褐色，光滑或具微细颗粒乃至粗糙不等。顶囊大部分为球形，偶尔略长。小梗两层，分生孢子呈球形至卵圆形，或椭圆形，无色透明或具浅淡的颜色，光滑至细密粗糙。菌核为乳酪色至黄色，有的橘红色或紫色。只有一个种产生闭囊壳，在大而黑色的拟菌核结构中缓慢发育。子囊易消解，子囊孢子无纹饰，赤道沟不明显（图 2-39）。

6. 黑曲霉群

黑曲霉群（*A. niger* group）中最常见的一种是黑曲霉，它是喜欢高温、高湿的霉菌（图 2-40）。孢子发芽的适宜相对湿度为 80%～88%。具有多种分解力强大的酶类（如蛋白酶、淀粉酶、脂肪酶等），对淀粉的利用率可达 88%～91%。黑曲霉分布极普遍，能引起水分较高的粮食霉变，对种子发芽力的损害很大。

黑曲霉群的菌落生长蔓延迅速，初期为白色，常有鲜黄色区域，厚绒状，黑色，背面无色或中央部位略带黄褐色。分生孢子头幼时球形，呈绿黑色、褐黑色、紫黑至炭黑色等。老

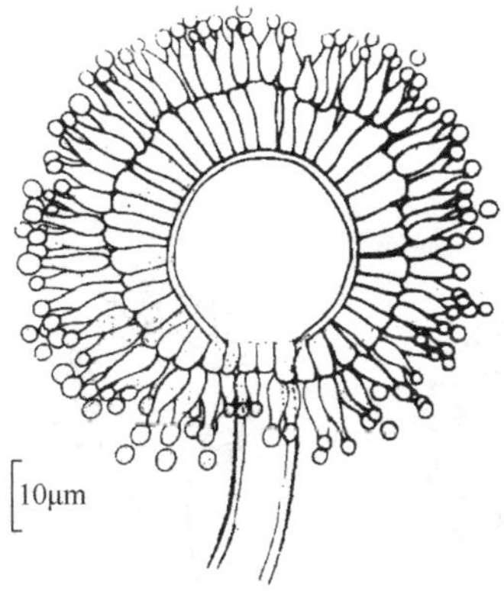

图 2-39　棕曲霉

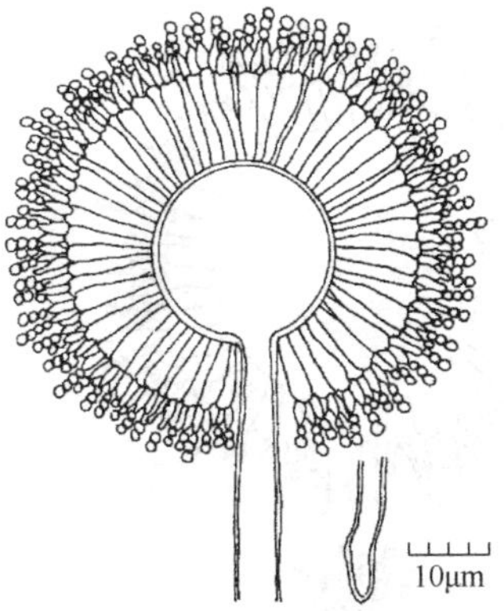

图 2-40　黑曲霉

后呈放射状，或裂成少数或多数不规则的柱状。分生孢子梗无色透明至褐色，典型的光滑，但在少数种中略带颗粒或具小点，通常壁厚，易碎，在压碎时纵向裂开。顶囊球形或近球形，无色透明或呈淡褐色至暗褐色。小梗根据种的不同，单层或双层，通常着色很深甚至充满色素。分生孢子球形、近球形、椭圆形或横向扁平；光滑或近光滑，小刺，小疣或有明显的纵向条纹。菌核球形或近球形，初为奶油色，后呈淡黄至粉红色、灰黄色或褐色。

7. 白曲霉群

白曲霉群（*A. candidus* group）生长在低水分基质上，实验室培养需选用高渗透压培养基。白曲霉是粮食上常见的霉菌，特别是在低水分陈粮上，经常能分离到。它同灰绿曲霉群相近，也是引起低水分粮食霉变的主要霉菌。

白曲霉群的菌落生长局限，通常为白色，老熟时变成浅黄乳酪色，背面无色或淡黄色。分生孢子头持久地保持白色或在老时变成浅黄乳酪色，分生孢子头大小不一，幼时为球形，老时开裂，有时小分生孢子头接近柱形。分生孢子梗光滑，无色或顶端呈黄色。顶囊球形至近球形。顶囊全部表面着生两层小梗，梗基通常很大，有时在同一分生孢子头中大小变化很大。分生孢子球形或近球形，光滑。有些菌株产生菌核，幼时淡奶油色，成熟时接近紫色或黑色（图 2-41）。

8. 黄曲霉群

黄曲霉群（*A. flavus* group）在自然界中分布极广，无论是土壤、腐败的有机质及各类食品上都会出现。

黄曲霉群包括黄曲霉（*A. flavus* Link）、寄生曲霉（*A. parasiticus* Speare）、米曲霉［*A. oryzae*（Ahlb）Cohn］等 11 种。黄曲霉是粮食和食品上最常见的霉菌之一，是引起粮食和食品变质的主要菌种之一。黄曲菌还可以分泌有害物质，使种子丧失发芽力。寄生曲霉和某些黄曲霉产生黄曲霉毒素，使粮食、食品和饲料带毒，人畜食用后发生中毒或致癌。米曲霉常见于食品中，同时该群菌还能产生淀粉酶、蛋白酶、果胶酶等，有的已制成酶制剂用于工业生产。某些菌系还可以产生多种有机酸，如柠檬酸、苹果酸等。

黄曲霉群的菌落生长很快，较平坦或有放射状皱纹，菌落呈亮黄绿至深绿色，背面无色或略带褐色。分生孢子梗一般粗糙，无色，但有些种为光滑或近光滑至粗糙不等。大分生孢子头的顶囊呈球形或近球形，小分生孢子头的顶囊呈棒形或烧瓶形，大部分表面可育，小梗单层、双层或单双层同时生于一个顶囊上。分生孢子大都呈球形或近球形，当成熟时显著粗糙，或几乎不粗糙，不同菌株变异很大。另有些种呈椭圆形，光滑或细密粗糙。菌核暗红褐色至紫褐色或黑褐色，球形、近球形或垂直伸长（图 2-42）。

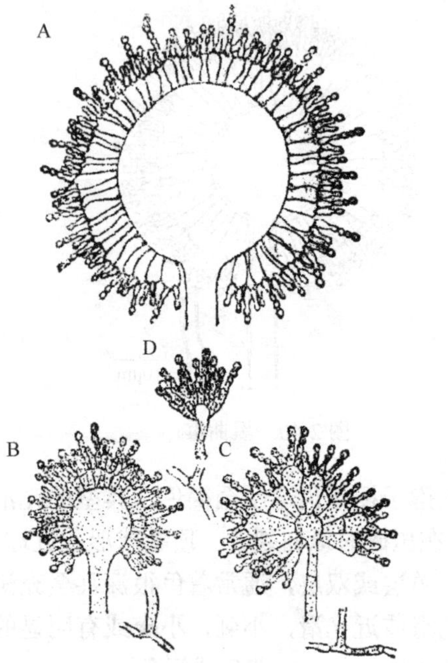

图 2-41　白曲霉

A. 大的球形分生孢子头；B. 较小的分生孢子头；C. 分生孢子头的小梗和梗基大小不一，有隔；D. 小分生孢子头

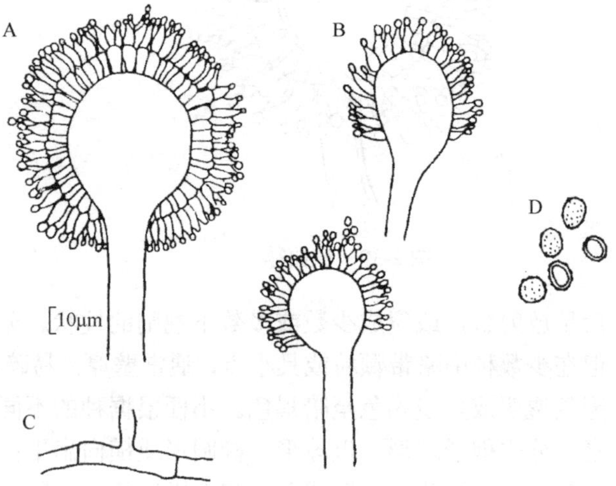

图 2-42　黄曲霉

A. 小梗双层的分生孢子头；B. 小梗单层的分生孢子头；C. 足细胞；D. 分生孢子

9. 杂色曲霉群

杂色曲霉群（*A. versicolor* group）可危害含水量稍高的粮食、饲料及其他农产品。在适宜的条件下，有些杂色曲霉菌株可产生杂色曲霉毒素，能导致人、畜中毒及引起肝癌等。

该群菌落生长局限，颜色变化范围很大，能在小区域具有浅绿色、浅黄色甚至粉红色，几种颜色镶嵌起来；背面有深红色或暗紫色，具有无色或紫红色的液滴。分生孢子头形状不一，放射状至疏松的柱状，通常呈绿色，但有些种具有绿色和白色两种颜色。分生孢子梗颜色不一，从无色至明显褐色，通常光滑，偶有细密粗糙或呈现表面沉积物，有一种呈明显的粗糙，顶囊卵圆形至椭圆形，在小分生孢子头中常呈陀螺形至匙形，表面上部至 3/4 处可育，小梗双层。分生孢子通常为球形至近球形，较少为椭圆形，通常具小刺。壳细胞是一种厚壁细胞，在一些菌系和菌株中产生，多为球形或近球形。在少数种中产生菌核或致密的变形菌丝团（图 2-43）。

10. 构巢曲霉群

构巢曲霉群（*A. nidulans* group）在自然界分布普遍，在粮食和食品中经常能分离到，它们可以在粮食或食品上生长和产毒，其毒素可使摄食动物中毒或致癌。

构巢曲霉群的菌落生长较快，多呈细茸状，具有美丽的深绿色，背面深红色至紫红色。产生闭囊壳时，由中央部分向外产生污白点，后变黄色。偶尔有不产生闭囊壳的情况。分生孢子头短柱状，通常呈绿色，但偶尔呈蓝绿色，在一些种中稀少而不显著。分生孢子梗少带褐色、光滑，偶尔呈现表面固结物，通常弯曲，罕见长度超过 250μm。

顶囊半球形或烧瓶状，一般较少呈近球形或顶部变平。小梗双层，梗基与小梗通常相等（图 2-44）。分生孢子球形并具小刺或皱折，近球形者较少，大部分直径为 2.5～4.0μm，罕见较大或较小者。闭囊壳在大部分种中产生，但另一些种中缺乏，球形大小不一，有些种为 300μm

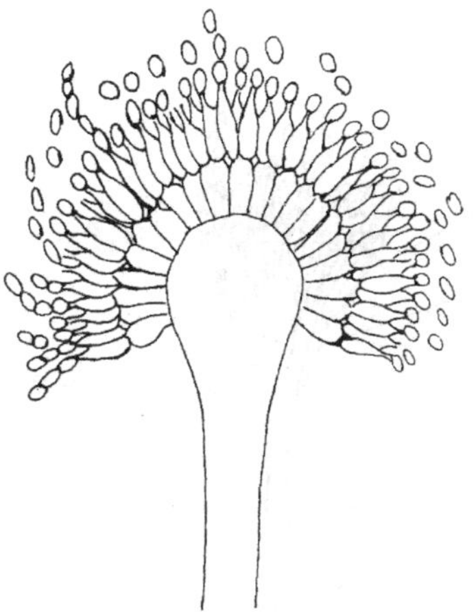

图 2-43　杂色曲霉

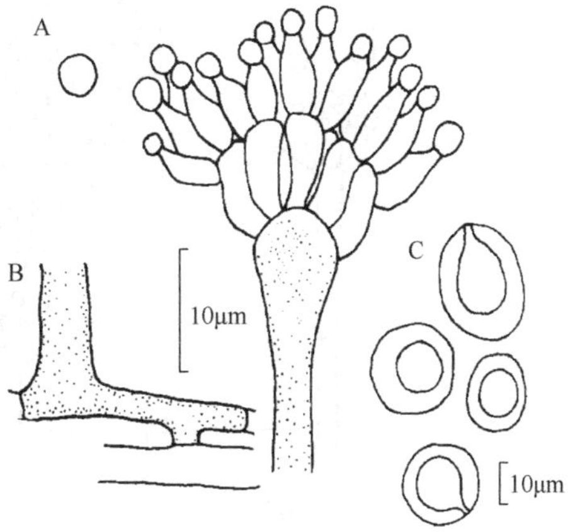

图 2-44　构巢曲霉

A. 分生孢子头；B. 足细胞；C. 壳细胞

以上，另些种为 50μm 或更小，并被一层或间断的壳细胞层所包围，暗红色。子囊孢子呈橙红色至蓝紫色，具有明显的赤道冠。凸面光滑或具有各种纹饰。壳细胞通常存在，球形至不规则柠檬形，常与闭囊壳伴生。在无闭囊壳的种中呈各种排列，成群、成簇或连续为一层。

（九）青霉属

青霉属（*Penicillium*）与曲霉属十分接近，在分类上属于半知菌亚门丝孢纲丝孢目从梗孢科。由于青霉产生闭囊壳的种极少，因此一般都列入半知菌亚门。

青霉菌分布极广，土壤、空气、腐败的有机质及食品上到处可见。有些种的青霉是重要的工业用菌，能产生多种有机酸及抗生素；有些种则是工业生产及食品的破坏者，有些与人及动物的疾病有关。青霉也是引起粮食霉变发热的重要菌，有些青霉会产生毒素，使粮食和食品带毒，还有的具有浓烈的气味，或分泌色素，造成粮食变色、变味。

青霉的菌落具有不同颜色，如绿色、黄绿色或灰绿色等。菌丝有隔膜，无色或淡色，分基质菌丝和气生菌丝。气生菌丝疏松絮状，结成绳索状或毡状。无性繁殖体具有独特的帚状体结构。分生孢子梗从基质菌丝或气生菌丝生出，直立，基部不形成膨大的足细胞，有隔膜，光滑或粗糙。其顶端形成不同类型的分枝，形成帚状体结构，称为帚状枝。这些分枝依部位不同自上而下为小梗、梗基、分枝。小梗上着生分生孢子链。分生孢子球形、卵球形、椭圆形或洋梨形，表面光滑或粗糙，大部分呈蓝绿色，有时无色或其他淡色。少数种产生闭囊壳和菌核。

青霉属依据帚状枝轮状分枝的不同，可分为 4 种类型：单轮青霉组、对称二轮青霉组、不对称青霉组、多轮青霉组，粮油食品中可分离到的青霉为前三类，其帚状形态如图 2-45 所示。

单轮青霉组：帚状枝由分生孢子梗上轮生的一层小梗组成。

对称二轮青霉组：帚状枝由在分生孢子梗上紧密轮生的梗基和每个梗基上着生的几个细长尖锐的小梗组成。全部帚状枝对分生孢子梗而言大体对称、紧密像漏斗状。分生孢子多为椭圆形。

不对称青霉型：包括一切帚状枝做两次或更多次分枝，对分生孢子梗而言不对称的种。如果接近对称时，也没有对称二轮组青霉那样紧密的结构及细长变尖锐的小梗。

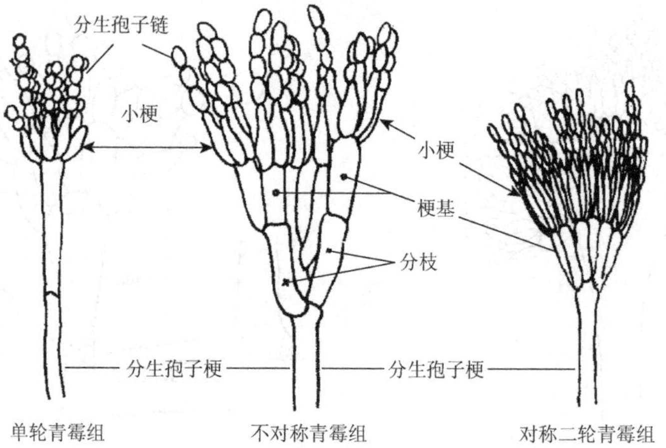

图 2-45　青霉的帚状枝

多轮青霉组：帚状枝极为复杂，做多次分枝，而且常是对称的。此组菌种为数极少。

青霉属的菌落就质地而言，也分为 4 种类型：绒状菌落、絮状菌落、绳状菌落和束状菌落（图 2-46）。

绒状菌落：很少有气生菌丝，分生孢子梗几乎全部由基质菌丝或紧贴基质的一层致密的菌丝层上生出。

絮状菌落：有较多的疏松而纠缠的气生菌丝团，分生孢子梗主要由气生菌丝上分枝而生出，着生点远离基质。

绳状菌落：在低倍显微镜下，可见到大部分气生菌丝纠集为长的绳索状。

束状菌落：分生孢子梗大部分由基质长出，非均匀分布，或多或少成簇，甚至有的分生孢子梗集合成束。菌落呈现柱状或粉状。

在实际观察中往往看到两种不同类型菌落的过渡类型。青霉菌落除质地不同外，有的青霉菌落具有放射状的皱褶；有的形成同心轮纹；有的菌落表面有渗出液；有的还产生特殊的气味。

下面介绍几种粮食和食品上常见的青霉。

1. 常现青霉

常现青霉（*P. frequentans* Westling）属于单轮青霉组，常现青霉系。菌落生长迅速，12～14d 菌落直径 5～6cm。菌落绒状、淡绿色，老后变暗，带褐色；渗出液极少，淡琥珀色；略带霉味；背面大都带橙黄色，也有呈淡紫褐色者。分生孢子梗（100～200）μm×（3.0～3.5）μm，壁光滑或细密粗糙，顶端稍膨大，达 5μm 或更大些。帚状枝几乎全为单轮。小梗密集，10～12 个一簇，一般（8.0～12）μm×（3.0～3.5）μm。分生孢子链为明显的柱状，有时老后散开。分生孢子球形至近球形，壁薄，光滑或微现粗糙，大多 3.0～3.5μm（图 2-47）。

此菌分布广，土壤中常见，有些系能破坏单宁。

2. 黄绿青霉

黄绿青霉（*P. citreo-viride* Biourge）属于单轮青霉组，斜卧青霉系（图 2-48）。菌落生长局限，10～12d 菌落直径 2～3cm，表面皱褶，有的中央凸起或凹陷，由柔韧的菌丝组成绒毡状，厚度达 100μm 以上，但到边缘则变薄。大部分菌株呈明显柠檬黄色至黄绿色。两周后才出现很少的分生孢子；有的菌株长得比较快，在 10～14d 即变成浊灰色，表面绒状或少有絮状。营养菌丝细，带黄色。渗出液很少或没有，呈淡柠檬色，略带霉味，背面与培养基呈现亮黄色。分生孢子梗自紧贴基质表面的菌丝生出，一般（50～100）μm×（1.6～2.2）μm，壁光滑。帚状枝单轮，偶尔有一、二次分枝，大多（9.0～12）μm×（2.2～2.8）μm。分生孢子球形，2.2～2.8μm，壁薄、光滑或近于光滑。成链时有明显的孢隔。

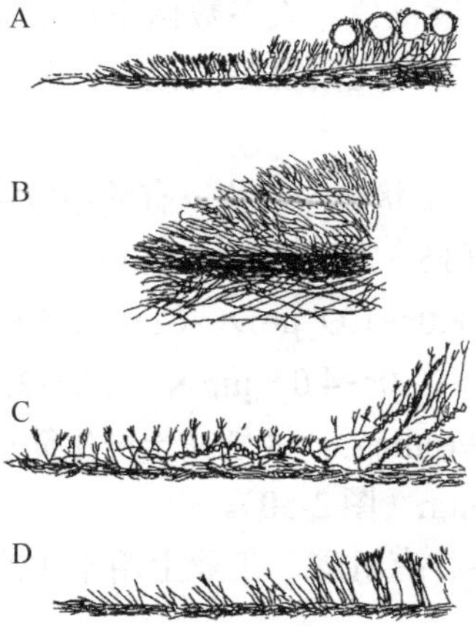

图 2-46　青霉的菌落质地

A. 绒状；B. 絮状；C. 绳状；D. 束状

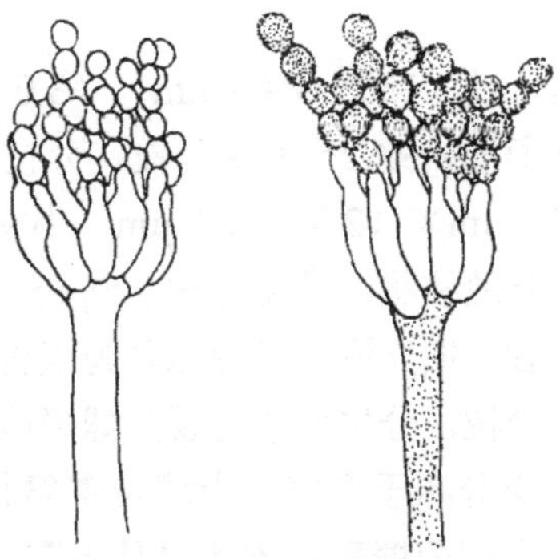

图 2-47　常现青霉

该菌分布广泛，可从土壤、病变米及其他物质上分离出来，有的菌株能产生毒素，形成有毒的“黄变米”。

3. 橘青霉

橘青霉（*P. citrinum* Thom）属于不对称青霉组，绒状青霉亚组，橘青霉系。菌落生长局限，10～14d 菌落直径 2.0～2.5cm，有放射状沟纹，大多数菌系为绒状，另一些则为絮状；艾绿色，背面黄色至橙色，与培养基颜色相仿或略带粉红色；渗出液淡黄色。分生孢子梗大多自基质生出，也有自中央气生菌丝生出者，一般（50～200）μm×（2.2～3.0）μm，壁光滑，一般不分枝。帚状枝由 3～4 个轮生而略散开的梗基构成，（12～20）μm×（2.2～3.0）μm，每个梗基上簇生 6～10 个略密集而平行的小梗，（8.0～11）μm×（2.0～2.8）μm。分生孢子球形或近球形，2.2～3.2μm，光滑或近于光滑。分生孢子链为明显的分散柱状（图 2-49）。

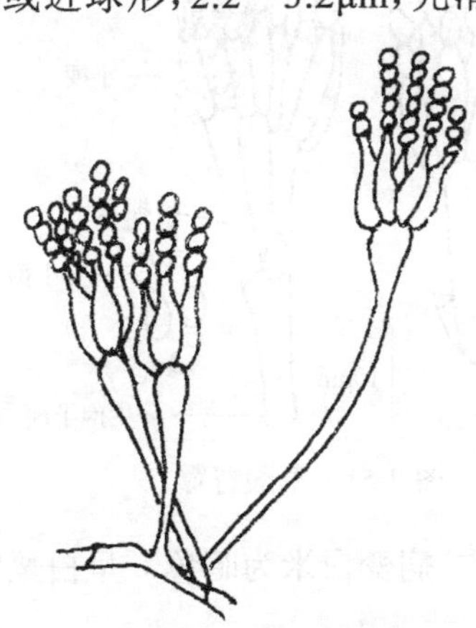

图 2-48　黄绿青霉

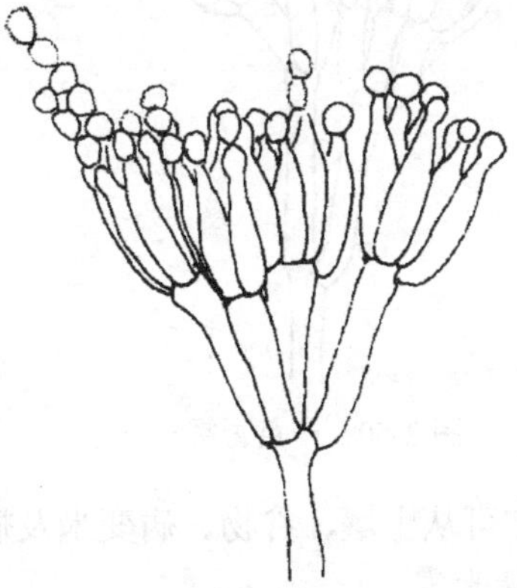

图 2-49　橘青霉

该菌在自然界分布广泛，是粮食、食品、饲料上常见的霉菌之一，在土壤、霉腐材料中也经常分离到。橘青霉侵染大米后，可形成有毒的“黄变米”。

4. 产黄青霉

产黄青霉（*P. chrysogenum* Thom）属于不对称青霉组，绒状青霉亚组，产黄青霉系。菌落生长快，10～12d 菌落直径达 3～5cm，致密绒状，有些则略带絮状。菌落有明显的放射状沟纹，边缘白色，孢子很多，蓝绿色，老后呈现灰色或淡紫褐色。大多数菌系渗出液很多，聚成淡黄色或柠檬黄色的大滴，很具特色；无特殊气味，背面亮黄至暗黄色，色素扩散到培养基中。

分生孢子梗（150～350）μm×（3.0～3.5）μm，光滑，帚状枝非对称。有的很复杂，自主轴（分生孢子梗）做 2～3 次分枝，分枝长短不等，一般（15～25）μm×（3.0～3.5）μm。梗基（10～12）μm×（2.0～3.0）μm，小梗 4～6 个轮生，（8.0～10）μm×（2.0～2.5）μm。分生孢子链呈分散柱状，长度可达 200μm。分生孢子椭圆形，（2.0～4.0）μm×（2.8～3.5）μm，少有近球形者，壁光滑。相近似种为点青霉（*P. notatum* Westling），区别在于产生简单的帚状枝，很少有分枝，分生孢子主要为球形或近球形，3.0～3.5μm（图 2-50）。

该菌广泛分布于空气、土壤及霉腐材料上，能产生多种有机酸，工业上用于生产葡萄糖氧化酶或生产葡萄糖酸；该菌也是青霉素的生产菌。

5. 草酸青霉

草酸青霉（*P. oxalicum* Series）属于不对称青霉组，绒状青霉亚组，草酸青霉系（图 2-51）。菌落生长很快，蔓延广阔，10～12d 菌落直径达 6～8cm。绒状或近绒状，表面光滑，有的菌株有不规则的放射状皱纹。当分生孢子大量产生时，菌落呈暗蓝绿色。分生孢子通常形成厚层，培养皿或试管受到振动时，此分生孢子层破裂成块状脱落，并形成孢子雾。渗出液缺乏或多，无色。菌落背面一般为黄色、橙色或带粉红色。分生孢子梗由基质生出，长短不一，通常小于 200μm，壁光滑，为典型的两轮不对称。在分生孢子梗同一水平面上产生 2 个或 2 个以上平行的梗基，（13～25）μm×（2.9～4.1）μm。小梗 4～8 个，（9.1～15.6）μm×（2.3～4.0）μm。分生孢子椭圆形，较大，（3.4～5.4）μm×（2.5～4.0）μm，表面光滑。

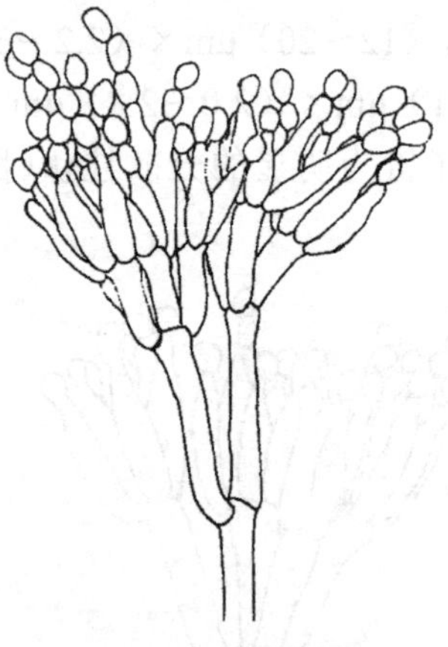

图 2-50　产黄青霉

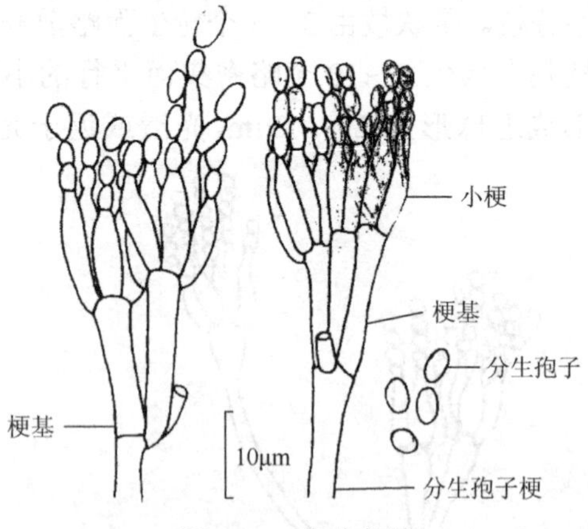

图 2-51　草酸青霉

该菌常可从土壤、谷物、病变米及病变果实上分离到。病变白米为暗色，呈白垩状。

6. 纯绿青霉

纯绿青霉（*P. viridicatum* Westling）属于不对称青霉组，束状青霉亚组，纯绿青霉系。菌落生长较快，10～12d 菌落直径达 5～6cm，表面束状或颗粒状，光滑或有放射状皱纹，周围有白边，典型的呈亮黄绿色至暗黄绿色。一般接近于草绿色或青绿色。老时菌落通常变成褐色。渗出液少或多，无色或淡黄色，有强烈的霉味。背面黄色、橙色或橙褐色，四周培养基被染成粉红色、浅褐色或橙褐色。分生孢子梗粗糙，（190～450）μm×（3.7～5.0）μm。通常有1～3个分枝，（12～37）μm×（2.5～4.5）μm。梗基2～5个成簇，不规则密集着生在分枝上，（8.0～17）μm×（2.2～3.8）μm，有颗粒状粗糙表面。小梗3～6个轮生，（8.0～12.5）μm×（1.8～3.7）μm。分生孢子球形、卵圆形、近球形，2.1～4.1μm，表面光滑或粗糙（图2-52）。

该菌分布广泛，从土壤、大米、腐败物上常可分离到。被污染的大米呈鲜艳黄色，糙米为黄色至黄茶色，白垩状。属于低温性霉菌。生长最低温度为–3℃，在37℃时难以发育，与点青霉易在高水分玉米上生长，引起胚部"点翠"状霉坏。

7. 圆弧青霉

圆弧青霉（*P. cyclopium* Westling）属于不对称青霉组，束状青霉亚组，圆弧青霉系（图2-53）。菌落生长较快，12～14d菌落直径可达4.5～5cm，略带放射状皱纹，老后可显环纹，暗蓝绿色，在生长期有宽1～2mm的白色边缘，质地绒状或粉粒状，但较幼区域为显著束状。渗出液无或较多、色淡。背面无色或初期带黄色，后变橙褐色。帚状枝不对称，紧密，常具三层分枝，50～60μm，上生纠缠的分生孢子链。分生孢子梗大多（200～400）μm×（3.0～3.5）μm，典型粗糙，但也有些菌系近于光滑。分枝（15～30）μm×（2.5～3.5）μm。梗基（10～15）μm×（2.5～3.3）μm，小梗4～8个轮生，（7.0～10）μm×（2.2～2.8）μm。分生孢子大多近球形，3.0～4.0μm，光滑或略现粗糙。

该菌在自然界分布普遍，粮食、食品和饲料上常见，霉腐材料上也多发现。常作霉腐试验菌。

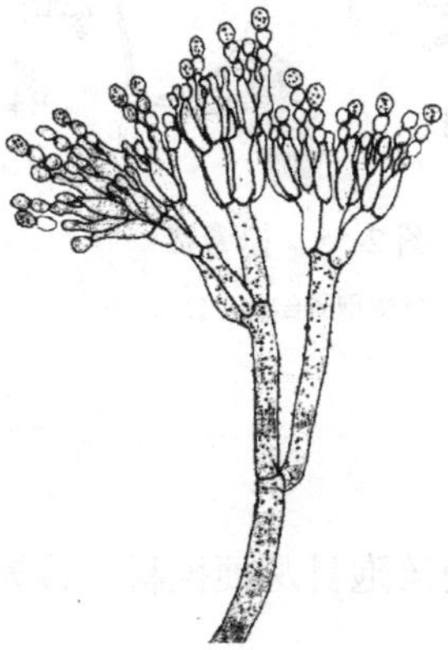

图2-52　纯绿青霉

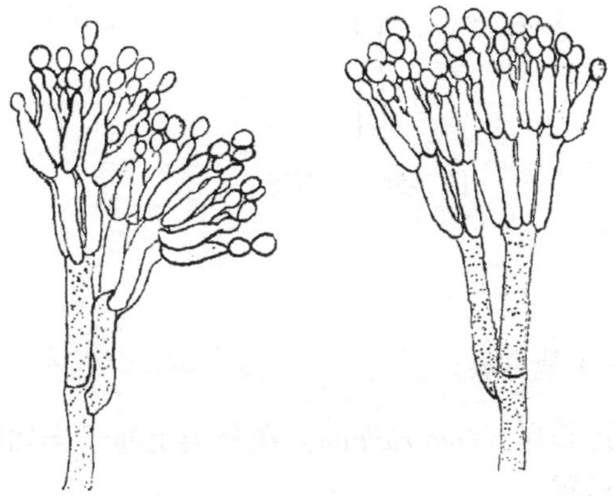

图2-53　圆弧青霉

8. 岛青霉

岛青霉（*P. islandicum* Sopp）属于对称二轮青霉组，绳状青霉系。菌落生长缓慢，12～14d菌落直径达2.5～3.5cm。菌落通常呈轮纹状，并有轻微放射状皱纹。菌落有黄橙色、橘红色、褐色及暗黄绿色等多种颜色，菌落边缘呈粉红色或橘红色，宽1～4mm。多数种产生大量分生孢子。分生孢子暗黄绿色、艾绿色至灰绿色。渗出液很少或较多，大多沿着菌丝形成微细的水珠或聚集成小水滴。没有固定的气味或有显著的气味。里面橘红色至红色，老后色更深。分生孢子梗短，通常50～75μm。大多数由气生菌丝或索状菌丝生出。帚状枝为双轮对称。小梗平行密集，每簇5～8个，较短，顶端骤尖，（7.0～9.0）μm×（1.8～2.8）μm。分生孢子椭圆形，（3.0～3.5）μm×（2.5～3.0）μm，厚壁，光滑。分生孢子链呈缠结状（图2-54）。

该菌分布于所有产大米区，可危害大米品质，并可在大米上产生毒素，形成有毒的岛青霉“黄变米”。

（十）拟青霉属

拟青霉属（*Paecilomyces* Bainier）分类上属于半知菌亚门丝孢纲丝孢目丛梗孢科。菌落白色，淡粉红色、紫丁香色、黄褐色或藏灰褐色，偶尔带有浅绿色调，但从不是真正的绿色。菌落质地紧密毡状，松絮状或束状，少数菌系趋于形成湿润和黏质的菌落。子实体结构复杂程度变化很大，自相当复杂的帚状分枝至只有单个小梗或一簇小梗直接着生于菌丝上。小梗的形状极具特色，基部膨大，上部逐渐变尖，成为一个细长的产生分生孢子的管状体，常偏离主轴而略弯曲。分生孢子卵形、长椭圆形或几乎呈圆柱形，极少有近球形者，大多数光滑，有时微现粗糙。大部分的种常产生所谓的巨孢子，它是较大型的、球形或卵形的粉块孢子，单生或作小簇状。常常在靠近基质的菌丝上，甚至生在埋伏型菌丝中（图 2-55）。

该属菌在自然界分布广，常见于含有大量有机质的土壤中，在谷物上和植物的根部也能分离到，也见于木浆和纸张上。有些种具有较强分解纤维素的能力。

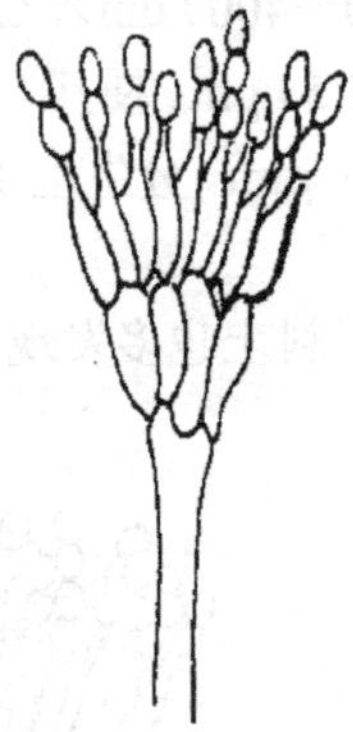

图 2-54　岛青霉

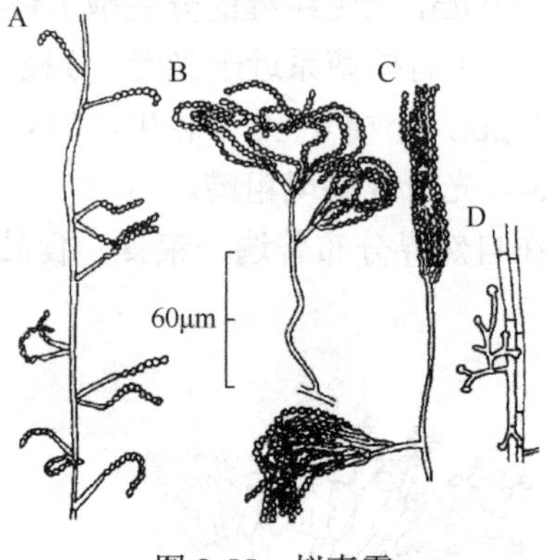

图 2-55　拟青霉

A～C. 分生孢子结构；D. 巨孢子

（十一）地霉属

地霉属（*Geotrichum*）在分类上属于半知菌亚门丝孢纲丝孢目丛梗孢科。该属中常见种为白地霉。

白地霉（*G.candidum*）异名乳卵孢霉［*Oidium lactis* Fresenius 或 *Ooxpora laclis*（Fr）Sacc］。其在自然界分布极广，在土壤、粪便、各种有机物和粮食上都能找到它。白地霉的营养价值很高，菌体蛋白质含量达 55%，维生素 B_1 9.89mg/100g，维生素 B_2 5.10mg/100g，可供食用与饲用，也可提取核酸。其还可合成脂肪，但含量不如红酵母、脂肪酵母等。

白地霉在麦芽汁琼脂培养基上生成巨大菌落，在 25～28℃培养 3d，菌落直径可达 30～40mm，培养 5d 可达 50～70mm。培养 5d 的菌落呈绒毛状或粉状，扁平，均匀，有同心圈或放射线，有的中心突起。

在 28～30℃的麦芽汁培养基培养 1d，生白色醭，毛绒状或粉状，韧或易碎，真菌丝，有的有二叉分枝，隔膜多或少，菌丝宽 2.5～9.0μm，裂殖，节孢子大多为（4.9～7.6）μm×（5.4～16.6）μm（图 2-56）。

对葡萄糖、甘露糖、果糖的发酵力较弱，有的弱发酵半乳糖。能利用甘油、乙醇、山梨醇、甘露醇，不能利用肌醇等。能分解果胶及油脂，可以蛋白胨、硫酸铵、尿素为氮源。多数液化明胶及胨化牛奶，少数能胨化牛奶但不液化明胶。生长最高温度为33～37℃，可利用废糖蜜、酒糟、豆腐渣、红薯干浸出液等培养白地霉。

（十二）木霉属

木霉属（*Trichoderma*）分类上属半知菌亚门丝孢纲丝孢目丛梗孢科。该属菌落生长迅速，呈棉絮状或致密丛束状，初期白色平坦，后期从边缘开始出现绿色的产孢子丛束区。菌落背面无色。菌丝透明，有隔，分枝繁复。厚垣孢子有或无，间生于菌丝中或顶生于菌丝短侧分枝上，球形、椭圆形、光滑、无色。分生孢子梗为菌丝的短侧枝，其上对生或互生分枝，分枝上又可继续分枝，终成松柏式分枝轮廓，分枝角度为锐角或直角，分枝末端为小梗。小梗呈瓶状或锥形。分生孢子由小梗相继生出，靠黏液聚集成球形的孢子头，有时几个孢子头汇成一个大孢子头。分生孢子近球形或椭圆形、圆筒形等。壁光滑或粗糙、透明或亮黄绿色（图2-57）。

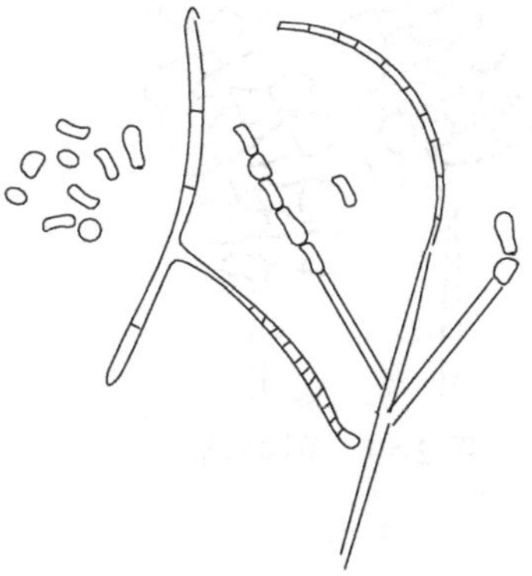

图2-56　白地霉

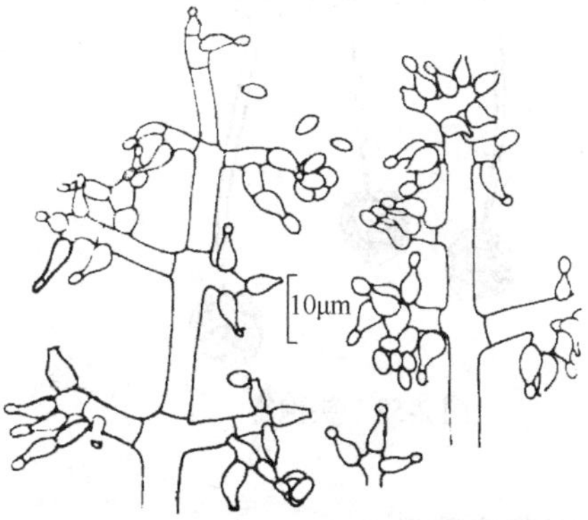

图2-57　木霉

木霉属广泛分布于自然界，在腐烂的木材、土壤、空气、有机肥料、植物残体上都能分离到。该属中有些菌株具有很强的分解纤维素酶，已被应用生产纤维素酶。另外，它常寄生于某些真菌上，特别对大型真菌的子实体寄生力很强，是食用菌栽培的有害菌。

（十三）头孢霉属

头孢霉属（*Cephalosporium*）分类上属于半知菌亚门丝孢纲丝孢目丛梗孢科。菌落呈绒状或絮状，粉红色至深红色，白灰色或黄色。有些种缺乏气生菌丝，湿润或呈细菌状菌落。营养菌丝有隔，分枝，无色或鲜色。少数情况下产生暗色厚垣孢子。菌丝常编结成绳状菌丝或孢梗束。分生孢子梗很短，大多数从气生菌丝长出，基部稍膨大，呈瓶状结构，互生、对生或轮生。分生孢子从瓶状小梗顶端溢出后推至侧旁，靠黏液粘成假头状，遇水即散开。成熟的孢子呈圆形、卵形、椭圆形或柱形，单细胞或偶尔有隔，透明（图2-58）。

头孢霉在自然界分布广泛，土壤、空气、植物残体上都可以找到，食品上也常见。该属包括许多很有经济价值的种，如产黄头孢霉（*Cephalosporium chrysogenum*）、顶孢头孢霉（*Cephalosporium acremonium*）及一些具有子囊阶段的头孢霉可产生头孢霉素C，这是近几年来应用较多的一种抗生素。某些种可产生抗癌的抗生物质，还有些种可产生较强的脂肪酶和淀粉酶等。

（十四）单端孢霉属

单端孢霉属（*Trichothecium*）分类上属于半知菌亚门丝孢纲丝孢目丛梗孢科。菌落薄，生长迅速，絮状蔓延，开始为白色羊毛状，后变为粉红色或纯黄色粉末状。分生孢子梗细长、直立，有隔，不分枝。顶端着生成群的分生孢子。分生孢子梨形有隔，多为 2～4 室。透明无色或淡粉红色（图 2-59）。

该属菌在粮食和土壤中常分离到，特别是玉米上最多。另外，在霉烂的花生、苹果上也常见到，如粉红单端孢霉（*Trichothecium roseum*）。

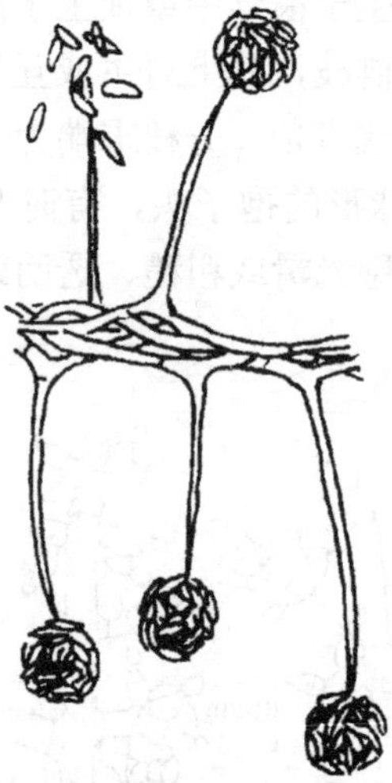

图 2-58　头孢霉

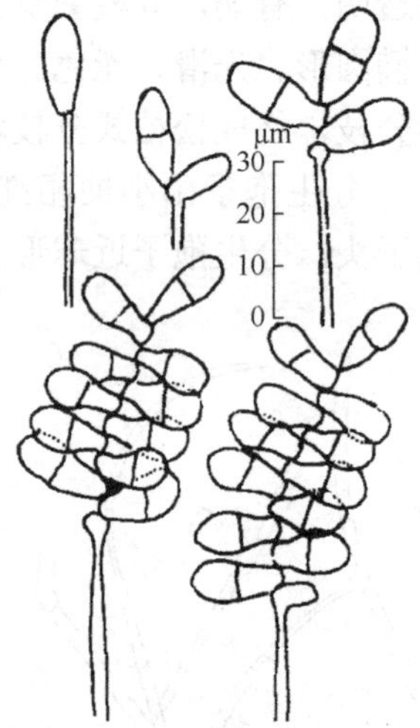

图 2-59　单端孢霉

（十五）葡萄孢霉属

葡萄孢霉属（*Botrytis*）分类上属于半知菌亚门丝孢纲丝孢目丛梗孢科。菌落絮状，灰白色或淡褐色，扩展迅速，菌丝体灰色。分生孢子梗细长而直立，顶端形成树枝状分枝，分枝顶端的细胞常膨大，在短的小梗上簇生分生孢子，外观像一串葡萄。分生孢子单细胞，呈卵圆形，无色或淡灰色，光滑透明。常产生外形不规则的黑色菌核，甚大。该菌为低温性及湿生性，分生孢子萌发的最低温度为−5℃，最低相对湿度为 92%～94%（图 2-60）。

该属菌腐生或寄生，又称为灰霉，在许多植物上寄生时引起“灰霉病”，粮食种子的外部，尤其是玉米籽粒及枯死的谷粒表面往往存在。是蔬菜上常见的腐败菌，常见的种是灰色葡萄孢霉（*Botrytis cinerea*）。

（十六）葡萄穗霉属（Stachybotrys）

葡萄穗霉属（*Stachybotrys*）分类属于半知菌亚门丝孢纲丝孢目暗色孢科。

菌落绒状，烟褐色至绿褐色，后期呈黑褐色至黑色。菌丝匍匐蔓延生长，有隔、分枝，透明或稍有色。分生孢子梗从菌丝直立生出，最初透明，然后烟褐色，规则地互生分枝或不规则地分枝。每个分枝末端生瓶状小梗，透明或浅褐色。在分枝末端单生，两个对生或数个轮生。分生孢子单个地生在瓶状小梗的末端。椭圆形、近柱形或卵形、暗褐色，有刺状突起（图 2-61）。

该属菌含很强的纤维素酶，很早就有人利用此菌提取纤维素酶。该属中的黑色葡萄状穗霉（*Stachybotrys atra* Corda）寄生在饲草上，可使畜、禽发生中毒和致病。在土壤、种子、有机残体、草食性动物粪便中都可找到。

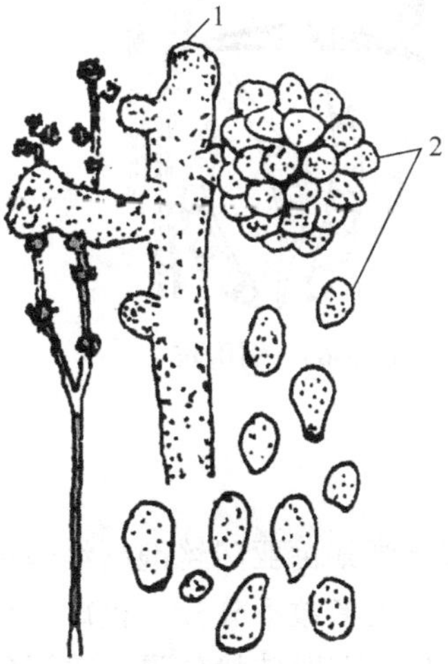

图 2-60　葡萄孢霉

1. 分生孢子梗；2. 分生孢子

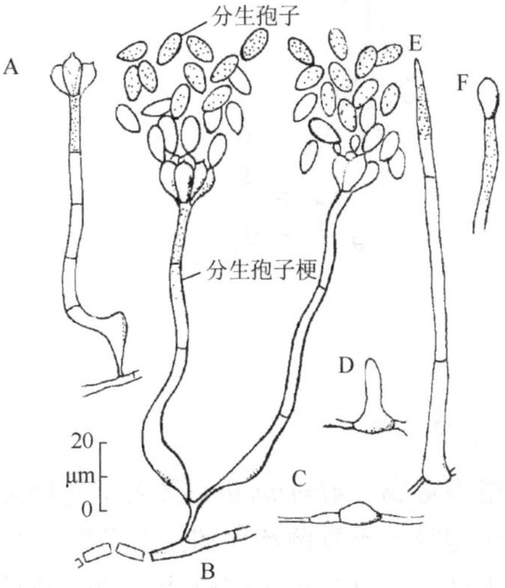

图 2-61　葡萄穗霉

A. 分生孢子梗及瓶梗；B. 分生孢子梗及分生孢子；C. 厚垣孢子；D. 小分生孢子梗；E，F. 分生孢子梗

（十七）枝孢霉属

枝孢霉属（*Cladosporium*）分类上属于半知菌亚门丝孢纲丝孢目暗色孢科。菌落呈厚绒状，结构致密、生长局限，颜色由深浓绿至近黑色，背面蓝黑色或绿黑色。分生孢子梗暗色，有隔膜、近顶端及中部有不规则分枝，单生或簇生。分生孢子绿黑色，有一个或两个细胞，形态大小不一，有卵圆形、椭圆形、柠檬形，从分生孢子梗顶端生出，形成树枝状分枝的分生孢子链。低倍显微镜下观察时，犹如一簇簇小树丛，当用液体制片时，这种结构即被打散成分生孢子、分生孢子梗和菌丝体的杆状碎片（图 2-62）。

枝孢霉寄生或腐生于植物体上，能在低温下发育，多危害食品、粮食、皮革等，也是常用的霉腐实验菌。

（十八）蠕孢霉属

蠕孢霉属（*Helminthosporium*）分类属半知菌亚门丝孢纲丝孢目暗色孢科。菌落扩展生长，褐色至黑褐色。菌丝体淡色至暗色。分生孢子梗直立，长短不一，有隔，单枝或分枝，有不规则的弯曲。分生孢子连续形成。在分生孢子梗先端的稍偏一边产生第一个分生孢子，在先产生的孢子后方略延长，以同样的方式产生第二个孢子，如此重复，10 多个孢子形成一簇。孢子相当长，圆柱形、棍棒形、倒棍棒形、纺锤形等。两端钝圆，或一端或两端变细，直或弯，光滑，暗褐色、绿褐色至黑绿色，多横隔（图 2-63）。孢子萌发方式有的只限两端或一端萌发，有的种孢子可以遍体萌发。有的种是不育的，只产生丰盛透明的菌丝，随培养时间延长，变成灰黑色或带粉红色，菌落背面常带红色。

该属多是禾本科及其他经济作物寄生菌，从各类植物的种子及寄主病斑上很容易分离到。许多种也是腐生菌，从植物残体及土壤中也可分离到。有一些种有较强的纤维素酶活性。

图 2-62　枝孢霉

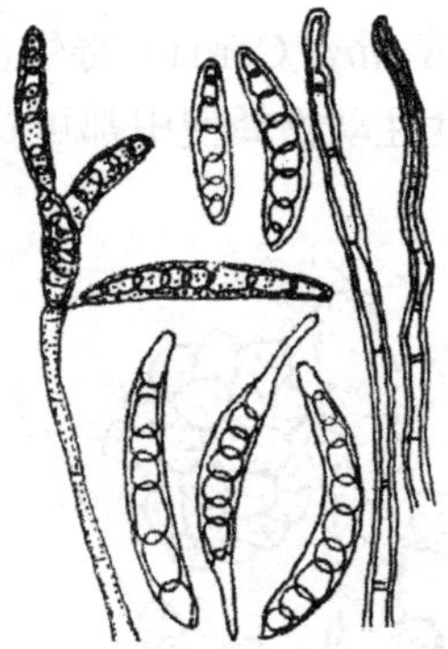

图 2-63　蠕孢霉

（十九）链格孢霉属

链格孢霉属（*Alternaria*）又名交链孢霉属，分类上属于半知菌亚门丝孢纲丝孢目暗色孢科。链格孢霉的不育菌丝匍匐，有分隔，分生孢子梗暗色，大多数不分枝，较短，与营养菌丝几乎无区别。分生孢子倒棒状，顶端延长成喙状，淡褐色，有壁砖状分隔，暗褐色。常数个形成链状（图 2-64）。

该属菌是土壤、空气、工业材料上常见的腐生菌，它们也是某些植物的寄生菌，如稻链格孢（*A. oryzae* Hara）寄生在水稻上。另外，在新鲜粮食、食品上经常分离到。某些种可用于甾族化合物转化菌，有些可产生毒素。

（二十）短梗霉属

短梗霉属（*Aureobasidium*）分类上属于半知菌亚门丝孢纲丝孢目暗色孢科。常见种为出芽短梗霉。出芽短梗霉［*Aureobasidium pullulans*（de Bary）Arnaud］异名为出芽茁霉［*Pullularia pullulans*（de Bary）Berkh］，俗名黑酵母（black yeast）。菌落质地最初黏稠，藏白色，很快变成藏绿色，最后变成黑色，皮革状有光亮，有皱褶。颜色变化从中央开始，逐渐向菌落边缘扩展，最后全部变成黑色，只是在不利条件下菌落可迅速变黑。

培养初期菌落具有细而无色透明的菌丝，横隔少，随后壁加厚，色转暗，变成弯曲而分枝的菌丝。老年菌丝可由横隔处断裂成裂生子状片段。菌丝各处都可产生乳头状突起，突起上着生椭圆形分生孢子，长 4～8μm（图 2-65）。

出芽短梗霉能同化乳糖，分解果胶，可在高浓度糖和中性盐中生长。适应的 pH 范围较大（pH1.9～10.1），生长的最适温度为 27℃，常是水果（如梨、樱桃、柑橘、葡萄、草莓等）和蔬菜（番茄）在贮藏和堆积中引起腐败的霉菌之一，也会引起含水量大的谷物（含水 15% 以上）发霉而导致其丧失食用价值。

（二十一）镰刀菌属

镰刀菌属（*Fusarium*）又名镰孢霉属，分类上属于半知菌亚门丝孢纲瘤座孢目瘤座孢科。该属种很多、分布极广，许多种是危害各种经济作物的病原菌，能引起小麦、水稻、玉米、蔬菜等病害，还有些种是人或动物的病原菌。镰刀菌具有腐生能力，可以在粮食和食品上生长，使其霉坏变质，而且能产生毒素。有些镰刀菌可以产生纤维素酶、脂肪酶、果胶酶及植物激素等。

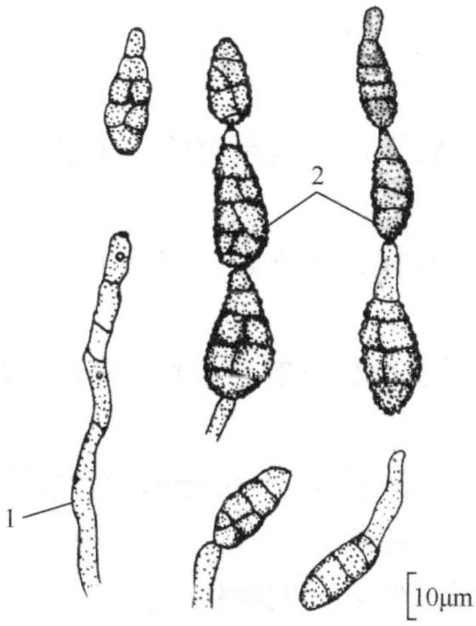

图 2-64　链隔孢霉

1. 分生孢子梗；2. 分生孢子

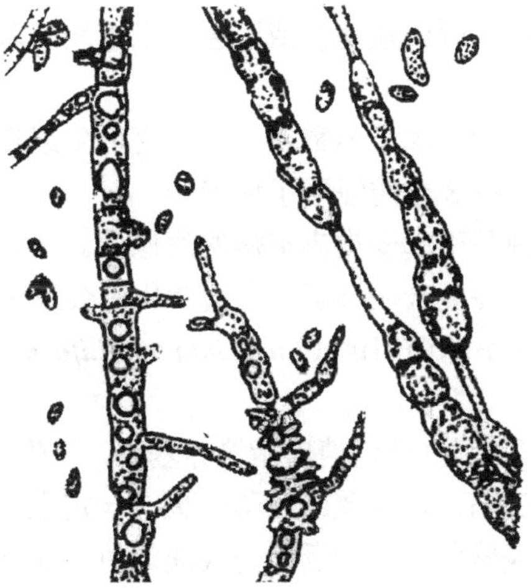

图 2-65　短梗霉

该属菌在马铃薯-葡萄糖琼脂及察氏培养基上气生菌丝发达，高 0.5～1.0cm 或较低（0.3～0.5cm），或更低（0.1～0.2cm）。气生菌丝稀疏，甚至完全无气生菌丝，而由基质菌丝直接生出黏孢层，内含大量的分生孢子。

分生孢子分大小两种类型，大型分生孢子产生在菌丝的短小爪状突起上，或产生在分生孢子座上，或产生在黏孢团中；孢子形态多样，有镰刀形、线形、纺锤形，披针形、柱形、腊肠形、蠕虫形、鳝鱼形等。弯曲、直或近于直。顶细胞形态多样，短喙状、锥形、钩形、线形、柱形，逐渐变窄细或突然收缩。小型分生孢子生在分枝和不分枝的分生孢子梗上。小型分生孢子多样，有卵形、梨形、椭圆形、圆形、纺锤形、披针形和柱形等。1～2 个隔，通常小型分生孢子的量比大型分生孢子多。气生菌丝，黏孢团、子座、菌核可呈各种颜色，基物也被染成各种颜色。厚垣孢子间生或顶生，单生或多个串生或成结节状。有时也生于大型分生孢子的孢室中，无色或有色，光滑或粗糙。有些镰刀菌具有有性世代，产生闭囊壳，其内有子囊和子囊孢子。子囊阶段属于核菌纲丛赤壳属（*Nectria*）、丽赤壳属（*Calonectria*）、赤霉属（*Gibberella*）及隐壳霉属（*Hypomyces*）。

镰刀菌属包括的种类很多，目前在粮食中发现的产毒菌有禾谷镰刀菌、梨孢镰刀菌、串珠镰刀菌、拟枝孢镰刀菌、三线镰刀菌、雪腐镰刀菌、藤草镰刀菌、茄病镰刀菌等。

（1）禾谷镰刀菌（*Fusarium graminearum* Schw.）　　属色变组中的一种，有性阶段称为玉米赤霉菌（*G. zeae*）。在马铃薯-葡萄糖琼脂培养基上，菌丝棉絮状至丝状，生长茂盛，高度可达 5～7mm，初期白色，然后白玫瑰色、白洋红色或白砖红色，中央有黄色气生菌丝区，背面深红色或淡砖红赭色。菌丝分枝、有隔、透明，或玫瑰色，直径 1.5～5.0μm。一般野生型菌株在培养基上不产孢子，但菌丝中可见膨大细胞。膨大细胞球形或卵形，单个或成串，顶生或间生，壁薄、透明，直径 6～12μm。大型分生孢子近镰刀形、纺锤形、披针形，稍弯，两端稍窄细，顶细胞末端稍尖或略钝。脚胞有或无，大多数 3～5 隔，极少数 1～2 隔或 6～7 隔，单个孢子无色，聚集时呈浅粉色（图 2-66）。

大型分生孢子常见的有 3 隔、5 隔、7 隔；孢子的尺寸一般分别为 41μm×4.3μm、51μm×4.9μm [（41～73）μm×（4～5.9）μm]、73μm×5.4μm。

无小型分生孢子。一般无厚垣孢子，如有也极少，间生。菌核呈各种深浅不同的紫红色、暗紫红色、鲜明玫瑰色或无色。米饭培养基上子座呈典型的黄色，暗奶油色、黄橄榄色、赭橄榄色。

有性世代属于赤霉属。子囊壳散生或聚生，卵圆形或圆形，深蓝至黑色。子囊棍棒状，无色，内有 8 个纺锤形子囊孢子。

该菌是引起麦类赤霉病的病原菌。还可以引起玉米、水稻、高粱等作物发生穗腐、茎腐等病害。并能产生毒素，人畜食用后会发生中毒现象。

（2）串珠镰刀菌（*Fusarium moniliforme* Sheld）　属于李瑟组的一个种，有性阶段属于赤霉属。

在马铃薯-葡萄糖琼脂培养基上，气生菌丝棉絮状，蔓延，高 0.2～0.5cm，有些菌株平铺或局部凹陷，试管壁或菌落中央有一定程度的绳状或束状的趋势。菌株的色泽为白色、浅粉红色、淡紫色。试管反面为较淡的黄、赭红乃至蓝色，或它们之间的颜色，野生型菌株一般产孢良好。在气生菌丝层上具有一层稍稍反光的松散的细粉，就是散落成堆的孢子。某些菌株在菌落中央产生粉红色，粉红-肉桂色的黏孢团。个别菌株则为暗蓝色，黏孢团包含大量的小型分生孢子及较多的大型分生孢子。

小型分生孢子卵圆形、椭圆形，0 或 1 隔、透明，集结成链状或偶见假头状。大型分生孢子生于子座、黏孢团和气生菌丝体中，呈锥形或稍呈镰刀形、纺锤形、棍棒形、线形、直或稍弯。孢子逐渐向两端窄细、基部有足细胞，椭圆形弯曲或几乎平直，透明壁薄，一般为 3～5 隔，孢子成堆时微白-赭色，赭玫瑰色，砖红-红色。3 隔的大小为（20～60）μm×（2.5～3.5）μm；5 隔的大小为 49μm×3.1μm（图 2-67）。无厚垣孢子；有些菌株可以形成菌核。米饭培养基上子座为玫瑰色或玫瑰红色，玫瑰-浅紫色。

串珠镰刀菌可寄生于玉米、燕麦、大麦、小麦、黑麦、水稻等禾本科植物上，由于串珠镰刀菌具兼性寄生的特点，谷物收获后如果不能及时干燥，该菌会生长而危害谷物品质。另外，该菌还可产生毒素及生长刺激素 920。

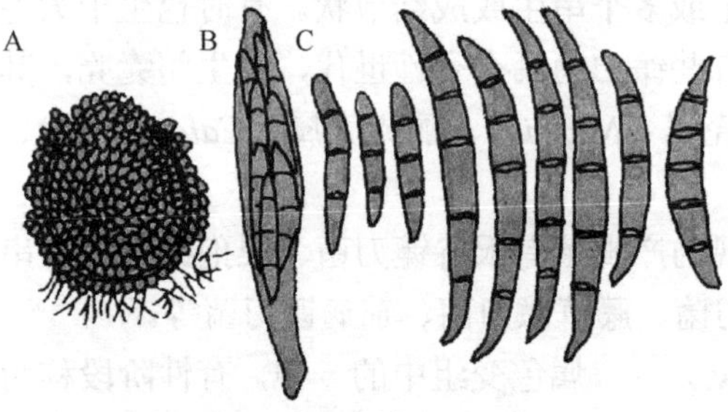

图 2-66　禾谷镰刀菌

A. 闭囊壳；B. 子囊及子囊孢子；C. 分生孢子

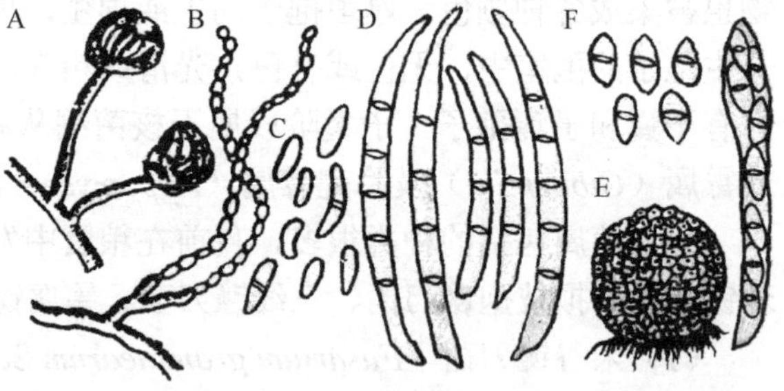

图 2-67　串珠镰刀菌

A. 黏孢团；B 链状小型分生孢子；C. 分生孢子；D. 大型分生孢子；E. 子囊；F. 子囊孢子

四、蕈菌

蕈菌（mushroom）是指能形成大型肉质子实体的丝状真菌的总称，大多数属于担子菌类，极少数为子囊菌类。蕈菌生长在基质上或地下的子实体，大小足以让肉眼辨识和徒手采摘，从外表来看不像微生物，过去一直为植物学的研究对象。但从蕈菌的细胞构造、繁殖方式、早期发育特点及进化水平等多种生物学性状来看，它们与显微真菌完全一致。事实上，若将蕈菌的大型子实体理解为一般真菌丝在陆生条件下的特化与高度发展形式，则其就与其他真菌无异了。

1. 分布与习性

蕈菌分布较为广泛，在山区森林中生长的木生菌种类和数量较多，如香菇、木耳、银耳、牛肝菌等。在田边地头、草原和草堆上有草菇、口蘑等。南方生长较多的是高温结实性真菌，而高山地区、北方寒冷地带生长较多的则是低温结实性真菌。

蕈菌与人类关系密切，可供人类食用和药用。其中可供食用的种类就有2000多种，目前已利用的食用菌约有400种，其中约50种已能进行人工栽培，如常见的平菇、香菇、木耳、银耳、草菇、金针菇和竹荪等。还有许多蕈菌品种可供药用，如常见的灵芝、云芝和猴头等。但也有少数含有剧毒成分，可导致食用者严重中毒，甚至引起死亡。

2. 蕈菌的形态构造

蕈菌的最大特征是形成形状、大小、颜色各异的大型肉质子实体，典型的子实体是由顶部的菌盖（包括表皮、菌肉和菌褶）、中部的菌柄（常有菌环和菌托）和基部的菌丝体三部分组成（图2-68）。

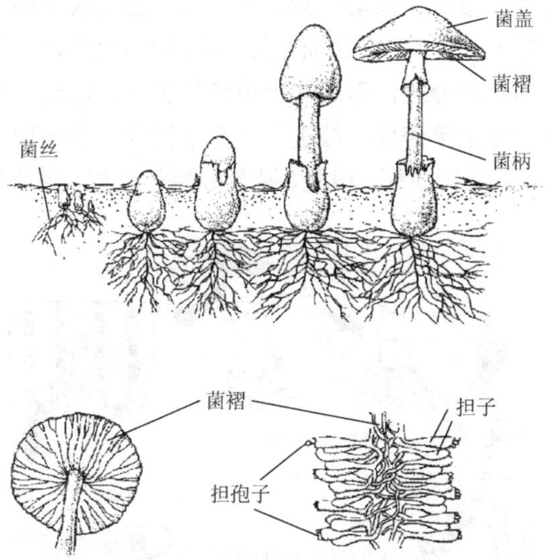

图2-68 蕈菌的典型构造

（1）菌盖 菌盖是子实体最明显的部分，好像一顶帽子，又叫作菇盖、菌伞，是菌褶着生的地方。不同的食用菌，菌盖的形状也不尽相同，如有扇形、钟形、圆锥形、漏斗形和平展形等。菌盖表面有的光滑，有的有皱纹、条纹或龟裂；有的干燥，有的湿润或黏滑；有的有绒毛、鳞片等。

菌盖大小不一，小者直径通常有几厘米，大型菌类直径有十几厘米。菌盖由角质层和菌肉两部分组成。角质层是由保护菌丝构成，依次可分外皮层、盖皮及下皮层。菌肉大多数为白色，由生殖菌丝和联结菌丝组成。生殖菌丝是构成菌肉的主要菌丝类型，它宽而直，可连续生长，菌丝中隔膜多，分隔处明显向内缢缩。联结菌丝生长有限，分隔少，常大量或不规则地形成分枝。

在菌盖下方为菌褶，呈放射状排列的片状结构，是产生担孢子的场所。菌褶中央是菌髓细胞，两侧是子实层。担子菌的子实层是由无数呈栅状排列的担子和囊状体组成的。担子是担孢子孕育的部位，一般呈棒状，顶端通常具 4 个小梗，各生一个担孢子，有的只有两个小梗和两个孢子。

（2）菌柄　又称为菇柄或菇脚，起支持菌盖和输送养分的作用。菌柄质地有肉质、蜡质、纤维质等，多为圆柱形或纺锤形，多中生于菌盖上，也有偏生或侧生的，甚至完全无柄。组成菌柄的菌丝体基本上是垂直排列，有的菌丝排列充实，有的疏松，也有的为无菌丝的中空状。

（3）菌丝体　子实体是担子菌长出地面的部分，在地下还有白色丝状，到处蔓延的菌丝体，这是担子菌的营养体部分，即非繁殖器官。菌丝体有隔，可伸入培养基中吸收养分。在一定温度与湿度的环境下，菌丝体取得足够的养料就开始形成子实体。

3. 菌丝发育及担孢子产生

在蕈菌的生活史中，菌丝的分化可分成 5 个阶段：①形成一级菌丝。担孢子萌发，形成由许多单核细胞构成的菌丝，称为一级菌丝，也称为初生菌丝。②形成二级菌丝。不同性别的一级菌丝发生接合后，通过质配形成了由双核细胞构成的二级菌丝。它通过独特的“锁状联合”，即形成喙状突起而连合两个细胞的方式不断使双核细胞分裂，从而使菌丝尖端不断向前延伸。③形成三级菌丝。环境条件适宜时，大量的二级菌丝分化为多种菌丝束，即三级菌丝。④形成子实体。菌丝束在适宜条件下会形成菌蕾，然后再分化、膨大成大型子实体。⑤产生担孢子。子实体成熟后，双核菌丝的顶端膨大，细胞质浓缩，在膨大的细胞内发生核配形成二倍体的核。二倍体的核经过减数分裂和有丝分裂，形成 4 个单倍体子核。这时顶端膨大细胞发育为担子，担子上部随即突出 4 个梗，每个单倍体子核进入一个小梗内，小梗顶端膨胀生成担孢子。由于担孢子是两性菌丝的接合，并经历质配、核配、减数分裂等过程，是典型的有性孢子（图 2-69）。

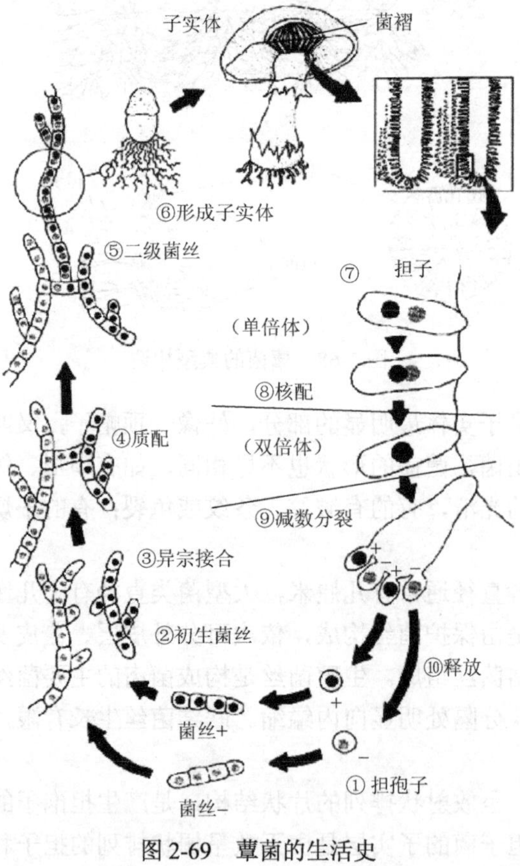

图 2-69　蕈菌的生活史

第四节　病　　毒

病毒是迄今为止在地球上发现的具有生命特征的最小生物。病毒虽小，但它对人类社会的影响却非常巨大。病毒可引起动植物的传染病，导致人类生命财产的重大损失，但人类也借助病毒获得极大的效益。例如，人们利用病毒防治有害生物，可减少化学药剂的使用所带来的危害；利用病毒制造预防疾病的疫苗，可保障人体的健康等。在食品工业中，病毒不像细菌和真菌那样有直接的作用，但在涉及食品卫生等方面则十分重要，如肝炎病毒、引起疯牛病的朊病毒等。在乳酸发酵、氨基酸发酵等生产中，如果受到噬菌体的感染，整个发酵生产会受到破坏。因此，对病毒的研究已经成为引人瞩目的焦点，病毒所涉及的领域也不断地被拓展，并产生越来越多有益的影响。

依据化学组成及生物学特性，现代病毒学家将非细胞生物——病毒分成真病毒（euvirus，简称病毒）和亚病毒（subvirus）两种类型。

- 非细胞生物
  - 真病毒：至少含有核酸(DNA或RNA)和蛋白质两种组分
  - 亚病毒
    - 类病毒：只含能独立侵染的RNA组分
    - 拟病毒：只含不能独立侵染的RNA组分
    - 朊病毒：只含蛋白质组分

一、病毒的特点

病毒是一类由核酸和蛋白质等少数几种化学成分构成的超显微非细胞型生物。病毒是一类独特的生命体，在细胞外以成熟的病毒颗粒形式存在，与已知的其他生物相比具有许多不同的特点，主要表现在以下几个方面。

1）病毒的个体极小。最小的病毒直径仅有数十纳米，如动物的口蹄疫病毒和植物的双粒病毒直径均为20nm左右；最大的病毒个体，如痘类病毒，大小也不过300～450nm。要观察病毒的形态必须借助电子显微镜。

2）病毒没有细胞结构。一些病毒仅由简单的核酸和蛋白质外壳构成，没有像细菌细胞等生物的基本结构。而且病毒的核酸组成是单一的，只含DNA或RNA中的一种，不同于细胞生物同时具有两种核酸的特点。

3）病毒是专性寄生型生物。病毒缺乏完整的酶系统和代谢能力，不能独立进行生命代谢活动，只能寄生于宿主细胞中，依靠控制宿主活细胞的酶类及代谢体系来完成自身的生命过程。

4）病毒对抗生素不敏感，但对干扰素敏感。这一特性也表明病毒不同于其他已知的细胞型生物。

5）病毒具有感染态和非感染态双重存在方式。在宿主活细胞内营专性寄生，呈感染态；在细胞外环境中以无生命的生物大分子颗粒态长期存在，但保持感染活性。

二、病毒的基本结构与形态

病毒在其宿主细胞外是以完整的个体形式存在的，结构完整的、具有感染宿主细胞能力的病毒称为“病毒粒子”或“毒粒”（virion）。借助于电子显微镜和现代生物学技术，人类已经了解了许多与人类关系密切的病毒的形态及它们的构造。

（一）病毒的组成与结构

病毒的基本结构由蛋白质外壳及被外壳包裹的核酸组成。病毒的蛋白质外壳称为衣壳或壳体，通常由单一的蛋白质分子亚单位通过次级键结合而成，这些构成病毒衣壳的蛋白质亚单位也称为衣壳粒（capsomer）。

病毒的核酸被包围在衣壳内，它携带了病毒的全部基因，决定病毒的遗传特性。病毒的核酸有多种存在形式，其组成有些是RNA，有些是DNA；其形状有些是线状，有些是环状；其结构有些是单链，有些是双链。由蛋白质外壳包裹核酸组成的结构称为核衣壳（nucleocapsid），这是任何具有感染性的真病毒必须具备的结构。有些病毒的结构更为复杂些，它们在核衣壳的外部还有较复杂的膜包裹（图 2-70）。

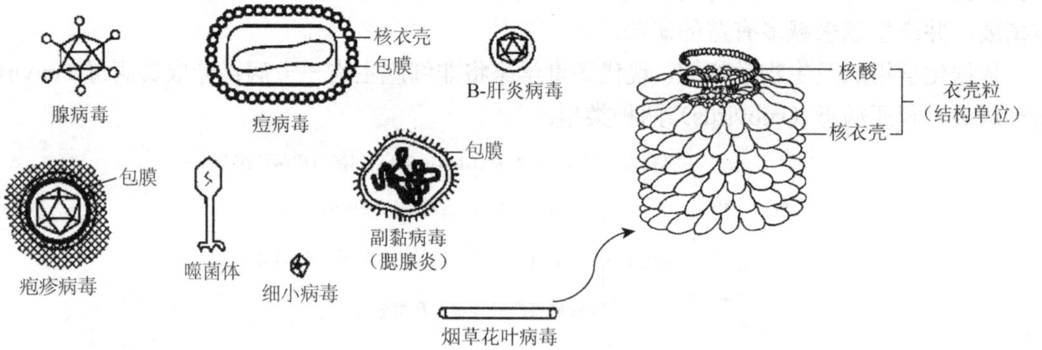

图 2-70　不同种类病毒的结构

（二）病毒的形态

已经被发现和命名的病毒有4000多种（1995年），病毒的形态是由其蛋白质外壳或包裹蛋白质外壳的包膜决定的。虽然病毒间的形态和大小均有一定的差别，但多数病毒颗粒的形态大致上可分为球形、杆形和复合形。

球形病毒实际上是一类二十面体对称的结构（图 2-71），常见的球形病毒有脊髓灰质炎病毒；杆形病毒为螺旋对称结构（图 2-72），常见的杆形病毒如烟草花叶病毒等；复合形病毒通常是球形、杆形等形状的复合体，典型的如大肠杆菌 T_4 噬菌体病毒等（图 2-73），它的基本形态由二十面对称的头部和螺旋对称的尾部构成，其中病毒的核酸位于头部中间，另外有些复合形病毒还有尾丝、基板、刺突等其他附属结构。除此以外，还有一些结构更为复杂的病毒。

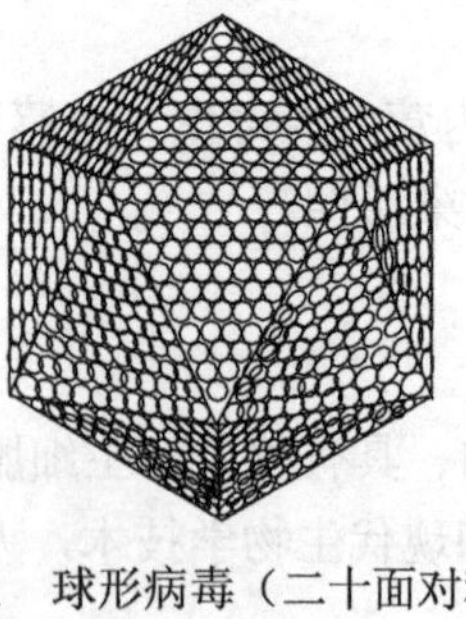

图 2-71　球形病毒（二十面对称体）

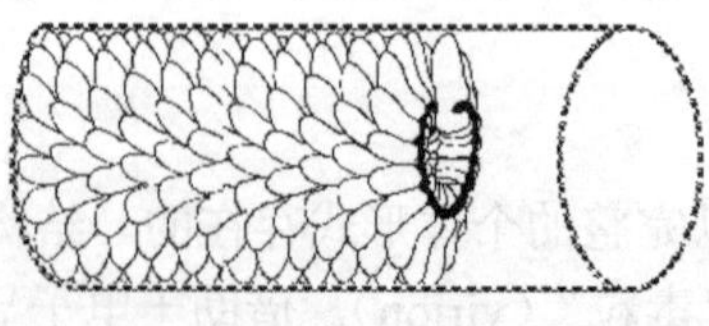

图 2-72　杆形病毒（螺旋对称体）

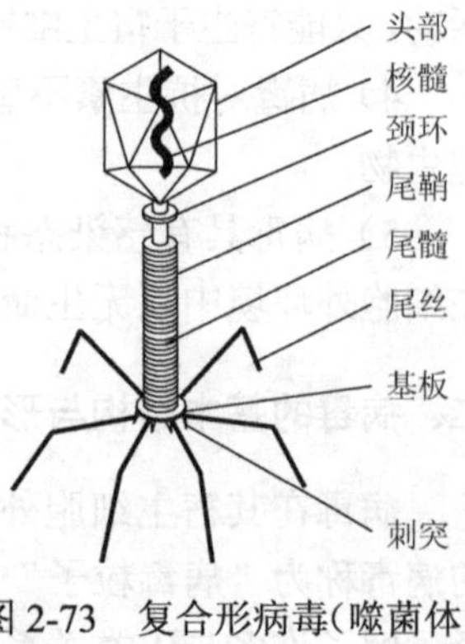

图 2-73　复合形病毒(噬菌体)

三、病毒的增殖

病毒的增殖是其基因组在宿主细胞内自然复制与表达的结果，又称为病毒的复制。病毒的复制方式因种类不同而异，但一般需要经历吸附、侵入（脱壳）、生物合成（复制）、成熟（装配）、释放等过程。

（一）吸附

吸附是病毒感染宿主细胞并进行增殖的必需步骤。病毒的吸附具有分子间的特异性，它由病毒颗粒表面存在的吸附蛋白与宿主细胞表面特异性受体接触而实现。吸附的专一性和结合力来源于吸附蛋白与宿主细胞受体空间结构的互补性、相互间的电荷、氢键、疏水相互作用等。病毒复制过程中吸附的专一性也决定了病毒感染宿主的专一性。例如，大肠杆菌 T_3、T_4、T_7 的吸附位点是细胞表面的脂多糖，枯草芽孢杆菌 SP-50 噬菌体的吸附位点是磷壁酸，沙门氏菌的 χ 噬菌体吸附位点是鞭毛等。

不同病毒完成吸附的速度有差异，而且许多外界因素也影响病毒的吸附作用，如吸附环境的 pH、温度、阳离子浓度等。研究影响病毒吸附的因素对防止发酵工业噬菌体的危害具有一定的意义。

（二）侵入（脱壳）

病毒完成吸附后必须通过一定的方式进入宿主细胞内。不同病毒侵入的方式有较大的差异。动物病毒可通过胞饮作用或细胞膜的融合作用等机制侵入胞内；植物病毒一般通过植物组织的伤口或通过昆虫对植物的损伤而侵入植物细胞中；噬菌体则一般是借助其尾管端所携带的少量溶菌酶将细菌细胞壁上的肽聚糖水解，头部的核酸通过尾管及其末端小孔注入宿主细胞内，并将蛋白质外壳留在壁外。一般从吸附到侵入的时间很短，只需数十秒即可完成。

（三）生物合成（复制）

病毒的核酸进入宿主细胞后可接管宿主细胞的代谢系统，使宿主细胞按照病毒的遗传信息合成完整病毒粒子的各种成分，其中主要为病毒的蛋白质合成和病毒的核酸复制。

（四）成熟（装配）

病毒在宿主细胞内合成的蛋白质外壳、核酸等成分组装成大量与侵入病毒相同的病毒颗粒。例如，T_4 噬菌体的组装过程为：DNA 分子缩合→通过衣壳包裹 DNA 而形成头部→尾部和尾丝的其他部分独立装配完成→头部与尾部相结合→最后装上尾丝，从而装配成完整的、有感染性的病毒粒子。

（五）释放

当宿主细胞内大量的病毒粒子成熟后，即可通过一定的机制释放出来。各种病毒的释放机制有一定的差异。例如，有些噬菌体是通过溶菌酶的作用使细胞裂解而释放；有些植物病毒是通过胞间连丝而释放到邻近细胞中；一些动物病毒可通过出芽的方式从宿主细胞中释放出来。

四、噬菌体与溶原性

根据侵染宿主细胞后是否导致宿主细胞的裂解，可将噬菌体分为烈性噬菌体（virulent phage）与温和噬菌体（temperate phage）。

烈性噬菌体遵循典型的病毒繁殖方式，即成熟后通过一定的方式从宿主细胞内释放出来，同时伴随着宿主细胞的裂解（个别噬菌体释放时可不裂解宿主细胞）；一个宿主细胞内可释放数十到上万个具有感染性的新噬菌体。大量的宿主菌体细胞被裂解后可在平板培养基的菌苔表面产生一个个透明圈，称为噬菌斑。据测定，一个直径为 2mm 的噬菌斑中含有的噬菌体数目可达 10^7～10^9 个。利用噬菌斑形成方法可检测烈性噬菌体的效价。效价表示每毫升试样中所含有的具侵染性的噬菌体粒子数。

另外，有些噬菌体侵入宿主细胞后并不进行自身的复制，而是将侵入的核酸整合（插入）到宿主细胞的基因组中，病毒核酸随宿主 DNA 的复制而同步复制，不导致宿主细胞的裂解，这类噬菌体称为温和噬菌体。温和噬菌体侵入细菌细胞不引起细胞裂解的现象称为溶原性（lysogeny）。处于与宿主染色体整合状态的噬菌体核酸称为前噬菌体（prophage）。这些在染色体组上整合有前噬菌体，并能正常生长繁殖而不被裂解的细菌（或其他微生物）即称为溶原菌或溶原性细菌（lysogen 或 lysogenic bacteria）。溶原菌的形成过程见图 2-74。

病毒侵染宿主并将其核酸整合到宿主染色体组中的溶原性现象不仅限于噬菌体，在动物病毒中也很常见。溶原性细菌在一定的条件下，其前噬菌体可从宿主细胞的染色体组中分离出来并进行病毒的复制合成，最终可导致宿主细胞的裂解。溶原菌的裂解既可以在自发的条件下进行，也可经紫外线、氮芥、环氧化物等理化因子的作用而诱发。在理化因子诱导的条件下溶原菌裂解的比例会大大增加。

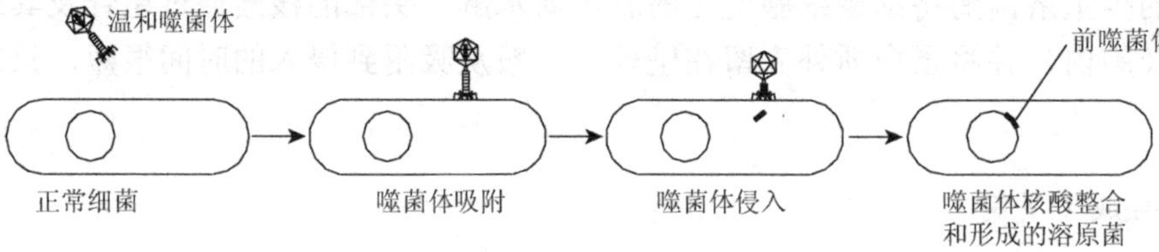

图 2-74 温和噬菌体形成溶原菌的过程

五、亚病毒

凡只含有核酸和蛋白质两种成分之一的病毒均称为亚病毒，包括类病毒、拟病毒和朊病毒三种。

1. *类病毒*

类病毒是一类无蛋白质衣壳，仅有环状闭合的单链 RNA 分子，专性寄生在活细胞内的分子病原体，又称为感染性 RNA。类病毒分子质量约为 105Da，含 246～401 个核苷酸，无 mRNA 活性，其基因组也不具有编码衣壳蛋白的能力。

在天然状态下，类病毒 RNA 呈棒状结构，它由一些碱基配对的双链区和不配对的单链环状区相间排列而成。通常在二级结构分子中央处有一段保守区，为一个高度保守的序列位于棒状结构中心，其能决定类病毒的种类。棒状结构左侧序列保守性强，而右侧变异性大。

由于类病毒结构中无蛋白组分，能耐受紫外线和作用于蛋白质的各种理化因素，对蛋白酶、胰蛋白酶、尿素等都不敏感，不被蛋白酶或脱氧核糖核酸酶破坏，但对 RNA 酶极为敏感。

类病毒引起许多经济植物病害，如马铃薯纺锤形块茎病、柑橘裂皮病、菊花矮化病、苹果锈果病等，导致作物植株死亡或减产。至于类病毒与人类和动物疾病之间的关系尚不清楚。

2. 拟病毒

拟病毒是一类包裹在真病毒粒中的有缺陷的类病毒，具有单链RNA基因组。拟病毒极其微小，一般仅由裸露的RNA（300～400个核苷酸）或DNA组成，侵染对象是植物病毒。被侵染的植物病毒称为辅助病毒。但单独的辅助病毒或拟病毒都不能使植物受到感染。

拟病毒单独没有侵染性，必须依赖辅助病毒才能侵染和复制，其复制需要辅助病毒编码的RNA依赖性RNA聚合酶。拟病毒的RNA不具有编码能力，需要利用辅助病毒的外壳蛋白，并与辅助病毒基因组RNA一起包裹在同一病毒粒子内。

目前在许多植物病毒中发现了拟病毒，如绒毛烟斑驳病毒（VTMoV）、苜蓿暂时性条斑病毒（LTSV）、莨菪斑驳病毒（SNMV）、地下三叶草斑驳病毒（SCMoV）等。在动物病毒中也发现有拟病毒，如丁型肝炎病毒（hepatitis D virus），它的宿主（辅助病毒）是乙型肝炎病毒（HBV）。

3. 朊病毒

朊病毒（prion）是一类能侵染动物，具有很强传染性并在宿主细胞内复制的小分子蛋白质颗粒，又称为蛋白质侵染因子或感染性蛋白质。该蛋白质因能引起宿主体内现成的同类蛋白质分子发生与其相似的构象变化，从而使宿主致病。

朊病毒无基因组，无免疫原性，其化学本质是构象异常的朊蛋白（prion protein，PrP）。PrP本身不具有侵染性，由3个PrP分子构成的“朊病毒单位”具有高度侵染性。电镜下，朊病毒为直径25nm，长100～200nm的杆状颗粒，大约由1000个PrP构成，大小和形状不一。

朊病毒对各种理化因子有较强的抵抗力，如对γ射线、紫外线、蛋白酶、多种消毒剂、高压及有机溶剂等的抵抗。使用高于132℃至少处理2h才能使之失活。用含1.6%氯的水溶液、2mol/L的氢氧化钠及医用甲醛溶液处理等均不能使之失活。

近年，人们发现朊病毒可通过食物链传染，引起人畜共患的中枢神经系统慢性退化性疾病。至今已发现与哺乳动物脑部有关的10余种疾病都由朊病毒引起，如羊瘙痒病、疯牛病，以及人的库鲁病和克-雅氏病。这些病的共同特征是潜伏期长，对中枢神经的功能有严重影响。

目前，人们在结构水平上认识朊病毒已取得重要进展，这包括PrP^{c}的结构、折叠动力学和可能转变成PrP^{Sc}（羊瘙痒病的朊病毒蛋白）的折叠途径的特点等；另外，通过蛋白酶消化敏感性实验和脑组织杂交分析已证明PrP^{Sc}可采取不同的构象。但至今还没有人通过纯化、重组技术在体外获得有侵染活性的朊病毒蛋白，所以蛋白质致病假说仍无法被证实。但随着X射线衍射技术、核磁共振光谱等技术在朊病毒研究中的应用，朊病毒结构的研究即将取得成功，相信人们很快会揭开朊病毒的面纱，最终攻克朊病毒病难关。

第五节 微生物分类与鉴定

地球上的生物类群种类繁多，目前已被记录的生物有150余万种，尚未被发现和研究过的生物种类更多。据保守估计，自然界中仅尚未被发现的真菌就超过100万种。对种类如此繁多、性状各异的微生物群体，只有将性质相同或相近的微生物进行归类，才能对纷繁的微生物类群有一个清晰的认识，并对生物资源进行有效的利用。

传统的生物分类主要以生物的表型特征相似性作为分类的主要依据，这种分类方法重在应用，不涉及生物进化或不以反映生物亲缘关系为目标。随着现代分子生物学技术的发展，人们已经可以从分子水平研究生物，使生物分类开始从物种的基因型特征来研究生物系统发育的相关性，从而建立反映生物进化及亲缘关系的科学分类系统。

一、生物分类的基本概念

1. 种以上的系统分类单元

生物分类以自然界客观存在的生物种（species）为基本单位。所谓“种”，是指一大群表型特征高度相似，亲缘关系极其接近，与同属内的其他种有着明显差异的一大群生物个体的集合。将亲缘关系相近的若干种归为一个属(genus)，再将亲缘关系较近的若干属归为一个科(family)，依此类推，构成一套层级式的分类系统。种及以上的系统分类单元自上而下可依次分成7级：

界（kindom）
　门（phyllum）
　　纲（class）
　　　目（order）
　　　　科（family）
　　　　　属（genus）
　　　　　　种（species）

实际应用时常在基本分类单位中引入次级单位，如“门”与“纲”层级间补充有“亚门”；“属”与“种”之间补充有“群”“系”等辅助分类单元。另外，分类的隶属关系往往带有许多人为色彩，随着研究的深入，某些种群的分类地位会发生较大变化。例如，原来属于真菌界的黏菌和卵菌经 rRNA 序列研究发现，其亲缘关系与真菌相距甚远，在新的分类体系中分别被归入藻界和原生动物界。

2. 学名

每种生物都有一个学名，是按“国际命名法规”进行命名并受国际学术界公认的通用正式名称。

生物的命名方法至今仍采用林奈（Linnaeus）所创立的“双名法”。该命名法则规定：每个物种的学名由前面一个属名和后面一个种名两部分组成，属名的词首字母须大写，种名词首字母须小写，有时在种名后还附命名人的姓名，用以消除“同物异名”或“同名异物”之类的误解。

$$\text{学名}=\frac{\text{属名+种名}}{\text{排斜体}}+\frac{\text{命名人}}{\text{有时可省略}}$$

例如，*Aspergillus flavus* Link 是黄曲霉的学名，其中 *Aspergillus* 是曲霉属的属名，*flavus* 是其种名，意为“黄色的”，该种是由 Link 命名的。

有时一个种的学名被修改后，在命名人部分还要加上带括号的前命名人。

例如，米曲霉的学名 *Aspergillus oryzae*（Ahlb）Cohn，Ahlb 为前命名人（或称第一命名人），Cohn 为现命名人（或称修改命名人）。

在文字记录中，当前后有多个同属内的种的学名连排在一起时，则后面的一个或几个属名可缩写成一个、两个或三个字母，并在其后加上一个点表示。例如，*Aspergillus niger*（黑曲霉），*Aspergillus flavus*（黄曲霉），*Aspergillus glaucus*（灰绿曲霉）等几个曲霉排列在一起时，可写成：*Aspergillus niger*，*A. flavus*，*A. glaucus*；或者写为 *Aspergillus niger*，*Asp. flavus*，*Asp. glaucus*。

3. 菌株

任何一个微生物单体或孢子经繁殖而成的纯培养物或其后代群体均可称为一个菌株（strain）。因此，一个菌种可有很多个菌株。同一个菌种的不同菌株之间在分类鉴定的主要性状上是相同的，但在生化性状、代谢产物的种类及产量等方面可能有较大的差异。例如，有些黑曲霉菌株可产生糖化酶，而另一些菌株可产葡萄糖氧化酶等。

在进行菌种保藏、学术交流、利用菌种生产等工作中，必须在菌种后标示出该菌株的名称。通常菌株的名称是在学名的后面用字母、符号或数字编号等表示，如 *Bacillus subtilis* AS1.398 为一株可产生蛋白酶的枯草芽孢杆菌菌株。

二、生物分类系统

虽然物种是自然界中客观存在的实物，但生物分类像所有其他自然科学的发展一样，随着人们对生物本质认识的不断深入而经历了由浅入深、由简至繁、由低级到高级的认知过程。

生物最初的分类系统仅为动物界和植物界的**两界系统**（林奈，1735）；随着人们对微生物认识的逐步深化，霍格（1860）和赫克尔（1866）将所有单细胞生物和一些简单的多细胞动植物，包括细菌、藻类、真菌和原生动物，归在原生生物界，提出除植物界和动物界外，增加一个原生生物界的**三界系统**。

在三界系统中，真菌类因有细胞壁而归入植物界，但真菌细胞壁的化学组成是几丁质而非纤维素，储存的是糖原而不是淀粉，多数真菌不能进行光合作用等，这些特征都显著有别于植物。Copeland 于 1938 年提出将生物界分为**四界**，分别是植物界、动物界（除原生动物外）、原始生物界（原生动物、真菌、部分藻类）和菌界（细菌、蓝细菌）。

1969 年，Wittaker 提出了比较完整的**五界系统**，即将所有的生物分为原核生物界、真菌界、原生生物界、植物界和动物界，微生物包含在前三界中，这一分类体系显示了生物个体结构从原核生物到真核单细胞生物再到真核多细胞生物的三个阶段，在营养上从光合营养到吸收式营养再到摄食式营养的三个进化方向。

1977 年，我国学者王大耜在 Wittaker 五界系统基础上提出增加病毒界的**六界系统**分类方法。微生物在该分类系统中分别属于原生生物界、原核生物界、真菌界和病毒界。

1979 年，我国学者陈世骧根据生命进化的主要阶段，将生物分为三个总界的五界（或六界）系统。分别为非细胞总界（仅包括病毒）、原核总界（包括细菌界、蓝细菌界）和真核生物总界（包括植物界、动物界和真菌界）。病毒结构简单，到底是原始地球上的最初生命形式，还是比原核生物更原始，现尚无定论，至今各种界级分类学说中多数都未明确病毒的地位。

1977 年，Woese 等通过对 60 多种细菌进行 16S rRNA 序列进行分析比较，发现产甲烷菌等完全没有作为细菌的特征序列，随后对大量微生物和其他生物进行 16S rRNA 和 18S rRNA 序列测定，并比较其同源性后，提出了生物分类的三域学说。三个域是指细菌域［Bacteria，以前称为真细菌域（Eubacteria）］、古生菌域［（Archaea，以前称为古细菌域（Archaeabacteria）］和真核生物域（Eukarya）。

1990 年，Woese 为了避免人们把古细菌看作细菌，将三界（域）改称为：Bacteria（细菌）、Archaea（古生菌）、Eukarya（真核生物）。目前，三域学说已获得国际学术界的基本肯定。这一新的生物分类系统及其方法为进一步探索生命的起源和生物的进化提供了新的思路，具有重要的开创性意义。

三、细菌分类系统

细菌分类虽有不同的体系，但影响最大的是《伯杰氏鉴定细菌学手册》(*Bergey's Manual of Determinative Bacteriology*)。该手册最早由美国细菌学家协会（SAB）编纂并于1923年出版，成为细菌分类鉴定和新物种发现的权威工具。

该手册自问世以来不断地被修订，1925～1974年陆续发行《伯杰氏鉴定细菌学手册》(第2～8版)。由于第7版以后的修订版越来越广泛地吸收各国细菌学家参加（如第9版的撰稿人多达300多人，涉及近20个国家），该手册具有一定的权威性。在编写过程中，细菌学家对系统内的每一属和种都做了较详细的属性描述，使分类系统与真正反映亲缘关系的自然体系日趋接近。由于第9版内容增加，范围扩大，提高了手册的实用性，同时指出各类细菌间的亲缘关系，《伯杰氏鉴定细菌学手册》(*Bergey's Manual of Determinative Bacteriology*)改名为《伯杰氏系统细菌学手册》(*Bergey's Manual of Systematic Bacteriology*)(第一版)。

20世纪80年代末以来，rRNA、DNA、蛋白质序列分析方法日趋实用，为细菌的系统发育积累了较多资料。在对《伯杰氏系统细菌学手册》(第一版)修订的基础上，2001年至2012年5月，陆续分5卷出版《伯杰氏系统细菌学手册》(第二版)。新版本更多地采用核酸、蛋白质序列分析方法，从系统发育的角度对细菌分类进行较大的调整，从而减少细菌分类中存在的各种人为影响因素。

《伯杰氏系统细菌学手册》(第二版）的分类理论基础为Woese等（1990）提出的生命三域系统，即古生菌域（Archaea)、细菌域（Bacteria）和真核生物域（Eucarya)，内容包括古菌域和细菌域的全部分类系统，收录了古菌域和细菌域中的24门，其中古菌域和细菌域中的23门分别发表于《伯杰氏系统细菌学手册》(第二版）第1～4卷中，第5卷主要介绍了放线菌门（Actinobacteria)。

四、真菌分类系统

真菌分类也有许多不同的系统，Ainsworth于1973年发表的真菌分类系统在我国的应用比较普及。该分类系统将真菌界分为两个门，即真菌门和黏菌门，与食品相关的真菌基本上均在真菌门中。该系统根据个体及有性繁殖状态将真菌门分为5个亚门，其特征如下。

1）鞭毛菌亚门（Mastigomycotina)：菌体单细胞或无隔膜的菌丝体，孢子或配子能游动。下分3个纲：壶菌纲、丝壶菌纲和卵菌纲。

2）接合菌亚门（Zygomycotina)：菌体丝状，典型无隔，有性孢子为接合孢子，没有游动孢子。根据生活习性和生态特征可分为2个纲，即接合菌纲和毛菌纲。

3）子囊菌亚门（Ascomycotina)：菌体丝状，有隔，极少数为单细胞，有性孢子为子囊孢子。根据是否形成子囊果和子囊果的类型及子囊的结构，分为6个纲：半子囊菌纲、不整子囊菌纲、核菌纲、盘菌纲、虫囊菌纲和腔菌纲。

4）担子菌亚门（Basidiomycotina)：菌体丝状，有隔，大多数有锁状联合，有性孢子为担孢子。分为3个纲，即科孢菌纲、层菌纲和腹菌纲。

5）半知菌亚门（Deuteromycotina)：菌体丝状，有隔或单细胞，只有无性繁殖阶段，没有或还没发现有性生殖，但可能发生准性生殖。分为3个纲，即芽孢菌纲、丝孢菌纲和腔孢菌纲。

自Ainsworth以后，分子生物学技术迅速发展，对真菌分类产生了重大的影响，不断出现许多有影响的真菌分类系统。人们追求真菌分类的目标是以分子生物学的方法研究真菌类群的亲缘关系，从而揭示真菌间系统发育的本质和进化关系，使真菌分类从“人为分类”向“自然分类”发展。

近年来在真菌分类方面有影响的系统主要有英国国际真菌研究所1995年出版的《真菌学辞典》（第八版），它将原真菌界的类群分别归到原生生物界、藻界和真菌界中，该系统的真菌界仅包括4个门，即壶菌门、接合菌门、子囊菌门和担子菌门，原来的半知菌被改为有丝分裂孢子真菌（列于子囊菌中）。本书考虑到我国食品微生物学领域多年来的应用习惯，仍沿用Ainsworth的真菌分类系统。

五、微生物分类鉴定的依据

鉴定是指对新分离的微生物培养物，在全面考查其特性的基础上，判断是否将之归属于一个已有的分类单元中或需要另外新建一个单元的过程。如果说微生物分类是将众多菌株按其生物学性质进行共性归类，使之归属于不同单元的话，鉴定则是通过考查纯培养物的各种性状特征，同现有分类系统中已存在的微生物特性进行比较对照，以确定其在系统中的身份。

与高等动植物不同，微生物个体微小，单凭形态上的特征和差异难以对其进行鉴别。有些细菌在形态上几乎完全相同，但在代谢活动及生化反应上差别较大。近年来，由于分析化学及分子生物学的迅猛发展，许多新兴技术也应用到微生物分类鉴定上。

1. 微生物的经典鉴定指标

经典的表型指标很多，这些指标是微生物鉴定中最常用、最重要的分类依据。

（1）形态特征　细菌细胞的形态、大小、排列方式、革兰氏染色、运动性、鞭毛着生位置及数目、有无芽孢和荚膜等；在固体或液体培养基上，还需观察菌落形状、光泽、透明度、颜色、质地及在液体中的混浊度等。对于丝状真菌，形态特征主要观察菌丝、孢子或子实体的形态、结构、颜色、大小、表面特征等，另外还要观察其生长在标准培养基上菌落的外观、色泽、生长速度和分泌物等。

（2）生理生化特性　对能源、碳源、氮源及生长因子等的营养需求；重要代谢产物的种类、产量、颜色和显色反应等；对药物的敏感性等。

（3）生态习性　生长温度，与pH、氧气、渗透压的关系，嗜盐性，与宿主的关系等。不同微生物对这些生态条件的反应不一致，它们之间存在的差异是分类鉴定时的重要参考指标。

（4）血清学反应　用已知菌株制成抗血清，观察待鉴定微生物与该血清是否发生特异性血清学反应来进行鉴别。

2. 细胞化学成分作为鉴定指标

（1）细胞壁成分　不同种类的微生物，其细胞壁化学组成差别较大，如革兰氏阳性菌的细胞壁含肽聚糖多，含脂类物质少，而革兰氏阴性菌则相反。诺卡氏菌属（*Nocardia*）中的某些种，其肽聚糖分子中肽尾第三位氨基酸为内消旋二氨基庚二酸（meso-DAP），而链球菌属（*Streptococcus*）第三位则为赖氨酸。再如，霉菌细胞壁主要含几丁质，酵母菌细胞壁常含甘露聚糖和葡聚糖。

（2）细胞膜成分　磷脂酸几乎是所有活体细胞膜的主要成分，细菌、放线菌细胞膜上的磷脂酸成分，在不同属甚至不同种中都会有所差异。一般根据特定脂肪酸碳链长度、饱和度及羟基等取代基位置差异来判定微生物的种属。

（3）其他成分　分离和测定细菌的 30S 和 50S 核糖体蛋白亚单位，比较所含核糖体蛋白的种类及含量可作为一个重要的鉴定指标。此外，还可分析细胞中醌类物质，如泛醌、甲基萘醌等。

3. 核酸分析和分子杂交

DNA 是生物遗传信息的载体，而遗传信息又取决于 4 种碱基在 DNA 链上的分布排列，不同类群微生物 DNA 分子的特异性可作为微生物分类鉴定的重要依据。

（1）GC 含量分析　一种生物 DNA 的碱基含量相对稳定，不受菌龄及外界环境的影响。亲缘关系接近的微生物，它们的 GC 含量相同或近似。测定 G 和 C 在 DNA 中所占的比例，发现亲缘关系相近的种，其核苷酸序列中 GC 含量比例也接近；但 GC 含量相近的两个种，亲缘关系不一定都很接近，原因是其核苷酸序列差别大。一般来讲，种内各菌株间 GC 含量差别在 2.5%～4%；若相关 5%以上，就可认为属于不同的种了；GC 含量相差超过 10%，就可以认为是不同的属了。

（2）DNA 杂交　DNA-DNA 杂交是建立在碱基互补配对基础上的一种测定 DNA 同源性的方法。将不同来源的待测 DNA 在体外分别加热使其解链成单链 DNA，然后在合适条件下再混合，使其复性形成杂合的 DNA，测定两者间的杂交百分率。如果两条双链的 DNA 序列完全一致，杂交时会生成完整的杂交双链，杂交率为 100%。如果 DNA 序列只有部分相同，杂交链中就会含有不配对的单链，杂交率低于 100%。亲缘关系越近的微生物，其 DNA 碱基序列越接近，杂交率也越高。

（3）核酸序列分析　如果两株微生物的亲缘关系越近，则其核酸序列也越接近。通过分析原核或真核生物细胞中最稳定的 RNA 核苷酸序列同源性程度，可确定不同生物间亲缘关系和进化谱系。在应用中，一般选取原核生物的 16S rRNA 和真核生物的 18S rRNA 进行序列分析，它们在细胞中含量较多，功能稳定，序列又较为保守，遗传信息丰富，是理想的分析研究材料。通过测定各菌株间的核酸序列，再进行比较、计算和分析，就可定量地知道各菌株间的亲缘关系及种属位置。20 世纪 70 年代，Woese 等就是通过测定大量原核生物的 16S rRNA 和真核生物的 18S rRNA 核苷酸序列，明确了原核生物和真核生物的系统进化问题，进而提出了三原界学说的。

第三章 微生物的营养与培养

微生物的生命活动与其他生物相似，需要不断地从外界吸收所需要的各种物质用于自身代谢（metabolism）和生长（growth）。那些能够满足微生物机体生长、繁殖和完成各种生理活动所需要的物质，通常称为微生物的**营养物质**（nutrient）。而微生物细胞从周围环境中吸收营养物质的过程，就称为**微生物的营养**（nutrition）。

不同种类微生物生命活动中需要的营养物质种类、化学形式及数量比例等均有差异；即使同一种微生物，在不同的生理时期对营养物的要求也不相同。另外，不同的营养物质可改变微生物生命活动的进程和性质。因此，微生物的培养是要针对被培养微生物的种类和要求，根据微生物对营养物质的需求特性，为其提供相应的营养物质和培养条件（cultural condition），实现微生物培养的目的。

第一节 微生物细胞的化学组成

研究微生物细胞的化学组成（chemical composition），可以了解其对营养的需求情况。微生物细胞化学组成的分析结果表明，微生物细胞和其他高等动植物细胞的化学元素组成基本相似，这些元素主要以水、有机物和无机盐的形式存在于微生物细胞中。微生物细胞的化学组成并非一成不变，它往往因微生物的种类、培养条件、菌龄不同而在一定范围内发生变化。从总体上来讲，微生物细胞的化学组成可分为水和干物质两大类。

一、水

水（water）是微生物细胞中含量最高的物质，占微生物细胞组成的 70%～90%，其中细菌的含水量一般为 75%～85%，酵母菌为 70%～85%，而霉菌的含水量可高达 90%左右。微生物细胞的含水量不仅与微生物的种类有关，还与微生物细胞所处的环境条件和细胞本身的生理状态有关。例如，酵母菌在 20℃下生长时，细胞含水量为 91%，而在 43℃下生长时，细胞含水量为 74%。休眠细胞的含水量通常低于正在生长的营养细胞，如细菌芽孢的含水量约为 40%，霉菌孢子的含水量约为 38%，某些曲霉的分生孢子含水量只有 20%左右。

微生物细胞内的水可分为两种类型：游离水（free water）和结合水（bound water）。游离水具有正常水的性质，而结合水则不易挥发，在 0℃下不结冰，不具流动性和渗透性，不能作为溶剂使用。结合水占微生物细胞水分总量的 17%～28%，但细菌芽孢和霉菌孢子的结合水比例比其他细胞高。用 100～105℃恒重法测定出的细胞含水量一般只能代表游离水的含量。

二、干物质

组成微生物细胞的干物质（dry material）中，有 90%～97%是有机化合物，其元素组成以碳（carbon，C）、氢（hydrogen，H）、氧（oxygen，O）、氮（nitrogen，N）这 4 种元素为主，其余 3%～10%为矿物元素（mineral elements）。C 的含量在各类微生物细胞中的变化不大，一般占干物质的50%左右，而H、O和N在各类微生物细胞中的含量有较大的差异。微生物细胞中4种主要元素的含量见表3-1。

表3-1　微生物细胞中4种主要元素的含量（干重的百分数）

元素	细菌	酵母菌	霉菌
C	50	49.8	47.9
H	8	6.7	6.7
O	20	31.1	40.2
N	15	12.4	5.2

各种元素在细胞中主要以化合物的形式存在。组成微生物细胞的主要干物质见表3-2。

表3-2　组成微生物细胞干物质的几种主要组分的含量（干重的百分数）

微生物	蛋白质	糖类	脂类	核酸	灰分物质
细菌	50～80	12～18	5～20	10～20	2～30
酵母菌	32～75	27～63	2～15	6～8	3.8～7
霉菌	14～15	7～40	4～40	1	6～12

（一）蛋白质

蛋白质（protein）是构成微生物细胞（包括酶、细胞膜、细胞壁及细胞的其他附属成分）的基本物质，其在细胞中的含量仅次于水，占细胞干物质的一半左右。细菌和酵母菌的蛋白质含量往往比霉菌高。微生物细胞中蛋白质的种类很多，有的与其他物质相结合而成为结合蛋白，有的则以单一状态存在。蛋白质的类型主要有以下几种。

核蛋白（nucleoprotein）：由蛋白质与核酸结合而成，占细胞总蛋白量的1/3以上，是细胞中核糖体（ribosome）的构成成分。各类微生物细胞中核糖体的数量变化较大，其中细菌细胞平均含1.5×10^4个核糖体，而真核微生物细胞平均含10^6～10^7个核糖体。每个核糖体中一般有数十个蛋白质分子，如大肠杆菌的每个核糖体中有55个蛋白质分子。

脂蛋白（lipoprotein）：由蛋白质与脂类结合而成，是构成一切细胞生物膜的主要成分。在构成细胞质膜的脂蛋白中，蛋白质成分占50%～70%。

酶（enzyme）：有些酶是单纯的蛋白质，有些则是蛋白质与金属离子或与其他非蛋白成分结合而成的结合蛋白质。酶在细胞生命活动中起着非常重要的作用。

（二）糖类

微生物细胞中的糖类（saccharide）物质包括单糖（monosaccharide）、寡糖（oligosaccharide）和多糖（polysaccharide）。它们有的参与细胞的结构组成，如核糖和脱氧核糖等单糖参与核酸的结构组成，纤维素和几丁质等多糖参与细胞壁的结构组成；有的可作为细胞的储存物质，如某些梭菌中含有淀粉粒，酵母细胞中含有肝糖粒等。

微生物细胞中糖类物质的含量和种类除了受遗传因素的控制外，也受培养条件的影响。

（三）脂类

微生物细胞中的脂类（lipid）物质有脂肪（fat）、磷脂（phospholipid）、蜡（wax）和甾醇（sterol）等。脂肪是许多微生物细胞的储藏物质，如某些产脂酵母、青霉、毛霉菌株可在其细胞内大量积累脂肪，有些菌株的脂肪含量甚至可达干物质的50%～60%。

磷脂是细胞内膜系统的主要构成成分。蜡则主要存在于某些微生物的细胞壁上或分生孢子的表面，含量通常很少。甾醇又称为固醇，在原核细胞中很少发现，真核细胞中则普遍含有固醇。它们有的以游离状态存在，有的与脂肪酸结合成酯，酯是膜的重要组成成分之一。

（四）核酸

除病毒外，微生物细胞中都同时含有两种核酸（nucleic acid）：RNA和DNA。各种微生物中核酸的含量变化较大，其中霉菌的核酸含量相对较低，一般只占细胞干重的1%左右，而细菌的核酸含量相对较高，如生长中的大肠杆菌，其RNA含量可达细胞干重的20%，DNA含量也可达细胞干重的3%～4%。

微生物细胞内RNA的含量通常随着菌龄而变化，如培养10h的大肠杆菌细胞，其RNA含量比培养30h的高一倍以上。细胞中的DNA含量却一般不受菌龄和培养条件的影响，同一微生物种内，组成DNA的碱基也相对稳定。

（五）灰分物质

在550℃的高温下，微生物细胞中所含的各种矿物元素将转变成氧化物，它们通常称为灰分（ash content）。灰分中以磷（phosphorus，P）的含量为最高，大多数微生物的磷氧化物含量可达总灰分的50%，其次为硫（sulfur，S）、钾（potassium，K）、钠（sodium，Na）、钙（calcium，Ca）、镁（magnesium，Mg）、铁（iron，Fe）等，此外还有含量极微的锰（manganese，Mn）、锌（zinc，Zn）、钼（molybdenum，Mo）、铜（copper，Cu）、硼（boron，B）、硅（silicon，Si）、钴（cobalt，Co）等。在细胞中，矿质元素（mineral element）绝大部分以与有机化合物相结合的形式存在，只有少量以游离状态存在。表3-3为微生物细胞中灰分的百分含量。

表3-3　微生物细胞中灰分的百分含量（干重百分数）

灰分元素	固氮菌	醋酸细菌	酵母菌	霉菌
P_2O_5	4.95	2.71	3.54	4.85
SO_3	0.29	—	0.04	0.11
K_2O	2.41	1.28	2.34	2.81
Na_2O	0.07	0.16	—	1.12
MgO	0.82	0.48	0.43	0.38
CaO	0.89	0.64	0.38	0.19
Fe_2O_3	0.08	0.62	0.04	0.16
SiO_2	—	0.04	0.09	0.04
CuO	—	0.10	—	—

第二节　微生物的营养物质

组成微生物细胞的化学元素分别来自微生物生长所需要的营养物质。反过来讲，微生物生长所需要的营养物质应该包含组成微生物细胞的各种化学元素，并且细胞中某种元素的含量越高，微生物对这种元素的需要量一般也越大。常将微生物需求量相对较大、对细胞结构和代谢起重要作用的营养物质称为大量营养物质（macronutrient），这包括蛋白质、碳水化合物及其他含有C、H和O的分子；而微量营养物质（micronutrient），或称痕量元素（trace element）则是指像Mn、Zn和镍（nickel，Ni）等细胞需求量极少，但在酶的功能和蛋白质结构的维持方面起作用的物质。

不同的微生物生长所需的微量营养物质有所不同，这可以通过在微生物的生长培养基中有意地使某种物质缺乏，以微生物的生长是否受到影响来确定。然而，当微生物对某种微量营养物质的需求量太少，以至于沾有该营养物质的玻璃器皿、培养基，甚至空气就能满足微生物对该物质的需求时，就不能采用这种方法来确定了。

微生物生长所需的营养物质概括起来主要有碳源物质、氮源物质、氧气、水和矿物质，有些具有特殊生长需要的微生物还需要生长因子才能满足其生长的需要。

一、碳源

碳源物质（carbon source）是指构成微生物细胞及其代谢产物中碳素来源的物质，它同时也是化能异养微生物的能量来源。

虽然不同的微生物可以利用的碳源物质有所不同，但作为一个整体而言，微生物能利用的碳源物质种类极其广泛。无论是糖类、脂类、醇类、有机酸、烃类等有机含碳化合物，还是CO_2和碳酸盐等无机含碳化合物都能被这种或那种微生物所利用。个别种类的微生物还能利用酚、氰化物等对其他生物有毒的化合物作为碳源，因此这类微生物可用来处理工业有毒废弃物。

糖类是微生物最好的碳源。实验室中常以葡萄糖（glucose）、蔗糖（sucrose）、麦芽糖（maltose）等作为培养各种微生物的主要碳源，而发酵工业中则常以淀粉质原料作为碳源，如柠檬酸生产中用薯干淀粉作为碳源。多糖类如淀粉（starch）、果胶（pectin）、纤维素（cellulose）、半纤维素（hemicellulose）等一般要先经微生物分泌的胞外水解酶降解，之后才能作为营养物质被摄入细胞。而当微生物以CO_2作为唯一或主要的碳源时，由于CO_2是已被彻底氧化的物质，因此微生物需要从其他途径获得能量和还原力将CO_2还原，继而再将它转化成菌体物质或其他代谢产物。

每种微生物都有其最适合利用的一类碳源物质，而在其不适合的碳源中生长时，其生长速度将降低，甚至无法生长。有些微生物适合利用的碳源物质范围较广，如假单胞菌属（*Pseudomonas*）的某些细菌能利用90多种碳源物质，而专性自养微生物只能利用CO_2或碳酸盐作为碳源，甲烷氧化细菌只能利用甲烷或甲醇作为碳源。当基质中同时存在多种可被微生物利用的含碳物质时，某些种类的含碳物质常优先被利用，直到其被耗尽后其他碳源才开始被利用。葡萄糖是能被许多微生物优先利用的碳源之一。

二、氮源物质

氮源物质（nitrogen source）是指构成微生物细胞及其代谢产物中氮素来源的物质，它一般不作为微生物细胞的能量来源。只有少数细菌可以利用铵盐、硝酸盐等含氮物质作为其生长所需的氮源和能源。

能被微生物利用的氮源物质包括有机氮源（如蛋白质及其不同程度的降解产物）、无机氮源（如铵盐、硝酸盐、亚硝酸盐、氨等）和分子态氮（即N_2）三类。

1. 有机氮源

氨基酸和蛋白胨是许多微生物良好的有机氮源。蛋白质一般不能直接透过微生物的细胞膜，只有被那些能分泌胞外蛋白酶的微生物分解成氨基酸后才能被吸收和利用。因此，蛋白质等大分子有机含氮化合物常称为迟效氮源，而无机氮源或蛋白质的各种降解产物则相应地称为速效氮源。

2. 无机氮源

无机氮源主要是指铵盐和硝酸盐。只有NH_4^+才能被微生物吸收后直接用于合成氨基酸或其他有机氮化合物，而硝酸盐中的NO_3^-进入细胞后，要先被还原成NH_4^+才能为微生物所利用，缺乏将NO_3^-还原成NH_4^+能力的微生物则不能以硝酸盐作为氮源。

微生物对无机氮源的利用往往会导致其生长环境pH的变化。例如，微生物以KNO_3为氮源时，NO_3^-被利用的结果将导致环境pH升高，故KNO_3有“生理碱性盐”之称；而以$(NH_4)_2SO_4$为氮源时，NH_4^+被利用的结果将导致环境pH降低，故$(NH_4)_2SO_4$有“生理酸性盐”之称。即使以NH_4NO_3为氮源，由于微生物对NH_4^+和NO_3^-利用速度的不同，也会使环境pH发生波动。因此，利用无机含氮物作为培养微生物的氮源时，常常需要在培养基质中加一些缓冲剂，以使环境的pH保持相对稳定。

3. 分子态氮

能利用空气中的分子态氮作为氮源的微生物称为固氮微生物。目前已发现的固氮微生物有近50属，它们都是原核生物，分属于细菌、蓝细菌和放线菌。固氮微生物的固氮作用（nitrogen fixation）是通过其细胞内的固氮酶系统（nitrogenase system）完成的。当基质中含有无机或有机含氮化合物时固氮酶系统将被抑制，微生物将转而利用基质中的含氮化合物作为氮源。

实验室中常以硝酸钾作为放线菌的氮源，以硝酸钠作为霉菌的氮源，常用的有机氮源有牛肉膏、蛋白胨、酵母膏等。这些有机氮源的组成较为复杂，除氮素物质外，还含有许多其他营养成分，因此许多细菌可以直接用牛肉膏和蛋白胨组成的基质来培养。发酵工业中常用的氮源物质有硫酸铵、尿素、鱼粉、玉米浆、黄豆饼粉、花生饼粉、麸皮等。

三、氧气

氧气（gaseous oxygen）是好氧性微生物生长必需的成分，氧分子在好氧微生物能量代谢过程中作为氢受体，在缺氧的条件下，好氧性微生物就不能正常生长。但对于厌氧性微生物，其生长过程不需要游离氧分子，氧气甚至可以成为有毒性的物质。另外，O是碳水化合物、脂类和蛋白质等有机化合物的主要组成成分，它在微生物细胞的结构和酶的功能方面起着重要作用，也是一些无机盐如硫酸盐、磷酸盐、硝酸盐和水的组成成分。

四、水

水对于微生物的生存起着重要的作用：①水是微生物细胞的重要组成成分，占生活细胞总量的90%左右；②细胞内进行的生理生化反应都要以水为介质，水还是某些代谢反应的直接参与者；③营养物质的吸收和代谢产物的分泌也都必须通过水作为媒介来完成；④水的比热高，具有良好的导热性，能有效吸收代谢过程中放出的热量，并通过传导或蒸发将热量迅速散发出去，从而能有效地控制细胞内的温度变化。

五、矿物质

矿物质（mineral element）是微生物生长所必不可少的一类营养物质，它们为细胞的生长提供了必需的矿质元素，其中有的是细胞中许多重要物质的组成部分，如参与酶的组成、激活并维持酶的最大活性；有的能维持细胞结构的稳定性；有的能调节细胞的渗透压平衡、氢离子浓度、氧化还原电位；还有的能作为微生物生长所需的能量来源。

P、S、K、Ca、Na、Mg、Fe 等微生物生长时需求量较大的元素称为主要元素，它们通常以无机盐的形式供给，有些富含某种矿物元素的天然有机物也可作为这种矿物元素的来源。几种主要矿物元素的供给形式及其生理功能见表 3-4。

除了上述几种主要元素外，有些微生物生长时通常还需要某些其他元素，尽管微生物对这些元素的需求量极小，但在生长过程中一旦缺乏，将导致微生物细胞生理活性降低，甚至生长过程停滞。这些元素称为微量元素，主要有 Mn、Zn、Mo、Cu、Co、Ni、Si、I（iodine）、B 等。微生物对这些元素的需要量通常在 0.1mg/kg 以下。

微量元素的作用一般是参与酶蛋白的组成，维持其空间结构或使酶活化。例如，Zn 是 RNA 和 DNA 聚合酶的组分，也是乙醇脱氢酶和乳酸脱氢酶的辅基；Mn 是多种酶的激活剂；Co 是维生素 B_{12} 的组分；Cu 是多酚氧化酶和抗坏血酸氧化酶的组分；Mo 可参与硝酸盐还原酶和固氮酶的活性。环境中微量元素过量会对微生物细胞产生毒害作用，如果只有某单一微量元素存在并过量，毒害将更为严重。因此，维持微量元素的均衡对于细胞的正常生长发育是非常重要的。

微量元素通常混杂在水和其他营养物质中，除个别特殊类型的微生物外，在配制培养基时无须另外添加。

表 3-4　几种主要矿物元素的供给形式及生理功能

元素	供给形式	主要生理功能
P	各种磷酸盐	核酸、磷脂、辅酶、高能磷酸化合物的组成成分；缓冲剂
S	SO_4^{2-}，H_2S，S，$S_2O_3^{2-}$，各种有机硫化物	含硫氨基酸（半胱氨酸和甲硫氨酸）、辅酶 A、生物素、硫胺素的组成成分；某些自养硫化细菌的能源
K	K^+	细胞内的主要阳离子；一些酶的激活剂
Na	Na^+	对某些类型的细胞运输非常重要
Ca	Ca^{2+}	一些酶的激活剂；细菌芽孢的组成成分，可稳定细菌芽孢和细胞壁
Mg	Mg^{2+}	细菌叶绿素的组成成分；许多酶的激活剂；稳定细胞膜和核糖体
Fe	Fe^{2+}，Fe^{3+}	细胞色素、铁氧还蛋白和铁硫蛋白的组成成分；某些酶（如脱羧酶）的辅因子；对于蛋白质的合成和膜功能的行使是必要的

六、生长因子

由普通的碳源营养物、氮源营养物、无机盐和适量的水分所组成的基质可以满足一般微生物正常生长的需要，但某些具有特殊营养需要的微生物在这类培养基质中却不能生长，或生长状况很差，必须在培养基质中另外添加少量特殊的有机营养物或某种生物组织（或细胞）的提取液后才能良好生长。通常将这种某些微生物不能从普通的碳源、氮源营养物合成，而需要在其培养基质中另外加入少量才能满足这些微生物生长需要的有机物质称为生长因子

(growth factor)，也称生长因素。由于遗传上或代谢机制上的原因而缺乏合成生长因子能力的微生物称为营养缺陷型微生物（auxotroph）。实验室和工业生产上常常通过物理或化学诱变的方法，来获得营养缺陷型菌株。

实际上，所有微生物的生长都需要生长因子，所不同的是，一般的微生物能通过自身代谢合成这些必需的物质，而有些微生物自身合成存在缺陷，因而必须通过外源供给才能正常生长。例如，所有的微生物都需要20种不同的氨基酸来进行蛋白质的合成，但有些微生物无法自身全部合成这20种氨基酸。

生长因子可根据其化学结构和生理功能进行分类，其中主要有维生素（vitamin）类及其衍生物、氨基酸（amino acid）类、嘌呤（purine）或嘧啶（pyrimidine）类含氮碱基（nitrogen base）三种主要类型。实验室中常用富含维生素的酵母膏和富含氨基酸的蛋白胨等较为廉价的材料作为综合生长素来配制培养基，满足某些微生物生长的需要。除上述三种主要类型的生长因子外，有些微生物生长时还需要某些其他特殊成分，如脂肪酸（fatty acid）等组成细胞膜的类脂成分。例如，瘤胃细菌的生长因素就是反刍动物瘤胃中存在的四碳到六碳脂肪酸，许多支原体和原生动物的生长需要某些固醇，酵母菌通常需要内消旋肌醇，而某些肺炎链球菌则需要胆碱。

需要注意的是，一种微生物生长所需的外源生长因子不是固定不变的，而是会随着某些条件的改变而改变，如培养基的化学组成和pH、培养温度、通气条件等。

第三节　微生物的营养类型

根据微生物生长时所需碳源营养物质的种类不同，可将微生物分为两种基本营养类型：一类微生物生长时可以利用无机含碳物质作为唯一的营养物质，通常将其称为自养微生物（autotroph）；另一类生长时至少需要一种有机含碳物质作为营养物质，通常将其称为异养微生物（heterotroph）。

根据能量的来源不同，也可将微生物分为两种类型：一种是依靠物质氧化过程中释放出的能量进行生长的化能营养型微生物（chemotroph）；另一种是依靠光合作用进行生长的光能营养型微生物（phototroph）。

据此，可将微生物的营养类型分为化能异养型微生物（chemoheterotroph）、化能自养型微生物（chemoautotroph）、光能异养型微生物（photoheterotroph）和光能自养型微生物（photoautotroph）4种基本类型。以下分别予以介绍。

一、化能异养型微生物

这类微生物生长所需的碳源主要是一些有机物，如淀粉、糖类、纤维素、有机酸等，能量也是来自有机物氧化过程中释放的化学能，因此有机物既是这类微生物的碳源物质又是能源物质。根据它们获得的有机营养物的来源，可以将化能异养型微生物分为腐生（saprobe）和寄生（parasite）两类。前者从死亡的有机体中获得营养，后者从活的寄主（host）细胞或组织中获得营养，而能使机体致病甚至发生死亡的寄生型微生物即病原菌（pathogen）。

化能异养型微生物包括了绝大多数细菌、放线菌和几乎全部真菌。与粮食及食品加工、保藏有关的微生物全部是化能异养型微生物。

二、化能自养型微生物

这类微生物既不依赖于阳光，也不依赖于有机营养物，而是完全依赖于无机矿物质，因此有些微生物学家称之为岩石自养型微生物（lithoautotroph）。

化能自养型微生物利用 CO_2 或碳酸盐作为唯一或主要碳源，生长所需的能量则来自于无机物氧化过程中释放的化学能，供氢体也是某些特定的无机物，如氢气、硫化氢、二价铁离子或亚硝酸盐。

目前已发现的化能自养型微生物都是原核生物，如硫化细菌、硝化细菌、氢细菌、铁细菌等。它们广泛分布于自然界的土壤和水体中，对自然界中无机营养物的循环起着重要作用。例如，硝化细菌（nitrifying bacteria）可将自然界中的氨氧化为亚硝酸盐和硝酸盐；硫细菌可将还原态硫化物氧化成硫或硫酸盐等；而产甲烷菌能利用氢气和 CO_2 产生甲烷。

$$4H_2 + CO_2 \longrightarrow CH_4 + 2H_2O$$

人们已根据产甲烷菌的这种性质，利用各种农业废弃物来生产甲烷，从而提供了一种非常有价值而价格相对低廉的能源。但是，自然界中产甲烷菌产生的甲烷也是温室气体（greenhouse gas）的组成之一，而世界范围内的温室效应已成为目前人们所关注的一个环境问题。

三、光能异养型微生物

这类微生物不能以 CO_2 作为唯一或主要碳源，而需要以有机物作为供氢体，利用光能将 CO_2 还原成细胞物质。

红螺菌属中的一些细菌属于这种营养类型，它们能利用异丙醇作为供氢体将 CO_2 还原成细胞物质，同时积累丙酮。

$$2(CH_3)_2CHOH + CO_2 \xrightarrow{\text{光能、光合色素}} 2CH_3COCH_3 + [CH_2O] + H_2O$$

光能异养型细菌生长时通常需要外源生长素。

四、光能自养型微生物

这类微生物能以 CO_2 作为唯一或主要碳源，并能通过光合磷酸化的方式将光能转变成化学能供细胞利用。同时，它们以无机物作为供氢体（hydrogen donor）将 CO_2 还原，以合成细胞生长所需的各种复杂有机物。

光能自养型微生物可以在纯无机的环境中生长，主要有一些蓝细菌、红硫细菌和绿硫细菌，它们通常在湖水中水质较清、可透光的厌氧环境中生长。由于细胞内含有叶绿素（chlorophyll）或细菌叶绿素（bacterial chlorophyll）等光合色素，因而能进行光合磷酸化作用。用于还原 CO_2 的供氢体是硫化氢、硫代硫酸钠或其他无机硫化物，在还原 CO_2 的过程中还伴随有单质硫产生。

$$CO_2 + 2H_2S \xrightarrow{\text{光能、光合色素}} [CH_2O] + 2S + H_2O$$

由于光能自养型微生物与植物和一些藻类（algae）一样，能将无机的 CO_2 转化成有机物，供它们自身或异养型生物利用，因此它们构成了自然界中绝大多数食物链的基础。

需要指出的是，化能异养型微生物并不是绝对不能利用 CO_2，只是它们不能以 CO_2 作为唯一或主要碳源进行生长，而必须在有机物存在的条件下利用 CO_2，并将 CO_2 还原成部分有机物。事实上，大多数化能异养型微生物在代谢过程中都可通过同化部分 CO_2，以补偿由于中间代谢物被用于其他生物合成而对代谢循环造成的影响。例如，酵母菌在葡萄糖代谢中，可以利用葡萄糖分解后产生的丙酮酸等产物作为固定 CO_2 的受体，合成草酰乙酸等物质，后者可进入三羧酸循环而被利用。

第四节　微生物的物质运输

微生物的生活环境为微生物提供了必需的营养物质，但它们必须被吸收进微生物细胞内才能被微生物所分解和利用。同时，微生物在生长过程中产生的一些代谢产物和废物也要被及时运送至细胞外，以避免它们在细胞内积累而对微生物细胞产生毒害作用。微生物没有专门的摄食器官，各类营养物质的吸收及代谢物的排出都是通过细胞膜进行的，而多孔的细胞壁对进、出的物质分子主要在大小方面具有一定的选择性筛选（selectively screen）作用。

微生物跨膜运输物质的方式有被动运输（passive transport）、主动运输（active transport）和大量运输（bulk transport）三种。被动运输不需要能量，被运输的物质沿浓度梯度（concentration gradient）从高浓度向低浓度方向扩散；主动运输需要消耗能量，且运输过程有位于细胞膜中的载体蛋白（carrier protein）的帮助；而在大量运输中，大量的固体或液体物质通过吞饮作用（engulfment）被运进细胞。

一、被动运输

被动运输包括被动扩散和促进扩散。渗透作用则是指水分子的被动扩散。

（一）被动扩散

被动扩散（passive diffusion）的动力来自于液体中的原子或分子自身趋向于均匀分布的趋势，是一种不消耗细胞能量的纯物理渗透作用。当微生物细胞以被动扩散方式进行物质运输时，物质的扩散方向和速度取决于细胞膜内外两侧该物质的浓度差，扩散速度随该物质在细胞内外浓度差的减小而降低，直至达到扩散的动态平衡。被动扩散是非特异性的，扩散的物质不发生结构上的变化，也不与细胞膜上的任何成分发生特异性的相互作用。

细胞膜主要是由蛋白质和磷脂双分子层组成的，膜的内外表面为极性表面，中间为疏水层，膜中还分布有含水膜孔。就营养物质的吸收而言，微生物能否以被动扩散方式吸收某种营养物质，与该物质的分子大小、溶解性（脂溶性还是水溶性）、极性等性质有关，与膜空隙的大小和多少、膜内外的 pH 和离子强度、膜对被输送物质的亲和力及温度等也有关。分子质量小、极性小、脂溶性强的营养物质容易被吸收，而分子质量大的物质、高电荷性的离子等都难以透过细胞膜。温度高有利于营养物质的吸收，而 pH 和离子强度则是通过影响物质的电离程度而影响营养物质的吸收的。

被动扩散不是微生物吸收营养物质的主要方式，可通过被动扩散方式吸收的物质主要有水、一些气体（如 O_2、CO_2）、甘油及某些离子等少数物质。其中，水分子通过选择性渗透膜扩散的过程称为渗透作用，它也是一种纯物理现象。在一个渗透系统中，所用的膜允许水分子通过膜进行自由扩散，但对溶解于水中的其他分子（如蛋白质）具有阻挡作用。当渗透膜两侧的溶液具有不同的浓度（concentration）时，虽然膜两侧溶液中的水分子都可以通过膜扩散，但水分子从低浓度溶液一侧向高浓度溶液一侧扩散的速度快，达到扩散平衡时，净结果将是低浓度溶液失水，而高浓度溶液获得水分。

细胞膜是一种选择性渗透膜，对大分子的进出具有一定的阻挡作用，因此水分子在细胞膜两侧进行扩散的模式与其通过渗透膜扩散的模式相似。大多数微生物细胞都被一定数量的自由水所包围，细胞内环境与其生长环境间的渗透关系取决于细胞膜两侧溶液的相对浓度，具体表现如图 3-1 所示。

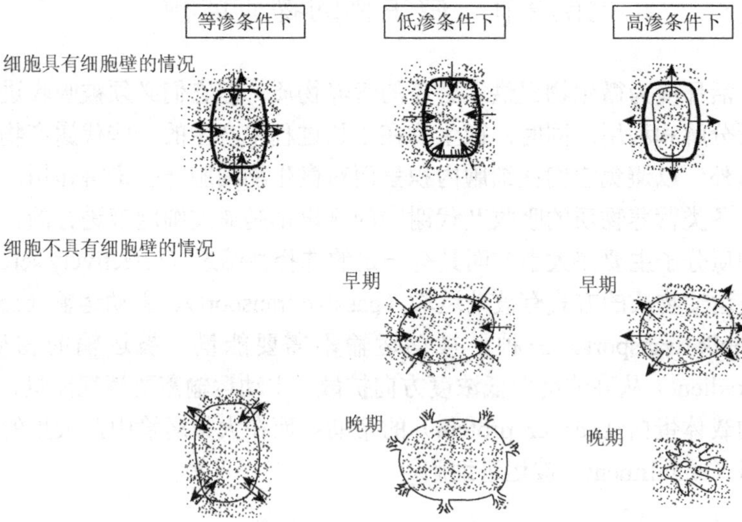

图 3-1　细胞外环境渗透压的相对大小对细胞形态的影响

（二）促进扩散

促进扩散（facilitated diffusion）与被动扩散有相似的地方，如物质在运输过程中不需消耗能量，物质不发生结构上的变化，扩散的动力来自细胞膜两侧该物质的浓度差等。所不同的是，促进扩散过程中有特异性载体蛋白（specific carrier protein）参与，因此它比其他被动扩散过程具有更强的特异性。特异性载体蛋白是一类存在于细胞膜中的蛋白质，每种特异性载体蛋白对被其运输的物质有高度的立体专一性，反过来讲，只有能与膜上某种特异性载体蛋白相结合的分子才能通过这种方式运输。此外，虽然特异性载体蛋白与被运输的物质之间的结合是可逆的，但当膜内外存在被运输物质浓度差时，二者在细胞膜内外相结合的亲和力是有所不同的。例如，当膜外某种物质的浓度高，特异性载体蛋白在细胞膜外表面与相应物质亲和力就大，而在细胞膜内表面与该物质亲和力就小，因而该物质被运送到细胞内的速度就可被加快（图 3-2）。

由于载体蛋白能加快物质的扩散速度，而其本身在这一过程中又不发生变化，因此也称为渗透酶（permease）。它们大多是一些诱导酶，当环境中存在微生物生长所需的物质时，运输这些物质的渗透酶才合成。现在已从一些微生物的细胞膜中分离出了专一运送各种单糖、氨基酸和无机离子的载体蛋白，它们都是单体蛋白，分子质量为 $9\times10^3\sim4\times10^4$ Da。

促进扩散的例子有酵母菌对糖的运输、细菌对甘油的运输、产芽孢细菌将钙离子运输进芽孢等。

二、主动运输

主动运输（active transport）与促进扩散的相似之处是运输过程中都有特异性载体蛋白参与，因此它对被运输的物质也有高度的立体专一性。二者的不同之处是，主动运输是微生物

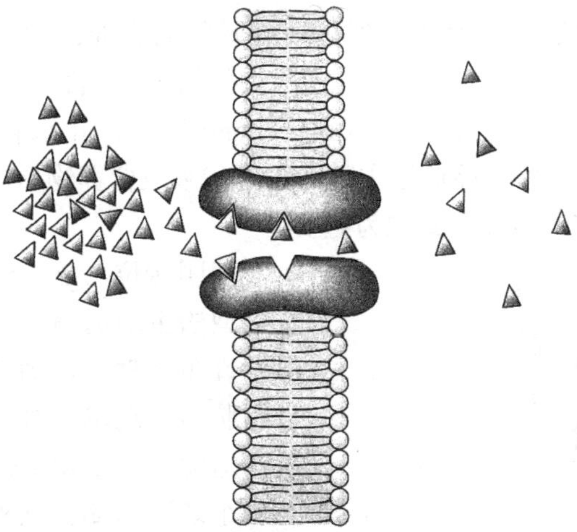

图 3-2　促进扩散示意图

被运输的分子先与膜上的特异性载体蛋白相结合，使特异性载体蛋白发生构象变化，从而有利于被运输的分子通过细胞膜。由于运输的动力来自于膜内外被运输分子的浓度差，因此也属于被动运输

逆浓度梯度（against concentration gradient）吸收营养物质的一种方式，需要消耗代谢能，运输的速度和方向不依赖于细胞膜内外被运送物质的浓度差。通过主动运输方式，微生物可以把环境中其生长所需的、浓度很低的营养物质吸收到细胞内，甚至使该物质在细胞内的浓度比细胞外还要高出许多倍。例如，生长中的大肠杆菌细胞内钾离子的浓度要比细胞外基质中的高 3000 倍以上（图 3-3）。

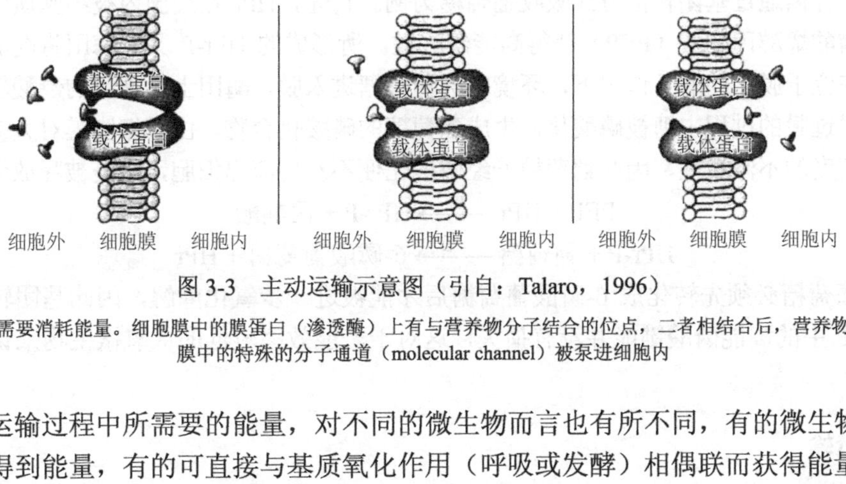

图 3-3　主动运输示意图（引自：Talaro，1996）

主动运输过程需要消耗能量。细胞膜中的膜蛋白（渗透酶）上有与营养物分子结合的位点，二者相结合后，营养物分子通过细胞膜中的特殊的分子通道（molecular channel）被泵进细胞内

主动运输过程中所需要的能量，对不同的微生物而言也有所不同，有的微生物可从 ATP 的水解中得到能量，有的可直接与基质氧化作用（呼吸或发酵）相偶联而获得能量，有的则来自于光能。这些能量的消耗都可以使细胞内的质子（H^+）向胞外排出，从而建立起膜内外的质子浓度差，使膜处于激化状态，即储备有能量的状态，然后在质子浓度差消失，即去激化过程中伴随有物质的运输。

自然界中绝大多数微生物是生存在一个营养相对贫乏的状态下，因此不可能完全依赖于吸收速度慢、效率极低的被动运输方式，而是以主动运输作为其吸收营养物质的主要方式。许多微生物生长所需的有机小分子物质（如氨基酸、单糖、有机酸）、P 及某些金属离子（如 Na^+、Fe^{2+}）等都是通过主动运输方式进行的。例如，大肠杆菌吸收乳糖时，乳糖在细胞膜外表面先与β-半乳糖苷渗透酶特异性结合，通过目前还不十分清楚的方式

（一般认为是通过渗透酶的构型变化）到达细胞膜的内表面。由于代谢能的作用，乳糖与β-半乳糖苷渗透酶之间的亲和力降低，使乳糖从膜的内表面释放而进入细胞内。

在细胞中，一些细胞器如线粒体（mitochondrion）、叶绿体（chloroplast）、内质网（endoplasmic reticulum）的膜也能通过主动运输方式吸收营养物质。在线粒体 ATP 的形成和蛋白质的合成过程中，这一运输方式尤为重要。

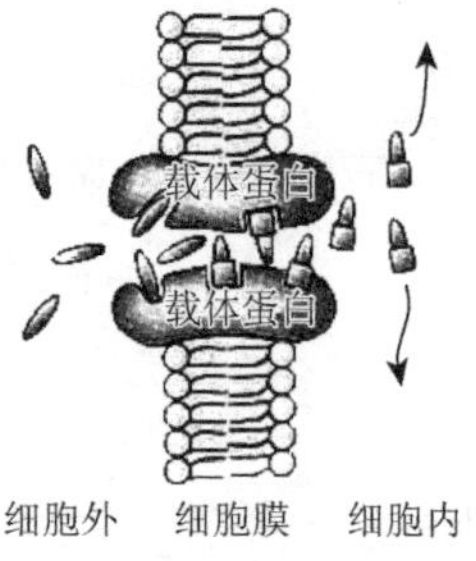

图 3-4　基团转位示意图（引自：Talaro，1996）

位于细胞膜上的载体蛋白主动摄取营养物分子，在营养物分子运输过程中发生了化学变化。通过这种运输与合成的偶联，为细胞节省了能量

基团转位（group translocation）是一种特殊类型的主动运输，主要存在于厌氧微生物中，用于许多单糖、双糖或糖的衍生物，以及核苷与脂肪酸的运输。其特殊性表现在被运输的物质在运输前后要发生化学变化（图 3-4），如加上一个磷酸基团。此外，基团转位所需的能量并非来自 ATP，如大肠杆菌利用磷酸烯醇丙酮酸（phosphoenolpyruvate，PEP）将葡萄糖和其他物质运进细胞，并将葡萄糖转变成磷酸葡萄糖。

已在大肠杆菌、金黄色葡萄球菌和鼠伤寒沙门氏菌中发现有磷酸转移酶系统（phosphotransferase system，PTS）。该系统通常由 4 种不同的蛋白质组成，即酶Ⅰ、酶Ⅱ、酶Ⅲ（也称因子Ⅲ）和一种低分子质量的热稳定性蛋白质 HPr。其中酶Ⅱ对某一种糖具有特异性，并由相应的糖诱导产生，酶Ⅲ对糖也有专一性。除酶Ⅱ位于细胞膜上外，其他 3 种蛋白质都可游离存在于细胞质中。

以大肠杆菌通过基团转位方式吸收葡萄糖为例。首先，HPr 在细胞内被细胞质中的酶Ⅰ所催化，从磷酸烯醇丙酮酸（PEP）获得高能磷酸键。所形成的 HPr-P 又经酶Ⅲ将高能磷酸键带到膜上，在位于膜上的酶Ⅱ作用下，环境中的葡萄糖进入膜，酶Ⅲ上所携带的磷酸转移到糖分子上。在通过膜的过程中糖被磷酸化，生成葡萄糖的磷酸化合物。由于细胞膜对大多数磷酸化合物具有高度的不渗透性，因此葡萄糖一经磷酸化便不易再流出细胞，而是被释放到细胞内。

$$\text{PEP} + \text{HPr} \xrightarrow{\text{酶I}} \text{HPr-P} + \text{丙酮酸}$$

$$\text{HPr-P} + \text{葡萄糖} \xrightarrow{\text{酶II}} \text{6-磷酸葡萄糖} + \text{HPr}$$

由于葡萄糖必须先转化成 6-磷酸葡萄糖后才能被进一步氧化降解，因此基团转位过程中消耗的 PEP 中的高能磷酸键能并没有损失，这对于产能效率较低的厌氧微生物来说具有较大的意义。

三、大量运输

有些原生动物（属微生物学研究范畴）细胞可以通过吞噬作用（cytosis）主动运输一些大分子、颗粒物质、液体物质甚至其他细胞，称为大量运输（bulk transport）。这些物质是以内吞（endocytosis）的方式被携带进细胞的，包括通过胞饮作用（engulfment）进入细胞，之后形成吞噬液泡（vacuole）或吞噬小泡（vesicle）。

第五节　微生物的培养

微生物的培养（culture）是指利用人工条件使微生物生长、繁殖的过程。在微生物学的理论和实践中都会涉及有关微生物的培养问题，如要了解食品中存在的微生物类群及其特性，首先就要对食品中存在的微生物进行分离和培养，然后才能进行鉴定和检测；利用微生物的作用进行食品加工，或制取微生物发酵产品的过程，实际上也是用适宜的培养基和培养条件培养微生物的过程。因此，微生物的培养是微生物学理论研究和实际应用的基础。

一、培养基

培养基（cultural media）是人工配制的、含有营养物质的、供微生物生长的基质。各种微生物的生理特性不同，其生长所需的营养物质也有所不同。只有为微生物提供营养配比适当的培养基，才能使微生物良好生长。

（一）培养基的类型

1. 根据制备培养基时所用营养物质的来源不同分类

（1）天然培养基（nonsynthetic media or complex media） 天然培养基是指利用化学成分还不完全确定或化学成分不恒定的天然有机物质配制成的培养基。这些天然成分大多来自于动植物或酵母抽提物，包括其细胞、组织或分泌物。

肉浸汁（meat extract）、营养肉汤（nutrient broth）、牛乳（milk）、血清（serum）、血液（blood）、酵母抽提物（yeast extract）、大豆水解物（soybean digest）、蛋白胨（peptone）、麦芽汁（malt extract）、土豆汁（potato extract）、麸皮（bran）等都属于天然培养基，它们含有丰富的营养成分，能满足营养需求复杂的微生物的需要，适合培养许多异养型微生物。其中，蛋白胨是一种蛋白质部分降解的产物，含有丰富的氨基酸，经常用作微生物生长的碳源和氮源。

此外，一些具有独特风味的发酵食品如酸奶、饮料酒、腐乳、酱类等也都是以天然原料为基质，培养特定的微生物，使其生长、繁殖、积累代谢产物而制得的。

（2）合成培养基（synthetic media） 合成培养基是指利用化学成分完全了解的物质配制而成的培养基。合成培养基组成稳定，实验时重现性好，然而成本较高，所以一般只在实验室中使用。研究微生物的营养特性、代谢机理、遗传变异、分类鉴定等时通常使用合成培养基。高氏1号培养基、察氏培养基等就是合成培养基。

培养基的配方（formula）中哪怕只有一种成分的量不能确定，该培养基便不属于合成培养基。

（3）半合成培养基（semi-synthetic media） 半合成培养基是指由部分天然物质和部分化学成分已知的化学药品配合而制成的培养基。半合成培养基的营养成分更加全面、均衡，可充分满足微生物的营养需求，是实验室和发酵工业中用得最多的一类培养基。马铃薯葡萄糖培养基就属于半合成培养基。

2. 根据培养基的物理状态分类

根据培养基的物理状态，可将培养基分为固体培养基（solid media）、半固体培养基（semisolid media）、液体培养基（liquid media）和脱水培养基；固体培养基又可分为可液化的固体培养基和不可液化的固体培养基。几类培养基之间的区别在于是否添加具有热塑性的凝固剂及凝固剂的添加量。半固体培养基和可液化的固体培养基中添加有凝固剂，液体培养基和不可液化的固体培养基中则不含凝固剂。其中，不可液化的固体培养基是指一些由天然固体基质制成的培养基，如大米培养基（rice grain）可用于培养真菌，熟肉培养基（cooked meat media）可用于培养厌氧菌。此外，由马铃薯片、胡萝卜条、小米、麸皮、米糠等组成的培养基都属于不可液化的固体培养基。脱水培养基又称为预制干燥培养基，其是含有除水分外的一切营养物质的培养基，使用时只要加入适量的水分进行灭菌后即可分装使用。

微生物在固体培养基上生长时可形成肉眼可见的菌落，因此固体培养基常用于微生物的分离、鉴定、计数和菌种保藏等，半固体培养基则主要用于实验室培养细菌、观察细菌的运动特性。微生物在液体培养基中静止生长时，需氧微生物常在液面形成膜、醭、岛、环，而液体培养基仍保持清澈透明；厌氧或兼性厌氧微生物的生长则将导致液体混浊或产生沉淀。在通气或搅拌状态下，液体培养体系内的营养物质和菌体可保持均匀和充分接触状态，有利于微生物充分利用营养物质、积累代谢产物，因此液体培养基无论是在实验室还是发酵工业中都被广泛采用。

科研和生产中常用的凝固剂有琼脂（agar）、明胶（gelatin）和硅胶（silica gel）三种。

（1）琼脂　琼脂是目前最为理想的凝固剂，它是从海藻类中提取的一种多糖，绝大多数微生物都不能分解利用。它具有较高的熔点（96℃以上）和较低的凝固点（40℃），一旦熔化，在温度降至42℃之前不会再凝固，因此可以在45～50℃保温，使之维持液体状态，以进行倒平板（pour plate）操作，并且这种温度状态不会将微生物烫死或将操作人员烫伤。此外，琼脂对微生物也没有毒性。

对固体培养基而言，其琼脂添加量一般为1.5%～2%，半固体培养基一般为0.2%～0.7%。

（2）明胶　明胶是将动物的皮、骨、韧带、髓等和水一起熬煮而制成，是一种蛋白质，含有多种氨基酸，但缺乏色氨酸。明胶对微生物有一定的营养价值，有些微生物含有明胶酶，因此具有液化固体明胶的特性。能否液化明胶可作为微生物分类鉴定的依据之一。

由于明胶本身的熔化和凝固温度范围所限，用明胶作凝固剂的培养基一般只能在20～25℃以下使用，其用量也比琼脂多，固体培养基需添加10%～12%或更多。

（3）硅胶　硅胶是无机的硅酸钠和硅酸钾被盐酸和硫酸中和时发生凝聚而形成的胶体，它不含有机物，因此可在分离和培养自养型微生物时使用。

3. 根据培养基的用途分类

根据培养基的用途可将培养基分为许多种类，如还原培养基（reducing medium）、碳水化合物发酵培养基（carbohydrate fermentation media）、转移培养基（transport media）、分析培养基（assay media）、计数培养基（enumeration media）等。以下仅对普通培养基（general purpose media）、加富培养基（enriched medium）、选择培养基（selective medium）和鉴别培养基（differential medium）进行介绍。

（1）普通培养基　普通培养基是根据某一类微生物共同的营养需求而配制的培养基，可用于普通微生物的菌体培养。例如，高氏1号培养基和察氏培养基分别是放线菌和霉菌的普通培养基。

（2）加富培养基　加富培养基是在普通培养基的基础上再加入某些额外的特殊营养物质，以满足某些营养要求比较苛刻（fastidious）的微生物生长的需要。例如，有些霉菌缺乏一种或数种氨基酸的合成能力，培养时可在察氏培养基中加入相应的氨基酸或适量的蛋白胨来满足其生长的需要。

（3）选择培养基　选择培养基是指根据某种或某一类群微生物的特殊营养需要，或对某种化学物质的敏感性不同而设计的培养基，它含有一种或多种化学试剂，可以抑制一些微生物的生长，而不会抑制另一些微生物的生长，从而将后者选择出来。

选择培养基在将某种或某一类特殊的微生物从混杂的微生物群体中进行初步分离时非常有用。例如，以纤维素作为唯一碳源的培养基，可以用来从自然界中分离能分解利用纤维素的微生物；含有青霉素或链霉素等抗生素的培养基，可以用来从混杂的微生物群体中分离出霉菌和酵母菌。

（4）鉴别培养基　鉴别培养基是指在普通培养基中加入某种化学试剂或化学药品，不同的微生物在这种培养基中生长后，其所产生的代谢产物可与培养基中的特定化学试剂或化学药品发生化学反应后，从而表现出不同的特征性现象，借此可以将这些微生物区别开来。例如，利用伊红-亚甲蓝培养基可用于鉴别大肠杆菌和产气杆菌，大肠杆菌在该培养基上形成的菌落小，在反射光下呈紫黑色且有金属光泽；而产气杆菌形成的菌落大，呈黏质和灰棕色。

在某些情况下，一个培养基可以同时具有选择和鉴别作用。选择培养基与鉴别培养基的区别如图 3-5 所示。

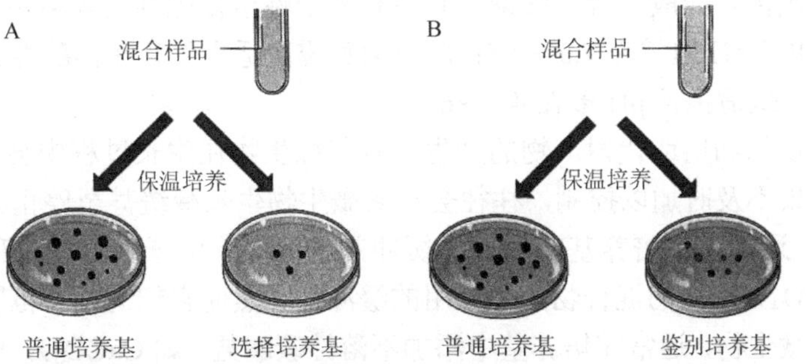

图 3-5　选择培养基与鉴别培养基的区别

A. 将含有 5 种不同菌种的混合样品分别在普通培养基和选择培养基上划线培养。在普通培养基上，所有的菌种都生长；而在选择培养基上，只有一种菌种生长。B. 将含有 3 种不同菌种的混合样品分别在普通培养基和鉴别培养基上划线培养。在普通培养基上，所有菌种的生长情况都相类似；而在鉴别培养基上，各菌种都生长，但菌落情况有别

（二）配制培养基的一般原则

1. 选用合适的营养物质

培养自养微生物的培养基应该完全由简单的无机物组成，而培养异养型微生物的培养基则至少要选用一种有机物质。有些微生物可以从空气中得到其生长所需的某种营养物质，如固氮微生物可以利用空气中的分子态氮作为氮源，自养微生物可以吸收空气中的 CO_2 作为碳源，因此这些微生物的培养基中不必另外添加相应的物质。除此之外，培养所有微生物的培养基中都应包含碳源、氮源、水及各种矿物元素，有些微生物还需要某些特殊的生长因子。

2. 根据培养微生物的目的选择合适的营养物质

培养微生物的目的不同，所选用的营养物质也不尽相同。例如，能利用纤维素的微生物在以葡萄糖为碳源的培养基中能正常生长，但如果培养的目的是为了获得菌株所产生的纤维素酶，培养基中的碳源就应选用羧甲基纤维素钠（CMC-Na），以诱导细胞合成纤维素酶。

3. 注意各种营养物质的浓度与配比

培养基中各营养物质的含量及配比，尤其是 C/N，对微生物的生长和代谢影响很大。营养物质浓度过高将导致渗透压过高，浓度过低又将导致营养供应不足，因而都会抑制微生物的生长。

就一般的菌体培养而言，细菌、酵母菌需要较多的氮素营养物，培养基的C/N一般在5∶1左右；霉菌常需要较多的碳素营养物，培养基的C/N一般在10∶1左右。发酵工业中通常通过控制培养基的C/N来控制微生物的代谢。例如，在谷氨酸的发酵生产中，当培养基的C/N为4∶1时，菌体大量繁殖，而谷氨酸的生成量很少；当C/N为3∶1时，菌体的繁殖受到抑制，而谷氨酸此时可以大量合成。

各种矿物元素的含量也要严格控制和均衡。某种单一矿物元素的含量过高，将影响微生物对其他矿物元素的吸收，甚至可能对细胞产生毒害作用。配制培养基时通常选用一些多功能的无机盐来提供矿物元素。例如，在培养基中添加适量的KH_2PO_4和Na_2HPO_4，不仅能为微生物生长提供K、Na和P元素，这两种无机盐还可作为缓冲剂，起到稳定培养基pH的作用。

4. 注意控制培养基的pH

各种微生物的生长都有一定的pH范围和最适生长pH，因此必须将培养基的pH调节到适合其生长的范围内。一般来说，细菌适宜生长在中性至偏碱性的环境中，其生长的pH多在4～10，最适生长pH通常为7.0～7.5；酵母菌和霉菌适宜生长在偏酸性的环境中，其生长的pH多在1～8，最适生长pH多在4.5～6。

由于营养物质的利用或代谢产物的产生，有些微生物在生长过程中会使培养基的pH发生改变。此时如果不及时加以控制，往往会导致微生物生长减缓甚至停止。为了维持培养基pH的相对稳定，通常要在培养基中加一些缓冲剂。其中，由一氢磷酸盐和二氢磷酸盐（如K_2HPO_4和KH_2PO_4）组成的混合物是最常用的缓冲剂。然而它们的调节范围在pH6.4～7.2。对于产酸较多的微生物，通常在培养基中添加不溶性碳酸盐（如$CaCO_3$），作为储存的碱性物质，及时中和微生物在生长代谢过程产生的酸性物质，使培养基维持在中性pH范围内。其原理是，不溶性碳酸盐与酸性物质发生反应时所产生的CO_2可从培养基中释放出来，从而防止了培养基的pH升得过高。

5. 注意控制培养基的渗透压（osmotic pressure）

培养基的渗透压实际上是由培养基中各营养物质的浓度决定的。大多数微生物在正常的营养物质浓度下能良好生长，但有些微生物需要在较高的渗透压下才能良好生长，对此可在培养基中额外加入一些糖或盐来调节。例如，培养灰绿曲霉、局限曲霉等嗜高渗曲霉所用的改良（modified）察氏培养基，就是把普通察氏培养基中的糖含量增加到20%～40%，或另加入6%～18%的NaCl而制成的。

发酵工业中，为提高设备的利用率和增加产量，倾向于使用较高浓度的营养基质，但一定要综合考虑，以防止过高的渗透压对菌体生长产生抑制作用。

6. 尽量考虑利用价廉、易于获得的原料

在不影响培养效果的前提下，应从经济、易得、配制方便等方面选择用于配制培养基的原料。由于发酵工业中培养基的用量很大，这一点显得尤为重要。

（三）培养各类微生物常用的培养基

在各种微生物学实验手册中，有许多现成的培养基配方可用于实验室一般菌体的培养或微生物生理、生化特性的研究。因此，在培养某种微生物时可根据该微生物的营养类型和实验目的，有针对性地选用某种培养基配方，并按照配方中所要求的步骤进行配制。以下是培养各类微生物常用的培养基配方及其简要的配制方法。

1. 细菌（bacteria）

许多异养型细菌，包括一些兼性寄生细菌，可选用牛肉膏-蛋白胨培养基进行培养。其配方如下：

牛肉膏	5g	蛋白胨	10g
NaCl	5g	水	1000ml

配制时，称取上述营养物质溶于少量水中，定容至1000ml并调节pH至7.2左右，分装灭菌。

2. 放线菌（actinomycetes）

多数放线菌的培养可选用高氏1号合成培养基。该培养基有利于放线菌孢子的形成，可用来观察放线菌孢子的形态，也适用于菌种的保藏。其配方如下：

可溶性淀粉	20g	硝酸钾	1g
硫酸镁	0.5g	氯化钠	0.5g
磷酸氢二钾	0.5g	硫酸亚铁	0.01g
水	1000ml		

配制时，将pH调节至7.4左右。由于上述配方中无机盐的用量较少，配制量少时不易精确称量，为了配制方便，可以分别将各种无机盐预先配制成一定浓度的浓缩液，需要时再用移液管准确量取。例如，可将硫酸亚铁配制成1/1000浓度的溶液，当需要配制100ml高氏1号培养基时，只需用移液管吸取1ml即可。

3. 酵母菌（yeast）

培养酵母菌常用的培养基有麦芽汁培养基、豆芽汁培养基、马铃薯培养基等。以麦芽汁培养基为例，其配制方法如下：干麦芽粉加4倍重量的水，在55～60℃并不断搅拌的条件下保温糖化3～4h。经碘液检验无变色反应后，煮沸并用纱布过滤，加水稀释至糖液浓度为10°Bx的麦芽汁（原汁浓度一般为10～18°Bx）。调节pH至6.0，分装灭菌。

4. 霉菌（mold）

培养霉菌也可选用培养酵母菌所用的培养基，但在进行霉菌的分离、鉴定时更常用的是察氏合成培养基。其配方如下：

硝酸钠	3g	氯化钾	0.5g
磷酸氢二钾	1g	硫酸亚铁	0.01g
硫酸镁	0.5g	蔗糖	30g
水	1000ml		

配制方法与高氏1号合成培养基相似，pH则调节至6.7。在对粮油食品中的霉菌进行固体平板计数分析时，常有改良察氏培养基，该培养基在察氏培养基配方中加入6%的NaCl。NaCl的加入提高培养基的渗透压，使霉菌生长形成比较局限的菌落。

5. 乳酸菌

用于检测食品中的乳酸菌时常用乳酸细菌培养基（MRS）。该培养基由多种成分组成，适用于乳酸菌的生长，是分离培养乳酸菌的一种常用的培养基。乳酸菌在此培养基中生长产生乳酸后会使培养基呈黄色，之后会变淡黑色。其配方如下：

蛋白胨	10g	牛肉粉	5g
酵母粉	4g	葡萄糖	20g
吐温80	1ml	磷酸氢二钾	2g
乙酸钠	5g	柠檬酸三铵	2g
硫酸镁	0.2g	硫酸锰	0.05g

蒸馏水　　　　1000ml

上述成分溶解后，pH 调整为 6.2～6.6 后分装灭菌。

上述几种培养基如果要配制成固体培养基，应另外添加 1.5%～2%的琼脂，加热使琼脂完全熔化后再分装灭菌。当培养基中含有蛋白质和葡萄糖时，由于二者在高温灭菌过程中会发生美拉德反应（Maillard reaction）而使培养基成褐色。因此，应将葡萄糖配制成高浓度的母液单独灭菌，并使用前添加入培养基中。

（四）培养基的灭菌

配制好的培养基需及时进行灭菌（sterilization）处理，为所培养的微生物提供一个没有杂菌的生长环境。理想的培养基灭菌方法应能有效地杀灭基质中存在的所有微生物，同时还应尽可能少地破坏培养基中的营养成分。因此，对组成不同、使用目的不同的培养基应采用不同的灭菌方法。目前，培养基的灭菌方法主要有高压蒸汽灭菌法、间歇灭菌法和过滤除菌法等。

1. 高压蒸汽灭菌法

实验室中常用的普通培养基大都采用高压蒸汽灭菌法进行灭菌处理，用来进行高压蒸汽灭菌的设备称为高压灭菌器（autoclave）（图 3-6）。灭菌所用的蒸汽压力（与一定的温度相对应）和灭菌时间在微生物学实验手册的培养基配方中一般都有说明。例如，培养霉菌的察氏合成培养基和培养放线菌的高氏 1 号合成培养基常用 121℃左右的温度处理 15～30min。对含有单糖、氨基酸、维生素等耐热性较差的营养物质的培养基应使用较低的蒸汽压来处理。例如，马铃薯-葡萄糖培养基及一些特殊用途的细菌培养基可用 112℃左右的温度处理 20～30min。实验室灭菌常用立式高压灭菌锅（图 3-7A）；工业大批量灭菌常用卧式高压灭菌器（图 3-7B）。

高压蒸汽灭菌过程中，起作用的不是蒸汽的高压，而是蒸汽的高温。因此，灭菌时需要将高压灭菌器内的空气排尽，使其中只有饱和的蒸汽存在。此时，蒸汽压力与蒸汽温度间的对应关系如表 3-5 所示。若蒸汽中混有空气，在同样的压力下，灭菌器内的实际温度将低于灭菌器压力表上所对应的温度，从而达不到应有的灭菌条件。

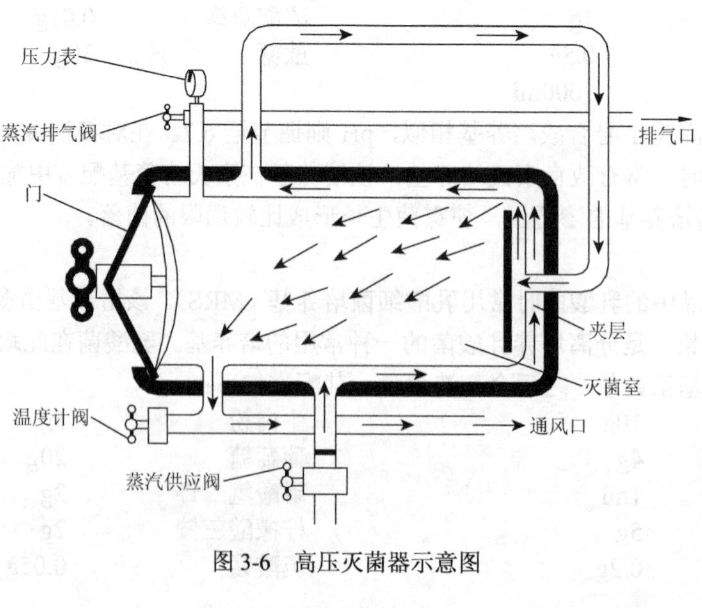

图 3-6　高压灭菌器示意图

A　　B

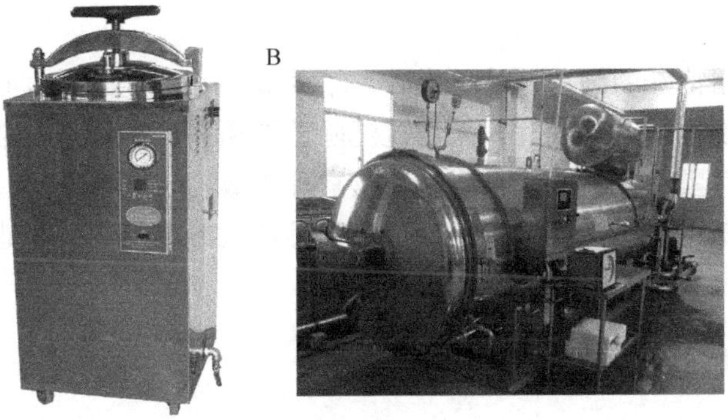

图 3-7　高压灭菌器

A. 立式高压灭菌锅；B. 卧式高压灭菌器

表 3-5　水蒸气压力与温度的关系

水蒸气压力			水蒸气温度/℃
MPa	kg/cm^2	lb/in^2	
0	0	0	100.0
0.034	0.35	5	109.0
0.069	0.70	10	115.0
0.103	1.00	15	121.5
0.138	1.41	20	126.5

注：1lb ≈ 0.4534kg；1in = 2.54cm

发酵工业中对液体培养基的灭菌也主要采用高压蒸汽法，处理方法通常有分批法和连续法两种。采用分批法进行灭菌，是将高压蒸汽通入装有培养基的发酵罐中，使培养基的温度逐渐升至所需温度，并保持一定的时间（通常是在 121～123℃下维持 20～30min），冷却后便得到无菌的培养基。由于蒸汽直接通入培养基中会产生部分冷凝水，因此应事先根据蒸汽含水量和用量等参数计算出冷凝水的生成量，并且在配制培养基时将这部分水量扣除。连续法一般是将预热至 60～70℃的培养基连续通入加热器中，用 0.5～0.8MPa 的高压蒸汽在 20～30s 内将培养基加热至 130～140℃，然后将培养基通入维持罐中，在低于 100℃的温度下维持一定的时间，最后流过冷却器进入发酵罐，成为无菌培养基。与分批法相比，采用连续法培养基在高温下经历的时间短，对培养基中有效成分的破坏少，但所需的设备比分批法复杂。

2. 间歇灭菌法

间歇灭菌法是用不超过 100℃的温度对培养基进行间歇处理的一种灭菌方法。其具体操作如下：将待灭菌的培养基在 100℃处理 15min 后，于 28～37℃保温过夜，第二天重复处理一次，一共进行三次。100℃处理 15min 的作用是杀死培养基中微生物的营养细胞，保温处理可使未被杀死的芽孢或孢子萌发成营养细胞，从而在下一次处理时被杀死。这样连续处理三次后便可达到灭菌目的。

由于间歇灭菌法费时又费力，一般只用于那些含有在高温下易挥发或易分解的营养物质而不适于用高压蒸汽灭菌法处理的培养基，如含有某些糖和明胶的培养基、牛奶培养基等。

3. 过滤除菌法

过滤除菌法采用特殊的细菌过滤器来处理培养液，其滤孔的最大孔径不超过 1μm，只能允许比细菌更小的物质通过。因此，采用过滤除菌法所得到的滤液一般是无菌的，但有可能含有病毒。对于含有蛋白质、酶、血清、维生素等热敏物质的培养基，常采用过滤除菌法。

常用的过滤器是用没有上釉的陶瓷或石棉、硅藻土制成的，此外也有用熔结玻璃、火棉胶、硝化纤维素滤膜等制成的过滤器。

二、微生物的培养方法

（一）好氧培养与厌氧培养

不同的微生物生长时对氧的需求情况有所不同（图 3-8）。有些微生物对氧的要求很严格，氧的条件不合适就不能正常生长；而另一些微生物在有氧或无氧条件下都能生长，只是氧的条件会改变菌体的代谢方式，从而产生不同的菌体代谢产物。好氧培养（aerobic culture）与厌氧培养（anaerobic culture）就是根据微生物对氧的不同需求，而分别采用的供给氧或隔绝氧的培养方法。

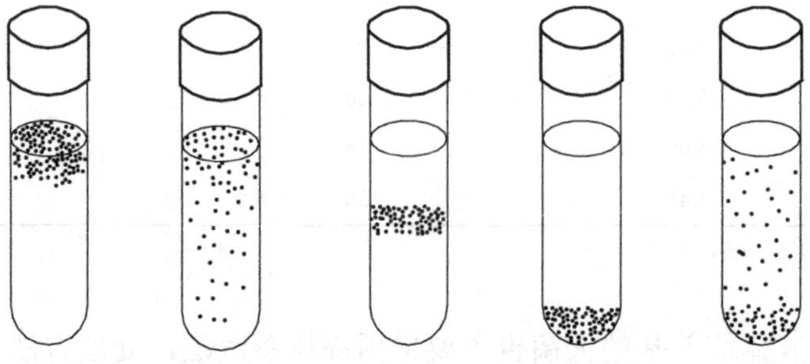

图 3-8　微生物的生长与氧的关系

空气中的氧气可以溶解在培养液中，越接近气-液界面的培养液中氧气浓度越高。当在一系列试管中接种对氧气具有不同需求的微生物时，根据它们在试管中生长的位置可以判断出它们对氧气的适应情况

1. 好氧培养

好氧培养一般以空气作为氧的来源。实验室的平皿培养和斜面（slant）培养就是最简单的好氧培养，菌体生长所需的氧气可以由空气通过培养皿的缝隙或棉塞进行扩散交换而得到满足。实验室进行锥形瓶液体培养时可采用摇瓶机（shaker）达到供氧的目的。摇瓶的方式主要有旋转式（rotary）和往复式（to-and-fro）两种，锥形瓶中的液体通过不断撞击瓶壁而使液体中氧的溶解量增加，同时使溶解的氧在培养液中均匀分布。增加摇动频率、选用通气性好的瓶塞、减少装液量等都可以提高摇瓶的供氧效率。

利用发酵罐进行好氧培养时一般采用强制通风的方式供氧（图 3-9）。通入培养基的空气必须先经过净化处理，以防止杂菌污染（contamination）。通气发酵罐内一般都安装有机械搅拌装置，当气流从发酵罐底部送入后，浆状的搅拌装置可以把气流分散成微泡，增加气-液接触面积，搅拌形成的涡流还可延长微泡在液体内滞留的时间，从而提高氧的溶解效率。增加通气量和搅拌速率可在一定程度上增加溶氧量，但激烈的通气搅拌会消耗大量的能量，还可能使某些菌体发生形态改变，甚至引起培养物的自溶。因此，通气量和搅拌速度要根据菌种的特性合理地加以选择。

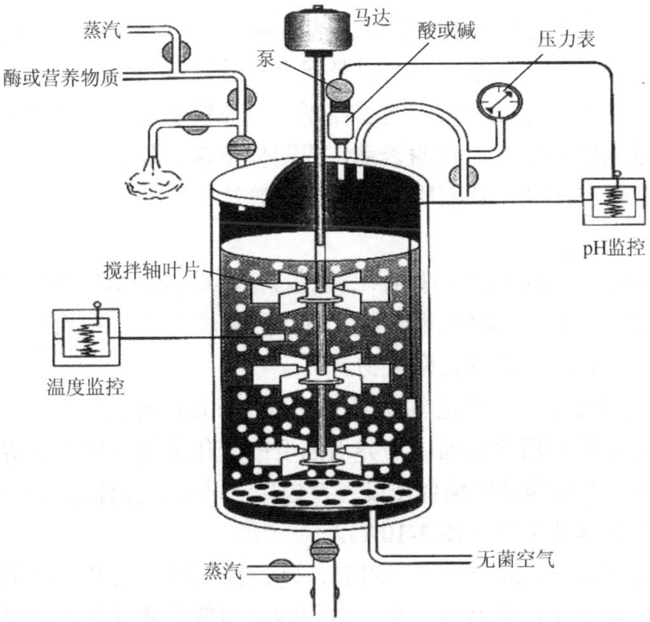

图 3-9　发酵罐结构示意图（引自：Atlas，1995）

工业上进行固体发酵时主要通过自然对流法和机械通风法来供给氧气，还可采用定时翻料等方法进一步促进固体物料内气体的交换。在基质中添加蓬松的填充料（如稻壳）或降低料层厚度也可增加通气效果。

2. 厌氧培养

厌氧培养主要靠隔绝空气或驱除氧气等方式来实现。在实验室中培养厌氧菌时，可以将菌种接种到固体或半固体培养基的深层进行培养，并在基质中加入一些还原剂（如巯基乙酸钠、硫代硫酸钠），形成厌氧菌生长所需的缺氧和低氧化还原电位环境。此外，还可将密闭容器抽真空，填充以无氧气体或添加化学吸氧剂来创造无氧的环境。

工业发酵中的厌氧培养主要是采取密闭措施，依靠需氧菌体在生长阶段的耗氧作用来形成缺氧环境。

（二）分批培养与连续培养

1. 分批培养

将菌种接入一定量的培养基中进行培养，最后一次性收获菌体或其代谢产物的培养方法称为分批培养（batch culture）。分批培养过程中，微生物所处的基质环境是在不断变化的，主要表现在基质中的营养物质不断减少，菌体数量和各种代谢产物的含量逐渐增加。当基质中的这种变化达到一定程度时，微生物的生长就会停止。

传统的发酵工业一般都采用分批培养技术，并相应地称为分批发酵法（batch fermentation）。尽管这种方法难以发挥微生物的最大发酵潜力，但它对技术和设备的要求较为简单。随着人们对微生物的特性和代谢机理研究的深入，通过采取适当的控制手段，采用分批法仍然能获得较好的生产效果。因此，分批发酵法仍是当今发酵工业的主体。

在大规模的分批发酵生产中，除了控制发酵温度、氧的供给、基质的酸碱度等条件外，大都还控制基质营养成分的变化，以使培养基中营养物质的浓度保持在适合菌体生长和有利于菌体积累代谢产物的范围之内。控制手段主要是中间补料，即在发酵的某一时期补加某些营养物。在实际生产中，中间补料的数量可达基础料的 1～3 倍；补充的营养物可以是单独某种碳源、氮源、无机盐、生长因素，也可以是混合营养物；补料的方式可以是一次性的，也可以是间歇多次的，还可以连续补料。通过控制中间补料手段，可以避免菌体发酵生长初期营养物浓度过高而导致菌体生长、代谢紊乱，或菌体正常生长受到抑制，还可以延长菌体的生物合成期，推迟菌体自溶期，从而明显地提高发酵效率。

2. 连续培养

连续培养（continuous culture）是指在培养过程中不断补充新鲜营养物质，同时以同样的速度不断排出培养物（包括菌体及代谢产物）的一种培养方法。在连续培养体系内，微生物可以连续、稳定地生长和产生各种代谢产物。

连续培养的方式有两种，一种是恒浊法（turbidostatic）连续培养，它控制的是培养体系内菌体的浓度，通常是根据培养容器中培养液浊度的变化来调节新鲜营养液的流入速度和培养物的流出速度，从而使培养液中菌体浓度保持恒定。只要培养体系内有过量的必需营养物，菌体就能以最高速度持续地生长（图 3-10A）。

另一种是恒化法（chemostatic）连续培养，是指控制恒定的营养液流速，使由于微生物的生长而消耗掉的营养物质得到及时补充，培养容器内营养物质的浓度基本保持恒定，从而使菌体保持恒速生长（图 3-10B）。在恒化连续培养过程中，通常将微生物生长所必需的营养物质控制在较低的浓度，作为限制性因子，而其他营养物均为过量。常用的限制性营养物质有作为氮源的氨、氨基酸，作为碳源的葡萄糖、麦芽糖、乳糖，以及生长因素、无机盐等。

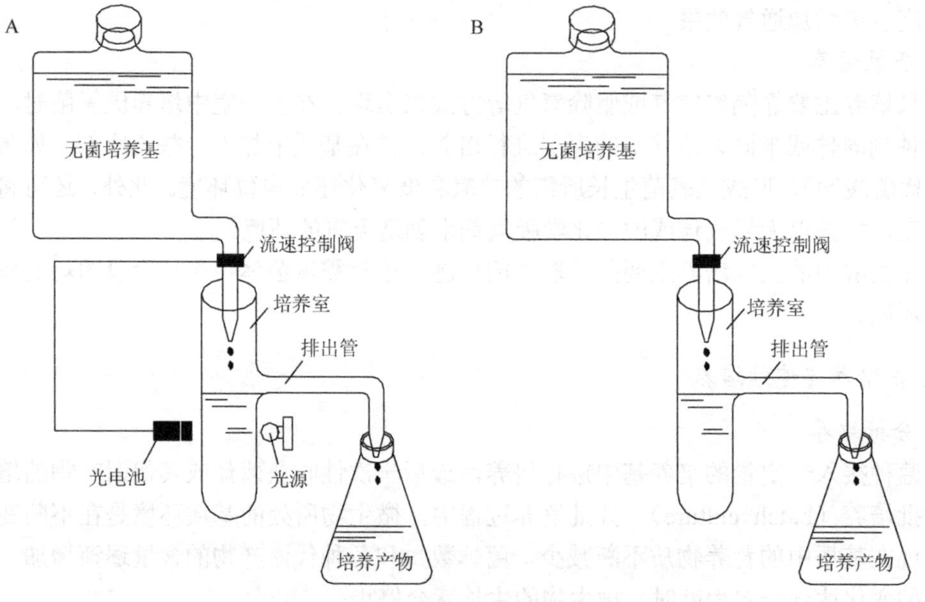

图 3-10　恒浊法、恒化法连续培养原理示意图

A. 恒浊培养系统；B. 恒化培养系统

在发酵工业中，连续培养技术相应地称为连续发酵（continuous fermentation）。连续发酵是发酵工业发展的方向，它最大的优点是取消了分批发酵中各批次之间的时间间隔，从而缩短了发酵周期，提高了设备的利用效率。连续发酵过程还便于实现自动控制，从而降低了动力消耗和劳动力强度。然而目前，对于连续发酵尚有许多技术问题未得到有效的解决，限制了其在发酵工业中的应用，其中最主要的有两个方面。

（1）杂菌污染问题　连续发酵过程中，原料的流入和产物的流出是连续进行的，如果是好氧培养还存在空气的通入和排出，因此培养过程本身比分批培养更易受到杂菌的污染。

（2）菌种退化问题　在长时期的连续发酵过程中，发酵体系内的微生物群体会发生各种变异，产生各种突变菌株。一旦某种突变菌株比原先所用的生产菌株更能适应连续发酵的特殊环境，它就会逐渐占据优势；也有可能各种突变菌株在体系内同时生长。无论哪种情况出现，都会使高产菌株的比例逐渐降低，影响发酵产物的质与量。

由于以上原因，虽然在理论上和实验室中早已证明连续发酵工艺可以发挥微生物的最大潜力，但利用连续发酵工艺进行大规模生产的实例还不多。已投入工业应用的主要是一些厌氧发酵产品的生产，如丙酮-丁醇、乙醇等。

三、微生物纯种分离的一般方法

微生物学中，将在实验室条件下从一个细胞或一种细胞群经无性繁殖（asexual reproduction）得到的后代称为纯培养（pure culture）。

在自然界中，各种微生物通常是群居在一定的介质中，要想研究其中某种微生物，就必须利用微生物的分离培养技术将其从其他微生物中分离（isolate）出来。在发酵工业中，用于发酵生产的高产菌株会不断产生变异株，要想保持高产菌株的纯一或从变异的群体中获得更高产的菌株，也必须借助微生物的分离培养技术才能实现。因此，微生物的分离培养无论是对微生物学的理论研究还是实际应用，都有重要的意义。

（一）平板划线法或平板涂布法

平板划线法（streak plate method）是用接种环（inoculating loop）蘸取少量待分离的材料（可以是液体材料，也可以是固体材料），在预先制备的固体培养基平板上连续划线，使接种环上蘸取的菌体转移到固体培养基上，然后进行保温培养，使之形成可见的菌落。划线的过程可以使接种环上菌体的数量逐渐减少，经保温培养后，划线开始的部分菌落密集，并相互交叠在一起，随着划线的进行，菌落逐渐稀疏，到最后往往可以出现分散的单个菌落，称为菌落形成单位（colony forming unit，cfu），这些单个菌落就有可能是来自单个细胞的纯培养物（图 3-11）。

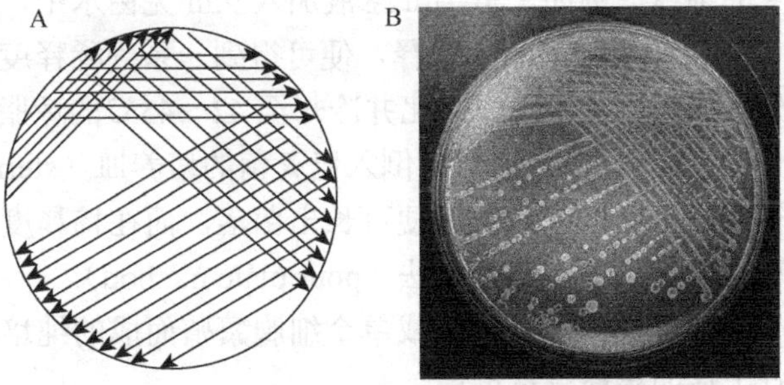

图 3-11　平板划线及培养后菌落的情况

A. 平板划线示意图；B. 保温培养后菌落实际生长情况

划线的方式可以有多种，如扇形划线法、连续划线法、方格划线法、平行划线法等（图 3-12）。在一个方向划线后，将接种环重新灭菌，冷却后在同一平板上沿另一方向划线，可以使第一次划线的菌体进一步分离。由于平板划线法的有效性和经济性，在很多微生物实验操作中，它都是首选的方法。

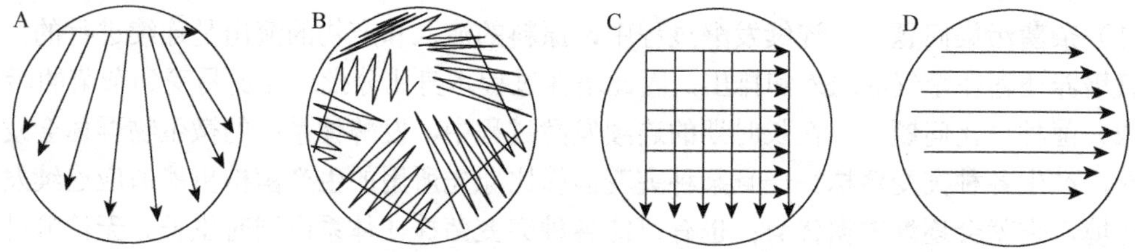

图 3-12　平板划线的各种方法

A. 扇形划线法；B. 连续划线法；C. 方格划线法；D. 平行划线法

平板涂布法（spread plate method）是用无菌的弯曲玻璃棒代替接种环，将待分离的材料涂布在培养基平板上。为了使材料均匀涂布，通常将待分离物制成稀释的悬液后再进行涂布。只要稀释度适当，经培养后也能得到单个分布的菌落（图 3-13）。

除了可以手工涂布外，还可以用专门设计的涂布器来进行，使涂布操作更加均匀。

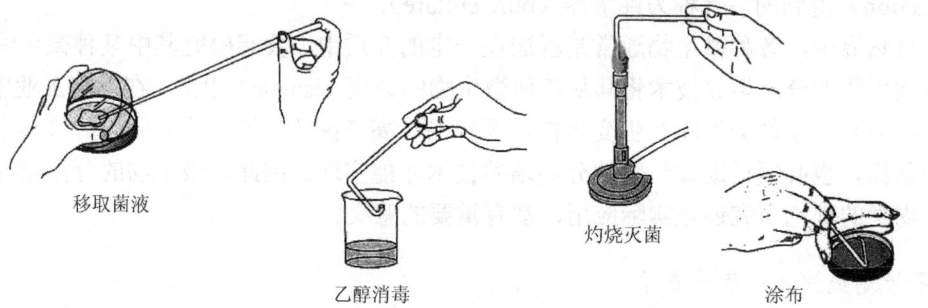

图 3-13　平板涂布法操作示意图

首先用一支无菌移液管将菌液移至琼脂培养基表面，然后将涂布用的弯曲玻璃棒先后用乙醇和酒精灯火焰进行灭菌，待玻璃棒冷却后，用它将菌液均匀涂布在培养基表面

（二）稀释法

稀释法（dilution method）是先将待分离的材料用无菌水洗涤或溶解，制成悬液，然后将此悬液进行一系列梯度的稀释。例如，将 1ml 悬液加入 9ml 无菌水中，摇匀后即成为浓度为原菌悬液 10^{-1} 的稀释液，将此稀释液继续稀释，便可得到一系列稀释度的稀释液。取几个稀释度的少量稀释液，分别加入适量已预先熔化并冷却至 42～45℃的琼脂培养基（大多数微生物在此温度下暴露几分钟不会死亡），摇匀后倒入已灭菌的培养皿（sterile Petri dish）中，待琼脂冷却并凝固后进行保温培养，一定时间便可长出菌落，而在稀释度适当的平皿上将会出现分散的单个菌落。这种方法也叫作倒平板法（pour plate method）。

为了保证这些单个的菌落是由单个孢子或单个细胞繁殖而成的纯培养物，常以得到的单个菌落为材料，再进行上述的稀释分离过程。

在实践中还常常使用一种较为简单的方法，即接种环稀释法。该方法不是使用移液管来逐级稀释菌悬液，而是使用接种环（图 3-14）。无论是哪种稀释方法，经保温培养后，菌落将同时出现在培养基的内部和表面，而不像平板划线法和平板涂布法那样只在培养基表面有菌落长出（图 3-15）。

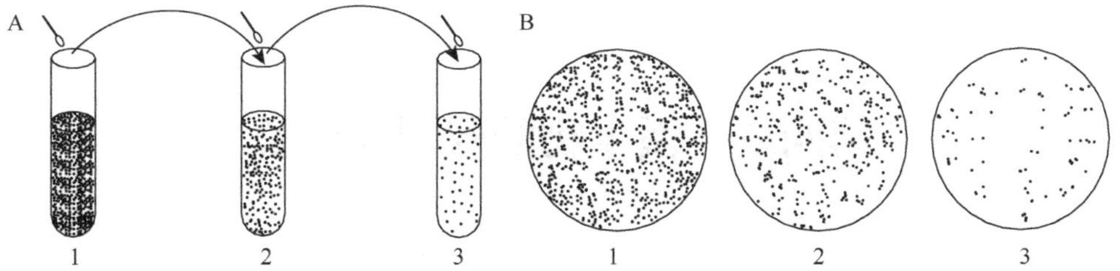

图 3-14　接种环稀释分离法示意图

A. 用一支接种环蘸取试管 1 中的菌液（事先已使菌液均匀分布），并将其转移至试管 2 中；上下移动接种环，使转移至试管 2 中的菌体均匀分布；接着用该接种环蘸取试管 2 中的菌液，继续转移至试管 3 中，并使之均匀分布。B. 分别取三支试管中的菌液，倒平板后进行保温培养，从中便可分离出单个菌落

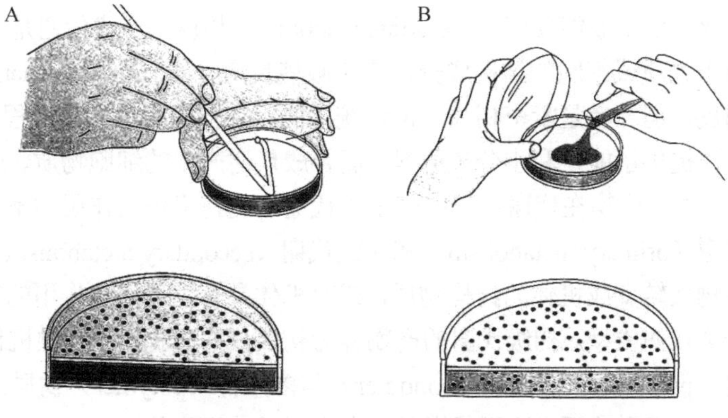

图 3-15　平板涂布法（或平板划线法）与稀释法比较

A. 平板涂布法；B. 稀释法

（三）富集法

当某些微生物在待分离的材料中数量较少时，直接用平板划线法、涂布法或稀释法往往不易分离到，此时可以根据所要分离的微生物的某些生理特性，先使其数量增加，然后再将其分离出来，这就是富集法（enrichment method）。

采用选择培养基进行培养是常用的富集方法。例如，以酚作为唯一碳源的培养基可以富集能分解含酚物质的菌种。利用不同的微生物对某些物理因素抗性的不同，也可以将其富集出来。例如，分离芽孢细菌时可以先对待分离材料进行热处理，杀死非芽孢细菌，之后再接种至培养基上进行培养，这样得到的培养物将以芽孢细菌为主；分离嗜热性微生物时可直接用较高的温度进行培养，因为只有嗜热菌才能在较高的温度下迅速生长。

（四）单细胞挑取法

单细胞挑取法是直接从待分离材料中挑取（pick）单个细胞或孢子进行培养，从而获得纯培养的一种方法。其具体操作如下：将一滴菌悬液置于载玻片（glass slide）或琼脂平板上，用安装在显微镜上的显微挑取器控制挑取器上的毛细吸管，从菌悬液中挑取出一个细胞或孢子，接种到培养基平板上，经保温培养后便可得到纯培养。

第四章 微生物的代谢与生长

代谢与生长是微生物维持生存所必不可少的两大类生命活动。其中，微生物细胞内进行的化学反应统称为代谢（cellular metabolism），它是高度有组织的，并受到精细的调控。

机体内进行的代谢反应虽然种类很多，但不外乎分解代谢（catabolism）和合成代谢（anabolism）两种。分解代谢是将大分子营养物质或细胞结构物质降解成简单的产物，此过程往往伴随着能量的释放，属于放能反应（exergonic reaction）；相反，合成代谢是将简单的小分子物质合成复杂的大分子物质或细胞的结构成分，属于吸能反应（endergonic reaction）。虽然这两种代谢形式的作用相反，但二者是紧密相关、密切统一的。它们在生命活动过程中是偶联进行的，分解代谢为合成代谢提供了能量和小分子原料，而合成代谢产生的细胞物质、酶等又是分解代谢得以进行的基础。根据微生物在代谢过程中产生的代谢产物在机体内作用的不同，还可将微生物的代谢分为初级代谢（primary metabolism）和次级代谢（secondary metabolism）两种类型。初级代谢是指能使营养物质转变成机体的结构物质，或对机体具有生理活性作用的物质，或为机体的生长提供能量的一类代谢类型。初级代谢的产物称为初级代谢产物，包括供机体进行生物合成的各种小分子前体物（precursor）、单体（monomer）与多聚体（polymer）物质，以及在能量代谢和代谢调节中起作用的各种物质。次级代谢是指存在于某些微生物中、在一定的生长时期内才出现的一类代谢类型。次级代谢的产物称为次级代谢产物，如抗生素（antibiotics）、生物碱（alkaloid）、色素（pigment）、真菌毒素（mycotoxin）等，不同种类的微生物所产生的次级代谢产物有所不同，可能积累在细胞内，也可能排到外环境中，它们并不是微生物的生长所必需的物质。与高等动植物一样，微生物细胞内进行的代谢活动是错综复杂的，参与代谢的物质和各代谢途径之间相互联系、相互影响，并且也受到微生物细胞多系统、多层次的调控。

而除了在合适的外界环境条件下，不断地吸收营养物质，并按照利于自己的方式进行新陈代谢以外，当微生物细胞内同化作用的速度超过了异化作用，其原生质的总量（重量、大小、体积）就会不断增加，于是出现了个体的生长现象。所以，生长就是细胞物质有规律地、不可逆增加，导致细胞体积扩大的生物学过程。如果这是一种平衡生长，即各细胞组分是按恰当的比例增长时，则达到一定程度后就会发生繁殖，从而引起个体数目的增加，这时，原有的个体已经发展成一个群体，随着群体中各个个体的进一步生长，就引起了这一群体的生长，其生长状况可以重量、体积、密度或浓度等作为指标衡量。在一般情况下，当环境条件适合，生长与繁殖始终是交替进行的。从生长到繁殖是一个由量变到质变的过程，这个过程就是发育。微生物处于一定的物理、化学、生物条件下，生长发育正常，繁殖速率也高；如果某一或某些环境条件发生改变，并超出了微生物不可以适应的范围时，就会对机体产生抑制乃至杀灭作用。当然，在或适宜或恶劣的生存环境中，微生物也累积了很多适应环境的“技能”，以最大限度地保持生命与活力。

第一节 酶

酶是一种由生物体产生的具有催化活性的蛋白质，它在生物体内和体外都具有催化作用。

微生物细胞内绝大多数化学反应都是在酶的催化作用下完成的。对酶的调控是微生物代谢调控的一个重要方面。

一、酶的一般特性

作为一种生物催化剂，酶在催化某一化学反应时也具有一般催化剂的特性。例如，它可以降低化学反应的活化能，从而增加反应体系内的活化分子数，加速化学反应的进行；在催化反应前后，其本身不发生量的改变；它只能加速一个化学反应的速度，而不能改变反应的平衡点。然而，酶与一般催化剂也有不同之处，具体表现在：①酶的催化效率高；②酶催化的反应具有高度的专一性；③酶催化反应的条件温和；④酶可催化某些特异的化学反应；⑤酶的催化活力可被调节控制；⑥一般无毒性。

二、酶的化学本质及组成

酶的化学本质是蛋白质，因此它具有蛋白质所共有的一些理化性质。凡是能破坏蛋白质结构，使蛋白质变性的因素如高温、强酸、强碱、重金属等都能使酶丧失活性。许多物理和化学因素的抑菌和杀菌作用就是通过使酶失活而实现的。

酶的组成和其他蛋白质一样，根据其组成成分可分为单纯酶（simple enzyme）和结合酶（conjugated enzyme）两类。单纯酶由单纯的蛋白质组成，如淀粉酶、蛋白酶、脂肪酶、纤维素酶等都是单纯酶。结合酶结构中除了蛋白质成分外，还有非蛋白质成分存在，如大多数氧化还原酶类都是结合酶。结合酶有时也称为全酶（holoenzyme），其中的蛋白质部分称为酶蛋白（apoenzyme）；非蛋白部分统称为辅因子（cofactor）。根据辅因子与酶蛋白结合的牢固程度不同，可将辅因子分为两类：一类与酶蛋白结合牢固（一般以共价键结合），不易用透析的方法除去，称为辅基（prosthetic group），一般为无机金属元素；另一类与酶蛋白结合较疏松（一般为非共价结合），容易用透析的方法除去，称为辅酶（coenzyme），一般为小分子有机物（图 4-1）。

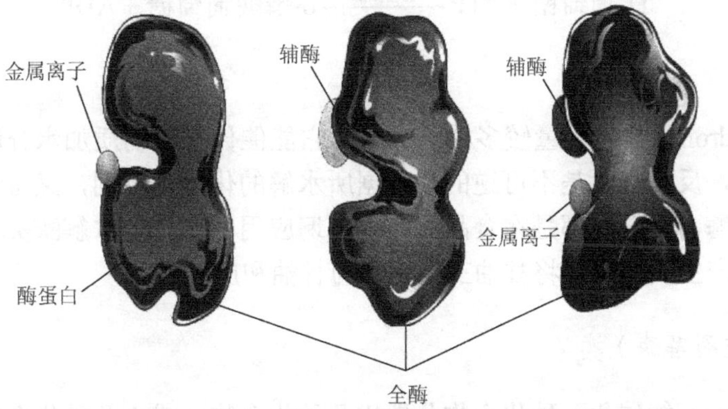

图 4-1　结合酶与其辅因子的关系示意图（引自：Talaro，1996）

全酶由酶蛋白（多肽或蛋白质）及 1 或 2 个辅因子组成

三、酶的类型

酶的种类很多，仅微生物细胞就至少可产生 2500 种不同的酶。根据酶所催化的反应类型，国际系统分类法将酶分为六大类。

（一）氧化还原酶类

氧化还原酶（oxidoreductase）催化的是氧化还原反应（oxidation-reduction reaction，redox reaction），与食品工业关系密切。根据反应中受氢体性质的不同，可分为氧化酶（oxidase）、脱氢酶（dehydrogenase）、过氧化氢酶（catalase）和过氧化物酶（peroxidase）等，其中氧化酶的受氢体是分子氧，脱氢酶的受氢体是一些脱氢辅酶（如 NAD、DADP、FMN、FAD 等），过氧化物酶和过氧化氢酶的受氢体都是过氧化氢。几类氧化还原酶中最多的是脱氢酶。

脱氢酶所催化的反应总是伴随有氢原子的转移，如酵母菌进行乙醇发酵时就是由乙醇脱氢酶催化，将乙醛还原成乙醇。

$$CH_3CHO + NADH_2 \xrightarrow{\text{乙醇脱氢酶}} CH_3CH_2OH + NAD$$

氧化酶催化的反应都有氧分子直接参与，如黑曲霉可产生葡萄糖氧化酶，专一性地催化β-D-葡萄糖氧化成葡萄糖酸-δ-内酯。由于反应中有水参与，内酯被水解成酸。

$$\beta\text{-D-葡萄糖} + O_2 + H_2O \xrightarrow{\text{葡萄糖氧化酶}} \text{葡萄糖酸} + H_2O_2$$

过氧化氢酶催化的是过氧化氢分解为水和分子氧的反应。

$$2H_2O_2 \xrightarrow{\text{过氧化氢酶}} 2H_2O + O_2$$

而过氧化物酶催化的是如下反应。

$$AH_2 + H_2O_2 \xrightarrow{\text{过氧化物酶}} A + 2H_2O$$

（二）转移酶类

转移酶（transferase）催化一种化合物分子上的某一功能基团转移到另一种分子上去的反应，即功能基团的转移反应。可被转移的基团有氨基（转氨酶）、醛基（转醛酶）、酮基（转酮酶）、磷酸基（激酶）、糖苷酶（转糖苷酶）、酰基（转酰基酶）等。例如，已糖激酶能催化葡萄糖降解反应的第一步反应——磷酸基的转移反应。

$$\text{D-葡萄糖} + ATP \xrightarrow{\text{己糖激酶}} \text{6-磷酸葡萄糖} + ADP$$

（三）水解酶类

水解酶（hydrolase）是数量较多的一类酶，它能催化某些物质加水分解成该物质的各个组成单位的反应，反应一般是不可逆的。根据所水解的化学键不同，又可分为若干亚类。其中，淀粉酶、脂酶、蛋白酶都是在食品工业中普遍应用的重要的水解酶类。白地霉、根霉等多种微生物可以产生脂肪酶，将甘油三酯水解为甘油和脂肪酸。

（四）裂合酶（或裂解酶）类

裂合酶（lyase）能催化一种化合物分裂成几种化合物，或由几种化合物合成一种化合物的反应，包括脱羧酶类（decarboxylase）、醛缩酶类（aldolase）、脱水酶类（dehydrolase）、脱氨酶类（deaminolase）等。例如，在糖降解过程中，醛缩酶可催化如下反应。

$$\text{1, 6-二磷酸果糖} \xrightarrow{\text{醛缩酶}} \text{磷酸二羟丙酮} + \text{3-磷酸甘油醛}$$

（五）异构酶类

异构酶（isomerase）催化各种同分异构物（即分子式相同而结构不同的化合物）分子之

间的相互转变，即促进分子内部基团的重新排列，又可分为异构酶和变位酶两类。例如，一些细菌和放线菌产生的葡萄糖异构酶能催化葡萄糖转变成果糖。

$$6\text{-磷酸葡萄糖} \xrightarrow{\text{磷酸己糖异构酶}} 6\text{-磷酸果糖}$$

（六）合成酶类

合成酶（ligase）催化两种物质或分子合成一种物质或分子的反应，一般需要 ATP 提供能量，因此通常有 ATP 等高能物质参与反应。例如，谷氨酰胺合成酶可催化谷氨酰胺的合成反应。

$$\text{谷氨酸} + NH_3 + ATP \xrightarrow{\text{谷氨酰胺合成酶}} \text{谷氨酰胺} + ADP + H_3PO_4$$

四、微生物细胞的酶系统

根据酶的活动部位，通常可将微生物细胞的酶系统分为胞内酶（endoenzyme）和胞外酶（exoenzyme）两大类（图 4-2A 和 B）。胞内酶是在微生物细胞内起催化作用的酶，种类很多，细胞代谢途径中的绝大多数酶都是胞内酶。不同性质的胞内酶在细胞内的活动部位有所不同。例如，与发酵有关的酶类主要在细胞质中活动，与蛋白质合成有关的酶类主要在核糖体上活动。胞外酶是在微生物细胞外起催化作用的酶，一般是在微生物细胞膜上合成后，再释放到细胞外，以降解细胞外的大分子物质或有害物质。淀粉酶（amylase）、纤维素酶（cellulase）、蛋白酶（protease）等水解酶类都属于胞外酶。

根据酶的合成与代谢产物的关系，又可将微生物细胞的酶系统分为组成酶（constitutive enzyme）和诱导酶（induced or inducible enzyme）。组成酶（图 4-2C）是微生物细胞中天然存在的酶，因而又称为固有酶、结构酶。它们在细胞中的含量较为稳定，与底物的存在与否无关，受外界环境的影响很小。例如，微生物分解葡萄糖、果糖等物质的酶就属于组成酶。诱导酶（图 4-2D）则是在有特定的诱导物存在时，微生物细胞受诱导而产生的酶。诱导物往往是受其诱导而产生的酶作用的底物或底物的类似物。例如，大肠杆菌分解乳糖的β-半乳糖苷酶就是在乳糖或其结构类似物存在的条件下产生的。没有诱导物存在时，微生物细胞内诱导酶的数量甚微，在诱导物的诱导下，其数量可增加上千倍。酶的选择性合成（selective synthesis）机制保证了细胞不会浪费其宝贵的能量去合成尚不需要立即发挥作用的酶。

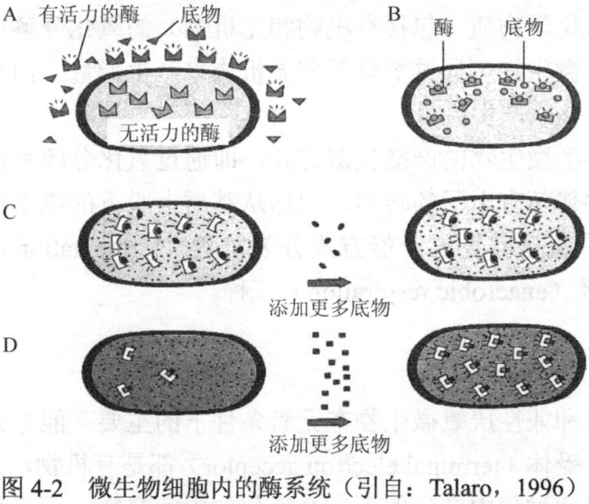

图 4-2　微生物细胞内的酶系统（引自：Talaro，1996）

A. 胞外酶在细胞外起作用；B. 胞内酶在细胞内起作用；C. 组成酶在细胞中的含量稳定，加入更多底物不会使酶的数量增加；D. 诱导酶在细胞中的含量通常极少，但加入底物后，其数量可以增加上千倍

当培养基中既有能被组成酶所分解的营养物，也有能被诱导酶所分解的功能相同的营养物时，微生物往往优先利用能被组成酶分解的营养物。例如，当培养基中同时加入适量的葡萄糖和山梨醇时，大肠杆菌将优先利用葡萄糖为碳源进行生长，当葡萄糖被耗尽后，细胞的生长将出现短时期的停顿，此时在山梨醇的诱导下，细胞内将产生能分解山梨醇的诱导酶，使大肠杆菌可以利用山梨醇为碳源继续生长。

五、微生物细胞对酶的调控

微生物细胞对酶的调控主要有以下几种形式。

1. 对酶合成的调节

微生物细胞可以通过调节酶合成的量来控制代谢的速度。由于这种调节是转录水平的调节，因此比较缓慢。例如，大肠杆菌在以乳糖为唯一碳源的培养基中生长时，乳糖可以诱导大肠杆菌合成能分解利用乳糖的β-半乳糖苷酶，以使大肠杆菌可以利用乳糖作为碳源进行生长，这叫作酶的诱导。又如，当大肠杆菌细胞中已合成了足够量的色氨酸，或者培养基中添加有色氨酸时，色氨酸能作为效应物与原阻遏物结合，进而通过一系列过程阻遏色氨酸合成途径中 5 种酶的合成，这叫作酶合成的阻遏。

2. 对酶活性的调节

微生物细胞还能通过酶的底物、产物或其他调节蛋白来改变酶分子的活性，也可通过各类化学修饰改变酶的活性，从而调节代谢的速度。这些调节方式比上述转录水平的调节更为快捷。例如，大肠杆菌可将谷氨酸代谢转化为精氨酸，当精氨酸足够量时，其本身将作为抑制剂抑制该代谢途径中*N*-乙酰谷氨酸激酶的活性使精氨酸合成速度降低，这种反馈抑制效应就属于酶活性的别构调节。除此之外，酶活性的调节还包括共价修饰、水解激活、调节蛋白的聚合及解离、单体的聚合及解离等。

第二节　微生物的产能代谢

微生物进行生长、繁殖等各种生命活动都离不开能量。不同的微生物产生能量的方式不同，光能营养型微生物（如蓝细菌、光合细菌等）是将光能转换为其生长所需的化学能；而化能营养型微生物是从化学物质（包括有机物和无机物）的氧化分解过程中获得生长所需的能量。例如，化能自养微生物可通过氧化某些无机物来产生能量，而与食品有关的各种微生物则是通过有机物的氧化来产生能量。

本节介绍食品中各类微生物的产能代谢方式，即通过氧化分解有机营养物的产能方式。在有机物的氧化过程中伴随有电子的转移，根据从基质上脱下的电子转移的最终受体不同，可将微生物氧化分解有机营养物的产能方式分为发酵（fermentation）、有氧呼吸（aerobic respiration）和无氧呼吸（anaerobic respiration）三种。

一、发酵

发酵是异养型厌氧和兼性厌氧微生物在无氧条件下的主要产能方式。在发酵过程中，被氧化的基质和最终电子受体（terminal electron acceptor）都是有机物，并且作为最终电子受体的有机物往往是基质氧化过程中产生的不完全氧化的中间产物。由于发酵不能使基质彻底氧化分解，因此发酵的产能水平很低，大部分能量仍储存在发酵产物中。

用于发酵的基质主要是各种单糖，其中以葡萄糖最为普遍。以葡萄糖为基质的发酵主要经由糖酵解（glycolysis）途径或称 EMP 途径（embden-meyerhof-parnas pathway）进行（图 4-3），1 分子葡萄糖先经磷酸化、异构化等步骤形成 1, 6-二磷酸果糖（fructose-1, 6-diphosphate），在醛缩酶的作用下，1, 6-二磷酸果糖裂解成磷酸二羟丙酮（dihydroxyacetone phosphate）和 3-磷酸甘油醛（glyceraldehyde-3-phosphate），二者是同分异构体。在上述过程中共消耗掉 2 分子 ATP，属于耗能反应阶段。从丙酮糖磷酸酯开始便进入氧化和产能阶段，最后产生 2 分子丙酮酸（pyruvic acid）、4 分子 ATP 和 2 分子 $NADH_2$。因此，1 分子葡萄糖经 EMP 途径的总结果是生成 2 分子丙酮酸、2 分子 $NADH_2$ 和净产生 2 分子 ATP。

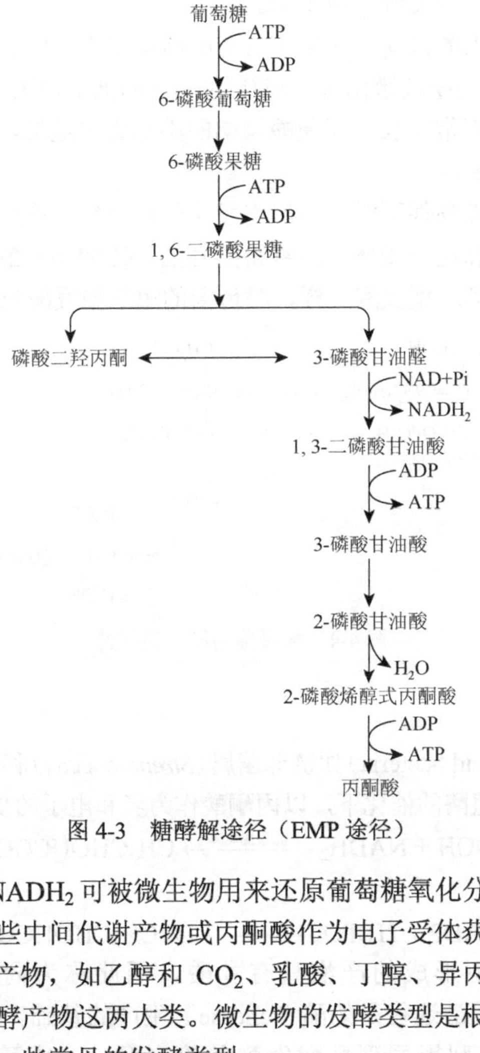

图 4-3　糖酵解途径（EMP 途径）

EMP 途径中产生的 $NADH_2$ 可被微生物用来还原葡萄糖氧化分解过程中产生的中间代谢产物或丙酮酸，这正是这些中间代谢产物或丙酮酸作为电子受体获得电子的过程，其结果是可以得到多种不同的发酵产物，如乙醇和 CO_2、乳酸、丁醇、异丙醇、丙酮等，它们都可归于醇类发酵产物或酸类发酵产物这两大类。微生物的发酵类型是根据其所产生的主要发酵产物来命名的，以下仅介绍一些常见的发酵类型。

（一）酵母菌的发酵

当基质处于无氧及中性偏酸的条件下时，酵母菌等一些微生物可以使丙酮酸脱羧形成乙醛。

$$CH_3COCOOH \xrightarrow{\text{脱羧酶}} CH_3CHO + CO_2$$

在乙醇脱氢酶的作用下，乙醛作为氢和电子受体被还原成乙醇。

$$CH_3CHO + NADH_2 \xrightarrow{\text{乙醇脱氢酶}} CH_3CH_2OH + NAD$$

至此，由葡萄糖开始进行的发酵总反应式为：

$$C_6H_{12}O_6 + 2ADP + 2H_3PO_4 \longrightarrow 2CH_3CH_2OH + 2ATP + 2CO_2 + 2H_2O$$

以上反应通常称为酵母菌的第一型发酵，即乙醇发酵（alcoholic fermentation or ethanolic fermentation），其产物为乙醇和 CO_2，它是以碳水化合物为原料生产啤酒（beer）、葡萄酒（wine）和白酒（distilled spirits），以及面团发酵生产面包的基础。

在无氧及有亚硫酸氢钠存在时，亚硫酸氢钠能与乙醛形成复合物，使乙醛不能作为氢和电子的受体，此时磷酸二羟丙酮将成为氢和电子受体，而最终的发酵产物为甘油（glycerol），这一过程称为酵母菌的第二型发酵（图 4-4）。

由于 1 分子磷酸二羟丙酮接受氢和电子后不能继续氧化产生 ATP，而另 1 分子 3-磷酸甘油醛氧化产生的 ATP 与葡萄糖被激化时所消耗的 ATP 相抵消，因此酵母菌的第二型发酵不产生能量。为了使菌体能够正常生长，亚硫酸氢钠的添加必须适量，以使部分糖仍能用于乙醇发酵，为细胞的生长提供能量。

当基质处于无氧及碱性条件下时，乙醛将发生歧化反应，产生乙酸和乙醇。此时酵母菌仍以磷酸二羟丙酮作为氢和电子受体，最终得到甘油、乙酸和乙醇的混合物。这一过程称为酵母菌的第三型发酵。与第二型发酵一样，酵母菌的第三型发酵也不产生 ATP。

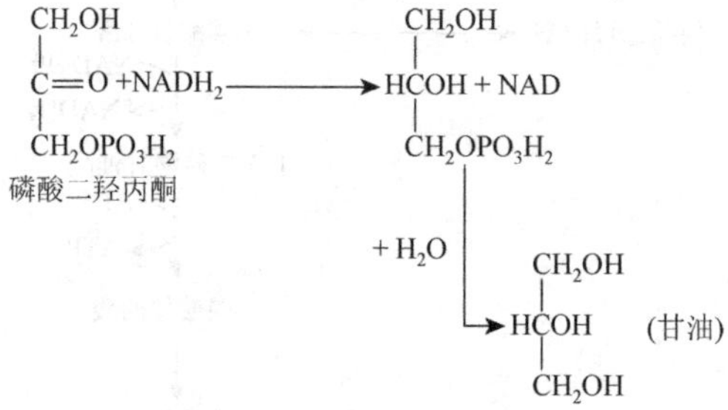

图 4-4　酵母菌的第二型发酵

（二）乳酸发酵

一些乳酸细菌（lactic acid bacteria）如链球菌属（*Streptococcus*）和乳酸杆菌属（*Lactobacillus*）的一些种等可以在乳酸脱氢酶的催化下，以丙酮酸作为氢和电子的受体产生乳酸。

$$CH_3COCOOH + NADH_2 \xrightarrow{\text{乳酸脱氢酶}} CH_3CHOHCOOH + NAD$$

总反应式为

$$C_6H_{12}O_6 + 2ADP + 2H_3PO_4 \longrightarrow 2CH_3CHOHCOOH + 2ATP$$

由于上述发酵过程所形成的产物只有乳酸，因此称为同型乳酸发酵（homolactic fermentation）。同型乳酸发酵途径是奶酪（cheese）生产的基础。值得一提的是，丙酸细菌（*Propionibacterium*）可以利用同型乳酸发酵的终产品——乳酸作为底物进行丙酸发酵（propionic acid fermentation），产物为丙酸和 CO_2。这类革兰氏阳性杆菌的这种不寻常的特性，使之在乳酪发酵后期起着重要作用，并直接导致了瑞士乳酪（Swiss cheese）制品内部孔洞的形成。乳酸味道柔和爽快，在食品工业中主要作为酸味剂，用于改善乳酸饮料、糕点、果酱、糖果及酒类的风味，同时具有防腐杀菌作用，有助于延长食品保质期，食品工业中使用的乳酸往往通过德氏乳酸杆菌等微生物发酵获得。

另外，明串珠菌属（*Leuconostoc*）、乳酸杆菌属中的另一些种及根霉等也能发酵产生乳酸，但由于产物中同时还有乙醇和 CO_2，因此称为异型乳酸发酵（heterolactic fermentation）（图 4-5）。异型乳酸发酵的总反应式为

$$C_6H_{12}O_6 + ADP + Pi \longrightarrow CH_3CHOHCOOH + CH_3CH_2OH + CO_2 + ATP$$

由于每分子葡萄糖经异型乳酸发酵后只能产生 1 分子 ATP，因此其产能水平低于同型乳酸发酵。异型乳酸发酵途径是诸如酸泡菜这类食品发酵生产的基础。

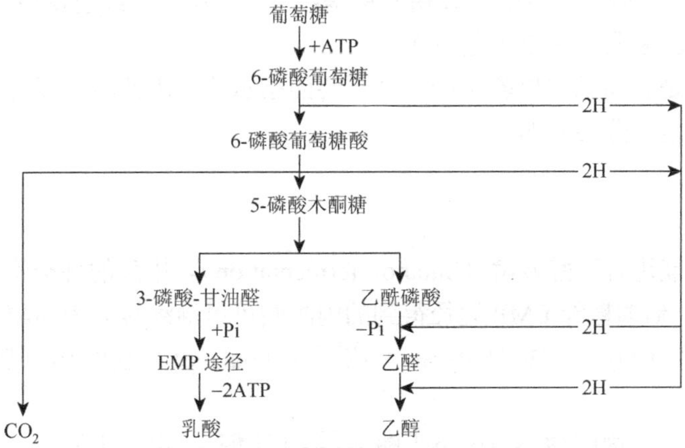

图 4-5　异型乳酸发酵途径

（三）混合酸发酵

许多微生物发酵葡萄糖后可以产生甲酸（formic acid）、乙酸（acetic acid）、乙醇、乳酸、琥珀酸（succinic acid）及 CO_2 和 H_2 等多种代谢产物。由于代谢产物中含有多种有机酸，称为混合酸发酵（mixed acid fermentation），它可导致培养基 pH 下降至 4.0。

肠杆菌科（Enterobacteriaceae）的许多细菌，如埃希菌属（*Escherichia*）、志贺氏菌属（*Shigella*）和沙门氏菌属（*Salmonella*）的细菌都能进行混合酸发酵，但发酵产物的种类及各种产物的比例因菌种和发酵条件的不同而不同。例如，大肠杆菌（*Escherichia coli*）可以将丙酮酸裂解成乙酰 CoA（acetyl coenzyme A）和甲酸，同时也能将丙酮酸转变成其他有机酸。其中，甲酸在酸性条件下（pH6.2 以下）被甲酸脱氢酶分解成 CO_2 和 H_2，因此发酵的结果是既产酸又产气。而志贺氏菌虽然也能发酵葡萄糖产生各种有机酸，但却不能分解甲酸产气。

各种微生物经混合酸发酵后产酸、产气特性的不同，已被用于这些菌种的鉴定。

（四）丁二醇发酵

有些肠道菌如产气杆菌可以将两个丙酮酸分子缩合成乙酰甲基甲醇（acetyl methyl carbinol or acetoin），并以此作为氢和电子受体生成 2, 3-丁二醇，这种发酵类型称为丁二醇发酵（butanediol fermentation）。产气杆菌可以进行丁二醇发酵。由于进行丁二醇发酵的细菌也具有混合酸发酵的酶系，因此产物中除 2, 3-丁二醇外，还有少量的甲酸、乙醇、乳酸、CO_2 和 H_2 等。

用 VP 反应（Vages-Proskauer test）可以检测细菌能否进行丁二醇发酵，其原理是：丁二醇发酵过程中产生的乙酰甲基甲醇在碱性条件下可被氧化成二乙酰，二乙酰与精氨酸等含胍基的物质反应后，可产生一种红色的化合物。大肠杆菌不产生或很少产生 2, 3-丁二醇，因此

大肠杆菌发酵葡萄糖的 VP 反应呈阴性；而产气杆菌（*Enterobacter aerogenes*）可发酵葡萄糖产生 2, 3-丁二醇，其 VP 反应呈阳性。

用甲基红反应（methyl red test or MR test）也能区分丁二醇发酵和混合酸发酵，其原理是：丁二醇发酵的主要产物是中性醇，有机酸较少，因此与甲基红指示剂反应后指示剂呈橙黄色；混合酸发酵产生的有机酸较多，可以使培养液的 pH 降至 4.2 以下，因此与甲基红指示剂反应后将呈红色。显然，大肠杆菌发酵葡萄糖的甲基红反应呈阳性（红色反应），而产气杆菌发酵葡萄糖的甲基红反应呈阴性（橙黄色反应）。

由于大肠杆菌是食品卫生检验中的一种重要的指示菌，因此将大肠杆菌和产气杆菌这两种肠道菌加以区分是十分必要的。

（五）丁醇发酵

梭状芽孢杆菌能进行丁醇发酵（butanol fermentation）。梭菌的种类不同，所得到的发酵产物也不同。因此，葡萄糖经 EMP 途径得到的丙酮酸可以继续转化为丙酮（acetone）和 CO_2、丙醇（propanol）和 CO_2、丁酸（butyrate）或丁醇（butanol）等产物，其中有几种产物是非常好的溶剂。

$$\text{丙酮酸}\rightarrow\rightarrow\cdots\rightarrow\text{丁酸}\xrightarrow{2[H]}\text{丁醛}\xrightarrow{2[H]}\text{丁醇}$$

二、有氧呼吸

有氧呼吸是异养型好氧微生物和兼性厌氧微生物在有氧条件下的主要产能方式。微生物通过有氧呼吸可以将有机物基质彻底氧化，产生大量的能量及许多其他代谢途径所需的中间代谢产物（metabolic intermediate），包括蛋白质、脂类和碳水化合物的合成所需的各种中间产物。有氧呼吸是各种产能代谢方式中产能效率最高的。微生物进行有氧呼吸时，基质氧化过程放出的电子通过一系列电子载体（electron carrier）所组成的电子传递链（electron transport chain），又称为呼吸链（respiration chain）的传递作用最终交给分子氧生成水，在电子传递过程中伴随着高能磷酸化合物 ATP 的生成（图 4-6）。

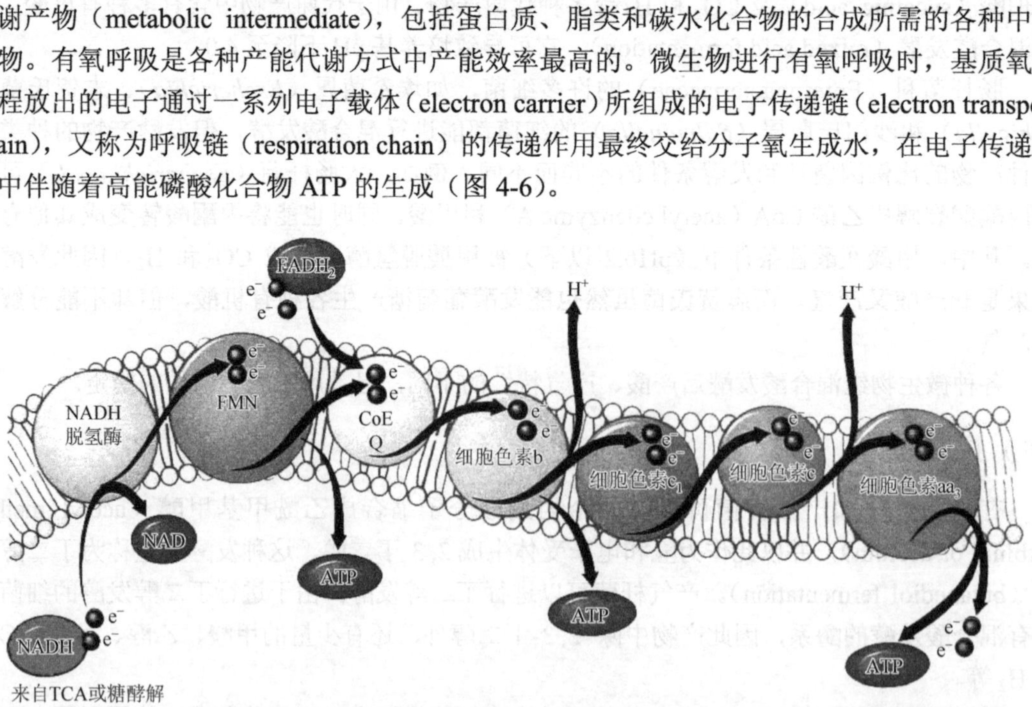

图 4-6　NADH 氧化呼吸链（引自：Talaro，1996）

从 NADH 脱氢酶开始，来自三羟酸（TCA）循环或糖酵解途径的 NADH 所携带的电子沿电子传递链进行传递，相邻的每对起电子传递作用的分子在传递电子的过程中都发生一次氧化还原反应

微生物以葡萄糖作为有氧呼吸的基质时，先经 EMP 途径将 1 分子葡萄糖降解为 2 分子丙酮酸，丙酮酸再在脱氢酶的催化下生成乙酰 CoA。

$$丙酮酸 + NAD \longrightarrow 乙酰\ CoA + NADH_2 + CO_2$$

乙酰 CoA 与草酰乙酸（oxaloacetic acid）缩合生成柠檬酸（citric acid）后便进入三羧酸循环，即 TCA 循环（tricarboxylic acid cycle），又称为 Krebs 循环（Krebs cycle）（图 4-7），并最终被彻底氧化成 CO_2。

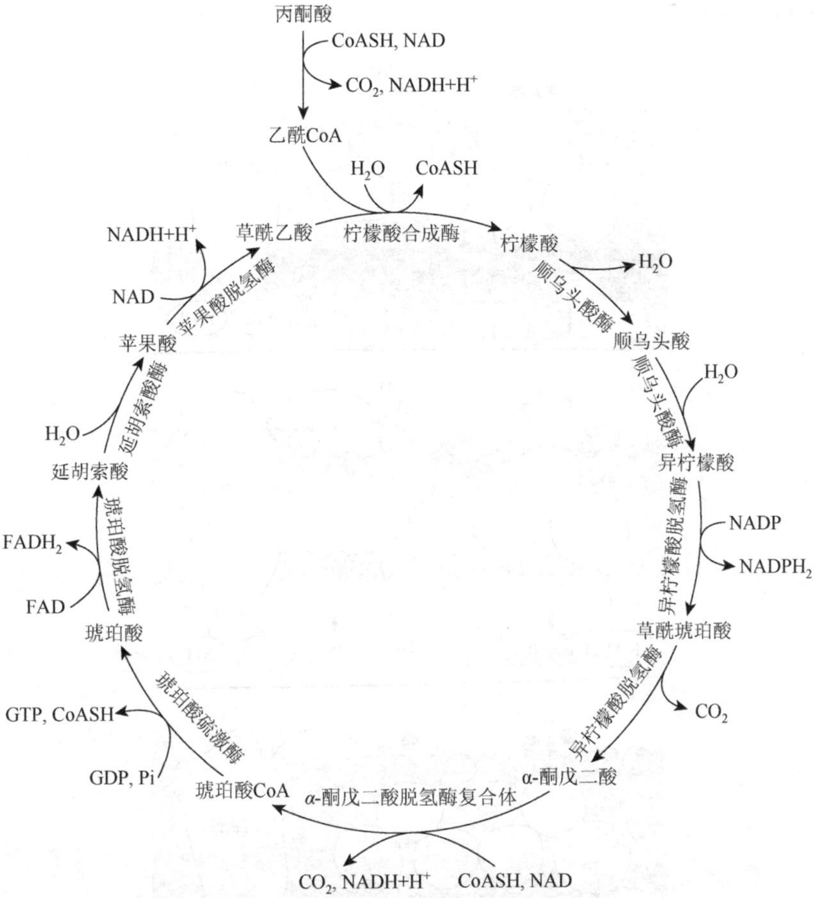

图 4-7 三羧酸（TCA）循环

1 分子葡萄糖经 EMP 途径生成 2 分子丙酮酸的过程中可产生 2 分子 ATP 和 2 分子 $NADH_2$。由于 EMP 途径在细胞质中进行，而电子传递链位于线粒体内膜上，因此这 2 分子 $NADH_2$ 需要通过穿梭作用进入线粒体内膜，通过膜中电子传递链的传递，才能将所放出的电子最终传递给分子氧，并产生 3 分子或 2 分子 ATP（由于穿梭作用不同所致）；2 分子丙酮酸脱羧时共产生 1×2 分子 $NADH_2$，通过电子传递链可生成 3×2 分子 ATP；TCA 循环中共生成 3×2 分子 $NADH_2$ 和 1×2 分子 $FADH_2$，它们进入电子传递链可分别产生 9×2 个 ATP 和 2×2 个 ATP；由琥珀酰 CoA（succinyl CoA）生成琥珀酸时还可产生 1×2 分子 ATP（由 GTP 而来）。由此，1 个葡萄糖分子经有氧呼吸总共能产生 36～38 个 ATP，相当于 686kcal[①] 自由能，约占葡萄糖在有氧呼吸中释放的总化学键能的 40%。

① 1cal≈4.1868J

三、无氧呼吸（anaerobic respiration）

在无氧条件下，一些厌氧和兼性厌氧微生物可以通过无氧呼吸获得生长所需的能量（图 4-8）。与有氧呼吸中的细胞色素系统（cytochrome system）相比，无氧呼吸过程中基质氧化所放出来的电子也要经由电子传递链的传递，但最终电子受体是含氧的无机盐类，如硝酸盐（nitrate）、亚硝酸盐（nitrite）、硫酸盐（sulfate）、碳酸盐（carbonate）及 CO_2，或延胡索酸（fumaric acid）等有机物，而不是自由的氧分子。

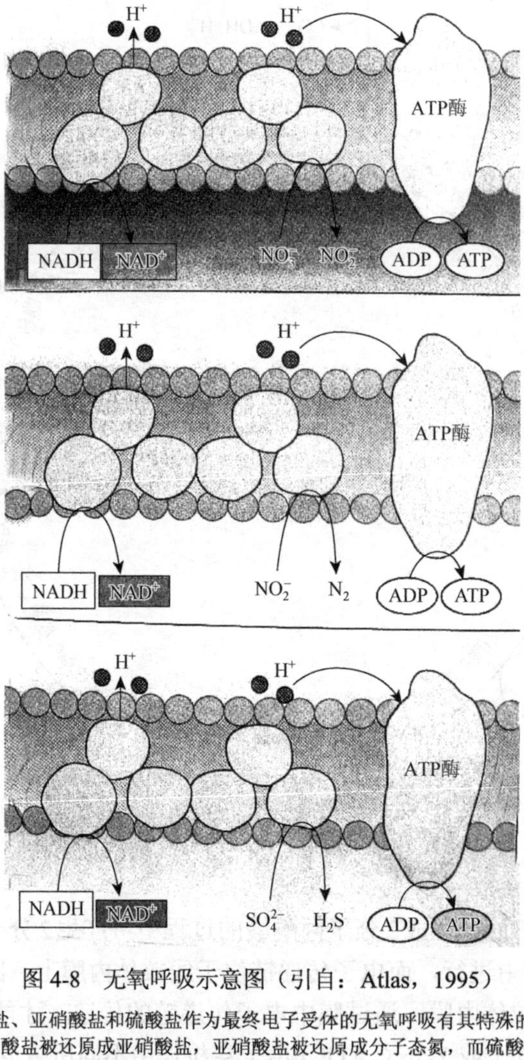

图 4-8　无氧呼吸示意图（引自：Atlas，1995）

分别以硝酸盐、亚硝酸盐和硫酸盐作为最终电子受体的无氧呼吸有其特殊的电子载体。电子的传递导致硝酸盐被还原成亚硝酸盐，亚硝酸盐被还原成分子态氮，而硫酸盐被还原成硫化氢

无氧呼吸系统中，硝酸盐和亚硝酸盐还原系统最广为人知。例如，大肠杆菌、脱氮小球菌等能以硝酸盐作为最终电子受体，并释放 NO_2^-。

$$NO_3^- + 2H^+ + 2e \longrightarrow NO_2^- + H_2O$$

这一过程通常称为硝酸盐呼吸（nitrate respiration）。假单胞杆菌属和芽孢杆菌属的一些种可以进一步将亚硝酸盐还原成 NO、N_2O 甚至 N_2。这一过程称为脱氮（denitrification），是自然界氮循环中的一个重要步骤，在污废水生物处理过程中，通过微生物的脱氮作用可以降低氮元素含量，避免水体富营养化，而在土壤结构不良，透气性较差的耕地中，脱氮作用会导致土壤肥力下降，不利于农业生产。另一些细菌，如脱硫弧菌（*Desulfovibrio*）能以硫酸盐作为最终电子受体，并释放 H_2S。

$$2\begin{array}{c}CH_3\\|\\CHOH\\|\\COOH\end{array}+H_2SO_4\longrightarrow 2\begin{array}{c}CH_3\\|\\COOH\end{array}+2CO_2+2H_2O+H_2S$$

粪链球菌（*Streptococcus faecalis*）则能以有机物延胡索酸作为最终电子受体，将延胡索酸转变成琥珀酸。

$$\text{延胡索酸}+2H^{+}+2e\longrightarrow\text{琥珀酸}$$

这一过程通常称为延胡索酸呼吸（fumaric acid respiration）。

微生物进行无氧呼吸的基质通常是葡萄糖、乙酸等有机物。通过无氧呼吸作用，这些基质也能被彻底氧化成 CO_2，并伴随有 ATP 产生。例如，通过硝酸盐呼吸可将葡萄糖和乙酸彻底氧化成 CO_2。

$$C_6H_{12}O_6+12NO_3^-\longrightarrow 6H_2O+6CO_2+12NO_2^-$$

$$5CH_3COOH+8NO_3^-\longrightarrow 6H_2O+10CO_2+4N_2+8OH^-$$

然而，由于无氧呼吸的最终电子受体不是分子氧，电子传递过程中生产的能量较少。例如，1mol 分子葡萄糖经硝酸盐呼吸只能产生 429kcal 的自由能。此外，在有些无氧呼吸过程中基质不能被彻底氧化，故放出的能量也较少。

第三节　多糖的分解

多糖（polysaccharide）是指由单糖（monosaccharide）或其衍生物聚合而成的大分子化合物。自然界中广泛存在的糖类物质主要是各种多糖，它们一般不溶于水，不能直接透过细胞膜而为微生物所利用。微生物要想利用多糖，首先要分泌胞外酶将其水解为双糖（disaccharide）或单糖，才能被吸收到细胞内加以利用。

一、淀粉的分解

淀粉（starch）是由α-D-葡萄糖残基通过α-1, 4-糖苷键或α-1, 6-糖苷键（α-1, 6-glycosidic bond）连接而成的聚合物。其中直链淀粉（amylose）不具分枝结构，是α-D-葡萄糖残基以α-1, 4-糖苷键连接而成的多糖链；而支链淀粉（amylopectin）除含有α-1, 4-糖苷键外，还具有分枝侧链结构，各分支点由α-1, 6-糖苷键相连接，整个淀粉分子呈一种紧密的球状结构（图 4-9）。

一些真菌常以淀粉的形式储存多糖，而一些细菌能以糖原（glycogen）的形式储存多糖，但它们必须被相应的胞内消化酶降解后，才能作为营养物质被利用。此外，许多微生物都能分泌胞外淀粉酶，将其生活环境中的淀粉水解成麦芽糖（maltose）或葡萄糖（glucose）后加以吸收和利用。微生物所分泌的淀粉酶有多种类型，它们作用于淀粉的方式也有所不同。

（一）α-淀粉酶（液化型淀粉酶，淀粉-1, 4-糊精酶，α-糊精酶）

由于α-淀粉酶（α-amylase）作用于淀粉糊时，是从淀粉分子内部多个位点同时作用于α-1, 4-糖苷键，使淀粉糊的黏度迅速下降，且产物为α-构型，因此称为α-淀粉酶或液化型淀粉酶。它不能水解α-1, 6-糖苷键，以及靠近α-1, 6-糖苷键的几个α-1, 4-糖苷键。

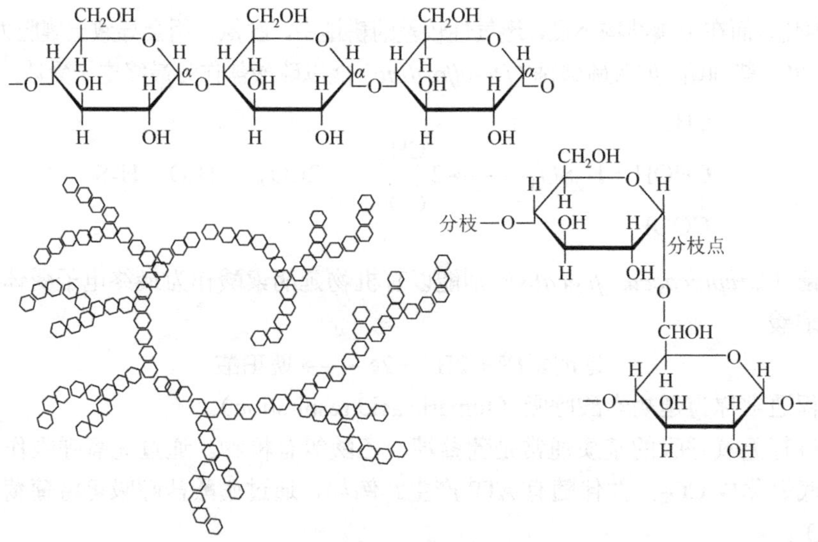

图 4-9 淀粉的结构

淀粉由葡萄糖多聚物组成，其主链结构是以α-1, 4-糖苷键连接而成的直链淀粉，由支链淀粉构成的支链通过α-1, 6-糖苷键与主链相连，整个淀粉分子呈紧密的球状

直链淀粉经该酶水解后的最终产物为葡萄糖和麦芽糖，支链淀粉的水解产物除葡萄糖、麦芽糖和少量异麦芽糖外，还有一系列含α-1, 6-糖苷键的极限糊精，以及含有 4 个或更多个葡萄糖残基并带有α-1, 6-糖苷键的低聚糖。

能产生α-淀粉酶的微生物种类很多，如细菌中的枯草芽孢杆菌（*Bacillus subtilis*）等芽孢杆菌、放线菌中的一些链霉菌（*Streptomycete*）、真菌中的米曲霉（*Aspergillus oryzae*）和黑曲霉（*A. niger*）等。α-淀粉酶在食品工业应用广泛，如可转化淀粉生产高果糖葡萄糖浆、各类糊精；在啤酒、味精发酵生产过程中加速淀粉乳的液化，提高生物转化效率；在面包烘焙过程中能够加快生面团发酵速度，改善色泽、风味。

（二）β-淀粉酶（淀粉-1, 4-麦芽糖苷酶）

该酶能从淀粉分子的非还原性末端，以双糖为单位作用于α-1, 4-糖苷键，逐个切下麦芽糖单位，产生β-麦芽糖，因此称为β-淀粉酶（β-amylase）。但它不能水解α-1, 6-糖苷键，也不能越过α-1, 6-糖苷键水解其后面的α-1, 4-糖苷键，因此该酶水解支链淀粉时的产物除麦芽糖外，还将留下分子质量较大的极限糊精。

能产生β-淀粉酶的微生物种类不是很多。目前发现的大都是细菌和放线菌，如多粘芽孢杆菌、巨大芽孢杆菌、锤状假单胞菌、土佐链霉菌等。β-淀粉酶作为糖化剂，是食品加工与酿造行业的重要酶源，可用于生产高麦芽糖浆、高纯度麦芽糖、糊精、医用针剂麦芽等，并能够降低啤酒酿造过程中麦芽的使用量，提高糖化率，节约成本并改善啤酒风味。

（三）葡萄糖淀粉酶（糖化酶，淀粉-1, 4-葡萄糖苷酶）

葡萄糖淀粉酶（glucoamylase）的专一性较低。它能从淀粉分子的非还原型末端开始，以葡萄糖为单位作用于α-1, 4-糖苷键和α-1, 6-糖苷键，但水解α-1, 6-糖苷键的速度较慢。无论是作用于直链淀粉还是支链淀粉，该酶的最终产物几乎都是葡萄糖。

曲霉、根霉（*Rhizopus*）、毛霉（*Mucor*）、木霉（*Trichoderma*）等真菌及某些酵母菌、细

菌等都能产生葡萄糖淀粉酶。糖化酶在淀粉糖工业中可提高产品纯度，控制糖浆产品的糖分组成；在于啤酿造过程中可提高麦汁中可发酵性糖含量；在白酒和曲酒生产中，可提高出酒率并降低粮耗。

（四）异淀粉酶（脱枝酶、普鲁兰酶）

异淀粉酶能特异性地作用于支链淀粉中的α-1, 6-糖苷键，将各分枝切下。

许多细菌如产气杆菌、假单胞菌、芽孢杆菌等，以及一些放线菌、酵母菌都能产生此酶。

在淀粉加工中，异淀粉酶和糖化酶协同作用可加速糖化过程，提高糖化率；和β-淀粉酶联合作用可以大大提高麦芽糖得率，已成功应用于高葡萄糖浆，高麦芽糖浆、低聚寡糖和啤酒生产。

二、果胶类物质的分解

果胶类物质（pectic substance）是植物细胞壁的成分之一，存在于相邻细胞壁间的中胶层中，将这些细胞“黏合”在一起。一旦植物组织中的果胶质被分解，便将引起细胞的离散。

果胶类物质的基本结构是 D-半乳糖醛酸以α-1, 4-糖苷键结合而成的长链，通常以其甲酯化状态存在。根据甲酯化程度的不同，可将果胶类物质分为原果胶（protopectin）、果胶（pectin）和果胶酸（pectic acid）等几种形态。原果胶是与纤维素和半纤维素结合在一起的甲酯化低聚半乳糖醛酸链，只存在于细胞壁中，不溶于水，水解后即成为果胶；果胶是羧基被不同程度甲酯化后所形成的聚半乳糖醛酸链，存在于植物的汁液中，通常所说的果胶含有 75%的甲酯，而水溶性果胶甲酯化程度更低；果胶酸则几乎不含甲酯，且不具黏性。

能分解果胶类物质的微生物主要是一些细菌和真菌。

软腐病欧氏杆菌（*Erwinia aroideae*）、甘蓝黑腐病黄单胞菌（*Xanthomonas campestris*）等植物病原菌，以及黑曲霉等能产生果胶酯酶，将果胶中的甲酯水解掉，生成可溶性果胶酸。

黑曲霉等霉菌和一些细菌能产生内切或外切聚半乳糖醛酸酶。内切聚半乳糖醛酸酶可从果胶酸分子内部任意位点切开α-1, 4-糖苷键，最终得到半乳糖醛酸和二半乳糖醛酸；外切聚半乳糖醛酸酶能从果胶酸链的非还原性末端逐个切下半乳糖醛酸，也能切开二半乳糖醛酸。半乳糖醛酸可被微生物细胞吸收，并进入糖代谢途径被氧化分解，从而为细胞的生长提供碳源或能量。

许多芽孢杆菌和曲霉等能产生聚半乳糖醛酸裂解酶，以反式消去的方式切断果胶酸分子中的α-1, 4-糖苷键，最终得到不饱和二半乳糖醛酸和单半乳糖醛酸。黑曲霉等霉菌还能产生聚甲基半乳糖醛酸裂解酶，专一地水解酯化度较高的果胶。微生物所产生的许多果胶酶已被制成酶制剂，广泛用于果汁、葡萄酒的澄清，并能够提高水果出汁率，改善酒体风格；也用于植物中色素、多酚、多糖等活性成分的提取，以及橘子脱囊衣、麻料脱胶等。

三、纤维素和半纤维素的分解

纤维素（cellulose）是地球上最丰富的有机质。和葡萄糖一样，纤维素也是由 D-葡萄糖构成的多糖，但多糖间通过β-1, 4-糖苷键相连接，形成线状的长链结构，不具分枝（图 4-10）。纤维素具有高度的不溶性和很强的结构稳定性。自然界中只有为数不多的生物能分解利用纤维素，并且主要是微生物，如木霉、青霉、曲霉、根霉等真菌，以及某些放线菌和细菌。

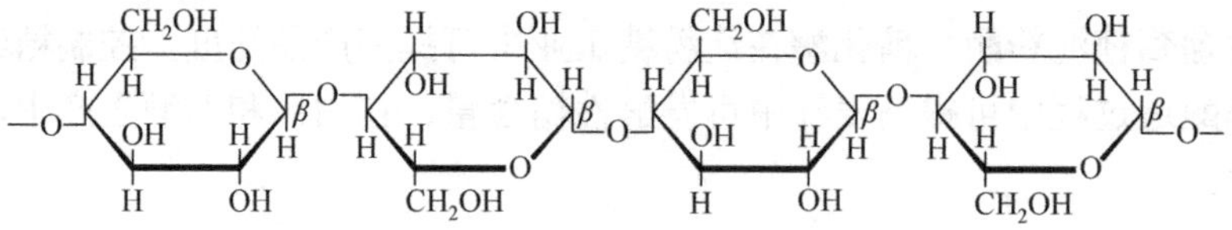

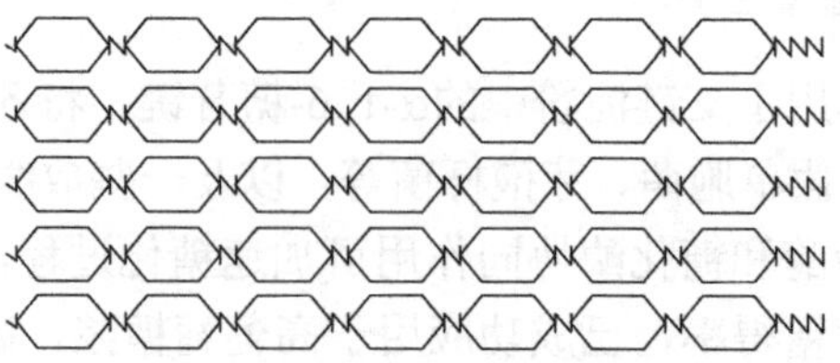

图 4-10　纤维素分子结构示意图

纤维素是由葡萄糖通过β-1, 4-糖苷键相连接而成的线状的长链，它是木材和棉花纤维的典型结构

微生物分解纤维素的酶是一类复合酶系，目前对其组成和分解方式还不完全清楚，但一般认为该酶系至少包括三类不同性质的酶。

（1）C_1 酶　　它是纤维素酶系中的重要组分，在天然纤维素的降解中起着主导作用。一般认为它可将天然纤维素转化为水合非结晶纤维素。

（2）C_x 酶　　C_x 酶有两种类型，一种为内切β-1, 4-葡聚糖酶，它能随机切断较长的水合非结晶纤维素链，产物主要是纤维素糊精、纤维二糖和纤维三糖；另一种为外切β-1, 4-葡聚糖酶，它能从水合非结晶纤维素链的非还原末端逐个切下β-葡萄糖。

（3）β-葡萄糖苷酶　　它能将纤维二糖和短链的纤维寡糖水解成β-葡萄糖，水解速度随着葡萄糖聚合度的增加而迅速下降。该酶通常也称为纤维二糖酶。

半纤维素（hemicellulose）是一些与纤维素一起存在于植物细胞壁中的多糖的总称，其组成主要是各种多聚戊糖（polypentose）、多聚己糖（polyhexose）及少量的多聚糖醛酸。木聚糖（xylan）是最常见的半纤维素。与纤维素相比，半纤维素较易为微生物所分解。半纤维素的种类很多，分解它们的酶也各不相同。许多微生物如曲霉、镰刀菌、木霉等真菌，芽孢杆菌等细菌，以及一些放线菌等，都具有产生某种半纤维素酶的能力，能将半纤维素分解成单糖后加以吸收利用。

秸秆是农作物收获后的副产物，主要成分为纤维素、半纤维素和木质素。据不完全统计，我国每年产生的秸秆总量为 7 亿～9 亿吨，有效利用率不足 40%，大量秸秆被焚烧处理，不仅造成巨大浪费，同时加重环境污染。国内外已有多家公司开展了商业纤维素酶系的开发研究并获成功，可用于非粮作物及秸秆的酶解转化，并进一步通过生物转化生产乙醇燃料，为秸秆等农产品副产物的深加工及价值挖掘提供了途径。

四、几丁质的分解

几丁质（chitin）是昆虫和甲壳类动物外骨骼的组成成分之一，一些霉菌的细胞壁中也有。几丁质广泛分布于自然界中，是含量仅次于纤维素的第二大生物高聚物。几丁质是 *N*-乙酰葡萄糖胺（*N*-acetyl glucosamine）通过β-1, 4-糖苷键连接而成的含氮多糖，一般的生物都不能分解利用，只有某些细菌（如溶几丁质芽孢杆菌）和放线菌（如链霉菌）能分泌几丁质酶，将其分解成几丁二糖，几丁二糖进一步被几丁二糖酶分解成 *N*-乙酰葡萄糖胺。几丁质经降解后产生的几丁寡糖类物质具有免疫调节、降低胆固醇、增加真空食品保质期、促进水稻防御系统等作用，是目前几丁质工业中的高附加值产品。

第四节　油脂的分解

这里所说的油脂（fat and oil）是指油（oil）和脂（fat）的总称，是甘油（glycerol）和三个脂肪酸分子通过脂键连接而成的甘油三酯（triglyceride）。在大多数细胞中，甘油三酯以浓缩小滴或小球的形式长期储存于细胞中，当环境中不存在除油脂以外的其他碳源和能源物质时，许多微生物可以产生胞外或胞内脂酶（lipase），将油脂分解成甘油和脂肪酸后再分别加以利用。其中脂肪酸是一种很好的能源物质，它氧化分解时产生的能量是其他细胞储存物质（淀粉）的2倍。

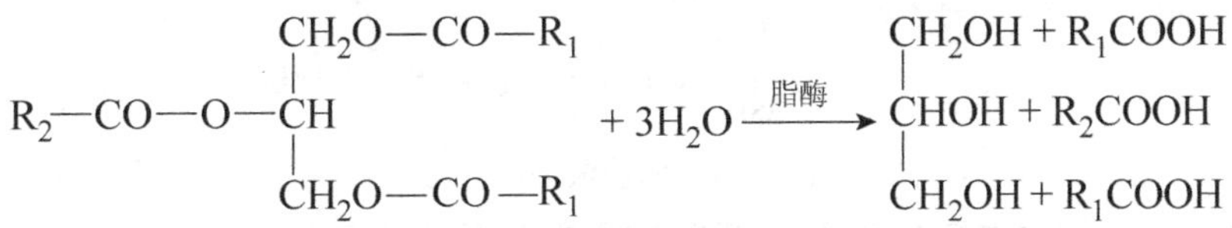

甘油三酯　　　　　　　　　甘油　　脂肪酸

脂酶一般广泛存在于真菌中，如圆柱假丝酵母及镰刀菌属和青霉属的真菌均能产生较多的脂酶。相比之下，细菌产生的脂酶较少，因而分解油脂的能力也不强。

一、甘油的分解

甘油通常在甘油激酶的催化下先生成α-磷酸甘油，α-磷酸甘油再在α-磷酸甘油脱氢酶的催化下转变成磷酸二羟丙酮，从而进入EMP途径或其他代谢途径进一步被氧化。所生成的磷酸二羟丙酮经EMP途径生成丙酮酸时将产生2分子ATP和1分子$NADH_2$。由于甘油磷酸化过程中消耗掉1分子ATP，因此总体来讲净生成1分子ATP。如果经TCA循环和电子传递链完全氧化，则可进一步生成18分子ATP，加起来共可产生19分子ATP。

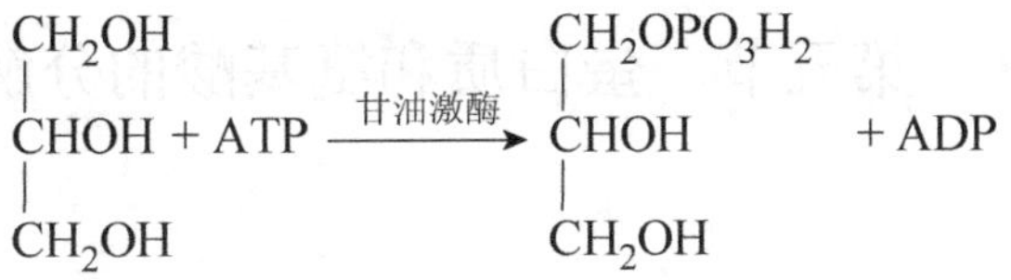

甘油　　　　　　α-磷酸甘油

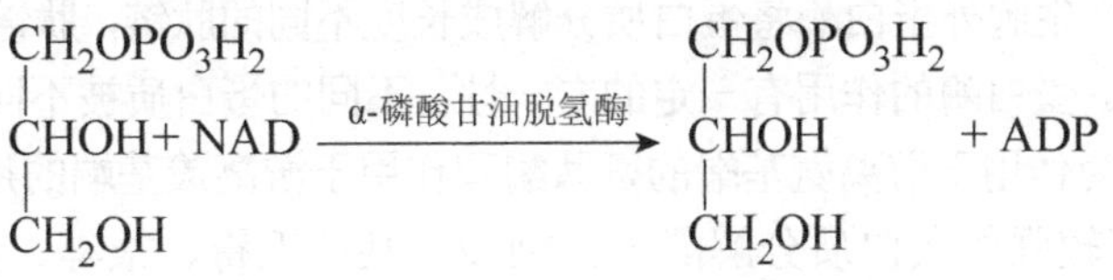

α-磷酸甘油　　　　　　　磷酸二羟丙酮

二、脂肪酸的分解

微生物分解脂肪酸的方式与高等动植物基本一致，如真菌对脂肪酸的分解即是通过β-氧化（图4-11）的方式进行的。

在β-氧化过程中，每一个β-氧化循环可生成1分子乙酰CoA、1分子减少了两个碳的脂酰CoA，同时还生成1分子$NADH_2$和1分子$FADH_2$。β-氧化的最终结果是将含偶数碳原子的脂肪酸全部分解成乙酰CoA，而含奇数碳原子的脂肪酸除被分解成乙酰CoA外，还留下一个丙酰CoA。

乙酰CoA经TCA循环可被彻底氧化分解，产生大量的能量供微生物细胞利用。例如，1分子含18个碳原子的饱和脂肪酸被彻底氧化分解时，经8次β-氧化可生成9分子乙酰CoA，

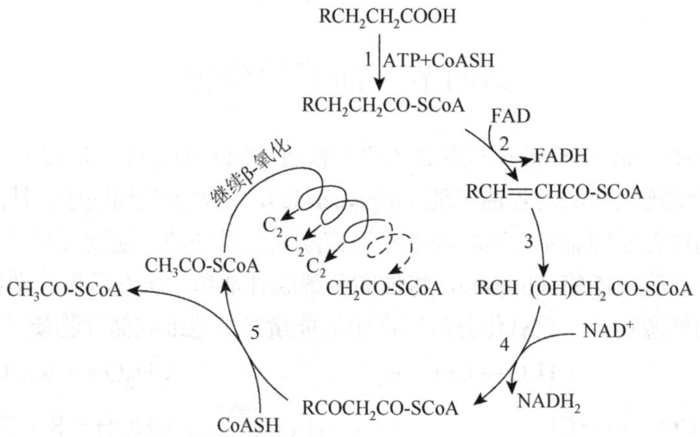

图 4-11　脂肪酸的β-氧化

1. 脂酰 CoA 合成酶；2. 脂酰 CoA 脱氢酶；3. 烯脂酰 CoA 水合酶；
4. β-羟脂酰 CoA 脱氢酶；5. β-酮脂酰 CoA 硫解酶

它们进入 TCA 循环后可生成 12×9＝108 分子的 ATP；所生成的 8 分子 $NADH_2$ 经电子传递链后可生成 3×8＝24 分子 ATP；所生成的 8 分子 $FADH_2$ 还可生成 2×8＝16 分子 ATP。因此，一共可生成 148 分子 ATP，由此可见油脂彻底氧化分解时可产生巨大的能量供菌体利用。

有些霉菌如青霉、曲霉等在氧气不足的条件下不能将脂肪酸彻底氧化分解，而是在β-酮脂酰 CoA 时即被β-酮酸脱羧酶催化脱羧，生成减少一个碳原子的甲基酮。

$$\underset{\beta\text{-酮基脂酰 CoA}}{RCH_2COCH_2CO\text{-}SCoA} + H_2O \longrightarrow \underset{\text{甲基酮}}{RCHCOCH_3} + CO_2 + CoASH$$

由于甲基酮有特殊的臭味，因此食用油被这些微生物污染后有可能会产生异味。

第五节　蛋白质和氨基酸的分解

一、蛋白质的分解

蛋白质是细胞中含量最多的有机分子，是氨基酸通过肽键（peptide bond）连接而成的大分子物质。许多微生物能产生胞外蛋白酶将蛋白质分解成长度不同的肽链，肽链再在肽酶的作用下被进一步分解成氨基酸。蛋白酶的作用有一定的专一性，不同的蛋白质被不同的蛋白酶所分解。肽酶是一种胞内酶，分为作用于游离氨基端的氨肽酶和作用于游离羧基端的羧肽酶两种。

许多霉菌都具有较强的蛋白质分解能力。例如，某些毛霉、根霉、曲霉、青霉、镰刀菌等都能分泌胞外蛋白酶，将基质中的天然蛋白质分解利用。食品工业中生产酱油、豆腐、腐乳等调味品时，利用的就是一些霉菌分解蛋白质的能力。

能分解蛋白质的细菌主要有某些芽孢杆菌、假单胞菌和变形杆菌等。然而细菌分解蛋白质的能力相对较弱，大多数细菌不能分解天然蛋白质。此外，细菌一般只在生长旺盛期才合成蛋白酶，在生长初期不能利用纯蛋白质。各种细菌分解蛋白质能力的不同是细菌分类鉴定的依据之一，如枯草芽孢杆菌能产生明胶蛋白酶、酪蛋白酶，因此可以液化明胶、胨化牛乳，而大肠杆菌则不能产生这两种酶，因此也没有相应的生理现象。

二、氨基酸的分解

蛋白质被分解成氨基酸并被微生物吸收后，可直接作为蛋白质合成的原料，也可被微生物进一步分解后，通过各种代谢途径加以利用。氨基酸的分解方式主要有脱氨作用和脱羧作用。

（一）脱氨作用

脱氨作用是指氨基酸脱去氨基生成α-酮酸的过程。微生物的种类、氨基酸的种类及环境条件不同，脱氨的方式也不同，主要有以下几种。

1. 氧化脱氨

这种脱氨方式主要存在于好氧微生物中。在有氧条件下，微生物利用氨基酸氧化酶或氨基酸脱氢酶的催化作用，使氨基酸脱氨生成α-酮酸。例如，丙氨酸经氧化脱氨作用生成丙酮酸和氨，丙酮酸可经TCA循环进一步氧化分解。

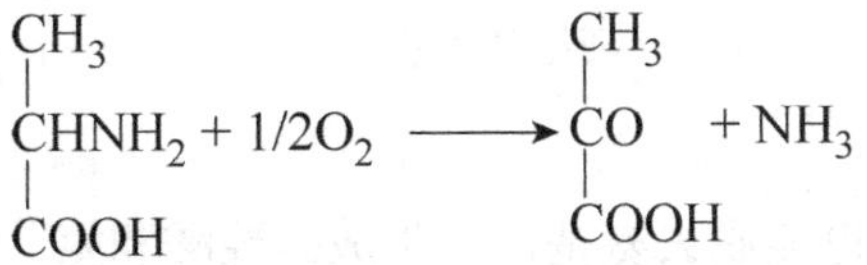

丙氨酸　　丙酮酸

2. 还原脱氨

专性或兼性厌氧菌在缺氧条件下可以用这种方式进行脱氨作用。氨基酸经还原脱氨可形成饱和脂肪酸和氨。例如，梭状芽孢杆菌可将丙氨酸还原脱氨，生成丙酸。

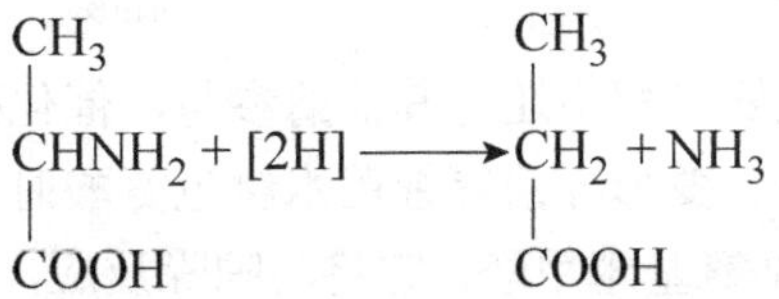

丙氨酸　　丙酸

3. 氧化-还原脱氨

这种脱氨方式通常也称为Stickland反应，它是一种在氨基酸间进行的氧化还原脱氨作用。梭菌属中的一些细菌在无氧条件下生长时，可以这种方式脱氨。例如，丙氨酸与甘氨酸间进行氧化-还原脱氨后将生成乙酸、氨和CO_2。

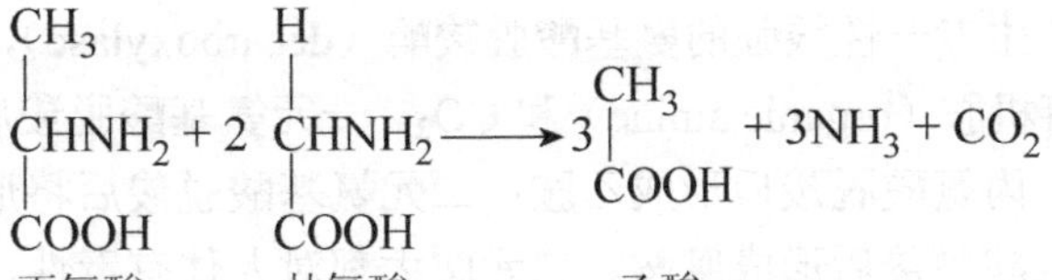

丙氨酸　　甘氨酸　　乙酸

4. 直接脱氨

这一脱氨方式实际上是在氨基酸分子内部发生氢的转移，直接脱掉氨基，形成不饱和脂肪酸。例如，大多数细菌具有天冬氨酸酶，能催化天冬氨酸直接脱氨，生成延胡索酸和氨。

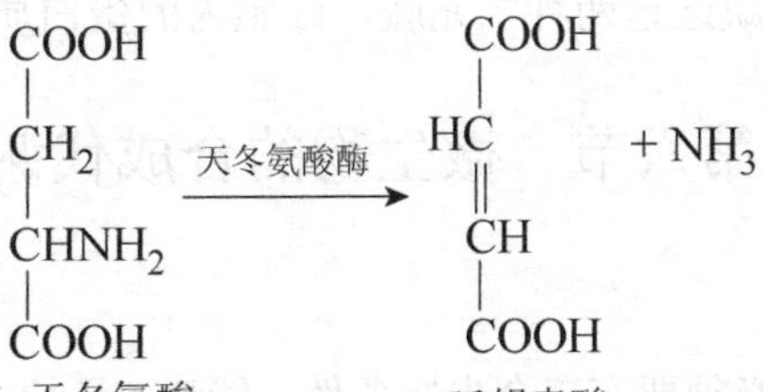

L-天冬氨酸　　延胡索酸

5. 脱水脱氨

含有羟基的氨基酸可以在脱水过程中脱氨。例如，丝氨酸脱水后，经分子重排和水解，可生成丙酮酸和氨。

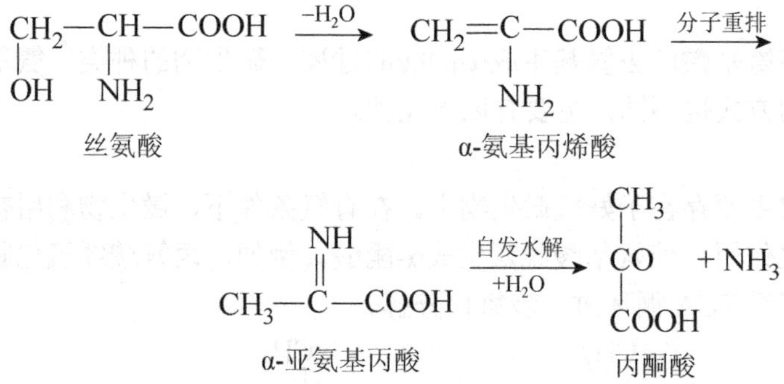

6. 水解脱氨

氨基酸通过水解作用，也能脱去氨基，并生成α-羟酸和氨。例如，丙氨酸经水解脱氨后可生成乳酸和氨。

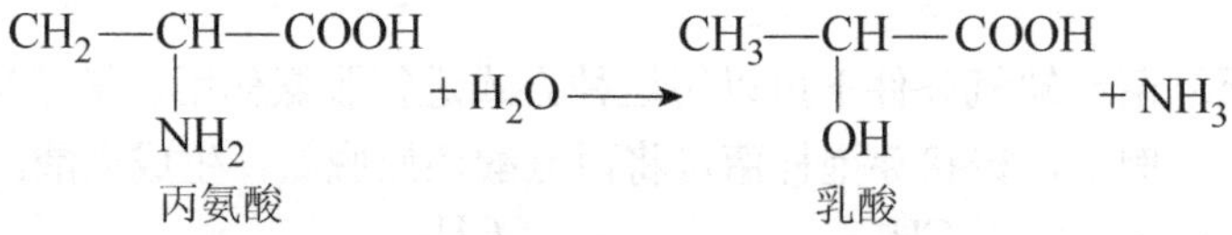

有些微生物在进行水解脱氨过程中还有其他酶参与，催化碳链骨架上的一些反应，生成特定的产物。例如，大肠杆菌、变形杆菌等细菌水解色氨酸时可生成吲哚，如果在培养这些细菌的培养液中加入对-二甲基氨基苯甲醛，它将与吲哚反应，生成红色的玫瑰吲哚。根据此反应可以区分出能产吲哚的细菌。又如，大肠杆菌、枯草芽孢杆菌等在水解半胱氨酸时，能放出 H_2S，如果预先在固体培养基中加入乙酸铅或硫酸亚铁等金属盐，H_2S 将与金属盐起反应，生成黑色的硫化亚铁或硫化铅沉淀。根据此反应可以区分出能产 H_2S 的细菌。

（二）脱羧作用

许多微生物可以产生专一性很强的氨基酸脱羧酶（decarboxylase），分别催化各种氨基酸脱羧，并生成相应的有机胺（organic amine）和 CO_2。一元氨基酸脱羧后将形成一元胺，如酪氨酸脱羧后形成酪氨，丙氨酸脱羧后形成乙胺；二元氨基酸脱羧后将形成二元胺，如赖氨酸脱羧后形成尸胺，鸟氨酸脱羧后形成腐胺。二元胺大都对人体有毒性，肉类等蛋白质食品腐败时就会含有二元胺，因此不能食用。

氨基酸脱羧形成的有机胺可以在氨氧化酶的作用下脱胺，生成相应的醛，并进一步氧化成有机酸，而有机酸可以按照脂肪氧化的方式被分解利用。某些有机胺对细胞的生长可能有特殊的功能，如产碱韦荣氏球菌（*Veillonella alcalescens*）的二元胺缺陷型需要提供腐胺和尸胺后才能生长，如果基质中缺乏这两种二元胺，细胞内的蛋白质合成将受阻。

第六节　微生物的合成代谢

一、合成代谢的必要条件

微生物要进行合成代谢必须要有三个先决条件：能量、还原力与小分子化合物质，它们是生物合成的三要素。其中，合成代谢中所需的能量是以 ATP 的形式供给的，还原力主要是指还原型辅酶Ⅱ（$NADPH_2$），而小分子前体物质则包括简单的无机物和结构不同的短碳链有机物。

大多数微生物依靠分解代谢来满足合成代谢的各种需求。例如，EMP 途径和 TCA 循环可以为微生物提供不同碳链长度的小分子物质、大量的 ATP 及 $NADH_2$ 和 $NADPH_2$。此外，微生物的其他分解代谢途径也能为合成代谢提供必要的条件，其中最重要的是单磷酸己糖途径（hexose monophosphate pathways，HMP 途径），它提供了一种在厌氧条件下氧化葡萄糖或其他己糖，以产生 ATP、提供大量的 $NADPH_2$ 及加工戊糖的途径，其特点是：糖的降解从 6-磷酸葡萄糖开始，反应过程中氢和电子的载体全都是辅酶Ⅱ，葡萄糖经该途径最终可被彻底降解（图 4-12）。

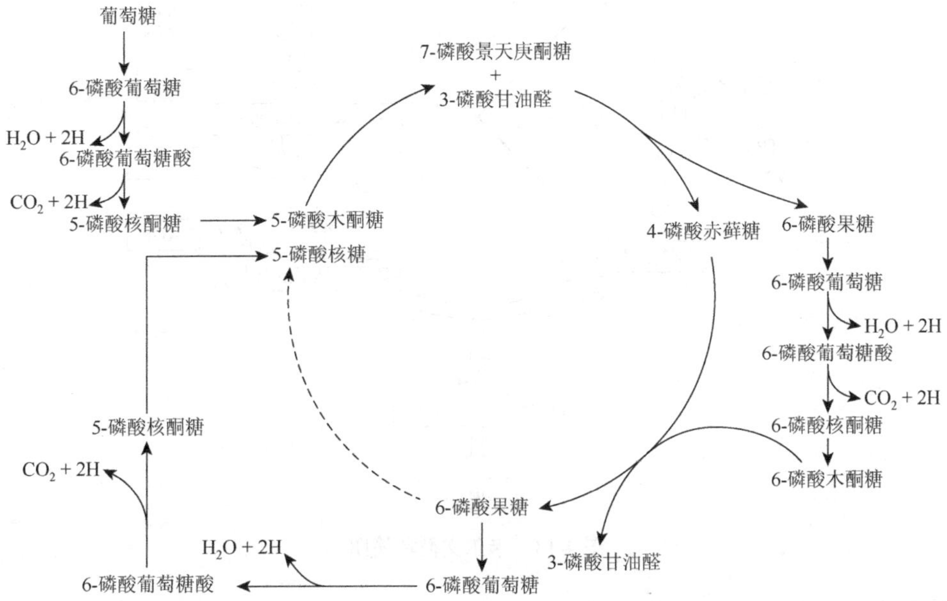

图 4-12　单磷酸己糖途径（HMP 途径）

HMP 途径常见于异型乳酸发酵的细菌中。1 分子葡萄糖经 HMP 途径可生成 12 分子 $NADPH_2$ 和各种终产物，包括乳酸、乙醇和 CO_2 及各种碳原子数的磷酸糖，这些物质都可以直接用于细胞的合成代谢，如其中的戊糖是核酸合成中所需戊糖的一个重要来源。

二、大分子前体物的合成

（一）单糖的合成

异养微生物所需要的各种单糖及其衍生物通常是直接从其生活的环境中吸收并衍生而来，也可以利用简单的有机物合成。自养微生物所需要的单糖则需要通过同化 CO_2 合成。单糖的合成和互变都要消耗能量，能量都来自 ATP 的水解。无论自养微生物还是异养微生物，其合成单糖的途径一般都是通过 EMP 途径逆行合成 6-磷酸葡萄糖，然后再转化成其他糖。单糖合成的中心环节是葡萄糖的合成；但自养微生物与异养微生物合成葡萄糖的前体来源不同。自养微生物主要通过卡尔文循环（图 4-13）同化 CO_2，产生 3-磷酸甘油醛，再通过 EMP 途径的逆转形成葡萄糖。自养微生物也可以通过还原性三羧酸循环同化 CO_2，得到草酰乙酸或乙酰辅酶 A 进一步产生丙酮酸，之后再进一步合成磷酸己糖。自养微生物还可以通过厌氧乙酰辅酶 A 途径固定 CO_2，形成丙酮酸，丙酮酸逆 EMP 途径生成 1, 6-二磷酸果糖，再在 1, 6-二磷酸果糖酶的作用下生成 6-磷酸果糖。异养微生物可利用乙酸为碳源经乙醛酸循环产生草酰乙酸；利用乙醇酸、草酸、甘氨酸为碳源时通过甘油酸途径生成 3-磷酸甘油醛；以乳酸为碳源时，可直接氧化成丙酮酸；将生糖氨基酸脱去氨基后也可作为合成葡萄糖的前体。

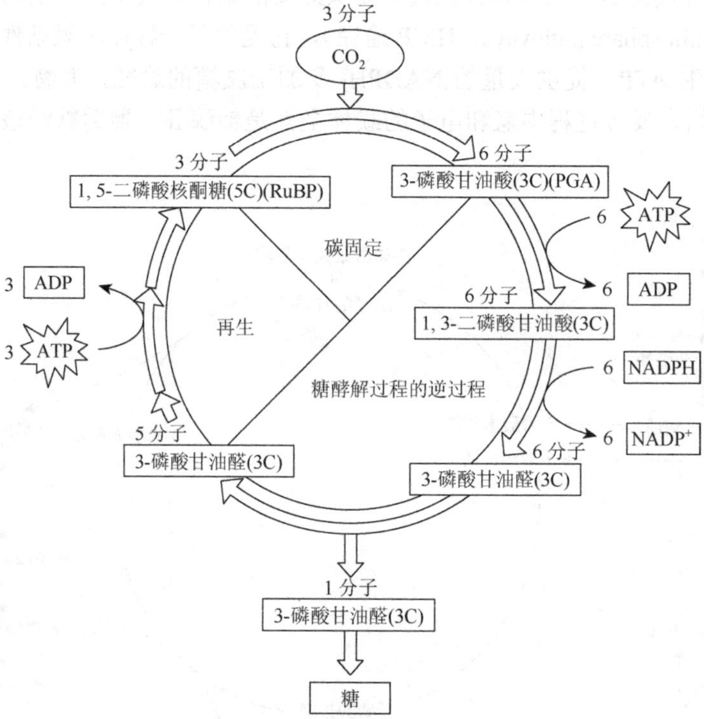

图 4-13　卡尔文循环简图

（二）氨基酸的合成

绝大多数微生物能自行从头合成用于蛋白质合成的 20 种氨基酸。且微生物中 20 种氨基酸的合成途径，已经得到透彻的研究（图 4-14）。氨基酸碳架来自新陈代谢的中间化合物，如丙酮酸、α-酮戊二酸、草酰乙酸或延胡索酸、4-磷酸赤藓糖、5-磷酸核糖等；而氨基则通过直接氨基化或转氨反应而导入。无机氮只有通过氨才能渗入有机化合物，分子氮通过固氮作用还原成氨。硝酸和亚硝酸则通过同化作用还原为氨。合成氨基酸的方式有如下三种。

（1）氨基化作用　它是指 α-酮酸与氨反应形成相应的氨基酸，是微生物同化氨的主要途径，如氨与 α-酮戊二酸在谷氨酸脱氢酶的作用下，以还原辅酶为供氢体，通过氨基化反应合成谷氨酸。

（2）转氨基作用　它是指在转氨酶催化下，使一种氨基酸的氨基转移给酮酸，形成新的氨基酸的过程。它普遍存在于各种微生物体内，可消耗过多的氨基酸，得到某些缺少的氨基酸。

（3）前体转化　氨基酸还可以通过糖代谢的中间产物，经一系列生化反应合成。例如，苯丙氨酸、酪氨酸和色氨酸等通过一个复杂的莽草酸途径合成。磷酸烯醇式丙酮酸和 4-磷酸赤藓糖经若干步骤合成莽草酸，莽草酸又经几步反应合成分枝酸，由此分别合成苯丙氨酸、酪氨酸及色氨酸。

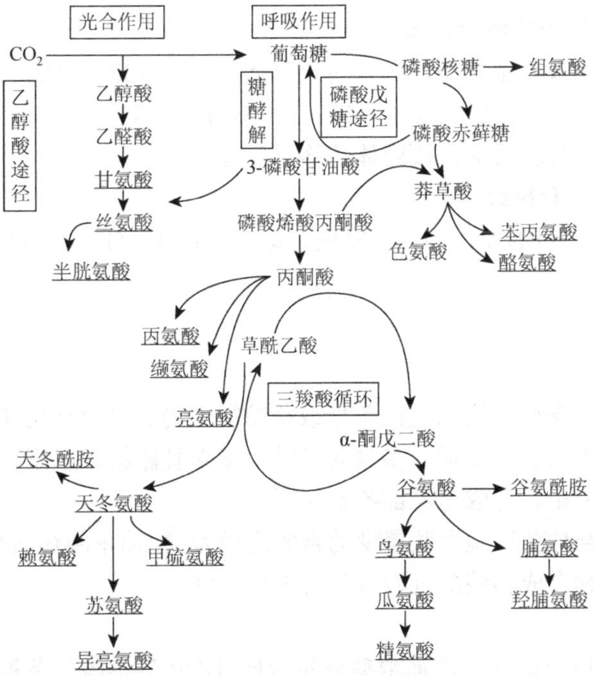

图 4-14 氨基酸的合成与转化

三、大分子有机物的生物合成

(一)核酸的生物合成

1. DNA 的生物合成

DNA 的合成按半保留复制方式开始于特殊的起点，单向或双向进行，相对分子质量小的环状 DNA 可以滚环式复制，DNA 复制需要 DNA 聚合酶、RNA 聚合酶、解链蛋白、解螺旋蛋白、多核苷酸连接酶和 RNA 引物等。

DNA 开始合成时需要 RNA 聚合酶在 DNA 上辨认起始点，再由解链蛋白使 DNA 双链分开，由解螺旋蛋白迅速解旋。DNA 双链打开后，在 RNA 聚合酶的作用下合成 RNA 片段（50～100 个核苷酸长度），以其作为引物，先在 DNA 聚合酶III的作用下，分别以两条 DNA 链为模板从 5′至 3′，在引物上合成 1000～2000 个核苷酸的 DNA 片段（冈崎片段），再由 DNA 聚合酶 I 水解除去 RNA 引物，由多核苷酸连接酶将片段连成 DNA 长链。

2. RNA 的合成

DNA 指导下的 RNA 合成（转录）：在 RNA 聚合酶的催化下，4 种核苷三磷酸聚合成与模板 DNA 互补的 RNA。依赖 DNA 的 RNA 生物合成有 4 种功能不同的核糖核酸，即转移 RNA（tRNA）、信使 RNA（mRNA）、核蛋白体 RNA（rRNA）和噬菌体 RNA。

(二)蛋白质的合成

蛋白质生物合成的机制较复杂，大约需要 200 种生物大分子，其中包括 tRNA、mRNA、核糖体、可溶性蛋白质因子等参加。蛋白质合成的过程大致分为 3 个阶段。

1. 氨基酸的激活

每一种氨基酸均须由特异性的活化酶体系激活变为活化型的氨酰-tRNA 后才能用于合成蛋白质，这类酶称为氨酰-tRNA 合成酶。

2. 肽链合成的启动和肽链的延长

蛋白质合成的起始过程很复杂，主要有 3 种起始因子（IF1，IF2，IF3）参与反应。起始完成即进入延长阶段，有 3 个延长因子（Tu、Ts、GTP）参与反应。分三步进行：氨酰-tRNA 与核糖体的结合反应，转肽反应，核糖体的移位反应。

3. 肽链合成的终止和释放

肽链的合成终止于 mRNA 上的终止密码，即 UAA、UAG 和 UGA，终止反应需要 R1、R2 和 R3 辅助因子。

（三）多糖的合成

微生物的多糖与多糖衍生物都是由单糖或单糖衍生物通过糖苷化作用合成的。微生物的多糖种类很多，如纤维素、几丁质、多聚葡萄糖、多聚甘露糖、肽聚糖、脂多糖等，它们的结构十分复杂，分子大小、合成途径都各不相同。

在此以金黄色葡萄球菌细胞壁肽聚糖的合成途径为例，简单阐述肽聚糖的生物合成过程。构成肽聚糖骨架的生物合成和装配过程可分为 3 个阶段。

1. 第一阶段

第一阶段在细胞质中进行，由葡萄糖逐步合成 UDP-*N*-乙酰葡萄糖胺（UDP-GNAc）和 UDP-*N*-乙酰胞壁酸（UDP-MuNAc）（图 4-15）；再将氨基酸逐个加到 UDP-*N*-乙酰胞壁酸上形成 UDP-*N*-乙酰胞壁酸五肽。

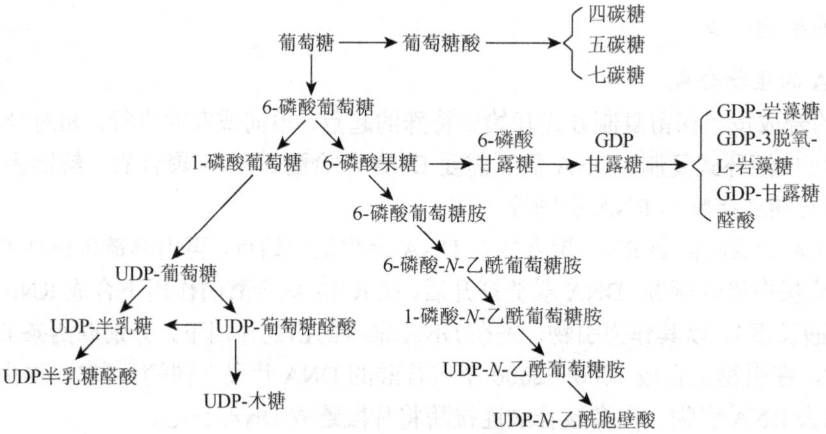

图 4-15　单糖的衍生与转化

2. 第二阶段

第二阶段包括 UDP-*N*-乙酰葡萄糖胺与 UDP-*N*-乙酰胞壁酸五肽的结合生成肽聚糖单体和类脂载体的再生，这一阶段在细胞膜上进行。UDP-*N*-乙酰胞壁酸五肽在合成后，转移到细胞膜上，并与磷酸类脂载体结合，生成 UDP-*N*-乙酰胞壁酸肽载体脂焦磷酸。然后 UDP-*N*-乙酸葡萄糖胺转到 UDP-*N*-乙酰胞壁酸上，生成双糖肽载体脂焦磷酸（如果是金黄色葡萄球菌的肽聚糖合成，则有 5 个甘氨酸接到短肽上的 L-赖氨酸上，形成五肽桥）。双糖肽亚单位在细胞膜内表面合成后，由于与类脂载体处于结合状态，因此能顺利通过疏水性很强的细胞膜转移到膜外，同时释放出类脂载体，其在焦磷酸化酶的作用，水解脱磷酸，回复原状，又重新作为载体参与下一轮合成反应。

3. 第三阶段

第三阶段在细胞壁中进行。新合成的肽聚糖单体被运送到现有的细胞壁生长点，肽聚糖单体与现有的细胞壁残余分子间先发生转糖基作用，使多糖链横向延伸 1 个双糖单位。再通过转肽酶的转肽作用，使前后两条多糖链的甲肽尾五甘氨酸肽的游离氨基与乙肽尾的第 4 个氨基酸的羧基结合形成一个肽键，使多糖间发生交联，这一步反应称为转肽作用，使乙肽尾从原有的五肽变成正常肽聚糖分子中的四肽尾（图 4-16）。

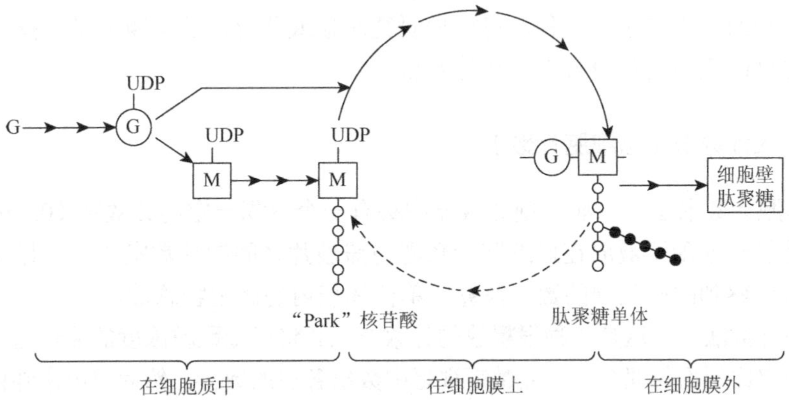

图 4-16　肽聚糖的合成

（四）真菌毒素的合成（以黄曲霉毒素为例）

黄曲霉毒素是一类在易受霉菌侵染的农产品中主要由黄曲霉和寄生曲霉产生的有毒次级代谢产物，包括大约 20 种真菌代谢产物。黄曲霉毒素基本结构中都有二呋喃环和氧杂萘邻酮（香豆素），是一类二呋喃香豆素衍生物，在紫外光照射下可产生荧光。B 族黄曲霉毒素连接戊酮，G 族黄曲霉毒素连接的是六元内酯。结晶的黄曲霉毒素 B_1（AFB_1）有较高的热稳定性，对哺乳动物具有高毒性和致癌性，构成了食品安全中的巨大威胁。黄曲霉霉素的生物合成是一个错综复杂的过程，包含很多酶促反应。通过对毒素结构的检测，可推断出生物合成的起始阶段类似于脂肪酸的生物合成，即乙酰 CoA 作为起始单位，丙二酸单酰 CoA 作为延长单位，在聚酮化合物合成酶（PKSA）的催化下形成聚酮骨架。通过分子生物学及生物化学方面的研究，Yabe 等提出了当前被普遍接受的黄曲霉毒素生物合成模式：已酰辅酶 A 前体→诺素罗瑞尼克酸（NOR）→奥佛兰提素（AVN）→奥佛路凡素（HAVN）→奥佛尼红素（AVF）→羟基杂色酮（HVN）→杂色半缩醛乙酸（VHA）→杂色曲霉 B（VERB）→杂色曲霉 A（VERA）→柄曲霉素（DMST）→*O*-甲基柄曲霉素（ST）→黄曲霉毒素 B_1（AFB_1）、黄曲霉毒素 G_1（AFG_1）。有研究报道了 4 种因素对黄曲霉毒素通路特定基因转录的影响，发现温度对其影响最大，其次是 pH、氮源、碳源。黄曲霉毒素在 12～34℃产生，在 36℃时产毒停止，适宜产毒温度为 28～30℃。黄曲霉毒素的生物合成发生在酸性介质中，在碱性介质中被抑制。黄曲霉毒素合成的适宜酸碱度为 pH3.4～5.5。在氮源中，还原态氮源促进黄曲霉毒素的合成，氧化态氮源抑制黄曲霉毒素的合成：天冬酰胺、天冬氨酸、丙氨酸、硝酸铵、亚硝酸铵、硫酸铵、谷氨酸、谷氨酰胺和脯氨酸都有利于黄曲霉毒素产生；而硝酸钠和亚硝酸钠不利于黄曲霉毒素形成。在碳源中，脂质底物是有利于黄曲霉毒素产生的良好碳源。

第七节　微生物生长的测定

微生物生长情况可以通过测定单位时间里微生物数量或生物量的变化来评价。通过微生物生长的测定可以客观地评价培养条件、营养物质等对微生物生长的影响，或评价不同的抗菌物质对微生物产生抑制（或杀死）作用的效果，或客观地反映微生物生长的规律，因此微生物生长的测定在理论上和实践上有着重要意义。

微生物生长的测定方法有多种，可根据研究对象或要解决的问题加以选择。这里主要介绍在食品微生物研究和实践中常用的几种方法。

一、显微镜直接计数法（总细胞计数）

（1）血细胞计数器法　　血细胞计数器中央有一个容积一定的计数室（$0.1mm^3$），将经过适当稀释的菌悬液或孢子液放在血细胞计数器与盖玻片之间的计数室中，在显微镜下进行计数，然后将所观察到的微生物的数目换算成单位体积内的微生物总数。

（2）比例计数法　　这是一种很粗放的计数方法。将已知颗粒浓度的液体与一待测细胞浓度的菌液按一定比例均匀混合，在显微镜视野中数出各自的数目，然后求出未知菌液中的细胞浓度。例如，血液中红细胞的含量较为恒定，男性血液红细胞含量通常为（4～5）$\times 10^6$ 个/ml，因此将等体积的菌液与血液相混合涂在载玻片上，在显微镜下数出视野中的菌体数和红细胞数就可换算出菌液的浓度。

上述两种方法都是通过在显微镜下直接计数来检测样本中的细胞数目，是一种快速的检测方法，然而也有一定局限性，如不能区别死细胞与活细胞；只适于单细胞状态的微生物或丝状微生物所产生的孢子；在样品不染色时，需要使用相差显微镜；不适于细胞密度低的样品，如细胞密度低于 10 个/ml 便不能保证在视野中能见到所有的细菌。

二、比浊法

含菌液体由于菌体细胞对光的消散作用而呈混浊，细胞数目越多，对光的消散作用越强，浊度就越高。浊度可以用比色计或分光光度计测量，分光光度计或比色计发射的光线通过细胞悬液时，就可以检测没被细胞散射的光线，然后以光吸收值来表示。单细胞生物在一定的范围内（通常是相对低的细胞浓度），光吸收值的大小与液体中的细胞数目及细胞物质的量成正比，因而可用作溶液中总细胞的计数，但需用显微镜计数法或平板菌落计数法制作标准曲线进行换算。测量细菌浊度常用的波长有 540nm（绿色）、600nm（橙色）和 660nm（红色）。比浊法虽然灵敏度较差，但是具有简便、快速、不干扰或破坏样品的优点。由于可使用侧臂锥形瓶在不同的培养时间重复测定同一种样品的浊度，因而该法被广泛地用作生长速率的测定（图 4-17）。

三、平板菌落计数法

通过测定样品在平板培养基上形成的菌落数来间接确定其活菌数的方法，其根据是在稀释情况下，一个菌落是由一个活细胞繁殖形成的，是一种最常见的活菌计数法，根据具体操作步骤不同又可分为两种。

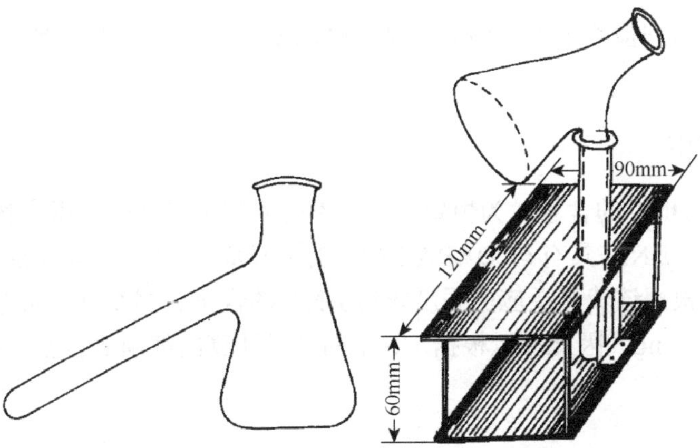

图 4-17 测定生长用的侧壁锥形瓶和比色管架（引自：周德庆，2011）

（1）涂布平板法　用灭过菌的涂布器将一定体积（不大于 0.1ml）的适当稀释过的含菌悬液涂布在琼脂培养基的表面，然后保温培养直到菌落出现，记录菌落的数目并换算成每毫升试样中的活细胞数量。

（2）倒平板法　将已知体积（0.1～1ml）的适当稀释过的含菌液加到灭菌的平皿内，然后倒入融化后冷却到约 45℃的琼脂培养基，水平位置旋动混匀，待凝固后保温培养到菌落出现，然后与涂布平板法同样计数。

平板菌落计数法常常需要先将样品进行一系列的稀释，因样品中活菌细胞数目太多，加到平板中培养后会造成菌落重叠在一起或多个菌体形成一个菌落的现象，影响计数。活菌计数方法的优点是能够测出样品中的活菌数，且灵敏度高，因而被广泛应用于生物、医药制品的检定及食品、水质的卫生检定。但该法也存在着手续繁、需时长、影响因素多等缺点。同时要了解，不同微生物对能源和生长条件的要求不同，而一种培养基和一般的培养条件只适用于某一部分微生物的生长，所以平板计数的结果往往比样品中实际的微生物数量少。

四、干重法

可用离心法或过滤法测定，一般干重为湿重的 10%～20%。在离心法中，将待测培养液放入离心管中，用清水离心洗涤 1～5 次后，进行干燥。干燥温度可采用 105℃、100℃或红外线烘干，也可在较低的温度（80℃或 40℃）下进行真空干燥，然后称干重。以细菌为例，一个细胞一般重 10^{-13}～10^{-12}g。

另一种方法为过滤法。丝状真菌可用滤纸过滤，而细菌则可用乙酸纤维膜等滤膜进行过滤。过滤后，细胞可用少量水洗涤，然后在 40℃下真空干燥，称干重。以大肠杆菌为例，在液体培养物中，细胞的浓度可达 2×10^9 个/ml。100ml 培养物可得到 10～90mg 干重的细胞。

五、MPN 法（测大肠菌群时用）

将含有待测菌（通常是具有特定生理功能但含量较少的类群，如硝化、纤维素分解、硫化等）的样品做连续的 10 倍系列稀释，直到这一系列最后的试管不显示生长为止。根据预估的数量，从最适宜的 3 个连续的 10 倍稀释液中各取 5ml 试样，接种到 3 组共 15 支装有培养液的试管中（每管接入 1ml）。经培养后，记录每个稀释度出现生长的试管数，然后查最大可能数量（most probable number，MPN）表，再根据样品的稀释倍数就可计算出其中的活菌含量。该技术可以在常规检测中用于估算食品、废水或其他样品中微生物的细胞数量，但结果相对粗放。

六、DNA 含量测定法

微生物细胞中 DNA 的含量较为恒定，一般不会受到菌龄（一定微生物群体的生理年龄）和环境因素的影响。DNA 具有与 DABA-HCl（3, 5-氨基苯甲酸-盐酸）反应显示特殊荧光的性质。所以，可以根据该荧光反应的强度求得 DNA 的含量。据统计，每个细菌细胞中 DNA 的含量约为 8.4×10^{-5}ng，因此可以根据 DNA 的含量计算出细菌的含量。该法结果准确，但较为费时。

七、ATP 含量测定法

微生物细胞中都含有相对恒定量的 ATP，而 ATP 与生物量之间又有一定的比例关系。如果从培养物中提取出 ATP，然后利用分光光度计测定其荧光素-荧光素酶的反应强度，再经换算就能求得生物量。此法灵敏度高，但容易受到培养基中磷含量的影响。

第八节　单细胞非丝状微生物的生长

微生物的生长表现在微生物的个体生长与群体生长两个水平上。作为单细胞非丝状微生物来讲，单个微生物个体的生长表现为细胞基本成分的协调合成和细胞体积的增加，细胞生长到一定时期，就分裂成为两个子细胞。而多细胞微生物的个体生长，则反映在个体的细胞数目和每个细胞内物质含量的增加。然而在实际工作中，由于绝大多数微生物个体微小，个体质量和体积的变化不易观察，因此常以微生物的群体作为研究对象，以微生物细胞的数量或微生物群体细胞物质量的增加为生长的指标。所以，要了解微生物的生长规律，就要了解微生物的个体生长和群体生长两个方面。

一、单细胞非丝状微生物的个体生长

单细胞非丝状微生物主要包括原核生物的细菌和真核生物的酵母菌。

（一）细菌的个体生长

细菌的个体生长包括细胞结构的复制与再生、细胞的分裂与控制，这里主要介绍细菌部分结构的复制和细菌分裂与控制等有关内容。

1. 染色体 DNA 的复制和分离

细菌的染色体为环形的双链 DNA 分子。在细菌个体细胞生长的过程中，染色体以双向的方式进行连续的复制，在细胞分裂之前不仅完成了染色体的复制，而且也开始了两个子细胞 DNA 分子的复制，如在迅速生长的细菌里就存在这种情况。也就是说，当细胞的一个世代即将结束时，不仅为即将形成的两个子细胞各备有一份完整的亲本的遗传信息，而且也具有已经按亲本的方式开始复制的基因组。其复制起点附着在细胞膜上，随着膜的生长和细胞的分裂，两个未来的子细胞基因组不断地分离开来，最后到达两个子细胞中。细菌在个体生长过程中通过染色体 DNA 的复制，使其遗传特性能保持高度的连续性和稳定性。

2. 细胞壁的扩增

细胞壁是细胞外的一种“硬”性结构。细菌在生长过程中，细胞壁只有通过扩增，才能使细胞体积扩大。在细胞壁扩增过程中，细胞壁在什么位点扩增，以及它如何扩增是两个主要问题，根据研究结果表明：杆菌在生长过程中，新合成的肽聚糖在细胞壁中是新老细胞壁呈间隔分布，证明新合成的肽聚糖不是在一个位点而是在多个位点插入；而球菌在生长过程中，新合成的肽聚糖是固定在赤道板附近插入，导致新老细胞壁能明显地分开，原来的细胞壁被推向两端。

新合成的细胞壁成分——肽聚糖是如何插入原来的细胞壁上的？肽聚糖短肽中第三个氨基酸是含两个氨基的氨基酸，它通过本身的氨基与另一个肽聚糖短肽中第四个氨基酸的羧基相连接形成肽键，从而形成一个完整的整体。新合成的肽聚糖可以通过本身的二氨基氨基酸的氨基连到原来的细胞壁肽聚糖短肽中第四个氨基酸的羧基上，或通过新合成肽聚糖短肽中第四个氨基酸的羧基连到原来细胞壁肽聚糖短肽中第三位的二氨基氨基酸的游离氨基上，导致细胞壁肽聚糖链的扩增。地衣芽孢杆菌的肽聚糖是以前面一种方式扩增，这样就从分子水平上说明了细胞壁扩增的方式。

3. 细菌的分裂与调节

当细菌的各种结构复制完成之后就进入分裂时期。此时在细菌长度的中间位置，细胞膜内陷并伴随新合成的肽聚糖插入，导致横隔壁向心生长，最后在中心会合，完成一次分裂，将一个细菌分裂成两个大小相等的子细菌。

细胞在生长和分裂过程中都伴随有细胞壁的裂解和闭合两个过程，前者将细胞壁打开，有利于合成的细胞壁物质插入；后者则是在新合成的细胞壁物质插入后的开口处重新闭合形成一个完整的细胞壁，以利于机体生存。目前已知作用于细胞壁肽聚糖的酶，有作用于双糖链的 *N*-乙酰葡萄糖胺酶和 *N*-乙酰胞壁酸酰胺酶；作用于肽聚糖短肽链的 *N*-乙酰胞壁酸-L-丙氨酸酰胺酶、D, D-羧肽酶、转肽酶、内肽酶和 L, D-羧肽酶。它们在细菌细胞壁的裂开和闭合中起着重要作用。

细菌的生长和分裂是两个重要过程，这两个过程如何协调，其机理还不完全了解，目前的某些资料认为转肽酶和 D, D-羧肽酶的活性比在生长和分裂两个过程中起着重要作用。转肽酶可以催化两个肽聚糖短肽链的连接，D, D-羧肽酶则是催化肽聚糖的五肽转变成四肽并放出一个丙氨酸。在某些细菌里，肽聚糖的五肽在转肽反应中主要是作为另一个短肽的羧基供体，即通过本身第四个氨基酸的羧基与另一个短肽中第三个氨基酸的游离氨基相连接；肽聚糖中的四肽在转肽反应中主要是作为另一个短肽链的羧基受体，即通过本身第三个氨基酸的游离氨基与另一短肽上第四个氨基酸的羧基相连接。转肽酶活性比羧肽酶活性高，新合成的肽聚糖中四肽单位比五肽单位的比例低，有利于细胞壁扩增，导致细菌生长；转肽酶活性比羧肽酶活性低，新合成的肽聚糖四肽单位比五肽单位的比例高，细胞壁合成部位中四肽单位数量多，可以接受更多新合成的肽聚糖，有利于横隔壁形成，导致细胞分裂。对不同生长阶段的细胞内这两种酶的活性变化进行分析的结果也说明了这点，如分裂前的细胞内羧肽酶的活性高，而在刚完成分裂产生的子细胞内转肽酶的活性高。

（二）酵母菌细胞的生长

酵母菌细胞的生长表现为细胞体积的连续增加，当酵母菌的生长经历一定的时间间隔后即可进行细胞核和细胞的分裂，其整个过程也是酵母菌的无性繁殖周期。酵母菌细胞生长的无性繁殖分裂有两种类型：一种是不等分裂，如啤酒酵母（*Saccharomyces cerevisiae*），母细胞体积增大到一定程度产生芽，最后芽和母细胞分离，形成大小不等的两个细胞；另一种是均等分裂，如八孢裂殖酵母（*Schizosaccharomyces octosporus*），当菌体体积增加到一定大小后，便形成分隔，产生两个大小相等的细胞。

酵母菌还可以形成子囊（ascus）和子囊孢子（ascospore）的方式进行有性繁殖。它们一般通过邻近的两个性别不同的细胞各自伸出一根管状的原生质突起，随即相互接触，局部融合并形成一个通道，再通过质配、核配和减数分裂，形成 4 个或 8 个子核，每一个子核与其附近的原生质一起，在其表面形成一层孢子壁后，就形成了一个子囊孢子，而原有营养细胞就成了子囊。

二、单细胞非丝状微生物的群体生长

（一）单细胞非丝状微生物的群体生长特征

单细胞非丝状微生物的群体生长是以群体中微生物细胞数量的增加来表示，因而其生长速率就是指单位时间内细胞数目或细胞生物量的增加。通过一个细胞分裂周期，细胞的所有结构成分都扩大一倍。由一个细胞分裂成为两个细胞的间隔称为世代，一个世代所需的时间就是代时（generation time，G），因而代时也就是群体细胞数目扩大一倍所需的时间，有时也称为倍增时间（doubling time）。

（二）单细胞非丝状微生物的群体生长曲线

以细菌为例介绍单细胞微生物群体生长的规律，其结论也基本适用于酵母菌。将少量细菌纯培养接种到一恒定容积的新鲜液体培养基中，在适宜条件下培养，每隔一定时间测定培养液中细菌细胞数目，可以看到以下现象：开始有一短暂时间，细菌细胞数量并不增加，随后细胞数目增加很快，继而细胞数又趋稳定，最后逐渐下降。如果以培养时间为横坐标，以细菌细胞数目的对数或生长速率为纵坐标作图，可以得到如图 4-18 所示的典型生长曲线。生长曲线代表了细菌在新的适宜环境中生长、分裂直至衰老、死亡全过程的动态变化规律。通常根据单细胞微生物生长速率的不同，将生长曲线分为延滞期、对数期、稳定期与衰亡期 4 个主要时期。

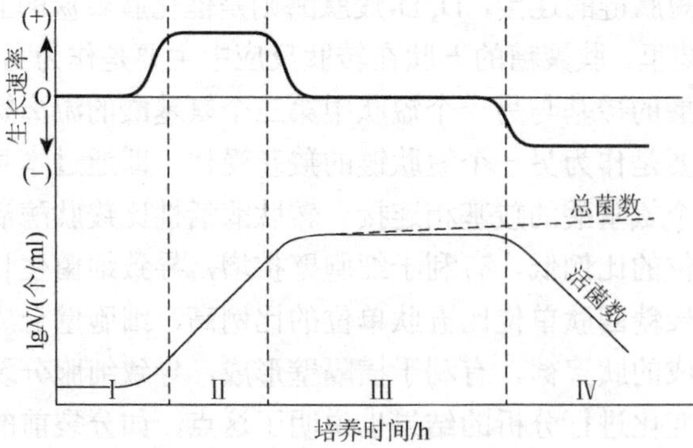

图 4-18　细菌的典型生长曲线

Ⅰ. 延滞期；Ⅱ. 对数期；Ⅲ. 稳定期；Ⅳ. 衰亡期

1. 延滞期（lag phase）

当微生物群体被接种到新鲜培养基中，开始一段时间内，通常不立即进行细胞分裂、增殖，生长速率近于零，细胞数目几乎保持不变，甚至稍有减少，这段时间称为延滞期。延滞期是细胞分裂启动之前的恢复或调整期，而不是生长的休眠或停留期。延滞期细胞的主要特征是代谢活跃，体积增大，从介质中快速吸收各种营养物质，大量合成细胞分裂所需的酶类、ATP 和其他细胞成分，为细胞分裂做充分的准备。

延滞期可以很长，也可以很短甚至不明显。影响延滞期的原因有多种。例如，处于生长对数期的培养物被接种到与原先同样的生长条件和同样培养基中后，几乎能够以同样的速率进行对数生长，延滞期不明显；然而如果被接种的是处于生长稳定期的培养物，即使此时培养物中所有细胞都是活的，延滞期也会发生。这是因为稳定期细胞生理上已经衰老，其合成机制处于损伤状态，基本耗尽了各种辅酶或其他细胞成分，因而需要一定时间进行生理修复和物质的再合成。所以，接种物的菌龄是影响延滞期长短的一大因素。如果接种物是由因热、辐射或有毒化学物质处理而受到损伤的细胞所组成，那么延滞期也会发生，因为细胞需要时间修复这种损伤，所以种子的损伤度影响也很大。当微生物从营养丰富的培养基转移到营养贫乏培养基后，为了合成新培养基中所缺乏的某种营养物质以满足自身生长，也会导致延滞期的出现，这属于培养基成分的影响。此外，菌种的遗传特性和接种量的大小也会影响延滞期的长短。在实际工作中，可以通过增加接种量（通常采用种子∶发酵培养基 = 1∶10，*V*/*V* 的比例）、采用最适种龄（处于对数期的菌种）、选用繁殖速率快的菌种及尽量保持接种前后所处的培养介质和条件一致等方法来缩短或消除延滞期。

2. 对数期（logarithmic phase）

一旦微生物细胞的生理修复或调整完成，延滞期即结束，细胞开始进入快速分裂阶段。由于这一时期细胞数目的增加以几何级数进行，故称为对数期，又称为指数期（exponential phase）。对数期的细胞分裂速度最快、代时最短、代谢活动旺盛、对环境变化敏感，并且细胞内的核糖体等组分也像细胞数目一样以同样的对数生长速率增加，细胞合成核糖体及蛋白质越多，其生长速率也越快。但它们的生长速率却变化很大，这与菌种本身的遗传特性有关，还受环境条件（如温度、培养基成分、营养物浓度等）的影响。例如，大肠杆菌在 20℃时，其代时是 35℃条件下的 2 倍；伤寒杆菌在含 0.125%的蛋白胨水培养基中的代时为 800min，而基质浓度含量达 1.0%时的代时仅为 40min。

在对数生长期中，有三个参数最为重要，具体如下。

（1）繁殖代数（*n*）　从图 4-19 可以得出 $x_2 = x_1 \cdot 2^n$；以对数表示，即

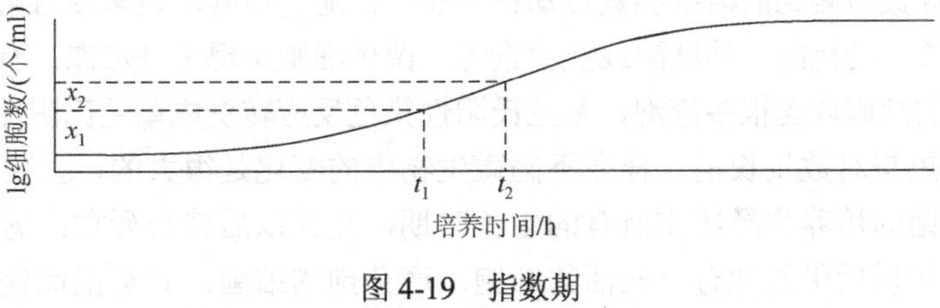

图 4-19　指数期

$$\lg x_2 = \lg x_1 + n \cdot \lg 2$$

即

$$n = \frac{\lg x_2 - \lg x_1}{\lg 2} = 3.322\ (\lg x_2 - \lg x_1)$$

（2）生长速率常数（R）　按前所述生长速率常数的定义可知

$$R=\frac{n}{t_2-t_1}=\frac{3.322(\lg x_2-\lg x_1)}{t_2-t_1}$$

（3）代时（G）　按前所述平均代时的定义可知

$$G=\frac{1}{R}=\frac{t_2-t_1}{3.322(\lg x_2-\lg x_1)}$$

对数期的微生物因其整个群体的生理特性较一致，细胞成分平衡发展和生长速率恒定，故可作为代谢、生理等研究的良好材料，是增殖噬菌体的最适宿主菌龄，也是发酵生产中用作“种子”的最佳种龄。

3. 稳定期（stationary phase）

在一个封闭的系统中，微生物的对数生长只能维持一个短暂的时期，最终生长速率将会降低，代时延长，细胞活力减退，进入稳定期。此时新生的细胞数目与死亡的细胞数目相等，活菌数达到最大值。这是因为随着微生物细胞的生长和数目的增加，培养基中的营养物质会被逐渐消耗，比例失调，而不能满足生长需要；代谢过程中产生的废物甚至有害物质（酸、醇、毒素或 H_2O_2 等）积累达到了抑制生长的水平；pH、Eh 等物理化学条件也越来越不适宜生长。稳定期细胞的特征是从生理上的年轻转化为衰老，代谢活力钝化，细胞含有较少的核糖体 RNA，蛋白质合成缓慢，mRNA 的水平低下，因此细胞的生长变得不平衡，细胞的形状有的也发生改变。因不能维持细胞壁的合成与修复，细胞的染色特点也会发生变化，如革兰氏阳性染色反应可转变为革兰氏阴性染色反应。但此时细胞的很多功能，如能量代谢和某些生物合成过程还在继续进行，某些代谢产物特别是次级代谢产物的产生主要就是在稳定期，特别是在对数期与稳定期转换阶段所产生的，这些产物包括抗生素和某些酶，某些细菌的芽孢也在稳定期产生。

所以，掌握稳定期的生长规律对于生产实践有着非常重要的指导意义。稳定期是以生产菌体或与菌体相平行的代谢产物，如单细胞蛋白、乳酸等为目的的一些发酵生产的最佳收获期，也是对某些生长因子如维生素和氨基酸等进行生物测定的必要前提。此外，对稳定期到来的原因进行研究，还促进了连续培养技术的设计和研究。

4. 衰亡期（decline phase）

如果继续培养处于稳定期的细菌，细胞的死亡率将逐步增加，最终群体中活的细胞数目将以对数速率急剧下降，此阶段就称为衰亡期。衰亡期细胞的总数虽然镜检直接计数可以保持不变，但间接菌落计数检测到的活细胞数目却在减少。伴随着细胞的裂解或自溶可释放出一些代谢产物，如氨基酸、转化酶、外肽酶或抗生素等。菌体细胞呈现多种形态，有时产生畸形，细胞大小悬殊，有的细胞内含很多液泡，革兰氏阳性染色反应转变成革兰氏阴性染色反应。

衰亡期的长短与对数生长期一样在不同微生物中的变化是很大的，主要与菌种的遗传特性有关。有些细菌的培养物经历完所有的生长时期，几天以后就会死亡；另一些细菌培养物在几个月甚至几年以后仍然含有一些活的细胞。产芽孢的细菌，其芽孢比代谢活跃的营养细胞更易于幸存下来。通过补充营养和能源，以及中和环境毒性，可以减缓衰亡期的细胞死亡速率，延长细菌培养物的存活时间。

需要指出的是，细菌生长曲线的不同时期反映的是群体而不是单个细胞的生长规律，延滞期、对数期、稳定期、衰亡期只适用于细胞的群体而不适用于单个细胞。认识和掌握微生物的生长曲线，有重要的实践意义。例如，乙醇生产过程中就要设法缩短种子的延滞期，延长对数生长期，以便在最短时间内获得最大产量。医学上要采用革兰氏染色鉴定病原菌，就要采用对数生长期的菌体，因这时的革兰氏染色反应最典型，结果最可靠。工业上生产食品酵母时，就要在稳定期收集菌体，因这时的菌体数目最大。

第九节　丝状微生物的生长

一、丝状微生物菌丝的生长

丝状微生物营养菌丝的生长主要以极性的顶端生长的方式进行。菌丝顶端呈半椭圆形，其短轴半径就是菌丝的最大半径，长轴半径在脉孢菌中是短轴半径（6.3μm）的 4 倍，而在青霉菌中则是短轴半径（0.9μm）的 1.6 倍。原生质在菌丝细胞内呈区域化的极性分布。最初的几个微米区域为最顶端区域，充满着丰富的微泡囊。内质网（及高尔基体）和线粒体等，从顶端 3～6μm 以后的亚顶端区域才开始出现，微泡囊散布在其间及其原生质周缘，核只是在距顶端 40～100μm 之后的成熟区域出现。菌丝生长所需要的蛋白质、脂肪和糖类主要在亚顶端区域合成，新生的微泡囊由内质网（或高尔基体）分泌产生，内含有细胞壁合成所需的前体物质，分泌的微泡囊从亚顶端移向最顶端，当与细胞膜融合时，泡囊膜被补充为新生的细胞膜，微泡囊内含的细胞壁前体物质释放出来在细胞壁和细胞膜间隙处聚合，成为新生的黏滞可塑的细胞壁，导致菌丝顶端向前延伸，原先最顶端的细胞壁和膜被推向后部，原先的细胞壁在被推向后部的过程中因其多糖分子之间发生交联而硬化。顶端可塑性的细胞含有新生的壳多糖微纤丝和葡聚糖微纤丝，然后逐渐地通过结晶化过程和共价键交联而变得坚硬。在新的菌丝分枝处，坚硬的细胞壁可由于水解酶的作用而重新变得可塑。水解酶也可能分泌到菌丝顶端，但在菌丝顶端生长中的作用还不清楚。

二、丝状微生物群体的生长

（一）丝状微生物群体生长的特征

丝状微生物包括具分枝的原核生物放线菌和丝状真菌。这类微生物在液体培养基中虽然也可以以几乎均匀分布的菌丝悬浮液的方式生长（丝状生长），但大多数情况下是以分散的沉淀物方式在发酵液中出现（沉淀生长），沉淀物形态从松散的絮状沉淀到堆积紧密的菌丝球不等。一般而言，菌丝球的形成可影响氧气向中心扩散。当菌丝球表面或间隙进行活跃生长时，其内部却可能已经产生了自发的水解作用。接种体积的大小、接种物是否凝聚及菌丝体是否易于断裂等因素的综合作用决定着丝状微生物是丝状生长还是沉淀生长。丝状微生物生长通常以单位时间内微生物细胞的物质量（主要是干重）的变化来表示。丝状微生物在液体培养中的生长方式在工业生产中很重要，因为它影响发酵过程中的通气性、生长速率、搅拌能耗及菌丝体与发酵液的分离难易等。

（二）丝状微生物群体生长曲线

丝状微生物的群体生长有着与单细胞微生物类似的规律。例如，腐皮镰刀菌（*Fusarium solani*）在深层通气液体培养基中的生长曲线也显示具有迟缓期（停滞期）、迅速生长期（对数期、稳定期）和衰退期（图 4-20）。

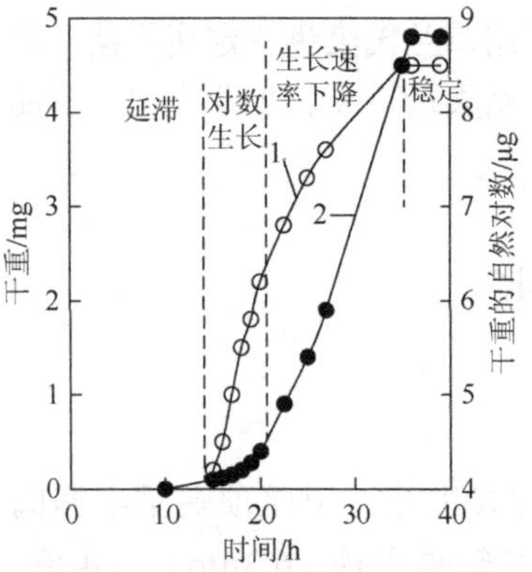

图 4-20　腐皮镰孢霉生长曲线

1. 对应于线性纵坐标（左）；2. 对应于对数纵坐标（右）

1. 生长停滞期

造成生长停滞的原因有两种：一是孢子萌发前真正的停滞期；另一种是生长已开始但却无法测量。对真菌的生长停滞期尚未做过仔细研究。

2. 迅速生长期

此时菌丝体干重迅速增加，其立方根与时间呈直线关系。因为真菌不是单细胞，其繁殖不以几何倍数增加，故而没有对数生长期。真菌的生长常表现为菌丝尖端的伸长和菌丝的分枝，因此受到邻近细胞竞争营养物质的影响。尤其在静止培养时，许多菌丝在空气中生长，必须从邻近处吸收营养物质供生长需要。在迅速生长期中，碳、氮、磷被迅速利用，呼吸强度达到顶峰，代谢产物（如酸类）可出现或不出现。静止培养时，在迅速生长期的后期，菌膜上将出现孢子。

3. 衰退期

真菌生长进入衰退期的标志，是菌丝体干重下降。一般是在短期内失重很快，以后则不再变化。但有些真菌则发生菌丝体自溶，这是由于其自身所产生的酶类催化甲壳质、蛋白质、核酸等分解，同时释放出氨、游离氨基酸、有机磷化物和有机硫化物等所致。处于衰退期的菌丝体的细胞，除顶端较幼细胞的细胞质稍稍稠密均匀外，大多数细胞都出现大的空孢。

生长的停止由下列两种因素之一所决定：一是在高浓度培养基中，可能是因为有毒代谢产物的积累而阻碍了微生物生长。例如，在高浓度碳水化合物的培养基中可积累有机酸，而在含有机氮多的培养基中则可能积累氨；多数次级代谢物质，如抗生素等，也是在生长的后期合成。二是在浓度较低的营养物质平衡良好的培养基中，生长停止的主要因素是碳水化合物的耗尽。当生长停止后，菌丝体的自溶裂解的程度由菌种的本性和培养条件而异。

第十节　物理因素对微生物生长的影响

一、温度

温度是影响有机体生长与存活的最重要的因素之一，环境温度的变化必然影响微生物细胞内的许多反应，从而影响微生物的生命活动。它对生活机体的影响表现在两个方面：一方面随着温度的升高，细胞中的生物化学反应速率和生长速率加快。在一般情况下，温度每升高 10℃，生化反应速率增加一倍；另一方面机体的重要组成如蛋白质、核酸等对温度都较敏感，随着温度的增高可能遭受不可逆的破坏。因此，只有在一定范围内，机体的代谢活动与生长繁殖才随着温度的上升而增加，当温度上升到一定程度，开始对机体产生不利影响，如再继续升高，则细胞功能急剧下降甚至死亡。从表 4-1 和图 4-21 就可看出这一关系。

表 4-1　大肠杆菌在不同温度下的世代时间

温度/℃	代时/min	温度/℃	代时/min
10	860	35	22
15	120	40	17.5
20	90	45	20
25	40	47.5	17
30	29		

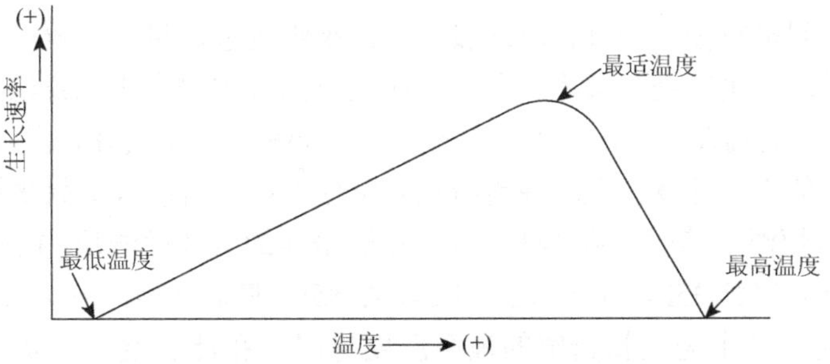

图 4-21 温度对生长速率的影响

(一) 微生物生长的温度范围

就总体而言，微生物生长的温度范围较广，在−12～100℃的广泛温度范围内微生物都可以生长。而每一种微生物都有自己的生长温度范围（表 4-2），有的生长温度范围宽，有的则较窄，一般不超过 40℃。微生物生长的温度范围包括最低生长温度、最适生长温度和最高生长温度。这三个温度值通常称为微生物的基本温度（cardinal temperature）。

表 4-2 各类微生物生长的温度范围 （单位：℃）

微生物	最低	最适	最高
鱼皮无色杆菌（*Achromobacter ichthyodermis*）	−2	25	30
枯草芽孢杆菌（*Bacillus subtilis*）	15	30～37	55
嗜热糖化芽孢杆菌（*Bacillus thermodiastaticus*）	52	65	75
胡萝卜软腐欧文氏菌（*Erwinia carotovora*）	4	25～30	39
大肠杆菌（*E.coli*）	10	30～37	45
嗜热乳杆菌（*Lactobacillus thermophilus*）	30	50～63	65
普通变形杆菌（*Proteus vulgaris*）	10	37	43
金黄色葡萄球菌（*Staphylococcus aureus*）	15	37	40
野油菜黄单胞菌（*Xanthomonas campestris*）	5	20～30	38
嗜热放线菌（*Actinomyces thermophilus*）	28	50	65
啤酒酵母（*Saccharomyces cerevisiae*）	10	28	40
构巢曲霉（*Aspergillus nidulans*）	5	25～37	38
黑曲霉（*Aspergillus niger*）	7	30～39	47
灰葡萄孢霉（*Botrytis cinerea*）	0	15～25	35
尖孢镰刀菌（*Fusarium oxysporum*）	4	15～32	40
好食脉孢菌（*Neurospora sitophila*）	4	36	44
扩展青霉（*Penicllium expansum*）	0	25～27	30

最适生长温度：微生物生长繁殖速度最快的温度。不同微生物的最适生长温度不一样。值得注意的是，最适生长温度仅是指微生物生长最快的温度，并不一定是一切代谢活动的最好温度。认识这一点在实际生产中具有重要意义，如乳酸链球菌在 34℃时，繁殖速度最快；在 25～30℃时，细胞产量最高；在 40℃时，发酵速度最快；在 30℃时，乳酸产量最多。

从上述可知，在最适生长温度下微生物群体生长繁殖的速度最快，代时也最短。但它不等于发酵的最适温度，也不等于积累代谢产物的最适温度，更不等于积累某一代谢产物的最适温度。在较高温度条件下，细胞分裂虽然较快，但维持时间不长，容易老化。相反，在较低温度下，细胞分裂虽较慢，但维持时间较长，结果细胞总产量反而较高。同样，发酵速度与代谢产物积累量之间也有类似关系。所以，研究不同微生物在生长或积累代谢产物阶段时的不同最适温度，对提高发酵生产的效率具有十分重要的意义。现在，国外利用计算机模拟，通过对发酵温度最佳点的计算，发现在青霉素发酵生产时，各阶段如果采用变温培养，产量可比在25℃下进行恒温培养时提高14%以上。变温培养的具体做法是：接种后在30℃下培养5h，将温度降至25℃培养35h，再下降至20℃培养85h，最后又增温到25℃培养40h后放罐。

最高生长温度：微生物生长繁殖的最高温度界限。在此温度下，微生物细胞易于衰老和死亡。微生物的最高生长温度因种而异，取决于其本身的遗传性，常与细胞内酶的耐热性有关。例如，细胞色素氧化酶及各种脱氢酶的最低破坏温度常与该菌的最高生长温度有关（表4-3）。一般最高生长温度仅比最适生长温度高几度，高于微生物的最高生长温度则往往因酶的失活而导致细胞死亡。

最低生长温度：微生物能繁殖的最低温度界限。处于这种温度条件下的微生物生长速率很低，如果低于该温度则微生物的生长完全停止，但不一定死亡。一般最低生长温度和最适生长温度相差较大。不同微生物的最低生长温度不一样，这与它们原生质的物理状态和化学组成有关系，也可随环境条件而改变。

致死温度：最高生长温度若进一步升高，便可造成微生物死亡。这种杀灭微生物的最低温度界限为致死温度。致死温度与处理时间有关，在一定温度下处理时间越长，死亡率越高。严格地说，一般应以10min为标准时间。细菌在10min内被完全杀死的最低温度称为致死温度。测定微生物的致死温度一般要在生理盐水中进行，以减少有机物质的干扰。

表4-3　细菌最高生长温度与其酶类最低破坏温度　　（单位：℃）

细菌	最高生长温度	最低破坏温度		
		细胞色素氧化酶	过氧化氢酶	琥珀酸脱氢酶
蕈状芽孢杆菌	40	41	41	40
普氏纺锤状杆菌	40	44	40	40
单纯芽孢杆菌	43	55	52	40
蜡状芽孢杆菌	45	48	46	50
巨大芽孢杆菌	46	48	50	47
枯草芽孢杆菌	54	60	56	51
嗜热芽孢杆菌	67	65	67	59

在微生物生长的温度范围内，温度的变化会影响微生物生长延滞期的长短，影响其生长速率、营养要求、细胞的酶和化学组成。图4-22表示温度对微生物世代时间的影响。从中可以看出，随着温度升高，微生物的世代时间迅速缩短（生长速度迅速增加），在最适生长温度附近，世代时间较稳定，且最高生长温度比最低生长温度更靠近最适生长温度。

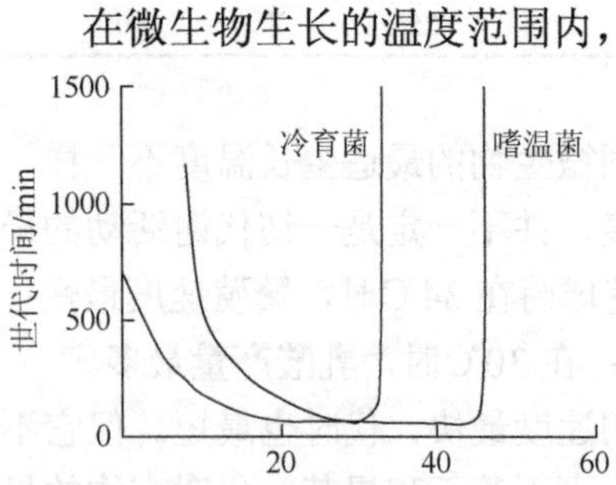

图4-22　温度对微生物世代时间的影响

根据微生物最适生长温度的不同，可将微生物划分为嗜热微生物、嗜温微生物、冷育微生物和嗜冷微生物四大类（表4-4）。

表 4-4　各类微生物的基本生长温度　（单位：℃）

微生物类群	最低生长温度	最适生长温度	最高生长温度
嗜热微生物	40～45	55～75	60～90
嗜温微生物	5～15	30～40	35～47
冷育微生物	–5～5	25～30	30～35
嗜冷微生物	–5～5	12～15	15～20

绝大多数微生物可在温暖环境中存活，其中最适生长温度为 30～45℃的称为嗜温微生物（mesophile），又称为中温性微生物。土壤微生物和动植物病原菌都属于这一类，它们在冷藏食品中也可存活，但在冷藏温度（一般–1～7℃）下不能生长。这类微生物在低温下不能生长可能和蛋白质的合成与反馈抑制有关。一方面在低温下蛋白质的合成过程不能启动；另一方面低温下这类微生物酶的反馈抑制极为敏感，代谢产物作为反馈抑制剂紧紧地与酶结合而抑制酶的功能，致使微生物的生长、代谢活动停止。

在 50℃以上的高温环境中也有许多微生物能生存和生长，其中最适生长温度为 55～75℃的称为嗜热微生物，也称为嗜热菌（thermophile）。这类微生物一般只在很有限的地方存在，如温泉、日照充足的地表、堆肥等环境中。由于这类微生物能耐高温，常给罐头工业和发酵工业造成损失。这类微生物以芽孢杆菌属和芽孢梭菌属的种为主。

嗜冷微生物和冷育微生物都属于低温型微生物，但关于其定义现仍有争议，本书采纳现在应用较广的 Morita（1975）的方法，结合微生物的最适生长温度来划分。

嗜冷微生物（psychrophile）：最适生长温度低于 15℃，最高生长温度约为 20℃或更低，最低生长温度 0℃以下的微生物。这类微生物不仅可在 0℃左右的低温下生长，还只能在较低的温度生长，室温以上的温度对其有致死作用。这类微生物只在像两极地区这样寒冷的环境中存在，食品中尚未发现。

冷育微生物（psychrotroph）：是指在 0℃左右的低温中可生长，最适生长温度和最高生长温度与嗜冷微生物不同，且在 20℃左右生长最好的微生物。这类微生物的种类多、分布广。冷藏食品的变质主要是它们的生长、繁殖所引起。属于这类微生物的数目很多，细菌中既有革兰氏阳性菌，也有革兰氏阴性菌；有好氧的，也有厌氧和兼性厌氧的；有能运动的，也有不运动的；有产芽孢的，也有不产芽孢的。在产碱杆菌属（*Alcaligenes*）、不动杆菌属（*Acinetobacter*）、棒杆菌属（*Corynebacter*）、乳杆菌属、微球菌属（*Micrococcus*）、假单胞菌属、链球菌属等属中都有冷育菌。此外，在假丝酵母属、球拟酵母属、隐球酵母属（*Cryptococcus*）、红酵母属（*Rhodotorula*）及青霉属、枝孢霉属（*Cladosporium*）、单端孢属和曲霉属中都有冷育微生物。其中产碱杆菌属、假单胞菌属和链球菌属是冷藏食品中最常见的冷育微生物。它们常引起冷藏的肉、禽、鱼及蛋品质的腐败变质，尤其是水果和蔬菜，因为不能冷冻储藏而必须在 0℃左右冷藏，在嗜温微生物生长受抑制的条件下，冷育微生物便成为优势菌群。每年世界上食品由此造成的损失是非常巨大的。

（二）微生物对温度的适应性

微生物对各种不良环境有很强的适应性，因而在各种环境中都有微生物存在，不同的温度环境也是如此。

1. 低温环境

低温环境对微生物的生长不利，但是只要有液态水存在，温度再低也有微生物生存和生长。这些能在低温下生长的微生物统称为低温型微生物。

微生物能在低温下生长的机制尚不清楚，但至少有两方面的因素。一是其细胞内具有在低温下仍可有效工作的酶；二是具有低温下仍可有效输送物质的细胞膜。低温型微生物的细胞膜中不饱和脂肪酸的含量较其他类型微生物的高，因而在低温下仍可保持具有活性的半流动状态。而其他类型的微生物因细胞膜中饱和脂肪酸含量高，在低温下膜中脂类的凝固使膜失去流动性，膜的正常代谢功能和转运物质的功能都停止了，因而那些微生物也就无法生长。但低温对微生物的这种抑制效应是可逆的。在温度上升至适宜其生长时，其细胞膜的功能又能恢复正常，因而又可继续生长。

在环境温度低至可使细胞内水冻结时，则可能导致微生物死亡。其原因可能是细胞内水分的冻结使细胞质浓缩（相当于细胞失水）和形成的冰晶对细胞膜的物理损伤。一般快速冷冻时细胞内形成的冰晶小，冰晶对细胞膜的物理损伤轻。另外，添加一些保护剂，如甘油（0.5mol/L）、二甲基亚砜或血清（10^{-6}～10^{-5}mol/L）、葡萄糖和聚乙烯吡咯烷酮等，既可防止冰冻时形成的冰晶过大，又可降低细胞的失水作用，因而可大大减轻冷冻对细胞的损伤。

由于低温对微生物有抑制和致死效应，故可用来保藏食品。另外，由于低温下微生物仍可存活，但生长、繁殖停滞，不发生变异，因而低温又广泛用于菌种保藏。

2. 高温环境

在高温环境中只有嗜热微生物活动。

嗜热微生物可在高温环境中生长的原因可能是这些微生物体内的酶和蛋白质比其他微生物的更耐热；比较嗜热和嗜温微生物的3-磷酸甘油醛脱氢酶（GAPDH）的性质，二者非常相似，但它们的热稳定性明显不同。其实两种酶在进化上具有同源性，耐热性的不同是由酶分子的内部结构差异决定的。嗜热菌的 GAPDH 分子质量低一些，可能切除了部分与酶活性无关的序列，从而提高了酶的耐热性。其蛋白质合成机构（核糖体及其他组分）也耐热；嗜热菌核酸中（G＋C）mol%比嗜温菌的高，因此使核酸熔点（T_m）较高，DNA 的热稳定性也高。例如，嗜热菌的（G＋C）mol%可达 53，T_m为 90.7。尤其是其细胞膜在高温下仍可保持稳定并正常地行使其生理功能，这可能与其细胞膜中含有较多的长链饱和脂肪酸（含有 17 个、18 个和 19 个碳原子）有关，这些饱和脂肪酸之间可形成很强的疏水键从而使膜在高温下仍具有稳定的结构。一些保护因子的作用也会使细胞的热稳定性增强，如 Ca^{2+}可以提高蛋白酶、淀粉酶的热稳定性，而 Mg^{2+}浓度的增大也可以提高嗜热菌 tRNA 的解链温度。另外，发现一些低分子的多胺可能也发挥重要作用，如热胺、热精胺或精胺等四胺物质主要存在于嗜热菌中，对提高菌体合成蛋白质与核酸的能力、提高核酸的稳定性及激活一些酶类有促进作用。

微生物的抗热性因种而异，一般原核微生物较真核微生物抗热性强；非光合菌较光合菌抗热性强；细胞构造简单的较结构复杂的更抗热。

（三）高温对微生物的致死作用

当环境温度超过微生物的最高生长温度时，微生物细胞内的蛋白质和核酸便会发生不可逆变性，最终导致微生物死亡。这种高温对微生物的致死作用现已广泛应用于用具和药品的消毒和灭菌。利用高温灭菌的方法分干热和湿热两类。在同样的温度下，湿热灭菌较干热灭菌的效果好。这一点从蛋白质含水量与其凝固温度的关系便可清楚地看出（表 4-5）。

表 4-5 蛋白质含水量与其凝固温度的关系

蛋白质含水量/%	凝固温度/℃	灭菌时间/min
50	56	30
25	74～80	30
18	80～90	30
6	145	30
0	160～170	30

1. 干热灭菌

灼烧灭菌法：通过物质的实际燃烧来杀灭微生物的灭菌方法。此法灭菌彻底、迅速，但使用范围有限，常用于接种工具、污染物品及实验动物尸体等废弃物的灭菌。

干热空气灭菌法：在干燥箱中利用热空气杀死微生物的方法。一般为 150～160℃处理 1～2h，该法适用于玻璃器皿、金属用具、油类、粉剂及类似不含水物品的灭菌。

2. 湿热灭菌

湿热灭菌是利用水作为传热媒介杀灭微生物的方法，被广泛用于含水基质的灭菌处理，这部分内容请参阅第三章第五节。

二、水活度

一切生物都离不开水，微生物也不例外，它们从环境中吸取营养物质，分解营养物产生能量及合成细胞结构和功能物质等过程都需要水的存在和参与。但是影响微生物生长的不仅是水的含量，更重要的是环境中水的可利用性。因为很多物质如盐、糖等都能够溶于水，而与溶解物结合的水就不能再被微生物利用了。水活度（water activity，A_W）是公认的最简单明了而实用的表示环境中水的可利用性的一个术语，即相同温度下基质环境中的水蒸气压与纯水水蒸气压之比。

$$A_W = P/P_0$$

式中，P 为一定温度下基质环境的水蒸气压；P_0 为相同温度下纯水的水蒸气压。平衡时，A_W 和相对湿度（relative humidity，RH）之间的关系如下：

$$RH = A_W \times 100$$

在一定温度下，基质的水活度和空间的相对湿度总是趋于平衡。若前者大，则基质就要失去部分水分；反之则要吸取空间的水分，直至平衡。利用这一特性可以测定基质或溶液的水活度。如要测定一基质或溶液的水活度，可将基质或溶液放在一密闭空间，待其与该空间空气湿度相平衡时，测定空气的相对湿度（常用干湿球温度计的温度差来计算）就可得其水活度。表 4-6 为一些溶液的 A_W 值。

（一）水活度和微生物的生长

环境中 A_W 值低时，微生物要做更多的功才能从基质中吸取水分。基质的 A_W 低至一定程度则微生物就不再能生长。因而干燥便成为一种很好的食品保藏方法，也是最古老的食品保藏方法，可用于粮食、牛奶、肉类、鱼类、蔬菜、水果类等的保藏。

表 4-6　一些溶液的 A_W 值（25℃）

水活度	NaCl	蔗糖	甘油
0.995	0.87*	0.92	0.25
0.980	3.5（海水）	3.42	1.0
0.960	7	6.5	2.0
0.900	16.5	14（槭树汁）	5.1
0.850	23（大盐湖）	20.5（饱和）	7.8
0.800	30（饱和）	—	10.5
0.700	—	—	16.8
0.650	—	—	20

*溶质浓度均为每 100ml 水中的克数

不同的微生物生长所要求的最低 A_W 不同，根据各种微生物生长所要求的最低 A_W，可将其分为三类：干生性、中生性和湿生性微生物（表 4-7）。

表 4-7　微生物的类型与 A_W 值

类型	最低生长 A_W	最适生长 A_W
干生性微生物	0.80 以下	0.95～0.98
中生性微生物	0.80～0.90	0.98～1.00
湿生性微生物	0.90	1.00

一般的，细菌大部分是湿生性的，其生长最低 A_W 较霉菌的高，且革兰氏阴性菌的最低生长 A_W 较革兰氏阳性菌的高。大多数腐败细菌在 A_W 为 0.91 以下时不能生长，金黄色葡萄球菌则在 A_W 低至 0.86 仍可生长，而肉毒梭菌 A_W 低于 0.94 就不能生长。酵母菌一般为中生性，最低生长 A_W 在 0.88 以上。霉菌中干生性、中生性和湿生性，三种类型的菌均有。表 4-8 为食品中一些重要微生物的最低生长 A_W。

酵母菌和霉菌生长的 A_W 范围较细菌的范围宽。现有报道的细菌最低生长 A_W 为嗜盐细菌的 0.75，而嗜旱性（“喜干”）霉菌和嗜渗（“喜高渗透压”）酵母的 A_W 分别为 0.65 和 0.60（表 4-8）。若用 NaCl 来降低食品 A_W 则难以达到抑菌的浓度。

（二）低 A_W 对微生物的影响

环境 A_W 降低不仅影响微生物的生长，还对其形态、生理代谢都有一系列影响。

1. 对微生物形态的影响

溶液中溶质的存在会降低其 A_W，从而影响微生物的活动，这种影响也称为渗透压的影响。微生物细胞在低渗（高 A_W）和高渗（低 A_W）环境中，细胞形态会发生改变。在低渗环境中，细胞会吸水膨胀，甚至破裂；在高渗环境中，细胞内的水将渗透到环境中，从而使细胞的原生质收缩而发生质壁分离（plasmolysis），这种变化都可以在显微镜中观察到。但是在一般的高渗情况下并不总是发生质壁分离，也可能发生其他方面的变异。例如，葡萄球菌的细胞在低 A_W 环境中只发生细胞变形，即使 A_W 再低也不发生质壁分离。而大肠杆菌等一些革兰氏阴性菌，在低 A_W 环境中，菌体形成异常的长鞭毛。另有一些菌的形态变异则还与具体的溶质有关，如鼠伤寒沙门氏菌（*S. typhimurium*）在甘油调节的低 A_W 环境中细胞质为均质，而在葡萄糖、蔗糖或山梨醇中则细胞质收缩且细胞变为“哑铃型”。一般细胞壁无渗透效应，但在蔗糖溶液中曾有人观察到细胞壁“变皱”。

表 4-8　一些食品中重要微生物的最低生长 A_W

微生物	A_W	微生物	A_W
多数腐败细菌	0.9	嗜盐细菌	0.75
多数腐败酵母	0.88	嗜干霉菌	0.65
多数腐败霉菌	0.80	嗜渗酵母	0.60
肉毒梭菌 E 型	0.97	苏格兰假丝酵母	0.92
假单胞菌属的种	0.97	茁芽丝孢酵母	0.91
不动杆菌属的种	0.96	涎沫假丝酵母	0.90
大肠杆菌	0.96	产脂内孢霉	0.89
产气杆菌	0.95	金黄色葡萄球菌	0.86
枯草芽孢杆菌	0.95	柑橘链格孢	0.84
肉毒梭菌 A 型和 B 型	0.94	展青霉	0.81
产朊假丝酵母	0.94	灰绿曲霉	0.70
副溶血性弧菌	0.94	圆锥曲霉	0.70
灰葡萄孢	0.93	刺孢曲霉	0.64
葡枝根霉	0.93	鲁氏酵母	0.62
刺囊毛霉	0.93		

2. 对代谢产物的影响

在低 A_W 对微生物代谢的影响方面，人们最关心的是对微生物有毒代谢产物的影响。一般微生物的产毒量与其细胞总数有关，因为低 A_W 环境可抑制微生物生长、繁殖，所以可以减少其产毒量；另外，在低 A_W 环境中，即使微生物数目很多，其产毒量也很低。

由于霉菌生长的最低 A_W 比细菌的低，因而人们普遍都很关注霉菌产毒所需的最低 A_W。Northolt 等发现，黄曲霉在 A_W 0.83 以下不产生黄曲霉毒素，但若以 NaCl 代替甘油或蔗糖，则其产毒的最低 A_W 值将会升高，而在实验培养基中加 1%～2%的 NaCl 反而还会增加黄曲霉毒素的产量。在苹果储藏中，A_W 对一些霉菌产棒曲霉素的影响很大，如在实验室培养中，灰黄青霉（*P. griseofulvum*）在 A_W 为 0.88 时可产毒，A_W 降至 0.86 即检不出毒素，而其生长最低 A_W 为 0.84。Northolt 等在对棒曲霉素产毒菌的研究中也发现，有少数试验的展青霉菌株在 A_W 为 0.95 时仍可产生少量毒素，而绝大部分菌株在 A_W 为 0.99 时即可停止产毒。尽管在 A_W 0.83 以下的环境中未发现什么菌可产生真菌毒素，我们仍不能因此就得出在 A_W 0.83 以下的食品中不会有真菌毒素的结论。在肉毒梭菌的产毒研究中，Ohye 和 Christian（1967）发现，在产毒菌能生长的环境中其便能产毒，因菌型不同，其生长和产毒的最低 A_W 为 0.94～0.97，他们在实验中用来调节 A_W 的是 NaCl、KCl 和 Na_2SO_4 的混合物。而 Riemann（1967）发现，在含

1.5%～2.0% NaCl 的培养基中（相当于 A_W 0.99），尽管 E 型肉毒梭菌仍可大量生长繁殖，但并不产毒。

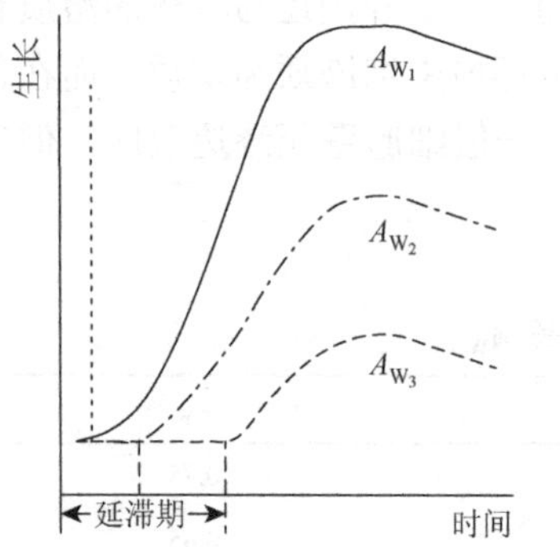

图 4-23　降低 A_W 对细菌生长的影响

图中水活度 $A_{W_1} > A_{W_2} > A_{W_3}$

3. 低 A_W 对微生物生长的影响

细菌：图 4-23 表明了 A_W 降低对微生物各个生长期的影响。微生物被转到低 A_W 环境后，其延滞生长期将大大延长。若微生物在转到低 A_W 环境前是在最适条件下的延滞期，则低 A_W 对其损害更大。细菌延滞期的延长对干燥和半干食品的保藏极为重要，因为微生物延滞期的长短是这类食品储藏期限的决定因素之一。其延滞期越长对食品的保藏就越有利。

由于延滞期延长，其对数生长期便也受到影响，结果是细胞在单位时间内的分裂次数减少，生长速度变慢。一般的，只要 A_W 降低不是太大就只有抑菌作用而不会杀死细菌。生长最适和最低 A_W 高的细菌受低 A_W 的影响最大；而金黄色葡萄球菌则在低 A_W 环境中仍可很好地存活。这在食品工业中有重要作用，对细菌在低 A_W 环境的生长和存活有了了解后便可预测某一食品的储藏安全性。另外应说明的是，干燥食品在脱水、干燥过程中并不能杀死多少微生物，干燥后也只能抑制其生长，存活菌仍可在很长时间内保持活力，因此干燥也是保存微生物菌种最有效的方法之一。

酵母菌：有些酵母菌可以在低 A_W 环境生长，从而引起一些低 A_W 食品的腐败，其中以酵母属为主，如鲁氏酵母、蜂蜜酵母（*Saccharomyces mellis*）、产酸酵母（*S. acidifaciens*），可引起蜂蜜、糖蜜、糖果、果酱和果冻及干果和糖渍水果的变质。有些耐盐酵母在酱油生产中还起着有益作用，如德巴利酵母属（*Debaryomyces*）、汉逊压酵母属（*Hansenula*）和毕赤酵母属可耐 15%～20%的 NaCl 溶液。一般酵母菌的生长并不是一定要求低 A_W 环境，而仅仅是耐低 A_W 环境。酵母菌引起的食品腐败只是变味、产气、变黏或变浊，总的来说，食品因酵母菌引起的损失不大。

霉菌：大多数酵母菌仅可耐低 A_W，而很多霉菌则不仅可以在低 A_W 环境中存活，还可以生长甚至大量繁殖。但低 A_W 对霉菌也有影响，且不同溶质控制 A_W 效果不同，如霉菌在甘油和糖调节 A_W 的环境中生长得比在 NaCl 中好。

霉菌生长的最低 A_W 为 0.60～0.62，基本上是微生物生长 A_W 范围的低限，在这样低的 A_W 环境中，其世代时间会延长至数周乃至数月。由于霉菌和酵母菌的最低生长 A_W 远较细菌的低，在低 A_W 食品中，霉菌和酵母菌便成为主要的腐败菌。在这些食品的保藏中，若加入一定的山梨酸钾或苯甲酸钠等抑真菌剂，便可显著延长食品的保藏期。

降低 A_W 不仅可以抑制微生物的生长繁殖，还可增强微生物对不良环境的抵抗力，使其能在加热和冷冻过程中更好地存活下来，这些存活的菌一旦遇到适宜的环境，其体内的生理损伤得到修复后便可迅速生长，这种意外的微生物迅猛生长可能给食品生产厂家带来灾难性的损失。

4. 低 A_W 对孢子的形成和萌发的影响

用来控制 A_W 的溶质不同，对细菌产孢的影响也不一样，用葡萄糖、山梨醇或 NaCl 时，蜡样芽孢杆菌 T 菌株产孢的最低 A_W 为 0.95，而用甘油时为 0.91。厌氧性的产气荚膜梭菌（*Clostridium perfringens*）在蔗糖或 NaCl 调 A_W 值的复合培养基中孢子生长和萌发的最低 A_W 为 0.95～0.97，但用甘油时为 0.93 或更低。

食品中霉菌的产孢与 A_W 的关系具有特殊的意义。因为霉菌只有产生孢子才能完成其生活周期（life cycle）。一般情况下，霉菌产孢的最低 A_W 比孢子萌发的最低 A_W 高（表 4-9）。现有报道的最低产孢 A_W 是干李上的红曲霉（*Monascus bisporus*），为 0.66，其他的干生性霉菌的产孢最低 A_W 为 0.67～0.77。

控制 A_W 所用溶质对孢子萌发所需的最低 A_W 影响很大。一般非离子型化合物的抑制作用不如离子型化合物的强，如用甘油控制 A_W 时枯草芽孢杆菌和蜡样芽孢杆菌芽孢的最低萌发 A_W 分别为 0.78 和 0.68，而用 NaCl 控制 A_W 时，A_W 为 0.91 以下时这两种菌就几乎不生长。类似的，肉毒梭菌芽孢萌发的最低 A_W 在甘油中也比在 NaCl 中低，但其萌发最低 A_W 和生长最低 A_W 基本相同。

表 4-9　霉菌的孢子萌发、生长及产孢的相对湿度　（%）

菌名	相对湿度		
	萌发	生长	产孢
刺孢曲霉	71	62	—
薛氏曲毒	65～73	65	—
白曲霉	72～75	72～75	80
杂色曲霉	76～78	75	—
匍匐曲霉	71～80	—	—
黄曲霉	80	80	85
扩展青霉	82～86	82	85
黑曲霉	80	88～89	92～95
总状毛霉	88	92	95
黑根霉	90～92	92～94	96
细链格孢	94	—	—
腊叶枝孢	94	—	—

大多数霉菌在孢子萌发后，在萌发的 A_W 下芽管仍可继续伸长。但是在食品中，因其他条件的不利作用，其芽管不再伸长。溶质对霉菌孢子萌发的影响和细菌的相似，除少数例外，NaCl 的抑制作用较葡萄糖和甘油强。

（三）微生物适应低 A_W 环境的机制

在低 A_W 环境中，微生物细胞必须保持其细胞内有足够的游离水，以维持其正常的生理过程，这样它们才能继续生存和生长，否则会因为细胞失水或质壁分离损伤细胞膜而生长变慢或停止。在这种低 A_W 环境中，很多微生物可以合成一些不能透过细胞膜的溶质来平衡胞内外的渗透压差，这些不干扰细胞基础代谢的溶质称为兼容性溶质（compatible solute）。

在食品中常见的一些非嗜盐细菌可在细胞内积累氨基酸来平衡膜内外的渗透压差。像金黄色葡萄球菌这样的耐高渗细菌，在低 A_W 环境中，细胞内可积累大量的脯氨酸。Christian 和 Hall 证实，随环境 A_W 的降低，奥拉宁堡沙门氏菌（*Salmonella.oranienburg*）细胞内脯氨酸浓度等量、线性地增加。积累脯氨酸的机制如图 4-24 所示。随着 A_W 降低，细胞内 K^+ 浓度增加，促使脯氨酸前体 α-酮戊二酸和谷氨酸的合成；K^+ 还起着平衡细胞内电中性的作用。

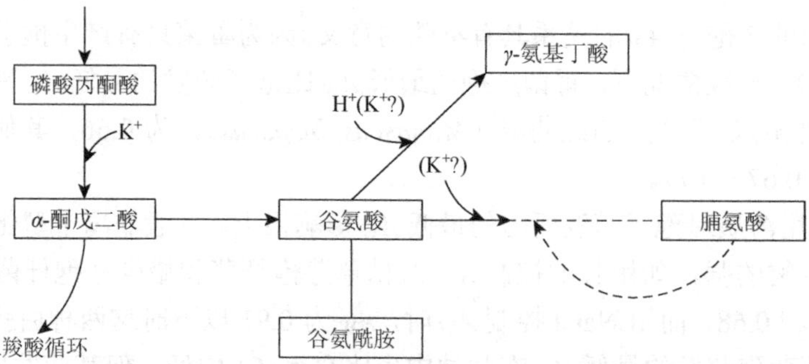

图 4-24　渗透压调节氨基酸的合成中 K^+ 的影响

嗜渗透压酵母在低 A_W 环境中维持细胞膜内外渗透压平衡的是高浓度的多元醇（多羟基醇）。Brown 曾报道，在低 A_W 环境中，酵母菌细胞内积累山梨醇、阿拉伯醇和己糖醇。

酵母菌以积累多元醇作为渗透压调节剂和酶保护剂，而嗜盐细菌则在细胞内积累 KCl 来与胞外高浓度的 NaCl 平衡。实际上，嗜盐细菌必须在 NaCl 浓度为 2.0mol/L（A_W 为 0.91～0.92）以上的环境中才能生长，因为其细胞内核糖体要高浓度的 K^+ 来稳定；其细胞内的酶也只有在高盐环境中才有活性；此外，嗜盐细菌的细胞壁也要有高浓度的 Na^+ 来稳定，环境中 Na^+ 浓度低则菌体细胞变形，若太低则细胞壁破裂溶解。

三、氧化还原电位

氧化还原电位（Eh）是一种物质给出电子的趋势。氧化还原电位越高，则其给出电子的趋势越小；氧化还原电位越低，则越易给出电子。由于微生物要利用其环境中的各类物质给出电子时产生的能量才能生长，因此微生物所处环境的 Eh 对微生物的生长有显著影响。

（一）环境的氧化还原电位与微生物类群

自然环境中氧化还原电位的上限是 0.816V，存在于高浓度氧而没有氧利用系统的环境；氧化还原电位的低限是–0.421V，存在于富含氢的系统中。一个系统中的氧化还原电位受 pH、O_2 及其他氧化还原性物质（如抗坏血酸、H_2S、H_2、铁及谷胱甘肽、二硫苏糖醇、硫二乙醇钠等含—HS 有机物）的影响。一般 Eh 随 pH 升高而降低；O_2 的存在可使系统处在高 Eh，而一些还原性物质又可以使系统的 Eh 稳定在低水平上，如在培养基中加一铁钉或少许铁屑便可将培养基的 Eh 降至–0.40V，从而使一些厌氧菌在接触空气的平板上仍可生长。

所有微生物都只能在一定的 Eh 范围生长，根据微生物与环境 Eh 及 O_2 的关系可将其划分为好氧型微生物（aerobe）、兼性好氧型微生物（facultative aerobe）和厌氧型微生物（anaerobe）三大类。

1. 好氧型微生物

即只能在有氧条件下生长的微生物。根据其对氧气需要程度的不同又可将其分为专性好氧微生物和微好氧微生物两类。

专性好氧微生物（obligate aerobe）即在氧浓度大于空气中氧浓度[即 O_2 分压大于 O_2 大气压或 O_2 含量大于 20%(*V*/*V*)]的环境中也能生长的微生物。其生长环境的 Eh 在 0.1V 以上。这类微生物在缺氧时便不能生长，因为 O_2 是它们呼吸作用的最终电子受体，它们只能通过氧化磷酸化产生能量，不能通过发酵产生能量，而且在甾醇类和不饱和脂肪酸的合成中都要 O_2 的参与。

大多数的真菌、细菌和藻类都属于这一类型，如铜绿假单胞菌（*Pseudomonas aeruginosa*）和白喉棒杆菌（*Corynebacterium diphtheriae*）。

微好氧微生物（microaerophile）是指在厌氧条件下不能生长，但在正常空气中不如在 O_2 浓度稍低[O_2 浓度为 2%～10%(*V*/*V*)]的环境中长得好的一类微生物。也通过呼吸链并以 O_2 为最终电子受体而产能，如霍乱弧菌（*Vibrio cholerae*）、一些氢单胞菌属（*Hydrogenomonas*）、发酵单胞菌属（*Zymomonas*）及少数拟杆菌属（*Bacteroides*）的种等。

2. 兼性好氧型微生物

其也称为兼性厌氧微生物（facultative anaerobe），即指在有 O_2 和无 O_2 环境中都可生长的微生物。它们在 Eh 0.lV 以上的环境中通过氧化磷酸化产生能量；在 Eh 0.1V 以下的环境中，其细胞内的细胞色素及其他呼吸系统的组分丢失或大为减少，细胞以发酵产能。由于氧化磷酸化的产能效率比发酵的产能效率高，因此它们在有氧条件下比在无氧环境中生长得快。许多酵母菌和许多细菌都是兼性好氧菌，如啤酒酵母（*Saccharomyces cerevisiae*）和普通变形杆菌（*Proteus vulgaris*）等都是常见的兼性好氧微生物。实际中，在培养专性好氧菌和兼性好氧菌时都十分注意对它们的供气，实验室中常以摇瓶培养，工业生产中则采用通气和搅拌来增加环境中的供氧量，以促进微生物的生长和繁殖。

3. 厌氧型微生物

厌氧型微生物即产能过程不需要 O_2 参与的微生物。根据其厌氧程度不同又分为专性厌氧微生物和耐氧型厌氧微生物两类。

专性厌氧微生物（obligate anaerobe）即要求在严格无氧的环境中生长的微生物。O_2 的存在对它们有直接毒害作用，或因 Eh 过高而不能生长。这类微生物只在细菌和原生动物中存在，如梭状芽孢杆菌属、甲烷杆菌属和瘤胃球菌属（*Ruminococcus*）。对这类微生物的培养必须采取一定的措施除去环境中的 O_2 并与大气隔离。

耐氧型厌氧菌：这类微生物的生长不需要 O_2，但 O_2 对它们无损害，在有氧或无氧时生长得同样好，如乳酸链球菌（*Streptococcus lactis*）、粪链球菌（*S. faecalis*）、乳酸乳杆菌（*Lactobacillus lactis*）及肠膜明串珠菌（*Leuconostoc mesenteroides*）等；乳酸菌以外的耐氧菌如雷氏丁酸杆菌（*Butyribacterium rettgeri*）等。

氧气对厌氧微生物的毒害作用主要是因为这些微生物在有 O_2 条件下会产生一些有毒物质，如 H_2O_2 和超氧基（O_2^-），它们在细胞内积累就会导致细胞死亡。由于好氧微生物和兼性好氧微生物细胞内有过氧化氢酶和超氧化物歧化酶，可将 H_2O_2 和 O_2 降解为 H_2O 和 O_2^-，因此这些微生物能在有氧环境中生长。而专性厌氧菌细胞内既无过氧化氢酶，也无超氧化物歧化酶，因此专性厌氧菌在有氧条件下，其细胞内的有毒代谢产物会积累并引起细胞中毒和死亡。耐氧型厌氧菌的细胞内虽无过氧化氢酶，但具有超氧化物歧化酶，能分解其细胞内产生的超氧基化合物而解毒，H_2O_2 则通过与细胞内某些代谢产物作用而进一步解毒，这是耐氧型厌氧菌在有氧条件下仍可生存的主要原因之一。在某些情况下，只要保持低的 Eh，则专性厌氧菌在有 O_2 存在时也不被杀死。这说明高 Eh 也是引起专性厌氧菌死亡的一个原因，所以在培养专性厌氧菌时不仅要维持厌氧条件，保持低的 Eh 环境也是至关重要的。

（二）食品的 Eh 和微生物的关系

不同食品的氧化还原电位差异很大，因而在不同食品中生存的微生物及引起这些食品腐败变质的微生物种类也很不相同。

植物性食品，尤其是植物汁液（水果和蔬菜汁），其氧化还原电位较高，一般为 0.3～0.4V，因而在这类食品中生长并引起腐败变质的多是好氧型的细菌和霉菌。

Barnes 和 Ingram 发现，刚宰杀的马的头胸部（sternocephalicus）肌肉 Eh 约为 +0.25V，此时肉毒梭菌不能繁殖，在无细菌生长的情况下，经 30h 至肉的僵直期时，Eh 降至–0.13V；若有细菌生长，则 Eh 降至–0.25V。而肉毒梭菌在 Eh 为–0.036V 以下便可生长。对鲸肉，在僵直期前厌氧菌是不会增殖的，因为僵直期前的 Eh 高。这一点在牛肉、猪肉及其他类型的肉中也是如此。

食品的 Eh 可影响其上微生物的生长，反过来，微生物的生长也会改变其环境的 Eh。例如，好氧菌的呼吸作用消耗环境的 O_2，一些还原性代谢产物的积累（H_2S、抗坏血酸及含—SH 化合物），都可使环境的 Eh 降低，因此需氧菌的生长可为厌氧菌的生长提供有利的 Eh 条件。

四、辐射作用

辐射（radiation）是指通过空气或外层空间以波动方式从一个地方传播或传递到另一个地方的能源。它们或是离子或是电磁波。辐射灭菌是利用电磁辐射产生的电磁波杀死大多数物质上的微生物的一种有效方法。不同波长的辐射对生物体的效应不同，无线电波的波长最长，对生物的效应最弱；红外辐射具有热效应，也可被光合细菌作为能源；可见光（波长 380～760nm）是蓝细菌和藻类光合作用的主要能源；紫外辐射（波长 136～400nm）有杀菌作用。由于以上几种辐射不使被照射物发生电离效应，因此又称为非电离辐射。波长很短的 X 射线、γ 射线、β 射线和 α 粒子等，具有很高的能量，它们被辐射物质吸收后，往往发生电离效应，使水或其他一些物质电离，对生物体有致死效应，这类辐射称为电离辐射（ionizing radiation）。辐射的生物学效应如图 4-25 所示。

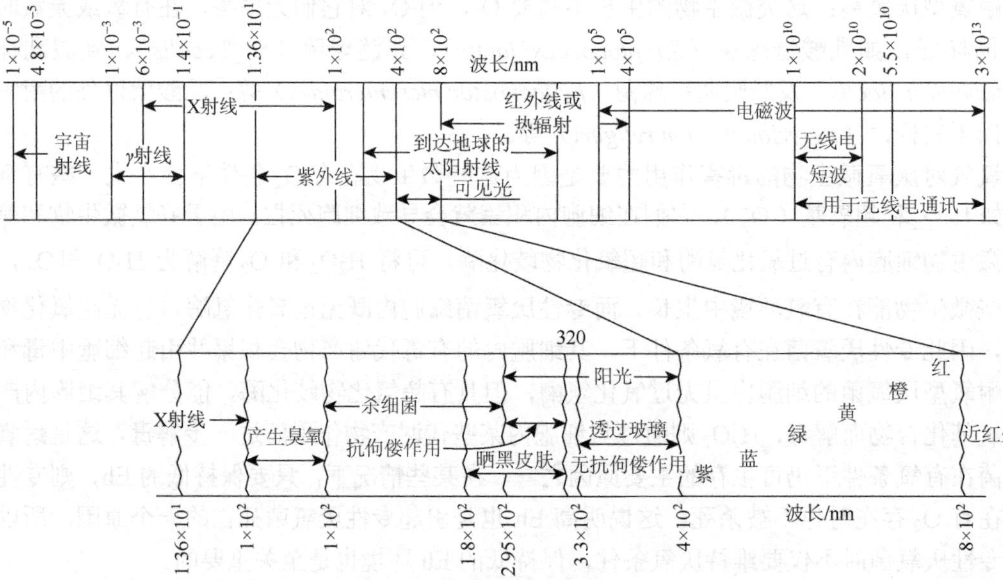

图 4-25　辐射的生物学效应

（一）紫外辐射

紫外线是一种非电离辐射，它们可使被辐照物的分子或原子的内层电子能级升高，但不引起电离。以波长 265～266nm 的杀菌力最强。生物细胞内的核酸、嘌呤、嘧啶和蛋白质对紫外线都有很强的吸收作用（最大吸收峰分别为 260nm 和 280nm），这种吸收会永久性破坏这些重要分子，可能使这些分子发生异常反应，导致细胞代谢机能的改变而发生变异，甚至破坏其分子结构，阻碍蛋白质合成，进一步则造成细胞的死亡。紫外线在消灭活病毒方面特别有效。紫外线的杀菌机制很复杂，现知主要是针对 DNA 的作用，最明显的是诱导胸腺嘧啶二聚体的形成，阻碍 DNA 的复制，因此在杀菌时，用波长 260nm 的紫外线最有效。紫外线的穿透力很差，不能透过玻璃，更不能穿透布料、纸张等不透明体，0.1mm 厚的牛奶就可吸收其能量的 90%。所以紫外线一般仅用于空气和物体表面的消毒，应用比较受限。

紫外线的杀菌效果，因菌种及其生理状态不同而异，辐照时间和剂量也有影响。辐照剂量一般用单位面积吸收的能量来表示，即 $erg/(s\cdot cm^2)$[1erg(尔格) = 10^{-7}J]或 $\mu W/cm^2$[1W = $10^7 erg/(s\cdot cm^2)$]。一只 50W 的低压汞灯在 1m 距离的有效强度约为 $100\mu W/cm^2$。一般干细胞对紫外线的抵抗力较湿细胞的强，孢子比营养细胞强，革兰氏阳性球菌、病毒较革兰氏阴性杆菌强，多倍体或多核细胞较单倍体或单核细胞抵抗力强。若也以杀死 90%活细胞所需的辐照剂量称为 *D* 值（decimal reduction dose），从表 4-10 可看出一些微生物对紫外线的相对抗性，其中以霉菌对紫外辐射的抗性最强。

表 4-10　各类微生物对紫外辐射的抗性

微生物	*D* 值*	微生物	*D* 值*
革兰氏阴性菌		霉菌	
大肠杆菌	2.1～6.4	灰绿曲霉	50～100
普通变形杆菌	<3	黄曲霉	50～100
伤寒沙门氏菌	3～4	黑曲霉	<200
黏质沙雷氏菌	3～4	总状毛霉	20～50
弗氏志贺氏菌	3～4	指状青霉	50～100
荧光假单胞菌	3～4	扩展青霉	20～50
革兰氏阳性菌		娄地青霉	20～50
炭疽芽孢杆菌	5～6	黑根霉	7～200
枯草芽孢杆菌（营养体）	5～6	酵母菌	
枯草芽孢杆菌（芽孢）	6～8	啤酒酵母（面包）	3～4
藤黄微球菌	10～20	啤酒酵母（糖蜜）	6～8
金黄色葡萄球菌	3～4	椭圆酵母	8～10

*D 值单位为 $10^3\mu W/cm^2$

很多微生物都具有修复紫外线引起 DNA 损伤的酶学机制。这些酶可以将 DNA 链上损伤的部分修补好，从而使其恢复正常的功能。有些微生物细胞内的这种酶需要见光后（光谱中蓝色区域的可见光）才起作用，由这类酶来修复紫外辐射引起损伤的作用称为光复活作用。因此，诱变育种时常将诱变后的菌种置于黑暗中培养，以减少光复活现象。这类酶被光激活后能识别 DNA 中胸腺嘧啶二聚体并使其解离而恢复成正常结构的 DNA 链。另外一些修复酶则在无光的情况下起作用（暗复活）。发挥暗复活作用的几种酶，它们协同地作用，先是将 DNA 链上损伤部分去掉，再以新的核苷酸补上，从而使其恢复为结构完整的 DNA 链。正是由于微生物细胞内这些修复机制的存在，只有在紫外辐射引起的损伤大大超过细胞的修复能力时，才可导致细胞死亡。

（二）电离辐射

电离辐射的波长都很短（200nm 以下），但能量很高，对微生物有很强的致死作用，这种致死作用并不是辐射对细胞组分的直接破坏所引起，而是辐射诱发细胞内物质电离，产生反应活性高的游离基，这些游离基再与细胞内的敏感大分子反应而使细胞失去活力。例如，电离辐照微生物细胞时细胞内会产生游离的氢、羟基和一些过氧化物（H_2O_2）。

$$3H_2O \xrightarrow{\text{辐射作用}} H^+ + OH^- + H_2O_2 + H_2$$

这些物质可引起细胞发生各种损伤，包括蛋白质和核酸类的损伤，但致死的主要原因是 DNA 的致死性损伤导致了细胞丧失复制能力。大量研究表明，微生物在致死剂量作用下，细胞中大多数的酶并不失活，其他蛋白质和大分子物质也没有多大变化。对于电离辐射造成的损伤，微生物细胞具有暗修复机制，但无光修复作用。

电离辐射对微生物的作用无专一性，对一切细胞组分都有作用，但各种微生物对辐射的抗性不同，甚至同种的不同菌株间有时也有相当大的差别。一般细菌的营养细胞对电离辐射很敏感，而细菌芽孢的抗性很强，很多细菌吸收 0.3～0.4mrad（毫拉德，millirad）的辐射就会死亡；霉菌中除特别敏感的种类外，其抗电离辐射能力与细菌的营养体相当。酵母菌的抗电离辐射力明显较霉菌强，与抗性较强的细菌相近，抗性特别强的克鲁斯假丝酵母（*Candida krusei*）和稍敏感的细菌芽孢差不多。病毒对电离辐射的抗性一般比其他微生物类群更强，如脊髓灰质炎病毒需吸收 3.8mrad 的辐射才会失活。拉德（rad）是每克组织吸收辐射能量的一个单位，辐射一般不会对人体造成损害，除非剂量超过 50rad。

氧气对微生物的抗辐射能力有很大影响。在有 O_2 情况下辐射的杀菌作用要比无 O_2 情况下强得多；水对电离辐射的杀菌作用也有很大影响，一般微生物在干燥条件下比在含水环境中更耐电离辐射，但冰冻的影响不大。辐照时微生物所处的基质对辐射的杀菌效果也有显著影响，同一种微生物在不同的基质中所要求的致死剂量差异很大，因此在辐射处理食品时，不同的食品辐射所需的剂量往往差别很大。

电离辐射灭菌的特征是被灭菌物品的温度不升高，因此又称为冷灭菌，但因各种电离辐射的穿透力和电离作用不同，并不是每一种电离辐射都可用于食品的灭菌。α 粒子的电离作用强但穿透力弱；β 射线电离作用弱但穿透力较 α 粒子强；X 射线穿透力明显较前两者强，但发生较难，价格昂贵，以上几种电离辐射都有一定的缺点，无法应用于食品的灭菌处理，常被用于塑料、医疗设备和药品的灭菌。唯有 γ 射线穿透力和杀菌作用都强，而且很易发生（^{60}Co 和 ^{137}Cs 的放射线，半衰期分别为 5 年和 30 年），现已用于不耐热食品的杀菌处理。电离辐射除可杀菌外，还有杀虫、抑制发芽、改良品质等作用。

五、超声波

超声波（频率在 20 000Hz 以上）有强烈的生物学效应。超声波处理微生物悬液可以达到消灭它们的目的。超声波处理微生物悬液时，由于超声波探头的高频率（15 000Hz以上时）振动，引起探头周围水溶液的高频率振动，当探头和水溶液两者的高频率振动不同步时能在溶液内产生空当即空穴，空穴内处于真空状态，只要悬液中的微生物接近或进入空穴区，由于细胞内外的压力差，细胞裂解，蛋白质变性，从而达到灭菌的目的，超声波的这种作用称为空穴作用；另外，由于超声波振动，机械能转变成热能，导致溶液温度升高，使细胞产生热变性以抑制或杀死微生物。超声波对微生物的致死效应与超声波的频率、处理时间、微生物种类、细胞大小、形状和数目等均有关系。一般来说，高频率比低频率杀菌效果好，杆菌比球菌、丝状菌比非丝状菌、体积大的细胞比体积小的细胞在用超声波处理时更容易死亡，细菌的芽孢比营养体抵抗力强。由于超声波可破碎细胞，可用来研究细胞结构和化学组成，如细胞内酶、免疫物质、核酸类物质等的提取。为使生物活性物质不被破坏失活，在超声处理中，通常在低温下（冰块中）间歇处理以免发生热失活作用。

第十一节 化学因素对微生物生长的影响

环境中的各种化学物质能从各个方面影响微生物的生命活动。有些可作为微生物的营养物质而促进微生物生长、繁殖；有些则对微生物的代谢活动有抑制作用；有些则对微生物有致死作用。

化学物质对微生物的作用往往与其浓度有关，在较高浓度下有杀菌作用，浓度低时只有抑菌作用，浓度低至一定程度则还可能对微生物生长有刺激作用。微生物种类不同对化学物质的反应也不一样，同一种化学物质对某一种微生物有害，对另一种微生物则可能有益。因此了解了各种化学物质对微生物的影响，我们就可以针对不同的微生物，选择合适的化学物质和浓度，来实现杀死它们、抑制其代谢活动或促进其生长等不同目的。

一、营养物

微生物只能在适当的营养条件下，才能进行正常的生理活动和生长繁殖，这些营养物包括水、能源、氮源、生长素及微量元素等（详见第三章第二节）。

各种食品在营养物组成上的差异成为影响微生物在其上面生长的因素之一。有的微生物只能在很全面的营养物中才能生长，而另一些则在简单的营养物中即可良好地生长。一般的，革兰氏阳性菌较革兰氏阴性菌的营养要求高，酵母菌次之，霉菌的营养要求最低。在食品中可被微生物用作能源的有糖、醇和氨基酸类，有些还可利用淀粉、纤维素和脂肪。食品中异养微生物的氮源主要是氨基酸，有的还可利用多肽、蛋白质或核苷酸。

有些微生物由于丧失了从简单化合物合成细胞物质的能力，需要食品中有相应的物质存在才能生长。这种特性可被用来精确地测定一些微量有机物，如一般微生物生长都需要有少量的 B 族维生素（硫胺素、核黄素等），一些革兰氏阳性菌的 B 族维生素合成能力最差，往往需要有一种或几种 B 族维生素存在才能生长，缺一便不能生长，加入后便又可生长，且在一定范围内生长量与添加量成正比，因此可用这些菌种测量这些维生素的含量。与化学方法相比，用微生物法测定生长素具有特异性（能区分氨基酸的 D、L 体）、灵敏性（能分辨低至 10^{-12}g/g 的浓度）和简易性的优点。即使在拥有现代先进分析仪器的今天，对在极低浓度下仍有生物活性的维生素（B_{12}和生物素），用微生物分析仍是常用的方法。一般革兰氏阴性菌和霉菌能合成几乎所有的 B 族维生素，因此在 B 族维生素少的食品上常发现这类微生物，如水果类因 B 族维生素含量低、pH 低、Eh 高，因而其腐败菌多为霉菌。

大多数食品富含各类营养物，这不但适合微生物生长，而且在热处理及不良环境中对微生物还有保护作用，如蛋白质、淀粉、脂肪等。对一些组成和用途单一的食品，如糖、食用动物脂肪、黄油等，则可通过极大地降低各种外来营养物含量（包括水）来提高其微生物学稳定性。黄油（含脂肪 80%和水 17%，另有少量水溶性非脂肪成分）则只要其水相在脂肪相中充分分散，就具有相当的储藏稳定性。在黄油生产中，搅打可以使水以很小的液滴分散于脂肪相中，每克黄油含（1～2）$\times 10^9$ 个小水滴，大部分较细菌菌体小，即使少数大水滴污染上细菌，也因为作为被分散相的水滴中营养物很少，且营养物向水滴中扩散及代谢废物的排出都受阻碍而不利于其中微生物的生长，因而黄油具有较好的储藏稳定性。

二、pH

（一）微生物生长的 pH 范围

每种微生物都有其最适 pH 和一定的 pH 范围。在适宜范围内酶活性最高，如果其他条件适合，微生物的生长速率也最高。一般细菌生长的最适 pH 为 6.5～7.5，在 pH4～10 可以生长；放线菌在 pH7.5～8 生长较合适；酵母菌和霉菌适于在 pH5～6 的酸性环境生长，但在 pH1.5～10 时都可生长；一般真菌生长的 pH 范围比细菌的广，细菌对环境 pH 的要求严格。但有些细菌甚至可在强酸性或强碱性环境中生活，如氧化硫杆菌能在 pH1～2 的环境中生活，有些硝化细菌能在 pH11 的环境下活动（表 4-11）。

由于微生物生长的 pH 范围还受很多因素的影响，因此表 4-11 中的数值仅可代表各种微生物生长的基本 pH 范围，并不能代表它们在所有条件下的生长 pH 范围。例如，有些乳杆菌的最低生长 pH 取决于酸的类型，在乙酸和乳酸（调 pH）中的最低生长 pH 较在柠檬酸、盐酸、磷酸和酒石酸中的高；粪产碱菌在 0.2mol/L NaCl 中生长 pH 范围较无 NaCl 或在 0.2mol/L 的柠檬酸中的宽。

在微生物的生长过程中，由于代谢活动而引起物质的转化，会使基质的 pH 发生改变。例如，乳酸菌分解葡萄糖产生乳酸，使基质的 pH 下降；尿素细菌分解尿素后产生氨，则可使基质的 pH 上升。环境 pH 的改变又会影响微生物的生长、代谢活动，当超过微生物生长的 pH 范围时，微生物的生长则受到抑制甚至会死亡。为了维持微生物生长过程的 pH 稳定，在配制培养基时不仅要注意调节 pH，还需常常加入缓冲剂。各种缓冲剂都只能在一定的 pH 范围有效地起缓冲作用，如磷酸盐在 pH6～8 时是良好的缓冲剂，广泛用于培养基的配制，要维持微酸性环境则可用柠檬酸盐作缓冲剂；要维持碱性环境则可用硼酸盐或甘氨酸。缓冲剂有上百种，选用的主要原则是它们应对培养物没有直接影响。

正如温度对微生物的影响一样，微生物生长繁殖的最适 pH 与其合成某种代谢产物的 pH 通常是不一致的。例如，丙酮丁醇梭菌，生长繁殖的最适 pH 是 5.5～7.0，而大量合成丙酮丁醇的最适 pH 却为 4.3～5.3。

表 4-11 各种微生物开始生长的 pH 限值

菌名	最低 pH	最高 pH	菌名	最低 pH	最高 pH
粪产碱菌	6.4	9.7	加拿大汉逊氏酵母	2.15	8.6
大肠杆菌	4.4	9.0	啤酒酵母	2.35	8.6
普通变形杆菌	4.4	9.2	脆壁酵母	2.4	9.05
伤寒沙门氏菌	4.0～4.5	8.0～9.6	小椭圆酵母	2.2	8.8
氧化硫硫杆菌	1.0	9.8	巴斯德酵母	2.1	8.8
副溶血性弧菌	4.8	11.0	少孢酵母	1.5	—
蜡状芽孢杆菌	4.9	9.3	八孢裂殖酵母	5.45	7.05
枯草杆菌	4.5	8.5	克鲁斯假丝酵母	1.5	—
嗜热脂肪芽孢杆菌	5.2	9.2	梅丽有孢汉逊氏酵母	1.5	—
肉毒梭菌	4.7	8.5	胶红酵母	1.5	—
生孢梭菌	5.0	9.0	米曲霉	1.6	9.3
黏质沙雷氏菌	4.0	9.0	意大利青霉	1.9	9.3
微球菌	5.6	8.1	变幻青霉	1.6	11.1
金黄色葡萄球菌	4.0	9.8	尖镰孢	1.8	11.1
乳酸链球菌	4.3-4.8	9.2	恶臭小皮伞	2	6.8
			布拉克须霉	3.0	7.5

（二）环境 pH 对微生物的影响

各种微生物适宜生长的 pH 范围不同，各种食品的 pH 又有相当大的差别，因而在其上生长的微生物也就很不一样。表 4-12 和表 4-13 为一些食品的 pH。从中分析可知，不产芽孢细菌几乎可以在所有的食品中生长并引起腐败。肉的 pH 约为 6.2，即使在 10℃或更低的温度储存，也易为假单胞菌等革兰氏阴性菌引起腐败。引起酸性食品腐败（pH4.5）的基本上都是革兰氏阳性菌，尤其是乳杆菌，它们不仅可以用于发酵保藏乳产品和蔬菜，在引起食品腐败方面也同样重要。

表 4-12 一些畜禽产品、水产品的 pH

产品	pH	产品	pH
牛肉（绞细）	5.1～6.2	鱼（多数种）	6.6～6.8
火腿	5.9～6.1	蛤	6.5
小牛肉	6.0	蟹	7.0
鸡	6.2～6.4	牡蛎	4.8～6.3
黄油	6.1～6.4	金枪鱼	5.2～6.1
酪乳	4.5	虾	6.8～7.0
牛奶	6.3～6.5	大麻哈鱼	6.1～6.3
稀奶油	6.5	白蛙	5.5

表 4-13　一些新鲜蔬菜或水果的 pH

蔬菜或水果	pH	蔬菜或水果	pH	蔬菜或水果	pH
天门冬（芽和茎）	5.7～6.1	莴苣	6.0	苹果	2.9～3.3
菜豆和利马豆	4.6 和 6.5	油橄榄	3.6～3.8	香蕉	4.5～4.7
甜菜（糖）	4.2～4.4	洋葱（红的）	5.3～5.8	无花果	4.6
花茎甘蓝	6.5	荷兰芹	5.7～6.0	葡萄柚（果汁）	3.0
抱子甘蓝	6.3	防风	5.3	酸橙	1.8～2.0
圆白菜（绿色）	5.4～6.0	土豆和甘薯	5.3～5.6	甜瓜（蜜瓜）	6.3～6.7
胡萝卜	4.9～6.0	南瓜	4.8～5.2	柑橘（汁）	3.6～4.3
花菜	5.6	大黄	3.1～3.4	李	2.8～4.6
芹菜	5.7～6.0	菠菜	5.5～6.0	西瓜	5.2～5.6
甜玉米	7.3	西葫芦	5.0～5.4	葡萄	3.4～4.5
茄子	4.5	西红柿	4.2～4.3		

产芽孢细菌往往对低 pH 敏感，如肉毒梭菌在 pH4.6 以下的食品中便不能生长、产毒。但也有些产芽孢菌可引起酸性罐头腐败，如巴氏固氮梭菌（*Clostridium pasteuriamm*），pH 低于 3.5 才可抑制该菌的生长。

沙门氏菌等革兰氏阴性致病菌，pH 低于 4.0 即可被抑制，一般肠道细菌需要更低的 pH 或低 pH 与低温配合才能抑制其生长。副溶血性弧菌比大肠杆菌对酸度更敏感，pH4.5～5.0 就可完全抑制其生长，0.5%（*V*/*V*）的乙酸在几分钟内就可杀死弧菌。多数肉制品的 pH 和食盐含量不足以完全抑制肉毒梭菌。

环境的 pH 不仅影响微生物的生长，还影响其代谢产物。同一种微生物在不同 pH 环境中可能积累不同的代谢产物，如酵母菌生长的最适 pH 为 4.5～5.0，厌氧条件下进行乙醇发酵，不产生甘油和乙酸；但 pH＞8，则除产生乙醇外，还有甘油（主要产物）和乙酸。黑曲霉在 pH2～3 的环境中发酵蔗糖，其产物以柠檬酸为主，只产极少量的草酸；当改变 pH 使之接近中性，则产生大量草酸，而柠檬酸产量很低。因此，在发酵过程中，根据不同的目的，常采用变动 pH 的方法，以提高生产效率。

在超出微生物生长的极端 pH 条件下，对微生物有致死作用。因而强酸和强碱有杀菌作用，但由于硫酸、盐酸等腐蚀性大，一般不用作消毒剂。强碱具有杀菌作用且可去油污。

（三）不同 pH 环境对微生物的影响机制

pH 影响微生物的机制有以下几个方面：引起细胞膜电荷的变化，从而影响了微生物对营养物质的吸收；影响代谢过程中酶的活性；改变生长环境中营养物质的可给性及有毒物质的毒性，使菌体表面的蛋白质变性或水解。

微生物的细胞膜对 H^+ 和 OH^- 相对地是不可渗透的，因而尽管环境的 pH 可能变化很大，但细胞质内的 H^+ 和 OH^- 浓度基本保持恒定的近中性，这一点极为重要。因为细胞内的叶绿素、DNA 和 ATP 都能被酸性环境破坏，而 RNA 和磷脂则对碱性环境敏感，胞内酶的最适 pH 一般在中性附近，而外质中的酶和胞外酶的最适 pH 则接近环境的 pH，但硫化叶菌属（*Sulfolobus*）和甲烷球菌属（*Methanococcus*）例外。

当微生物处在低于或高于中性 pH 环境时，其繁殖能力取决于其改变环境 pH 的能力。当它们处在酸性环境中，细胞或者阻止 H^+ 进入，或者迅速地将进入细胞的 H^+ 排出细胞。大多数在酸性环境中生长的微生物，其代谢作用的结果可使环境的 pH 升高；而在高 pH 环境中生长则能使 pH 下降。例如，氨基酸脱羧酶在 pH4.0 左右活性最高，达 pH5.5 后则无活性，这样在酸性环境中可很快地将 pH 调至中性。丙酮丁醇梭菌（*Clostridium acetobutylicum*）将丁酸转化成丁醇而使环境 pH 上升；产气肠杆菌则可将丙酮酸转化为三羟基丁酮而使基质的 pH 升高；在碱性环境中生长时，最适 pH 为 8.0 的脱氨酶的作用可使有机酸积累而将环境 pH 调至中性。

在营养物质输送方面，由于细菌细胞具有一定的负电荷，非离子型化合物能进入细胞内而离子型的则不能进入。在中性或碱性环境中，有机酸不能进入细胞，而在酸性环境时，这些化合物为非离子状态，可进入细胞。偏碱和偏酸都会影响可解离基团的离子特性，从而促进膜上转运酶失活，影响物质的转运。

不利的 pH 环境会使细胞对很多毒剂更为敏感，且幼龄菌细胞较老龄细胞和静息细胞对 pH 变化更敏感。微生物在偏离其最适 pH 范围的任何一侧，都将导致延滞期的加长。如果基质的缓冲力较强则延滞期可望更长，换言之，延滞期的长短也反映了微生物改变外部环境 pH 至其适宜的 pH 所需的时间。

三、重金属及其化合物

一些重金属离子是微生物细胞的组成成分，当培养基中这些重金属离子浓度低时，对微生物生长有促进作用，反之会产生毒害作用；也有些重金属离子的存在，不管浓度大小，对微生物的生长均会产生有害或致死作用，因此大多数重金属化合物是有效的杀菌剂或防腐剂。杀菌作用最强的是汞、银和铜的化合物。因为它们有的可与细胞内含—SH 的酶的—SH 结合使酶失活，有的与蛋白质结合而使蛋白质变性或沉淀，从而抑制微生物的生长或导致死亡。

汞：汞化合物有氯化汞（$HgCl_2$）、氯化亚汞（Hg_2C1）和有机汞。常用的无机汞化合物为氯化汞即升汞，其杀菌力极强，1∶(500～2000)的升汞溶液对大多数细菌有致死作用。实验室中可用 0.1%的 $HgCl_2$ 消毒非金属器具。由于汞盐对金属有腐蚀作用，而且对人和动物有剧毒，易危害生态环境，因此其应用受到限制。另外，Hg 还易和蛋白质结合形成沉淀，故不适于消毒蛋白质含量高的物品（如痰和粪便）。现已合成了许多含汞的有机化合物，如硫柳汞（merthiolate）、梅塔酚（metaphan，即硝基汞甲酚）等。这些化合物的毒性较无机汞低得多，且对大多数细菌有效，故常用作消毒剂、植物保护剂或血清和疫苗的保存，使用浓度为 0.01%。红汞（汞溴红，mercurochrome）也是最常用的消毒剂之一。

银：银盐也有很强的杀菌作用。0.1%～1%的硝酸银（$AgNO_3$）溶液可用于皮肤消毒。医院曾常以 1%的硝酸银滴入新生婴儿眼中，以防由淋球菌感染所导致的新生儿致盲。后来很多医院用红霉素等抗生素代替硝酸银，但由于淋球菌的抗药性不断增强，有些地区仍需要使用硝酸银，以抑制淋球菌耐药性上升的趋势。蛋白质与银或氧化银制成的胶体银化物，刺激性较小，也可作为消毒剂或防腐剂。

铜：硫酸铜是常用的铜化合物杀菌剂。常用硫酸铜与石灰、水以适当比例配合成波尔多液，防止植物病害。铜盐对藻类和真菌的作用比对细菌的强。

砷、铋、锑等曾用作化学疗剂来医治梅毒病和某些原生动物所引起的疾病。特别是三价砷的有机化合物，如砷凡纳明（606）、新砷凡纳明（914），对人及动物的毒性相对轻微，曾经是治疗梅毒病的特效药。

四、氧化剂

氧化剂能破坏细胞原生质结构或氧化细胞中的一些活性基团而具有杀菌作用。过氧化氢、高锰酸钾、次氯酸盐及卤素都是氧化剂，具有杀菌作用。0.1%的 $KMnO_4$ 可用于皮肤、水果、饮具的消毒；3%的过氧化氢用于皮肤、口腔的消毒。

（一）碘

碘具有强穿透力，是强杀菌剂，其杀菌机制尚不清楚，有人认为，它的作用可能是碘不可逆地与菌体蛋白质或酶中的酪氨酸结合。碘的杀菌作用还可能由于它是氧化剂。3%～7%的 I_2 溶于 70%～83%的乙醇中配成碘酊是皮肤及小伤口的有效消毒剂。2%的 I_2 和 NaI 溶于乙醇，7% I_2 和 5% KI 溶于 83%的乙醇中及 5% I_2 和 10% KI 溶于水都是传统使用的碘素杀菌剂，称为碘酒。

碘一般都是外用药，1%的碘酒或 1%碘甘油溶液，10min 内可杀死一般的细菌和真菌，并使病毒失活。目前常用的医疗消毒剂还有碘伏（iodophor），碘伏是单质碘与聚乙烯吡咯烷酮（povidone）的不定型结合物，是一种缓释化合物。医用碘伏通常浓度较低（1%或以下），呈浅棕色。碘伏有广谱杀菌作用，对细菌的繁殖体、真菌、原虫和部分病毒都有良好的杀灭效果，可用于皮肤、黏膜的消毒，也可处理烫伤等。除此以外，在外科手术前消毒和皮肤切口前消毒都采用聚维酮碘（betadine，isodine），浓度 3%～5%的聚维酮碘可破坏真菌、变形虫、病毒及大多数细菌，但对芽孢无破坏作用。还要注意的是，有些人对碘过敏，海鲜过敏通常是由海货中的碘所引起的，所以这一类人要避免使用含碘消毒剂。

（二）氯及其化合物

这是一类应用最广泛的消毒剂。其杀菌机制可能与其在水中形成新生态氧有关。新生态氧有很强的氧化作用，使菌体内物质被强烈氧化而死亡。

$$Cl_2 + H_2O \rightarrow HCl + HClO \rightarrow 2HCl + O_2$$

氯气：常作饮水和游泳池水的消毒剂。水中氯气含量保持在 0.2～0.5mg/kg 便具有杀菌作用。

次氯酸盐：含有效氯为 28%～35%的次氯酸钙[$Ca(ClO)_2$]称为漂白粉，常用作饮用水、厂房餐具和乳酪厂的消毒。浓度 0.5%～1.2%次氯酸钙在 5min 内可杀死大部分细菌。按用途不同可配制成各种浓度使用，0.5%～1%的澄清液（乳状液放置 24h 后的上清液）喷雾，可消毒空气和物品表面，含 5%～20%次氯酸钙的粉剂或溶液常用作乳品厂设备或饭店餐具的消毒。次氯酸钠也是实验室常用的消毒剂，浓度为 1%的次氯酸钠溶液是常用的种子表面消毒剂，还可用作个人卫生和家庭消毒剂；5%的次氯酸钠（商品名为安替福民）可以完全破坏黄曲霉毒素。值得注意是，当有机物存在时，氯本身很容易失去活性。

五、有机化合物

对微生物具有有害效应的有机化合物种类很多。酚、醇、醛等能使蛋白质变性，是常用的杀菌剂。

（一）酚及其衍生物

苯酚又名石炭酸，是一种常用的消毒剂，从 1867 年就开始应用了。其杀菌作用可能主要是使蛋白质变性，同时又具有表面活性作用，破坏细胞膜的透性，使细胞内含物溢出。酚在浓度高时有杀菌作用，在浓度低时仅有抑菌作用。0.5%～1%的水溶液可用于皮肤消毒，但有刺激性；2%～5%的水溶液则在短时间内便能杀死细菌的营养体，但杀死细菌芽孢则需要数小时或更长时间；用 5%的水溶液喷雾可消毒空气，与紫外线照射共用可提高杀菌效果。因为其功效不受有机物的影响，所以经常用于表面消毒和废弃培养物的处理。

酚可用作比较其他化学消毒剂杀菌力的标准，用酚系数（或石炭酸系数，phenol coefficient，PC）来表示。方法是：将待测消毒剂稀释成一系列浓度，在一定条件、一定时间内（一般 10min）致死全部供试微生物（常用普通伤口病原菌金黄色葡萄球菌或典型的消化系统病原菌伤寒沙门氏菌）的最高稀释度与达到同样效果的酚的最高稀释度的比值，即称为酚系数。酚系数大则说明该消毒剂的杀菌力强，其测定方法可用表 4-14 表示。

从表 4-14 中可知，消毒剂 X 对伤寒沙门氏菌的酚系数为 150/90 = 1.6，即消毒剂 X 的杀菌力比酚强 0.6 倍。利用此方法可测知不同杀菌剂的杀菌能力，但它只适用于杀菌剂及在不含有机质的条件下使用。

甲酚是苯酚的衍生物，其杀菌力较酚强，但其水溶性差，在皂液或碱性溶液易形成乳浊液，煤酚皂液（来苏水）就是肥皂乳化的甲酚，其杀菌效率比酚大 4 倍。一般用其 1%～5%的水溶液来消毒皮肤、空间和器皿。

酚的衍生物中，间苯二酚、六氯苯酚也具有很强的杀菌力。其中六氯苯酚是一种良好的皮肤消毒剂，是预防葡萄球菌传播最有效的药物。

表 4-14　消毒剂 X 杀死伤寒沙门氏菌的酚系数

消毒剂	稀释度	处理时间/min		
		5	10	15
消毒剂 X	1∶100	0	0	0
	1∶125	+	0	0
	1∶150	+	0	0
	1∶175	+	+	0
	1∶200	+	+	+
酚	1∶90	+	0	0
	1∶100	+	+	+

注：表中“+”表示未全部杀死，“0”为全部杀死

（二）醇

醇是蛋白质变性剂、脂溶剂又是脱水剂，它们既可使蛋白质失水变性又可损伤细胞膜，因而具有杀菌作用。50%～70%的乙醇可杀死微生物的营养细胞，以 70%的乙醇杀菌力最强，超过 70%后则杀菌力减弱，无水乙醇效果较差，可能是因为其与菌体接触后迅速脱水，表面蛋白凝固，形成了保护膜，阻止了乙醇分子进一步渗入，10%～20%的乙醇无杀菌作用，使用时应根据消毒物品干燥与否来确定使用浓度。乙醇对芽孢几乎没有作用，曾有“炭疽杆菌的芽孢在醇里存活 20 年，以及枯草芽孢杆菌的芽孢在醇里存活 9 年”的记录。但 70%的乙醇中加 1% H_2SO_4 或 NaOH 后，可在 1～2d 杀死枯草芽孢杆菌的芽孢。乙醇是常用的消毒剂，用于皮肤及实验室玻片、玻璃棒等用具的消毒。

甲醇的杀菌力较乙醇差，且毒性大，尤其是对眼睛，可能造成永久性损害。因此不用作消毒剂。其他醇类的杀菌力，随分子质量增加而增强，异丙醇也可作为皮肤消毒剂，但是碳原子数多于 3 的醇不易与水相混溶，所以一般也不被用来作为消毒剂。醇类消毒剂极易挥发，与微生物的接触时间才不过几秒钟，所以无法使皮肤无菌，也不能通过皮肤毛孔渗进深层组织。

（三）醛

甲醛：纯甲醛是气体，易溶于水。甲醛对细菌和真菌都有杀灭作用。灭菌用的甲醛主要来自多聚甲醛和福尔马林（37%～40%的甲醛水溶液）。由于甲醛气体的穿透力差，且有腐蚀性和刺激性，不适用于人，仅适用于物体表面和空气消毒。5%的甲醛液常用于种子消毒和标本防腐；空间消毒用甲醛 6～10ml/m^3，加甲醛重量 1/10～1/5 的高锰酸钾后密闭 24h 以上，这种方法适用于厂房、无菌室及房屋消毒。此法具有一定的毒性，选择时需慎重，熏蒸后要彻底通风去除甲醛，以防对工作人员造成毒害。此外，甲醛是目前家具制作板材中所使用黏合剂脲醛树脂的主要成分，容易导致装饰材料中游离甲醛的挥发，这是影响室内环境的重要因素。

六、表面活性剂

具有降低表面张力效应的可溶性物质称为表面活性剂。在培养基中加入表面活性剂可影响微生物的生长繁殖、形态、革兰氏染色反应、运动性、芽孢形成与萌发等。表面活性剂的种类很多，根据其解离特性可分为阴离子型、阳离子型和非离子型三类（图 4-26）。

阴离子型表面活性剂即可在水中电离产生阴离子残基的表面活性剂，包括肥皂、十二烷基硫酸钠和十二烷基磺酸盐。

阳离子型表面活性剂即在水中电离产生阳离子残基的表面活性剂，如季铵盐。

非离子型表面活性剂在水中不电离，主要作为乳化剂。

一般阳离子型表面活性剂的杀菌作用比阴离子型的强。季铵盐类对各类微生物都有十分有效的杀菌作用，因其兼有杀菌作用和清洁作用，且有低毒、可溶、无腐蚀、稳定性好等特性，可用作皮肤消毒、饮食和乳品业及食品加工厂的卫生消毒，其杀菌浓度自几万分之一至几千分之一，如 0.05%～0.1%的新洁尔灭可用于皮肤、黏膜及器械浸泡消毒。

季铵盐的杀菌作用可能是对酶活抑制、蛋白质变性及破坏细胞膜结构等多种方式共同作用的结果。肥皂的杀菌作用很弱，主要用作清洁剂，它使物质表面的油脂乳化，形成无数小滴，靠机械作用在除去物体表面污物的同时除去表面的微生物。

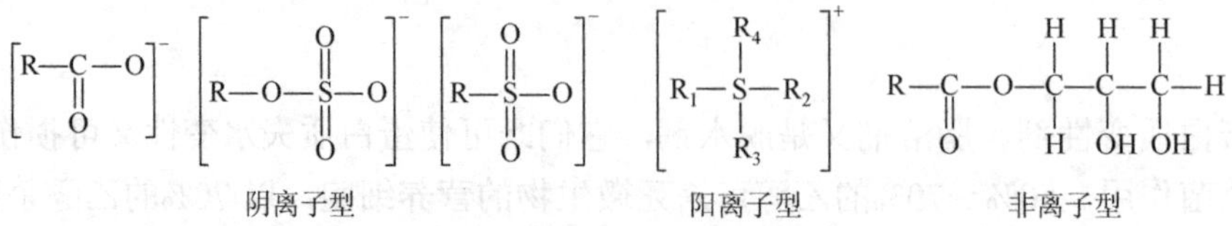

图 4-26　表面活性剂化学式

七、染料物质

染色剂，尤其是碱性染色剂在低浓度下，可抑制细菌生长。其中比较重要的有三苯甲烷染料（孔雀绿、亮绿、结晶紫等）和吖啶衍生物（吖啶黄和原黄素）。一般革兰氏阳性菌比革兰氏阴性菌对染色剂更敏感。3～5ng/ml 的结晶紫便能抑制革兰氏阳性球菌，但要抑制大肠杆菌，浓度必须高 10 倍。百万分之一的孔雀绿可以抑制金黄色葡萄球菌，而抑制大肠杆菌则需约三万分之一的浓度。染色剂的这种选择性抑菌特性可用于配制选择性培养基，如在培养基中加入低浓度的染料（约 10ng/ml），则只有革兰氏阴性细菌可以生长。这种方法也可以用于大肠杆菌的鉴别试验。

结晶紫还具有杀真菌的作用，100ng/ml 可使丛梗孢属（*Monilia*）和色串孢属（*Torula*）的菌致死；1ng/ml 的浓度则只有抑菌作用。三苯甲烷类染料的作用机制仍不清楚，可能是干扰了细胞的氧化过程。吖啶类染料对革兰氏阳性菌有较好的抑制作用，但对真菌不起什么作用。可用于处理伤口、冲洗眼部和灌洗膀胱等。

第十二节 生物因素对微生物生长的影响

自然界中的微生物极少单独存在，而总是与较多的种群聚集在一起。当两种以上的生物出现在一个限定的空间里时，就可能存在相互作用，这些相互作用构成了微生物之间及微生物与其他生物之间极为复杂而多样的关系，它们之间存在着相互依赖、相互制约、相互影响的关系，促进了整个生物界的发展和进化，这些关系归纳起来主要有共生、互生、拮抗、寄生和竞争等几种。

食品也可能是微生物和其他生物共存的一个生态环境，食品的性质影响其中生物的活动和相互作用，生物的活动及其相互作用也影响和改变着食品的品质。

一、共生

共生（symbiosis）是指两种生物密切生活在一起的一种状态。当这种状态高度发展时，便相互结合形成特殊的共生体，它们在生理上表现出一定的分工，在组织上和形态上产生了新的结构。其中互惠共生（mutualism）是两者从结合中都得利；偏利共生（commensalism）是一方得利，但对另一方也无害。

地衣是微生物之间一种典型的共生体，是某些真菌和藻类结合形成的固定形态的植物状结构，称为叶状体。在叶状体内，真菌菌丝紧密地缠绕和包埋着藻类细胞。在生理上，两者也是紧密地相互依存，一般地衣都生活在岩石、房顶、树干及贫瘠的土壤等极端环境中，此时真菌利用其能在十分贫瘠的环境中吸取和保持水分与无机养料的特点，为藻类提供光合作用所需的水和无机物，真菌还可以分泌一种复杂的有机复合物——地衣酸（lichen acid），促进藻类所需无机营养物质的溶解和螯合。藻类则为共生体中的真菌提供有机营养物（葡萄糖和多元醇）。从上看出，在这种共生体中双方都受益。

细菌栖息于许多原生动物细胞内，是一种偏利共生关系。在这种结合中，细菌从原生动物处获得营养和保护环境，因为这些细菌在原生动物外都不能生长；但原生动物似乎没有从结合中明显得利，仅是在它繁殖时，细菌是必需的伙伴。

根瘤菌和豆科植物共生形成的根瘤共生体，是微生物和高等植物间的典型共生体。根瘤菌固定大气中的气态氮，为植物提供氮素营养物（NH_3）；而豆科植物的根为根瘤菌生长提供养料和条件。但应注意的是，豆科植物和根瘤菌的共生并不是绝对的，无论是在自然界还是在实验室，它们仍可单独正常地生长。

菌根是菌根菌与高等植物根系结合形成的特殊共生体，菌根菌是能与植物形成菌根的真菌。根据形态学和解剖学的特征，一般将菌根分为外生菌根和内生菌根两大类，内生菌根比外生菌根更为广泛，灌木菌根属于内生菌根，检测陆生植物种类的 80%以上的根都属于内生的。在菌根菌与高等植物的共生联合中，主要是菌根菌对植物有利，由于真菌的菌丝可以为植物根系提供更大的表面积，从而使菌根植物能够更有效地从周围环境中吸收营养，具备竞争优势。而多数菌根菌除了从土壤中获得无机物外，还可以从根的分泌物中获取碳源。因此，菌根也是植物-微生物共生的典型代表，对合作双方都有利。

二、互生

互生关系是一种生物的活动为另一种生物的活动创造了有利条件，但两者之间并不形成特殊的形态结构。在自然界，微生物之间的互生关系极为普通，而且很重要。例如，在氮素转化中，氨化细菌分解有机氮化合物而产生氨，为亚硝酸细菌创造了必需的生活条件，但对它本身无影响；亚硝酸细菌氧化氨，生成亚硝酸，为硝酸盐细菌创造了必需的生活条件；硝酸盐细菌氧化亚硝酸为硝酸，既消除了亚硝酸在环境中积累可能给生物带来的危害，同时形成的硝酸盐又可被植物吸收利用。好氧微生物在土壤中生活，强烈地消耗土壤中的氧气造成缺氧环境，为厌氧微生物生长创造条件。此外，土壤中分解纤维素的细菌和固氮菌之间也是很典型的互生关系，土壤中的纤维素分解菌分解纤维素成简单有机化合物，为固氮菌提供了碳素营养和固氮作用所需的能源，固氮菌的繁殖和有效固氮作用又为纤维素分解菌的生长繁殖提供氮源，结果这种联合对双方都有利。

三、拮抗

拮抗是一种微生物的生命活动产生某种特殊代谢产物或改变环境条件，从而抑制或杀死另一种微生物的现象。拮抗分为非特异性拮抗与特异性拮抗两种类型。非特异性拮抗是一种微生物的基本代谢产物对其他微生物有抑制作用，没有专一性。例如，在酸菜、泡菜及青贮饲料制作中，乳酸细菌的旺盛生长，产生大量乳酸使环境 pH 下降而抑制其他腐败菌的生长；酵母菌在乙醇发酵过程中产生乙醇，也可以抑制其他微生物生长。在这类拮抗作用中，没有专一性，所有不耐酸或不耐乙醇的微生物都不能生长。特异性拮抗是指一种微生物在生活过程中可以产生某种特殊物质，可专一地抑制或杀死某种或某类微生物，这种特殊物质称为抗生素。例如，青霉菌产生的青霉素能特异性地抑制革兰氏阳性菌和部分革兰氏阴性菌；链霉菌产生的制菌霉素主要抑制酵母菌和霉菌。

微生物之间的这种关系，在卫生保健事业、食品保藏、食品发酵和动、植物病害防治方面都有重大作用，已被广泛用来为人类服务。

四、寄生

一种生物生活在另一种生物体内或体表，并从后者的细胞、组织或体液中取得营养物，前者对后者有害无益，这种关系称为寄生，前者称为寄生物，后者称为寄主或宿主。寄生关系在微生物与人、动物和植物之间普遍存在，寄生物常使寄主发生病变或死亡，如粮食作物的传染性病害就是微生物寄生在寄主作物上引起的。

寄生现象在微生物中很常见，如噬菌体寄生于细菌，病毒寄生于真菌细胞中等。在细菌与细菌、真菌与真菌之间也有寄生关系，食菌蛭弧菌（*Bdellovibrio bacteriovorus*）能在假单胞菌、大肠杆菌等细胞内寄生，最终引起寄主细胞溶解。因此，在这种细菌和宿主细菌一起倒平板培养时会出现类似噬菌斑的溶菌区。

有些真菌可寄生在另外真菌的菌丝、分生孢子、厚垣孢子、卵孢子、游动孢子、菌核或其他结构上，如木霉寄生在马铃薯的丝核菌（*Rhizoctonia* sp.）内，盘菌（*Peziza* sp.）菌丝寄生在毛霉菌丝上。寄主常大量或全部遭到破坏。

原生动物也容易遭到寄生菌的侵袭，有几种细菌和少数真菌能够侵入具有代谢活性的原生动物细胞，细菌在寄生细胞内增殖，常杀死原生动物而使细胞溶解。

各种寄生微生物的寄生程度不同，有些微生物一定要在活的宿主细胞内才能生长繁殖，脱离寄主就不能生活，这样的微生物称为专性寄生微生物，如麦类白粉病菌、霜霉病菌和锈菌，只能在活的植物上寄生，不能腐生（saprophytism），侵袭细菌、真菌和藻类的病毒也是专性寄生物。另外，有些微生物可以寄生也可以腐生，称为兼性寄生微生物（facultative parasite），如小麦赤霉病菌既可侵染正在田间生长的小麦、玉米等作物，而收获后，病菌仍可在病株残体及粮粒上以腐生方式继续生长繁殖。

腐生即分解无生命有机体来维持自身正常生活的一种生活方式。凡以腐生方式取得营养物的微生物称为腐生菌（saprobe），大多数霉菌、酵母菌、细菌及放线菌都是腐生菌。

五、竞争

竞争关系是生活在同一环境的微生物，在生长中为争夺共同需要的营养物而相互影响。由于在竞争中可能争夺同一营养物，结果其生长都要受到限制，以适应性最强的微生物占优势或完全排除其他种微生物。例如，将两种微生物分别用液体培养基在恒化器内进行纯培养和混合培养，最后进行计数，结果较强竞争者在纯培养和混合培养中的繁殖速度相差不大，仅在混合培养中的菌数稍低一点；而较弱竞争者在两种培养情况中的最后菌数相差很大，混合培养比纯培养的菌数少得多，最后终因得不到养料而死亡。这种为生存进行竞争的关系，在自然界普遍存在，是推动微生物发展和进化的动力。

第十三节　微生物对环境的适应性与抗性

微生物在适宜的环境中会保持正常的生长和繁殖，而在不良环境中，大多数细胞的生长与代谢会受到抑制，甚至出现死亡。但是微生物在不断地与生存环境及其他种群相互作用的过程中也获取了很多应对环境改变的“经验”，适应环境的能力非常强大，形成了趋利避害的生物本能。本节将对微生物对环境的趋向性与抗性进行讨论。

一、微生物的趋向性

趋向运动（tactic movements）是指当环境中存在或出现某种有利于微生物生长的因子时，它们可以向这种因子源的方向运动，接近并加以利用，这样的情况称为正趋向性；而当环境中的某种因子源对微生物生长不利时，微生物就会背离这种因子源，以避免其伤害，称为负趋向性。这就是微生物在特定生境中为求得更好的生存而做出的一种适应性反应。趋向性根据微生物对于不同条件的反应一般分为趋化性（chemotaxis）与趋光性（phototaxis）。趋化性是微生物对化学物质的反应，趋光性即对光的反应。

（一）趋化性

很多关于趋化性的研究都是用周生鞭毛细菌（如大肠杆菌）作为研究对象进行的。当没有引诱剂及梯度（需要注意的是，由于微生物太小，它们感受不到化学物质的绝对浓度，而只是随着时间的推移，它们能感受到环境中化学物质浓度的变化）时，大肠杆菌的细胞会以随机的方式运动，包括以平滑的方式向前游动和当细胞停顿并跳动时发生翻转，而翻转后下一个运动方向又是随机的。如果环境中存在化学引诱剂的梯度，本来随机的运动会发生偏移。当细胞感受到化学引诱剂时，运动时间会变长，而且翻转频率减少，最终的结果是向着引诱剂浓度较高的方向运动。如果微生物细胞感受到一种驱避剂（使其不敢接近而逃离的物质）的存在，机制是相同的，但在这样的情况下驱避剂浓度减少时才促进细胞的运动。

趋化性的作用机制是非常复杂的，涉及多种不同的蛋白质。一些感受器蛋白（sensor protein）位于细胞膜上，用以感受引诱剂和驱避剂的存在。这些感受器蛋白本身不是感受器激酶，但是它们可以与细胞质中的感受器激酶相互作用，使细胞在一段时间之后感知物质浓度的变化，这种感受器蛋白称为甲基趋化性蛋白（methyl-accepting chemotaxis proteins，MCP）。在大肠杆菌中，已鉴定到 5 种不同的 MCP，它们都是跨膜蛋白。每个 MCP 都可以感知多种不同的化合物。例如，大肠杆菌中的 Tar 转导子，能够感知引诱剂天门冬氨酸和麦芽糖，也能够感知趋避剂重金属钴和镍。MCP 与化学物质直接或间接结合后开启一系列与胞质蛋白的相互作用，从而影响鞭毛的运动方向。就适应机制来说，趋化作用能够成功地使细胞随着时间的推移感知引诱剂和驱避剂浓度的变化。

（二）趋光性

趋光性主要存在于需要光合作用的一些微生物中，这样可以更有效地获得光能。趋光性也分为两种，即避暗趋光性与真正的趋光性。当在显微镜下观察时，光合细菌游到亮视野外的黑暗区域时，黑暗会对细胞的能量体系造成消极影响，此时细胞会发生翻转，立即直线运动至光区。真正的趋光性是指细胞直接向着光强度增加的光梯度方向运动。有一些物种，如呈高度运动的光合生物新世纪红螺菌（*Rhodospirillum centenum*），它的整个菌落的细胞都可以显示趋光性，能够向着光一起运动。

趋光性的作用机制与趋化性类似，其中起作用的主要蛋白为细胞质蛋白（Che 蛋白），它控制着鞭毛的运动方向。当向着光强度增加的方向运动时，光学感受器与影响鞭毛旋转的细胞质蛋白相互作用，以保持细胞的运动。

二、微生物对不良环境的抗性

抗逆性（stress resistance）是指微生物对其生长不利的各种环境因素的抵抗和忍耐能力的总称，它主要通过自身的生理与遗传适应机制来实现。因为微生物处在对其生长不利的环境中时，不可能像动物一样通过运动逃离逆境，即使某些种类可以运动，但运动的绝对距离也十分有限。微生物典型的抗逆性包括抗药性、对高温的抗性、对极端 pH 的抗性及对重金属离子的抗性，由于本章第十节与第十一节的内容中已对微生物抵抗高温及极端 pH 的机制做出了相关解释，因此此部分就不再赘述了。

（一）微生物的抗药性

微生物对以抗生素为主的药物的抗性简称为抗药性。当某种抗生素长时间作用于某一些敏感（病原）微生物时，微生物会通过遗传适应，逐渐对特定抗生素表现出不敏感性。但有时也可以通过非遗传机制获得，非遗传的抗药性可发生在微生物（如结核菌）长期处于抗生素不能抵达的组织。研究表明，微生物出现抗药性是由于发生了特定的基因突变，这种突变虽然不是由抗菌药物诱发，但环境中较高的抗生素浓度对获得抗药性的突变菌株起到了筛选和保留作用，使得该突变株能在含抗生素的环境中幸存并蔓延扩散，发展为优势群体。微生物还可以通过携带抗药性基因质粒的输入及遗传重组等途径获得抗药性。

微生物产生抗药性一般通过以下几种方式。

1. 靶点的改变

这一机制通常是影响细菌的核糖体。突变会使DNA发生改变，从而使所形成的蛋白质或靶点被修饰，导致抗菌药物不能结合在靶点上。红霉素、利福平及抗代谢药物的抗药性便是通过这个机制形成的。

2. 抗性细胞产生酶，使药物失活

例如，抗青霉素菌株和抗头孢霉素菌株能够产生β-内酰胺酶，使这两种抗生素结构中的内酰胺键断开而失去活性。革兰氏阳性菌和革兰氏阴性菌的抗药品系，能够产生氯霉素转乙酰酶、卡那霉素磷酸转移酶等，从而使相应的抗生素失去活性。

3. 改变细胞对药剂的渗透性与增强外排作用

新的遗传信息使细胞膜上的蛋白质性质发生改变，细胞膜的通透性也会随之改变。膜的运输系统或是膜的孔径改变后，抗微生物的药物就不能再通过细胞膜；或者细胞可以通过代谢作用将药剂转化为一个衍生物形式，而此衍生物外排的速度比原药物渗入细胞的速度快；另外，细胞也可以分泌一些酶类，把药剂转化为不能进入细胞的形式。例如，委内瑞拉链霉菌（*Streptomyces venezuelae*）由于改变了膜的通透性，一方面能够阻止四环素进入细胞，另一方面可以促使四环素排出细胞，从而对四环素产生抗性。

4. 代谢途径的改变

针对一些抗代谢药物，微生物会找到其他的代谢途径，以绕过药物的干扰，从而不受药物的影响。例如，在腺嘌呤核苷酸的合成途径中，吖（氮杂）丝氨酸和重氮氧代正亮氨酸会抑制5-磷酸甲酰甘氨酸胺核糖的酰胺化作用。这样细胞就可以通过补救途径来获得腺嘌呤核苷酸，而不再需要5-磷酸甲酰甘氨酸胺核糖，微生物也就不再受到吖（氮杂）丝氨酸和重氮氧代正亮氨酸两种药物的抑制。

（二）微生物对重金属离子毒害的抗性

微生物的生长离不开矿质元素，对于重金属离子来说，一般浓度在0.1mg/L或更少量就可以满足微生物需求，过量后会产生毒害作用。但是，在一些重金属离子含量高的环境中，仍然有微生物的身影。例如，在一些矿藏丰富或污染严重的区域，铜含量达到100mg/L的水和泥土中发现有真菌的存在；在含有砷或锑的酸性矿泉水中，虽然其浓度已大大超过对生物产生毒害的水平，也仍然有藻类、真菌、原生动物和细菌等生长其中。所以，能够在高浓度重金属离子存在的环境中生存，微生物是离不开几种“好办法”的。

1. 改变细胞膜透性，阻止重金属离子进入

当生存环境中重金属离子的浓度比较高时，一些微生物可以改变自身细胞膜的通透性，以阻止金属离子的进入。例如，在酸性矿泉水中生长的真菌，当pH为2～3时，即使硫酸铜的浓度达到1mol/L，也不能进入细胞；而当pH接近中性时，该真菌对4×10^{-5}mol/L的硫酸铜都很敏感，所以真菌对铜离子的抗性还与环境中的pH有密切关系。

2. 产生螯合剂，抵抗重金属离子的毒害

一些微生物可以产生螯合剂以抵抗重金属离子的毒害。例如，砷和锑等可以在细胞内或细胞外与微生物所产生的螯合剂形成复合物，微生物以此来避免这些金属使胞内酶失活或被细胞吸收。

3. 通过酶促反应，将有毒物质转变为无毒化合物

$HgCl_2$可以与细胞内酶蛋白的巯基结合，而使酶失活。一些微生物可以由甲基钴胺素作辅酶并提供甲基，把 $HgCl_2$ 转变为甲基汞或者二甲基汞，这样就不会与巯基结合，避免了毒害作用。

第五章　微生物与粮油食品变质

从广义上说，食品受到各种因素的影响，其原有色、香、味和营养成分发生了从量变到质变的变化，结果使食品的质量降低或完全不能食用，这个过程称为食品变质。造成食品变质的原因较多，有物理的、化学的，也有生物的。例如，机械损伤、压力、冷冻、干燥或者辐照等造成的物理变化，动植物组织中固有酶、食品或添加剂中的酸碱物质、氧等引起的化学变化，微生物活动及其代谢产物导致的生物变化。

本章所要讨论的主要是由微生物引起的食品变质问题。粮食、肉、鱼、蛋、奶、水果和蔬菜等各类食品的水活度差别很大，它们的营养成分和组织结构也各具特点，所以生长在各类食品中的微生物也不同。本章即根据各类食品的特点，分析微生物在各类食品的加工、储藏、运输、销售过程中的活动规律和引起食品腐败变质的现象和本质。

第一节　微生物变质的特性

食品在原料收获、加工、储藏、运输、销售等环节，均会受到大量的、各种微生物的污染。一旦条件适宜，这些微生物就会开始生长、代谢、繁殖等生理活动。微生物的各种生理活动均会对食品的色、香、味、营养价值、食品卫生及食用安全等产生非常重要的影响。

一、食品变质难易

食品变质的过程，实质上就是食品中蛋白质、碳水化合物、脂肪等在污染微生物和组织酶的作用下分解变化，产生有害物质的过程。根据食品变质的难易程度，可将食品分为稳定、半稳定和易腐败食品三大类，这种分类方法依据的是食品中的水活度高低、pH 高低、天然抗菌剂是否存在等内在因素。例如，饼干、面粉的水活度很低，属于稳定食品；瓜果蔬菜则属于半稳定食品，一旦有不良的人工操作或者不适合的储藏条件，就会发生缓慢的变质；而生肉的 pH 和水活度均非常适于微生物生长，属于易腐败食品。

二、造成食品变质的常见微生物

造成食品变质的常见微生物，主要可以分为革兰氏阴性菌、革兰氏阳性无芽孢细菌、革兰氏阳性芽孢细菌、酵母菌和霉菌等五类，具体如下。

1. 革兰氏阴性菌

假单胞菌属（*Pseudomonas* spp.）、交替单胞菌属（*Alteromonas* spp.）、腐败希瓦氏菌属（*Shewanella putrefaciens*）、气单胞菌属（*Aeromonas* spp.）等会导致乳制品、瘦肉、鱼禽肉和蛋在冷藏过程中发生腐败。约 35%的蔬菜腐败是由各种假单胞菌等腐败细菌引起的。

2. 革兰氏阳性无芽孢细菌

乳酸菌、热杀索丝菌（*Brochothrix thermosphacta*）等革兰氏阳性菌是在真空包装或改良气体包装中引起肉类腐败的典型的微生物。醋酸杆菌属（*Acetobacter* spp.）和小球菌属（*Pediococcus* spp.）细菌在啤酒中产生一种黏性的多聚糖。

3. 革兰氏阳性芽孢细菌

芽孢杆菌（*Bacillus* spp.）和梭状芽孢杆菌（*Clostridium* spp.）的芽孢经过热处理后仍能存活，是导致热处理加工后的食品腐败的重要微生物。例如，蜡样芽孢杆菌（*Bacillus cereus*）在 5℃时能在巴氏灭菌的牛奶中生长，使牛奶无酸凝结并变成“细碎的膏状”。嗜热脂肪芽孢杆菌（*Bacillus stearothermophilus*）能引起罐头食品的平酸酸败，它可在罐头中生长产酸，但不产生任何气体，罐头不鼓罐。热解糖梭菌（*Clostridium thermosaccharolyticum*）能使罐头食品腐败并产气，导致鼓罐。致黑脱硫肠状菌（*Desulfotomaculum nigrificans*）产生硫化氢气体，使罐头食品鼓罐并发出气味。

4. 酵母菌和霉菌

酵母菌和霉菌与细菌相比，更耐低水活度和低 pH，它们主要引起水果、蔬菜、焙烤食品和粮食的腐败变质（表 5-1）。易渗酵母菌如啤酒酵母属（*Saccharomyces* spp.）、球拟酵母属能在高糖（65%～70%）环境下生存，可引起果酱、糖浆和蜂蜜等发生腐败变质。青霉（*Penicillium*）能产生果胶水解酶，从而可使植物组织变软、腐烂，约 30%的水果腐败变质是由其引起的。毛霉（*Mucor*）、根霉（*Rhizopus*）和枝霉（*Thamnidium*）等霉菌能引起不同类型的肉制品腐败，造成“长毛”现象。黄曲霉、青霉等霉菌能导致小麦、玉米等粮食发生霉变。

表 5-1 食品腐败变质霉菌（引自：Brul and Klis，1999）

微生物	所作用的典型食品
杂色曲霉（*Aspergillus versicolor*）	面包和乳制品
黄曲霉（*Aspergillus flavus*）	谷类和坚果
黑曲霉（*Aspergillus niger*）	调味品
纯黄丝衣霉（*Byssochlamys fulva*）	密封储存的谷类
尖孢镰刀菌（*Fusarium oxysporum*）	水果
费希新萨托菌（*Neosartorya fischeri*）	巴氏灭菌食品
娄地青霉（*Penicillium roqueforti*）	肉、鸡蛋和干酪
扩展青霉（*Penicillium expansum*）	水果和蔬菜
普通青霉（*Penicillium commune*）	人造奶油
变色青霉（*Penicillium discolor*）	干酪
啤酒酵母属（*Saccharomyces spp.*）	软饮料、果酱、糖浆和蜂蜜
哈茨木霉（*Trichoderma harzianum*）	人造奶油
拜氏接合酵母（*Zygosaccharomyces bailii*）	调味品

三、微生物造成的变质类型

根据微生物造成食品中变质组分的不同，微生物造成的食品变质可以分为腐败、发酵、酸败三大类。

1. 腐败

腐败是指由微生物引起食品中蛋白质类物质发生的变质。

食物 + 分解蛋白质的微生物 ⟶ 氨基酸 + 胺 + 硫化氢等

能够分解蛋白质类物质的微生物具体如下。

细菌：分解力强的有芽孢杆菌属、假单胞菌属、变形杆菌属、梭状芽孢杆菌属；分解力弱的有小球菌属、葡萄球菌属、八叠球菌属、无色杆菌属、产碱杆菌属、赛氏杆菌属、肠细菌属、埃希杆菌属。

酵母菌：大多酵母菌对蛋白质分解能力极微弱。

霉菌：许多霉菌都具有分解蛋白质的能力。霉菌与细菌相比，霉菌更能利用天然蛋白质，如青霉属、曲霉属、根霉属、毛霉属、木霉属和复端孢属中的许多种。

2. 发酵

发酵是指由微生物引起食品中碳水化合物类物质发生的变质。

碳水化合物 + 分解糖类的微生物 ⟶ 有机酸 + 乙醇 + 气体

能够分解碳水化合物类物质的微生物具体如下。

细菌：能强烈分解淀粉类碳水化合物的细菌仅是少数，主要是芽孢杆菌属的细菌，如枯草芽孢杆菌、蜡状芽孢杆菌和马铃薯芽孢杆菌，其次是梭状芽孢杆菌属，如淀粉梭状芽孢杆菌；能分解纤维素类碳水化合物的仅为少数菌株；能分解果胶质类碳水化合物的细菌有欧氏植病杆菌属（胡萝卜软腐病欧氏杆菌）、芽孢杆菌属（环状芽孢杆菌、多黏芽孢杆菌）和梭状芽孢杆菌属；绝大多数细菌都具有分解糖类碳水化合物的能力，某些细菌能利用有机酸和醇类，特别是利用单糖的能力极为普遍。

酵母菌：绝大多数酵母菌不能使淀粉类碳水化合物分解，但少数特殊的酵母菌能分解多糖类碳水化合物，个别酵母能分解果胶类碳水化合物，如脆壁酵母。大多数酵母菌有利用有机酸类碳水化合物的能力。

霉菌：大多数霉菌都有利用简单碳水化合物的能力。而能分解纤维素类碳水化合物的霉菌较少，纤维素分解力最强的是木霉属中的绿色木霉，其次是曲霉中的黑曲霉、土曲霉、烟曲霉及青霉中的黄青霉、淡黄青霉等。分解果胶质类碳水化合物的霉菌中，活力最强的有黑曲霉、米曲霉、灰绿青霉。其次是蜡叶芽枝霉、大毛霉等；青霉属、曲霉属、毛霉属和镰刀霉属中的许多种都具有利用某些简单有机酸类或醇类碳水化合物的能力。

3. 酸败

酸败是指由微生物引起食品中脂肪类物质发生的变质，脂肪发生变质的特征是产生酸和刺激性的“哈喇味”。

脂肪食物 + 解脂微生物 ⟶ 脂肪酸 + 甘油及其他产物

能够分解脂肪类物质的微生物具体如下。

细菌：细菌中具有分解脂肪能力的并不多，主要有假单胞菌属、黄杆菌属、无色杆菌属、产碱杆菌属、赛氏杆菌属、小球菌属、葡萄球菌属和芽孢杆菌属。

酵母菌：能分解脂肪的酵母菌不多，常见的有解脂假丝酵母。

霉菌：能分解脂肪的霉菌比细菌多得多，常见的有黄曲霉、黑曲霉、烟曲霉、灰绿青霉、脂解毛霉、白地霉和芽枝霉等。

第二节　粮食储藏与变质

粮食是世界上储藏量最大的食品。在我国，仅国家粮库就储藏有上千亿公斤的粮食，储藏在广大农户家中的粮食数量更多。由于粮食上带有种类繁多的微生物，加上粮食中含有丰富的碳水化合物、蛋白质、脂肪及无机盐等营养物质，因此是微生物良好的天然培养基。一旦条件合适，粮食中的微生物就会活动，不但会影响粮食的安全储藏、导致粮食品质的劣变，而且微生物还有可能在粮食上产生毒素，严重影响人类食品的安全性。

粮食上存在的微生物类群主要包括细菌、放线菌、酵母菌、霉菌、病毒等，它们可以存在于粮食籽粒的外部和内部。微生物侵染粮食的途径很广，它们可以从粮食作物的田间生长期、收获期及储藏、运输和加工各个环节上感染粮食。感染到粮食上的各类微生物构成了粮食的微生物区系（microflora）。

一、粮食微生物区系的形成

粮食微生物区系对粮食储藏的安全性有重要的意义，它的形成是各种因素综合作用的结果。从粮食品种、种植方式、气候条件、环境条件到粮食的储藏条件、处理方法等均影响粮食中微生物类群的组成及其数量。无菌的粮食在自然界中几乎不存在，可以说人们在储藏粮食的同时，也储藏了微生物。

（一）粮食微生物的主要来源

粮食微生物的主要来源是土壤。因为土壤是自然界中微生物生存和繁殖的主要场所，土壤环境可以供给微生物生长需要的各种营养物质，且土壤中空气充足，大部分土壤有适宜的水分和酸碱度，因此土壤中通常含有大量的微生物。粮食的种植离不开土壤，土壤中的微生物通过气流、风力、雨水、昆虫活动及人类操作等方式带到正在成熟的粮食籽粒或已经收获的粮食上，它们中有的可以直接侵入籽粒的皮层、有的黏附在籽粒表面、有的混杂在籽粒中，所以粮食微生物与土壤微生物之间存在着渊源。

当粮食收获入库后，粮食仓库中害虫和螨类的活动也影响粮食微生物区系。各种害虫身体表面常常带有大量的霉菌孢子，借助它们的活动，孢子可以到处传播。有些害虫以霉菌孢子为食料，如长角谷盗、赤拟谷盗和锯谷盗可吃杂色曲霉的孢子，在这些害虫排泄物中会有大量的活孢子存在；同时害虫咬损粮粒造成伤口，有利于微生物的侵染；害虫大量繁殖，使粮食水分增加，粮温升高，也有利于微生物的生长繁殖。

在粮食仓库和加工厂的各种机器、包装、器材和运输工具上粘有大量的微生物，尤其在缝隙中尘芥杂质和粮食碎屑粉末积聚，可导致微生物大量滋生，从而使粮食在加工或运输过程中受到污染。

（二）微生物在粮食上的存在部位与数量

微生物附着在粮粒的表皮或颖壳上，称为外部微生物；也可以侵入粮粒表皮内部或伸入表皮里面，称为内部微生物。通常以每克粮食及粮食食品上微生物的个数来表示。每克粮食中的细菌数量从一万个到一亿个以上，一般为几万到几百万个。每克粮食中的霉菌数量从几百个到几万个。霉变的粮食多达几十万到几千万个。尘芥杂质多、土粒多的不干净粮食上微生物数量也多。破碎粮粒营养物质外露更易遭受微生物侵染，所以破碎粮粒上微生物也很多。对于一个粮食样品，不仅要从微生物总的带菌量多少，还要从菌相的组成和消长来分析粮食的品质及变化的趋势。一般粮食外部带菌量比内部带菌量多。粮食霉变发热后由于霉菌侵入粮粒内部而造成内部带菌量增加。

二、与粮食储藏相关的主要微生物类群

从数量上看，粮食上的微生物以细菌和霉菌为多，放线菌和酵母菌较少，从对粮食的危害看霉菌最重要。粮食上的微生物数量和类群还随粮食的种类、品种、等级、储藏条件、储藏时间的不同而有所差异。

（一）细菌

新收割的粮食上，细菌在个体数量上占优势，通常可占总带菌量的90%以上。类群上主要是一些寄生性的细菌及一些利用禾本科植物生长分泌物为营养的细菌，前者一般为植物病原菌，后者一般对植物生长无害，也称为“附生细菌”，如草生欧文氏菌、荧光假单胞杆菌、黄杆菌、黄单胞杆菌等均为谷物类粮食中常检出的细菌类群。

细菌在粮食上的数量虽多，但对储粮安全的危害性远不及霉菌。因为细菌的生长一般需要较高的水活度，粮食在进入常规储藏阶段后水活度较低，远远达不到细菌生长的水活度；另外，细菌对大分子物质的分解能力相对较弱，而粮食大都有外壳包裹，细菌难以侵入完整的粮粒，对粮食品质的破坏性较霉菌低。通常来说，粮食受到霉菌侵染、发热、变质后，细菌才有可能利用霉菌对粮食的降解产物而大量生长，导致粮食温度的继续升高，但这类情况在储粮实践中发生得很少。

（二）放线菌

粮食上经常可分离到放线菌，但一般其数量远少于细菌，类群方面以链霉菌属的放线菌为主，如白色链霉菌、灰色链霉菌等。因为土壤中存在着大量放线菌，所以放线菌在粮食上的存在数量与粮食中尘、杂质的含量有关。

放线菌对储粮稳定性的影响与细菌类似，其危害一般也是当粮食受到霉菌破坏而发热的后期才表现出来。

（三）酵母菌

粮食上酵母菌的含量一般较少，而且常见酵母菌对粮食大分子物质的分解能力较弱，由酵母菌导致粮食变质的情况很少发生。粮食上检出的酵母菌一般为比较耐干燥的酵母类群，常见的有假丝酵母及红酵母等。在某些特殊的生态条件下，酵母菌可能会成为需要关注的微生物类群，如当粮食在密闭的条件下储藏，粮堆整体或由于粮堆水分转移导致局部粮食水分增高时，由于密闭可能产生的缺氧会抑制霉菌等好氧性微生物的活动，使得能以进行兼性厌氧生长的酵母菌繁殖而产生酒味，从而影响粮食的正常品质。

（四）霉菌

霉菌是引起粮食变质的主要微生物类群，不管粮食储藏的品种、储藏的条件、储藏的期限等方面有多大的不同，其储藏的安全性都将受到霉菌的威胁。这是因为霉菌的种类非常庞杂，适应性强，难以进行有效的防范。

从霉菌与粮食的相互关系上看，霉菌有寄生菌、腐生菌和兼寄生菌。寄生菌一般都是植物病原菌，它们可引起粮食作物的病害，如麦类赤霉病的孢子可黏附在粮食籽粒表面，菌丝可潜伏在皮层下；稻曲病的厚垣孢子可散布在籽粒表面；小麦矮腥黑穗病的菌瘿可混杂在粮

堆中等，虽然在粮食储藏阶段寄生菌不会危害粮食的品质，但如果作为种子粮，寄生菌的携带是非常有害的。腐生菌在粮食上数量最多，包括各类可对粮食品质产生严重危害的青霉、曲霉等，是粮食储藏期间需要重点关注的微生物类群。兼寄生菌是一类粮食储藏的条件危害菌，如链格孢霉、蠕孢霉、枝孢霉、镰孢霉、弯孢霉、黑孢子菌等，当粮食处于较高的温度和较高的水分含量条件下，这些霉菌可以在粮食上生长并危害粮食品质，在粮食常规储藏条件下这类霉菌的生长受到抑制。

从霉菌感染粮食的生态类群上分，可将粮食上的霉菌分为田间型霉菌和储藏型霉菌，通常也称为“田间真菌”和“储藏真菌”。田间型霉菌一般是指作物在田间生长期间侵染到粮食上的霉菌，主要为寄生和兼寄生的霉菌；储藏型霉菌一般是指谷物在收获到储藏期间污染到粮食上的霉菌，即各类腐生型霉菌。当然，这种划分带有人为的色彩，因为粮食上感染霉菌的途径不可能有截然的界限，如黄曲霉应该属储藏型的霉菌，但长江以南夏季前后收获的稻谷、玉米等在田间生长期间就可以被感染。

根据微生物对环境的适应性，霉菌的类群非常齐全。表 5-2 列举了可适应各种环境的霉菌，从而进一步说明霉菌对粮食储藏的危害性。

表 5-2　可在各种环境下生长的典型霉菌

环境因子	环境条件	生态类型	典型霉菌
水活度（A_W）	<0.8	干生型	灰绿曲霉（*Aspergillus glaugus*） 局限曲霉（*Aspergillus restrictus*）
	0.8～0.9	中生型	黄曲霉（*Aspergillus flavus*） 棕曲霉（*Aspergillus ochraceus*） 大多数青霉（*Penicillium* sp.）
	>0.9	湿生型	黑根霉（*Rhizopus nigricans*） 高大毛霉（*Mucor mucedo*）
温度	<20℃	低温型	枝孢霉（*Cladosporium* sp.）
	20～40℃	中温型	大多数青霉（*Penicillium* sp.） 大多数曲霉（*Aspergillus* sp.）
	>40℃	高温型	烟曲霉（*Aspergillus fumigatus*）
O_2 含量	正常 O_2 含量（21%）	好氧型	大多数青霉（*Penicillium* sp.）
	低 O_2 含量（<1%）	耐低氧型	大多数曲霉（*Aspergillus* sp.） 灰绿曲霉（*Aspergillus glaugus*）

三、粮食常规储藏中微生物区系变化的一般规律

粮食收获后经干燥、清杂除秕，水分被控制在安全标准以下，粮粒比较饱满，尘芥杂质较少；用于储粮的粮仓有一定的气密条件和防潮、防渗漏性能，配有一定的粮食通风、粮情检测等设备；为防止储藏期害虫为害，粮堆一般用磷化铝等杀虫剂进行必要的熏蒸处理，然后日常进行必要的储粮状态检测和管理，这种储粮管理方法即粮食的常规储藏。国家粮库的

储粮基本上属于这种类型。随着农业体制改革的发展，农村出现许多种粮大户和专业储粮户，它们的储粮方式也正在朝正规化的常规储粮方向发展。

（一）细菌量变化的一般规律

在常规储粮的环境下，粮食外部的微生物区系将会发生一系列的变化。一般随着储藏时间的延长，细菌的数量将迅速减少，尤其以附生型的细菌下降速度更快，而芽孢菌的数量基本可保持不变（图 5-1）。当用平板活菌计数检测细菌时会发现新粮上几乎检不出芽孢菌，而检测陈粮则基本上均为芽孢菌，即通常认为常规储粮条件下细菌的区系由附生菌向芽孢菌演替；实际上，在常规储藏条件下细菌数量和类群增加的可能性极小，只是在新粮上芽孢菌的比例太小，不能被正常检出，当附生菌大大减少后芽孢菌才显露出来，而且附生菌数量降低的速率与储藏条件有相关性，因此检测粮食中附生细菌的含量变化在一定程度上可反映粮食储藏的年限和粮食储藏的条件，也与粮食的新鲜程度有一定的关联。

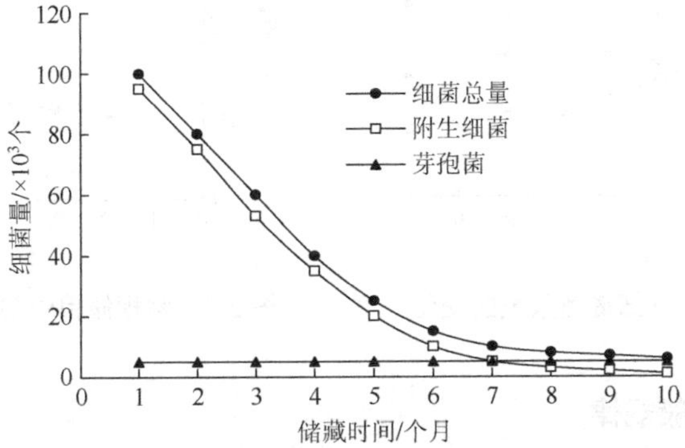

图 5-1　常规储粮中细菌数量的变化

（二）粮粒外部霉菌量变化的一般规律

利用平板菌落计数法检测常规储粮条件下粮食外部霉菌数量的变化，通常可以发现，在储藏初期，链隔孢霉、镰刀菌、蠕孢霉等田间型霉菌的数量下降速率较快，使这类霉菌在霉菌总量中所占的比例迅速减少；随着储存期的延长，田间型霉菌数量下降的速率才趋于平缓。储藏型霉菌在储粮条件（包括粮质、粮仓、管理等条件）较好的常规储藏期间一般数量基本维持稳定；粮仓中的某些部位，如近表面的粮层、靠近仓墙、门窗等处的粮食，在储藏初期（如半年）由于粮食本身的后熟呼吸及受外界温湿度的影响，可能出现储藏型霉菌少量增加的情况，但随着储存期的继续延长，这类霉菌的数量也将呈下降趋势。所以在常规储藏中，随着储藏时间的延长，粮粒外部霉菌数量是呈下降趋势的。其中，在储藏的初期，总带菌量下降速率较快，然后逐渐趋于稳定（图 5-2）。

（三）粮粒内部霉菌量变化的一般规律

粮粒内部的田间型霉菌一般是在粮粒形成期间侵染的，当粮食收获后即保留在粮粒内部；对于储藏型霉菌，有些粮食在田间就已被侵染，有些则在储藏期间被侵染。检查粮粒内部霉菌状况一般采用下述方法：粮粒分别用一定浓度的乙醇、次氯酸钠等杀菌剂表面消毒，然后用无菌水充分洗涤，在培养基平板上种植 100 粒粮粒，培养一周左右，镜检记录某种霉菌在 100 粒粮粒上出现的粒数，即该菌的感染率。

一些检测结果表明，常规储藏下的粮食粮粒内部霉菌感染率的变化相对比较平缓，但其基本的变化趋势与粮粒外部霉菌变化的趋势相似，即储藏型霉菌保持稳定或短期有增加的可能，随储存期的延长而逐渐减少；田间型霉菌及霉菌总量在整个常规储存期均逐渐下降。由于粮粒内部受外界因素的影响较少，可以排除受大气、昆虫、储粮设备等所带霉菌污染而导致出现较大检测误差的可能性，因此储粮霉菌内部感染率的检测结果在判断储粮安全性方面有较好的参考价值（图 5-3）。

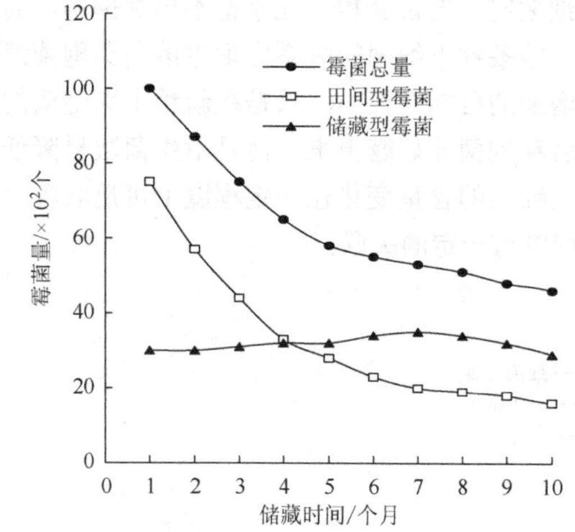

图 5-2　常规储粮中粮食外部霉菌数量的变化

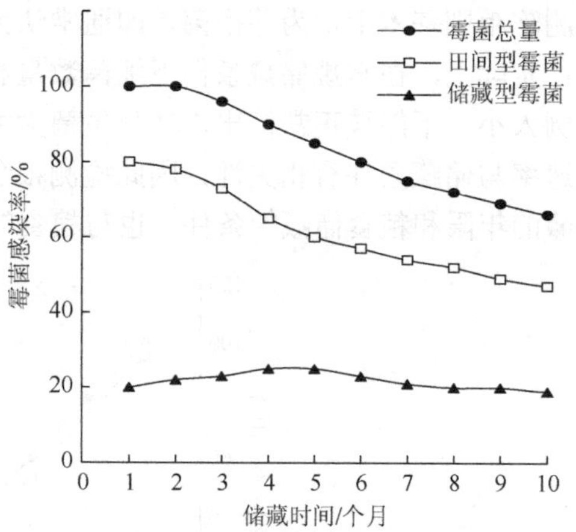

图 5-3　常规储粮中粮食内部霉菌数量的变化

四、储粮霉变发生的一般规律

储粮霉变的发生是粮堆内因和外因共同作用的结果。当环境条件适合霉菌活动时，粮食的霉变可能在短时间内就会发生，可导致储粮的严重经济损失；但霉菌在粮食上少量的活动一般不为人们所觉察，如果长期积累，其结果会从量变到质变，降低粮食的使用价值。因此，储粮管理人员应该掌握粮食中霉菌活动的规律，以确保储粮的安全。

（一）不良储藏环境下粮食的变质

不良储藏环境是指粮食储藏的环境适合霉菌的生长、繁殖，如粮堆温度处于适合霉菌生长的范围，粮食的水分含量较高，氧气供给充分等。在这样的条件下，粮食霉变发生的速度是惊人的。有实验表明，将 5kg 麸皮接种黄曲霉菌，并将水分调节到 25%，用纱布包裹后置于 28℃的环境中，8h 后黄曲霉就已旺盛生长，麸皮的温度已上升到 50℃以上（图 5-4）。

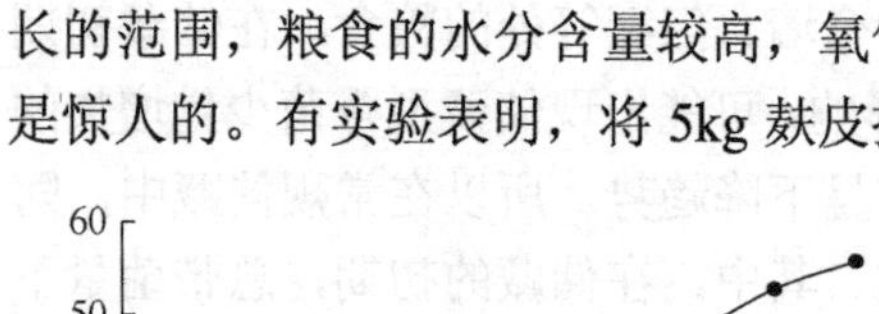

图 5-4　高水分麸皮温度的变化

从理论上说，专业粮库的储粮出现满足霉菌快速生长条件的概率是很小的，但也不能排除一些偶然因素的影响，如地坪、仓墙渗水，仓顶漏雨等。虽然初始时可能只在粮仓的局部发生储粮条件的恶化，但由于局部粮食大量滋长霉菌后会产生大量的水分和热量，进而可影响周边的粮食，使霉菌的危害迅速扩展、蔓延，导致粮食大量的霉坏。因此，有人将粮食中的霉菌比喻成埋在粮食中的“炸弹”，一旦爆发，后果将非常严重。

不良储藏条件导致储粮事故在我国的大型粮仓中就已发生过多起，严重时可使整仓的粮食完全变质。另外，这种粮食霉变事故还可发生在粮食的运输过程中。例如，我国东北地区盛产玉米，玉米收获已值秋冬季节，缺乏晾晒降水的条件，此时入库的玉米水分可高达20%以上，但北方的低温可使玉米在冬季保持品质不变，待气温上升后必须做降水处理才能进行正常储藏；但在秋冬或初春季节常有大批量的玉米从东北南运，当高水分的玉米专列在进入江南后霉菌会迅速生长，因而多次发生整个专列的玉米在运输过程中全部霉变的事故。

（二）常规储粮条件下粮食的霉变

如前所述，粮食在常规储藏条件下霉菌的数量呈下降的趋势，但这并不意味着粮食没有发生霉变的可能性。粮食储藏受气候变化、仓房条件、人为活动等外界因素的影响，如果管理不善，霉菌仍可在粮食中生长，并引起储粮的霉变现象的发生。

常规储藏条件下粮食霉变发生的关键因素是粮食水分的变化。除了水的直接渗漏导致粮食水分增加外，还有很多状况可导致粮堆局部水分的升高。粮堆的湿热空气扩散是常见的粮堆局部水分升高的因素，如冬、春季节粮堆的上层部位水分易升高等。粮堆局部温差导致粮食水分转移也是局部粮食水分升高的重要因素，如保温性能差的钢板仓冬季仓壁易结露，常导致附近粮食水分升高；土堤仓的PVC覆盖膜附近也常因温差结露而导致粮食水分的增高等。粮食水分增高后，一旦温度达到霉菌生长的要求，霉变的发生就难以避免了。

当粮食局部水分有少量的升高，并达到灰绿曲霉、局限曲霉等干生性霉菌孢子可以萌发的水分条件时，这类霉菌就会缓慢生长。开始时干生性霉菌的生长可能不会被人们所觉察，但它们呼吸、代谢可产生水分和热量，由于粮食是热的不良导体，如果加上粮食的泥杂含量高，透气性差，这些水分和热量就会被积累，这将加速干生性霉菌的生长，并对其他霉菌的生长起促进作用；随着霉菌生长部位温度和水分含量的改变，适合相应条件生长的霉菌会占优势，可导致霉菌区系的演替，并最终使粮食大面积发热和霉变。

一些调查表明，在常规储藏粮食霉变的初始或发展阶段，灰绿曲霉、白曲霉等干生性霉菌可成为优势菌（表5-3）。这一阶段，储粮的外观可能尚未发生明显的变化，但通过带菌量分析或使用专门的霉菌检测仪器可检测出这种变化；当水分有所升高后，如粮食局部水分达到18%或更高，黄曲霉、黑曲霉、各种青霉等适合中等水活度和温度且生长速率较高的霉菌会逐渐增多，这时凭感官已经可以判断霉变的发生，储粮的品质也已受严重的影响；储粮变质进一步的发展是一些嗜热型、湿生型的细菌、放线菌、霉菌的大量生长，这些微生物的共同作用可迅速使粮食彻底丧失使用价值。

表5-3　粮食霉变发展期实仓参数

样品	储藏时间/个月	取样日期/月份	粮温/℃	粮堆水分/%	带菌量/($\times10^3$个/g)	优势菌
晚籼谷	7	7	37	15.3	32.5	灰绿曲霉、白曲霉
早籼谷	14	10	39	14	7	灰绿曲霉、白曲霉
晚粳谷	8	9	40以上	15	330	灰绿曲霉、白曲霉
晚籼谷	8.5	10	41	14	21.5	灰绿曲霉、白曲霉

注：引自湖南省粮食科学研究所调查数据

五、主要粮食品种的微生物学特点

（一）稻谷和大米

入库新稻谷上，一般每克样品上有 10^3～10^4 个孢子。以田间型霉菌数量居多，储藏型霉菌相对较少。但在长江以南地区的稻谷上，黄曲霉菌的数量相当多。例如，1981 年浙江新收早稻样品，谷粒外部带菌量为每克 4.8×10^4 个孢子，其中黄曲霉占 72%；侵入谷粒内部的黄曲霉占 9%。广东省微生物研究所调查广东省正在晒场上已晒干的稻谷，其外部以储藏型霉菌为主，包括黄曲霉、黑曲霉、烟曲霉、普通青霉和米根霉等。因此，稻谷产地的地理环境和气候条件，对稻谷上的菌相有一定的影响。

入库新稻谷储藏真菌带菌量高对于今后储藏的稳定性是一个潜在危险。例如，将 1981 年浙江新稻谷和吉林新稻谷（储藏真菌带菌量前者为 5×10^4 个孢子，后者为 300 个孢子），同时放在 28℃左右，相对湿度 85%的条件下，储藏 5 个月，浙江稻谷的霉变粒由零增加到 68%；而吉林稻谷的霉变粒由零增加到 18%。从稻谷的脂肪酸值、还原糖、黏度、发芽率等生理生化指标分析，浙江样品较吉林样品劣变幅度大，说明新稻谷上储藏真菌的数量多少，对以后的安全储藏具有重要影响。

稻谷碾磨后，绝大部分霉菌的孢子和菌丝可被带入糠层中，因此米糠中的带菌量较集中，在储藏过程中更容易发热霉变。

稻谷脱壳后的大米能从整个表面吸收和散发水分，且营养物质外露，整个大米表面都能生霉。特别是加工精度低，米糠残留在大米表面上多，更易霉变。因此，加工精度低的大米不易保管。例如，原郑州第二粮库采用自然缺氧方法保管大米，水分 14.8%～16%的特级晚粳米，保管到 7 月下旬，米质仍保持正常，每克米带菌量为 1200 个孢子，而水分 14.6%的标二早籼米，保管到七月下旬已霉变发热，粮堆温度 40℃，每克米带菌量增加到 10.4×10^4 个孢子。

我国大米上所含的霉菌种类与日本、东南亚各国基本相同，均以曲霉为主，其次是青霉。有报道表明，广东产的含水分 13%的早籼米以黄曲霉、白曲霉、烟曲霉为优势菌，湖南产的含水分 13%的早籼米则以白曲霉、黄曲霉、构巢曲霉为优势菌，信阳产的含水分 14.5%的早籼米发热到 40℃时，灰绿曲霉侵染率 100%，白曲霉侵染率 74%。

（二）小麦和面粉

新小麦除个别省外，霉菌带菌量一般每克为 100 个孢子。北方小麦比南方小麦真菌带菌量低，春小麦一般比冬小麦带菌量低。小麦微生物区系与稻谷相比有相同之处，但链格孢霉含量多是小麦带菌的特点，一些链格孢霉的菌丝可深入小麦的皮层下，通常将深入小麦皮层下的霉菌菌丝称为小麦的皮下菌丝。据报道，在温带 60%～70%的小麦被链格孢霉侵染，而在干旱的澳大利亚西部的链格孢霉侵染率只有 13%～23%；在我国 20 个小麦产区中，在华南沿海气候湿润地区的小麦皮下菌丝密度大，而西北、西南高原地区的小麦皮下菌丝密度最小，没有皮下菌丝的麦粒占的比例大。对于皮下菌丝丰富的小麦，如果链格孢霉的菌丝占优势且是活菌丝，则小麦的新鲜程度就较高；如果小麦的链隔孢霉皮下菌丝是死的，并且常被曲霉和青霉的菌丝所代替，则表明该小麦的储存期一般较长，且该小麦的品质一般也较低。

当小麦的水分含量很高时，根霉等湿生性和具有较强淀粉分解能力的霉菌可在其上生长，如果不采取降水、降温等有效措施处理，其他霉菌也会随着大量生长，最终导致小麦的霉坏

(图 5-5)。对于收获后没有及时干燥的新小麦，则镰刀菌、链隔孢霉等田间型霉菌也可大量生长而使小麦品质受到破坏。

图 5-5　高水分小麦滋长的根霉

储藏的小麦如果水分偏高时，黄曲霉、青霉等储藏型霉菌往往先侵染小麦的胚部，并形成各种颜色的菌落（图 5-6），也称为“点翠”；这是因为小麦胚部的保护层较薄，营养比较丰富，特别是可以被霉菌直接利用的小分子物质含量比较多，最易受到霉菌攻击，并在上面形成菌落。

图 5-6　小麦胚部的霉变现象（图中霉菌为黄曲霉）

面粉中以细菌数量最多，其次是霉菌和酵母菌，放线菌很少。每克面粉中的细菌一般为 10^4～10^6 个。面粉中的细菌有芽孢杆菌、乳酸菌、产气杆菌、葡萄球菌及纤维素分解菌等。细菌的大量存在，对面粉的储藏和加工产品质量都有不利的影响。芽孢杆菌有耐热芽孢，在面包烘烤中没有被杀死时，就会造成面包链丝病；以面粉为原料的罐头，如果芽孢没有被杀死，将造成罐头食品的平酸腐败；乳酸菌能引起新鲜冷藏面团发生腐败。

面粉中的霉菌约有 8 属 20 种，以灰绿曲霉和白曲霉为优势菌，占霉菌总数的 60%～90%。青霉以圆弧青霉、橘青霉、产黄青霉、常见青霉最普遍。面包中常见的链孢霉和根霉，在面粉中并不多。面粉的储藏稳定性远不如小麦，因为面粉失去了小麦皮层的保护，淀粉粒、蛋白质等营养物外露，可直接被霉菌分解利用；并且，面粉的颗粒细小，比表面积大，容易吸湿导致水分的增加。面粉上生长霉菌后可发生结块等现象，一些细菌的生长可使面粉的酸度增加，这些均使面粉的食用品质和加工品质发生劣变。

据霍尔特曼（Holtman）调查，新鲜面粉中细菌带菌量为 2.3×10^4 个/g，霉菌带菌量为 1.8×10^3 个/g；储藏几个月后，细菌带菌最为 3.37×10^5 个/g，霉菌为 3.0×10^4 个/g。Bartor-Wright 的研究表明，水分 18%的面粉储藏 10 周后，pH 由 6.8 降至 4.93，细菌带菌量由 4×10^4 个/g 降至 4.2×10^3 个/g；而霉菌带菌量却由 1.2×10^3 个/g 增加到 8.3×10^3 个/g，其中 90%是青霉及曲霉、枝孢霉和灰葡萄孢霉，还有相当数量的酵母菌。

（三）玉米

玉米籽粒胚部大，脂肪含量高，营养丰富，且容易吸湿，因此玉米是较难安全储藏的粮食品种，我国粮库储藏玉米由于微生物的活动而发热是很常见的现象。即使储藏条件较好，玉米也难以长期储藏；如果玉米的水分含量较高，则玉米在短时间内就会发生霉变现象，霉变的起源部位一般也在胚部（图 5-7）。

图 5-7　玉米储藏的霉变

我国广东、广西等南方地区的玉米，其外部和内部的带菌均以黄曲霉为多，其带菌量可达到 10^5 个/g，其次是镰刀菌，且主要是串珠镰刀菌；此外还有黑曲霉、灰绿曲霉等霉菌。河南玉米以镰刀菌最多，主要是串珠镰刀菌，还有半裸镰刀菌、禾谷镰刀菌等，其次是黄曲霉和黑曲霉，再次是草酸青霉和圆弧青霉，还有链格孢霉、葡柄霉、蠕孢霉和芽枝霉等。东北三省新收获的高水分玉米（水分在 20%以上），一般以附生细菌和镰刀菌占优势，头孢霉、链格孢霉也有相当数量，芽枝霉、木霉、蠕孢霉普遍存在。青霉的数量也相当多，特别是草酸青霉最常见，曲霉很少。高水分玉米晒干后储藏过夏，微生物区系的变化为附生细菌几乎消失，芽孢杆菌数量增加。镰刀菌、头孢霉、链格孢霉数量有下降趋势，曲霉和青霉的数量增加。其中以局限曲霉，灰绿曲霉等干生性霉菌较多。

玉米粉和小麦粉一样可用于制作食品。嗜热芽孢杆菌在玉米粉中比面粉中多，因此一般不用玉米粉做罐头食品的原料。玉米粉常含大量的细菌及霉菌，其带菌量分别为 10^4 个/g 和 10^3～10^6 个/g，这些菌体的生存情况和贮存玉米粉的湿度和温度有关，一般玉米粉在含 13%以下的水分时，干生型霉菌如匍匐曲霉（*Aspergillus repens*）可缓慢地生长而产生球形物，在 16%时，黄曲霉可大量生长繁殖，并有可能产生真菌毒素。国外食品原料中要添加玉米粉时通常要做芽孢菌和食品腐败菌的检验。例如，Doty 报道用于生产方便食品的玉米粉和面粉细菌总数应低于 5.0×10^3 个/g，对于食品腐败有关的嗜冷细菌、嗜热芽孢细菌、梭状芽孢杆菌及对食品卫生有关的大肠杆菌群、沙门氏菌和链球菌等均应进行检查。

六、微生物对储粮品质的影响

储粮的早期霉变或轻微霉变不易察觉，但有经验的人可从粮粒色泽、粮温和水分的微小变化及时发现予以处理。如果认为粮食发热才是霉变的开始，那就错了，实质上此时是霉变进一步发展，而非开始阶段。特别是低水分粮食被局限曲霉、灰绿曲霉侵染，粮食已经发生霉变、籽粒的胚被杀死，但并没有明显的发热现象。因此，早期预测预警霉变发生对安全储粮具有重要意义。

粮食霉变对粮食品质影响可表现在许多方面，如可出现储藏粮食重量减轻、水分增加、脂肪酸值升高，酸度升高，气味不正、种子发芽率下降、种胚或整粒种子变色、加工工艺品质变劣等，降低了储粮的食用、种用和饲用品质，甚至可使粮食完全丧失使用价值。

（一）使粮食变色和变味

粮食的色泽、气味、光滑度和食味都是粮食新鲜程度及健康程度的重要指标。许多微生物可以使粮食变色，如田间真菌中的链格孢霉、枝孢霉、蠕孢霉等具有暗色菌丝和黑褐色孢子，如果在收割后遇到阴雨天气，小麦不能及时晒干或麦堆淋雨发芽时，这些霉菌就发展起来，使麦粒灰暗，胚部呈黑褐色；镰刀菌在小麦和玉米上生长时，由于其分生孢子座呈粉红色，因此可使小麦和玉米也呈现粉红色。

大米是在储藏过程中容易发生变色的储藏粮种，米粒可失去原有的色泽，而变为红色、黑色、褐色等。引起变色的原因是多方面的，有些属于感染霉菌本身的颜色，有些是霉菌的代谢物所致，还有其他一些因素，如霉菌分解了大米原有的色素、霉菌分解物有色或分解代谢物的相互作用产生特殊色泽等。常见的几种变色米特点如下。

黑蚀米：是由一种细菌寄生引起的变质米。这种细菌在谷粒乳熟期前后由颖隙或伤口等处侵入，形成暗褐色病斑，碾白不能除掉，蒸煮也不会消失。红变米：由节卵孢霉（*Oospora* sp.）引起的。一般在夏季高温期发生，白米表面产生一点一点的红色斑，有时为紫红色或暗褐色，经过一个时期，扩展到全面，完全失去米的本来面目。洗涤红米时，水成暗紫红色。该菌发育的最适温度为 24～28℃，最高温度为 36℃，最低温度为 11℃，17℃以下发育缓慢，受害米对动物无毒性作用。米粒受害后变色深浅与含水量有关系。水分 15.5%～19.6%米粒呈红色；水分 19.6%～25%呈紫红色至暗紫红色。水分 15.5%以下的白米，该菌不能生长繁殖。近年我国也发生红变米，据报道是由产紫青霉引起的。

黄粒米：在我国长江流域和南方各省的早稻收获期，常受台风等气候因素的影响，收获的稻谷不能得到及时的晾晒、干燥，高水分的稻谷直接堆放或湿谷没有及时脱粒就进行堆垛，这时稻谷中各类适应生长的微生物就会大量繁殖，导致谷堆温度急剧升高，从而形成沤黄谷，以沤黄谷碾出的米即黄粒米。根据我国在 20 世纪 70 年代所做的调查显示，这种黄粒米与日本报道的三种黄变米不同（由青霉引起的黄变米），米粒上未检出黄绿青霉、橘青霉和岛青霉；在所采集的黄变米样品中主要检出构巢曲霉、黄曲霉、灰绿曲霉等曲霉及毛霉、芽孢杆菌等，但未检出黄曲霉毒素 B_1 和杂色曲霉素。形成的黄粒米完全丧失活力，易受霉菌污染，储藏稳定性低。与白米相比较，千粒重、出糙率和黏度均降低，酸度、脂肪酸值升高，还原糖增加，8 种必需氨基酸中除色氨酸未测定、异亮氨酸有增加的现象外，其余的 6 种氨基酸均减少，赖氨酸含量由 0.39%减至 0.29%。同时黄粒米中的硫胺素、核黄素、维生素 PP 的含量也均比白米含量低，硫胺素要比白米低一半。用采集的黄粒米进行动物试验，没有发现黄粒米有急性毒性，也没有发现黄粒米有致癌作用。

病麦又叫作胚损粒。小麦储藏期间胚部变为深棕色或黑色，这种黑胚含有很高的脂肪酸，并且很脆，磨成的面粉带黑斑。含 20%病麦的小麦磨成的面粉制成的面包体积小风味不好。引起胚变色有多种原因，自然变色的主要原因很可能是储藏型真菌侵染的结果。

微生物的侵染是使粮食产生异味的重要原因之一。许多青霉菌体本身可散发出强烈的霉味，它们被粮食吸附后往往难以解吸，严重霉变的粮食经过加工成成品粮，仍有霉味，制成食品后霉味也往往消除不掉。

粮食的各种有机成分在微生物的分解作用下，生成许多特殊的刺激嗅觉和味觉的物质。例如，高水分粮在通风不良条件下储藏，由于粮食中的碳水化合物被微生物发酵利用，便产生一些酸与醇，使粮食带酸味和酒味。严重霉变的粮食，粮食中蛋白质被分解后可产生氨、胺化物、硫化物、硫化氢等异味物质；粮食中的有机碳化物被霉菌分解后可产生各种有机酸类、醛类、酮类等都具有强烈刺激性的气味。

（二）破坏粮食的发芽能力

谷物的胚部在谷物籽粒中的营养最为丰富，组织最为松软，皮层的保护最为薄弱，往往成为储藏型霉菌侵染、生长的首选部位。霉菌在谷物胚部生长轻者将消耗胚部的营养物，使谷物发芽的生活力降低；重者完全破坏谷物胚部组织或产生有毒物质杀死谷物胚部细胞，使谷物丧失发芽力。各种微生物对种子生活力的影响程度不同。据有关试验表明，对豌豆种子伤害最强的是黄曲霉，其次是白曲霉、灰绿曲霉。局限曲霉也有相当强的伤害力。镰刀菌、木霉、单端孢霉、蠕形菌、轮枝霉等的某些种能够产生对粮食种子发芽和幼苗生长有害的毒素。细菌中如马铃薯杆菌、枯草芽孢杆菌等类群中，有若干品系能抑制种子发芽。

（三）在粮食中产生毒素

微生物在粮食上生长代谢不仅利用粮食的营养成分，还向粮食中排出代谢产物。许多微生物的代谢产物有很强的毒性，如黄曲霉菌产生的黄曲霉毒素（aflatoxin）、串珠镰刀菌产生的伏马菌素（fumonisin）、禾谷镰刀菌产生的脱氧雪腐镰刀菌烯醇等。人和其他动物摄食带毒的粮食后可导致严重的中毒，甚至可诱发癌症。

（四）降低粮食的食用品质和加工工艺品质

霉菌在粮食上的生长可引发一系列粮食食用品质和加工工艺品质的变化，常见的变化指标有以下几种。

1. 引起粮食重量减轻

粮食上微生物特别是霉菌能分泌大量的水解酶，将粮食中的碳水化合物水解，使非还原糖减少，还原糖增加。还原糖可作为霉菌呼吸作用的基质而被利用，被转化为二氧化碳和水，最终可使粮食中的淀粉和糖损失，干重下降。

2. 使粮食脂肪酸增加

有些霉菌可分泌脂肪酶，将粮食中脂肪水解为脂肪酸和甘油。甘油容易被微生物吸收利用，但微生物分解代谢脂肪酸的速度较慢，常可积累在粮食上而致使脂肪酸值增高。不同霉菌引起粮食脂肪酸增加的能力有所差异，如在玉米上接种阿姆斯特丹曲霉培养两周后，脂肪酸值为384；当接种白曲霉并培养两周后，玉米脂肪酸值为748，比阿姆斯特丹曲霉的脂肪酸增加能力大近一倍。

3. 增加粮食的酸度

霉菌利用淀粉、脂肪等谷物成分生长时可产生各种有机酸，使粮食的酸度增加。

4. 改变粮食中蛋白质的组分和性质

微生物在粮食中的生长一般不会改变粮食中蛋白质的相对含量，但粮食中原有蛋白质的组分和性质将发生某些改变，如部分谷物蛋白转变为菌体蛋白，游离氨基酸增加，小麦面筋的质地、含量及流变学特性发生了变化等。

5. 酶学特性发生变化

微生物在粮食上的活动会分泌各种酶类，如淀粉酶、蛋白酶等，这些酶不仅可分解粮食的正常成分，也影响粮食的加工工艺品质。例如，淀粉酶活力的升高可使小麦的降落值发生变化，这种小麦磨成的面粉烘烤出的面包体积小、蒸制出的馒头口感发黏。

第三节 微生物与油料油脂变质

油料是指用来制取油脂的植物原料，包括各种油料作物的果实和种子，如大豆、花生、油菜、芝麻、向日葵、棉籽、蓖麻、苏子、油用亚麻和大麻等；油脂是从油料中提取出来的植物性脂肪，如花生油、豆油、菜籽油、棉籽油等。油脂是人类主要的营养素之一，可为人体提供必需脂肪酸、多种脂溶性维生素及其他营养物质，并参与体内代谢，为人体提供热量和改善食品风味。油脂是人类不可缺少的食物原料，世界上90%以上的油脂是供食用的。油料油脂储藏变质与粮食储藏变质相比，既具有类似的特性，也有其自身的特性。

一、油料及油料变质

（一）油料特性

植物油料化学组成的特点是高脂肪含量和高蛋白质含量。油料籽粒内脂肪含量一般可达到40%～50%，至少也有20%，而且主要是不饱和脂肪酸所构成的甘油三酯。而蛋白质本身又是一种亲水的胶体物质，对水的亲和能力和持水能力比糖类物质强。因此，油料的吸湿性比谷类粮食大。

在水分大、温度高的环境条件下，含有大量的脂肪和蛋白质的植物油料非常容易发生霉变、发热和酸败变质。发热生霉的油料，会出现游离脂肪酸含量增高、发芽率降低、出油率减少、加工出的油颜色变深及产生“哈喇味”等现象。

其实，油料本身具有一定的耐储性，是因为作为植物果实和种子的油料通常具有完整的外层皮层，而外层皮层赋予了油料一定的保护作用，这一点和粮食类似。

然而，由于油料中的脂肪通常是以液滴状态分布于细胞中，同时脂肪的相对密度又较小，就会占有较大的容积，从而使得整个油料的结构比较柔软，油料籽粒较易破碎。因此，在收获、运输、储藏等的过程中，油料籽粒就非常容易出现机械损伤、不完善粒增高；同时，油料中还含有大量的蛋白质，而蛋白质是一种亲水的胶体物质，对水的亲和能力和持水能力比糖类物质强，因此油料的吸湿性、持水性都比粮食大。在相同的温度条件下，油料会更容易吸收空气中的水分，增加水分含量。这都为霉菌侵染提供了有利条件，而霉菌分解脂肪的能力又较强，油料中脂肪会快速地被霉菌分解代谢。霉变变质的油料，不仅酸价增加，还产生苦味，出油率低，油质差，碘价降低，干燥性差。

（二）主要油料及其变质特性

1. 大豆

我国是大豆的故乡，在全国范围内广泛分布，种植面积大，尤其盛产于我国东北地区。大豆富含蛋白质和脂肪，含有多种氨基酸，尤其是人体必需的 8 种氨基酸，并且赖氨酸和色氨酸含量很高，甲硫氨酸含量也优于其他植物蛋白。其脂肪在人体内的消化率高达 98%，不饱和脂肪酸占 60%左右，油酸、亚油酸、亚麻酸等都是体内必需的脂肪酸；大豆中还含有卵磷脂、脑磷脂、肌醇磷脂等，是人体大脑和肝脏所必需的物质。大豆中还含有钙、铁、磷等矿物质元素和多种维生素。故大豆既是粮食作物，又是油料作物，还是高营养的食品。

大豆具有后熟期长的特点，在后熟期间，旺盛的酶代谢和呼吸作用会释放出较多的水分和大量热量，水分、热量如不能及时散发出去，就会积聚在豆堆中，造成豆堆局部“出汗”、局部温度升高或豆堆各部分温度不均的“乱温”现象，这些都对大豆的安全储藏不利，容易发展成为霉烂变质。

2. 油菜

油菜是我国播种面积最大、地区分布最广的油料作物。根据油菜播种期的不同，可分为春、冬油菜，我国以种植冬油菜为主，长江流域是全国冬油菜的最大产区，其中四川的播种面积和产量均居全国之首。春油菜主要集中于东北、西北北部地区。

我国是世界上生产油菜籽最多的国家。油菜籽种皮薄，胚部大，蛋白质含量高，吸湿性很强。当空气中相对湿度达到 85%以上时，在短时间内水分可升高到 10%以上。吸湿后的油菜籽，很容易发热霉变，其变化速度不是以天数计算，而是以小时计算。含水分 13%以上的油菜籽，往往无任何早期迹象，一夜之间温度即能升高 10℃以上，籽粒全部生霉变质，损失十分严重。油菜籽发热温度之高也是罕见的，其最高温度可达 70～80℃。

油菜籽霉变变质后，品质显著下降，出油率大幅度降低，油的质量也明显变劣，酸价增高，严重时不能使用。因此，油菜籽除留作种子以外，一般不作长期保管，大都在入库后尽快加工利用。

3. 花生

在各种油料作物中，花生的单产高，含油率高。花生果的含仁率一般为 67%～72%，花生仁一般含脂肪 40%～50%、蛋白质 24%～30%、糖类 13%～19%。榨制的油气味清香、没有异味，是广大消费者喜爱的食用油之一。花生不仅可以榨油，是一种重要的油料，还是食品工业的重要原料。我国花生生产分布广泛，除西藏、青海外全国各地都有种植，主要集中在河南、山东、广东、河北、江苏、安徽、广西、辽宁、四川、福建等省。

花生果粒大壳厚，外壳粗糙疏松，易破碎，土杂多，孔隙度大，容易吸湿。刚收获的花生果含水量可达 30%～50%，因花生中含有大量油脂，热容量较高，如果干燥不及时，很容易发生霉变，如黄曲霉大量滋生导致黄曲霉毒素污染；花生仁没有外壳保护，红衣薄肉嫩，一旦储藏不当，很容易发霉、变质。

4. 芝麻

芝麻是一种含油率很高的优质油料作物，含油量居植物油料的首位，其含油量因种子颜色不同而异，通常以黄色的最高（约56%）、白色的次之（约52%）、黑色的最低（约51%）。另外，芝麻含蛋白质21%左右、含碳水化合物12%左右。我国是世界上生产芝麻最多的国家之一，我国芝麻分布广泛，主要分布在河南、湖北、安徽、山东等省，其中河南的产量居全国首位。芝麻油气味清香，是烹调珍品，芝麻酱营养丰富、口味醇香。

芝麻籽粒细小、皮薄肉嫩、吸湿性强，同时芝麻含杂量极大，细小尘土占总含杂量的80%左右。因此，芝麻料堆孔隙度小、带菌量大、不松散、湿热不易扩散，非常容生霉发热、生虫、酸败变质。

5. 玉米胚芽

玉米是我国主要的粮食作物之一，种植区域分布很广，产量也仅次于水稻和小麦。随着农业科技的进步和食品工业的发展，开始利用玉米加工副产品玉米胚芽提取油脂，称为玉米油，又名玉米胚芽油。

玉米中的脂肪多数集中于玉米胚部，玉米胚部脂肪含量一般可占到玉米整粒脂肪含量的80%以上。同时，玉米胚部还含有30%以上的蛋白质和较多的可溶性糖。玉米胚部营养非常丰富，加上玉米吸收和散发水分主要通过胚部进行，因此玉米胚部就成为霉菌首先危害的部位。玉米胚部吸湿后，在适宜的温度下，霉菌即可大量生长繁殖，造成玉米胚部霉变、胚部脂肪酸败。

二、油脂及油脂变质

（一）油脂

油脂是从油料中提取的植物性脂肪。严格地说，油和脂是有区别的，一般在常温下呈液态的称为油，呈固态或半固态的称为脂。植物油脂一般含有大量的不饱和脂肪酸，在常温下为液体，所以习惯上把植物油脂简称为植物油。就化学组成而言，无论油和脂，都是一分子甘油和三分子脂肪酸化合成的甘油三酯（简称甘三酯）。油脂中含98%～99%的甘三酯，以及少量的水分、磷脂、蛋白质、维生素、色素等。

（二）油脂变质

植物油脂最突出的储藏特性就是容易酸败变质。植物油脂的酸败变质主要是由氧化作用和微生物作用所造成。氧化作用产生的过氧化物极不稳定，很容易分解成低分子醛类或酮类物质，由于醛酮具有挥发性苦辣气味，因此脂肪也带有这种气味。而微生物作用则是因为油脂感染有微生物，在一定水分与温度的条件下，微生物分解脂肪而产生脂肪酸，脂肪酸进一步氧化分解产生醛酮类物质，由醛酮引起难闻的苦辣气味。

酸败变质的油脂通常会出现油脂颜色变深，透明度变小，沉淀物增多，产生酸的、苦的滋味及气味等现象，严重时会有恶臭味。油脂酸败变质后，食用品质、营养品质均大大降低，其物理化学常数也常有改变，如油脂的相对密度、折光指数、酸价、过氧化值及皂化价等都会增加。同时，如果分解产物有毒时，还会使油脂或含油脂食品带毒，造成食品安全隐患。

（三）油脂微生物变质影响因素

与粮食变质类似，油脂变质除与其自身特性有关外，还与其储藏环境条件密切相关。环境条件适宜，油脂就可以较长期地安全储藏；环境条件不适宜，油脂就容易发生酸败变质，不能安全储藏。其中所有能够促进微生物生长代谢的环境条件变化，均能加快油脂的酸败变质，如温度、水分等。

温度升高，会促进微生物生长代谢，加速分泌脂肪酶，使油脂中不饱和脂肪酸加速分解，油脂酸败变质加快。降低温度则能延缓微生物的生长代谢，从而延缓油脂的酸败变质。因此，可以采取低温储藏的方式来提高油脂储藏稳定性。

油脂本身是疏水性物质，含水量很少。但是，如果原料水分偏大或者设备不完善或者操作技术不良等，往往会使生产的油脂含水量过多；此外，油脂在运输和储藏过程中，被水侵入，也会使油脂水分增高。油脂中的含水量增高，会明显促进微生物的生长繁殖，特别是未经初步净制的原始毛油，含水量越高，微生物生长代谢就越快，油脂酸败变质就越快。

（四）常见植物油脂

大豆油也称为豆油，是大豆经过热榨、冷榨或溶剂提取所获得的油脂。豆油的主要脂肪酸是油酸和亚油酸，油酸含量为 25%～36%，亚油酸含量为 52%～65%，并富含维生素 E，同时豆油的消化率高达 98%，所以豆油是一种营养价值很高的食用油。豆油除含有脂肪外，在加工过程中还会带进一些非油物质，在未精炼的毛豆油中含有 1%～3%的磷脂、0.7%～0.8%的固醇类及少量蛋白质和麦胚酚等物质，易引起酸败变质，所以豆油如未经水化精炼除去杂质，是不宜长期储藏的。

菜籽油也称为菜油，是从油菜籽中提取的油脂。菜籽油中 50%的脂肪酸是芥酸，芥酸是一种不易消化、不易吸收、营养较差的脂肪酸；菜籽油中被认为是必需脂肪酸的亚油酸却很少，一般只占 15%左右，所以菜籽油的营养价值被认为是较低的。菜籽油安全储藏的质量要求是水分、杂质含量均不得超过 0.2%，酸价应低于 4mg KOH/g 油。菜籽油凝固点是 4℃，在冬季储藏时应使仓温不低于 10℃，以免菜油凝固。凝固后的菜油再熔化时容易发生氧化，使酸价升高，导致变质。

花生油是从花生仁中提取的油脂，花生油中含有很高比例的不饱和脂肪酸，其中油酸占 50%～65%，亚油酸占 18%～30%，硬脂酸、花生酸、二十二碳和二十四碳烷酸的总量占总脂肪酸的 10%～12%，花生油是一种营养及口味俱佳的食用油脂。花生油储藏相对比较稳定，应注意冬季储藏保温，因为低温会使之凝固，而凝固后熔化易发生酸败变质。

芝麻油是从芝麻中提取的油脂，芝麻油中不饱和脂肪酸约占总脂肪酸的 80%，主要为油酸和亚油酸。在常见的植物油中，芝麻油是最不易酸败变质的。芝麻油中不饱和脂肪酸的含量虽然较高，但由于不含亚油酸，还含有维生素 E、芝麻酚和芝麻素等物质，具有一定的抗氧化作用，故比一般油脂的储藏稳定性好，较易保管。

玉米油又名玉米胚芽油，是从玉米胚、外壳及其冠帽中提取的油脂。玉米油脂肪酸以亚油酸、油酸为主，亚油酸可占总脂肪酸的 34%～62%，油酸可占 19%～49%。玉米油含有较多的维生素 E，维生素 E 能延缓其氧化变质，所以其储藏稳定性相对较好。

葵花籽油是从向日葵种子中提取的油脂，富含不饱和脂肪酸，不饱和脂肪酸含量约占总脂肪酸含量的 90%。因其富含不饱和脂肪酸和微量的含氧酸，葵花籽油很容易酸败变质，是一种较难保管的油脂。

第四节　其他相关食品的变质

一、牲畜肉类的变质

肉类富含蛋白质和脂肪，营养物质种类丰富、全面，pH 近中性，水活度也适于大多数微生物的生长，因此肉类是易腐败变质的食品。肉类的基本组分决定了导致肉类腐败变质的微生物是那些能够分解利用蛋白质、脂肪的菌种，并最终以产生蛋白质腐败、脂肪酸败为肉类变质的基本特征。几种常见肉类的平均化学组成如表 5-4 所示。

表 5-4　几种常见肉类的平均化学组成　（%）

组成成分	水	蛋白质	脂肪	糖	灰分
肥猪肉	47.40	14.54	37.34	—	0.72
瘦猪肉	72.55	20.08	6.63	—	1.10
肥牛肉	56.74	18.30	21.40	—	0.97
中等肥度牛肉	72.52	20.58	5.33	0.06	1.2
肥羊肉	51.19	16.36	21.07	—	0.93
中等肥度羊肉	66.80	21.00	10.00	0.50	1.70

（一）肉类中微生物的来源

健康良好、饲养管理正常的牲畜，组织内部是没有微生物的。但身体表面、消化道、上呼吸道、免疫器官有微生物存在。例如，未经清洗的动物毛皮，其上面的微生物有 10^5～10^6 个/cm^2，如果毛皮粘有粪便，微生物的数量将更多；家禽皮肤上附着的腐败微生物有假单胞菌属（*Pseudomonas* spp.）、莫拉氏菌属不动杆菌（*Acineobacer-Moraxella* spp.）、肠杆菌（*Enterobacter* spp.）、腐败西瓦氏菌、热杀索丝菌和乳杆菌（*Lactobacillus* spp.）等。

肉类的表面总是存在微生物，有时肉的内部也有微生物存在。肉类的这些微生物主要是在牲畜宰杀时和宰杀后从环境中污染的。宰杀时放血、脱毛剥皮、去内脏、分割等过程中，可污染牲畜体表；屠刀等用具、水、泥土、空气、人的手等处存在的微生物也可污染肉类；宰后的运输、销售、储存过程中，同样可能污染用具、空气、水等中的微生物。如果放血所使用的刀有污染，则微生物可进入血液，经由大静脉管而侵入胴体深处，如国外的“酸味火腿”即由此种原因而造成。再如开膛时割破胃肠、整形时用脏水冲淋、用龌龊的布揩抹等，均可造成微生物的污染。动物垂死时，细菌也可能从肠道侵入各种组织内，尤其是生前过分疲劳、受热、受内伤的动物。肉块分割时，每被切一次，就增加一个新的表面，暴露的组织就增加一些微生物。

不健康的牲畜，其组织内部可能有病原微生物存在。因而病畜肉不仅有环境中污染的微生物，还可含有本身带有的病原微生物。

（二）肉类中微生物的类型

1. 腐生微生物

肉类腐生微生物有细菌、霉菌、酵母菌，但主要类群是细菌。

常见的细菌有假单胞菌属、无色杆菌属、黄杆菌属、微球菌属、不动杆菌属（*Acinetobacter*）、莫拉氏菌属（*Moraxella*）、芽孢杆菌属、变形杆菌属、产碱杆菌属、梭状芽孢杆菌属、埃希菌属、链球菌属、乳杆菌属、微杆菌属等。

霉菌有枝孢属、枝霉属、毛霉属、青霉属、链格孢霉、根霉属、丛梗孢属、曲霉属和侧孢霉属（*Sporotrichum*）等。酵母菌有假丝酵母属、球拟酵母属、隐球酵母属、红酵母属、丝孢酵母属等。

2. 病原微生物

肉中含有的病原微生物依病畜不同的病及具体环境条件不同而不同。有些微生物仅对某些牲畜有致病作用，但对人体无致病作用，而有些是对人畜都有致病作用的微生物。可能存在的病原微生物有沙门氏菌、炭疽杆菌、布鲁氏杆菌、结核杆菌、多杀巴氏杆菌、猪丹毒杆菌、李氏杆菌、假结核耶辛氏杆菌、韦氏梭菌、猪瘟病毒、口蹄疫病毒、猪水泡病病毒、鸡新城疫病毒等。其中沙门氏菌最为常见，而对人类的安全威胁最大的是炭疽杆菌。

（三）鲜肉的腐败变质

1. 与变质有关的因素

鲜肉变质与下述因素有关。

（1）污染状况　肉类卫生条件越差，污染的微生物越多，越容易变质；污染的微生物不同，变质情况也不相同。

（2）水活度　肉的水活度越大，越容易变质。

（3）pH　动物生活时，肌肉 pH 为 7.1～7.2，放血后 1h，pH 下降至 6.2～6.4，24h 后 pH 为 5.6～6.0。pH 的降低主要是由于肌肉组织中存在的糖酵解，酶把糖原转化成葡萄糖，再由葡萄糖变成乳酸，乳酸使 pH 下降。肉的这种 pH 可在一定程度上抑制细菌的生长。pH 越低，抑制作用越强。若牲畜宰杀前处于应激或兴奋状态，则消耗体内的糖原，使宰后肉的 pH 接近 7.0，这种肉容易变质。

（4）温度　温度越高，鲜肉越容易变质。刚宰杀的牲畜，肉的温度正适合大多数微生物的生长，因而应尽快使肉表面干燥、冷却并冷藏。

鲜肉在 20℃以上放置时很快就会发生腐败变质，这时的腐败微生物以嗜温微生物为主，如大肠杆菌、气单胞菌、变形杆菌（*Proteus* spp.）和微球菌（*Micrococcus* spp.）等。低温可以抑制微生物生长繁殖，但即使在 0℃下肉类也只能保存 10d 左右，10d 过后也会变质，这时的腐败微生物以嗜冷微生物为主，如假单胞菌（荧光型和非荧光型）和热杀索丝菌，禽肉还含有少量的不动杆菌和腐败希瓦氏菌（*Shewanella putrefaciens*）。

2. 微生物活动情况

肉的变质，以细菌活动的影响作用最为显著。肉的污染通常是表面污染，因而变质常先发生在肉的表面。一般来说，常温下放置的肉，早期的微生物以需氧性的假单胞菌、微球菌、芽孢杆菌等为主，它们先出现于肉类表面；在表面上繁殖后，使肉发生变质，并逐渐向肉内部发展，这时以一些兼性厌氧微生物如枯草芽孢杆菌、粪链球菌、大肠杆菌、普通变形杆菌等为主；当变质继续向深层发展时，则出现较多的专性厌氧微生物，主要为梭状芽孢杆菌，如溶组织梭菌、腐败梭菌、水肿梭菌、生孢梭菌等。细菌向肉深层入侵的速度，与温度、湿度、肌肉结构及细菌种类有关。由于具体条件的不同，除有细菌活动引起变质外，还可能有霉菌和酵母菌的活动。

肉的腐败常是表面腐败，但有时出现深层腐败。深层腐败常见于对牲畜的胴体处理不当，致使腐败细菌于牲畜死后从肠道而侵入组织；或在放血时从刀口进入循环系统，再转入肌肉组织内。此外，也可能是栖居于组织内的微生物如病原微生物、淋巴结的微生物引起。深层腐败细菌是一类能分解蛋白质、厌氧和生长温度广域的细菌，因而能在未适当冷凉的胴体产生深部腐败。例如，猪腿肉的沿股骨部位，可由于冷藏前腐败细菌生长而出现腐败，称为“酸斑”（sour spot）。腌制猪腿也可出现酸斑，是由于腌制佐料不能穿透猪腿肉的全部，因而不能防止肉内腐败细菌的生长。在牛股肉的深部组织，也可发生细菌性深层腐败，称为“酸股”（sour hip）。

3. 变质现象

鲜肉变质可出现多种变质现象，凭感官可以判别的现象有发黏、变味、色斑等。

（1）发黏　为初期的腐败作用，主要由细菌引起。肉体表面有黏液状物质产生，拉出时如丝状，并有较强的臭味。这种黏液状物便是微生物繁殖后形成的菌落。这些微生物主要是革兰氏阴性腐生菌如假单胞菌、无色杆菌、黄色杆菌、变形杆菌、产碱杆菌、大肠杆菌等，以及乳酸菌、酵母菌。有时芽孢杆菌、微球菌也会在肉体表面形成黏状物。但厌氧性的微生物如梭状芽孢杆菌不在肉表面引起发黏现象。当肉体表面有发黏现象时，其表面含有的细菌数一般达 10^7 个/cm^2。霉菌在肉体表面生长时，先也有轻度的发黏现象，后来则出现霉斑。

（2）变味　鲜肉变质往往伴随变味现象。最明显的是肉类蛋白被分解而产生的恶臭味。蛋白质腐败分解过程及产物如下。

蛋白质 —水解→ 蛋白䏡 —水解→ 蛋白胨 —水解→ 氨基酸 ——→

——→ 脱氨基作用 / 脱羧基作用 / 氧化作用 / 还原作用 ——→
- 无机物质：水、NH_3、CO_2、H_2S、H_2SO_4等
- 含氮有机物：甲胺、尸胺、酪胺、组胺、腐胺、色胺等
- 有机酸类：饱和酸、不饱和酸、酮酸、羟酸等
- 其他：甲烷、吲哚、β-甲基吲哚、尿素、硫醇、粪臭素、酚、甲酚等

蛋白质分解菌都可分解利用蛋白质产生上述不同的分解产物。产生的氨、硫化氢、吲哚、甲基吲哚、硫醇、粪臭素等，都具有特殊可厌的臭气。尸胺、腐胺、组胺还具有毒性。能使氨基酸脱羧而产生胺的微生物有埃希菌、沙门氏菌、变形杆菌、微球菌、链球菌、乳杆菌、梭状芽孢杆菌等。

除蛋白质分解菌分解蛋白质产生恶臭味外，某些脂肪分解菌可分解脂肪，使脂肪酸败并产生不良气味。分解脂肪的微生物有假单胞菌、无色杆菌、黄杆菌、产碱杆菌、微球菌、芽孢杆菌属中的一些细菌及解脂假丝酵母（*Candida lipolytica*）、脂解毛霉（*Mucor lipolyticus*）、爪哇毛霉（*M. javanicus*）、灰绿青霉、娄地青霉（*Penicillium roqueforti*）、少根根霉（*Rhizopus arrhizus*）等。脂肪被微生物分解，形成脂肪酸和甘油等产物。例如，卵磷脂被酶解，形成脂肪酸、甘油、磷酸和胆碱；胆碱可被进一步转化为三甲胺、二甲胺、甲胺、蕈毒碱和神经碱，三甲胺可再被氧化成带有鱼腥味的三甲胺氧化物。

肉中含有的少量糖也可被乳酸菌和某些酵母菌分解，产生挥发性的有机酸，具有酸败味。

（3）色斑　鲜肉变质出现色斑有多种情况。蛋白质分解产生的硫化氢与肉中的血红蛋白相结合而形成硫化氢血红蛋白（H_2S-Hb），这种化合物积累在肌肉和脂肪表面，呈现暗绿色斑点。

某些微生物产生色素，它们在肉表面生长可引起肉表面出现多种色斑。例如，产蓝假单

胞菌（*Pseudomonas syncyanca*）和产黄假单胞菌（*P. synxantha*）可分别产生蓝色和黄色；黄杆菌可产生黄色；黄色微球菌（*Micrococcus flavas*）、红色微球菌（*M. rubens*）和玫瑰色微球菌（*M. roseus*）可分别产生黄色、红色和粉红色。酵母菌可产生白色、粉红色、红色、灰白色斑点，如红酵母可产生红色斑点。

霉菌菌丝体呈现一定的颜色和形态，因而当霉菌在肉表面生长时便出现霉斑。枝孢霉可产生蓝绿色至棕黑色霉斑，如多主枝孢（*Cladosporium herbarum*）和芽枝状枝孢（*C. clado sporides*）产生黑色霉斑。顶青霉（*Penicillium corylophilum*）、扩展青霉（*P. expansum*）和草酸青霉（*P. oxalicum*）产生蓝绿斑；枝霉（*Thamnidium elegans*）和刺枝霉（*Thamnidium chactocla-dioides*）在肉体表面产生茸毛状菌丝；总状毛霉（*Mucor racemosus*）也可产生茸毛。

（四）低温下肉中微生物的活动

低温可以抑制中温性微生物和嗜热微生物的生长繁殖，但低温下仍可能有嗜冷性微生物进行生命活动，因而低温保存中的肉类仍可能变质。

1～3℃下可在肉中生长的嗜冷微生物有假单胞菌属、无色杆菌属、产碱杆菌属、黄杆菌属、微球菌属、不动杆菌属、莫拉氏菌属、变形杆菌属等中的一些细菌，枝孢属、枝霉属、毛霉属、青霉属、丛梗孢属等中的一些霉菌及一些嗜冷酵母菌如假丝酵母属、红酵母属、球拟酵母属、隐球酵母属、丝孢酵母属中的一些种。鲜肉放在0℃左右的环境中，一般保存10d以后，若肉体表面比较干燥，则逐渐出现嗜冷性霉菌生长；若肉体表面湿润，则嗜冷性细菌生长活动并占优势，而细菌中又以假单胞菌为优势菌。由于嗜冷微生物的生命活动，0℃左右保存的肉也会变质。在低温下微生物生长繁殖速度较慢，因而变质的发生和发展也较慢。

为防止肉的腐败变质，保存肉类采用冷冻、盐腌、烟熏、罐藏等方法。但在保持鲜肉本来特性方面，采用冷冻方法是比较好的，因而肉类常用冷冻保藏。冷冻温度为–20～–18℃，在这一温度下，一般不会出现腐败性微生物的生长，肉类长期保藏而不会变质。

若冷冻肉温度在–5℃以上，仍有微生物生长的可能。但在–2℃以下，一般不会出现腐败性细菌的生长，病原细菌也不能生长，能生长的是少数耐低温和低水活性的霉菌和酵母菌，特别是霉菌较为重要。几种较为耐低温和低水活性的霉菌，如多主枝孢霉、芽孢状枝孢霉、多毛青霉、枝霉、总状毛霉、顶青霉在0℃、–2℃、–5℃的指数生长速度如表5-5所示。从该表中可以看出多主枝孢霉、枝霉是嗜冷霉菌中生长速度较快的。多主枝孢霉从发芽发展到1mm直径的可见菌落，在–2℃需1个月，在–5℃时需4个月左右。在–5℃时，冷冻肉保藏6～8个月后才可能出现枝孢霉的黑色霉斑。出现其他霉菌的霉斑所需要的时间更长。

表5-5 冷冻肉中几种嗜冷霉菌的指数生长速度

嗜冷霉菌	指数生长速度/d			霉斑
	0℃	–2℃	–5℃	
多主枝孢霉	0.31	0.18	0.03	黑斑
芽枝状枝霉	0.22	0.12	<0.01	黑斑
多毛青霉	0.37	0.16	<0.01	黑斑
枝霉	0.67	0.50	0.03	茸毛
总状毛霉	0.14	—	—	茸毛
顶青霉	0.19	<0.01	—	蓝绿斑

新西兰肉品工业研究所把几只羔羊腿放在–5℃冷冻储藏，每隔4周检查一次细菌和真菌的生长情况。结果发现，污染的细菌在储藏过程中只死不生，特别是在储存的开始时期，大量细菌死亡。储存8个月后，针尖大小的黑色霉斑出现了。储存过程中还可观察到隐球酵母的生长。

冷冻可以杀死肉中存在的大量微生物，特别是细菌。但很多微生物仍不死亡只是在冷冻下不生长而已，这些未死亡的微生物可继续引起解冻肉的腐败变质。冻肉在解冻过程中和解冻后的储存等过程中还可污染环境中的微生物，所以冻肉解冻后应尽快食用或加工，以免变质。

二、鱼类的变质

（一）鱼类中微生物的来源及其类群

活的鲜鱼组织内是无菌的，但是鱼的生活环境并不是无菌的，所以鱼的体表、鳃及消化道内都有一定数量的微生物存在。例如，从新鲜鱼类的皮肤黏膜、鳃和肠等部位都能检出细菌，数量分别是10^3～10^5cfu/cm^2、10^3～10^4cfu/cm^{2}和10^2～10^9cfu/cm^2。同时，经过运输、贮藏和加工后，鱼体所带微生物的类群和数量会有所改变。

鲜鱼体表附着的细菌数，有10^2～10^7个/cm^2，每毫升肠液内，可含有细菌10^3～10^8个，刚捕获的淡水鱼类所带有的细菌，就是它们原来所处水生环境中的细菌，但由于在不同的气温地带，不同的水源所存在的细菌类群有差异，因此带有的细菌也不一致。一般海水鱼类所带有的并且可以引起鱼体腐败变质的为细菌，其中常见的是假单胞菌属、无色杆菌属、黄杆菌属、摩氏杆菌属（*Moraxella*）等。淡水鱼类除上述的细菌外，还有产碱杆菌属、气单胞杆菌属（*Aeromonas*）、短杆菌属（*Brevibacterium*）等细菌。

捕获后的鲜鱼，由于外界环境的接触而被污染的微生物种类，就更多了。

（二）微生物引起鱼类的变质

从表5-6可知，鱼类平均含有水分70%～80%，蛋白质16%～20%，含少量的无机物等物质，基本不含碳水化合物，脂肪含量可从很低到相当高，差别较大。鱼的组织构造较松，鱼体组织的pH在 6～7.3；宰杀去内脏时，可以使整个鱼体遭受污染。由于这些原因，它比牲畜鲜肉更容易引起变质。在低温环境中或在加盐后的高渗环境中，微生物对鱼体的作用可受到控制。

表5-6　常见鱼类的化学组成　（%）

鱼	水分	糖	蛋白质	脂肪	灰分
蓝鱼	74.6	0	20.5	4.0	1.2
鳕	82.6	0	16.5	0.4	1.2
黑斑鳕	80.7	0	18.2	0.1	1.4
大比目鱼	75.4	0	18.6	5.2	1.0
青鱼	67.2	0	18.3	12.5	2.7
青花鱼	68.1	0	18.7	12	1.2
鲑鱼	63.4	0	17.4	16.5	1.0
箭鱼	75.8	0	19.2	4.0	1.3

1. 鲜鱼的变质

在室温的环境中，死后的鱼体很容易变质败坏，当开始变质时，体表黏液蛋白因细菌的分解和鱼体本身酶的作用，可促使鱼体表面呈现混浊，无光泽；表皮组织因被分解而由坚硬变为疏松，鱼鳞脱落。同时，消化道内的细菌也很快地繁殖，并使消化道组织溃烂，细菌即扩散进入体腔内壁，造成整个鱼体的组织破坏，这时鱼组织被分解并产生吲哚、粪臭素、硫醇、氨、硫化氢等臭味，臭的程度与腐败的程度相一致。无论鱼体原来带有多少细菌，当感官能觉察到有腐败象征时，细菌数一般已达到 10^8 个/g，组织的 pH 可升高至 7～8，挥

发性氨基氮的含量可达到 30mg/100g 左右。

引起鱼腐败的微生物，主要是鱼原来水生环境中所存在的细菌（假单胞菌属、无色杆菌属和黄杆菌属等细菌）。这些细菌的生长温度为 0～30℃。25℃左右时，繁殖最快，这样的温度对一些污染鱼体的嗜温菌来说，也同样适宜于繁殖，所以捕获鲜鱼后，应及时进行低温保存。

2. 鲜鱼低温保藏中的微生物

鲜鱼的冷藏，可以抑制鱼体本身酶的消化作用和抑制微生物的繁殖。例如，鲜鱼在 5～10℃中储存，嗜冷菌能够生长，因此保存有效期较短，一般只能保存 5d；在 0℃时，绝大多数微生物已受到抑制，但还不能完全阻止嗜冷菌的生长和鱼体酶的作用，保存有效期为 10d；在 0℃以下时，嗜冷菌虽然还有作用，但已非常微弱；当温度低达–5℃时，细菌的生长基本已被控制，保存有效期可在 2 周以上。一般为了能较长期地保存，常采用–30～–25℃的速冻保存。

3. 盐藏鱼的变质

鱼经过加食盐腌制后，可以抑制大部分细菌的生长，当食盐的浓度在 10%以上时，一般细菌生长即受到抑制。但球菌比杆菌的耐盐力要强，即使在 15%的食盐浓度时，多数球菌还能发育。为此，欲抑制腐败菌的生长和抑制鱼体本身酶的作用，食盐浓度必须提高到 20%以上。但经高盐腌制的鱼体经常还可以发生赤变的现象，这是由一群嗜盐菌在鱼体上生长而造成的。这类细菌有玫瑰小球菌（*Micrococcus roseus*）、盐地赛氏杆菌（*Serratia salinaria*）、盐地假单胞菌（*Pseudomonas salinaria*）、红皮假单胞菌（*P. cutirubra*）、盐杆菌属（*Halobacterium*）等。这些细菌在含有食盐 18%～25%的基质中能良好生长；在含 10%以上食盐的基质上尚能生长；低于 10%的食盐时就不能生长。这些嗜盐菌引起的赤变现象，在高温潮湿的地区更易发生。

三、乳类的变质

（一）鲜牛乳的腐败变质

鲜牛乳含水 87.5%，蛋白质 3.3%～3.5%，脂肪 3.4%～3.8%，乳糖 4.6%～4.7%（乳糖占乳中总糖的 99.8%），灰分 0.70%～0.75%，可见牛乳中乳糖、蛋白质、脂肪含量都很丰富。牛乳正常的 pH 为 6.4～6.8，Eh 为 0.30V。所有资料表明，乳类是细菌生长的最好基质，牛乳中的微生物以能分解利用乳糖和蛋白质的为主要类群。牛乳变质以乳糖发酵、蛋白质腐败和脂肪酸败为基本特征。

1. 鲜牛乳中微生物的来源

（1）挤乳前的污染　从乳腺分泌出来的乳汁，本来是无菌的，但乳头前端容易被外界细菌侵入，这些细菌在挤乳时被冲洗下来。在最初挤出的少量乳液中，会含有较多的细菌，而在后来挤出的乳液中，细菌数目会显著减少。可见从乳牛乳房挤出的乳液并不是无菌的，但微生物数量在不同个体的乳牛和同一乳牛的不同季节里是不同的。

正常情况下，乳房内的微生物只是一些无害的小球菌或链球菌。只有当污染严重或乳房呈病理状态时，细菌数目和种类才会增多，甚至有病原菌。

（2）挤乳过程中的污染　牛乳中微生物主要来源于挤乳过程中的污染，如生产过程中的挤乳装置等。这些微生物主要包括假单胞菌属（*Pseudomonas* sp.）、碱杆菌属（*Alkalibacillus* spp.）、气单胞菌属（*Aeromonas* spp.）、莫拉氏不动杆菌属（*Acinetobacter-Moraxella* spp.）、产黄菌属（*Flarobacteriun* spp.）、微球菌属（*Micrococus* spp.）、链球菌属（*Streptococus* spp.）、棒状杆菌属（*Corynebacterium* spp.）、乳酸菌属（*Lactobacillus* spp.）和大肠菌群等。因此，在严格注意环境卫生的良好条件下进行挤乳，将可得到含菌数量低、质量好的牛乳，但如果操作的环境卫生差，则非常容易污染微生物。牛舍内的饲料、牛体表面和牛的粪便、地面上的土壤，均可直接或通过空气间接污染乳液。蝇、挤乳用具、挤乳工人或其他管理人员也可造成微生物的污染。从乳液中含有的细菌数量来看，一般可见在挤乳过程中有明显增多的现象；污染情况不同，含有的细菌数量也不相同。据对我国一些地区牧场的调查，几个卫生状况一般的牧场，挤出的乳液中含细菌数为10^4～10^5cfu/ml；卫生条件相当差的牧场，乳液中含细菌数达10^6～10^7cfu/ml。

（3）挤乳后的污染　挤出的乳，应进行过滤并及时冷却，使乳温下降至10℃以下。在这过程中，乳液所接触的用具、环境中的空气等都可能造成微生物的污染。乳液在储藏过程中，也可能再次污染环境中的微生物。

总之，牛乳可以被不同来源的微生物所污染。污染的微生物数量及种类变化很大，并且取决于与每一批牛乳有关的具体条件。

2. 鲜牛乳中微生物的类型

如上所述，鲜牛乳在消毒前都存在一定数量、不同种类的微生物。如不及时冷藏或加工，微生物就会迅速繁殖而引起牛乳变质。鲜牛乳中常见的微生物有细菌、霉菌和酵母菌。

（1）细菌　细菌是鲜牛乳中微生物的主要类群，鲜牛乳中的细菌种类较多，数量较大。常见的细菌有链球菌属、乳杆菌属、假单胞菌属、芽孢杆菌属、大肠菌群、产碱杆菌属、无色杆菌属、变形杆菌属、黄杆菌属、微球菌属、微杆菌属、梭状芽孢杆菌属、丙酸杆菌属（*Propionibacterium*）等。除上述细菌外，还可能含有多种病原菌，如结核杆菌、沙门氏菌、流产布鲁氏杆菌（*Brucella abortus*）、金黄色葡萄球菌、炭疽杆菌、溶血链球菌（*Streptococcus hemolyticus*）、痢疾志贺氏菌（*Shigella dysenteriae*）等。但对于具体某批鲜牛乳，可能只含有上述细菌中的一些种类。

链球菌属和乳杆菌属是鲜牛乳中十分常见的两属乳酸菌。它们能对乳中的乳糖进行同型或异型乳酸发酵，产生乳酸等产物，使牛乳变酸；并且随乳酸的产生而使乳中蛋白质凝固，称为酸凝固。有的也能分解乳中的蛋白质。常见的链球菌有乳链球菌（*Streptococcus lactis*）、嗜热链球菌（*S. thermophilus*）、乳脂链球菌（*S. cremoris*）、粪链球菌（*S. faccalis*）、液化链球菌（*S. liquefaciens*）等。其中的乳链球菌是牛乳中最普遍存在的乳酸菌，几乎所有的鲜牛乳中都能检出这种菌，它适宜生长温度为30～35℃，在乳液中产酸量可达1.0%。常见的乳杆菌有嗜酸乳杆菌（*Lactobacillus acidophilus*）、嗜热乳杆菌（*L. thermophilus*）、干酪乳杆菌（*L. casei*）、保加利亚乳杆菌（*L. bulgaricus*）等。乳酸菌在乳中的繁殖比其他微生物早，引起变质也比其他微生物早；产生的乳酸能够抑制其他腐败细菌的生命活动。与乳链球菌相比，乳杆菌在乳中的繁殖较慢，但在耐酸性方面较乳链球菌强。

芽孢杆菌、一些假单胞菌、变形杆菌等是鲜乳中常见的胨化细菌。它们能分解乳中的蛋白质，可使不溶解状态的蛋白质变成溶解状态的简单蛋白质（称为胨化），并有腐败的臭气产生。牛乳经乳酸菌等的产酸作用，蛋白质发生酸凝固；或由于细菌的凝乳酶作用使乳中酪蛋白

（含量 2.5%）凝固，称为甜凝固。胨化细菌能产生蛋白酶，使这种凝固的蛋白质消化成为可溶性状态的蛋白质。鲜牛乳中的芽孢杆菌有枯草芽孢杆菌、地衣芽孢杆菌（*Bacillus licheniformis*）、蜡状芽孢杆菌（*B. cereus*）等。芽孢杆菌的许多菌种既能产生蛋白酶，又能产生凝乳酶。有胨化作用的假单胞菌有荧光假单胞菌、腐败假单胞菌（*Pseudomonas putrefaciens*）等。胨化细菌在鲜乳中会被乳酸菌产生的乳酸和乳链球菌产生的抗生素即乳酸链球菌素所抑制，引起变质作用较乳酸菌迟，一时不会表现有害作用。

假单胞菌不仅能分解牛乳蛋白质，还能分解乳中的脂肪，是牛乳中典型的脂肪分解菌。此外，无色杆菌、黄杆菌、产碱杆菌等也能分解脂肪，也是鲜乳中的脂肪分解菌。

大肠菌群（大肠杆菌和产气肠杆菌）能分解乳糖而产生乳酸、乙酸，使鲜牛乳变酸并引起酸凝固；同时产生二氧化碳和氢气，使牛乳凝块具有多孔气泡；并使牛乳产生不愉快的臭味。

微球菌、微杆菌也可发酵乳糖产生乳酸等，但产酸量不如乳链球菌和乳杆菌的多。代表性的微球菌有藤黄微球菌（*Micrococcus luteus*）、变易微球菌（*M. varians*）、弗氏微球菌（*M. freudenreichii*）等；代表性的微杆菌有乳微杆菌（*Microbacterium lacticum*）。微球菌和微杆菌的一些种能耐高温。微球菌也有较弱的分解蛋白质和脂肪的作用。

产碱杆菌能使牛乳中含有的柠檬酸盐分解而形成碳酸盐，从而使牛乳变为碱性。牛乳中常见的产碱杆菌有粪产碱杆菌（*Alcaligenes faecalis*）、黏乳产碱杆菌（*A. viscolactis*），其中黏乳产碱杆菌还能使牛乳黏稠。

牛乳中代表性的梭状芽孢杆菌有韦氏梭菌、丁酸梭菌（*Clostridium butyricum*）等，它们可使牛乳中的乳糖分解产生酪酸、二氧化碳和氢气。

（2）酵母菌和霉菌　鲜牛乳中经常见到的酵母菌有脆壁酵母（*Saccharomyces fragilis*）、红酵母、假丝酵母、球拟酵母等。常见的霉菌有多主枝霉、丛梗孢属如变异丛梗孢（*Monilia variabilis*）、节卵孢属如酸腐节卵孢（*Oospora lactis*）和乳酪节卵孢（*Oospora casei*）、乳酪青霉（*Penicillium casei*）、灰绿青霉、灰绿曲霉、黑曲霉等。而根霉和毛霉较少发现。

酵母菌和霉菌能利用乳中的乳糖，乳酸菌等发酵作用产生的乳酸也能被它们所利用。有的还能分解利用乳中的蛋白质和脂肪，如有的红酵母能分解利用酪蛋白；热带假丝酵母可以分解利用蛋白质和脂肪，解脂假丝酵母可分解脂肪；青霉和曲霉也能分解利用蛋白质和脂肪。

3. 鲜牛乳中微生物活动规律

鲜牛乳中微生物活动呈现一定的规律，如图 5-8 所示。

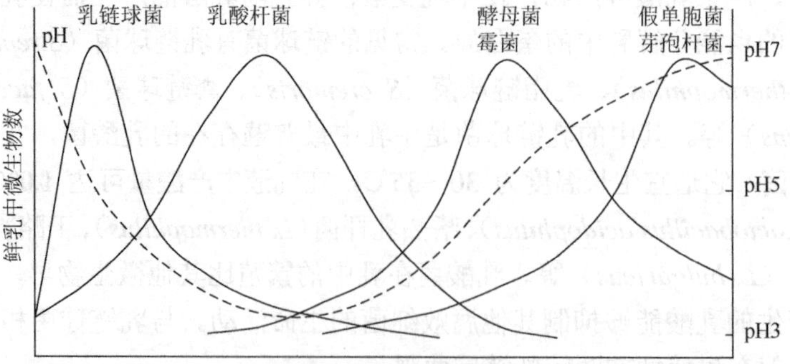

图 5-8　生鲜乳中微生物活动曲线

刚挤出的鲜牛乳放置于室温，微生物引起乳液变质可观察到有抑制期、乳链球菌期、乳酸杆菌期、真菌期和胨化菌期几个阶段。刚挤出的新鲜乳液含有多种抗菌性物质，对乳中的微生物具有杀菌或抑菌作用。在含菌少的鲜乳中，抗菌性物质的作用时间可持续 36h（在 13～14℃下）；若乳液中微生物污染严重则可持续 18h 左右；若温度升高，则杀菌或抑菌作用增强，但抗菌性物质持续时间会缩短。在抗菌物质持续时间内，乳液含菌数不增高，有时甚至减少；但持续时间过后，乳中存在的微生物便迅速增殖。首先可以看到细菌繁殖占绝对优势，这些细菌是乳链球菌、乳酸杆菌、大肠杆菌和一些蛋白质分解细菌等，其中以乳链球菌生长繁殖特别旺盛，使乳糖分解产生乳酸，乳液酸度不断升高；同时还可观察到产气现象，这是大肠杆菌等产气菌所引起。由于酸度的升高，就抑制了其他腐败细菌的生命活动。当酸度升高至 pH4.5 时，乳链球菌本身受到抑制，不再增殖反而会逐渐减少（这时已出现酸凝固，有乳液凝块产生），乳酸杆菌可继续在产生凝块的乳中增殖并产乳酸，使 pH 继续下降。当乳的酸度达到 pH3～3.5 时，绝大多数细菌物被抑制甚至死亡，而酵母菌和霉菌可适应此高酸性环境而生长繁殖，它们利用乳酸和其他一些有机酸，因而使乳的 pH 回升至接近中性。之后，分解利用蛋白质和脂肪的假单胞菌、芽孢杆菌、变形杆菌、无色杆菌、黄杆菌、微球菌等增殖，消化乳凝块，并有腐败的臭味产生。

4. 鲜牛乳的消毒、灭菌和防腐

（1）鲜牛乳的消毒　为了延长鲜乳的贮藏期，鲜牛乳必须消毒，以杀灭鲜乳中可能存在的病原微生物和其他大多数微生物。在实际中，选择合适的消毒方法，除了首先要考虑病原菌外，还要注意尽量减少由于高温带来的鲜牛乳营养成分的破坏。目前在乳品工厂中，具有代表性的消毒方法有以下 3 种。

1）低温长时间（low temperature long time，LTLT）杀菌法，又称为保持式杀菌，将牛乳加热到 62～65℃，在这一温度下保持 30min。这是一种分批间歇式的杀菌方法，过去牛乳消毒都采用这种方法，但由于杀菌效率较低，目前已不太采用，而逐渐被高温短时杀菌和超高温瞬时杀菌所取代。

2）高温短时间（high temperature short time，HTST）杀菌法，杀菌条件为 72～75℃，保持 15～16s，或者 80～85℃，保持 10～15s。

3）超高温瞬时（ultrahigh temperature，UHT）杀菌法，杀菌条件为 130～150℃，保持 0.5～2s。

（2）鲜牛乳的灭菌　为了使鲜乳保藏期能更长一些，通常是将鲜乳先装瓶封口，再连瓶加压加热灭菌，使最后的成品成为无菌状态。这种灭菌乳可以在不冷藏下存放 3～6 个月，所以很适合于气候热的地区生产和销售。

按照传热的方式不同，灭菌乳的方法可分为间接加热式和直接加热式两大类。间接加热式是用高温蒸汽喷射牛乳。在灭菌过程中，鲜乳先经 75～85℃预热 4～6min。接着用 130～150℃高温的蒸汽通过加热数秒钟。直接加热式是将鲜乳在高压下喷射于蒸汽中，使鲜牛乳达到 140℃经数秒钟获得灭菌乳。

（3）鲜牛乳的防腐　有时候，往鲜乳内加入适当的防腐剂也能达到杀菌和延长保存的目的。据报道，有的国家采用氯-溴二甲基脲作防腐剂。用量为 13g/30 000L 乳汁。药物在鲜乳中的浓度很低，约为 4×10^{-4}g/L 乳，但可在室温中保存 160h。

（二）冷藏乳中的微生物及其变质

鲜牛乳中总是存在微生物，挤乳后必须立即将鲜乳冷藏，以抑制微生物的繁殖。冷藏牛乳采用 4℃左右的温度较为理想，如表 5-7 所示。

表 5-7　不同冷藏温度下乳中细菌数的增长

类别	冷藏温度/℃	每毫升牛乳中细菌数（$\times 10^4$）（平皿培养）			
		刚挤下的鲜乳	24h 后	48h 后	72h 后
清洁的牛乳	4	0.43	0.43	0.45	0.8
	10	0.43	1.4	13	580
	16	0.43	159	3 300	30 000
不洁的牛乳	4	1.4	28	54	75
	10	1.4	117	1 366	2 569
	16	1.4	2 467	60 000	240 000

在冷藏温度下，中温性微生物和嗜热微生物生命活动受到抑制。但在乳中存在的嗜冷微生物如假单胞菌属、无色杆菌属、产碱杆菌属、黄杆菌属、微球菌属、变形杆菌属等的一些种，在低温下能进行生长繁殖和代谢活动，从而引起冷藏乳的变质。

冷藏乳变质时，出现脂肪酸败、蛋白质腐败现象，有时还产生异味、变色和形成黏稠乳。多数假单胞菌能产生脂肪酶，而且脂肪酶在低温时的活性很强；某些假单胞菌在低温下也能分泌蛋白酶，如荧光假单胞菌，其蛋白酶产量在 0℃最大，它还使牛乳带鱼腥味和产生棕色色素。其他几种嗜冷菌在低温下也能分解蛋白质和脂肪，其中黄杆菌可产生黄色色素；黏乳产碱杆菌可形成黏稠乳。

低温下微生物生长繁殖速度较慢，引起变质的速度也较慢。含菌数 4×10^6 个/ml 的鲜乳，于 2℃冷藏，经 5～7d 后出现变质。乳液加热即发生凝固；酒精试验呈阳性；同时由于脂肪分解而产生的游离脂肪酸增加；因蛋白质分解，乳液中氨基酸含量也增加；乳液风味发生恶变。0℃储存生乳有效期一般在 10d 以内，10d 过后即可变质。

嗜冷微生物主要来源于水和土壤。乳牛场或乳品厂内清洗设备和管道时，使用杀菌水或含有效氯 5～10mg/kg 的氯水可以防止嗜冷微生物污染牛乳。

（三）消毒乳中的微生物及变质

由于鲜牛乳中含有大量微生物甚至含有病原菌，因此供消费者饮用之前要进行消毒；加工成乳粉和炼乳等乳制品之前也要经过消毒。消毒牛乳的微生物学标准是：不含有病原菌；杂菌数每毫升不得超过（2.5～3.0）$\times 10^4$ 个；大肠杆菌每 3ml 中无或 1ml 中无。消毒能杀死包括病原菌在内的绝大多数微生物，但仍可能残留少部分微生物，因而也有变质的可能。

上述所采用的消毒或灭菌方法，都可以保证牛乳存在的病原菌完全杀死，但有的方法仍可残留一些微生物。残留的微生物种类和数量依原乳的污染状况和杀菌方法的不同而不同。用三种不同方法消毒的细菌生存数和热致死率，举例如表 5-8 所示。

表 5-8　不同的牛乳消毒方法的消毒效果举例

消毒方法	细菌数测定的培养温度/℃	细菌生存数（$\times 10^4$ 个/ml）		热致死率/%
		消毒前	消毒后	
低温长时间杀菌法	30	299	3	98.99
	35	160	0.4	99.25
	37	26	0.2	99.23
	37	7	0.2	97.14

续表

消毒方法	细菌数测定的培养温度/℃	细菌生存数（$\times10^4$个/ml）		热致死率/%
		消毒前	消毒后	
高温短时间杀菌法	30	299	6	96.7
	37	26	0.2	99.1
	35～37	1 150	3	99.6
	35～37	5～530	0.2～93	82.5～99.8
超高温瞬时杀菌法	35～37	1 300	0.000 05～0.000 1	约 100
	35～37	6～245 000	0	100
	30	0.09*	0～0.000 3*	约 100
	30	0.500 0*	0.000 000 25*	约 100

* 每升乳液的芽孢数

低温长时间杀菌一般可杀死97%以上的微生物。残存的微生物为耐热性的微生物，多为乳杆菌属、链球菌属、芽孢杆菌属、微球菌属、微杆菌属、梭状芽孢杆菌属中的一些耐热菌种。例如，嗜热乳杆菌、保加利亚乳杆菌、嗜热链球菌、粪链球菌、牛链球菌（*Streptococcus bovis*）、枯草芽孢杆菌、地衣芽孢杆菌、蜡状芽孢杆菌、嗜热脂肪芽孢杆菌（*Bacillus stearothermophilus*）、变异微球菌、凝聚微球菌（*Micrococcus conglomeratus*）、乳微杆菌等。经过低温长时间消毒的消毒乳，由于有上述耐热性微生物的存在，在室温下只能存放 1d 左右，存放过久仍会发生变质。变质现象有耐热乳酸菌引起的酸败凝固现象，也可能出现由芽孢杆菌等引起的甜凝固、蛋白质腐败和脂肪酸败现象。在 10℃以下储存，所存在的耐热性的细菌生长极为缓慢，变质作用也缓慢。因而消毒后的乳还应及时冷却至 10℃以下，并于 10℃以下的温度中进行冷藏，这样可以保持一段时间而不出现变质。

72～75℃、15～16s 的高温短时杀菌，其杀菌效果与低温长时间杀菌的相当，所残存的微生物与低温长时间杀菌的相似，即也可能残存耐热性较强的链球菌、乳杆菌、芽孢杆菌、微球菌、微杆菌、梭状芽孢杆菌等。故其消毒乳的变质现象也与低温长时间杀菌的相似。高温短时杀菌采用 80～85℃，10～15s 时，其杀菌效果要比低温长时间杀菌和 72～75℃，15～16s 的高温短时杀菌的好。所残存的微生物主要是具有芽孢的芽孢杆菌和梭状芽孢杆菌，其他微生物几乎不再存在。因而该消毒乳的变质主要由芽孢杆菌所引起，出现甜凝固、蛋白质腐败等现象。

超高温瞬时杀菌的微生物致死率几乎可达到 100%，即可达到近似灭菌的效果。可能残存的仅是芽孢杆菌和梭状芽孢杆菌的芽孢，从表 5-8 可以看出残存的芽孢也是极少的。经过 130～150℃加热 2s 的鲜乳中，芽孢菌数可减少至原来的 1%以下，其他非芽孢菌可全部被杀死；杀菌温度更高时，残存的芽孢菌更少。超高温瞬时杀菌乳，经过良好包装后，在冷藏下可以存放 20d 而不变质；经过无菌包装，则可以在不冷藏下存放 3～6 个月，所以很适合于气候热的地区生产和销售。

经过低温长时间杀菌、高温短时间杀菌的消毒乳，其大部分的物理、化学性质如色泽、风味可保持不变。超高温瞬时杀菌虽杀灭微生物的效果良好，但对牛乳风味、色泽等有一定的影响，如出现褐变、焦煮味、乳清蛋白变性、储藏一段时间后会有变性蛋白的沉淀物产生等不良现象。

综上所述，鲜牛乳是十分容易变质的，变质的表现形式有变酸、凝固、蛋白质分解、脂肪分解、产气、变黏稠、变色、产碱、变味等。引起变质现象的主要微生物总结于表 5-9。

表 5-9　牛乳变质方式与引起变质的常见微生物

变质方式	常见微生物
变酸及酸凝固	链球菌属，乳杆菌属，大肠菌属，微球菌属，微杆菌属等
蛋白质分解	假单胞菌属，芽孢杆菌属，变形杆菌属，无色杆菌属，黄杆菌属，产碱杆菌属，粪链球菌液化亚种等
脂肪分解	假单胞菌属，无色杆菌属，黄杆菌属，产碱杆菌属，微球菌属，芽孢杆菌属等
产气	大肠菌属，梭状芽孢杆菌属，芽孢杆菌属，酵母菌，异型发酵作用的乳酸菌，丙酸菌等
变黏稠	黏乳产碱杆菌，肠杆菌属，乳酸菌，微球菌等
变色	类蓝假单胞菌产生蓝灰色到棕色，如同时有乳链球菌，这两种菌产生深蓝色；类黄假单胞菌在奶油层产生黄色；荧光假单胞菌产生棕色；黏质沙雷氏菌产生红色；红酵母可使牛乳变红
产碱	产碱杆菌属，荧光假单胞菌
变味	蛋白质分解菌产生蛋白质腐败味，脂肪分解菌产生脂肪酸败味，荧光假单胞菌使牛乳带鱼臭味，鱼变形杆菌产生鱼臭味，某些球拟酵母使牛乳带苦味，大肠菌群产生臭味
甜凝固	芽孢杆菌属

（四）乳粉中的微生物

乳粉有全脂乳粉、脱脂乳粉、速溶乳粉、奶油粉等多种。我国目前生产的乳粉以全脂乳粉和脱脂乳粉为主，这里仅以它们为例说明乳粉中的微生物情况。

全脂乳粉和脱脂乳粉是由全脂乳液或脱脂乳液，经过杀菌、浓缩、喷雾干燥、冷却、筛粉、密封包装等工艺过程而制成的呈干燥粉末状的乳制品。生产流程如图 5-9 所示。

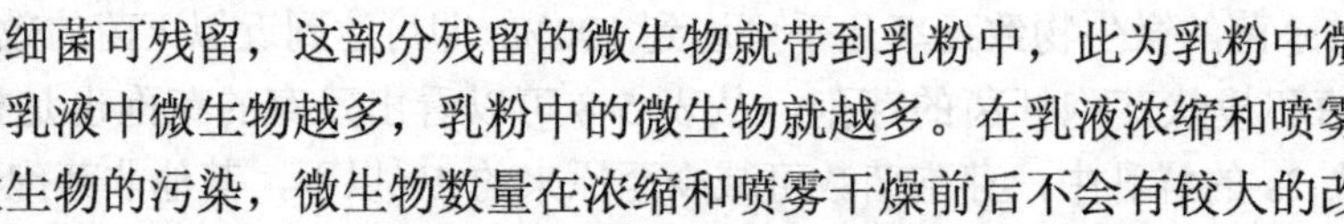

图 5-9　全脂乳粉和脱脂乳粉的一般生产流程

由牛乳加工成乳粉，乳液中的微生物、加工过程的污染、乳粉包装材料中带有的微生物都可能是乳粉中微生物的来源。乳液经过杀菌可以杀死包括病原菌在内的绝大多数微生物，但少部分耐热细菌可残留，这部分残留的微生物就带到乳粉中，此为乳粉中微生物的主要来源。杀菌后的乳液中微生物越多，乳粉中的微生物就越多。在乳液浓缩和喷雾干燥阶段，一般不会造成微生物的污染，微生物数量在浓缩和喷雾干燥前后不会有较大的改变。乳粉密封包装采用金属罐装、玻璃瓶装、塑料袋装及其他软包装，一般在严格无菌条件下进行包装而不会造成微生物的污染；但若包装材料杀菌不彻底，可造成微生物的污染。

刚出厂的乳粉，其中含有的微生物种类与杀菌后的消毒乳的大致相同，即可能含有链球菌属、乳杆菌属、芽孢杆菌属、微球菌属、微杆菌属、梭状芽孢杆菌属中的一些耐高温杀菌的菌种。具体某批乳粉中含有的微生物取决于生产该批乳粉所用原料乳液的污染状况及杀菌条件。乳粉中含有的微生物数量，不应超过卫生标准所规定的值，否则是不合格的。全脂乳粉的微生物指标如表 5-10 所示；脱脂乳粉细菌数不应超过 50 000 个/g。

表 5-10　全脂乳粉微生物指标

级别	特级	一级	二级
杂菌数（个/g）	不超过 30 000	不超过 50 000	不超过 100 000
大肠杆菌	2g 中无	1g 中无	0.1g 中无

乳粉中的微生物一般不能进行繁殖。因乳粉含水量为 2%～3%，而且经过密封包装，包装时还抽去空气或充以氮气，这些条件都不适合微生物进行生命活动。乳粉中微生物不但不增殖，相反，在储藏过程中随着时间的延长，微生物不断死亡。瓶装乳粉储于室温下，几个月后细菌死亡 50%以上，一年后死亡率可达 90%以上。所以凡是正常的乳粉，不会出现微生物引起的变质。

乳粉包装打开之后放置，如果日期过长，则会逐渐吸收水分，当水分达到 5%以上时细菌便能繁殖，可出现变质。

（五）乳制品的腐败变质

1. 奶油的变质

奶油（butter），又称为黄油、白脱油，是指脂肪含量在 80%～83%、含水量低于 16%，由乳中分离的乳脂肪所制成的产品。当奶油在生产过程中若加工方法不当，消毒不彻底或储藏条件不良，都会污染有害微生物而引起不同程度的变质。奶油的变质常发生下列变化。

（1）发霉　因霉菌在奶油的表面生长而引起，特别是在潮湿的环境中。

（2）变味　有些微生物如酸腐节卵孢（*Oospora lactis*）能分解奶油脂肪的卵磷脂，引起三甲胺的生成，使其呈鱼腥味。乳链球菌一些变种，也可以产生麦芽气味。

（3）酸败　荧光假单胞菌、沙雷氏菌、酸腐节卵孢等微生物，能将奶油中的脂肪分解成甘油和有机酸，尤其是丁酸和己酸，使奶油发生酸败，散发出酸而臭的气味。

（4）变色　紫色色杆菌（*Chromobacterium violaceum*）可使奶油变为紫色；玫瑰红球菌引起红色，产黑假单胞菌使奶油变黑。

2. 干酪的变质

干酪（cheese）是用皱胃酶或胃蛋白酶将原料乳凝集，再将凝块进行加工、成型和发酵成熟而制成的一种营养价值高、易消化的乳制品。

在生产干酪时，由于原料乳品质不良，消毒不彻底，或加工方法不当，往往会使干酪污染各种微生物而引起干酪变质。干酪变质常有以下现象出现。

（1）膨胀　这是由于有害微生物利用乳糖发酵产气而使干酪膨胀。与此同时，还伴随有一种不好的味道和气味。干酪成熟初期发生膨胀现象，常常是由于大肠杆菌、产气杆菌之类的微生物引起。若在成熟后期发生膨胀，多半是由某些酵母菌和丁酸菌引起，并有显著的丁酸味和油腻味。

（2）腐败　干酪表面形成液化点，有时整块干酪变成黏液状，并产生难闻的气味。

（3）苦味　苦味酵母（*Torula yeast*）、液化链球菌（*Streptococcus liquefaciens*）、乳房链球菌（*S. uberis*）等能强力分解蛋白质，使干酪产生不快的苦味。

（4）色斑　干酪表面出现铁锈样红色斑点，可能由植物乳杆菌红色变种（*Lactobacillus plantarum* var. *rudensis*）或短乳杆菌红色变种（*L. brevis* var. *rudensis*）所引起。黑斑干酪、蓝斑干酪也是由某些细菌和霉菌所引起。

（5）发霉　干酪容易污染霉菌而发霉。

3. 淡炼乳的变质

淡炼乳（evaporated milk）又称为蒸发乳。它是将牛乳浓缩到40%～50%后装罐密封，经加热灭菌而成的具有保存性的乳制品。淡炼乳虽然经115～117℃高温蒸气灭菌15min以上，但如果灭菌不完善或漏气，也会因微生物作用而导致变质。淡炼乳变质主要有以下几种现象。

（1）生成凝块　常由枯草芽孢杆菌及凝乳芽孢杆菌（*Bacillus coagulans*）所引起。此外，也曾发现蜡状芽孢杆菌（*B. cereus*）、简单芽孢杆菌（*B. simplex*）、巨大芽孢杆菌（*B. megaterium*）、嗜热乳芽孢杆菌（*B. calidolactis*）等能使淡炼乳产生凝块。

（2）产气胀罐　一些厌氧性芽孢杆菌，能在淡炼乳中产生大量气体和形成凝块，引起胀罐，使淡炼乳发生不良气味和腐败。

（3）产生苦味　苦味常伴随凝块而发生，主要是由苦味芽孢杆菌（*Bacillus amarus*）和面包芽孢杆菌（*B. panis*）分解蛋白质，产生苦性物质（醛类和胺）所引起。枯草杆菌的某些菌株，也能产生苦味。

4. 甜炼乳的变质

甜炼乳（sweetened condensed milk）是牛乳加入约16%的蔗糖，并浓缩到原容积的40%左右的一种乳制品。由于成品中蔗糖含量为40%～45%，因此增大了渗透压，延长了保藏期限。甜炼乳与淡炼乳的不同之处，除了淡炼乳不加糖以外，淡炼乳装罐后还要进行高温灭菌。而甜炼乳封罐后，不再进行灭菌，而是凭借高浓度糖分所产生的高渗环境，迫使许多微生物无法生长。鉴于上述原因，如果原料鲜乳或蔗糖在杀菌时不彻底，或在装罐后工序重新污染微生物，那么也会引起甜炼乳的变质。在甜炼乳中，由微生物引起的变质现象有如下数种。

（1）产气　某些酵母菌，如炼乳球拟酵母、球拟圆酵母等，能在甜炼乳中生长繁殖，分解蔗糖产生大量气体，发生胀罐。糖的浓度降低以后，又有利于大肠—产气杆菌类细菌的生长发育，发酵产气。另外，有时也会由于丁酸菌，乳酸菌或葡萄球菌的繁殖而引起产气胀罐。

（2）变稠　甜炼乳变稠凝固，是由于炼乳中含有芽孢菌、葡萄球菌、链球菌或乳酸杆菌等。它们在甜炼乳中生长繁殖，分解蔗糖、产生乳酸等有机酸和类似凝乳酶的酶类，使甜炼乳变稠凝固。

（3）形成“纽扣”状凝块　开罐后，有时在炼乳表面发现白色、黄色或红褐色的形似纽扣的颗粒凝块。形成“纽扣”状颗粒凝块是由于污染霉菌的结果。霉菌之所以能在罐内生长，主要是罐内有空气存在。已发现的霉菌有葡萄曲霉（*Aspergillus repens*）、灰绿曲霉（*A. glaucus*）、烟煤色串孢霉（*Catenularia fuliginea*）、黑丛梗孢霉（*Monilia nigra*）等。

四、禽蛋的变质

蛋的蛋白质和脂肪含量比较高，还含有少量的糖及维生素和矿物质。以鸡蛋为例，其营养组成见表5-11。禽蛋中虽有抵抗微生物侵入和生长的因素，但还是容易被微生物所污染并发生腐败变质。禽蛋中的微生物以能分解利用蛋白质的为主要类群。禽蛋腐败变质以蛋白质腐败为基本特征，有时还出现脂肪酸败和糖类酸败现象。

表5-11　鸡蛋营养组成　（%）

组成成分	水	蛋白质	脂肪	糖	灰分
全蛋	73.7	12.9	11.5	0.9	1.0
蛋白	87.6	10.9	痕量	0.8	0.7
蛋黄	51.1	16.0	30.6	0.6	1.7

（一）鲜蛋的天然防卫机能

蛋本身对菌体就拥有机械性及化学性的先天防卫能力，鲜蛋具有蛋壳、蛋壳内膜（即蛋白膜）、蛋黄膜，在蛋壳外表面还有一层胶状膜，这些因素在某种程度上可阻止外界微生物侵入蛋内，其中蛋壳内膜对阻止微生物侵入起着较为重要的作用。鸡蛋蛋白中含有溶菌酶（lysozyme）、伴白蛋白（conalbumin）、抗生物素蛋白（avidin）、核黄素等成分，均具有抵抗微生物生长繁殖的作用。其中溶菌酶较为重要，它能溶解革兰氏阳性菌的细胞壁，蛋白的高pH性质对溶菌酶活力无影响，其杀菌作用在37℃可保持6h，在温度较低时保持时间较长，若把蛋白稀释至5000万倍之后，仍能杀死或抑制某些敏感的细菌。伴白蛋白可螯合蛋白中Fe^{2+}、Cu^{2+}、Zn^{2+}等，抗生物素蛋白与生物素相结合，核黄素螯合某些阳离子，这些情况都能限制微生物对无机盐离子及生物素的利用，因而能限制某些微生物的生长繁殖。此外，蛋在刚排出禽体时，蛋白的pH为7.4～7.6，经过一段时间后，pH上升至9.3左右，这种碱性环境也极不适宜一般微生物的生存和生长繁殖。蛋白的这些特点使蛋能有效地抵抗微生物的生命活动，对一些病原微生物如金黄色葡萄球菌、炭疽芽孢杆菌、沙门氏菌等均具有一定的杀菌或抑菌作用。由于蛋有上述抵抗微生物侵入和生长繁殖的因素，因此称为半易腐败食品。

蛋黄包含于蛋白之中，因而蛋白对微生物侵入蛋黄具有屏蔽作用。与蛋白相比，蛋黄对微生物的抵抗力弱，其丰富的营养和pH（约6.8），适宜于大多数微生物的生长。

（二）鲜蛋中微生物的来源

正常情况下，家禽的卵巢是无菌的，家禽的输卵管也具有防止和排除微生物污染的机制，如果家禽在无菌环境中产蛋，一般来说刚刚产下的蛋是无菌的。但实际上鲜蛋中经常可发现有微生物存在，即使刚产下的蛋也可能有带菌现象。鲜蛋中微生物主要是在产蛋时及在收购、运输、销售、储藏等过程中从周围环境污染的。一方面来自家禽本身，在形成蛋壳之前，排泄腔内细菌向上污染至输卵管，可导致蛋的污染；另一方面来自外界的污染。蛋从禽体排出时温度接近禽的体温，若外界环境温度较低，则蛋内部收缩，周围环境中的微生物即随着空气穿过蛋壳而进入蛋内。蛋壳外黏膜层易被破坏失去屏障作用。蛋壳上有7000～17 000个4～40μm大小的气孔，外界的各种微生物可从这气孔而进入蛋内，尤其是储存期长的蛋或洗涤过的蛋，微生物更易侵入。蛋壳表面的微生物很多，整个蛋壳表面有（4～5）×10^6个细菌；污染严重的蛋，表面的细菌数更高，可达数亿个。蛋壳损伤是造成各种微生物污染蛋的很好机会。

微生物进入蛋内的速度与储藏的温度、蛋龄及污染的程度有关。相对于常规方法冷却，利用CO_2气体快速降低蛋的温度可减少细菌进入蛋内，但即使如此，在7℃条件下储存30d后，两种处理方法的蛋内带菌量差别基本不大。

细菌进入蛋内后再达到蛋黄的速度与储藏的温度和污染的程度有关。一项研究表明，采用人工感染的方法试验肠炎沙门氏菌（*S. enteritidis*）从蛋白进入蛋黄的速度，在30℃条件下，1d即可在蛋黄中检测到试验菌，而在7℃条件下，14d之后，蛋黄中仍没有检出试验菌。另外的研究还发现，细菌进入蛋黄的速度还与蛋龄有关，如1d龄蛋的蛋黄被染菌速度明显低于储藏4周的蛋，并且蛋黄染菌的速度与染菌数量呈正相关。

禽蛋中的微生物主要是从环境中污染的，但禽蛋中带有的某些病原微生物如沙门氏菌等，则主要来源于卵巢。禽类吃了含有病原菌的饲料而感染了病，病原菌通过血液循环而侵入卵巢，在形成蛋黄时可混入其中。

（三）鲜蛋中微生物的类群

引起鲜蛋腐败变质的微生物，主要是细菌和霉菌，酵母菌则较少见。

1. 鲜蛋中常见的微生物

常见的细菌有假单胞菌属、变形杆菌属、产碱杆菌属、埃希菌属、微球菌属、芽孢杆菌属、肠杆菌属、不动杆菌属、沙雷氏菌属等。其中前4属细菌是最为常见的腐生菌。

霉菌有枝孢属、青霉属、侧孢霉属、毛霉属、枝霉属、链格孢属等，以前三属最为常见。鲜蛋偶然能检出球拟酵母，其他酵母菌较少发现。

2. 鲜蛋中的病原微生物

禽蛋中最常见的病原微生物是沙门氏菌，如鸡沙门氏菌（*Salmonella gallinarum*）、鸭沙门氏菌（*Salmonella anatis*）等。与食物中毒有关的病原菌如金黄色葡萄球菌、变形杆菌等在蛋中也有较高的检出率。

（四）鲜蛋的腐败变质

由于前面所述的多种原因，鲜蛋容易发生腐败变质，温度是一个重要因素。在气温高的情况下，蛋内的微生物就会迅速繁殖，如果环境中的湿度高，有利于蛋壳表面的霉菌繁殖，菌丝向壳内蔓延生长，并也有利于壳外的细菌繁殖并向壳内侵入。鲜蛋发生变质的主要类型有两类。

1. 腐败

这是细菌引起鲜蛋变质的最常见的一种形式。细菌侵入蛋内后，先将蛋白带分解断裂，使蛋黄不能固定而发生移位。其后蛋黄膜被分解，蛋黄散乱，与蛋白逐渐相混在一起，这种蛋称为散黄蛋，是变质的初期现象。散黄蛋进一步被细菌分解，产生硫化氢、氨、吲哚、粪臭素、硫醇等蛋白质分解产物，因而出现恶臭气味。同时蛋液可呈现不同的颜色，如假单胞菌可引起黑色、绿色、粉红色腐败；产碱杆菌、变形杆菌、埃希菌等使蛋液呈黑色，其中产碱杆菌和变形杆菌使蛋变质的速度较快而且常见；沙雷氏菌产生红色腐败；不动杆菌引起无色腐败。有时蛋液变质不产生硫化氢等恶臭气味而产生酸臭，蛋液变稠成浆状或有凝块出现，这是微生物分解糖或脂肪而形成的酸败现象，称为酸败蛋。在蛋白内含有少量的糖，微生物侵入蛋内后，糖在微生物产生的糖酶作用下产生丁酸、乙醇、二氧化碳、氢和甲烷等物质。如果蛋液里侵入普通大肠杆菌后，便能使蛋液中的糖分分解为低级物质（如乳酸、乙酸、丙酸、丁酸、草酸和琥珀酸等）、二氧化碳、甲烷和氢气等，蛋液里侵入甲烷菌后，能使蛋液里的糖分解成较多的甲烷。糖经过微生物分解后的产物，一般无毒性，但对禽蛋的腐败变质有很大的不良影响。

2. 霉变

主要由霉菌引起。霉菌菌丝通过蛋壳气孔进入蛋内，一般在蛋壳内壁和蛋白膜上生长繁殖，靠近气室部分，因有较多氧气，所以繁殖最快，形成大小不同的深色斑点，斑点处有蛋液黏着，称为黏壳蛋。不同霉菌产生的斑点不同，如青霉产生蓝绿斑；枝孢霉产生黑斑。在环境湿度比较大的情况下，有利于霉菌的蔓延生长，造成整个禽蛋内外生霉，蛋内成分分解，并有不愉快的霉味产生。

有些细菌也可引起蛋的霉臭味，如浓味假单胞菌（*Pseudomonas graveolens*）和一些变形杆菌属（*Proteus* spp.）的细菌，其中以前者引起蛋的霉臭味最为典型。当蛋的储藏期较长后，蛋白逐渐失水，水分向蛋黄内转移，从而造成蛋黄直接与蛋壳内膜接触，使细菌更易进入蛋黄内，导致这些细菌快速生长繁殖，产生一些蛋白质和氨基酸代谢的副产物，形成类似于蛋霉变的霉臭味。

鲜蛋在低温储藏的条件下，有时也会出现腐败变质现象。这是由某些嗜冷性微生物如假单胞菌、枝孢霉、青霉等在低温下仍能生长繁殖而造成的。腐败变质的蛋有严重的危害，首先是带有一定程度的使人难以接受的感官性状，如具有刺激性的气味、异常的颜色、酸臭味道、组织结构破坏、污秽感等。在化学组成方面，蛋白质、脂肪、碳水化合物被微生物分解，它的分解和代谢产物已经完全成为没有利用价值的物质；维生素受到严重的破坏，因此腐败变质的蛋已失去了营养价值。腐败变质的蛋由于微生物污染严重，菌类相当复杂和带菌量增多，因而增加了致病菌和产毒菌等存在的机会，由于带菌量增多，可能有沙门氏菌和某些致病性细菌，引起人体的不良反应，甚至中毒。因此，为了保障人体健康，轻度腐败变质蛋必须经过高温处理后才可食用，严重腐败的蛋只能废弃或作工业和肥料用。

五、蔬菜和水果的变质

蔬菜和水果的组成如表 5-12 和表 5-13 所示，其主要成分是碳水化合物和水，特别是水的含量比较高，适应于微生物的生长繁殖，容易发生微生物引起的腐败变质。引起水果和蔬菜变质的微生物以能分解利用碳水化合物的类群为主。

（一）新鲜果蔬中微生物的来源

新鲜果蔬表面都附着有大量微生物，一般每平方厘米有几百个或几千个乃至几百万个。例如，经过充分洗涤过的番茄表面，每平方厘米有 400～700 个微生物；如果是没有洗涤过的番茄，每平方厘米至少有几千个。再如花椰菜，在没有洗涤过的表层组织上，每克含有 100 万～200 万个微生物；虽经过洗涤，且认为达到清洁程度的花椰菜，其表层组织每克也有 20～50 万个微生物。

微生物可通过各种途径污染果蔬。一般来说，正常果蔬的内部组织是无菌的，但有时在水果内部组织中也有微生物存在。例如，一些苹果、樱桃的组织内部可分离出酵母菌；番茄中分离出球拟酵母、红酵母和假单胞菌，这些微生物在开花期即已侵入并生存在植物体内，但这种情况仅属少数。另外，果蔬在田间生长时因遭受植物病原菌的侵害而引起病变，这些病变的果蔬带有大量植物病原微生物，这些植物病原微生物可在果蔬收获前从根、茎、叶、花、果实等处侵入果蔬，或者在收获后的包装、运输、销售、储藏等过程中侵入果蔬。果蔬在收获前或收获后，由于接触外界环境如土壤、水、空气等，果蔬表面可污染大量的腐生微生物。同时也能被人畜病原微生物所污染。

表 5-12　常见蔬菜的化学组成　（%）

蔬菜	水	糖	蛋白质	脂肪	灰分
菜豆	89.9	7.7	2.4	0.2	0.8
甜菜	87.6	9.6	1.6	0.1	1.1
甘蓝	89.9	5.5	3.3	0.2	1.1
花椰菜	91.7	4.9	2.4	0.2	0.8
芹菜	93.7	3.7	1.3	0.2	1.1

续表

蔬菜	水	糖	蛋白质	脂肪	灰分
黄瓜	96.1	2.7	0.7	0.1	0.4
莴苣	94.8	2.9	1.2	0.2	0.9
洋葱	87.5	10.3	1.4	0.2	0.6
豌豆	74.3	17.7	6.7	0.4	0.9
马铃薯	77.8	19.1	2.0	0.1	1.0
南瓜	90.5	7.3	1.2	0.2	0.8
萝卜	93.6	4.2	1.2	0.1	1.0
菠菜	92.7	3.2	2.3	0.3	1.5
番茄	94.1	4.0	1.0	0.3	0.6

表 5-13　常见水果的化学组成　（%）

水果	水	糖	蛋白质	脂肪	灰分
苹果	84.1	14.9	0.3	0.3	0.4
杏	85.4	12.9	1.0	0.6	0.1
香蕉	74.8	23.0	1.2	0.8	0.2
黑莓	84.8	12.5	1.2	0.5	1.0
樱桃	83.0	14.8	1.1	0.6	0.5
无花果	78.0	19.6	1.4	0.6	0.4
葡萄柚	88.8	10.1	0.5	0.4	0.2
葡萄	81.9	14.9	1.4	0.4	1.4
柠檬	89.3	8.7	0.9	0.5	0.6
柑橘	87.2	11.2	0.9	0.5	0.2
桃	86.9	12.0	0.5	0.5	0.1
梨	82.7	15.8	0.7	0.4	0.4
菠萝	85.3	13.7	0.4	0.4	0.2
李	85.7	12.9	0.7	0.5	0.2
草莓	89.9	8.3	0.8	0.5	0.5

注：柑橘包括橘子、橙、柚

（二）微生物引起新鲜果蔬的变质

水果和蔬菜的表皮及表皮外覆盖的一层蜡质状物质有防止微生物侵入的作用。但果蔬的表皮有自然孔口（气孔、水孔），而且当果蔬表皮组织受到昆虫的刺伤或其他机械损伤而出现伤口，微生物就会从这些孔口、伤口侵入果蔬内部；有的微生物也可突破完好无损的表皮组织而侵入果蔬内部，结果导致果蔬溃烂变质。

成熟度高的果蔬，因更容易受损伤而更易发生溃烂变质。另外，在温度高、湿度高的情况下，有利于微生物的生长繁殖因而也更容易发生变质。与水果相比，蔬菜带的泥土较多，污染的微生物数量大、种类多；同时蔬菜的表皮组织也较水果薄，容易受到损伤，造成微生物的侵入，因而蔬菜更容易发生腐烂变质。

不同果蔬经微生物作用后可出现不同的腐烂变质症状，如出现各种深色斑点；组织变得松软、凹陷、变形；逐渐变成浆液状乃至水液状；并产生各种不同的酸味、芳香味、恶臭味等。

1. 微生物引起新鲜蔬菜的变质

从表 5-12 可以看出，蔬菜的平均含水量为 89.5%、糖 7.3%、蛋白质 1.9%、脂肪 0.3%、灰分 0.84%、维生素、核酸和其他一些化学成分的含量加在一起也不超过 1%。从营养组成来看，蔬菜很适合霉菌、细菌和酵母菌的生长，相应的蔬菜变质就是由它们中的一种或全部的这些微生物引起，但细菌和霉菌是较常见和主要的微生物。控制蔬菜的腐败变质，最重要的方法是将鲜菜在适宜的温度下进行冷藏，除此之外，如贮藏前清除所有被污染的蔬菜，用氯水清洗以减少表面的微生物，把洗后多余的水弄干，整理蔬菜时要小心，防止破皮等也有助于控制腐败。

（1）细菌引起新鲜蔬菜的变质　蔬菜上常见的细菌有欧文氏菌属、假单胞菌属、黄单胞菌属（*Xanthomonas*）、棒杆菌属（*Corynebacterium*）、芽孢杆菌属、梭状芽孢杆菌属等，但以欧文氏菌属、假单胞菌属为最重要。

欧文氏菌属、某些假单胞菌如边缘假单胞菌（*Pseudomonas marginalis*）、芽孢杆菌及梭状芽孢杆菌可引起蔬菜发生细菌性软化腐烂。它们能分泌果胶酶，分解果胶，使蔬菜组织软化，有时有水渗出，并产生臭气。引起蔬菜发生细菌性软化腐烂的细菌中，以欧文氏菌最为常见。这类菌可危害多种蔬菜（表 5-14），其代表性的菌种有胡萝卜软腐欧文氏菌（*Erwinia carotovora*）、软腐病欧文氏菌（*E. aroideae*）等。可使块根类作物、十字花科植物、葫芦、茄科蔬菜、洋葱和花椰菜等产生一种软化、有恶臭气味的湿性腐烂。在储藏期间软腐细菌可引起这些植物的腐烂症。大部分欧文氏菌在低温中也能生长，因而它们也能危害低温储藏中的蔬菜。

某些假单胞菌、黄单胞菌、棒杆菌可引起蔬菜发生其他类型的病害，如使蔬菜发生细菌性枯萎、溃疡、斑点、环腐病等。例如，芹假单胞菌（*Pseudomonas apii*）使莴苣发生枯萎，而栖菜豆假单胞菌（*P. phaseolicola*）使蚕豆枯萎，边缘假单胞菌可使莴苣叶出现斑点；疮病黄单胞菌（*Xanthomonas vesicatoria*）可使番茄、辣椒产生细菌性斑点，菜豆黄单胞菌（*X. phaseoli*）使蚕豆枯萎，豇豆黄单胞菌（*X. vignicola*）可使豇豆发生溃疡；密执安棒杆菌（*Corynebacterium michiganense*）可使番茄发生溃疡，坏腐棒杆菌（*C. sepedonicum*）可使马铃薯发生环腐病。假单胞菌、黄单胞菌可危害多种蔬菜，如表 5-14 所示。

（2）霉菌引起新鲜蔬菜的变质　引起新鲜蔬菜变质的霉菌种类繁多，常见的并广泛分布于蔬菜中的霉菌有灰葡萄孢（*Botrytiscinerea*）、白地霉、根霉属、疫霉属（*Phytophthora*）、刺盘孢属（*Colletotrichum*）、核盘菌属（*Sclerotinia*）、链格孢属、镰孢霉属、白绢薄膜革菌（*Pellicularia rolfsii*）等。它们可感染很多种类的蔬菜，如表 5-14 所示。

表 5-14　引起蔬菜水果变质的常见微生物

微生物种类	感染的蔬菜	病害
欧文氏菌属	甘蓝、白菜、萝卜、花椰菜、番茄、茄子、辣椒、黄瓜、西瓜、豆类、洋葱、大蒜、芹菜、胡萝卜、莴苣、马铃薯等	细菌性软化腐烂
假单胞菌属	甘蓝、白菜、花椰菜、番茄、茄子、辣椒、黄瓜、西瓜、甜瓜、豆类、芹菜、莴苣、马铃薯等	细菌性软化腐烂、枯萎、斑点
黄单胞菌属	甘蓝、白菜、花椰菜、番茄、辣椒、莴苣、生姜等	枯萎、斑点、溃疡
灰葡萄孢	甘蓝、白菜、萝卜、花椰菜、番茄、茄子、辣椒、黄瓜、南瓜、豆类、洋葱、大蒜、芹菜、胡萝卜、莴苣等	灰霉腐烂

续表

微生物种类	感染的蔬菜	病害
白地霉	甘蓝、萝卜、花椰菜、番茄、豆类、洋葱、大蒜、胡萝卜、莴苣等	酸腐烂或出水性软化腐烂
黑根霉	甘蓝、萝卜、花椰菜、番茄、黄瓜、西瓜、南瓜、豆类、胡萝卜、马铃薯等	根霉软化腐烂
疫霉属	番茄、茄子、辣椒、瓜类、洋葱、大蒜、马铃薯等	疫霉腐烂
刺盘孢属	甘蓝、白菜、萝卜、芜菁、芥菜、番茄、辣椒、瓜类、豆类、葱类、莴苣、菠菜等	炭疽病或黑腐烂
核盘孢属	甘蓝、白菜、萝卜、花椰菜、番茄、辣椒、豆类、葱类、芹菜、胡萝卜、莴苣、马铃薯等	菌核性软化腐烂或菌核病
链格孢属	甘蓝、白菜、萝卜、芹菜、芜菁、花椰菜、番茄、茄子、马铃薯等	链格孢霉腐烂或黑腐烂
镰孢霉属	番茄、洋葱、黄花菜、马铃薯等	镰孢霉腐烂
白绢薄膜革菌	甘蓝、白菜、萝卜、花椰菜、番茄、茄子、辣椒、瓜类、豆类、葱类、芹菜、胡萝卜等	白绢病

灰葡萄孢可从未损坏的表皮侵入蔬菜，也可由伤口、自然孔口等处侵入。可使蔬菜发生灰霉腐烂情况，即在患处表面覆盖了一层灰色绒毛状菌丝，使组织变软而腐烂。气温和湿度较高时，有利于该菌株形成很多分生孢子，有利于灰霉腐烂的发生和传播，可造成严重的、大面积的感染和腐烂。

白地霉由伤口、自然孔口侵入蔬菜，可使很多蔬菜发生酸腐烂或出水性软化腐烂。

以黑根霉（*Rhizopus stolonifer*）为代表的根霉菌可从伤口、自然孔口侵入蔬菜，使蔬菜发生根霉软化腐烂，被害组织软化，出现黑色斑点。

疫霉属的一些菌株使蔬菜发生疫霉腐烂或称为疫病。例如，致病疫霉（*Phytophthora infestans*）可侵染马铃薯、番茄、茄子；辣椒疫霉（*P. capsici*）可侵染番茄、茄子、辣椒、瓜类；葱疫霉（*P. porri*）可侵染葱类。马铃薯在储藏期间容易发生疫霉腐烂，即在附有疫霉的地方，颜色呈灰色，而且很软，很容易用手按出一个手指印来；切开该处，可以看到灰色或暗褐色的受病害的组织；在储藏过程中，这块组织会慢慢扩大到整个块根；若储存的地方比较潮湿，还能传染给没有病害的马铃薯块茎。在染有疫霉病菌的地方，常有其他霉菌和细菌出现，使马铃薯加速腐烂。

刺盘孢属使蔬菜发生黑腐烂或称为炭疽病，即在患处产生暗黑色的凹陷，病斑上面有鲑鱼肉色的黏质物（分生孢子堆）。可使蔬菜发生炭疽病的刺盘孢很多，如葫芦科刺盘孢（*Colletotrichum lagenarium*）可侵染瓜类；希金斯刺盘孢（*C. higginsianum*）可侵染白菜、萝卜、芜菁、芥菜等十字花科蔬菜；黑刺盘孢（*C. nigrum*）可侵染辣椒；葱刺盘孢（*C. circinans*）可侵染葱类；果腐刺盘孢（*C. phomoides*）可侵染番茄。除刺盘孢属可引起蔬菜发生炭疽病外，半知菌盘长孢属（*Gloeosporium*）及子囊菌小丛壳属（*Glomerella*）、假盘菌属（*Pseudopeziza*）、囊孢壳属（*Physalospora*）等也可引起蔬菜发生炭疽病。盘长孢属与刺盘孢属在亲缘上有密切联系，可认为是一个大属而人为按孢子盘有无刚毛而划分的两个属，刺盘孢属分生孢子盘具有黑色刚毛，盘长孢属则没有刚毛。刺盘孢属的一些种有有性阶段，即小丛壳属。

核盘菌属中的一些菌种如核盘菌（*Sclerotinia sclerotiorum*）、大豆核盘菌（*S. libertiana*）等可引起蔬菜发生菌核病或菌核性软腐病。发病适温在20℃左右，当25℃时发病则显著减少。甘蓝、大白菜被感染时，叶柄或叶片上出现水渍状淡褐色至褐色病斑，并在病处长出白色绵毛状菌丝及黑色鼠粪状菌核，该菌可使低温储藏（10℃以下）的蔬菜发病。

链格孢属中的一些菌可使蔬菜发生链格孢霉腐烂，如番茄链格孢（*Alternaria tomato*）可感染番茄；芸苔链格孢（*A. brassicae*）可感染甘蓝、白菜、萝卜、芥菜、芜菁等。

镰孢霉可使蔬菜发生镰孢霉腐烂，如使马铃薯发生干腐烂，即在患处表面长出灰色绒毛状的凸起小块，同时马铃薯干枯；如果空气湿度高时，则变为发生湿腐烂。

白绢薄膜革菌可使多种蔬菜发生白绢病。该菌为担子菌，适宜在30～35℃的高温环境中生长。病斑表面出现白绢丝状菌丝，以后便形成菜籽粒大小的白色菌核，并逐渐变为褐色，患处组织软化，有恶臭味产生。

2. 微生物引起新鲜水果的变质

15种常见水果的一般化学组成见表5-13，从表中可以得出，水果的平均含水量为85%，含糖量为13%，水果与蔬菜的不同在于含较少的水，但含较多的糖。水果中蛋白质、脂肪和灰分的平均含量分别为0.9%、0.5%和0.5%，除灰分较蔬菜稍低一些外，正像蔬菜一样，水果也含有维生素和其他的有机化合物。从营养组成来看，这些物质显得很适合细菌、酵母菌和霉菌的生长，但水果的pH低于细菌的最适生长pH，这一事实足以解释在水果的变质初期很少发现细菌。霉菌和酵母菌的较宽范围生长pH，使它们成为引起水果变质的主要微生物。

引起水果变质的霉菌常见的有青霉属、灰葡萄孢、黑根霉、黑曲霉、枝孢属、木霉属、链格孢属、疫霉属、核盘菌属、镰孢霉属、小丛壳属、刺盘孢属、盘长孢属、粉红单端孢（*Trichothecium roseum*）等（表5-15）。

青霉属菌可感染多种水果，如意大利青霉（*Penicillium italicum*）和指状青霉（*Penicillium digitatum*）可分别使柑橘发生青霉病和绿霉病。柑橘果实在运输、储藏期间发生腐烂，除少数是生理或冻害等原因引起外，绝大多数是由某些真菌侵害所致，其中以由青霉引起的青霉病、绿霉病所占比例最大。发病时，果皮软化，呈现水渍状，病斑为青色或绿色霉斑，病部扩展很快，几天内就可以扩展到整个果实，最后全果腐烂，病果表面被青色或绿色粉状物（分生孢子梗及分生孢子）所覆盖。扩展青霉（*P. expansum*）也可使苹果发生青霉病，病斑近圆形、下陷、果肉软腐。

表5-15　引起水果变质的常见微生物

微生物种类	感染的水果	病害
青霉素	柑橘、梨、苹果、桃、樱桃、李、梅、杏、葡萄、黑莓等	青霉病绿霉病
灰葡萄孢	柑橘、梨、苹果、桃、樱桃、李、梅、杏、葡萄、黑莓、草莓等	灰霉腐烂
黑根霉	梨、苹果、桃、樱桃、李、梅、杏、葡萄、黑莓、草莓等	根霉软化腐烂
黑曲霉	柑橘、苹果、桃、樱桃、李、梅、杏、葡萄等	黑腐烂
枝孢霉、木霉属	桃、樱桃、李、梅、杏、葡萄等	绿霉腐烂
链格孢属	柑橘、苹果	链格孢霉腐烂
疫霉属	柑橘	棕褐色腐烂
核盘菌属	桃、樱桃	棕褐色腐烂
镰孢霉属	苹果、香蕉	镰孢霉腐烂
小丛壳属	梨、苹果、葡萄	炭疽病或黑腐烂
刺盘孢属	柑橘、梨、苹果、葡萄、香蕉	炭疽病或黑腐烂
盘长孢属	柑橘、梨、苹果、葡萄、香蕉	炭疽病或黑腐烂
粉红单端孢	苹果	粉红腐

注：柑橘包括橘子、橙、柚

（三）危害果蔬的微生物的特性

生长在水果和蔬菜上的微生物，按其危害的时间和地点可分为三组。

第一组微生物：对果蔬的危害只发生在果蔬储藏时期，而在植物营养生长期并不传染。最典型的例子是传播很广的腐生菌，如黑根霉、黑曲霉、指状青霉、胡萝卜软腐欧文氏菌等。在土壤、空气中及果蔬的储藏地点都可以发现大量的腐生菌孢子。它们对于完好无损的健康植物组织无能为力，因为它们不能穿过未受伤的表皮，但是一旦表皮受伤，它们就能打进去，消耗植物组织的营养物质，使细胞代谢的所有环节遭受严重破坏。

第二组微生物：在植物营养生长晚期而且主要在不良的气候条件下传染植物，但严重的危害出现在储藏期。与第一组微生物相比，这组微生物具有更强的寄生性，可称为兼性寄生微生物，代表菌有镰孢霉、致病疫霉、大豆核盘菌、灰葡萄孢等。

第三组微生物：只损害生长着的植物，但在生长期间已被这组微生物感染的果蔬在储藏时期很容易被前两组微生物所感染。

世界各地区，由于生态条件的不同，水果和蔬菜的微生物类群有明显的区别。例如，在意大利、英国和德国，储藏期间感染苹果的最主要的病原菌是白盘长孢（*Gloeosporium album*），而在美国却是扩展青霉，在美国太平洋沿岸许多地区苹果还受到腐皮明孢盘菌（*Neofabraea malicorticis*）严重毁坏。在哈萨克斯坦，在储藏期间引起葡萄腐烂的常常是灰葡萄孢和扩展青霉，而在乌兹别克斯坦，葡萄受灰绿青霉的损坏要比灰葡萄孢严重。

果蔬储藏期间微生物类群也可能发生变化，如柑橘类在储藏初期是意大利青霉造成的损失最大，而较长时间的储藏时则主要受盘长孢状刺盘孢（*Colletotrichum gloeosporioides*）的危害。第一种霉菌是储藏期间典型的水果病原菌，第二种霉菌是在树上时就伤害果实，而在一定时期内处于潜伏状态。

（四）果汁的腐败变质

从水果中提取出的汁液叫作果汁。果汁中含有不等量的酸，因而 pH 较低，一般为 2.4～4.2。它们都含有一定的糖分。这些条件限制了某些微生物的生长繁殖，但却适合一些酵母、霉菌和某些细菌的生长要求。

在果汁中存在的细菌，最主要的是乳酸菌，有的乳酸菌在果汁中进行糖质发酵生成乳酸。这类通常是异型乳酸发酵菌，如苹果或梨汁中的巴氏乳杆菌（*Lactobacillus pastorianus*）、短乳杆菌（*L. brevis*）和肠膜明串珠菌（*Leuconostoc mesenteroides*）。也有同型乳酸发酵菌，如阿拉伯糖乳杆菌（*L. arabinosus*）、莱氏乳杆菌（*L. leichmannii*）和微杆菌属等。有的乳酸菌在果汁中进行有机酸发酵，如巴氏乳杆菌等能将苹果酸转变为乳酸、琥珀酸；将奎尼酸变为脱氢莽草酸；将柠檬酸变为乳酸和乙酸。有的乳酸菌在果汁中产生发黏的产物，如苹果汁和葡萄汁中的肠膜明串珠菌、植物乳杆菌（*L. plantarum*）和链球菌等。

在果汁中存在的酵母，主要是一些酵母属的菌种。它们在果汁中常引起乙醇发酵，即使在浓缩果汁中，少数菌种也能进行，如鲁氏酵母（*Saccharomyces rouxii*）、蜂蜜酵母（*S. mellis*）等。随着乙醇的氧化和果酸的存在，许多产膜酵母也可在果汁的表面生长，使果汁变质。

在果汁中存在的霉菌，以青霉属最为多见。其他如曲霉属、丝衣霉属（*Byssochlamys*）等也有所发现。它们一般较少使果汁发生变质，但只要能在果汁中稍有生长，便会给果汁带来异味。

微生物引起果汁发生变质，常出现以下现象：由于酵母菌的乙醇发酵和产膜酵母的生长，果汁会产生混浊；由于霉菌的污染生长，果汁会产生臭霉味；由于乙醇发酵，果汁中增加了酒精的成分；由于有机酸的发酵，果汁中的许多有机酸不断被分解，乙酸含量增多，这样果汁的质量会下降；由于明串珠菌等在果汁中的发酵，形成多糖，因而使果汁增加了黏稠度。

六、罐藏食品的变质

罐藏食品是将食品或食品原料经预处理，再装入容器，经密封、杀菌而成的食品。其种类很多，可根据 pH 分为低酸性、中酸性、酸性和高酸性罐藏食品四大类，见表 5-16。

罐的密封是防止外界微生物侵入罐内，而加热杀菌则是要杀灭存在于罐内部的微生物，包括致病菌、产毒菌和腐败菌。罐藏食品经过这样的加工处理，一般来说不容易发生由微生物引起的腐败变质，可以在室温下保存很长时间。但有时也不尽然，会出现变质现象。导致罐藏食品败坏的微生物，最重要的是某些耐热的并具有兼性厌氧或厌氧特点的微生物。

表 5-16 罐藏食品按照酸度的分类

分类名称	pH	食品种类
低酸性罐藏食品	5.0 以上	虾、蟹、贝类、禽、牛肉、猪肉、火腿、羊肉、蘑菇、青豆、青刀豆、芦笋、炼乳等
中酸性罐藏食品	4.5～5.0	蔬菜肉类混合制品、汤类、面条、沙司制品、无花果
酸性罐藏食品	3.7～4.5	荔枝、龙眼、桃、樱桃、李、枇杷、梨、苹果、草莓、番茄、什锦水果、番茄酱、荔枝汁、苹果汁、草莓汁、番茄汁、樱桃汁等
高酸性罐藏食品	3.7 以下	菠萝、杏、葡萄、柠檬、葡萄柚、果酱、草莓酱、果冻、柠檬汁、醋栗汁、酸泡菜、酸渍食品等

（一）罐藏食品微生物的来源

罐藏食品微生物可来源于下述两个原因或其中之一。

1. 杀菌不彻底

为保持各种食品的色泽、风味、组织状态和营养价值，罐藏食品的杀菌一般采用商业性杀菌。商业性杀菌只要求罐藏食品内无致病菌、产毒菌，但并不要求达到“无菌”水平，允许罐内残留非致病微生物。根据资料介绍，美国带菌合格罐头为 8%～25%；英国平均为 38%。pH4.5 以上的低酸性和中酸性罐藏食品一般以肉毒梭菌（抗热力最大的食物中毒病原菌）为主要杀菌对象，采用 100℃以上高温杀菌，这一温度并不足以杀死其他所有的微生物，某些细菌芽孢仍可残留。pH4.5 以下的酸性和高酸性罐藏食品一般应用低于 100℃的温度消毒，这也可能残留微生物。若杀菌操作失误造成杀菌温度较低时，或加热罐不正常，使空气混入蒸汽中，仍可维持所需的压力，但温度已不准确，温度可能低下来，残留微生物的可能性就较大，残留的微生物种类也可能较多。这些残留下来的微生物，实际上是一个隐患，一旦外界环境条件合适，它们会生长繁殖而有可能导致食品发生变质。

2. 漏罐

罐藏食品经杀菌之后，如果密封性不好，容易发生漏罐而造成微生物的污染。通过漏罐而发生微生物污染的重要污染源是冷却水，这是因为罐头在热处理后要通过冷却水进行冷却，冷却水中的腐败菌就有可能随同冷却水通过漏罐处进入罐内。空气也可能是污染源，但不是主要的。通过漏罐处侵入的微生物种类可能很多。如果加压处理过的罐头内存在着有生活能力的球菌或不形成芽孢的杆菌，则证明产品是在加热之后受到污染的。

（二）引起低酸性和中酸性罐藏食品腐败的主要微生物类型及腐败特征

低酸性和中酸性罐藏食品包括谷物、豆类、肉类、禽类、鱼类、乳类、蔬菜、瓜类等制品。其中经常见到的腐生菌是某些细菌，而酵母菌和霉菌不常见。

1. 嗜热性细菌

这类细菌的抗热力很强，如果杀菌不足，就可继续活动，使食品腐败。罐藏食品由于杀菌不足而导致的大多数腐败由本类细菌引起。这类细菌有平酸腐败细菌、嗜热厌氧（thermophilic anaerobes，TA）腐败细菌、硫化物腐败细菌三种类型。

（1）平酸腐败细菌（平酸菌）　平酸腐败是一种产酸不产气的腐败类型。引起平酸腐败的细菌统称为平酸菌（flat sour bacteria），属于芽孢杆菌属，大多是兼性厌氧菌。嗜热脂肪芽孢杆菌是典型的平酸菌。它耐热性很强，最适生长温度为50～65℃，最高生长温度为70～77℃，不能被肉毒梭菌的致死温度所杀死。它具有兼性厌氧的特点，因而可在一定真空度的食品中繁殖，可分解碳水化合物产生酸类如乳酸、蚁酸、乙酸等，使pH下降0.1～0.3，呈现酸味，不产生气体，因而罐藏食品外观正常，无膨胀现象。嗜热脂肪芽孢杆菌在pH6.8～7.2的培养基中生长良好，当pH接近5时就不能生长，因而只能在pH5以上的罐藏食品中生长。低酸性和中酸性罐藏食品的平酸腐败一般是由嗜热脂肪芽孢杆菌所引起，如它可引起青豆、青刀豆、芦笋、蘑菇、红烧肉、猪肝酱、卤猪舌等罐藏食品的平酸腐败。

平酸腐败一般发生在低酸性、中酸性罐藏食品中，也有少数发生在酸性罐藏食品如番茄、番茄汁中。平酸腐败无法通过不开罐检查来发觉，而必须开罐观察或经细菌分离培养才能确定。

（2）TA腐败细菌（TA菌）　TA是不产生硫化氢的“嗜热厌氧菌”的缩写，引起TA腐败的细菌称为TA菌。TA菌是一种分解糖、专性嗜热、产芽孢的厌氧菌。它在低酸或中酸罐藏食品中分解糖产生酸和气体，气体是CO_2和H_2的混合物，因而使被害的罐藏食品形成胀罐，有时甚至爆裂。热解糖梭菌是典型代表，它常引起芦笋、蘑菇等蔬菜类罐藏食品的产气性腐败。

（3）硫化物腐败细菌　罐藏食品遭受硫化物腐败细菌的腐败情况是不多见的。致黑梭菌（*Clostridium nigrificans*）是一个代表，它分解糖的能力不强，但能分解蛋白质产生硫化氢等。硫化氢与罐藏食品容器的铁质化合生成黑色的硫化物，沉积于内壁或食品上，使食品变为黑色，同时伴有硫臭味产生。可引起豆类和玉米等罐藏食品的硫化物腐败，但并不普遍。在豆类罐藏食品中，由于硫化氢的形成，在开罐时散发出强烈的气味；在玉米、谷类罐藏食品中，形成灰蓝色的液体；在鱼贝类罐藏食品中也有发现。

从腐败罐藏食品中还分离出其他类型的嗜热性细菌，但为数不多。

2. 中温性厌氧细菌

除嗜热性细菌外，其次就是产生芽孢的中温性厌氧细菌。这类细菌的适宜生长温度约为37℃，有的可在50℃生长。可分为两个类型：一类是分解蛋白质能力很强，也能分解一些糖类，主要有肉毒梭菌、生孢梭菌（*Clostridium sporogenes*）、双酶梭菌（*C. bifermentans*）、腐化梭菌（*C. putrefaciens*）等，另一类分解糖类，如丁酸梭菌（*C. butyricum*）、巴氏芽孢梭菌（*C. pasteurianum*）、韦氏梭菌等。

上述几种细菌中，肉毒梭菌危害较为重要。肉毒梭菌分解蛋白质产生硫化氢、氨、粪臭素等，因而可发生胀罐；内容物被消化，称为腐烂性腐败，并有毒素产生和恶臭味放出。毒素毒性很强，如人误食后，即能中毒致死。已发现肉毒梭菌危害肉类、肠制品、油浸鱼、青豆、青刀豆、芦笋、蘑菇等罐藏食品。

生孢梭菌、双酶梭菌、腐化梭菌可出现于 pH6 以上的罐藏食品中，多数情况下出现于肉类、鱼类制品等罐藏食品。它们也可引起胀罐、腐烂性腐败，并产生恶臭味。

丁酸梭菌是专性厌氧菌，能分解淀粉和糖，产生酪酸、二氧化碳、氢气、醇类、乳酸等。巴氏芽孢梭菌可分解糖，不能分解淀粉，变质情况与丁酸梭菌的相似。它们均可引起豆类、马铃薯制品的酸败，并出现胀罐。韦氏梭菌分解糖的能力强，糖类分解产酸（乳酸、酪酸）并有大量气体产生，它可在肉类、鱼贝类和乳类（淡炼乳）等罐藏食品中出现，引起产酸产气腐败，并且是食物中毒病原菌。

3. 形成芽孢的需氧细菌

这类细菌属芽孢杆菌属，为中温性细菌，如枯草芽孢杆菌、巨大芽孢杆菌（*Bacillus megaterium*）、蜡状芽孢杆菌、肠膜芽孢杆菌（*B. mesentericus*）等。这类细菌的抗热力一般比前面所讲的几类细菌低，不过也有个别抗热力很强的。它们对低酸性罐藏食品有腐败作用，但不很重要，这是因为罐内的真空状态使它们的活动受到抑制。已发现豌豆罐藏食品（枯草芽孢杆菌）和鱼类罐藏食品（蜡状芽孢杆菌、肠膜芽孢杆菌）有这类细菌的腐败作用。它们可分解蛋白质和糖，糖分解后绝大多数产酸而不产气，因而变质类型为平酸腐败。但多粘芽孢杆菌（*B. polymyxa*）和浸麻芽孢杆菌（*B. macerans*）能分解糖类而产酸产气，造成胀罐，已发现可引起豆类、菠菜、芦笋等罐藏食品的腐败。

4. 不产芽孢的细菌和酵母菌、霉菌

这几类微生物在低酸和中酸性罐藏食品腐败上无很大重要性。因为它们的抗热力都很弱，除非杀菌时温度过分不够，或有漏罐现象，不然这几类微生物是不会出现于罐藏食品中的。

少数几种不产芽孢的细菌，如液化链球菌、粪链球菌、嗜热链球菌、微球菌、大肠杆菌、产气肠杆菌、变形杆菌等，有时可引起 pH4.5 以上罐藏食品的腐败。前 4 种是抗热力较大的不产芽孢细菌，可分解糖产酸，火腿罐头的酸败常由这类细菌引起。后 3 种属肠细菌，它们出现于罐藏食品中通常由漏罐引起，变质现象是胀罐和内容物酸臭。

酵母菌仅有时出现于甜炼乳罐头中。甜炼乳装罐之前牛乳经过消毒，装罐之后不再进一步杀菌，而是靠添加的糖来使封罐后的成品能在室温下保藏，一般添加相当于原料牛乳 15%～16%的蔗糖，蔗糖的渗透压作用能抑制细菌的繁殖，但有时遇到酵母菌的发酵败坏，它分解乳糖和蔗糖产生二氧化碳，引起胀罐，严重的可使罐头爆裂。从胀罐甜炼乳罐头中分离出的酵母菌有球拟酵母和假丝酵母，如炼乳球拟酵母（*Torulopsis lactis-condensi*）、球拟圆酵母（*Torulopsis globosa*）。

霉菌对罐藏食品的破坏是很少的。霉菌是需氧性的，罐藏食品的密封使其不能发展。但有时在甜炼乳罐藏食品中出现某些曲霉和枝孢霉等，它们之所以能在罐内生长，主要是因为罐内有空气存在。

（三）引起酸性和高酸性罐藏食品腐败的主要微生物类型及腐败特征

酸性和高酸性罐藏食品包括水果、果汁及一些含酸较高的蔬菜制品。它们的酸度较高（pH4.5 以下），因而由微生物所引起的败坏情况与前述低酸性和中酸性罐藏食品的不同。危害这两类罐藏食品的微生物，在种类和数量上都比较少。

1. 产生芽孢的细菌

这类细菌在果实及番茄的罐头食品败坏中是常发生的，如凝结芽孢杆菌（*Bacillus coagulans*）、丁酸梭菌、巴氏芽孢梭菌、多粘芽孢杆菌、浸麻芽孢杆菌等。

凝结芽孢杆菌是酸性罐藏食品中常见的平酸菌，常在番茄及番茄汁罐藏食品中出现。它对热的抵抗力较强，具有兼性厌氧特点，能适应较高的酸度，在罐藏食品中分解糖类产酸，但不产气。

在番茄及某些果实如菠萝罐藏食品的胀罐中分离出丁酸梭菌和巴氏芽孢梭菌。它们可分解糖类产酸（酪酸）产气（二氧化碳和氢气）。巴氏芽孢梭菌在酸度低于 3.7 时，生命活动受到抑制，其抗热力受酸度影响很大，温度 100℃时，在 pH7.0 的磷酸缓冲液中 40min 被杀死；在 pH4.5 时杀死它只需 20min；而在 pH4.15 的杏汁中 7min 即被杀死。丁酸梭菌在 pH4.4，100℃的番茄汁中可耐 10～15min。

多黏芽孢杆菌、浸麻芽孢杆菌可引起水果（桃、番茄）产酸产气变质。

2. 不产生芽孢的细菌

在酸性和高酸性罐藏食品的败坏中，属于这类细菌的主要是乳酸菌，如乳杆菌和明串珠菌。有的乳杆菌能使番茄及其产品强烈发酵而引起产酸产气性败坏；有的明串珠菌也可引起果汁罐头发生产酸产气性败坏。有研究者曾从败坏的番茄罐头中分离出 266 个菌种，都属于乳杆菌属。

3. 酵母菌

酵母菌的抗热力很低，除了杀菌不足或发生漏罐外，罐藏食品通过正常的杀菌处理，是不会发生酵母菌的败坏的。有时酵母菌可引起水果、果酱、果汁饮料、含糖饮料、酸乳饮料等的败坏，从中分离出的酵母主要有球拟酵母、假丝酵母和啤酒酵母等。酵母繁殖使糖发酵，引起内容物风味的改变，使汁液混浊和沉淀，并产生二氧化碳，因而造成胀罐甚至爆裂。

4. 霉菌

和酵母菌一样，经正常杀菌的罐藏食品中，一般不会有霉菌生存。不过也有例外情况，如纯黄丝衣霉（*Byssochlamys fulva*）在水果罐藏食品中的败坏上很重要。该菌生长适温为 30～37℃，但抗热力比其他霉菌强得多，在 88℃可保持 30min，因此水果罐藏食品要使中心温度达 87.7～90.5℃才能杀死这种霉菌。该菌还具有在氧气不足的环境中生长的特性；能分解果胶物质，使整个水果柔化和解体；产生二氧化碳引起胀罐。另一种霉菌即纯白丝衣霉（*B. nivea*），它具有与纯黄丝衣霉相同的作用，但其子囊孢子的抗热力比纯黄丝衣霉的弱，在 77.6℃中能生存 30min，在 82.2℃经 10min 即不能存活。

其他霉菌如青霉、曲霉等，在果酱，糖水水果类罐藏食品中也分离出来过，它们的出现说明罐藏食品遭受污染，有空气存在。它们在罐藏食品内繁殖后，长出霉斑，而罐藏食品外观保持正常。

（四）腐败变质罐藏食品的微生物学分析

引起罐藏食品腐败变质的微生物种类有很多。它们引起罐藏食品腐败变质特征各不相同，需要有针对性地采取不同措施防止各种不同类型罐藏食品的腐败变质。对于微生物引起的腐败变质的控制，最主要的是要注意杀菌条件的选择和罐头食品生产工序中的卫生条件。对引起不同类型的罐藏食品腐败变质的主要微生物的特征，采取有效的防护措施，可以有效地控制罐藏食品的腐败变质，保证罐藏食品的安全。

有关各种罐藏食品的腐败现象及其原因的简要分析，见图 5-10。

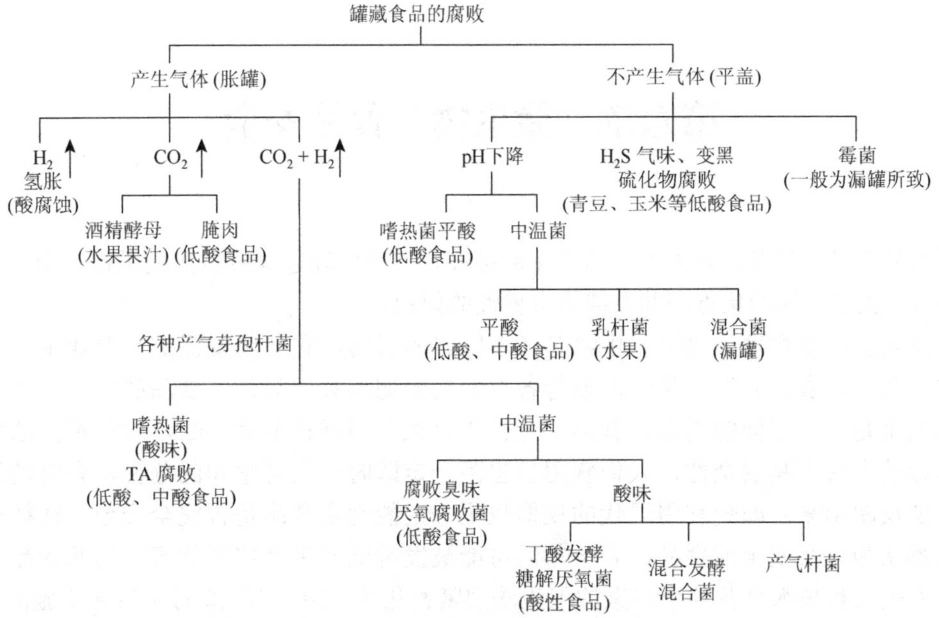

图 5-10　常见引起罐藏食品变质的原因

第六章　微生物与食品安全

随着社会经济的发展和人们生活水平的提高，健康问题越来越被人们重视，食品安全问题日趋成为人们关注的焦点，并发展为世界性的问题。

食品安全性受物理、化学、生物等诸多因素的影响，它与环境保护、农业生产、农产品储藏与加工、食品制造、膳食习惯等各方面均密切相关。另外，食品的安全问题与食品品质不完全是一个等同的概念，食品安全性难以凭人的感官准确判断，对于绝大部分食品来说，即使食品不具安全性，人们食用后也不一定即时产生可感知的危害，有时需经长期积累才能反映出来。即使利用现代的仪器也不一定能确定食品是否完全安全，往往一个时期被检测认为非常安全的食品，若干年后可能被发现能产生严重的危害，因此食品的安全性还与人类的科技水平及各个国家的卫生法规紧密相关。2015 年 10 月 1 日起实施的《中华人民共和国食品安全法》为消费者的食品安全权益提供了更大的保障，被称为“史上最严”的食品安全法。

由于微生物具有个体小、分布广、繁殖快及代谢强度高等特点，在食品生产到消费的各个环节都可能受到微生物的影响，最终影响食品的安全性。例如，微生物可通过食品传播疾病；微生物可在食品中大量增殖导致食用者发生食物中毒；微生物可产生各种有毒代谢产物，或分解某些食品成分产生有毒物质使食用者中毒等。本章即讨论与微生物相关的食品安全性问题。

第一节　食品安全性的基本概念

人们在日常生活中出于保护自身健康的考虑，一般都比较关注食品的安全问题。例如，人们不购买和食用腐坏的食品，对含化学添加剂的食品心存疑虑，等等。近年来，“绿色食品”畅销市场也体现了人们对食品安全性的关注。尽管如此，受微生物影响的食品仍对人的健康造成危害，有些还引发人的某些疾病。人们不会忘记，食用来自被污染海水区域的毛蚶曾导致大规模的甲型肝炎流行；食品污染大肠杆菌 O157：H7 曾引起近万人的食物中毒。另外，食品的安全性对食品生产行业也产生巨大的影响。20 世纪 90 年代英国暴发的“疯牛病”引起人感染死亡事件使英国乃至整个欧洲的养牛业陷入困境；历年来多次发生的禽流感事件导致许多国家和地区禁止禽类及其相关产品的销售，使养殖业受到沉重打击。2013 年新西兰恒天然乳粉的肉毒杆菌事件引发了公众对于奶制品的质疑，摧毁了公众对于进口奶的信任。这些食品安全事件使老百姓忧心忡忡，以至有的人产生了“吃动物食品怕含激素，吃植物食品怕有毒素，吃饮料食品怕掺色素”的恐惧心理。在现代社会，食品安全性问题已越来越多地引起人们的重视，没有安全性保证的食品将不会有任何市场可言。

一、食品安全性概念的演变

食品安全性是一个影响因素众多的食品重要属性。虽然人们在日常生活中可以逐渐了解食品的特性，形成对食品安全性的认识，但这种认识受到区域性、民族性及经济水平和技术水平等方面的限制，往往是不全面的。早期的食品安全概念一般建立在长期生活经验的基础上，人们从民族图腾、生活习俗和食品引起疾病传播的教训等方面总结出各种饮食的禁忌、规则。随着生产力水平的提高及产业的分工，为了规范食品制造行业，一些国家和地区对食品安全问题进行了立法。虽然在食品数量相对不足的条件下，食品的安全问题难以引起社会的足够重视，并且许多规范也缺乏科学性，但是这些规范在控制食源性疾病的传播、保障人身健康方面仍起到重要的作用。

现代食品制造规模不断扩大，数量不断增多，食品安全性问题日益引起消费者、生产厂、商家及政府部门等各方面的重视。虽然各国的标准不一样，概念不能完全统一，但都能达到稳定食品品质、保证消费者食用安全性的目的。世界卫生组织（WHO）1984 年在题为《食品安全在卫生和发展中的作用》文件中将食品安全定义为“生产、加工、储存、分配和制作食品过程中确保食品安全可靠，有益健康并且适合人消费的种种必要条件和措施。”1996 年该组织在《加强国家级食品安全性计划指南》中指出：食品安全性是“对食品按其原定用途进行制作和/或食用时不会使消费者受害的一种担保”，同时还对食品卫生做了另外的解释，含义为“为确保食品安全性和适合性在食物链的所有阶段必须采取的一切条件和措施”。《中华人民共和国食品安全法》附则中对食品安全的概念做出了权威的诠释，指出食品安全是“食品无毒、无害，符合应当有的营养要求，对人体健康不造成任何急性、亚急性或者慢性危害。”

食品安全的最终承受者是消费者个体。消费者对食品安全问题的关注焦点随着时代的变迁和社会经济的发展水平而发生变化。例如，发达国家在 20 世纪 70 年代主要关注食品添加剂对食品的安全问题，80 年代食品安全问题的焦点转移到杀虫药剂残留和辐射食品的安全性上，90 年代则开始探讨生物工程技术生产食品的安全性问题。

食品安全性的概念还与人们对食品中有害物质特性的认识水平和检测水平紧密联系。例如，由黄曲霉、寄生曲霉产生的一类有强烈致癌作用的毒素——黄曲霉毒素，人们在 20 世纪 60 年代才从农产品中发现并开始进行系统的研究，1966 年联合国粮食及农业组织（FAO）和世界卫生组织推荐食品、饲料中黄曲霉毒素最大允许量标准为总量（$B_1+B_2+G_1+G_2$）小于 30μg/kg，随着对黄曲霉毒素研究的深入和对其危害性认识的发展，1970 年推荐的无害残留量改变为 20μg/kg，1974 年又降为 15μg/kg，该推荐剂量一直保持到现在。又如，在速冻米面制品中，过去的食品卫生标准不允许金黄色葡萄球菌存在，当人们对速冻米面制品的特性及金黄色葡萄球菌的致病规律有了充分的认识后，新的食品安全国家标准修改为允许金黄色葡萄球菌限量存在。

因此，实际上我们并不需要对食品安全性下一个统一的标准或定义，我们只需明确食品安全性的最基本要素，即食品应对消费者的健康无害或对健康危害的风险最低。

二、食品安全性的相关因素

食品需经生产、加工、储存、运输及销售等诸多环节才能到达消费者手中，每一个环节都有可能引入对消费者不安全的因素。现代工业的发展极大地改善了人类的生活质量，但也产生了严重的环境污染问题，人类目前阶段的食品或食品原料与环境有不可分割的关系，环境的污染实际上是食品污染的代名词；为了获得农作物的高产，现代农业大量使用农药及其他农用化学品，农药在其中的残留就不可避免了；饲料添加剂（包括畜药、抗生素、激素等）

的普遍应用提高了动物饲养效率，但在畜禽产品中也引入了人类并不需要的物质；食品添加剂技术的发展和它的应用范围扩大，使食品的品种不断增多，感官品质不断提高，与此同时，食品中也引入了各种可能不利于人体健康的化学物质。图 6-1 是影响人类食品安全性的各种因素，人类处于食物链的顶端，人类活动对食物链任何环节的影响，最终都将对人类的食品安全性产生影响。

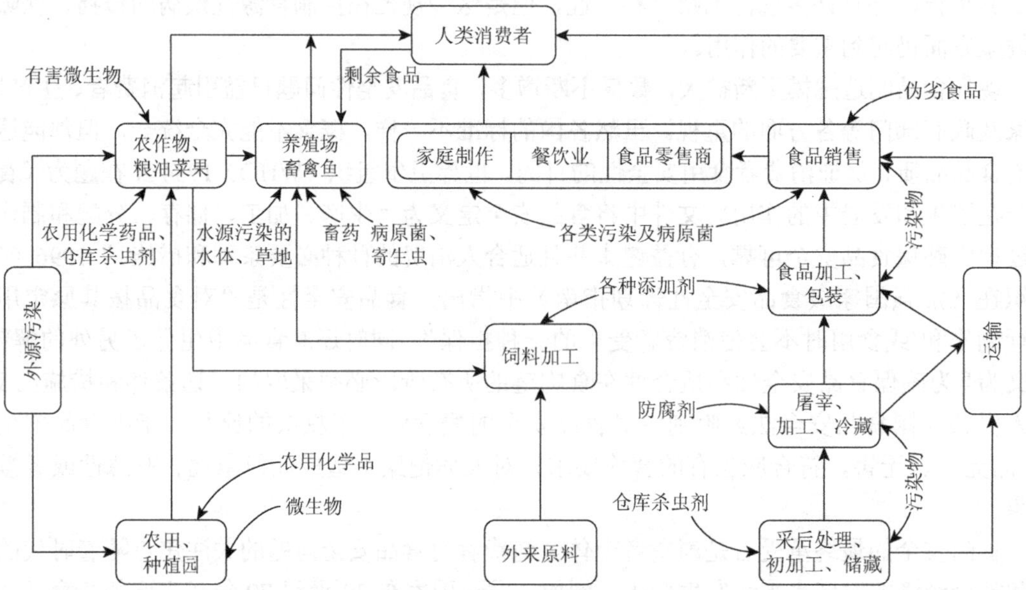

图 6-1　影响人类食品安全性的各种因素

自然界的许多生物可自然产生对人有毒的物质，构成威胁食品安全的因素。产毒生物既有动物、植物，也有微生物；有毒的物质有些包含在生物个体内，如河豚、毒蘑菇等；有些可分泌至环境中，如真菌毒素等。直接食用这些有毒物质，或食用被有毒物质污染的食品均可危害人体健康，甚至危及人的生命。1984 年，世界卫生组织将“食源性疾病”（foodborne diseases）一词作为正式的专业术语，以代替历史上使用的“食物中毒”一词，并将食源性疾病定义为“通过摄食进入人体的，使人体患感染性或中毒性的疾病”。这里包括了由食品微生物污染和化学性物质引起的食源性疾病。尽管近年来发生了苏丹红、孔雀石绿、三聚氰胺等事件，但在危害程度和发生范围方面，病原微生物引起的食源性疾病仍然是食品安全的首要问题。美国疾病控制与预防中心（CDC）2011 年评估报告指出，全美每年因食源性病原菌导致的患者高达 4.8×10^7 例，其中入院治疗者达 1.28×10^5 例，逾 3000 患者病死。由病原微生物引起的食品安全事件，每年造成全球数以万计的经济损失。因此，对食源性疾病的预防与控制已引起了世界各国的高度关注。

引起食源性疾病的微生物种类很多，有细菌、病毒、真菌等，历史上常发生由微生物污染食物而引发的大规模传染病，如伤寒、痢疾、霍乱、甲肝及一些寄生虫病。一些有害微生物产生的生物性毒素，如黄曲霉毒素、赭曲霉毒素、呕吐毒素等真菌毒素也已经成为食品中有害物质污染和中毒的重要因素。随着人类文明程度的提高、卫生条件的改善和科学知识的普及，这些食源性传染病的发生率已大大下降，但这些疾病仍区域性、季节性地发生。了解这些致病微生物的特点，掌握其引起食品中毒的机制，对于预防食物中毒，提高食品安全性具有重要的意义。

第二节 细菌对食品安全性的影响

一、细菌性食物中毒

细菌性食物中毒通常是指人吃了含有细菌毒素或致病细菌的食物而引起的中毒现象，是食物中毒中发病率最高的一种类型。有人做过统计，在所有的食物中毒病例中，细菌引起的食物中毒占60%～90%。

由摄食含有大量活菌的食物引起的中毒是一种广义上的食物中毒，发病主要是细菌在肠道内增殖，有时也伴随着有毒物质的产生，使人体出现相应的中毒症状，因此通常称为感染型食物中毒，它不包括致病细菌经食物传播而引起的传染病（如伤寒、痢疾等）。直接摄食含细菌毒素的食物而引起的中毒相应地称为毒素型食物中毒。

细菌性食物中毒的发生与人们的饮食习惯有密切关系，也与气候条件、食品加工方式、卫生条件、人体的健康状况等因素有关。人的饮食习惯可决定某一类细菌性食物中毒为多发病。在气候炎热、食品卫生状况差、人的身体虚弱时，细菌性食物中毒更易发生。

（一）致病性大肠杆菌食物中毒

1. 病原菌的特点

大肠杆菌是人和温血动物肠道的正常寄生菌，但有些菌株可以引起人的食物中毒，这些菌株属于致病性大肠杆菌。致病性大肠杆菌引起的食物中毒与正常的大肠杆菌在形态上和普通生化反应上都不能区别，但是可以借助血清学和分子生物学技术来鉴别。

有些致病性大肠杆菌在适宜的条件下可产生两种毒素：一种是耐热性肠毒素，它可经受100℃加热30min而不被完全破坏；另一种是不耐热肠毒素，它在60℃下加热10min即被破坏。菌体产生毒素的性能由一种核外染色体质粒所控制。通过菌株间的质粒传递作用，可使原来不产肠毒素的大肠杆菌获得产肠毒素的能力。

目前已知的致病性大肠杆菌包括以下6种。

（1）肠产毒性大肠杆菌（enterotoxigenic *E. coli*，ETEC） 该菌是引起婴幼儿及旅游者腹泻的常见病原菌，可产生耐热性和不耐热性两种类型的肠毒素。

（2）肠侵袭性大肠杆菌（enteroinvasive *E. coli*，EIEC） 该菌较少见，所致疾病类似细菌性痢疾，又称志贺样大肠杆菌，不产肠毒素。

（3）肠致病性大肠杆菌（enteropathogenic *E. coli*，EPEC） 该菌为婴儿腹泻的主要病原菌，不产肠毒素。

（4）肠出血性大肠杆菌（enterohemorrhagic *E. coli*，EHEC） 该菌主要感染儿童，有极强的致病性，近年来经常报道大肠杆菌O157：H7引发大规模食物中毒的事例即由该菌所致。

（5）肠聚集性大肠杆菌（enteroaggregative *E. coli*，EAGGEC） 该菌经由质粒介导黏附于上皮细胞质膜，损坏临近微绒毛细胞使之丧失吸附性，引起腹泻。

（6）弥漫黏附性大肠杆菌（diffusely adherent *E. coli*，DAEC） 该菌主要引起大龄婴儿的腹泻。

2. 中毒的机理及症状

致病性大肠杆菌食物中毒一般与人体摄入的菌量有关，通常摄食 10^8 个活菌/g 的食品可使人致病。当致病性大肠杆菌进入人体消化道后，产毒型大肠杆菌可在小肠内继续繁殖并产生肠毒素。肠毒素可以被吸附在小肠上皮细胞的细胞膜上，激活上皮细胞膜内腺苷酸环化酶的活性，产生过量的环式AMP，从而导致肠液分泌的增加，超过肠管的再吸收能力，出现腹泻，其病理变化与霍乱相似。

致病性大肠杆菌还有另外一种类型的菌株，它可以侵入肠黏膜的上皮细胞，并在上皮细胞内繁殖，影响水和电解质的吸收，从而导致腹泻。但这类菌株通常只使新生儿和2岁以内的婴幼儿致病。

肠出血性大肠杆菌，如大肠杆菌O157：H7，可产生志贺样毒素及肠溶血毒素，前期症状表现为腹部痉挛性疼痛和短时间的自限性发热、呕吐，1～2d出现非血性腹泻，后导致出血性结肠炎、严重腹痛和便血。1996年7月，日本大阪有62所小学6000多人感染该菌引起的食物中毒，90多例发生出血性结肠炎及出血性尿毒症，导致多人死亡；苏格兰也曾因食用污染大肠杆菌O157：H7的牛肉而暴发数万人的食物中毒。

致病性大肠杆菌食物中毒的潜伏期较短，通常在摄食后4～10h突然发病。临床表现为腹部剧痛（多在脐周围）、头痛、恶心、很少有呕吐；腹泻每天1～15次，为稀便，水样便或黏液便，有时有恶臭；体温大多正常，少有发热；病程1～3d，少数重症者（尤其是婴幼儿）可因腹泻引起大量失水而导致酸中毒。

3. 病菌的来源及中毒的预防

致病性大肠杆菌的传染源是人和动物的粪便。自然界的土壤和水常因粪便的污染而成为次级的传染源。易被该菌污染的食品主要有肉类、水产品、蔬菜及鲜乳等。这些食品经加热烹调，污染的致病性大肠杆菌一般都能被杀死，但熟食在存放过程中仍有可能被再度污染。因此要注意熟食存放环境的卫生，尤其要避免熟食直接或间接地与生食品接触。对于各种凉拌食用的食品要充分洗净，并且最好不要大量食用，以免摄入过量的活菌而引起中毒。

（二）葡萄球菌食物中毒

1. 病原菌的特性

葡萄球菌食物中毒的病原菌主要是金黄色葡萄球菌。该菌可产生多种肠毒素，目前已查明的有A、B、C_1、C_2、C_3、D、E和F等8种。该毒素是一类可溶性的多肽化合物，分子质量为（2.7～3.4）$\times 10^4$Da。A型毒素的毒性最强，一般摄食1μg就能引起中毒，所以A型毒素引起的食物中毒最常见。

金黄色葡萄球菌对热较为敏感，通常66℃、12min可使菌体失活。但该菌产生的毒素具有很高的耐热性，100℃、30min处理仍不能破坏全部毒素。

金黄色葡萄球菌较易在含蛋白质和淀粉的食品中繁殖并产生毒素。最适的菌体生长和产毒条件为：温度35～37℃，近中性pH，水活度大于0.86。不同的基质和环境条件可以影响该菌产生毒素的种类及数量。

2. 中毒机理及症状

葡萄球菌食物中毒主要是由摄食菌体产生的肠毒素引起的，单纯摄食菌体一般不会引起中毒，所以属毒素型食物中毒。

当葡萄球菌肠毒素随食物进入人体后，可在消化道被吸收进入血液，并由毒素刺激中枢神经系统而引起中毒反应。中毒的潜伏期一般为1～5h，最短为15min，最长不超过8h。中毒症状主要为恶心、反复呕吐，并伴有腹痛、头晕、头痛、腹泻等。儿童对肠毒素比成人更敏感，病情也较成人重。但葡萄球菌食物中毒一般不导致死亡，只要及时补充吐泻的失水，1～2d 就能恢复正常。

3. 病菌的来源及中毒的预防

患有化脓性皮肤病、上呼吸道炎症及有口腔疾患的患者在患病部位都带有大量的葡萄球菌。健康人的咽喉部和鼻腔内通常也带有该菌。这些病菌可通过带菌者与食物接触或经空气传播而污染食品。在适宜的温度下，染菌食物经 8～10h 温育，就能在食物中产生大量的肠毒素。由于葡萄球菌肠毒素的耐热性强，食用前重新加热处理并不能完全消除其引起中毒的可能性。

引起葡萄球菌食物中毒的食品以乳、肉及其制品最为常见，其次是淀粉类食品。据美国疾病控制与预防中心报道，在使食品受污染的细菌中，由金黄色葡萄球菌引起的感染占第二位，仅次于大肠杆菌。金黄色葡萄球菌肠毒素是世界性的卫生难题之一，在美国，由金黄色葡萄球菌肠毒素引起的食物中毒占整个细菌性食物中毒的 33%，加拿大则更多，占到 45%，中国金黄色葡萄球菌引起的食物中毒事件也时有发生。为了防止中毒的发生，在食品加工时，至少应该使食品内外都达到葡萄球菌的致死温度并维持一定的时间（通常为 65～70℃、12～15min）；熟食不要在较高的室温下长时间存放。另外，还应注意食品操作人员的卫生，尤其不能让有皮肤炎症的患者接触熟食。

（三）沙门氏菌食物中毒

1. 病原菌的特性

沙门氏菌是一种革兰氏阴性短杆菌，生长最适温度为 35～37℃。抗热性较弱，60℃经 15～30min 死亡，100℃下可立即致死。在水、牛乳及肉类中能生存几个月，在冷冻、脱水以及烘焙食品中存活的时间更长，如鼠伤寒沙门氏菌在–17.8℃的冷冻鱼中能存活一年。

沙门氏菌属的种类很多，目前国际上已发现 2300 种以上的沙门氏菌血清型。不同的血清型，其致病力和侵染对象都不相同：有些专门引起人的伤寒病，有些专门侵染某种动物，也有一些沙门氏菌血清型对人和动物都有致病性。引起人类食物中毒的沙门氏菌主要有十几个血清型，它们大都属于鼠伤寒沙门氏菌和肠炎沙门氏菌。

2. 中毒机理及症状

沙门氏菌食物中毒发生与食物中的带菌量、菌体毒力及人体本身的防御能力等因素有关。食物中沙门氏菌带菌量在 10^5～10^9 个/g 食物可以引起食用者中毒，低于这一带菌量的食物一般不会使食用者产生中毒症状。当沙门氏菌随食物进入消化道后，可以在小肠和结肠内繁殖，引起组织的炎症，并可经淋巴系统进入血液，引起全身感染。这一过程有两种菌体毒素参与作用：一种是菌体代谢分泌的肠道毒素；另一种是菌体细胞裂解释放出的菌体内毒素。由于中毒是摄食一定量活菌并在人体内增殖所引起的，因此沙门氏菌引起的食物中毒属感染型食物中毒。

沙门氏菌食物中毒的临床症状一般在进食染菌食物 12～24h 后出现，主要表现为急性胃肠炎症状，如呕吐、腹痛、腹泻等。另外，由于细菌毒素作用于中枢神经，还可引起头疼、发热，严重的会出现寒战、抽搐和昏迷等症状。病程为 3～7d，一般预后良好，但老人、儿童和体弱者如不及时进行急救处理也可致死。沙门氏菌食物中毒的病死率通常低于 1%。

3. 病菌的来源及中毒的预防

沙门氏菌的宿主主要是家畜、家禽和野生动物，它们可以在这些动物的胃肠道内繁殖。屠宰的猪、牛、羊等健康家畜，沙门氏菌带菌率为1%～45%；患病动物的沙门氏菌带菌率更高，如病猪的沙门氏菌检出率可达70%以上。家禽的带菌率也较高，据报道一般为30%～40%。如果家禽的卵巢带有沙门氏菌，可使卵黄染菌，因而所产的蛋也是带菌的。另外，禽蛋在经泄殖腔排出的过程中可使蛋壳染菌，并且蛋壳上所带的沙门氏菌有可能在存放期间侵入蛋内。

沙门氏菌食物中毒的发病率较高，据国家食品安全风险评估中心测算（2015年），我国每年沙门氏菌食物中毒的发病人数达300万人次，其中近半数与生鸡肉交叉污染有关。沙门氏菌是美国食物中毒致死的主要原因，每年全国大约报告40 000例沙门氏菌感染病例，但实际的感染人数可能要达20倍以上，因为许多轻型患者可能未确诊，据不完全统计，每年大约有1000人死于急性沙门氏菌感染，引起中毒的相关食品以鸡蛋、牛奶及家禽较为常见，气温较高的夏季发病较为集中。但据2013年统计，美国有30个州几百人却因生食了带有沙门氏菌的新鲜番茄而中毒，这可能是番茄种植的土壤中含有沙门氏菌，在灌溉过程中使番茄的表皮上污染了沙门氏菌所致。

为了预防沙门氏菌食物中毒的发生，对肉、禽、蛋类等沙门氏菌带菌率较高的食品必须煮熟、烧透后食用；对暂时不食用的熟食应该在低温下存放，以防该菌的感染和繁殖。由于沙门氏菌在食物中大量增殖并不导致食物的腐败变臭，也不改变食物的外观，因此存放的肉禽类熟食即使没有异味，在食用前也要经重新加热处理。

（四）肉毒杆菌食物中毒

1. 病原菌的特点

肉毒杆菌的全称是肉毒梭状芽孢杆菌（*Clostridium botulinum*），它是一种专性厌氧的产芽孢细菌。根据菌体生化反应及所产生的毒素在血清学上的差异，可分为A、B、C、D、E、F和G 7型，其中A、B、E和F是引起人体肉毒杆菌中毒症的病原菌，C型和D型主要引起动物的肉毒杆菌中毒，G型对人和动物的致病性还不清楚。菌体产生的芽孢具很强的抗热性，如完全杀灭A型和B型肉毒杆菌需要的条件为：100℃加热6h或120℃加热4min。

肉毒杆菌在适宜条件下产生一种特殊的蛋白质——肉毒毒素，这是已知毒性最强的一种毒素，1mg结晶的A型毒素能毒死2000万只小鼠，1μg毒素能使人致死。但这种毒素不耐热，A型毒素在80℃下加热5～6min，B型毒素在90℃下加热15min毒性被破坏。

2. 中毒的机理及症状

肉毒杆菌食物中毒由肉毒毒素所引起，所以它属于毒素型食物中毒。当肉毒毒素进入消化道后可被吸收进血液，然后作用于人体的神经系统，其中主要作用于神经和肌肉的连接处及植物神经末梢，阻碍神经末梢乙酰胆碱的释放，导致肌肉收缩不全及肌肉麻痹。

肉毒杆菌中毒的潜伏期可根据摄入毒素量的多少而变化，短的为几小时，长的为数天。早期症状为头痛、头晕，随之出现视力模糊、眼睑下垂、张目困难、复视等症状。在眼部症状出现的同时，还可有声音嘶哑、语言障碍、咀嚼与吞咽困难等现象。继续发展可出现呼吸麻痹、呼吸困难，最后引起呼吸和心脏功能的衰竭而死亡。由于肉毒毒素对知觉神经和交感神经无影响，因此从发病到死亡，患者始终保持神志清醒、知觉正常。

肉毒杆菌中毒的病死率较高，据国外报道，最高可达76.2%，最低为12.5%，一般为20%～

40%。已知的治疗方案只是在患者的中枢神经系统发生不可逆破坏以前，施以特种类型的抗毒素。

3. *病菌的来源及中毒的预防*

肉毒杆菌广泛分布于自然界的土壤中，我国新疆、青海、宁夏和四川等多发地区的土壤中该菌的检出率为 22.2%。土壤中存在的肉毒杆菌可直接或间接地污染食品，因此许多食品如果加工和储藏的方法不当，就有可能使肉毒杆菌繁殖并产生肉毒毒素。据国外报道，引起肉毒杆菌中毒的食品主要有鱼类、肉类、奶制品、水果罐头及蔬菜类等。例如，美国报道几次较大规模的肉毒杆菌中毒分别由胡椒、马铃薯色拉、酸洋葱、发酵鱼、海产品及焙烤马铃薯引起（图 6-2）。根据美国疾病控制与预防中心统计，美国平均每年约 145 人感染肉毒杆菌中毒。国内引起肉毒杆菌中毒的食品主要是发酵类食品、密封越冬牛肉等。据某地区的中毒病例统计，90%左右的肉毒杆菌中毒是由食用家庭自制的酱类，如腐乳、豆酱、面酱等引起的。

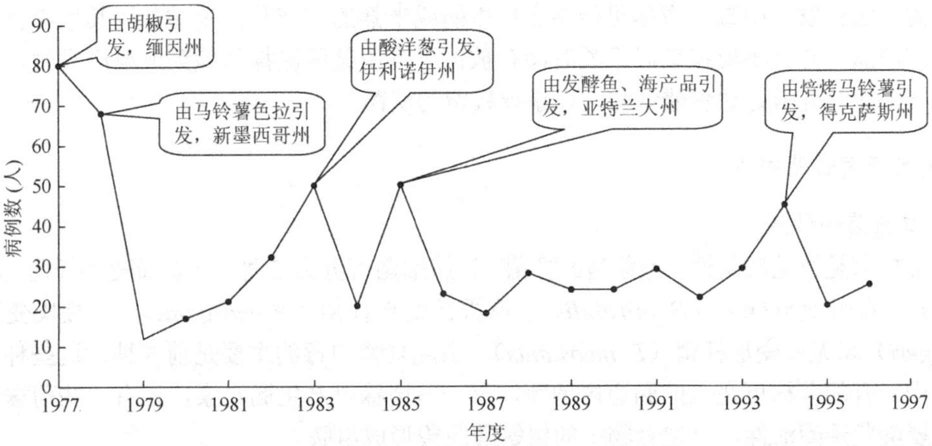

图 6-2　肉毒杆菌食物中毒病例统计（美国）（引自：Jay，2000）

为了预防肉毒杆菌中毒的发生，在罐头、奶制品等储藏食品的加工过程中，应有效地杀灭肉毒杆菌的芽孢，并避免在储藏过程中被再度感染；对于一些可疑食品，如家庭自制的酱类、低酸性蔬菜罐头及各种存放的熟食等，食用前要进行加热处理，以破坏可能存在的部分肉毒毒素。

（五）副溶血性弧菌食物中毒

1. *病原菌的特点*

副溶血性弧菌（*Vibrio parahaemolyticus*）是一种海洋性细菌，在含食盐 2%～4%的基质中生长最佳，当含盐量低于 0.5%或高于 8%时即停止繁殖；在淡水中生存不超过 2d。该菌对酸和热较为敏感；基质 pH 小于 6 时停止生长，在普通食醋内 1min 可致死；56℃加热 5min 或 80℃加热 1min 可杀死此菌。

副溶血性弧菌的繁殖速度很快，在适宜的条件下，其代时仅 8～12min。有些菌株在生长时可产生肠毒素及一种耐热性的溶血毒素。溶血毒素主要对人或动物的心脏起毒害作用，它可在 100℃下经 10min 而不被破坏。

2. 中毒的机理及症状

副溶血性弧菌食物中毒的机理目前尚不完全清楚。实验表明：人体摄食 10^6 个或更多量的致病性活菌，经几小时后就可出现急性胃肠炎症状，但不能确定中毒是由病菌在体内增殖所致还是病菌产生的毒素作用所致。

人体摄食染菌食物后，通常有几小时至十几小时的潜伏期，然后出现上腹部疼痛、恶心、呕吐、发热、腹泻等症状。少数患者可出现意识不清、痉挛、脸色苍白、血压下降及休克等症状。该中毒症的病程较短，一般发病 24h 内大部分症状都可消失，但上腹部压痛可延续至 1 周，一般预后良好，中毒的死亡率很低。

3. 病菌的来源及中毒的预防

副溶血性弧菌主要存在于各种海产品中，经厨具、容器等介质的传播，可使肉、蛋及其他食品染上此菌。人和动物被该菌感染后也可成为病菌的传播者。粪便和生活污水是重要的传染源。

该中毒症在沿海地区发生较多。发病具有明显的季节性，大都出现在 6～9 月气温较高的时期。为了防止发生中毒，应尽可能不食用生的或半熟的海产品；夏季食用其他冷食品应避免接触海产品，并且不要在室温下长时间存放；要食用某些凉拌的蔬菜或海产品时，应该用清水充分洗净，并最好加食醋调味，以杀死残留的病菌。

（六）变形杆菌食物中毒

1. 病原菌的特点

变形杆菌是革兰氏阴性、无芽孢的杆菌。该属细菌可分为 5 种，即普通变形杆菌（*Proteus vulgaris*）、奇异变形杆菌（*P. mirabilis*）、摩根氏变形杆菌（*P. morganii*）、雷极氏变形杆菌（*P. rettgeri*）和无恒变形杆菌（*P. incostants*），引起食物中毒的主要是前 3 种。这些种类的变形杆菌中，有的菌株可在人的肠道内增殖，另一些菌株可产生肠毒素，还有一些菌株具有较高的组氨酸脱羧酶活性，可使食物中的组氨酸脱羧形成组胺。

2. 中毒的机理及症状

根据病原菌的特点，变形杆菌食物中毒可分为 3 种不同的类型。

1）侵染型：这种变形杆菌食物中毒是由于摄入大量不产毒的致病活菌，这些菌在小肠内繁殖引起感染。一般潜伏期为 3～20h，临床表现为骤起腹痛，继而腹泻，重症患者的水样便中伴有黏液和血液，体温一般在 38～40℃，病程较短，通常 1～3d 可痊愈。

2）毒素型：有些变形杆菌菌株可产生肠毒素，使食用者发生急性胃肠炎。临床表现为恶心、呕吐、腹泻、头晕、头痛、全身无力、肌肉酸痛等。

3）过敏型：摩根氏变形杆菌和普通变形杆菌的某些菌株具有较强的脱羧酶活性，当它们在鲜鱼上生长繁殖时，可使鱼肉中的组氨酸转变成组胺，人食用这种鱼肉后就会引起过敏性组胺中毒。中毒的潜伏期一般为 30～60min。临床症状主要是全身或上身皮肤潮红，引起荨麻疹，有刺痒感，血压下降、心搏过速等。病程较短，多数在 12h 内即可恢复。

3. 病菌的来源及中毒的预防

变形杆菌在自然界中分布很广，土壤和污水中都带有大量的该菌，正常的人、畜肠道也常带有该菌。熟食制品如熟肉类、剩饭菜以及凉拌菜等很容易通过接触带菌容器、工具及操作人员的手而染菌。当染菌食物在 20℃以上的环境中放置较长的时间后，变形杆菌就会大量繁殖或产生毒素，导致食用者的中毒。因此，预防变形杆菌食物中毒的主要措施是要注意熟食制作的卫生；避免在较高的温度下存放熟食；对于存放过的熟食，在食用前要经回锅加热处理。

（七）产气荚膜梭状芽孢杆菌食物中毒

1. 病原菌的特点

产气荚膜梭状芽孢杆菌（*Clostridium perfringens*）是一种专性厌氧菌。生长温度为20～50℃，最适生长温度为37～45℃；生长的pH为5.5～8。当基质含NaCl为5%时，生长即受到抑制。芽孢具有较强的抗热性，100℃煮1h仍能存活。菌体在繁殖过程中可产生多种外毒素，根据产生外毒素种类的不同，可将该菌分为A、B、C、D和E 5型。引起食物中毒的菌株主要属于A型，这种类型的菌株可在形成芽孢的后期产生一种类似于芽孢结构蛋白的肠毒素，并随芽孢释放到胞外。纯毒素的分子质量为36 000Da，耐热性很低，60℃加热10min即可使其失活。

2. 中毒的机理及症状

产气荚膜梭状芽孢杆菌食物中毒主要与A型菌株产生的内毒素有关。这种毒素可能通过引起肠内毛细管渗透性的提高和血管扩张使肠腔内积累大量体液而导致腹泻等中毒症状。

该中毒症的潜伏期一般为10～12h，其症状主要为腹痛和腹泻，发热、呕吐者少见，病程较短，除体弱者外，一般在1d内即可恢复。

3. 病菌的来源及中毒的预防

产气荚膜梭状芽孢杆菌在自然界的土壤、水和空气中广泛存在，人和动物的肠道内一般也带有该菌，因此食品被这种细菌污染的机会很多。引起食物中毒的食品主要是肉类和鱼贝类等蛋白质性食品，该菌在这类食品中能迅速繁殖并产生毒素。有时肉类食品虽经烹调煮熟，但仍可能有该菌的芽孢存活，在缓慢冷却的过程中，由于加热驱走氧气造成的缺氧环境更有利于该菌的生长，因此一旦温度降至50℃以下，残存的芽孢就会萌发，在几小时内增殖达到很高的带菌量，从而引起食用者的中毒。

为预防产气荚膜梭状芽孢杆菌食物中毒，烹调好的食品要趁热食用；烹调后不立即食用的食品应立即冷冻，并在较低温度的冰箱中存放，食用前彻底加热充分煮透后再食用。

（八）蜡状芽孢杆菌食物中毒

蜡状芽孢杆菌是一种好氧的产芽孢细菌。有些菌株能产生肠毒素，另一些菌株不能产生肠毒素。食物中毒不仅与该菌产生的肠毒素有关，也与食物中该菌的带菌量有关。当食物中的带菌量达到10^5个/g以上时，就可能使食用者发生中毒。一般以每克食品中含该菌1.8×10^7个作为食物中毒的判断依据之一。

该菌产生的肠毒素可分为耐热型和不耐热型两类。耐热型肠毒素通常由菌体在剩米饭中形成，人体摄入带有这种毒素的食品后，在0.5～2h就可出现以呕吐为主的中毒症状，所以这种毒素也被称为呕吐型肠毒素。不耐热型肠毒素在各种食品中都能由产毒菌株产生，这种毒素被摄入人体后，发病的潜伏期稍长，平均为10～12h，症状主要以腹泻为主，所以称为腹泻型肠毒素。这两种毒素引起的中毒病程都较短，呕吐型为8～12h，腹泻型为6～32h，预后均良好。

蜡状芽孢杆菌广泛分布于自然界的土壤、灰尘、空气等介质中，食品在加工、运输、保藏等环节中很容易被污染。如果染菌的食物在较高的温度下存放，该菌很快就会大量繁殖并产生毒素。另外，由于该菌的繁殖和产毒一般不会导致食品的腐败变质现象，感观检查米饭时稍有发黏、口味不爽等现象，其他大多数食品都无异常，所以在夏季人们很易因误食此类食品而引起中毒。

（九）椰毒假单胞菌酵米面亚种食物中毒

椰毒假单胞菌酵米面亚种（*Pseudomonas cocovenenans* subsp. *farinofermentans*）简称椰酵假单胞菌，早期的资料中一般称其为酵米面黄杆菌。这是我国发现的一种致死率很高的细菌性食物中毒，引起此类中毒的食品主要是谷类发酵制品（发酵玉米面、糯玉米汤圆粉、玉米淀粉、发酵糯小米、醋凉粉等）、变质银耳及薯类制品（马铃薯粉条、甘薯淀粉、山芋淀粉等）等。2014年云南省文山市广南县某村居民曾因食用该菌污染汤圆造成20人中毒，6人死亡。

酵米面是我国东北地区农村习惯食用的食品。它是把玉米、高粱或小米等粗粮用水浸泡一个月左右，然后经淘洗，晾干，碾成细粉而制得。这类食品有时可被椰酵假单胞菌污染，引起食用者的严重中毒。

椰酵假单胞菌食物中毒主要由该菌产生的米酵菌酸毒素引起。研究表明，这种毒素具有很强的耐热性，油炸、蒸煮等常用的烹调方法不能破坏其毒性。

椰毒假单胞菌酵米面亚种食物中毒的潜伏期为2～24h。发病初期主要表现为胃区不适、恶心、呕吐、头痛、头晕、全身无力和心悸等症状。进一步的发展则呈现肝、肾、脑、心等脏器受损的症状。根据临床出现的症状，一般可将中毒分为轻型、中型和重型三类。轻型中毒患者主要以胃肠症状为主，不影响或只轻度影响肝、肾等脏器的功能；中型中毒患者可表现肝、肾功能一定程度的损害，但经急救治疗一般不危及生命；重型中毒患者常表现多种脏器同时明显损伤的症状，出现昏迷、抽搐、休克等症状，死亡率极高。

为预防椰酵假单胞菌食物中毒的发生，应注意在制备酵米面时不用霉变的玉米、糯米等；浸泡米面时要勤换水，保持卫生；储存在通风防潮的地点；在食物的储存、加工等环节注意防止污染。目前对该中毒症的救治措施主要是以催吐、导泻、洗胃、清肠等排除消化道的毒物，尚未发现有效的解毒药物。由于该中毒症的病情发展迅速，轻、重症状也会发生转变，因此一旦发现中毒迹象应立即进行排毒处理，防止病程加重而危及生命。

二、食源性细菌性传染病

细菌性传染病是指可通过人与人之间的直接接触或由染菌食品经消化道传播，且只需少量病原菌即可引起发病的一类疾病。以下是一些常见的与食品有关的传染病。

（一）细菌性痢疾

引起细菌性痢疾的病原菌主要包括志贺氏痢疾杆菌（志贺氏菌属致病菌也可引起细菌性食物中毒）、福氏痢疾杆菌、鲍氏痢疾杆菌、宋内氏痢疾杆菌4个群。人感染痢疾病菌后，出现的症状主要是畏寒、发热、腹痛、腹泻、黏液脓血便。

痢疾杆菌的感染途径是经口入胃，若未被胃酸杀灭则进入小肠上部的黏膜生长繁殖，毒液经血液由结肠排出，损害结肠黏膜。各菌均有内毒素（肠毒素），志贺氏痢疾杆菌具有外毒素（神经毒素）。当感染细菌产生的毒素被大量吸收后，即可引起全身中毒症状。该病的潜伏期为数小时至7d，多数为1～2d。

细菌性痢疾传染源是患者和带菌者，患者可由粪便向体外排出大量的病菌。疾病传播的媒介主要为被粪便污染的苍蝇、用具和水，经口侵入消化道。预防的措施主要有避免患细菌性痢疾的患者或带菌者从事食品操作或接触食品的工作，消灭苍蝇，做好餐具的消毒和卫生工作等。

（二）伤寒及副伤寒

1. 病原菌

沙门氏菌属的致病菌除引起食物中毒外，还有一些可引起严重的消化道传染病。伤寒及副伤寒可由沙门氏菌属的伤寒沙门氏菌（*Salmonella typhi*）和副伤寒沙门氏菌（*Salmonella paratyphi*）引起。伤寒及副伤寒病原菌在自然界的抵抗力比痢疾杆菌更强，它们在许多食品中不仅能长期生存，而且能够繁殖。乳制品、肉汤、豆浆是这些细菌繁殖的良好培养基。

2. 症状

伤寒发病大多迟缓，发病初期有头痛、发热症状，4d 至一星期后即出现持续高热，伴有食欲缺乏、腹胀、便秘或腹泻等症状。自然病程平均为 4 周，经治疗病程可缩短。潜伏期短的为 3d，长的 35d，一般为 10d 左右。副伤寒症状大致与伤寒相似，但一般症状较轻，病程也较短。

3. 传染源及传播途径

传染源是患者和带菌者，大量病菌可从粪尿中排出，患者从开始有症状时起，排菌也即开始。带菌者可分为恢复期带菌和健康带菌两种，患过伤寒的患者，带菌的现象极为普遍，恢复期持续排菌达 3 个月以上，长期带菌可达数年甚至更长时间。病原菌还可在局部繁殖，促使大量病菌排出，1g 粪便可含病菌数亿个。带菌者的流动可造成病原菌的扩散。

伤寒及副伤寒传染途径与痢疾杆菌一样，苍蝇、水源被污染等，常是暴发疾病流行的原因。病原菌污染食品后，可在食品上继续繁殖，因此少量细菌污染就可造成大量细菌的积聚。食品从业人员带菌后与消毒食品接触是非常危险的，可能导致病菌传播。

4. 防治措施

主要是灭蝇，加强对饮水、食品的卫生监督，切断传播途径，早期发现患者应及时治疗。另外，疾病流行地区可通过注射伤寒三联疫苗预防。

（三）霍乱及副霍乱

1. 病原菌

霍乱及副霍乱是由弧菌属的霍乱弧菌及副霍乱弧菌引起的烈性消化道传染病，病原菌为弧形或逗点状，端生鞭毛，无芽孢，革兰氏阴性，抵抗力较弱，干燥 2h 死亡，在 55℃的湿热环境中 10min 则死亡，在水中能存活两周。对酸敏感，能耐受碱性环境，易被一般消毒剂杀死。

2. 症状

发病突然，症状为剧烈无痛性呕吐和腹泻，粪便为米泔状，肌肉痛性痉挛及虚脱，病菌肠毒素作用于肠黏膜，促使黏膜细胞分泌极度增高从而使水和盐过量排出，导致严重失水，严重者造成死亡。本病潜伏期最短的仅数小时，最长可达 5d，多数为 2～3d。

3. 传染源及传播途径

传染源主要为患者，其次是带菌者，病菌主要通过水、苍蝇、食品等传播，水体污染后造成的本病暴发尤其值得重视。

第三节　真菌对食品安全性的影响

真菌对食品安全性的影响在于真菌产生的有毒代谢产物及有些真菌本身含有毒成分。一般而言，真菌不会通过食物传播感染性疾病，这有别于感染性的细菌和病毒。但真菌有毒代谢物及有毒真菌对摄食者造成的危害往往是非常严重的，因此，真菌影响食品的安全性问题被人们普遍关注。

人们最为重视的是真菌产生的有毒次级代谢物，称为真菌毒素（mycotoxin），它们通常在真菌生长的后期大量形成，并释放到细胞外污染农产品或各种食品。由于真菌的种类繁多、生活习性多样化，可在不同温度环境、不同基质成分及不同水分条件下生长、繁殖、产生有毒代谢物，因而它们在食品生产、储存、销售等各个环节中都可污染食品。人、畜禽食用有真菌毒素的食品或饲料会发生中毒现象，称为真菌毒素中毒症（mycotoxicoses）。

真菌毒素的种类多，对人体的毒性大，可危害人体的各个器官，引起人体的急性毒性、慢性毒性，有些真菌毒素还具有强烈的致癌作用。真菌毒素均为小分子物质，人体摄食后不能产生免疫性，因此真菌毒素中毒的预防难度更大。

早在 20 世纪初人们就已注意到真菌可产生能导致人、畜中毒的代谢产物，但对其产生的真菌毒素进行广泛深入研究是从 20 世纪 60 年代初期开始的。

1960 年，英国发生了大量火鸡突然死亡的事件，通过大量的调查，发现这些死亡的火鸡均摄食过由巴西进口的发霉花生饼粉为原料加工成的饲料。1961 年从这批发霉花生饼粉中分离出黄曲霉，并发现是它们产生了导致火鸡死亡的毒素，人们将发现的毒素命名为黄曲霉毒素（aflatoxin，AF）。这一突发事件引起了人们对真菌毒素的高度关注，此后世界各国投入了大量的人力、物力对真菌毒素进行广泛的研究，发现了 100 多种化学结构不同的真菌毒素，尤其对食品中常见的各种真菌毒素进行了更为深入的研究。

目前已知在食品和饲料中存在较普遍的真菌毒素有黄曲霉毒素、脱氧雪腐镰刀菌烯醇（deoxvnivalenol，DON）、伏马菌素（fumonisin）、玉米赤霉烯酮、T-2 毒素、赭曲霉毒素、杂色曲霉素、橘青霉素、青霉酸、展青霉素等。

真菌毒素致病的特点为：发生中毒与某些食物有联系，检查可疑食物或中毒者的排泄物，可发现有毒素存在，或可从食物中分离出产毒菌株；真菌毒素中毒症的发生往往有季节性和地区性；真菌毒素是小分子有机化合物，不是复杂的蛋白质分子，所以它在机体中不能产生抗体，也不能免疫。

人、家畜和家禽一次性摄入含有大量真菌毒素的食物，往往会发生急性中毒；长期少量摄入会发生慢性中毒和致癌。根据作用的靶器官，可将真菌毒素分为肝脏毒、肾脏毒、神经毒、光过敏性皮炎及其他等 5 种。根据目前的研究，可以使实验动物致癌的有黄曲霉毒素（B、G）、杂色曲霉素、黄天精、环氯素和展青霉素。但真菌毒素对人畜致癌作用的机理目前仍不完全清楚。根据现有的研究成果，人们认为真菌毒素致癌可能与以下几方面的因素有关。

第一，真菌毒素与细胞大分子的结合。真菌毒素的致癌作用也和其他化学致癌物一样，大都需要经生物体活化后，与 DNA、RNA 等生物大分子结合，导致基因结构或表达上的异常，从而使正常细胞转变为癌细胞。在体内进行代谢活化的部位是细胞的微粒体，催化这种反应的酶主要是微粒体中的混合功能氧化酶。毒素与大分子特别是 DNA 结合的活性越高，结合量越大，则其致癌性和致突变性就越强。研究表明，黄曲霉毒素 B_1 与 DNA 结合的活性很高，有强突变性和致癌性；黄曲霉毒素 G_1 与 DNA 结合的活力为黄曲霉毒素 B_1 的 18%，其致突变作用的能力也仅为黄曲霉毒素 B_1 的 8%～10%。

第二，一些真菌毒素可抑制生物机体的免疫功能。由于生物的免疫功能对清除体内发生突变或癌变的细胞具有重要的作用，因此真菌毒素通过抑制机体免疫功能，可促进癌细胞的发生和发展。

第三，真菌毒素是真菌在食品中生长、代谢产生的，伴随毒素的产生还可将基质中的某些成分转化成致癌物质的前体，或将无致癌性的物质转化为致癌物。例如，从霉变的玉米面饼中可检出致癌性亚硝胺的前体物质二级胺、亚硝酸盐和硝酸盐，其含量比发霉前明显增高。

一、曲霉毒素

曲霉毒素是农产品中污染最广泛的真菌毒素之一，虽然产毒菌以曲霉为主，但青霉菌等真菌也可以产生曲霉毒素，这是由真菌次级代谢产物的特性决定的。

（一）黄曲霉毒素

黄曲霉毒素（aflatoxin，AF）是粮食、食品和饲料中污染最普遍的毒素之一，它的毒性和致癌性均极强，对人和家畜、家禽健康的危害极大。该毒素自被发现以来就引起人们的高度重视，世界各国的许多科学家对该毒素的产毒微生物、产毒条件、毒性及毒理、防止污染措施及去毒方法等进行了深入的研究，每年都发表有大量的相关研究论文，并且不断有介绍该毒素的专著出版。迄今为止，该毒素在所有的真菌毒素中被研究得最多，也被了解得最为透彻。

1. 黄曲霉毒素的种类和结构

黄曲霉毒素的基本化学结构是一个双氢呋喃和一个氧杂萘邻酮（香豆素）。目前已发现的黄曲霉毒素相关化合物有 B_1、B_2、G_1、G_2、B_{2a}、G_{2a}、M_1、M_2、P_1 等 20 种左右。根据黄曲霉毒素在紫外（365nm）照射下发出的荧光颜色可将其分为两类：一类为 B 族，显蓝紫色荧光；另一类为 G 族，显黄绿色荧光。食品中常见且危害性较大的黄曲霉毒素有 B_1、B_2、G_1、G_2、M_1、M_2 等，其化学结构式如图 6-3 所示。其中，黄曲霉毒素 M_1 和 M_2 是 B_1 和 B_2 的羟基衍

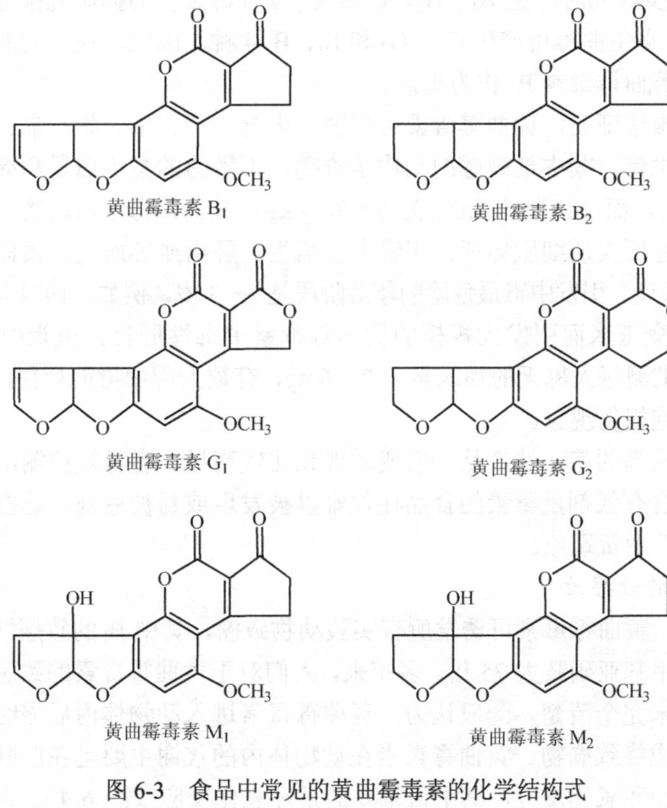

图 6-3　食品中常见的黄曲霉毒素的化学结构式

生物，它们不是由黄曲霉等产毒真菌直接产生的，而是由动物摄食含黄曲霉毒素 B_1 和 B_2 的食物后经过体内代谢产生的，如奶牛饲料中含有黄曲毒毒素 B_1 就会在牛奶中检出 M_1。

2. 黄曲霉毒素的理化性质

黄曲霉毒素几乎是无色的、发光的异向单斜晶体。黄曲霉毒素难溶于水、已烷、石油醚和乙醚，溶于三氯甲烷、甲醇、丙酮、苯、乙腈等多种有机溶剂。黄曲霉毒素 B_1 的相对分子质量为 312，熔点为 268～269℃，对热稳定，在食品中需加热至 300℃才能被破坏。

污染食品最普遍的黄曲霉毒素是 B_1，该毒素在中性和酸性溶液中很稳定，在强碱（pH9～10）溶液中可被迅速分解，其荧光也随之消失，但再遇到酸可还原成 B_1，由于在强碱作用下形成的钠盐可改变其溶解特性，因此在食品去毒时可利用这一化学反应结果。毒素纯品在高浓度下稳定，低浓度的纯毒素在紫外辐射下易分解。5%的次氯酸钠溶液、Cl_2、NH_3、H_2O_2、SO_2 等均可与黄曲霉毒素起化学反应，破坏其毒性。在自然条件下，食品中污染的黄曲霉毒素稳定性很强。河南工业大学微生物研究室保存有严重污染黄曲霉毒素 B_1 的稻谷，室温下自然存放已有 20 多年，毒素含量虽然逐渐降低，但至今仍可检出毒素。

3. 黄曲霉毒素的毒性

黄曲霉毒素具有很强的毒性，动物试验表明，黄曲霉毒素 B_1 的毒性高于农药，甚至比砒霜、氰化钾等剧毒药物的毒性还强。

在已经发现的黄曲霉毒素中，B_1 的毒性最强，其次是 M_1 和 G_1，B_2、M_2、G_2 等毒素的毒性依次减弱。黄曲霉毒素产毒菌在自然条件下最易产生 B_1，在各种粮食或食品中也以 B_1 的污染最普遍。例如，有人从花生及土壤中分离出 1626 株黄曲霉菌，其中 90%菌株产生 B_1，多数也产生 B_2，只有少数同时产生 B_1、B_2、G_1 和 G_2 4 种毒素；另据研究报道黄曲霉主要产生 B_1 和 B_2 两种毒素，寄生曲霉可产生 G_1、G_2 和 B_1、B_2 4 种。因此，在人们的研究及在食品卫生指标中一般均将黄曲霉毒素 B_1 作为重点。

有大量的研究报道证明，黄曲霉毒素可使鸭、火鸡、猪、牛、狗、猫、大白鼠和鳟鱼等多种动物发生急性中毒，其中最敏感的动物是雏鸭，不敏感的是小白鼠和绵羊。一日龄雏鸭的 LD_{50} 为 364μg/kg，而小白鼠的 LD_{50} 为 5～7mg/kg。黄曲霉毒素对动物毒害作用的靶器官主要是肝脏，可引起肝实质细胞坏死，胆管上皮增生，肝出血等病变。黄曲霉毒素使人发生急性中毒也有多次报道。引发中毒最危险的年龄阶段是 1～3 岁。例如，1974 年印度有 200 个村庄的居民因食用霉变玉米而引发大规模的黄曲霉毒素中毒性肝炎，玉米中的 AFB_1 含量为 6.25～15.6mg/kg，推测每人每天的摄入量为 2～6mg，有数人因中毒而死亡，病理检验表明有肝胆管增生等肝细胞损伤现象。

黄曲霉毒素含量高的粮、油产品一般变质现象比较明显，容易被检测出或引起人们的警觉而可避免误食；含有低剂量毒素的食品往往难以被发现或易被忽视，这些食品被人或动物长期摄食可导致慢性中毒现象。

4. 黄曲霉毒素的致癌性

现有试验表明，黄曲霉毒素可诱发所有实验动物致癌，其中 B_1 的致癌性最强，其诱发动物肝癌的能力比二甲基亚硝胺大 75 倍。多年来，人们对于黄曲霉毒素的致癌机理进行了大量的研究，但目前仍未完全清楚。一般认为，黄曲霉毒素进入动物体内后需经一定的代谢过程才能由前致癌物变成终致癌物。黄曲霉毒素在动物体内的代谢主要是在肝脏微粒体酶作用下进行脱甲基、羟化和环氧化反应，其中最重要的是环氧化反应（图 6-4）。毒素的双呋喃末端双键的 2、3 位碳经酶催化可发生环氧化作用，生成黄曲霉毒素的环氧化物，这是一类具有强致癌活性的亲电子代谢物。它可与 DNA 中鸟嘌呤残基的第七位氮原子结合，形成 2, 3-二氢-2-N^7-鸟嘌呤-3-羟基-黄曲霉毒素 B_1（简称为 AFB_1-N^7-Gua）。这一反应可引起 DNA 结构和功能上的某些改变，如可诱发 DNA 中的 G-C 碱基对颠换成 T-A，因而可能与动物机体癌变及细胞突变有关。部分结合物经水解酶作用可产生 2, 3-羟基衍生物而丧失致癌性。目前的证据表明，黄曲霉毒素经吸收、代谢后移行于肝、奶中较多，一般不在体内积蓄，停止食用一周后即可被全部排出。

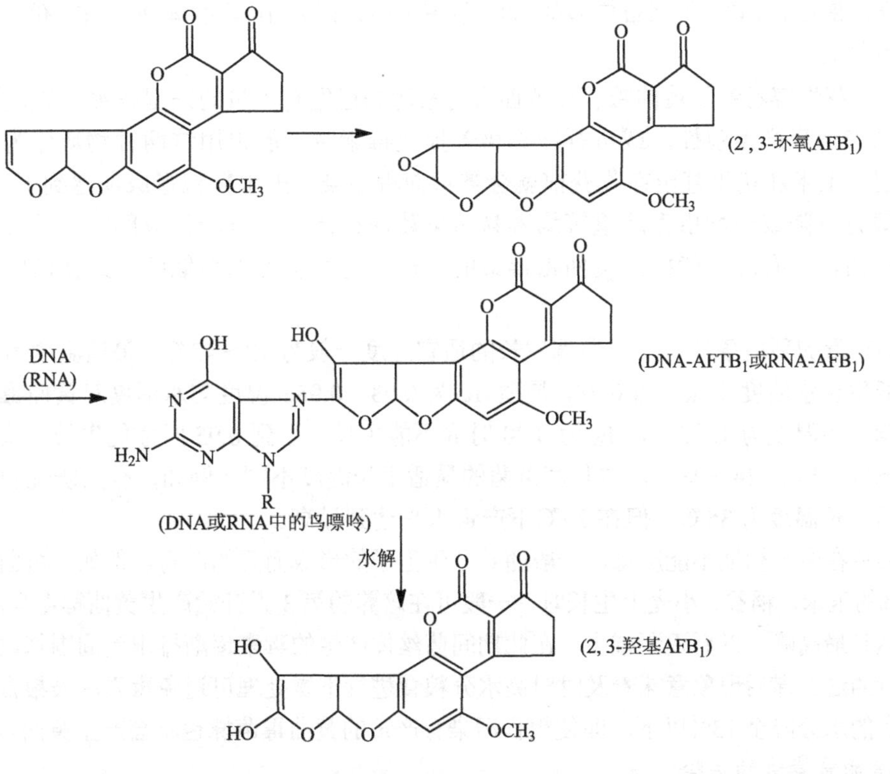

图 6-4　黄曲霉毒素环氧化反应致突变机理

不同的动物对黄曲霉毒素致癌的抗性有差异，其中以大白鼠最敏感。用含 AFB_1 15μg/kg 的饲料喂养大白鼠，经 68 周后 12 只雄鼠全部出现肝癌；至第 80 周，13 只雌性大鼠也全部出现肝癌。灵长类动物对黄曲霉毒素致癌的抗性较大些，试验证明，猴的致癌剂量为饲料中含黄曲霉毒素 200μg/kg。

黄曲霉毒素与人类肝癌的关系已从肝癌地理分布的资料和流行病学的调查结果得到充分的说明。研究表明，在非洲、东南亚一些地区，凡是食品中黄曲霉毒素的含量越高，人们吃进的越多，肝癌的发病率越高。并发现随气候条件由温带到热带，地势由高原地区到低洼草原地区，食品中黄曲霉毒素含量越高，人们摄食的毒素越多，原发性肝癌发病率也越高。国内外都对食品中黄曲霉毒素的含量进行了限量规定。

5. 黄曲霉毒素的产毒条件

黄曲霉毒素在食品中的产生及存在与许多因素有关。有时在食品中存在产毒的菌株，但检测不到毒素；有时在含有黄曲霉毒素的食品中却分离不到可产生毒素的微生物。

（1）产毒微生物　黄曲霉毒素已被证明是由黄曲霉群中的黄曲霉和寄生曲霉产生的。黄曲霉并非都是产毒菌株，目前的证据表明黄曲霉产毒菌株的比例在60%～94%，在气候温暖、湿润地区的花生、玉米上分离的黄曲霉菌产毒菌株的比例要高一些。寄生曲霉的产毒菌株可达100%。我国在农作物上分离的微生物中罕见有寄生曲霉。

（2）产毒的基质　黄曲霉毒素可污染多种食品，如粮食、油料、水果、调味品、乳和乳制品、蔬菜、肉类等。在我国调查的稻谷、小麦、玉米、花生、花生油、大米、面粉、奶粉、牛奶、酱等均有被黄曲霉毒素污染的现象。其中以玉米、花生和花生油污染最严重，其次是大米。例如，1973年调查广西的699份玉米中，污染B_1的占41%；464份大米中污染B_1的占7.3%。

玉米、花生容易滋长黄曲霉和被黄曲霉毒素污染已经有大量的证据证实。实验室在分离、验证黄曲霉毒素产毒菌株，或进行产毒培养提取毒素时一般也用这两种物质作为基质。有证据表明，玉米和花生甚至在收获前就会被黄曲霉污染。玉米籽粒形成期遇到干旱的气候、作物抗病力下降或作物虫害严重等均容易污染黄曲霉菌。当玉米穗成熟时，不仅可从穗上分离出黄曲霉，有时也能检出黄曲霉毒素的存在。花生也可以相似的方式在田间被黄曲霉毒素污染。

（3）产毒的环境条件　黄曲霉生长的适宜温度一般为12～42℃，最适温度为33℃；适应的最低生长水活度（A_W）为0.78，最适A_W为0.93～0.98。温度与水活度对黄曲霉生长有综合的影响，当温度为15℃时，A_W为0.90时尚不能生长，达到0.95时才能生长。黄曲霉产毒的适合温度一般为24～28℃，这与产毒菌的最适生长温度不同。例如，有人研究的一株寄生曲霉最适生长温度为35℃，但在25℃下产毒水平达到最高。

黄曲霉在生长初期不能产毒，一般随着分生孢子的形成而开始产毒。例如，黄曲霉在水分为18.5%的玉米、稻谷、小麦上生长时，一般可在培养的第3天开始产生黄曲霉毒素，第10天产毒量达到最高峰，以后逐渐减少，在此期间菌丝体产生的毒素逐渐排出到周围基质中。黄曲霉菌产毒的这种滞后现象意味着及时对高水分粮食进行干燥处理可避免毒素污染粮食。如在2d内将粮食的水分降至13%以下，即使粮食污染有产毒的黄曲霉菌株也不会产生黄曲霉毒素。

6. 黄曲霉毒素的去除

由于黄曲霉毒素在农产品中污染的范围广，对人畜造成的危害大，因此自毒素被发现以来，人们就力图寻找脱毒的方法。迄今为止，已报道或应用的各种处理方法都有一定的局限性，这很大程度上与农产品或食品的特殊属性有关。一般而言，理想的黄曲霉毒素去除方法应具有以下特点：①能保持被处理物的原有品质属性；②确保去毒彻底，无可逆性；③不能引入新的有害物质，或在处理过程中产生新的有害物质；④处理的成本必须远低于被处理物的价值；⑤方法简捷，处理量大。

有些处理方法虽然影响食品的品质，但由于能有效去毒，挽回部分损失，因而也有一定的应用价值。

带毒花生油等油品的去毒处理效果较为理想。应用较多的主要有两类：一类为吸附法；另一类为碱炼法。吸附法所用的吸附剂有活性炭、天然白土等，这些物质经加热等方法预处理活化后对含芳香环的化合物具有较强的特异性吸附作用，可有效降低油品中的毒素含量，并且对油品质量没有不利影响。据报道，用通过140目的天然白土在200℃下活化20～30min，以1%～1.5%的比例加入含毒的花生油中，经简单的搅拌、静置、澄清、过滤等工序，可将含

B_1 600μg/kg 的花生油降到 10μg/kg。碱炼法是油脂精炼的常规方法之一，由于强碱可与黄曲霉毒素反应，形成的钠盐可被油精炼皂化反应的产物吸附而被去除，从而起到油脂去毒和精炼的双重作用。

固体农产品的去毒处理一般都不十分理想，因为作用温和的处理剂活性物质难以与带毒物质充分接触，处理剂过于强烈则又对农产品的品质影响过大。已报道的方法中，氨熏蒸去毒的效果较为明显，但对谷物的品质影响较大，经处理后一般只能作为饲料原料。另有一类化合物可以在动物消化道内吸附黄曲霉毒素，形成不能被动物消化系统分解的稳定复合物，并且复合物对动物不产生毒害作用，因此可以在带毒的饲料中被作为添加剂。目前，一种化学成分为"水合硅铝酸钠钾"化合物已经被证明有较好的吸附毒素和解除毒素毒性的功能，并已经在生产中应用。

（二）赭曲霉毒素 A

赭曲霉毒素（也称棕曲霉毒素），是继黄曲霉毒素后又一个引起世界广泛关注的霉菌毒素。目前研究发现，有 7 种曲霉和 6 种青霉菌能产生赭曲霉毒素，但主要是由赭曲霉、纯绿青霉和炭黑曲霉等真菌产生的。该类毒素主要污染谷类农产品如燕麦、大麦、小麦、玉米、动物饲料和动物性食品（如猪肾脏、肝脏）等。赭曲霉毒素是一类结构类似的化合物，其中毒性最大、产毒量最高、分布最广、对农产品的污染最重、与人类健康关系最密切的是赭曲霉毒素 A（ochratoxin A，OTA）。赭曲霉毒素 A 是无色结晶化合物，其化学结构如图 6-5 所示，分子式为 $C_{20}H_{12}O_6NCl$，相对分子质量为 297，熔点为 94～96℃。赭曲霉毒素还有 OTB 和 OTC 两种衍生物，OTB 是 OTA 的脱氯衍生物，OTC 是 OTA 的乙基酯。赭曲霉毒素 A 微溶于水，为酸性化合物，易溶于碱性溶液（如碳酸氢钠溶液），可以溶于有机溶剂甲醇和二氯甲烷，但不溶于已烷和石油醚。在紫外辐射（254nm 波长）下呈黄绿色荧光，在碱性条件下呈蓝紫色荧光。赭曲霉毒素 A 纯品易受光和热的影响而分解，应保存在低温和避光环境。

赭曲霉毒素 A 可致多种动物发生肝肾损伤。据报道，以赭曲霉毒素 A 饲养 9 只小鼠，饲料中含赭曲霉毒素 A 40mg/kg，总剂量用到 51.2mg 时，5/9 发生肝细胞瘤，9/9 发生肾囊腺瘤，2/9 发生肾细胞瘤。赭曲霉毒素 A 对雏鸭口服 LD_{50} 为 0.5mg/kg；大鼠 LD_{50} 为 20mg/kg 体重。

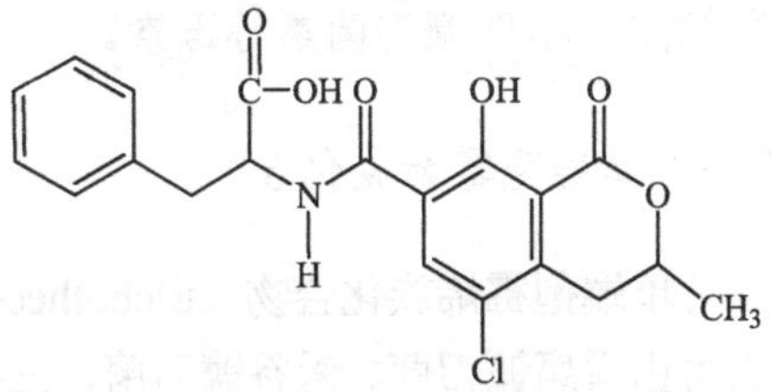

图 6-5 赭曲霉毒素 A 的化学结构

赭曲霉产毒的适宜培养基是玉米、大米和小麦。培养温度为 28℃，培养时间为 7～14d。在自然基质上，赭曲霉和纯绿青霉产毒的适宜温度为 20～30℃。在 30℃、A_W 值为 0.953 时产毒量最大；在 15℃时，要求 A_W 为 0.997 才能产毒。纯绿青霉在 5～10℃就能产毒。

赭曲霉毒素 A 最初是从南非玉米上分离出来的。1969 年美国报道：从 283 个市售玉米样品中检出赭曲霉毒素 A 含量为 110～150μg/kg，以后又从大麦、小麦和咖啡豆中检出赭曲霉毒素 A，污染率为 1.0%～14.2%，含量为 5～360μg/kg。此外，丹麦、波兰、瑞典、法国、南斯拉夫、加拿大等国也都从谷物和饲料中检出了赭曲霉毒素 A。我国魏润蕴等分析 130 份粮食样品，其中阳性样品小麦 5 份、玉米 2 份、黄豆 1 份。小麦中赭曲霉毒素 A 最高含量达 1000μg/kg；玉米为 80μg/kg；黄豆为 66μg/kg。殷蔚申等曾分析了 216 份配合饲料样品，其中阳性样品有 9 份，赭曲霉毒素 A 含量最高为 1512μg/kg。我国已经规定了食品中赭曲霉毒素 A 的限量标准。

（三）杂色曲霉素

杂色曲霉素（sterigmatocystin，ST）是杂色曲霉、构巢曲霉和离蠕孢霉产生的一种真菌毒素。食品中经常分离出杂色曲霉和构巢曲霉，并且这两种菌的产毒菌株比例在 80%以上，所以被这两种菌污染的食品中，就可能有杂色曲霉素。

杂色曲霉素是一群化学结构相似的有毒物质，其基本结构为一个双呋喃环和一个氧杂蒽酮（图 6-6）。杂色曲霉素 IV_a 是其中毒性最强的一种，它是一种淡黄色针状结晶，熔点为 246℃，相对分子质量为 324。不溶于水，易溶于三氯甲烷、乙腈、苯、吡啶和二甲基亚砜等有机溶剂。在紫外辐射（365nm 波长）下呈砖红色荧光。赫西（Hsieh）等曾用 ^{14}C 标记方法证明杂色曲霉素在寄生曲霉休眠菌丝中可以转化成黄曲霉毒素 B_1。

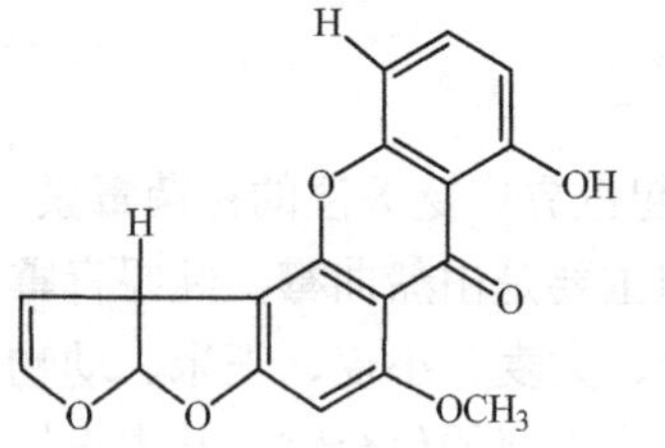

图 6-6　杂色曲霉素的化学结构

杂色曲霉素 IV_a 对动物肝脏有致癌作用，对肾脏也有损害，其毒性与黄曲霉毒素有些相似。大鼠经口的 LD_{50} 为 120～166mg/kg，猴子经腹腔的 LD_{50} 为 32mg/kg。大鼠每日喂 0.15～2.25mg 毒素，42 周后 39/50 发生肝细胞癌。与黄曲霉毒素不同的是大部分肝癌伴有纤维化。猴每 14 日口服 20mg/kg 体重的杂色曲霉素，24 个月后，肝上有直径 2cm 的再生节结，并有肿瘤形成。目前我国还没有规定食品中杂色曲霉素的限量标准。

二、镰刀菌毒素

镰刀菌是一类世界性分布的真菌，可以侵染多种植物，引起植物的病害，并在生长发育代谢过程中产生真菌毒素，如禾谷镰刀菌可以产生脱氧雪腐镰刀菌毒素引发赤霉病。由于镰刀菌属的真菌一般具有兼寄生性，因此在作物收获后若有较适合的温度和水分条件仍可以危害农产品的品质。镰刀菌产生的毒素种类较多，如单端孢霉烯族化合物、伏马菌素、玉米赤霉烯酮、串珠镰刀菌素等毒素。

（一）单端孢霉烯族化合物

单端孢霉烯族化合物（trichothecenes）是一类具有图 6-7 所示核心化学结构的一类化合物。它可由雪腐镰刀菌、禾谷镰刀菌、三线镰刀菌、梨孢镰刀菌、拟枝孢镰刀菌、表球镰刀菌等多种镰刀菌产生。这些镰刀菌在农作物中分布广泛，产毒菌比例高，因此这类毒素也是对人、畜健康危害较大的重要真菌毒素。早在 1913 年和第二次世界大战末期，在苏联西伯利亚阿穆尔地区发生的食物中毒性白细胞缺乏症（alimentary toxic aleukia，ATA）就是镰刀菌引起的严重谷物中毒事件。中毒的原因是在田间越冬的谷物被拟枝孢镰刀菌和梨孢镰刀菌感染后而产生有强烈毒性的单端孢霉烯族化合物，人食用后即可发生中毒。表现的中毒症状为皮肤出血、粒性白细胞缺乏、骨髓再生障碍等，中毒死亡率可达 50%～60%。我国长江流域经常流行的麦类赤霉病引起人畜中毒，也是属于这类毒素中毒。

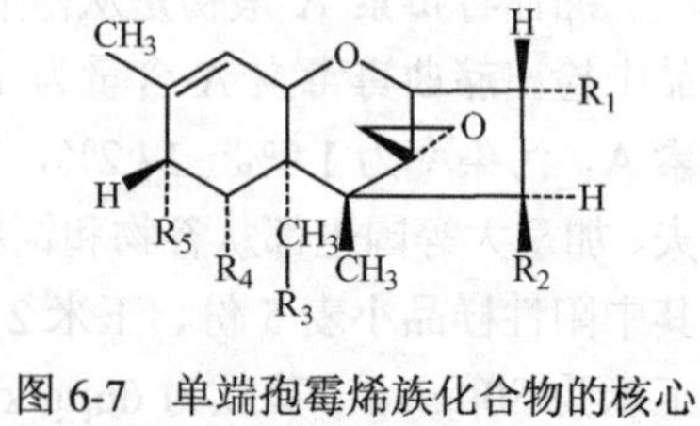

图 6-7　单端孢霉烯族化合物的核心化学结构

单端孢霉烯族化合物有 40 多种，在图 6-7 结构图中，R 基团的不同构成了不同的毒素种类，其中与人畜中毒关系较大的有 8～9 种，其 R 基团的组成如表 6-1 所示。

表 6-1　不同单端孢霉烯族化合物的 R 基团组成

毒素名称	R_1	R_2	R_3	R_4	R_5
T-2 毒素	OH	OAC	OAC	H	$OCOCH_2CH(CH_3)_2$
HT-2 毒素	OH	OH	OAC	H	$OCOCH_2CH(CH_3)_2$
新茄病镰刀菌烯醇	OH	OAC	OAC	H	OH
二乙酸藨草镰刀菌烯	OH	OAC	OAC	H	H
镰刀菌烯酮-X	OH	OAC	OH	OH	═O
雪腐镰刀菌烯醇	OH	OH	OH	OH	═O
脱氧雪腐镰刀菌烯醇	OH	H	OH	OH	═O
膨孢镰刀菌毒素	OH	OH	OAC	H	H

单端孢霉烯族化合物结构中的环氧基是活性基团，一旦环氧基破裂，活性便消失。单端孢霉烯族化合物除引起动物食物中毒性白细胞缺乏症（ATA）以外，还可引起动物严重胃肠炎、肺充血、胃肠出血、肝脏脂肪变性等。另外，这类化合物对植物细胞也有毒性，如可抑制多种植物种子的发芽等。

由于产毒的镰刀菌在自然界中广泛分布，因此在世界各国的粮食中大都可检出单端孢霉烯族化合物。表 6-2 为几个国家粮食中污染单端孢霉烯族化合物的情况。我国粮食和饲料中常见的单端孢霉烯族化合物是脱氧雪腐镰刀菌烯醇。

表 6-2　各国粮食和饲料单端孢霉烯族化合物的自然污染

单端孢霉烯族化合物	来源	国家	含量/(μg/kg)
T-2 毒素	玉米	美国	3 000
	大麦	加拿大	25 000
	混合饲料	美国	75
脱氧雪腐镰刀菌烯醇	大麦	日本	5 000
	玉米	法国	100～600
	混合饲料	美国	1 000
	玉米	美国	500～10 000
	小麦	加拿大	20～13 200
雪腐镰刀菌烯醇	玉米	法国	1 000～4 000
	大麦	日本	100～22 900
	小麦粉	日本	4～84
二乙酸藨草镰刀菌烯醇	混合饲料	美国	400～500

1. 脱氧雪腐镰刀菌烯醇

脱氧雪腐镰刀菌烯醇（deoxynivalenol，DON）主要存在于麦类赤霉病的病麦粒中。在玉米、稻谷、蚕豆等作物中也能感染赤霉病而有 DON 存在。赤霉病由多种镰刀菌引起，主要的病原菌是禾谷镰刀菌（*Fusarium graminearum*），其有性态为 *Gibberella zeae*。这种病菌适合在阴雨连绵、湿度高、气温低的气候条件下生长繁殖。小麦等作物的赤霉病感染有些发生在生长的乳熟期，这种感染形式的小麦成熟以后，籽粒将会皱缩、干瘪，有灰白色和粉红色的霉状物；有些小麦也可以在成熟期感染赤霉病，这种形式感染的小麦收获后麦粒尚能饱满，但胚部呈粉红色。我国长江流域在种植麦类时如果遇到多雨的气候条件，就容易造成赤霉病的流行。

DON 又称致呕毒素（vomitoxin），纯品为白色结晶，熔点为 151～153℃，分子式为 $C_{15}H_{20}O_6$，相对分子质量为 296，易溶于水，溶于乙酸乙酯、乙醇、甲醇、三氯甲烷、丙酮等溶剂，不溶于正己烷、丁醇、石油醚。DON 热稳定性高，按 Kamimura 等报道，在食品加工中，烘焙温度 210℃，油煎温度 140℃或煮沸，只能破坏 50%。在高压热蒸汽作用下可以使其完全失活。DON 在硅胶薄层板上与三氯化铝于 120℃反应 7min，在 365nm 波长的紫外辐射下呈蓝色荧光。

DON 对雏鸭经口的致呕剂量为 10mg/kg，猫为 0.1mg/kg，狗为 0.1mg/kg。人误食含 DON 的赤霉病麦后，多数在 1h 内出现恶心、眩晕、腹痛、呕吐、全身乏力等症状，伴有腹泻、流涎、颜面潮红、头痛等症状。儿童和年老体弱者症状较重。以病麦喂猪，猪的体重增长缓慢，宰后脂肪呈土黄色，心脏出血，并以心耳严重；肝脏发黄，胆囊出血。以病麦喂大白鼠，对其生长率的影响很大，体重比对照组低很多。DON 的致畸和致突变作用已被许多实验所证实，但其是否有致癌作用尚无明确的报道。

我国早在 1976 年就有研究者从赤霉病麦中分离到粗毒素提取物，通过进一步化学提取，获得能使鸽子口服致呕的纯品，经鉴定为 DON，该分离毒素纯品对雄性小白鼠 LD_{50}（经口）为 9.20mg/kg。我国早期对农作物赤霉病发生及所含 DON 毒素做过较多的调查，如安徽省对 1978 年收获的 22 份赤霉病麦样品进行检测，发现含 DON 的阳性率为 81.8%，平均含量为 8.0mg/kg，病麦的含病粒在 20%～100%。1989 年，殷蔚申等在测定的 216 份配合饲料样品中，样品阳性率为 12%，最高 DON 含量为 1.044mg/kg。近年来，受气候、种植方式及品种等因素的影响，黄河流域的许多地区，如河南、河北、陕西等省份也频发小麦赤霉病，有些年份还达到了相当严重的程度。例如，有文献报道，2012 年陕西某地区种植的 26 万亩[①]小麦赤霉病发病率达到 61.3%，小麦的病穗率高达 16%。赤霉病的发生，无论对农作物的产量还是质量均有严重的影响，因而农作物赤霉病和 DON 污染的问题已经引起了各方面的高度关注。我国在食品安全标准中对 DON 毒素进行了限量规定。

2. T-2 毒素

T-2 毒素是单端孢霉 A 型毒素中毒性最强的一种，产毒菌株主要是镰刀菌，如拟孢镰刀菌（*Fusarium sporotrichoides*）、枝孢镰刀菌（*Fusarium sporoichiella*）、梨孢镰刀菌（*Fusarium poae*）和三线镰刀菌（*Fusarium tricincutum*）等，主要污染农作物和储藏的谷物，严重威胁人体和动物的健康。T-2 毒素是一种四环的倍半萜烯化合物，纯品为白色针状晶体，分子式为 $C_{24}H_{34}O_9$，相对分子质量为 466，熔点为 151～152℃，不易挥发，不溶于水和石油醚，但溶于丙酮、甲醇、乙醇、丙二醇、乙酸盐、三氯甲烷、二甲基亚砜等。该毒素性质稳定，耐热，耐紫外线，因此在食物生产和加工过程中高压灭菌不易灭活。放置 6～7 年，或加热至 100～200℃维持 1h 毒性仍然不减，在加工、烹制和储藏过程中较高温度下不会降解，但在碱性条件下用次氯酸钠处理可使其失去毒性。

T-2 毒素的产生受环境的影响很大，如温度、湿度、pH 等条件均对其产生重要作用，据研究报道，低温、变温、高水分含量、中性和酸性条件等有利于 T-2 毒素的产生，变温比低

① 1 亩≈666.67m^2

温更易促使该毒素的产生，总的产毒趋势是变温＞低温＞高温，高水分含量＞低水分含量，酸性＞碱性，无机元素对镰刀菌的生长无影响。

T-2 毒素的毒性主要是破坏分裂迅速、增殖活跃的组织器官，尤其对骨髓、胸腺等淋巴组织作用最为强烈，对蛋白质和 DNA 合成有抑制作用。研究表明，T-2 毒素对小鼠具有胚胎毒性和致癌性，并可引起大鼠、小鼠、猴造血组织和血象改变；每日给大白鼠喂食含 T-2 毒素 5～15μg/kg 的饲料，12～27.5 个月后发现少数消化道和脑部的良、恶性肿瘤；若再延长时间，则可诱发前胃上皮细胞癌。

（二）伏马菌素

伏马菌素（fumonisin，FB）是 1988 年首次由 Gelderblom 等在南非研究马属动物中毒的病因时从霉变玉米中发现的。该毒素主要由串珠镰刀菌产生，其次是多育镰刀菌（*Fusarium proliferatum*），因其最早从串珠镰刀菌（*Fusarium moniliforme*）的培养物中分离，因此被命名为 fumonisin。该毒素广泛分布在各种农产品中，尤其是玉米，对人和其他动物的危害性较大，因此受到世界各国研究者的关注，成为继黄曲霉毒素以后真菌毒素研究的又一热点。

目前已确定的伏马菌素有 11 种，分别为 FB_1、FB_2、FB_3、FB_4、FA_1、FA_2、FC_1、FC_2、FC_3、FC_4、FP1，其核心结构为神经鞘脂类的长链骨架（图 6-8），分子中没有环状结构，R 基团的不同构成了不同的毒素种类。FB_1 与 FB_2 的区别仅在于 FB_1 的 R_1 基团是“—OH”，FB_2 的 R_1 基团是“—H”。FB_1 是天然污染的玉米样品或真菌培养物中的主要组分，其次是 FB_2，其他几种含量较少。有人在经高压蒸汽灭菌后的玉米上接种 9 株串珠镰刀菌，产毒培养后测出 FB_1 含量为 960～2350mg/kg，FB_2 则为 120～320mg/kg。

伏马菌素为水溶性霉菌毒素，对热的稳定性也较高，不易被蒸煮所破坏。有试验表明，将含毒培养物煮沸 30min，然后在 60℃下经 24h 干燥，培养物中的 FB_1 没有降低现象；含毒素 5mg/kg 的玉米制品在 204℃下焙烤 30min，毒素含量也没有显著变化；将含毒玉米面包在 232℃下焙烤 20min，毒素含量可有显著下降。

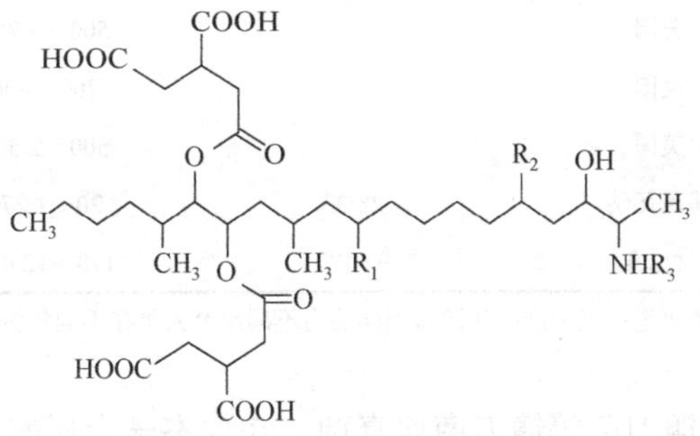

图 6-8　伏马菌素的化学结构

最早发现伏马菌素的毒性是因为该毒素可引起马属动物患脑白质软化病（leukoencephalomalacia，LEM）。研究表明，连续 7d 对马静脉注射剂量为 0.125mg/g 的 FB_1，10d 后即可诱发 LEM；马口服剂量 1.25～4mg/g 体重，经 25d 后也产生 LEM 症状。毒素可诱发猪肺水肿、羊的肾病变，可抑制鸡的免疫系统生理功能，对马、猪、猴等动物均可产生肝脏毒性。对大鼠进行 18～24 个月的含毒饲料喂养试验，有 66%的实验鼠发生原发性肝细胞癌，有些实验鼠在试验将结束期间出现肾脏的病变，但没有出现食道的病变。

伏马菌素对人类的危害主要从流行病学的调查进行分析。有研究表明，南非、美国、伊朗及我国的某些食管癌高发病率地区玉米中伏马菌素含量显著高于低发病率地区。从表 6-3 中可看出，毒素平均含量最高的是南非的玉米样品（53 750μg/kg），该 6 个样品取自南非东南部的特兰斯凯（Transkei），该地区就是食管癌的高发区。我国在食管癌高发的河南省林州市（原称林县）调查也发现有相同的现象，因而认为该毒素与人的食管癌发生有较强的相关性。

表 6-3　一些国家玉米样品中的伏马菌素含量（引自：Jay，2000）

产品	国家	样品 阳性数/总数	毒素含量/(μg/kg)	平均含毒量/(μg/kg)
玉米粗粉	瑞士	34/55	0～790	260
玉米粗粉	南非	10/18	0～190	125
玉米粗粉	美国	10/10	105～2 545	601
玉米原粉	美国	10/17	200～15 600	—
玉米原粉	瑞士	2/7	0～110	85
玉米原粉	南非	46/52	0～470	138
玉米原粉	美国	15/16	0～2 790	1 048
玉米原粉	加拿大	1/2	0～50	50
玉米原粉	埃及	2/2	1 780～2 980	2 380
玉米原粉	秘鲁	1/2	0～660	660
玉米	美国	7/7	105～1 915	635
玉米	南非	6/6	3 020～117 520	53 740
玉米（正常）	南非	12/12	50～7 900	1 600
玉米（正常）	南非	2/12	0～550	375
玉米（霉变）	南非	12/12	3 450～46 900	23 900
玉米（霉变）	南非	11/11	450～18 900	6 520
白玉米粉	美国		3 500～7 450	
黄玉米粉	美国		500～4 750	
玉米粉圆饼	美国		200～400	
黄玉米粉	美国		500～2 500	
玉米	博茨瓦纳	28/33	20～1 270	247
玉米	肯尼亚	92/197	110～12 000	670

注：空白处的含义为没有明确的报道；表中产品和国家相同的为不同研究人员在不同年份和区域采样检测的结果

产生伏马菌素的串珠镰刀菌等镰刀菌属真菌，在生态学上属兼寄生型，它可在作物田间生长时感染未成熟的谷物，是玉米等谷物中占优势的微生物类群之一。当玉米等谷物收获后，如果不能及时进行干燥处理，镰刀菌即可继续生长繁殖，造成谷物的严重霉变。蔡静平等在研究我国饲料及饲料原料中的微生物类群时发现，在玉米和以玉米为主要原料制备的各种饲料中，串珠镰刀菌是主要的优势菌，其污染的比例和含量超过各种曲霉，许多样品的串珠镰刀菌带菌量可超过 10^6cfu/g。各种调查也表明，由该菌产生的伏马菌素在玉米等谷物中也普遍存在，其分布比黄曲霉毒素更为广泛，含量水平也远高于黄曲霉毒素等其他真菌毒素。有人分析了我国河北省磁县及河南省林州市两个食管癌高发区 1991 年产的 31 个玉米样品，发现其中 16 个肉眼可见霉变的样品中 FB_1 含量在 18～155μg/g，平均为 74μg/g；15 个无肉眼可见霉变的玉米样品中，FB_1含量在20～60μg/g，平均为35.3μg/g；在一些霉变玉米的样品中还有单端孢烯族毒素，黄曲霉毒素的含量很低。另外，在一些以玉米为原料制造的人类食品中也发现有较高水平的伏马菌素存在，如西班牙曾调查过各种啤酒中的伏马菌素污染状况，发现在14个阳性样品中毒素的含量水平达到76～85.53μg/L。因此伏马菌素的危害性正在越来越多地引起人们的关注。

研究表明，将串珠镰刀菌接种在不同条件下的玉米基质中进行产毒培养试验，在20℃下（菌体生长的最适温度为25℃），菌体生长的稳定期出现在4～6周，13周达到最大产毒量，FB_1产量达到17.9g/kg（干基）；类似的其他报道也表明，串珠镰刀菌经两周的活跃生长后开始产毒，13周后产毒量开始降低。综合各种研究报道，串珠镰刀菌的最适产毒温度为25℃，最高产毒量的时间为7周；产毒菌在25～30℃，pH3～9.5的培养条件下可良好生长；产毒适合的水活度应在0.925以上。

伏马菌素检测的基本方法可分为酶联免疫吸附法和色谱检测法两大类。酶联免疫吸附法具有灵敏度高、检测特异性强、检测方法简便快速、定量重复性好、样品前处理简单等优点，可满足大规模普查粮食中伏马菌素的污染状况的需要。1992年，Azcona-Olivera成功地获得了针对伏马菌素的多克隆抗体及分别针对FB_1、FB_2、FB_3的单克隆抗体，其建立的酶联免疫吸附法检测限可达50ng/ml。2008年我国建立了进出口食品检测的行业标准（SN/T 1958—2007《进出口食品中伏马毒素B_1残留量检测方法　酶联免疫吸附法》），但该标准在2017年新国标实施后已经废止。由于伏马菌素本身不能产生荧光，对紫外线也无特征吸收，因此不能直接进行色谱检测。对于定性分析可采用简单的薄层层析法分离，然后用显色剂显色定性；常用的显色剂是0.5%的茴香醛溶液，因为茴香醛可与伏马菌素分子中的氨基起反应，使伏马菌素显蓝紫色斑点。色谱定量分析一般采用高效液相色谱或气相色谱、质谱联用等仪器检测方法。用仪器检测的方法灵敏度高、特异性强，但设备价格昂贵，难以普及应用。利用仪器检测时，一般需要用特殊的试剂处理，使其与伏马菌素反应形成有特殊吸收波长或荧光的衍生物，如荧光胺、苯二甲醛、萘二醛等，检测灵敏度一般可达到10～100ng/g，适合用来检测天然污染的粮食样品。根据我国2017年实施的国家食品安全检测标准，标准第一法为免疫亲和柱净化-柱后衍生高效液相色谱法，第二法为高效液相色谱-串联质谱联用法，第三法为免疫亲和柱净化-柱前衍生高效液相色谱法，适用于玉米及其制品中伏马毒素的测定。

（三）玉米赤霉烯酮

玉米赤霉烯酮（zearalenone）最早是从感染赤霉病的玉米中被分离到的。目前发现，镰刀菌属是其主要的产毒菌株，如禾谷镰刀菌、黄色镰刀菌、粉红镰刀菌、串珠镰刀菌、三线镰刀菌、茄病镰刀菌、木贼镰刀菌、尖孢镰刀菌等菌种都可以产生。在自然状态下这些镰刀菌主要侵染玉米，导致玉米的病害和带毒。特别是当玉米收获季节遇到阴雨天时更易遭到感染。除玉米外，小麦、大麦、燕麦、小米等谷物也容易因为感染这些镰刀菌而带毒。

玉米赤霉烯酮为一种白色结晶，化学结构如图6-9所示，分子式为$C_{18}H_{22}O_5$，相对分子质量为318，熔点为164～165℃。不溶于水、二硫化碳和四氯化碳等，溶于碱性水溶液、乙醚、苯、三氯甲烷、二氯甲烷、乙酸乙酯、乙腈和乙醇，微溶于石油醚。毒素在长波紫外辐射下显蓝绿色荧光，在短波紫外辐射下显绿色荧光。禾谷镰刀菌接种在玉米培养基上，在25～28℃培养两周后，再在12℃下培养8周，可产生大量的玉米赤霉烯酮。

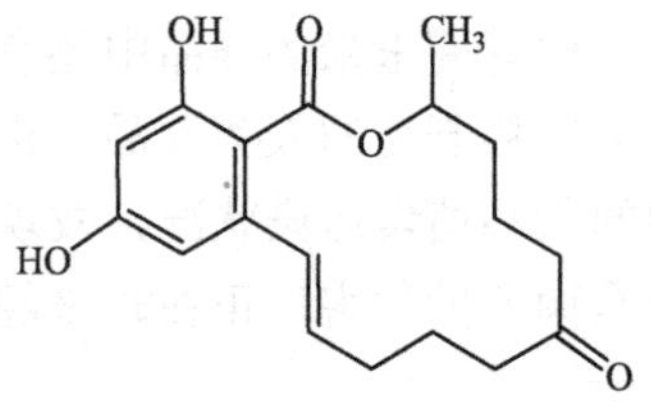

图 6-9　玉米赤霉烯酮的化学结构

玉米赤霉烯酮是一种类雌性激素毒素，主要作用于生殖系统，动物摄食后会产生雌性激素亢进毒性反应，妊娠期的动物（包括人）食用含玉米赤霉烯酮的食物可引起流产、死胎和畸胎。在赤霉病危害的麦类及玉米中除含有 DON 以外，也可能含有玉米赤霉烯酮。有试验表明，用水浸等方法去除含赤霉病元麦中的大部分 DON 后作饲料喂猪，受试的猪不表现 DON 中毒症状，但出现雌性激素异常反应，说明病麦中含有玉米赤霉烯酮。一般饲料中含有玉米赤霉烯酮 1～5mg/kg 时可出现症状，500mg/kg 时将出现明显症状。我国的食品安全标准中规定了食品中玉米赤霉烯酮的限量指标。

三、青霉毒素

（一）展青霉素

展青霉素（patulin）也称展青霉毒素、棒曲霉素，是由青霉和曲霉等真菌产生的一种次级代谢产物。据研究报道，有 3 属 16 种可以产生展青霉素，包括扩展青霉、展青霉、棒型青霉、土壤青霉、新西兰青霉、石状青霉、粒状青霉、梅林青霉、圆弧青霉、产黄青霉、蒌地青霉、棒曲霉、巨大曲霉、土曲霉和雪白丝衣霉等，其中主要的是扩展青霉。纯品展青霉素为无色针状结晶，熔点为 100℃，相对分子质量为 154。展青霉素是一种中性物质，溶于水、乙醇、丙酮、乙酸乙酯和三氯甲烷，微溶于乙醚和苯，不溶于石油醚。在碱性溶液中不稳定，易被破坏。其化学结构如图 6-10 所示。

毒理学研究表明，展青霉素具有影响生育、致癌和免疫等毒理作用，同时也是一种神经毒素。展青霉素对人体的危害很大，损害呼吸和泌尿等系统，使人神经麻痹、肺水肿、肾衰竭。展青霉素对小白鼠的毒性表现为严重水肿。对小白鼠皮下注射 LD_{50} 为 10mg/kg，口服为 35mg/kg。大鼠皮下反复注射展青霉素可发生局部肉瘤。污染扩展青霉和棒曲霉的饲料可造成牛中毒，发生心肌及肝脏变性。

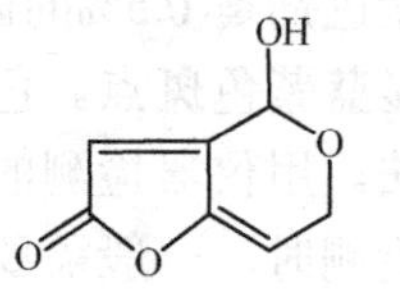

图 6-10　展青霉素的化学结构

展青霉素主要污染水果及其制品，如苹果、山楂、梨、番茄、苹果汁、山楂片等。展青霉素首先在霉烂苹果和苹果汁中发现，产毒菌可在 2℃的低温下生长产毒。扩展青霉是苹果储藏期的重要霉腐菌，它可使苹果发生腐烂，用这种腐烂苹果为原料做的苹果汁就可能含有展青霉素。实验曾检测用 50%烂苹果制成的苹果汁，其展青霉素含量为 20～40μg/L；在被检测的苹果酒中毒素含量最高达到 45mg/L。展青霉素的污染不分地域，在国内外均有发现。1973 年，美国食品药品监督管理局（FDA）检测 136 个果汁样品，其中 37%污染了展青霉素，污染量为 40～440μg/L，平均为 69μg/L；24 份梨样品，其中有 8 份污染了展青霉素，污染量为 900～10 000μg/kg。由于展青霉素具有潜在的毒性及危害性，在我国水果及其制品中污染比较普遍，我国食品安全标准对展青霉素的限量也做了规定。

适合产毒菌产生展青霉素的水活度应在 0.81 以上，产毒的适合温度低于最适生长温度，一般在 21℃左右。利用氮气或二氧化碳气调储藏食品可抑制霉菌产毒；在化学抑菌剂中，二氧化硫能有效抑制展青霉素的产生，抑制效果高于山梨酸钾和苯甲酸钠。

（二）橘青霉素

橘青霉素（citrinin）可由橘青霉、纯绿青霉、扩展青霉、点青霉、土曲霉等霉菌产生，化学结构如图 6-11 所示。该毒素纯品为柠檬色针状结晶，熔点 172℃，分子式为 $C_{13}H_{14}O_5$，相对分子质量为 259。能溶于无水乙醇、三氯甲烷、乙醚，难溶于水。在长波紫外辐射下显柠檬黄色荧光。在酸性和碱性溶液中都可以热解。

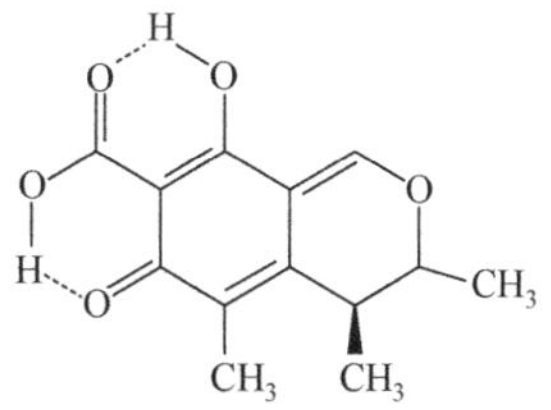

图 6-11　橘青霉素的化学结构

橘青霉素早期曾在日本从东南亚进口的大米中被发现，它可使精白的大米变成带黄绿色的黄变米。在霉变的面包、小麦、燕麦等基质中也发现有该毒素存在。橘青霉素产生的温度一般在 20～30℃，10℃以下橘青霉等产毒菌生长受到抑制。毒性研究表明，橘青霉素对动物肾脏有明显毒性，并且已被认为具有致癌性。

（三）岛青霉毒素

岛青霉可产生黄天精（luteoskyrin）与环氯肽（cyclochlorotin）两种毒素，可以使米粒呈黄褐色溃疡性病斑。黄天精与环氯肽的化学结构如图 6-12 及图 6-13 所示。黄天精为黄色的六面体针状结晶，熔点 287℃，相对分子质量 574，是脂溶性毒素；环氯肽为白色针状结晶，熔点 251℃（分解），相对分子质量约为 600，具水溶性。

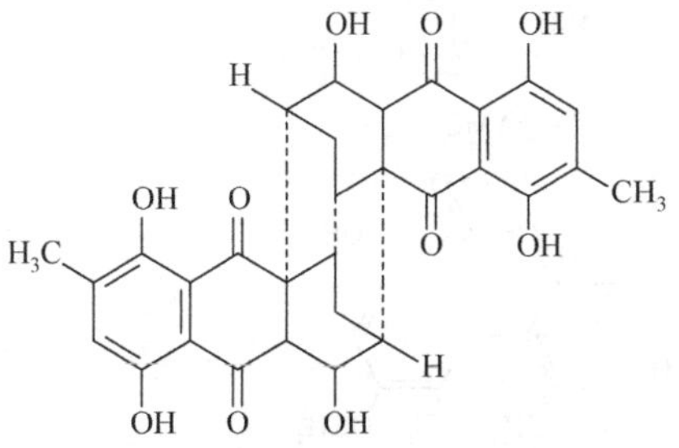

图 6-12　黄天精的化学结构

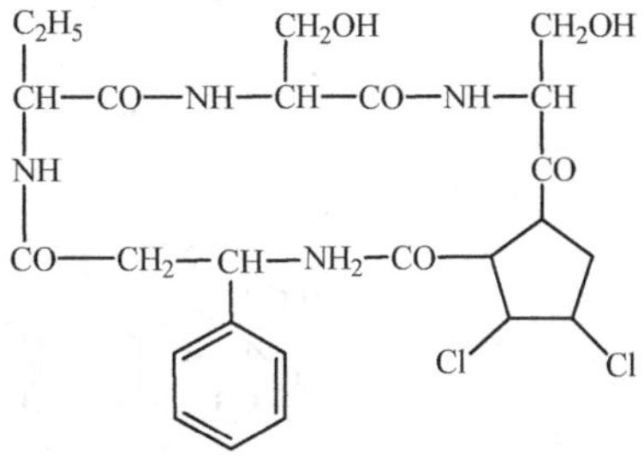

图 6-13　环氯肽的化学结构

稻谷在收获后如未及时脱粒干燥很容易引起发霉，霉变谷物脱粒后即形成“黄变米”或“沤黄米”，这主要是岛青霉污染所致。黄变米在我国南方、日本和其他热带和亚热带地区比较普遍。

从岛青霉培养物中分离的这两种毒素都可造成动物的肝脏损害。动物实验表明，这种毒素可引起肝萎缩、肝纤维化、肝硬化及肝肿瘤。

（四）黄绿青霉素

黄绿青霉素（citreoviridin）最早也是从黄变米中发现的。当感染黄绿青霉的大米水分达到 14.6%时，在 12～13℃下就可发生黄变现象，在米粒上可见到淡黄色的病斑。

黄绿青霉素是一种橙黄色结晶，熔点 107～110℃，可溶于丙酮、三氯甲烷、冰醋酸、甲醇和乙醇，微溶于苯、乙醚、二硫化碳和四氯化碳，不溶于石油醚和水。粗毒素在紫外下可发出闪烁的金黄色荧光。黄绿青霉素是一种神经毒。动物中毒特征为中枢神经麻痹，继而导致心脏停搏而死亡。毒素在紫外辐射下 2h 可被破坏，加热至 270℃也可消除毒素的毒性。黄绿青霉素的化学结构如图 6-14 所示。

四、其他常见的真菌毒素——链格孢霉毒素

链格孢霉（alternaria）也称交链孢霉，是粮食、食品中最常见的霉菌之一。它可引起多

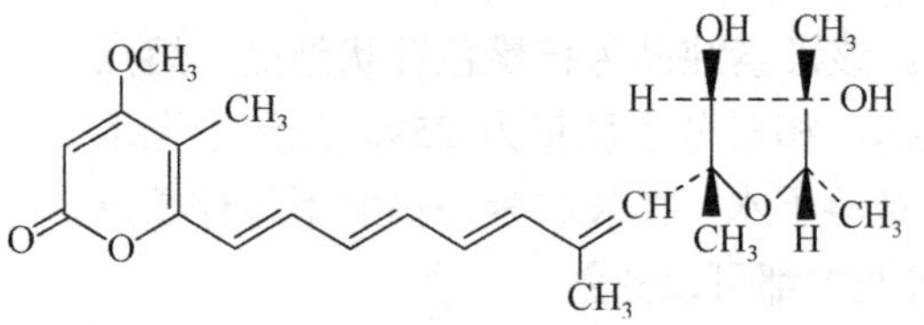

图 6-14　黄绿青霉素的化学结构

种果实和蔬菜发生腐败变质。该霉菌可产生多种毒素，目前已发现的有 10 多种，包括链格孢酚（alternariol, AOH）、链格孢酚甲基醚（alternariol methyl ether, AME）、链格孢霉烯（altenuene, ALT）、细交链孢菌酮酸（tenuazonic acid，TeA）及交链孢霉毒素-Ⅰ（altertoxin-Ⅰ）等，前 4 种的化学结构如图 6-15 所示。

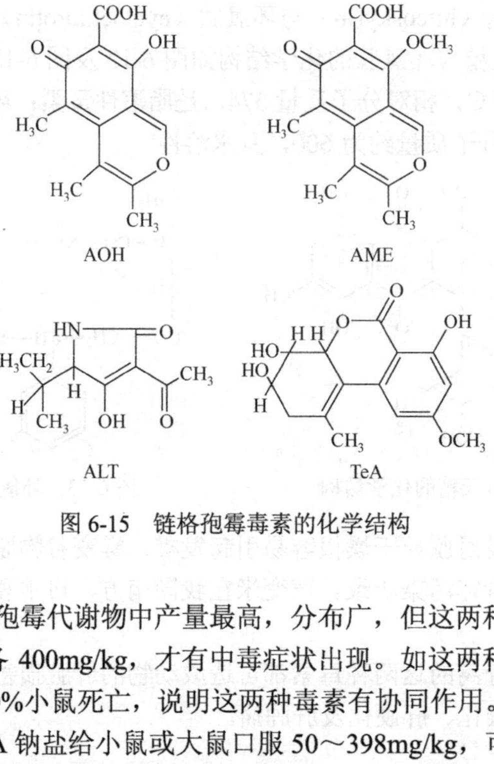

图 6-15　链格孢霉毒素的化学结构

AOH 和 AME 在链格孢霉代谢物中产量最高，分布广，但这两种毒素的急性毒性很弱。小鼠口服 AOH 和 AME 各 400mg/kg，才有中毒症状出现。如这两种毒素同时给一只小鼠口服，各 100mg/kg，可使 30%小鼠死亡，说明这两种毒素有协同作用。研究表明，这两种毒素有致畸和致突变作用，TeA 钠盐给小鼠或大鼠口服 50～398mg/kg，可导致胃肠道出血死亡。

链格孢霉毒素在自然界自然基质上产生的水平较低，一般不会导致人或动物发生急性中毒，但在长期食用的情况下，其慢性毒性是值得注意的。表 6-4 是在苹果、番茄、番茄酱中检出 TeA 和 AOH 的情况。

表 6-4　苹果、番茄和番茄酱交链孢霉毒素污染情况（引自：Scott and kanbere，1980）

毒素	样品	阳性样品数/全部样品数	毒素含量/(mg/kg)
TeA	番茄酱	6/8	0.01～0.1
TeA	番茄	11/19	10.5～139
TeA	番茄	73/142	0.4～70
AOH	苹果	1/20	0.16

五、毒蘑菇

蘑菇也称蕈菌，其菌丝及孢子与一般霉菌等真菌相似，但它们的子实体较大，是一类大型真菌。许多蘑菇是鲜美的食品，含有丰富的营养，有些还含有对人体健康有保健功能的特殊物质，但也有一些蘑菇类真菌含有剧毒的成分，可导致食用者的严重中毒，甚至可引起死亡。据统计，我国可食蕈菌有 300 多种，有毒蕈菌 100 多种，其中含剧毒能使人致死的有 10 多种。

毒蕈中毒多发生于高温多雨的夏秋季节。往往由于个人或家庭采集野生鲜蕈缺乏经验误食而中毒，也有因大量采集的野生蕈菌中不慎混有毒蕈而引发食用者中毒。

毒蕈的有毒成分比较复杂，一种毒蕈可以含多种毒素，也可能多种毒蕈中都含某一种毒素。一般按临床表现将毒蕈中毒分为 6 种类型。

（1）肝肾损害型　引发这类中毒的主要是毒伞属的毒蕈，毒性物质有毒肽、毒伞肽等；毒素主要损害肝脏器官，对肾脏及其他器官也有损害作用；毒性强烈，一般 50g 毒伞能使一个 70kg 的人中毒死亡。

（2）神经精神型　该类型的毒素主要为毒蝇碱，可作用于交感神经引起精神兴奋或抑制、幻觉、精神错乱等症状，潜伏期及病程均较短，预后良好，很少发生死亡。引发这类中毒的毒蕈常见的有毒蝇伞、褐黄牛肝菌等。

（3）溶血毒型　鹿花蕈属和马鞍蕈属的毒蕈含有的鹿花蕈素可引起此类中毒。毒素可破坏红细胞，产生溶血现象，症状表现为溶血性贫血，胃肠中毒病症、肝肾损伤等。该类毒素耐热性不强，烹饪或干燥过程可减少毒素含量，但烹饪的汤中仍可能含毒素。

（4）胃肠毒型　该型中毒主要引起剧烈的恶心、呕吐、腹泻和腹痛等症状，病程短，对症治疗可迅速康复，很少发生死亡。常见的此类毒蕈有褐绒盖牛肝、虎斑蘑等。

（5）呼吸与循环衰竭型　该型中毒主要引起呼吸与循环衰竭病症，以中毒性心肌炎、急性肾衰竭和呼吸麻痹为主。中毒症状表现为瞳孔稍散大，一般无昏迷、无副交感神经兴奋样症状；肝大，无黄疸，肝功能检查一般正常；有的患者初发时有呕吐或腹痛，头晕或全身酸痛、发麻、抽搐等。引起该型中毒的毒素类型不明确，中毒潜伏期 20min～1h，最长达 24h，死亡率高，应注意早期治疗。

（6）光过敏性皮炎型　引起该型中毒的毒素为光过敏感物质卟啉（porphyrins）类。当毒素经过消化道被吸收，可使人体细胞对日光敏感性增强，凡日光照射部位均出现皮炎，如红肿、火烤样发烧及针刺般疼痛。中毒潜伏期较长，一般在进食后 1～2d 发病，另外，有的患者还出现轻度恶心、呕吐、腹痛、腹泻等胃肠道病症。

第四节　病毒对食品安全性的影响

病毒是一类专性活细胞寄生的非细胞型生物，它们可以借助食品为媒介传播，引起人的传染病。食品中的病毒可来自被污染的环境，也可来自患有病毒疾病的动物。可严重危害人体健康的甲型肝炎、小儿麻痹症等均为通过食品传染的病毒型传染病。

一、脊髓灰质炎病毒

脊髓灰质炎病毒（poliovirus）是脊髓灰质炎的病原体，病毒颗粒呈二十面体，中心为单链 RNA，病毒可以通过粪便、污水等途径污染果蔬食品。病毒常侵犯中枢神经系统，损害脊髓前角运动神经细胞，导致肢体松弛性麻痹，多见于儿童，是小儿麻痹症的罪魁祸首。小儿麻痹症可引起人体严重的残疾，目前世界上大多数国家（包括中国）均采用口服三价活疫苗进行有效的免疫预防，即免疫对象口服三次三价活疫苗糖丸，每次间隔 6～8 周。其优点是不会漏服，服用次数少，免疫效果好，预计此病不久将会在世界上灭绝。

二、甲型肝炎病毒

甲型肝炎病毒（hepatitis A，HAV）是甲型肝炎的病原体，该病毒专性寄生于人体，但在其他生物体中可长时间保持传染性。病毒通过患者的粪便排出体外，通过污染水源、食品、手、餐具等经口传染。人类感染 HAV 后，大多表现为亚临床或隐性感染，仅少数人表现为急性甲型肝炎。一般可完全恢复，不转为慢性肝炎，亦无慢性携带者。我国曾暴发由食用带病毒毛蚶引起的甲型肝炎大规模流行事件。毛蚶等贝类动物通常被养殖在沿海的滩涂上，这类动物主要靠吸入海水过滤进行呼吸和摄食。据观察，一只毛蚶滤水速度达 5～6L/h，牡蛎甚至可达 40L/h。当海水被甲肝患者的排泄物污染后，毛蚶的大量滤水作用就会富集并蓄积海水中的病毒。沿海地区食用贝类食品通常仅将海贝投在沸水中氽一下，其温度不足以杀灭病毒，人食用带毒的海贝就可能致病。

三、朊病毒

近几年，人们发现引起疯牛病的朊病毒（prion）可通过食物链传染，引发人和动物的可转移性神经退化疾病，如导致人的库鲁病（Kuru）、克-雅脑病（Creutzfeldt-Jakob disease，CJD）、吉斯综合征（Gerstmann straussler-scheinker，GSS）、致死性家族失眠症（fatal familial insomnia，FFI），动物的羊瘙痒病（scrapie）、牛海绵状脑病（bovine spongiforn encephalopathy，BSE，俗称疯牛病）及猫、貂等动物的海绵脑病。这些疾病的共同特征是使生物体产生认知和运动功能的严重衰退直至死亡。其临床表现为脑组织的海绵体化、空泡化、星形胶质细胞和微小胶质细胞的形成以及致病型蛋白积累，无免疫反应。朊病毒的发现者 Prusiner 等经大量试验证明这些疾病是由于细胞正常蛋白质的错误折叠形成的致病蛋白质——朊病毒蛋白（prion protein，PrP）在脑中积累而引起的。2000 年前后，英国曾有百人因食用病牛肉受到传染而患疯牛病。研究者认为该病的潜伏期可达数年到数十年，未来将可能有更多的患者陆续出现。至今世界上对这类人畜共患的 BSE 尚无办法治疗，一般患者均在发病后半年内死亡。

引起疯牛病的 BSE 朊病毒很难被常规食品处理方法所破坏。据报道，病原蛋白粒对加热和化学剂处理均极具抗性，如病牛脑组织的病原因子在 134～138℃下 60min 仍不能被全部失活；1.6%的氯、2mol/L 的氢氧化钠及医用福尔马林溶液等也均不能使病原因子失活。因此，疯牛病的出现引起全世界，尤其是欧盟各国的恐慌。目前对此疫病处理的对策是将病牛宰杀并用温度超过 1000℃的焚化炉处理，防止病原因子的扩散；同时不用动物肉、骨粉制品，尤其是动物的脑和脊髓喂养动物，避免疫病的传播。

第五节　食品安全性评价与控制

影响食品安全性的微生物及其代谢产物种类繁多，要彻底消除其在食品中的存在是不可能的。对于普通食品而言，食品的安全性很大程度上是一个“量”的问题，或者对有毒物质来说是一个“毒性水平”的问题。即使是毒性极大的物质，只要其含量充分低，则产生危害的风险可忽略不计。实际上只要检测仪器足够灵敏，在各种安全食品中也能检测出多种多样的有毒物质。因此，评价食品的安全性不能仅从“质”上考察危害性物质的存在与否，而要从“量”上评估食品危害的风险程度。

一、食品安全性评价的常用指标

食品安全性与食品卫生虽然不是同义语，但在降低食品产生危害风险方面的作用是相同的。在食品的卫生标准中对危害健康的有毒物质的评价指标通常按食品毒理学的原则和方法制定，常用的安全性评价指标有“最大无作用剂量”和“人体每日容许摄入量”等。

（一）最大无作用剂量

某种物质的最大无作用剂量（maximal no-effect level，MNL）有时也用“无明显作用剂量”（no-observable-effect level，NOEL）表示。该指标一般采用该物质各项毒理检测 MNL 中最具危险性的项目来表示。对有致癌、致畸、致突变等效应的物质，理论上只有剂量为零时才是绝对安全的，但一般仍规定有 MNL。这是因为受检测水平的限制，规定含量为零没有实际意义；另外，微量的这类物质可通过代谢等方式降解、排除，不会产生危害。一味地将这类物质规定为零将造成物资的不必要浪费。

（二）人体每日容许摄入量

人体每日容许摄入量（acceptable daily intake，ADI）指人体终生每日摄入该物质，对人的健康没有已知不良效应的剂量，常以 mg/kg 体重来表示。这一剂量一般依据动物试验结果来换算。研究发现，人与动物对药物敏感的种间差异在 1～10 倍，人类个体间也存在敏感性差异。因此，通常将动物试验的结果乘上 100 倍的安全系数。

（三）食品中有毒物质的允许残留量

这是一个人为制定的标准，一般由有关政府机构制定和发布。通常是在人体每日容许摄入量标准的基础上，通过对有毒物质进入人体途径的分析，确定该种有毒物质由食物途径进入人体的比例，并根据某种食品在人们膳食中所占的比例确定该食品的有毒物质允许残留标准。在实际标准制定时还应分析相关因素，如调查食品中毒素的实际污染水平、参考国外的相关资料等，在可能的情况下一般服从安全第一的原则，即将允许的残留量规定在较低的水平，以保障摄食者的健康。例如，我国的卫生标准中规定花生油和玉米油的黄曲霉毒素 B_1 允许量为不超过 20μg/kg，而其他食用油为不超过 10μg/kg。

二、食品安全性的评价方法

影响食品安全性的因素很多，从食品安全的法规方面考虑，则评价食品的安全性主要涉及食品中对人体健康产生危害风险的生物因子和有毒物质。

（一）食品中生物因子的安全性评价

现代食品加工工业对消除食品中的生物危害已有可靠的技术，现代生物检测也已建立了对食品中有害生物的敏感检测方法，因此对于食品中的生物因子一般都做出严格的和准确的限定。

对于可引起某类疾病的或能危害人体健康的各类致病菌，食品中严格规定不得检出。对于能表明食品被生物因子污染可能性，并对人体健康有一定危害风险的指标，通常规定相应的含量。例如，食品中检测出的细菌菌落总数、大肠杆菌最可能数等仅表明食品被微生物污染的程度，并有危及人体健康的可能性，但不一定对人体造成损害。有时这类指标也会与食品腐败变质、食品色香味等感官性状变化及转化产生一些有害物质等联系在一起，因此这类评价指标也是对食品安全性的保障。

生物因子在某些方面不同于有毒物质，通过适当的食品加工手段可去除生物因子或消除它们的危害。例如，食品中细菌总数超标就可通过提高热处理温度或延长热处理时间使食品达到无害的要求，但要消除食品中存在的有毒物质却是相当困难，甚至是不可能的。

（二）食品中危害成分的毒理学评价

人类接触的化学物约有 5 万种，与食品有关的有 5000 余种，它们有些是食品的天然成分，有些是合成的化合物，还有一些是食品中污染微生物后产生的代谢产物。虽然世界上有许多国家都制定了食品安全性评价的规程，但食品化学成分经系统毒理学测定的只是小部分。我国于 1983 年由卫生部颁布了《食品安全性毒理学评价程序（试行）》，目前正在实施的是食品安全国家标准《食品安全性毒理学评价程序》（GB 15193.1—2014）。

我国的食品安全性毒理学评价实验的内容有：①急性经口毒性试验；②遗传毒性试验；③28d 经口毒性试验；④90d 经口毒性试验；⑤致畸试验；⑥生殖毒性试验和生殖发育毒性试验；⑦毒物动力学试验；⑧慢性毒性试验；⑨致癌试验；⑩慢性毒性和致癌合并试验。

我国食品安全性毒理学评价程序中对不同受试物进行几个阶段试验的原则规定为以下几方面。

1）凡属我国首创的物质，特别是化学结构提示有潜在慢性毒性、遗传毒性或致癌性或该受试物产量大、使用范围广、人体摄入量大，应进行系统的毒性试验，包括急性经口毒性试验、遗传毒性试验、90d 经口毒性试验、致畸试验、生殖发育毒性试验、毒物动力学试验、慢性毒性试验和致癌试验（或慢性毒性和致癌合并试验）。

2）凡属与已知物质（指经过安全性评价并允许使用者）的化学结构基本相同的衍生物或类似物，或在部分国家和地区有安全食用历史的物质，则可先进行急性经口毒性试验、遗传毒性试验、90d 经口毒性试验和致畸试验，根据试验结果判定是否需进行毒物动力学试验、生殖毒性试验、慢性毒性试验和致癌试验等。

3）凡属已知的或在多个国家有食用历史的物质，同时申请单位又有资料证明申报受试物的质量规格与国外产品一致，则可先进行急性经口毒性试验、遗传毒性试验和 28d 经口毒性试验，根据试验结果判断是否进行进一步的毒性试验。

我国对食品添加剂、新食品原料、食品相关产品、农药残留和兽药残留的安全性毒理学评价各有详细的要求，对评价结果判定也都有严格的标准。

三、食品微生物和真菌毒素限量标准

食源性疾病是涵盖范围非常广泛的疾病，是世界性的公共卫生问题。据统计，我国每年由食品中致病微生物引起的食源性疾病报告病例占全部报告的 40%～50%。2015 年 10 月实施的《中华人民共和国食品安全法》规定，食品安全标准应当包括食品、食品相关产品中的致病性微生物、农药残留、兽药残留、重金属、污染物质以及其他危害人体健康物质的限量规定。食品中的微生物指标反映了食品的质量和加工食品的环境卫生状况，用于食品微生物的检测指标有菌落总数、大肠菌群、致病菌、真菌毒素等，检测方法和限量规定都有相应的国家标准。

（一）菌落总数

菌落总数（aerobic plate count）是指食品检样经过处理，在一定条件下（如培养基、培养温度和培养时间等）培养后，所得每克（毫升）检样中形成的微生物菌落总数。菌落总数是用来判定食品被污染的程度及卫生质量，以便对被检样品做出适当的卫生学评价。菌落总数超标提示食品的卫生质量未达到基本的卫生要求，并不能说明对人的危害程度，但是将会破坏食品的营养成分，加速食品的腐败变质，使食品失去食用价值。消费者食用微生物超标严重的食品，很容易患痢疾等肠道疾病，可能引起呕吐、腹泻等症状，危害人体健康安全。因此，我国卫生部参照食品安全国家标准（GB 4789.2—2016）《食品微生物学检验　菌落总数测定》的检测方法，对不同食品中的菌落总数进行了限量规定，颁布了一系列标准，部分食品的菌落总数限量指标见表 6-5。

表 6-5　食品中微生物的限量指标

食品种类	项目	采样方案[a]及限量				检验方法	参照标准	备注
		n	c	m	M			
膨化食品	菌落总数(cfu/g)	5	2	10^4	10^5	GB 4789.2—2016	GB 17401—2014	a 样品的采集及处理按 GB 4789.1—2016 执行
	大肠菌群(cfu/g)	5	2	10	10^2	GB 4789.3—2016		
冷冻饮品和制作料	菌落总数[b](cfu/g 或 cfu/ml)	5	2（0）	2.5×10^4（10^2）	10^5（—）	GB 4789.2—2016	GB 2759—2015	注：括号内数值仅适用于食用冰 b 不适用于终产品含有活性菌种（好氧和厌氧益生菌）
	大肠菌群（cfu/g 或 cfu/ml）	5	2（0）	10（10）	10^2（—）	GB 4789.3—2016 平板计数法		
果冻	菌落总数/(cfu/g)	5	2	10^2（10^3）	10^3（10^4）	GB 4789.2—2016	GB 19299—2015	注：括号内数值仅适用于含乳型果冻 a 样品的分析和处理按 GB 4789.1—2016 和 GB/T 4789.24—2003 执行
	大肠菌群/(cfu/g)	5	2	10	10^2	GB 4789.3—2016 平板计数法		
饮料	菌落总数[b]/(cfu/g 或 cfu/ml)	5	2	10^2（10^3）	10^4（5×10^4）	GB 4789.2—2016	GB 7101—2015	注：括号中的限值仅适用固体饮料，且奶茶、豆奶粉、可可固体饮料菌落总数的 $m=10^4$（cfu/g） a 样品的采集和处理按 GB 4789.1—2016 和 GB/T 4789.21—2003 执行 b 不适用于活菌（未杀菌）型乳酸菌饮料 c 不适用于固体饮料
	大肠菌群/(cfu/g 或 cfu/ml)	5	2	1（10）	10（10^2）	GB 4789.3—2016 平板计数法		
	霉菌/(cfu/g 或 cfu/ml)	20（50）				GB 4789.15—2016		
	酵母[c]	20				GB 4789.15—2016		

续表

食品种类	项目	采样方案[a]及限量				检验方法	参照标准	备注
		n	c	m	M			
油炸小食品	菌落总数/(cfu/g)	1 000				GB 4789.3—2016	GB 16565—2003	
	大肠菌群/(MPN/100g)	30						
鸡精调味料	菌落总数/(cfu/g)	10 000				GB 4789.2—2016	SB/T 10371—2003	
	大肠菌群/(MPN/100g)	90				GB 4789.3—2016		
熟肉制品	菌落总数[b]/(cfu/g)	5	2	10^4	10^5	GB 4789.2—2016	GB 2726—2016	a 样品的采样和处理按 GB 4789.1—2016 执行 b 发酵肉制品类除外
	大肠菌群/(cfu/g)	5	2	10	102	GB 4789.3—2016		
包装饮用水	菌落总数						GB 19298—2014	a 样品的采样及处理按 GB 4789.1—2016 执行
	大肠菌群/(cfu/ml)	5	0	0		GB 4789.3—2016 平板计数法		
面筋制品	菌落总数						GB 2711—2014	a 样品的采样及处理按 GB 4789.1—2016 执行
	大肠菌群/(cfu/g)	5	2	10^2	10^3	GB 4789.3—2016 平板计数法		
豆制品	菌落总数						GB 2712—2014	a 样品的采样及处理按 GB 4789.1—2016 执行
	大肠菌群/(cfu/g)	5	2	10^2	10^3	GB 4789.3—2016 平板计数法		
糕点、面包	菌落总数[b]/(cfu/g)	5	2	10^4	10^5	GB4789.2—2016	GB 7099—2015	a 样品的采样及处理按 GB 4789.1—2016 执行 b 菌落总数和大肠菌群的要求不适用于现制现售的产品，以及含有未熟制的发酵配料或新鲜水果蔬菜的产品 c 不适用于添加了霉菌成熟干酪的产品
	大肠菌群/(cfu/g)	5	2	10	10^2	GB 4789.3—2016 平板计数法		
	霉菌[c]/(cfu/g)	150				GB 4789.15—2016		
发酵酒及其配制酒	菌落总数						GB 2758—2012	
	大肠菌群							
酱腌菜	菌落总数						GB 2714—2015	a 样品的采样及处理按 GB 4789.1—2016 执行 b 不适用于非灭菌发酵型产品
	大肠菌群[b]/(cfu/g)	5	2	10	10^3	GB 4789.3—2016 平板计数法		

注：*n* 为同一批次产品应采集的样件数；*c* 为最大可允许超出 *m* 值的样品数；*m* 为微生物指标可接受水平的限量值；*M* 为微生物指标的最高安全限量值

食品带菌量的检测结果与采样方法密切相关，一般采样方案分为二级和三级采样方案，国家标准 GB 4789.1—2016《食品微生物学检验总则》对食品采样有专门的规定。本书在第九章“食品微生物检测技术”中将对此做专门的介绍。

菌落总数不是食品安全的直接指标，它不能直接用于食品的安全性评估。在英国、澳大利亚、中国香港和澳门的即食食品微生物限量指标中，菌落总数作为食品微生物质量的分级指标（如分为满意、尚可、不满意三级），当菌落总数检测结果不满意时，提示食品生产者需要采取措施来提高卫生质量，并不代表食品对人体可能产生健康影响。国际食品法典委员会（CAC）、欧盟对即食食品均未设定菌落总数指标，而是规定通过预防措施来确保食品安全，如实施良好操作规范和应用基于危害分析关键控制点（hazard analysis critical control point，HACCP）原理的体系。需要注意的是，有些食品本身含有数值较高的正常菌群，如新鲜的水果和蔬菜、含新鲜水果和蔬菜的即食食品（包括蔬菜沙拉、现制现售的果蔬汁饮料）、发酵食品（腐乳）和含发酵食品成分的即食食品，这些食品是不适宜使用菌落总数指标来评价其卫生质量的，而需要关注的是致病微生物指标。

目前，我国部分食品的安全标准中对菌落总数指标做出了规定，也有部分食品未对菌落总数指标做出规定，如面筋制品、豆制品、包装饮用水等食品中，这些都是建立在充分的食品安全风险评估基础上得到的结论，消费者是不必担心部分食品取消菌落总数指标这个问题的。

（二）大肠菌群

大肠菌群（coliforms）是指在一定培养条件下能发酵乳糖、产酸产气的需氧和兼性厌氧革兰氏阴性无芽孢杆菌。在最初的研究中，它存在于被检查的每个人的粪便中，因此称为大肠杆菌群落。1892 年，Schardinger 首先提出使用大肠杆菌作为粪便污染的一个指标，1895 年，Smith 建议用它作为饮用水可饮性的检测指标，标志着大肠菌群作为水源中粪便污染的指标菌的开始。

大肠菌群并非细菌学分类上的命名，而是卫生细菌领域的用语，它不代表某一个或某一属细菌，而是指具有某些特性的一组与粪便污染有关的细菌。大肠菌群分布较广，在恒温动物粪便和自然界广泛存在，现已被作为粪便污染指标菌评价食品的卫生质量。如果食品中大肠菌群超过国家标准的限量规定，则表示该食品有可能被粪便污染，如果粪便是来自肠道致病菌携带者或者腹泻患者，食品就有可能污染有肠道致病菌。所以，当食品中大肠菌群数超过规定限量时，即可确定其卫生学上是不合格的，该食品是不安全的。

各类食品的性质不同，对于食品中的大肠菌群限量标准也有不同，参照食品安全国家标准 GB 4789.3—2016《食品微生物学检验　大肠菌群计数》的检测方法，颁布了一系列食品中的大肠菌群限量标准，部分食品的大肠菌群限量指标见表 6-5。检测食品中大肠菌群的标准中采用两种方法进行检测：MPN 法和平板计数法。MPN 法适用于大肠菌群含量较低的食品中大肠菌群的计数，平板计数法适用于大肠菌群含量较高的食品中大肠菌群的计数。在国家标准中，有些食品中并未对大肠菌群进行限量规定，如发酵酒中；有些食品除了限定菌落总数和大肠菌群的数量，还对霉菌、酵母菌进行了限量，如饮料、糕点等，这些都是根据食品和微生物的特性及在风险评估的基础上为了食品的安全而设置的。

（三）致病菌

致病微生物是引起食源性疾病的主要原因，为控制食品中致病菌的污染，预防微生物性疾病发生，在对我国食品中致病菌进行风险监测和风险评估的基础上，参照国际管理经验，参考相关国际组织致病菌风险评估结果和标准规定，国家卫生和计划生育委员会委托国家食品安全风险评估中心起草经国家标准审评委员会审查并于 2014 年 7 月 1 日实施了国家食品安全标准《食品中致病菌限量》（GB 29921—2013），该标准对 11 类食品中的 5 种致病菌指标进行了限量规定（表 6-6）。

表 6-6　食品中致病菌限量

食品类别	致病菌指标	采样方案及限量（若非指定，均以/25g 或/25ml 表示）				检验方法	备注
		n	*c*	*m*	*M*		
肉制品 熟肉制品 即食生肉制品	沙门氏菌	5	0	0	—	GB 4789.4—2016	
	单核细胞增生李斯特氏菌	5	0	0	—	GB 4789.30—2016	

续表

食品类别	致病菌指标	采样方案及限量（若非指定，均以/25g 或/25ml 表示）				检验方法	备注
		n	*c*	*m*	*M*		
肉制品 熟肉制品 即食生肉制品	金黄色葡萄球菌	5	1	100cfu/g	1000cfu/g	GB 4789.10—2016 第二法	
	大肠杆菌 O157：H7	5	0	0	—	GB 4789.36—2016	仅适用于牛肉制品
水产制品 熟制水产品 即食生制水产品 即食藻类制品	沙门氏菌	5	0	0	—	GB 4789.4—2016	
	副溶血性弧菌	5	1	100MPN/g	1000MPN/g（ml）	GB 4789.7—2013	
	金黄色葡萄球菌	5	1	100cfu/g	1000cfu/g	GB 4789.10—2016 第二法	
即食蛋制品	沙门氏菌	5	0	0	—	GB 4789.4—2016	
粮食制品 熟制粮食制品（含焙烤类） 熟制带馅（料）米面制品 方便米面制品	沙门氏菌	5	0	0	—	GB 4789.4—2016	
	金黄色葡萄球菌	5	1	100cfu/g	1000cfu/g	GB 4789.10—2016 第二法	
即食豆类制品 发酵豆制品 非发酵豆制品	沙门氏菌	5	0	0	—	GB 4789.4—2016	
	金黄色葡萄球菌	5	1	100cfu/g	1000cfu/g	GB 4789.10—2016 第二法	
巧克力类及可可制品	沙门氏菌	5	0	0	—	GB 4789.4—2016	
即食果蔬制品（含酱腌菜类）	沙门氏菌	5	0	0	—	GB 4789.4—2016	
	金黄色葡萄球菌	5	1	100cfu/g（ml）	1000cfu/g（ml）	GB 4789.10—2016 第二法	
	大肠杆菌 O157：H7	5	0	0	—	GB 4789.36—2016	仅适用于生食果蔬制品
饮料（包装饮用水、碳酸饮料除外）	沙门氏菌	5	0	0	—	GB 4789.4—2016	
	金黄色葡萄球菌	5	1	100cfu/g（ml）	1000cfu/g（ml）	GB 4789.10—2016 第二法	
冷冻饮品冰淇淋类雪糕（泥）类食用冰、冰棍类	沙门氏菌	5	0	0	—	GB 4789.4—2016	
	金黄色葡萄球菌	5	1	100cfu/g（ml）	1000cfu/g（ml）	GB 4789.10—2016 第二法	
即食调味品 酱油酱及酱制品 水产调味品复合调味品（沙拉酱等）	沙门氏菌	5	0	0	—	GB 4789.4—2016	
	金黄色葡萄球菌	5	2	100cfu/g（ml）	1000cfu/g（ml）	GB 4789.10—2016 第二法	
	副溶血性弧菌	5	1	100MPN/g（ml）	1000MPN/g（ml）	GB 4789.7—2013	仅适用于水产调味品
坚果籽实制品 坚果及籽类的泥（酱）腌制果仁类	沙门氏菌	5	0	0	—	GB 4789.4—2016	

注：①食品类别用于界定致病菌限量的适用范围，仅适用于本标准；②*n* 为同一批次产品应采集的样件数，*c* 为最大可允许超出 *m* 值的样品数，*m* 为致病菌指标可接受水平的限量值，*M* 为致病菌指标的最高安全限量值

资料来源：国家食品安全标准《食品中致病菌限量》（GB 29921—2013）

沙门氏菌是全球细菌性食物中毒的主要致病菌，各国普遍提出该致病菌限量要求。在参考了 CAC、国际食品微生物标准委员会（ICMSF）、欧盟、澳大利亚和新西兰、美国、加拿大、中国香港和台湾等国际组织、国家和地区的即食食品中沙门氏菌限量标准及规定的基础上，我国的国家食品安全标准按照二级采样方案对所有 11 类食品设置了沙门氏菌限量规定，具体为 $n = 5$，$c = 0$，$m = 0$（即在被检的 5 份样品中，不允许任一样品检出沙门氏菌）。

单核细胞增生李斯特氏菌是重要的食源性致病菌。虽然我国没有充足的临床数据支持，但是为了保护公众健康，我国根据风险监测结果，在参考联合国粮食及农业组织/世界卫生组织对即食食品中单核细胞增生李斯特氏菌的风险评估报告和 CAC、欧盟、ICMSF 等国际组织和地区即食食品中单核细胞增生李斯特氏菌限量标准的基础上，我国的国家食品安全标准中设置了高风险的即食肉制品中单核细胞增生李斯特氏菌限量规定，具体为 $n = 5$，$c = 0$，$m = 0$。

美国、日本等相关国家曾发生过牛肉和蔬菜引起的大肠杆菌 O157：H7 食源性疾病。我国虽无典型的预包装熟肉制品引发的大肠杆菌 O157：H7 食源性疾病，但为降低消费者健康风险，结合风险监测和风险评估情况，国家食品安全标准中设置了熟牛肉制品和生食牛肉制品、生食果蔬制品中大肠杆菌 O157：H7 限量规定，具体为 $n = 5$，$c = 0$，$m = 0$。

金黄色葡萄球菌是我国细菌性食物中毒的主要致病菌之一，其致病力与该菌产生的金黄色葡萄球菌肠毒素有关。根据风险监测和评估结果，参考 CAC、ICMSF、澳大利亚和新西兰、中国香港和台湾等国际组织、国家和地区不同类别即食食品中金黄色葡萄球菌限量标准，我国的国家食品安全标准按三级采样方案设置了肉制品、水产制品、粮食制品、即食豆类制品、即食果蔬制品、饮料、冷冻饮品及即食调味品等 8 类食品中金黄色葡萄球菌限量，具体为 $n = 5$，$c = 1$，$m = 100$cfu/g（ml），M = 1000cfu/g（ml），即食调味品中金黄色葡萄球菌限量为 $n = 5$，$c = 2$，$m = 100$cfu/g（ml），M = 10 000cfu/g（ml）。

（四）真菌毒素的限量标准

真菌毒素是真菌产生的具有毒性的次级代谢产物，不仅会污染农作物、植物及其副产品，而且严重威胁着人类和动物的健康。据联合国粮食及农业组织报告，全球每年约有 25%的农作物遭受真菌及其毒素污染，约有 2%的农作物因污染严重而失去营养和经济价值，全球每年因真菌毒素污染而造成的直接和间接损失可能高达数百亿美元。我国是一个农业大国，小麦、玉米、大米及花生等是居民的主要食品原料，真菌毒素的广泛存在严重影响着农作物的产量，降低农产品和饲料品质，也阻碍了我国农产品的大规模出口。世界各国都对食品和饲料中的真菌毒素制定了法规和限量标准，以保障食品安全、维护人类和动物的健康。

随着科技的不断进步和对真菌毒素认识水平的提高，各国对真菌毒素的检测和限量标准不断修订，部分国家和地区间已经实现了法规的协调一致。目前，世界主要农产品贸易国在食品中重点关注和监控的真菌毒素主要有黄曲霉毒素、玉米赤霉烯酮、伏马毒素、赭曲霉毒素 A、呕吐毒素、展青霉素、T-2 毒素和 HT-2 毒素等，见表 6-7。

表 6-7　我国与世界主要贸易国关注的真菌毒素

国家和地区	黄曲霉毒素			呕吐毒素	伏马菌素	展青霉素	玉米赤霉烯酮	T-2/HT-2	赭曲霉毒素
	B_1	M_1	总量						
中国	√	√	—	√	—	√	√	—	√
欧盟	√	√	√	√	√	√	√	√	√

续表

国家和地区	黄曲霉毒素			呕吐毒素	伏马菌素	展青霉素	玉米赤霉烯酮	T-2/HT-2	赭曲霉毒素
	B_1	M_1	总量						
美国	—	√	√	√	√	√	—	—	—
日本	—	—	√	√	—	√	—	—	—
CCCF	—	√	√	—	√	√	—	—	√
加拿大	—	—	√	—	—	—	—	—	—
澳大利亚	—	—	√	—	—	—	—	—	—

注：“√”表示有限量标准要求；“—”表示无限量标准要求；CCCF 表示国际食品污染法典委员会

目前，我国现行有效的食品安全国家标准《食品中真菌毒素限量》（GB 2761—2017）规定了食品中黄曲霉毒素 B_1 和 M_1、脱氧雪腐镰刀菌烯醇、展青霉素、赭曲霉毒素 A 及玉米赤霉烯酮等 6 种真菌毒素的限量指标（表 6-8）。与其他国家的标准相比，我国的标准未对黄曲霉毒素总量、伏马毒素、T-2 毒素和 HT-2 毒素等做相关的限量要求，仍有待完善。

表 6-8　食品中真菌毒素的限量指标

真菌毒素	食品类别	限量/(μg/kg)	检验方法	备注
黄曲霉毒素 B_1	玉米、玉米面（渣、片）及玉米制品	20	GB 5009.22—2016	
	花生及其制品	20	GB 5009.22—2016	
	花生油、玉米油	20	GB 5009.22—2016	
	稻谷、糙米、大米	10	GB 5009.22—2016	稻谷以糙米计
	植物油脂（花生油、玉米油除外）	10	GB 5009.22—2016	
	小麦、大麦、其他谷物	5.0	GB 5009.22—2016	
	小麦粉、麦片、其他去壳谷物	5.0	GB 5009.22—2016	
	豆类及其制品-发酵豆制品	5.0	GB 5009.22—2016	
	其他熟制坚果及籽类（花生除外）	5.0	GB 5009.22—2016	
	酱油、醋、酿造酱	5.0	GB 5009.22—2016	
	婴儿配方食品（粉状）	0.5	GB 5009.22—2016	以大豆及大豆蛋白制品为主要原料的产品
	较大婴儿和幼儿配方食品（粉状）	0.5	GB 5009.22—2016	以大豆及大豆蛋白制品为主要原料的产品
	特殊医学用途婴儿配方食品（粉状）	0.5	GB 5009.22—2016	
	婴幼儿谷类辅助食品	0.5	GB 5009.22—2016	
	特殊医学用途配方食品（固态）	0.5	GB 5009.22—2016	以大豆及大豆蛋白制品为主要原料的产品
	辅助营养补充品	0.5	GB 5009.22—2016	只限于含谷类、坚果和豆类的产品
	运动营养食品	0.5	GB 5009.22—2016	以大豆及大豆蛋白制品为主要原料的产品
	孕妇及乳母营养补充食品	0.5	GB 5009.22—2016	只限于含谷类、坚果和豆类的产品

续表

真菌毒素	食品类别	限量/(μg/kg)	检验方法	备注
黄曲霉毒素 M_1	乳及乳制品	0.5	GB 5009.24—2016	乳粉按生乳折算
	婴儿配方食品（粉状）	0.5	GB 5009.24—2016	以乳类及乳蛋白制品为主要原料的产品
	较大婴儿和幼儿配方食品（粉状）	0.5	GB 5009.24—2016	以乳类及乳蛋白制品为主要原料的产品
	特殊医学用途婴儿配方食品（粉状）	0.5	GB 5009.24—2016	
	特殊医学用途配方食品（固态）	0.5	GB 5009.24—2016	以乳类及乳蛋白制品为主要原料的产品
	辅助营养补充品	0.5	GB 5009.24—2016	只限于含乳类食品
	运动营养食品	0.5	GB 5009.24—2016	以乳类及乳蛋白制品为主要原料的产品
	孕妇及乳母营养补充食品	0.5	GB 5009.24—2016	只限于含乳类食品
脱氧雪腐镰刀菌烯醇	玉米、玉米面（渣、片）	1000	GB 5009.111—2016	
	大麦、小麦、麦片、小麦粉	1000	GB 5009.111—2016	
展青霉素	水果制品（果丹皮除外）	50	GB 5009.185—2016	限于苹果山楂为原料的产品
	果蔬汁类及其饮	50	GB 5009.185—2016	限于苹果山楂为原料的产品
	酒类	50	GB 5009.185—2016	限于苹果山楂为原料的产品
赭曲霉毒素 A	谷物	5.0	GB 5009.96—2016	稻谷以糙米计
	谷物碾磨加工品	5.0	GB 5009.96—2016	
	豆类	5.0	GB 5009.96—2016	
	葡萄酒	5.0	GB 5009.96—2016	
	烘焙咖啡豆	5.0	GB 5009.96—2016	
	碾磨咖啡（烘焙咖啡）	5.0	GB 5009.96—2016	
	速溶咖啡	10.0	GB 5009.96—2016	
玉米赤霉烯酮	小麦、小麦粉	60	GB 5009.209—2016	
	玉米、玉米面	60	GB 5009.209—2016	

注：参照食品安全国家标准《食品中真菌毒素限量》（GB 2761—2017）

四、食品安全与质量控制

食品的安全性依赖于从原料生产、食品加工、储存、运输及消费者购买、食用的整个过程，每一个环节都有产生不安全因素的可能性，要使食品达到绝对安全是不可能的，但人们总是可以做到将食品产生的危害风险降到最低。为实现这一目标，人们一直在寻找有效的食品安全性控制手段。国外在这方面的研究和生产上的实施起步较早，如从 20 世纪 60 年代提出并逐步完善的“良好操作规范”及“危害分析关键控制点”等食品生产管理体制在许多国家已成为强制性的法规。我国长期以来对食品安全性的控制方面也非常重视，多年来先后颁布和修订了许多相关的国家标准和法律法规，如《中华人民共和国农产品质量安全法》（2006年4月29日）、《食品安全国家标准管理办法》（2010年12月1日），特别是中华人民共和国第十二届全国人民代表大会常务委员会第十四次会议修订通过的《中华人民共和国食品安全法》（2015年10月1日），为落实新修订的《中华人民共和国食品安全法》，强化食品安全监督管理，《中华人民共和国食品安全法实施条例》（2016年2月6日）也随之做了新的修订，使我国食品安全控制走上了法制的轨道。

新颁布的《中华人民共和国食品安全法》第48条规定：国家鼓励食品生产经营企业符合良好生产规范要求，实施危害分析与关键控制点体系，提高食品安全管理水平。下面对GMP和HACCP分别进行简单介绍。

（一）良好操作规范

良好操作规范（good manufacturing practice，GMP）也称良好生产规范，是一套适用于药品、食品等企业的强制性标准，是国际上普遍采用的用于食品生产的先进管理系统，它要求食品生产企业应具备良好的生产设备、合理的生产过程、完善的质量管理和严格的检测系统，确保最终产品的质量符合标准。

食品GMP是从药品GMP发展起来的，20世纪发生的药物灾难“反应停”事件使人们认识到药物安全和质量控制的重要性。美国FDA根据修改法的规定，制定了世界上第一部药品的GMP，并于1963年通过美国国会第一次以法令的形式予以颁布。1969年，美国FDA将实施GMP管理的观点引用到食品的生产法规中。WHO在1969年第22届世界卫生大会上，向各成员国首次推荐了GMP。国际食品法典委员会（CAC）于1969年发布了食品生产经营过程的卫生要求标准《食品卫生通则》并于2003年进行了第4次修订（CAC/RCP1—1969，Rev. 4-2003），内容包括初级生产、设计及设施、操作的控制、维护和卫生、个人卫生、运输、产品信息和消费者的意识、培训等方面，且以附录的形式制定了《危害分析及关键控制点（HACCP）体系及其应用指南》。截至目前，CAC共发布40余项涉及食品生产经营过程的卫生操作规范或指导性文件，受到世界贸易组织（WTO）成员的广泛认可，成为各国制定食品生产过程管理标准的重要参考。以控制食品中微生物污染为例，国际食品法典标准和各国食品安全法规标准均强调对食品生产过程的控制，对终产品中微生物指标特别是卫生指示菌的要求在监管中则多由企业自行管理。

我国卫生部自1988年开始制定食品企业卫生规范，1994年以国家标准的形式发布了《食品企业通用卫生规范》（GB 14881—1994），也就是GMP，该标准对规范我国食品生产企业加工环境，提高从业人员食品卫生意识，保证食品产品的卫生安全方面起到了积极作用。近年来，随着食品生产条件的变化和食品加工新工艺、新材料的出现，食品企业生产技术水平进一步提高，对生产过程控制提出了新的要求，原标准的许多内容已经不能适应食品行业的实际需求，为此，国家卫生和计划生育委员会2013年修订原标准为《食品生产通用卫生规范》（GB 14881—2013）。标准强化了源头和过程控制，加强了生物、化学、物理污染的防控，增加了“食品加工环境微生物监控程序指南”。

（二）危害分析关键控制点（HACCP）

1. HACCP的形成和发展

HACCP体系是国际上共同认可和接受的食品安全保证体系，主要是对食品中微生物、化学和物理危害进行安全控制。HACCP是20世纪60年代美国国家航空航天局为确保宇航员的食品安全而实施的宇航员食品制造质量控制。当时食品安全的监督和保障主要通过对最终产品的质量检验，这种抽查的方法不能保证所有的食品都具有安全性，为了满足宇航员食品“零缺陷”的要求，美国国家航空航天局和陆军技术研究所共同提出了一种食品卫生监督管理模式，形成了HACCP的雏形。1971年美国首次在第一次国家食品保护会议上公布了HACCP体系，开始被美国FDA应用于低酸性罐头中。早期的HACCP主要侧重于食品生产的微生物安全控制。1989年美国国家食品微生物标准顾问委员会将该体系标准化，并在20世纪90年代开始将危害评价范围扩展到微生物、物理和化学三个方面，形成了一套较为系统的评价、管理食品安全的体系。

2. HACCP的原则

HACCP是一种为确定食品的安全性，确认其中的危害点并加以控制的手段，是从原料的种植、饲养开始，至最终产品到达消费者手中，对这期间各阶段可能产生的危害进行确认、防止并加以管理的方式。HACCP作为控制食源性疾患最为有效的措施得到了国际和国内的认可，并被FDA和世界卫生组织食品法典委员会批准。HACCP包括如下七大原则。

（1）对食品有关的各个环节进行危害分析和风险评估　危害是指对食品消费者健康可能产生的损害。食品有关的环节包括食品原料的种植、养殖、收获、食品加工、食品制造、食品配送、食品销售及消费者进行食品烹饪准备和消费等。该原则要求对这些环节受到生物的、物理的、化学的因素污染并对人体产生危害的可能性进行分析，对危害的严重性进行预测，评估对消费者可能的风险程度。

（2）确定关键控制点　关键控制点（critical control point，CCP）是指失去控制将导致不可接受的健康危害的环节或步骤。国际微生物标准委员会将CCP规定为两类：第一类是可以消除和预防危害的点；第二类是能够最大程度地减少、降低或延迟危害，但不能保证对危害全部控制的点。CCP必须确定在生产的重要环节上，不能太多。例如，严格控制鲜活水产品的储存温度就是一个CCP。

（3）确定关键控制点关键限值　例如，确定有害物质的最大允许残留量、原料储存的最高和最低温度等。

（4）建立各关键控制点的监控程序　列出用于监察CCP确保能够满足关键限值的程序及检验频率。例如，一种产品的安全性与酸的添加量有关，那么就需通过检测pH或酸的含量来加以监控。

（5）纠正偏差　建立行动方案，当监察手段发现CCP发生偏离（如某项指标超过规定的最大限值）时立即实施纠正。这一行动可能包括调整工艺、处理异常产品、确定偏离原因并进行纠正、保留记录等。

（6）建立有效记录系统　确保HACCP的运行有完整的记录。

（7）验证步骤　制订程序验证生产环节正在执行HACCP，并且正在根据计划的要求实施。

HACCP是一个逻辑性控制、评价系统，执行HACCP需要企业配备较强专业水平的技术人员及提供必要的设施保障条件，管理者应当对食品生产原料、加工过程、产品特性及可能引起消费者健康问题的各种因素有完整而透彻的理解。如果食品生产企业能严格、有效地执行HACCP管理体系，将有益于防止食品可能引起的各种危害，使向市场提供的食品有安全保障，从而提高消费者对食品的胜任和满意程度。

3. HACCP 应用概况

美国从 1995 年起对国内的食品工业全面推行 HACCP 体系，并在许多食品行业建立了 HACCP 法规，如美国 FDA 1997 年公布了“加工和进出口水产品安全卫生程序”，要求所有美国生产或出口至美国的食品必须符合 HACCP 法规。FDA 鼓励并最终要求所有食品工厂都实行 HACCP 体系。欧洲不少国家较早地推广应用了 HACCP 方法，并逐步将该体系加以改进和完善，形成强制执行的食品安全法规。日本厚生省 1993 年发表了《食用鸡加工厂 HACCP 卫生管理指南》，1993 年日本政府对水产品加工采取了 HACCP 管理方法并提出了实施方案。我国从 20 世纪 90 年代开始在一些出口食品生产企业试点应用 HACCP 系统，取得了良好的效果。1997 年国家商检部门对有关出口美国的水产品加工企业实施了强制性的 HACCP 方案，全国有 139 家企业获得了 HACCP 验证证书。2002 年我国正式启动对 HACCP 体系认证机构的认可试点工作；为规范食品行业 HACCP 体系认证工作，2009 年制定了国家标准《危害分析与关键控制点（HACCP）体系食品生产企业通用要求》（GB/T 27341—2009），规定了食品生产企业危害分析与关键控制点（HACCP）体系的通用要求，使其有能力提供符合法律法规和顾客要求的安全食品。目前，在 HACCP 体系推广应用较好的国家，大部分是强制性推行采用 HACCP 体系。

GMP 和 HACCP 体系都是为保证食品安全和卫生而制定的一系列措施和规定，它们在食品企业卫生管理中是相辅相成的。GMP 是食品企业必须达到的生产条件和行为规范，是制定和实施 HACCP 计划的前提和基础，企业只有在实施 GMP 规定的基础上，才可使 HACCP 体系有效运行。如企业达不到 GMP 法规的要求，实施 HACCP 计划将成为一句空话。通过运行 HACCP 体系，食品企业可以找出 GMP 要求中的关键点，控制这些关键点达到标准要求，还可以使监督人员、企业管理人员具备敏锐的判断力和危害评估能力，从而有助于 GMP 的制定和实施。因此，GMP 和 HACCP 体系对食品安全危害控制是缺一不可的，这些管理体系的实施，对于提高食品产品的安全性和企业在国际市场上的竞争力具有重大意义。

第七章　粮油食品的微生物危害防控

食品的加工、运输、储藏、销售等各个环节中均会涉及品质变化问题，因此食品的防腐保鲜已成为食品科学和食品微生物学研究的重点内容之一。同时，食品防腐保鲜技术的发展也对食品工业产生了重要的影响。在现代社会，随着人们生活水平的不断提高，保藏食品的品质标准也不断提高，不仅要求食品在保藏期间能维持食用价值，而且要能保证食品的安全性及能维持食品的新鲜特性等。

有害微生物的作用是导致食品腐坏、变质的重要因素。通常将微生物作用于蛋白质引起的食品变质称为腐败，作用于碳水化合物引起的食品变质称为发酵，作用于脂类引起的食品变质称为酸败。但食品新鲜属性的改变不仅是微生物的作用，食品本身及外界的物理化学因素对食品的色、香、味、形等也有重要影响，因而食品的防腐和保鲜既有紧密联系，又有概念上的区别。根据微生物的生物学特性，可衍生出许多杀灭微生物和抑制微生物在食品中生长的方法，但要找到兼顾食品新鲜属性的防腐处理方法却相当艰难。而且由于食品的特殊性和种类的多样性，对食品的防腐保鲜难以找到一类通用的方法。理想的食品防腐保鲜方法应该有一些共同的特性。例如，经这些方法处理的食品对食用者应该是安全的；应最大限度地保持食品的感官特性，如食品的色泽、风味、口感等；应保持食品的加工工艺特性和食品的营养成分；另外，防腐保鲜处理方法应根据食品本身的价值，不过高地增加食品的成本，等等。所有这些方法通常都需要涉及多门学科知识的综合技术。目前常用的方法有化学保鲜剂处理、气体成分调节处理、物理手段处理及综合方法处理等。

第一节　食品防腐保鲜的化学方法

许多食品防腐保鲜手段产生的效应最终都与化学因子有关，而且食品的防腐保鲜除了涉及阻止食品中微生物的作用，还要防止食品成分本身的生物化学变化和化学氧化等作用的发生。本节要讨论的食品防腐保鲜化学方法是指直接采用化学剂处理食品达到防止微生物腐败作用的方法。

很多化学物质都具有杀灭微生物或抑制微生物生长的功能，但由于食品的特殊属性和食品保鲜的要求，真正能适用于某种食品的化学保鲜手段是有限的，很多情况下还需结合其他处理措施才能达到理想的食品防腐保鲜效果。常用的化学防腐剂主要通过以下机理达到控制食品中微生物生长的目的：①作用于微生物的细胞膜，使膜的通透性增加，细胞内物质容易流失；②抑制微生物细胞中某些关键酶类的活性；③破坏微生物细胞遗传物质或影响其功能。

采用化学手段进行食品的防腐保鲜处理必须严格遵循有关的食品添加剂法规，不得超量使用，或添加未经批准的化学物质。另外，在食品中添加化学物质防腐的目的是抑制微生物的生长，将食品中的微生物控制在腐败的水平之下，而不是对已经大量滋长微生物的食品进行杀菌处理，因此食品的原始品质对化学防腐保鲜的效果有很大影响，只有多种因素的共同配合，才能使化学防腐保鲜方法行之有效。

关于防腐剂的安全性问题，许多人仍存在误解，认为只要食品中含有防腐剂就会给身体健康带来危害，以至于有不少食品企业以“本产品不含化学防腐剂”作为产品档次的象征，吸引消费者购买。崇尚天然、回归自然是人类认识上的进步，也是社会发展的一种趋势，但不能因此否定化学防腐剂在食品工业中的重要作用。如果不能有效防止微生物在食品中的生长、繁殖，一些有害的细菌、真菌等可导致人类疾病，其产生的代谢物可能引起摄食者的严重中毒。因此，同对人体健康危害的可能性进行比较，食品防腐剂应用可能带来的危害性要小于某些微生物在食品中发展所产生的危害性。事实上，现有食品添加剂法规允许的防腐剂的添加量都有严格的毒理学试验依据，有高的安全系数。当然，在食品中不能滥用防腐剂，应尽可能结合其他食品防腐技术，少用甚至不用防腐添加剂；在需要添加的食品中也应严格控制使用量。总之，用科学、合理的方法对食品进行防腐保鲜才是保证食品安全的关键。

一、pH 调节

微生物适合生长的基质 pH 一般在近中性的范围，在不影响食品内在属性的条件下，通过调节食品的 pH 可在一定程度上抑制微生物的生长，从而起到对食品防腐保鲜的作用。就人的味觉和日常饮食习惯而言，人们较喜爱或易接受酸性食品，因此，对食品采取调低 pH 的处理方法是常用的食品保鲜或辅助保鲜手段。但微生物能够生长的 pH 范围比较宽(表 7-1)，如果要完全阻止微生物的生长，不能单纯依靠调节食品 pH 的方法。

表 7-1 主要微生物类群的基本 pH 适应范围

微生物类群	最低生长 pH		最适生长 pH	最高生长 pH	
	一般	极端		一般	极端
细菌	3.5～4	1 氧化硫硫杆菌 (*Thiobacillus thiooxidans*)	6.5～7.5	9.5	11 副溶血性弧菌 (*Vibrio parahaemolyticus*)
放线菌	4		7.5～8	10	
酵母菌、霉菌	1.5		5～6	11	

(一) 不同微生物对基质 pH 的敏感性

1. 霉菌与酵母

霉菌与酵母对食品环境的 pH 变化抗性较强，尤其对酸性环境具有较强的适应性，许多霉菌和酵母能在 pH2 甚至更低的酸性食品中正常生长，并引起食品的腐败变质。因此仅靠改变食品 pH 的方法难以有效防止霉菌、酵母对食品品质的危害。

非中性 pH 的食品环境对霉菌、酵母可产生间接的影响。如可改变溶液中化学物质的解离状态，影响细胞膜的膜电位等，从而可影响一些化学剂能否进入菌体细胞。在食品工业中使用有机酸防腐剂通常就是将食品的 pH 调节到酸性的范围，使有机酸分子可进入菌体细胞，并对菌体产生抑制或杀灭作用。

2. 细菌

大部分细菌对低 pH 条件比较敏感，当基质 pH 降至 6 以下时，有些细菌就会出现生长停滞，对热及其他物理、化学因素的敏感性增强。例如，动物宰杀后肉中残留的糖原经无氧酵解可产生少量的乳酸并降低肉的 pH，这种温和的变化对许多腐败菌就能产生明显的抑制作用，从而可延长鲜肉的货架寿命；当基质 pH 低于 4.6 时，肉毒梭状芽孢杆菌就不能生长和产毒；沙门氏菌等许多致病菌在基质 pH 低于 4.0 时生长即可被抑制。甚至有些敏感细菌在低 pH 范围的食品中可直接被杀灭，如有机酸可透过肠炎沙门氏菌（*Salmonella enteritidis*）防御性外膜（outer memberane，OM），从而影响其生长（Boziaris et al.，2012）。就细菌类群而言，一般革兰氏阳性菌较革兰氏阴性菌对低 pH 的抗性强，研究表明革兰氏阳性菌拥有多套酸抗性系统（Cotter and Hill，2003），芽孢细菌比非芽孢细菌的抗酸性强。尤其是细菌的芽孢，普通的食品酸性环境不能将其杀灭，但细菌芽孢在酸性环境下对热的耐受能力下降，有利于食品的加热杀菌处理。

（二）食品调节 pH 防腐的相关影响因素

食品的防腐保鲜效果通常由食品本身的性质、食品保藏所处的环境及所采取的防腐措施等因素综合决定。虽然极端的 pH 环境可杀灭微生物，或完全抑制微生物的生长，但在食品应用中难以达到这种程度。食品的 pH 一般为 2～9。酸性食品较为常见，如水果的 pH 一般为 2.5～4，酸性饮料一般为 pH3 左右；而碱性食品种类较少，常见食品中只有蛋清的 pH 较高，达到 9 左右。在食品正常 pH 范围的酸性或碱性区间可抑制大部分微生物类群的生长，如果要达到理想的防腐要求还需其他处理方法的配合使用。

食品的防腐保鲜效果也与所用酸的性质有关。食品中可应用的酸分为强酸和弱酸。强酸（如磷酸、盐酸等）在食品中可完全电离成酸根离子和氢离子，它们对微生物的抑菌作用基本上是通过 H^+ 产生的效应。在食品中普遍应用的多为有机类弱酸（如柠檬酸、乳酸、乙酸等），在相同食品 pH 的基质中，它们的抗菌性能往往也较无机酸强。有机弱酸在食品中可根据食品基质酸度的不同而产生部分解离，因此用弱酸调节食品 pH 除了产生 H^+ 效应外，还有未解离酸分子的作用。尤其对苯甲酸、山梨酸等有特性抗菌功能的有机酸，非解离的分子状态是其抗菌作用的关键（这部分有特殊抗菌机理的有机酸将在本节做单独介绍）。有机弱酸的非解离状态有利于分子进入菌体细胞内，从而可改变菌体细胞质的环境，影响微生物的正常生理活动。

（三）调节食品 pH 防腐的应用

调节食品的 pH 作为食品的防腐手段具有悠久的历史，许多传统的保藏均直接或间接借助于这一手段。但食品 pH 的调节一般伴随着食品风味的改变，因此这一防腐手段的使用被限制在一定的范围之内。以下介绍几种常用的调节食品 pH 防腐的使用实例。

1. 腌制酸菜

蔬菜在有适量食盐存在的条件下，经乳酸菌的发酵作用，将蔬菜中含有的糖类转变为乳酸及其他有机酸，可制成具有独特风味的酸菜制品。食盐在腌制过程中可调节渗透压，促进菜汁的渗出，提供乳酸菌生长、发酵的各种营养物需求。发酵产生的乳酸和其他有机酸可有效抑制腐败细菌的生长，达到蔬菜防腐的目的。但酸性环境不能抑制腌菜中霉菌的生长，因此腌制时必须将腌菜全部埋于菜汁中，造成厌氧的环境，利用厌氧条件辅助抑制霉菌的危害。一旦酸菜离开腌制缸的厌氧环境，霉菌就会生长，导致腌菜变色、变味，霉菌对果胶等成分的分解作用还会使酸菜软化丧失脆感。

除天然发酵产酸进行防腐外，有些蔬菜可直接加入有机酸调味、防腐，制作传统风味食品。例如，传统食品糖蒜就是用食醋、食糖、食盐配成腌汁浸泡新鲜大蒜而制成，腌制成的糖蒜可在常温下存放较长的时间。

2. 酸凝乳

新鲜乳在乳酸菌的作用下可将乳糖转变成乳酸，当鲜乳的酸度达到pH5以下时，乳酸作用于鲜乳中的酪蛋白，使之凝聚形成凝乳即制成酸凝乳。酸凝乳具有独特的风味，其营养成分更易被人体吸收利用，是优良的保健饮品之一。由于酸凝乳的pH不能抑制霉菌、酵母菌的生长，因此发酵成熟的产品虽有一定的防腐性能，但在常温下仅能短期存放。

3. 保鲜湿面

面条是一类消费量很大的传统面制食品。通常面条以干制的方式长期保藏，但干面条的风味受到很大的影响。人们喜食的鲜面条保存期很短，在高温的夏季仅几小时就会变质。利用鲜面条酸化的方法可制成保鲜湿面，其基本的工艺是将鲜面条先用蒸汽处理，然后将鲜面条放在由柠檬酸等几种有机酸配制的溶液中反复洗涤，使湿面酸化至pH4.2左右，再经包装和消毒处理即可使产品成为可在常温下保藏较长时间的保鲜湿面。在保鲜湿面制作的一系列工艺中，较低温度的加热处理可杀死不耐热细菌、霉菌、酵母菌的营养细胞，酸性的鲜面基质可抑制腐败细菌的生长，因而达到保鲜的目的。

4. 酸性罐头

食品罐藏是实现食品较长时期保藏的有效手段，其保藏的基本原理是加热杀菌和密封隔绝外界微生物的再污染。罐藏食品加工热杀菌所需的温度与食品的pH有密切的关系，对pH为4.5以上的罐头食品通常以高于100℃的温度杀菌，对pH在4.5以下的酸性罐头通常采用低于100℃的温度处理。其依据是在罐藏缺氧条件下，当基质pH大于4.5时，肉毒梭状芽孢杆菌（*Clostridium botulinum*）即可生长并产生剧毒的肉毒毒素，必须采用高于100℃的高温彻底杀灭其菌体和芽孢才能确保食品的安全；当罐头食品pH低于4.5时，酸性环境可抑制肉毒梭状芽孢杆菌的生长，因此只需用低于100℃的温度处理杀灭微生物的营养细胞即可达到安全储藏的目的，这对于罐藏不耐热的食品具有重要的意义。

在食品制造中，调节pH往往与加热等杀灭微生物的措施配合使用，以取得最佳的食品处理效果。实际应用表明，要取得相同的杀菌效果，低的食品pH有助于降低杀菌温度或缩短杀菌时间，表7-2是在不同pH下杀灭食品中安全指标菌——肉毒梭状芽孢杆菌所需的温度和时间值；当处理温度在100℃或以下时，pH6.95的食品所需杀菌时间比pH3.60的食品长10倍以上。因此，利用pH对微生物的这一性质可降低食品热处理强度，有利于维持食品的品质。

表7-2　杀灭不同pH食品中肉毒梭菌所需的热处理强度（引自：Hotchkiss，1998）

食品种类	食品pH	处理时间/min				
		90℃	95℃	100℃	105℃	108℃
去皮玉米粒	6.95	600	495	345	34	10
玉米	6.45	555	465	255	30	15
菠菜	5.10	510	345	225	20	10
青刀豆	5.10	510	345	225	20	10
南瓜	4.21	195	120	45	15	10
梨	3.75	135	75	30	10	5
李干	3.60	60	20	—	—	—

注：“—”表示未检测到

二、有机酸

在食品中添加的防腐剂应对该微生物具有强的杀灭或抑制作用，本身没有特殊的异味，对人低毒或无毒，容易代谢降解或排出体外，没有积累性。这样的化学添加剂在食品中仅需少量添加即能起到防腐作用，并且不会改变食品的原有风味。因此，有机酸的种类虽然很多，但真正符合作为食品防腐添加剂要求的有机酸并不多。目前在食品行业中使用较多的有机酸防腐剂主要为苯甲酸、山梨酸、丙酸及其盐类等。

（一）苯甲酸及苯甲酸钠

苯甲酸（bezoic acid）又称安息香酸，纯品为无色或白色结晶，微溶于水，在4℃和75℃的水中溶解度分别为0.18g/100ml和2.2g/100ml，室温下在乙醇中的溶解度为46g/100g，酸性电离常数$K_a=6.46\times10^{-5}$（25℃）；熔点为122℃，沸点为249.2℃，100℃开始升华，在酸性条件下可随水蒸气挥发；有些天然植物如肉桂、丁香中含有少量的天然苯甲酸。

苯甲酸钠（sodium benzoate）为白色结晶粉末，在水中的溶解度远大于苯甲酸，0℃和100℃水中的溶解度分别为62.8g/100ml和74.2g/100ml。

苯甲酸类防腐剂对微生物的作用机制一般认为主要是非选择性地干扰细胞中酶的功能及干扰微生物细胞膜的通透性。例如，苯甲酸可阻碍三羧酸循环中α-酮戊二酸和琥珀酸脱氢酶的作用，可抑制细菌、酵母菌能量代谢中氧化磷酸化的酶的功能等。

苯甲酸类防腐剂的防腐效果与基质的pH密切相关，因为基质的pH影响苯甲酸的离子化程度，未解离的分子态苯甲酸容易进入微生物细胞内，并对菌体产生抗菌作用。在pH为4.0时有60%的苯甲酸以分子态存在，当pH为6.0时只有1.5%的苯甲酸以分子态存在。因此当基质pH大于6时，苯甲酸的抗菌作用非常有限。另外，分子态的苯甲酸溶解度很低，过低的基质pH也不利于苯甲酸发挥防腐作用，一般苯甲酸在食品中的防腐作用以基质pH为2.5～4.0最为适宜。苯甲酸对常见微生物在不同pH条件下的最低抑菌浓度如表7-3所示。

表7-3　苯甲酸在不同pH条件下的最低抑菌浓度　（%）

微生物种类	pH3.0	pH4.5	pH5.5
黑曲霉	0.013	0.1	＜0.2
黑根霉	0.013	0.05	＜0.2
啤酒酵母	0.013	0.05	0.2
汉逊氏酵母	0.013	0.05	＜0.2
乳酸链球菌	—	0.025	0.2
肠膜明串珠菌	—	0.05	0.4

注：“—”表示pH 3.0时，这两种菌不用添加也可以被抑制

苯甲酸及其盐对动物的毒性较低。研究表明，大白鼠口服苯甲酸的LD_{50}为2.53g/kg体重。FAO/WHO规定苯甲酸的ADI（每日允许摄入量）为0～5mg/(kg·d)（苯甲酸及其盐的总量，以苯甲酸计）。^{14}C同位素示踪证明，苯甲酸在人体内不积蓄，大部分在摄入后9～15h与甘氨酸结合生成马尿酸（苯甲酰甘氨酸）由尿中排出。实验证明，一个人90d期间每天摄入1g苯甲酸，或14d期间每天摄入12g苯甲酸均未发现对健康造成危害。

苯甲酸类防腐剂由于具有毒性低、抗菌效果较好、价格低廉、容易添加等优点，被广泛应用

于酸性饮料、果酱等食品中。酸性饮料及果酱等本身具备的酸性已基本能抑制细菌的活动，添加适量的苯甲酸类防腐剂可抑制霉菌及酵母菌的活动，使这些食品能储藏较长的时间。

苯甲酸类防腐剂虽然毒性较低，但每个国家对其在食品中的添加量均有一定的限制，使用时必须严格按照有关法规的规定；另外，苯甲酸类防腐剂添加量较大时也会使食品产生异味，影响食品的品质。我国食品卫生标准 GB 2760—2014 对苯甲酸、苯甲酸钠在食品中添加的规定见表 7-4。

表 7-4　苯甲酸在各类食品中的允许使用量

添加剂	使用范围	允许使用量/(g/kg)	备注
苯甲酸	蜜饯凉果	0.5	以苯甲酸计（苯甲酸钠折合苯甲酸的系数为 1g 苯甲酸钠相当于 0.847g 苯甲酸）
	除胶基糖果以外的其他糖果	0.8	
	胶基糖果	1.5	
苯甲酸钠	酱油、食醋、风味冰、冰棍类、腌渍的蔬菜、调味糖浆、半固体及液体复合调味料、果蔬汁、蛋白饮料	1.0	
	浓缩果蔬汁（浆）（仅限食品工业使用）	2.0	

（二）山梨酸（sorbic acid）及山梨酸钾（potassium sorbate）

山梨酸的化学名为 2, 4-己二烯酸，分子式为 $CH_3—CH═CH—CH═CH—COOH$，纯品为无色单斜晶体或结晶性粉末，具有特殊气味和酸味，对光、热稳定，但长期置于空气中易被氧化而着色，熔点为 133～135℃，沸点为 228℃（分解）。山梨酸钾纯品为无色至浅黄色鳞片状结晶或结晶性粉末，无臭或稍有臭味，放置在空气中可被氧化而着色，270℃左右熔化分解。山梨酸和山梨酸钾的溶解特性见表 7-5。

表 7-5　山梨酸和山梨酸钾的溶解性

溶剂	溶解度/%	
	山梨酸	山梨酸钾
水 20℃	0.16	58.2
50℃	0.55	61.0
100℃	4.00	64.0
乙醇 5%	0.16	57.40
100%	12.90	2.00
丙酮	9.20	0.10
苯	2.30	<0.01
蔗糖 10%	0.15	58.00
40%	0.10	45.00
60%	0.08	28.00
氯化钠 5%	0.11	47.00
10%	0.07	34.00
15%	0.04	12.00
玉米胚油 20℃	0.80	0.01
50℃	2.00	0.03

山梨酸类防腐剂对微生物的作用机制一般认为主要与影响细胞膜中的质子传递动力（proton motive force）有关。在细胞膜上，氢离子位于外侧，氢氧根离子位于内侧，这种质子梯度产生的电化学电位差使细胞可以运送如氨基酸之类的营养物质，当未解离的山梨酸进入细胞膜后降低了细胞内的pH，使细胞膜内外的电位差减弱，从而可明显影响氨基酸等营养物的吸收，这一作用机制对各种有机弱酸抗菌剂均有共性。对山梨酸抗菌作用机理的研究还表明，山梨酸分子进入细胞后可与胞内的各种含硫基酶结合，并使其失活，从而抑制微生物的生长。

山梨酸类防腐剂与苯甲酸类防腐剂相似，其防腐作用的效果也与基质的pH有关，也是因为未解离的分子态山梨酸易进入微生物细胞内，并产生抗菌作用。山梨酸的酸性较苯甲酸弱，在pH4.0时有86%的未解离山梨酸，在pH6.0时有6%的未解离山梨酸，其有效抗菌pH范围略高于苯甲酸。通常山梨酸类防腐剂在pH6以下的食品基质中能发挥抗菌作用，超过pH6.5则基本无效；在pH4.0～6.0山梨酸的抗菌效果比苯甲酸强；在pH3.0以下，山梨酸的抗菌作用与苯甲酸相当。

山梨酸类防腐剂对人的毒性很低，抗菌谱广，有效的使用pH较高（pH6），且口感温和，基本不产生异味，因此在食品制造中被广泛应用。山梨酸类防腐剂的毒性已经有非常充分的研究和试验。试验表明，大白鼠口服山梨酸的LD_{50}为7360mg/kg体重（食盐为5000mg/kg体重）；在大白鼠饲料中添加10%的山梨酸，经24d饲养未发现损伤，经120d饲养，仅发现有发育加快、肝重量增加，未见病态现象。另有报道表明，在动物饲料中分别添加0.1%、0.5%、5%的山梨酸经1000d饲养试验，未发现对动物的生长、繁殖、成活率、消化等有不良影响，尿中也不含山梨酸。研究表明，山梨酸在人和其他动物体内像其他脂肪酸一样被降解、代谢，释放热量为27.58kJ/g；^{14}C标记化合物代谢研究结果表明，山梨酸摄入体内后不由尿中排泄，约有85%与其他脂肪酸一样进行β-氧化而降解，以二氧化碳的形式排出，约有13%的山梨酸用于合成新的脂肪酸而存留在动物的器官和肌肉中。因此，山梨酸类防腐剂是安全性最高的食品防腐剂之一。

虽然山梨酸在食品中应用主要利用其抗真菌和酵母菌的特性，但山梨酸对细菌也具有广泛的抗菌作用。总体而言，过氧化氢酶阳性菌比过氧化氢酶阴性菌对山梨酸更敏感，好氧菌比厌氧菌对山梨酸更敏感；乳酸细菌对山梨酸的抗性较强，因而常在乳酸发酵产品中被用作抗真菌剂。山梨酸对常见微生物的最低抑菌浓度见表7-6。

表7-6　山梨酸对某些食品中常见的微生物最低抑菌浓度　（%）

微生物种类	pH3.0	pH4.5	pH5.5	pH6.0
黑曲霉	0.025	0.05	0.2	0.2
黑根霉	0.006	0.025	0.1	0.1
啤酒酵母	0.013	0.025	0.05	0.2
汉逊氏酵母	0.006	0.025	0.05	0.1
乳酸链球菌	—	0.1	0.2	0.2
枯草芽孢杆菌	—	—	0.1	0.1

注：“—”表示没有，在此条件下本身不生长

山梨酸在肉制品中与亚硝酸盐混合使用可减少毒性较大的亚硝酸盐用量。研究表明，咸肉加工中需要加入120mg/kg的亚硝酸钠以确保产品的品质及防止肉毒梭状芽孢杆菌的生长，

但在咸肉制品中添加 0.26%的山梨酸钾和 40mg/kg 亚硝酸钠时可达到基本相同的效果。在其他肉制品中用山梨酸代替部分亚硝酸钠用于防止肉毒毒素的产生及其他腐败性细菌的危害也被证明有良好的效果。

各类蔬菜制品（包括腌菜和泡菜）的制作和储藏可添加溶解性较大的山梨酸钾作防腐剂。少量添加山梨酸盐（如添加 0.05%左右山梨酸钾）不影响蔬菜腌制加工中乳酸菌的正常发酵，乳酸菌代谢产生有机酸并降低基质的 pH 可使山梨酸盐对霉菌、酵母菌及其他腐败菌的抑菌作用更强，从而确保蔬菜制品加工、储藏的质量。

山梨酸盐防腐剂是水果制品中最常用的防腐剂之一。例如，0.02%～0.05%的山梨酸钾可用于保藏含水量较高的水果干制品。0.02%的山梨酸和 0.002%～0.004%的 SO_2 可有效地保持果酒的品质。在果酒防腐剂的配比中一般不能用山梨酸的钾盐，因为果酒发酵产生的酒石酸可与钾离子反应产生沉淀；加 SO_2 是为了抑制乳酸菌的生长，防止乳酸菌转化山梨酸后降低其有效浓度，并使果酒产生异味。

山梨酸类防腐剂在使用时应当注意基质本身的带菌状态，通常对带菌量较低、卫生条件良好的食品有较好的防腐效果；对于微生物已经大量发展，或已经开始腐败的食品则基本无效。另外还需注意，有些霉菌对山梨酸的降解能力很强，它们可像分解其他天然有机酸一样分解山梨酸，因此山梨酸类防腐剂对这类霉菌不能起有效抑制作用。

对于山梨酸类防腐剂的使用范围和用量各国均有明确的规定。我国 GB 2760—2014 规定山梨酸在各类食品中的最大用量见表 7-7。

表 7-7　山梨酸在各类食品中的允许使用量

使用范围	允许使用量/(g/kg)	备注
熟肉制品、预制水产品（半成品）	0.075	
浓缩果蔬汁（浆）（仅限食品工业使用）	2.0	
蜜饯凉果、经表面处理的新鲜蔬菜、加工食用菌和藻类	0.5	山梨酸与山梨酸钾同时使用时，以山梨酸计，不得超过最大允许使用量
酱及酱制品、饮料类	0.5	
果酒	0.6	
葡萄酒	0.2	

（三）丙酸及丙酸盐

丙酸纯品为无色透明油状液体，有刺激性气味，熔点为–21.5℃，沸点（0.1MPa）141.1℃，$K_a = 1.34\times10^{-5}$（25℃），可溶于水、乙醇、乙醚、三氯甲烷等。在食品中常用的丙酸盐为丙酸钙和丙酸钠。丙酸钙纯品为白色结晶性粉末，熔点在 400℃以上（分解），食品级丙酸钙常有丙酸的刺激性气味，易溶于水，微溶于甲醇、乙醇，不溶于苯及丙酮，10%丙酸钙水溶液的 pH 为 7.4。丙酸钠产品的色泽、熔点及气味类似于丙酸钙，但其水溶液的碱性比丙酸钙强，10%丙酸钠水溶液的 pH 为 8.49。

丙酸类防腐剂的抗菌机理与山梨酸等有机弱酸的抗菌机理类似。另外，丙酸类化合物易挥发，气化的丙酸吸附在基质表面可阻隔基质与空气接触，从而可抑制好氧性的霉菌和细菌的生长。丙酸为食品的正常成分，也是人体代谢的正常中间体，容易被消化系统吸收，并通过正常代谢被利用，无积累性，也不随尿排出。动物试验表明，大白鼠经口服的 LD_{50} 为 2600mg/kg 体重；动物饲养试验中，用丙酸含量为5%的面包作为饲料（其中面包占饲料的75%）喂养动物一年，未发现丙酸引起动物器官特殊损伤的现象。

基质的 pH 影响丙酸类防腐剂的解离，决定分子态丙酸的比例，从而影响丙酸的防腐效果。当 pH 为 4.0 时有 88%的丙酸未解离，pH 为 6.0 时仅有 6.7%的丙酸未解离。丙酸类防腐剂的有效抗菌 pH 范围与山梨酸类防腐剂相似，但丙酸类化合物的防腐效果低于山梨酸类及苯甲酸类防腐剂，因此用于食品防腐的用量也相对较高。

丙酸是粮食和饲料储藏使用最普遍的一类防霉剂。其用法有些是将丙酸稀释后用微量喷雾装置喷雾添加到基质中；也有些采用蛭石或其他多孔惰性材料吸附丙酸后制成微颗粒状产品，需要时拌入粮食或饲料中。由于直接使用丙酸，防霉效果通过丙酸的气化而实现，因此与粮食或饲料的 pH 基本无关。目前市场上销售的各种进口或国产的饲料防霉剂及谷物防霉剂大都以丙酸为主体成分。

应当指出，粮食或饲料中添加丙酸类制品防霉、防腐的效果与基质本身的水分含量（或水活度）密切相关，水分含量越高，有效防腐的时间就越短。因此对于水分含量超过安全临界值的粮食或饲料，不适合以添加防腐剂的方法作长期的储藏。

焙烤面制食品常用丙酸盐作为防腐剂。例如，面粉中常带有枯草芽孢杆菌，在面包制作中，面包的焙烤温度不足以杀灭面包芯中存在的芽孢，当这些存活的芽孢萌发后就会在面包芯中生长，分泌出淀粉酶等酶类，使面包芯发黏，产生所谓的面包“黏丝病”现象。由于丙酸类化合物对酵母菌基本无作用效果，因此可在发酵面团中加入丙酸类化合物防止面包“黏丝病”的发生。试验表明，在 pH5.8 的面团中添加 0.188%的丙酸钙，或在 pH5.6 的面团中添加 0.156%的丙酸钙即可防止面包发生“黏丝病”现象。

我国 GB 2760—2014 规定丙酸在各类食品中的最大用量见表 7-8。

表 7-8　丙酸类化合物在各类食品中的允许使用量

防腐剂	使用范围	允许使用量/(g/kg)	备注
丙酸	原粮	1.8	1997 年增补
丙酸钙	生湿面制品	0.25	以丙酸计。生湿面制品指苗条、饺子皮、馄饨皮、烧麦皮
	面包、食醋、酱油、糕点、豆制品	2.5	
丙酸钠	糕点	2.5	以丙酸计。应用时使用 3%～5%的水溶液，加工前必须洗净
	其他（杨梅罐头加工工艺）	50.0	

（四）双乙酸钠

双乙酸钠（sodium diacetate，SDA）的化学式为 $CH_3COONa \cdot CH_3COOH \cdot xH_2O$，纯品为白色结晶性粉末，易吸湿，有乙酸气味，10%水溶液的 pH 为 4.5～5.0，150℃以上可分解。

双乙酸钠是一类较新的防腐剂，FAO 和 WHO 在 1985 年推荐其为食品和饲料的防腐剂，我国于 1989 年批准其作为谷物和食品的防腐剂。双乙酸钠对人无积累性毒性，它在人体内的降解方式与乙酸相同。动物试验表明，小鼠经口的 LD_{50} 为 3.31g/kg，大鼠的 LD_{50} 为 4.96g/kg。FAO 和 WHO 推荐的 ADI 值为 0～15mg/kg 体重。美国 FDA 将双乙酸钠定为一般公认安全物质，美国政府 1993 年撤除了双乙酸钠在食品、医药和化妆品中的 ADI 值限制。

双乙酸钠的抑菌机理与其他有机酸类抗菌剂类似。目前，双乙酸钠在饲料加工业中使用较多。有资料表明，对含水量为 15%、18%、22%、30%的饲料分别添加 3g/kg、4g/kg、5g/kg、7.5g/kg 的双乙酸钠可延长饲料储存期达 3 个月，并且饲料中添加双乙酸钠后可增加饲料的动物适口性，提高饲料效价，改善动物的肠道环境，防止肠炎发生等。我国 GB 2760—2014 双乙酸钠规定的使用范围和最大使用量见表 7-9。

表 7-9　双乙酸钠的使用范围和最大使用量

防腐剂	使用范围	最大使用量/(g/kg)
双乙酸钠	豆干类、豆干再制品、原粮	1.0
	调味品	2.5
	复合调味料	10.0
	预制肉制品、熟肉制品	3.0

三、酯类

（一）尼泊金酯

尼泊金酯的化学名是对羟基苯甲酸酯。其结构通式为

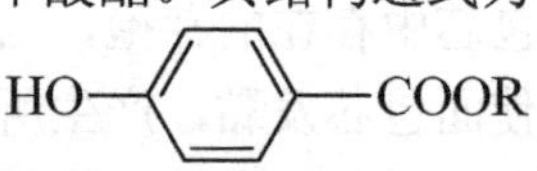

其中烷基 R 的变化可产生一系列相应的酯，如尼泊金甲酯、尼泊金乙酯、尼泊金丙酯等。随着烷基链的增长，相应酯的溶解度下降，但该化合物的酚系数增大，即其抗菌效果提高。几种尼泊金酯的主要特性和抗菌特性见表 7-10 和表 7-11。

表 7-10　几种尼泊金酯的主要特性

项目			尼泊金酯种类				
			甲酯	乙酯	丙酯	丁酯	庚酯
溶解特性/(g/100g)	水	10℃	0.20	0.07	0.025	0.005	—
		25℃	0.25	0.17	0.05	0.02	0.0015
		80℃	2	0.86	0.30	0.15	—
	乙醇（25℃）	100%	52	70	95	210	—
		50%	18	—	18	—	—
		10%	0.5	—	0.1	—	—
	丙二醇（25℃）	100%	22	22	25	26	—
		50%	2.7	—	—	0.9	—
		10%	0.3	—	—	0.06	—
	花生油（25℃）		0.5	1	1.4	5	—
小鼠经口 LD_{50}/(g/kg 体重)			8	6	6.3	13.2	—
抑菌效果（苯酚系数）			3	8	17	32	—
熔点/℃			127	116	96	68	48
pK_a			8.17	8.22	8.35	8.37	8.27

注：“—”表示没有测定数据

表 7-11　几种尼泊金酯的抗菌特性

微生物种类	完全抑菌所需的尼泊金酯最低浓度/(mg/kg)			
	甲酯	乙酯	丙酯	丁酯
黑曲霉	1000	400	200	200
产黄青霉	500	250	125	63
黑根霉	500	250	125	63
白色假丝酵母	1000	500	250	125
啤酒酵母	1000	500	125	32
蜡状芽孢杆菌	2000	1000	125	63
枯草芽孢杆菌	2000	1000	250	63
金黄色葡萄球菌	4000	1000	500	125
铜绿假单胞杆菌	4000	4000	8000	8000
大肠杆菌	2000	1000	4000	4000
伤寒沙门氏菌	2000	1000	1000	1000
肉毒梭状芽孢杆菌	1200	—	200	—
肺炎杆菌	1000	500	250	125
产气肠杆菌	2000	1000	1000	4000

注：“—”表示没有测定数据

尼泊金酯防腐剂在许多国家和地区被认为是安全的，允许在食品中添加使用。人体摄入尼泊金酯后很容易在胃肠内被吸收，它们在人体内的降解和排泄与苯甲酸类防腐剂类似，一般先在肝脏等器官内将尼泊金酯的酯键水解，形成的对羟基苯甲酸可直接从尿中排出，或再转变成对羟基马尿酸、葡萄糖醛酸酯后排出，在体内不积累。动物试验表明，将尼泊金甲、乙、丙、丁 4 种酯分别以 0.9～1.2g/kg 体重的剂量添加到饲料中，饲养大白鼠 2 年以上，试验鼠的肾、肝、肺及其他器官均无损伤及异常生理变化；对年幼大白鼠以 5.5～5.9g/kg 体重的剂量喂养时，发现有生长混乱现象；在狗的饲料中添加 1g/kg 体重的尼泊金酯，经一年饲养未见有引起损伤的现象。

尼泊金酯的 pK_a 值很大，有效抗菌的 pH 很高，食品的 pH 范围基本上对尼泊金酯的抗菌效果不产生影响。因此，在近中性的食品基质中，尼泊金酯的抗菌效果远大于苯甲酸等有机酸防腐剂。但尼泊金酯类抗菌剂在水溶液中的溶解性低，且具有某些特殊的气味，使其在食品中的应用受到一定的限制。

尼泊金酯的结构中有酚基，其抗菌特性也与苯酚相似，即破坏微生物细胞的细胞膜功能，使细胞内蛋白质变性，可抑制细胞呼吸酶系及电子传递酶系的活性，抗菌性能比苯甲酸类、山梨酸类防腐剂都强。

许多国家对尼泊金酯在食品中的应用均有专门的规定。例如，美国规定尼泊金甲酯和尼泊金乙酯在食品中的允许添加量为 0.1%，尼泊金庚酯在啤酒中的最大添加量为 12mg/kg。为提高抗菌效果，还常将两种或多种尼泊金酯混合使用。有文献报道，100mg/kg 的尼泊金甲酯和 100mg/kg 的尼泊金乙酯化合物可有效抑制肉毒梭状芽孢杆菌 NCTC2021 产生肉毒毒素。

我国目前仅对尼泊金乙酯和尼泊金丙酯规定了使用范围和最大使用量，摘录 GB 2760—2014 卫生标准的部分内容于表 7-12 中。

表 7-12　尼泊金酯在食品中允许使用的范围和添加量

种类	使用范围	最大使用量/(g/kg)	备注
对羟基苯甲酸酯类及其钠盐	经表面处理的鲜水果	0.012	以对羟基苯甲酸计
	醋	0.25	
	碳酸饮料	0.20	
	果蔬汁（浆）类饮料、耗油、虾油等、酱油、酱料	0.25	
	糕点馅	0.5（单用或混合用总量）	
	蛋黄馅	0.20	

（二）脂肪酸单甘油酯

许多脂肪酸单甘油酯对微生物的生长具有抑制作用，可以作为食品防腐剂。研究表明，脂肪酸酯的抑菌活性不但与脂肪酸的种类有关，而且与醇类有关；一般一元脂肪酸与一元醇形成的酯没有抑菌活性，α-羟基脂肪酸被酯化后的酯有较低的抑菌活性，甘油与一分子脂肪酸形成的酯化合物比原脂肪酸的抑菌活性更高。

脂肪酸单甘油酯通常对弧菌及其他革兰氏阳性菌有较强的抗菌活性，而对革兰氏阴性菌的抗菌活性较低，甚至不表现抗菌活性。有人认为这一现象与细菌的细胞壁组成有关，因为有试验表明，螯合酸（柠檬酸与多磷酸）可增强单甘油酯对革兰氏阴性菌的抑菌作用，这被解释为螯合酸去除了革兰氏阴性菌的细胞壁脂多糖，使其细胞壁组成与革兰氏阳性菌相似的原因。

脂肪酸单甘油酯的 pK_a 值很大，在食品的正常 pH 范围内基本上对其抗菌效果不产生影响。但单甘油酯在水溶液中的溶解性大部分较低，在普通食品中使用必须设法使其均匀分散在食品基质中才能确保抑菌效果，因此在添加操作上没有溶解性较大的防腐剂方便。

许多单甘油酯具有很强的抗菌活性，如表 7-13 所列的抗菌活性比较，月桂酸单甘油酯抗金黄色葡萄球菌的活性比山梨酸高 230 多倍。

表 7-13　脂肪酸单甘油酯抗菌活性比较　（单位：μg/ml）

试验菌	月桂酸单甘油酯	二辛酸甘油酯	山梨酸
枯草芽孢杆菌	17	74	4000
蜡样芽孢杆菌	17	74	4000
金黄色葡萄球菌	17	148	4000
黑曲霉	137	—	1000
白色念珠菌	69	—	1000
啤酒酵母	137	—	1000

注：表中数据为琼脂平板稀释法得到的抗菌剂最低抑菌浓度值；“—”表示没有测定数据

脂肪酸单甘油酯在国内的使用尚不普遍，我国允许在食品中使用的防腐剂品种，直到 1998 年发布的食品添加剂使用卫生标准增补品种中才列上单辛酸甘油酯。我国 GB 2760—2014 规定的使用范围和最大使用量为：肉灌肠类 0.5g/kg，豆馅、蛋糕、月饼、生湿面制品 1.0g/kg。

四、食糖与无机盐类

利用糖与无机盐作为食品保藏的防腐剂具有悠久的历史，特别是盐类，我国在数千年前就已经利用食盐腌渍蔬菜及其他食品，作为食品长期保藏的防腐手段。实际上，所有的无机盐在一定的浓度下均可抑制微生物的生长，但由于食品的特殊属性，用于食品防腐保鲜的无机盐必须有低毒性、符合人的饮食习惯或不改变食品风味等特点。因此，无机盐能在食品中实际应用的种类并不多。

（一）食盐和食糖

食盐和食糖是人们日常饮食中必需的调味品，当食盐和食糖在食品中达到一定的浓度时，可以抑制微生物的活动，达到食品防腐的目的，食盐和食糖的这种防腐应用即为人们所熟知的“腌渍”。腌渍食品具有特殊的风味，受到人们的广泛喜爱。由于有效防腐的食盐和食糖浓度已经改变了食品的原有风味，因此它不属于食品保鲜的范畴。

食盐的抑菌作用与食品中食盐的浓度密切相关。一般1%以下的食盐浓度不影响微生物的正常生长，当食盐浓度达到 1%～3%时，大多数微生物的生长会受到暂时性的抑制；当食盐浓度达到 10%～15%时，大多数微生物的生长就可以被完全抑制，其中大多数杆菌在 10%以上的盐液中就不再生长；如果盐液的浓度达到 20%以上，除了极少数嗜盐性微生物外，基本上能抑制所有微生物的生长。

基质的 pH 虽然不直接改变食盐的抑菌作用，但两者有一定的协同效应。在腌制蔬菜时如果完全依靠食盐抑菌，则盐液浓度应达到 15%以上，当蔬菜中添加 2%左右的盐量，蔬菜可进行产酸发酵，从而降低菜汁的 pH，达到防腐的目的。另外，基质的温度、氧气含量也均影响食盐的抑菌效果。例如，用干腌法腌制萝卜等蔬菜在冬季的加盐量只需菜重的 7%～10%，而在夏季则需加 15%左右；再如，当基质与空气接触时，氧含量高，需要较高的含盐量才能达到防腐的目的。

不同微生物类群及各菌种之间对食盐的抗性有较大的差异。细菌的耐盐能力一般比真菌低，在细菌中只有极少数的耐盐菌，如小球菌属（*Micrococcus*）、嗜盐杆菌属（*Halobacterium*）、假单胞杆菌属（*Pseudomonas*）。一般而言，细菌中球菌的耐盐性高于杆菌，非病原菌的耐盐能力高于病原菌，非芽孢菌的耐盐性高于芽孢菌。利用细菌与真菌耐盐性方面的差异，在粮食、饲料霉菌含量检测时，常在培养基中添加 6%～10%的食盐制成改良察氏培养基进行微生物分离，可避免细菌在培养基上生长影响霉菌检测的准确性。常见的微生物食盐抑制浓度列在表 7-14 中。

表 7-14 抑制常见微生物生长的食盐浓度 （%）

微生物类群	食盐浓度
乳酸菌	12～13
变形杆菌	10
腐败性球菌	15
黑曲霉	17
青霉	20

一般认为，食盐对微生物生长的抑制作用机理主要是因为食盐使基质的渗透压提高。渗

透压的提高可导致微生物细胞的脱水，严重时有可能引起微生物细胞因质壁分离而死亡。但食盐改变基质渗透压不是抑菌的唯一原因，食盐对微生物生长的抑制还因为高浓度食盐产生的大量氯离子和钠离子对微生物细胞具有一定的毒性，食盐对微生物细胞中的酶催化活性有抑制作用，以及氧气难以溶解在食盐溶液中导致基质环境的缺氧等。

食盐在食品防腐中的使用方法通常有干腌法、湿腌法、混合法等。食盐的用量一般按防腐和食品口味的要求综合确定，如腌制咸肉的盐量一般为15%左右，腌制蔬菜一般根据腌制的季节及是否需要乳酸菌发酵等目的的不同而控制食盐用量在2%～15%。

食糖一般对微生物没有直接毒害作用，它的抑菌作用主要是通过使添加食糖的基质产生低的水活度及高的渗透压而实现的。由于改变基质水活度和渗透压与添加物的分子质量有关，因此分子质量小的糖对食品的防腐效果较好。普通蔗糖需要达到50%以上的糖液浓度才能抑制微生物的生长；有些酵母菌和霉菌的耐糖能力很强，甚至在糖液浓度超过70%时仍能生长。

（二）二氧化硫与亚硫酸盐

二氧化硫用于食品防腐已经有数百年的历史，至今仍在大量使用。目前，世界上大多数国家都允许用二氧化硫及一些亚硫酸盐保藏食品。

二氧化硫通常为气态，可由硫黄燃烧形成，压缩后可成为液态，溶于水中可形成亚硫酸。二氧化硫在水溶液中与钾、钠等元素反应可生成相应的盐类。二氧化硫在溶液中的存在形式与pH有关，当pH小于3时，以二氧化硫的形式为主；当pH在3～5时，溶液中以HSO_3^-的形式为主；当溶液pH大于6时则以SO_3^{2-}为主。由于不解离的亚硫酸分子及二氧化硫对微生物的抑菌作用最强，因此亚硫酸盐的防腐效果与基质的pH有关。常用的几种亚硫酸盐中有效二氧化硫的含量及在水中的溶解性见表7-15。

表7-15　一些亚硫酸盐中的有效二氧化硫含量及水溶性

名称	分子式	有效SO_2/%	水溶解度/(g/100ml)
二氧化硫	SO_2	100	11（20℃）
亚硫酸钾	K_2SO_3	33	25（20℃）
亚硫酸钠	Na_2SO_3	50.8	28（40℃）
结晶亚硫酸钠	$Na_2SO_3\cdot 7H_2O$	25.4	24（20℃）
亚硫酸氢钾	$KHSO_3$	53.3	100（20℃）
亚硫酸氢钠	$NaHSO_3$	61.6	300（20℃）
焦亚硫酸钾	$K_2S_2O_3$	57.6	25（0℃）
焦亚硫酸钠	$Na_2S_2O_3$	67.4	54（20℃）

二氧化硫和亚硫酸盐主要用于果品、蔬菜及一些农产品的防腐。在储藏的葡萄中定期充二氧化硫可抑制葡萄孢霉等霉菌的生长，延长葡萄的存储期；高水分的玉米（如水分含量40%）及其他谷物中拌入亚硫酸氢钠可抑制霉腐菌的生长，避免不能及时干燥的粮食变质，同时它还具有破坏谷物中带有的黄曲霉毒素B_1、B_2等毒素的作用。除了对食品具有抑菌防腐功能外，亚硫酸盐类还具有增白、抗氧化、防褐变等功能，在食品添加剂的分类上亚硫酸类化合物被归于漂白剂类。表7-16是二氧化硫及亚硫酸盐在食品中使用的一些实例。

表 7-16　二氧化硫及亚硫酸盐在食品中的常用实例

功能	应用实例
抑制微生物生长	用气态二氧化硫对食品生产厂房、储藏库熏蒸消毒，熏制果蔬干杀菌；添加亚硫酸盐在果酱制作时防腐及在果酒制作时抑制野生酵母及杂菌
保鲜储藏	用二氧化硫处理葡萄、香蕉、番茄等果蔬，延长保质期
防止褐变	用亚硫酸溶液浸泡苹果片、去皮马铃薯、蘑菇
抗氧化	抑制葡萄酒发酵过程中的色素氧化，在果脯加工中防止维生素 C 氧化破坏
漂白	淀粉粉丝、蜜饯、干菜等食品制作时的漂白

二氧化硫类化合物的抗菌机理比较复杂，一般认为，抑菌是综合作用的结果。二氧化硫及亚硫酸盐类具有强的还原性，可以作用于细胞组织和代谢体系中各种酶类的敏感基团，从而可影响微生物的生长，甚至杀灭微生物。常见的作用方式有以下几类。

1）作用于蛋白质中的巯基。亚硫酸可以还原巯基，切断蛋白质中的二硫键，破坏蛋白质的构象，影响蛋白质和酶的功能。

2）与细胞组织及代谢物中的羰基起反应。各种蛋白质、酶、辅酶及代谢中间产物往往含大量的羰基，亚硫酸与羰基反应可影响这些活性物质的功能，改变代谢反应的性质。例如，磷酸吡哆醛是转氨酶的辅酶，转氨酶对氨基酸的转化及氮代谢的平衡是必需的，在催化过程中，磷酸吡哆醛通过其所含的羰基与酶中的赖氨酸残基 ε-氨基形成席夫碱而与酶蛋白结合，亚硫酸盐可与磷酸吡哆醛中的羰基起反应，使其不能与酶蛋白结合，从而使转氨酶不能起正常催化作用；又如，亚硫酸盐可对啤酒酵母中的 3-磷酸甘油醛脱氢酶起抑制作用，使糖代谢无法正常进行而导致细胞中 ATP 的含量急剧下降，抑制菌体的生长；再如，适量的亚硫酸盐存在可使酵母菌的糖发酵产生甘油，过量的亚硫酸盐则由于抑制酵母菌发酵的能量产生而阻止酵母菌的生长。

3）二氧化硫和亚硫酸盐具有强的还原性，降低了基质的氧化还原电位，可使好氧性微生物的生长受到抑制。

亚硫酸类化学剂在正常使用剂量下对人是安全的。动物长期喂养试验表明，亚硫酸盐无致癌作用，对鼠的长期无作用剂量相当于 42～179mg SO_2/(kg·d)，但也有报道认为亚硫酸盐可诱发过敏性哮喘病患者发病。FAO/WHO 联合食品添加剂专家委员会提出的 ADI（每日允许摄入量）值为 0.7mg SO_2/(kg·d)，照此计算，一个 60kg 体重的人每日可摄入相当于 42mg 二氧化硫的亚硫酸盐，这对人们摄入按正常标准添加亚硫酸类防腐剂的食品是安全的。我国规定允许添加二氧化硫和亚硫酸盐的范畴和用量，参考摘录于 GB 2760—2014 卫生标准的部分内容，如表 7-17 所示。

表 7-17　二氧化硫和亚硫酸盐的允许使用范围和用量

名称	使用范围	最大使用量/(g/kg)	备注
二氧化硫	葡萄酒、果酒	0.25	最大使用量以二氧化硫残留量计
焦亚硫酸钾	啤酒和麦芽饮料	0.01	
焦亚硫酸钠	淀粉（葡萄糖、果糖、饴糖、其他转化糖等）	0.04	
亚硫酸钠	食糖饼干	0.10	
低亚硫酸钠（保险粉）	蜜饯凉果	0.35	
亚硫酸氢钠	干制蔬菜	0.40	
硫黄	食用淀粉	0.03	

（三）硝酸盐和亚硝酸盐

硝酸盐和亚硝酸盐（主要是钠盐）是使用历史悠久的肉类发色剂和防腐剂，添加在肉类制品中有助于形成特有的风味，稳定肉的颜色，抑制腐败菌的生长和菌体毒素的形成。

对微生物具有抑菌作用的化合物是亚硝酸。硝酸盐在食品中可被转变成亚硝酸盐，在低pH的基质中盐类可转变成有抑菌活性的亚硝酸。因此，亚硝酸盐的防腐作用与pH相关。研究表明，当基质pH小于7时，亚硝酸盐才表现出明显的抑菌活性，当基质pH降低一个单位，对芽孢杆菌的抑菌作用将增加10倍。

亚硝酸对包括沙门氏菌在内的肠道细菌、乳酸菌等基本没有抑菌效果，但对耐热强的梭状芽孢杆菌，尤其是肉毒梭状芽孢杆菌具有较强的抑菌效果。由于非芽孢菌不耐热，因此在需要加热处理的食品中添加亚硝酸盐抑菌防腐才有实际意义。不仅如此，在肉制品中添加亚硝酸盐并结合加热处理对抑菌还有增效作用。研究表明，热处理前添加亚硝酸盐比在热处理后的抑菌效果可增加10倍。亚硝酸盐抑菌作用的热处理增效作用也称为“Perigo因子”。

硝酸盐、亚硝酸盐虽然在食品添加剂分类中被归为护色剂，但将它们添加到肉类中的主要目的是抗肉毒菌及肉毒毒素。试验表明，在肉类中添加15～50mg/kg亚硝酸盐即可有效地保护肉类的颜色和促使风味物质的形成，超过100mg/kg对肉类的风味和颜色不再有影响，但在熏肉、咸肉、火腿、罐头、午餐肉等肉制品中要有效抑制肉毒梭状芽孢杆菌的生长和产毒则至少需要添加120mg/kg的亚硝酸盐。

亚硝酸盐的抑菌效果还与其他许多因素有关。例如，增加肉制品中食盐的含量，基质本身所带的肉毒菌较少，有少量糖和乳酸菌存在等均可提高亚硝酸盐的抑菌效果。亚硝酸盐与山梨酸混合添加对抑制肉毒菌产生肉毒毒素有协同增效作用，这在肉制品加工中有一定的意义，报道的数据见表7-18。

表7-18　亚硝酸与山梨酸对肉毒毒素产生的抑制作用　（%）

组别	毒素产生率
对照组（不加亚硝酸钠和山梨酸）	90.0
0.26%山梨酸，无亚硝酸钠	58.8
0.26%山梨酸+40mg/kg亚硝酸钠	22.0
0.26%山梨酸+80mg/kg亚硝酸钠	0.0
无山梨酸，120mg/kg亚硝酸钠	0.4

注：试验取肉毒梭状芽孢杆菌A型和B型的孢子在27℃下培养60d

亚硝酸盐抑制肉毒菌等微生物的机理目前认为主要是它对胞内的铁-硫酶系的作用所致。例如，亚硝酸可与铁氧还蛋白结合抑制细胞内丙酮酸代谢产生ATP，其中铁氧还蛋白就属于含铁-硫的酶系，这一现象最先是由Woods等发现的。研究表明，当亚硝酸加入由葡萄糖基质培养的梭菌孢子中时，菌体细胞内的ATP水平下降，但基质中出现丙酮酸的积累。产生这一现象的原因是亚硝酸抑制了细胞内的磷酸裂解酶系（如铁氧还蛋白、氢化酶等）。因为在正常的代谢中，磷酸裂解酶系参与丙酮酸催化降解，降解电子的传递，以及通过无机磷和辅酶A形成乙酰磷酸并进一步产生ATP的过程。进一步的研究表明，乳酸细菌对亚硝酸有很强的抗性是因为在乳酸菌中没有铁氧还蛋白，而梭状芽孢杆菌既含铁氧还蛋白也含氢化酶，由于这两种铁-硫酶的存在，它们在厌氧条件下可降解丙酮酸产生ATP、H_2、CO_2。

亚硝酸在食品中添加的安全性问题已经被人们广泛关注。因为亚硝酸很容易与仲胺反应生成具有致癌性的亚硝胺，其反应通式如下：

$$R_2NH_2 + HONO \longrightarrow R_2N\text{-}NO + H_2O$$

亚硝酸与二甲胺反应会形成致癌力极强的二甲基亚硝胺。叔胺和季胺在酸性条件下也可与亚硝酸反应生成亚硝胺。虽然亚硝酸在蔬菜等一些天然食品中也存在，且人们在肉制品中摄入的亚硝酸仅占摄入总量的 10%左右，但仍有不少国家开始禁止硝酸盐和亚硝酸盐在食品中的使用。实际上，在食品不存在肉毒梭状芽孢杆菌产生肉毒毒素危害人的生命安全的情况下，应避免使用硝酸盐和亚硝酸盐。我国的食品添加剂法规（GB 2760—2014）规定亚硝酸类添加剂的使用范围和用量见表 7-19。

表 7-19　亚硝酸类添加剂的允许使用范围和用量

种类	使用范围	最大使用量/(g/kg)	备注
亚硝酸钠（钾）	熏、烧、烤肉类	0.15	以亚硝酸钠计，残留量≤30mg/kg
	腌制畜、禽肉罐头、发酵肉制品	0.15	
	腌制肉制品类	0.15	

五、天然抗菌物质

许多天然物质中含有可抑制微生物生长的化学成分，使得这些物质本身具有一定的抗菌防腐功能，或者可以添加到其他食品中发挥抗菌作用。

（一）酶

有些酶具有直接或间接的抗菌作用。由于酶本身无毒，专一性高，不影响食品的风味，容易控制，因此在食品的防腐保鲜方面有其他防腐添加剂不可比拟的特色。

1. 溶菌酶

溶菌酶（lysozyme）普遍存在于鲜奶、禽蛋等天然食品中。商品溶菌酶可经蛋品加工等途径获得。溶菌酶可水解细菌细胞壁肽聚糖中 *N*-乙酰胞壁酸和 *N*-乙酰氨基葡萄糖连接的糖苷键，使细菌细胞壁溶解，从而达到抑菌或杀菌的目的。溶菌酶的最适作用条件为 pH6～7，温度 50℃；溶菌酶稳定性较好，pH3 时能耐 100℃、45min；对革兰氏阳性菌的抗菌作用较好，尤其对枯草芽孢杆菌、地衣芽孢杆菌等好氧性芽孢杆菌有较强的抑菌和杀菌作用。但溶菌酶对霉菌、酵母菌无抗菌作用，对革兰氏阴性菌的抗菌作用也不明显。已经有一些在水产品、奶制品等食品中添加延长商品货架寿命的研究报道和应用实例。

2. 葡萄糖氧化酶

葡萄糖氧化酶（glucose oxidase）存在于许多动植物体内及一些微生物细胞中，它可氧化葡萄糖生成葡萄糖酸-δ-内酯。葡萄糖氧化酶本身不具抗菌作用，但它在催化反应中消耗了葡萄糖和氧，可在某些包装食品中营造缺氧或无糖的环境，对微生物的生长具有抑制作用，同时对防止食品本身的氧化和葡萄糖参与的褐变反应有良好的效果；另外，葡萄糖氧化酶在催化葡萄糖氧化过程中还生成一分子的过氧化氢，这对许多敏感细菌有较强的杀灭作用。已经有一些罐藏食品和蛋制品添加葡萄糖氧化酶保鲜的应用。

（二）多糖

许多天然多糖不易被微生物所分解利用，将它们作为果品和一些特殊食品的被膜剂，可保护这些食品免遭微生物的危害，减少水分的散失，起到防腐保鲜的作用。

壳聚糖可由天然虾壳、蟹壳、昆虫外壳、真菌细胞壁等材料中所含的甲壳素经脱乙酰化后获得，原料的来源非常广泛，是自然界中产量仅次于纤维素的多糖。壳聚糖可溶于稀的乙酸溶液中，形成黏稠的液体，具有良好的成膜性，可被均匀涂抹在基质表面，从而阻挡微生物对基质的侵入；壳聚糖还是自然界中唯一的天然碱性多糖，它对大肠杆菌、金黄色葡萄球菌等有较强的抑菌作用；另外，壳聚糖不仅对人无毒，而且被摄食后还对人体有一定的保健功能。

壳聚糖在食品保鲜方面已有大量的研究报道和具体的应用实例，如用于果品、蔬菜的涂膜保鲜，鲜蛋的防腐保鲜等，这些均获得了良好的效果。有报道称，用2%的壳聚糖乙酸溶液涂膜苹果块，在30℃下可储一周不发霉；用1%乙酸溶解壳聚糖，涂抹在鲜鸡蛋外壳上，可使鲜鸡蛋的保鲜效果比不涂膜的对照组有很大提高。

有些植物中存在的甘露聚糖可制成水溶性的多糖，也可用于在食品加工中添加或在生鲜食品表面涂布，延长食品的货架寿命。据报道，用0.05%的甘露聚糖水溶液浸渍草莓10s，再将表面风干，经一周储藏仍基本保持新鲜，3周仍未见长霉。

（三）天然香料和风味物质

许多被用来作为调味品的香料有明显的抗菌作用。由于不同的研究者研究这些物质的抗菌作用所选用的试验食品组分不同，各种来源的香料中抗菌物质含量有差异，以及试验采用的方法有别，因此对它们的抗菌作用效果报道差异较大。一般来说，挥发性强的香料提取化合物置于培养基表面试验的抗菌效果没有加入液体培养基或倒入平板中的效果好；提取物的抗菌效果没有直接用天然香料效果好。这些结果与挥发性抑菌物质能保持缓慢而长时间地释放有关。

许多试验还表明，香料用在食品中的抑菌效果一般没有在培养基做抑菌试验的效果好；对真菌的抗菌作用比对细菌强，对革兰氏阳性菌的抑菌效果比对革兰氏阴性菌好，革兰氏阳性菌中以乳酸细菌抗性最强，但也有对香料特别敏感的革兰氏阴性菌。

各种香料中的有效抗菌物及其含量大不一样。大蒜中含0.3%～0.5%的蒜素；丁香含挥发油14%～21%，其油中含有效抗菌成分丁香酚为95%；肉桂和桂皮的有效成分为桂皮醛（cinnamic aldehyde），其所含的0.5%～1.0%的挥发油中含有75%的桂皮醛。从现有报道看，一般香料的全料对敏感菌的最低抑菌浓度为1%～5%，洋苏叶和迷迭香是抗菌效果最好的天然香料，在培养基中含0.3%即可抑制受试的24种革兰氏阳性菌中的21种。

研究香料提取物的抑菌效果是确定香料有效抗菌成分、探索新型化学抗菌剂的有效途径之一。Huhtanen研究了33种香料的乙醇提取物对液体培养肉毒梭菌的抑制作用，发现胭脂树红和肉豆蔻皮提取物的最低抑菌浓度为31mg/kg，属33种香料中效果最好的；其次为肉豆蔻、月桂叶、白胡椒、黑胡椒，它们的最低抑菌浓度为125mg/kg。Benchat对百里香及黄樟芳香油的研究发现，100mg/kg可杀死液体培养基中的副溶血性弧菌；200mg/kg的桂皮油和丁香油，150mg/kg的桂皮醛和125mg/kg的丁香酚（eugenol）可抑制寄生曲霉在液体培养基中生长和产毒。从百里香中提取的百里香酚（thymol），用400mg/kg即能完全抑制黄曲霉、杂色曲霉和赭曲霉的生长和产毒。从八角茴香提取的茴香醚（anisole）用药量为2mg/ml，能完全抑制黄曲霉、杂色曲霉与棕曲霉的生长和产毒。

另外，赋予食品芳香和风味的物质也常具有特定的抗菌作用。一般它们的抗真菌作用较抗细菌作用强，细菌中以非乳酸型革兰氏阳性菌较敏感，而乳酸细菌的抗性较强。Jay 和 Rivers 曾研究过 21 种风味物质，其中有一半对细菌和真菌的最低抑菌浓度在 1000mg/kg 或更低。表 7-20 是一些风味物质的抗菌谱。

表 7-20　食品中一些风味物质的抗菌特点

风味物质	敏感菌	备注
丁二酮（diacetyl）	革兰氏阴性菌和真菌	咖啡、可可、啤酒、奶油、蜂蜜、面包中均存在
D, L-香芹酮（D, L-carvone）	真菌和革兰氏阳性菌	在薄荷油，莳萝油、葛缕子油中有，用于干酪、糖果、口香剂、辣酱油中
苯甲醛（phenylacetaldehyde）	真菌和革兰氏阳性菌	存在于苦杏仁油、樱桃核、杏核、桃核、橙花油、广藿香油中，用于糕点和酒
薄荷脑（menthol）	细菌、真菌	薄荷油、香叶油中有，用于糖果、口香糖和酒中
香草醛（vanilin）、乙基香草醛（ethyl vanilin）	真菌	香夹兰油、丁香油中有，用于糕饼、糖果、饮料

注：这些风味物质的抑菌作用随 pH 和温度降低而增强

丁二酮是赋予黄油风味的物质，也是抑菌效果最好的风味物质之一。它对革兰氏阴性菌和真菌的效果比对革兰氏阳性菌好。在 pH6.0、5℃的培养液中，10mg/kg 以下的浓度便可抑制荧光假单胞菌、弯曲假单胞菌（*Pseudomonas geniculate*）和粪链球菌，而同样条件下，在 30℃则需 240mg/kg 方能达到这种抑菌效果。其抑菌作用可能是丁二酮和革兰氏阴性菌的精氨酸结合蛋白作用，从而对这类细菌的精氨酸利用有拮抗作用。而革兰氏阳性菌有较强的抗性，是因为它们缺乏类似的周质结合蛋白和具有较大的“氨基库”。赋予黄油风味的另一物质是 2, 3-戊二酮（2, 3-pentanedione），它在 500mg/kg 或更低些的浓度可抑制真菌及有限的几种革兰氏阳性菌。

L-香芹酮和 D-香芹酮可分别赋予食品留兰香味和香芹味。它们都有抑菌作用，但 L-型异构体的抗菌作用强些，两者对真菌的作用较对细菌的强，抑菌浓度在 100mg/kg 左右。苯甲醛可赋予食品杏仁香味，其对金黄色葡萄球菌和白假丝酵母（*Candida albicans*）的抑制浓度分别为 100mg/kg 和 500mg/kg。薄荷脑抑制金黄色葡萄球菌的浓度为 32mg/kg，而对大肠杆菌和假丝酵母的抑制浓度为 500mg/kg。1000mg/kg 以下的香草醛和乙基香草醛可专一地抑制真菌。

香料的抑菌机制现仍不清楚。但不同类型的香料，其抑菌机制也不同。洋苏叶、薄荷及百里香的抑菌机制可能相似，因为某些乳酸细菌对其中的一种有抗性，则对其他三种也有抗性。

六、抗生素

抗生素是某些微生物产生的一类可以杀死其他微生物的次级代谢产物。在一般人的印象中，抗生素是用来治病的药物，因此在心理上不能接受将抗生素用作食品防腐添加剂。的确，滥用抗生素导致的危害性已被世人所瞩目，但在食品中合理使用安全性较高的抗生素，对确保食品安全性仍具有重要的意义。

为了确保抗生素在食品防腐中的使用安全和使用效果，有人提出食品中应用的抗生素应具有以下的特点：①对抗菌对象具有杀灭作用；②能被降解成无害的物质，或对于一些需要烹调的食品能在烹调过程中被降解；③抗生素不应被食品中的成分或微生物代谢产生的成分所钝化；④不会刺激抗性菌株的出现；⑤医疗或饲料添加剂中使用的抗生素不应在食品中使用。

我国在食品防腐中允许使用的抗生素种类和最大使用量见表 7-21（GB 2760—2014）。

表 7-21　我国允许在食品中使用的抗生素和用量

种类	使用范围	最大使用量/(g/kg)	备注
乳酸链球菌素	方便米面制品、其他杂粮制品	0.20	
	乳制品、肉制品	0.50	
纳他霉素（微生物发酵法）	干酪和再制干酪、油炸肉类、西式火腿、糕点、果蔬汁（浆）、	0.30	混悬液喷雾或浸泡残留量小于 10mg/kg
	沙拉酱	0.02（残留量：10mg/kg）	
	发酵酒	0.01	

（一）乳酸链球菌素

乳酸链球菌素（nisin）也称尼生素，它是由乳酸链球菌发酵产生的一种小分子多肽抗生素。分子一般由 34 个氨基酸残基组成，相对分子质量为 3512。nisin 的溶解度和稳定性与溶液的 pH 有关。一般随 pH 下降稳定性增强，溶解度提高。pH2.5 时溶解度为 12%，pH5.0 时为 4.0%，中性和碱性时不溶。研究表明，nisin 在 pH2 时具有较高稳定性，121℃加热 30min 仍不失活；在 pH5 时经 115.6℃灭菌处理失去 40%活性，pH6.8 时则失活 90%，因此用 nisin 来防腐的食品必须具有稳定的酸性。大分子物质对 nisin 有防护作用。Heinemann 等证实各种食品中的大分子物质能减轻 nisin 在热处理过程中的失活程度。

nisin 对人体基本无毒性，在食品中使用对人体的安全性较高。因为 nisin 对蛋白水解酶特别敏感，在消化道中很快被 α-胰凝乳蛋白酶分解；nisin 不与医用抗生素产生交叉抗药性，能在肠道中无害地降解。1969 年，FAO/WHO 食品添加剂联合专家委员会批准其为食品添加剂。1994 年，FAO/WHO 规定其 ADI 值为 33 000IU/kg，LD_{50} 为 7g/kg。我国在 1986 年批准 nisin 作为防腐食品添加剂。至 1990 年，包括中、美、英等国在内的 50 多个国家和地区已允许 nisin 在食品中使用。目前，我国食品中允许使用的范围和用量见表 7-21。

nisin 的抗菌范围较窄。它不抑制革兰氏阴性菌、酵母和霉菌，专一抑制革兰氏阳性菌，特别是细菌芽孢。nisin 能抑制葡萄球菌属、链球菌属、小球菌属和乳杆菌属的某些菌种；抑制大部分梭菌属和芽孢杆菌属的芽孢。例如，能有效抑制肉毒梭状芽孢杆菌、金黄色葡萄球菌、溶血链球菌、里斯特氏菌、枯草芽孢杆菌、嗜热脂肪芽孢杆菌等所引起的食品腐败，这一特性使它被广泛地应用在经热处理的包装食品中作为防腐剂。

nisin 的抗菌机理目前仍未完全清楚。一般认为，nisin 吸附在微生物的细胞质膜上是杀菌的前提，但对于 nisin 如何进一步作用，仍存在不同的看法。有的研究认为它可以抑制营养细胞的肽聚糖等物质的生物合成，使细胞膜和磷脂化合物的合成受阻，导致胞内物质外泄，细胞裂解；有的研究认为 nisin 单体中的 DHA（脱氢丙氨酸）和 DHB（p-甲基脱氢丙氨酸）可以与敏感菌细胞膜中某些酶的巯基发生作用；也有的研究认为，nisin 能消耗敏感细胞的质子驱动力（proton motive force）；还有的研究显示，nisin 可导致 K^+ 从细胞质中流出、ATP 的泄漏、胞外水分子进入等，引起细胞自溶。

一般的抗生素只有抑菌作用，nisin 对细菌芽孢不仅具有抑制作用，而且还可杀死芽孢。

由于 nisin 的耐热性，当食品加热杀菌过程完成后，混合物中的 nisin 仍可保持高活力，这些 nisin 能抑制芽孢杆菌和梭状芽孢杆菌芽孢的发芽。

nisin 用于食品中防止芽孢萌发的剂量差异较大，一般从 3IU/ml 到大于 5000IU/ml，或以重量为单位，从小于 1mg/kg 到大于 125mg/kg（1μg 纯 nisin 约为 40IU）。由于 nisin 的低毒和高效，符合食品防腐剂发展的趋势，因此在食品中的应用范围在不断地扩大。

nisin 在乳制品中的应用最为广泛。乳制品经巴氏消毒后仍可能残留部分细菌和耐热芽孢，如果结合 nisin 的使用，可以弥补低温杀菌的不足，提高乳制品质量，延长乳制品的货架期；生乳酪中常常存有梭菌芽孢，如丁酸梭菌、酪丁酸梭菌、生孢梭菌、肉毒梭菌等的厌氧芽孢，它们能经受 85～105℃热处理，在巴氏灭菌精制的乳酪中添加 500～1000IU/g 的 nisin，就可以有效抑制并防止肉毒梭菌的生长和毒素的产生；在风味牛乳制品中加入 80mg/L nisin 后，能完全抑制梭状芽孢杆菌的生长；在灭菌乳、炼乳、再制乳的加工中加入 nisin，可减少高温处理强度，改善产品品质。

在传统的火腿、香肠等肉制品的生产中，添加 nisin 可协同亚硝酸钠、硝酸钠的防腐作用。因为 nisin 能有效控制肉制品中微生物的生长，尤其是抑制产生毒素的肉毒梭状芽孢杆菌的活性，并且 nisin 本身呈酸性，能降低周围介质的 pH，降低残留的亚硝酸盐含量，减少亚硝胺的形成。因此，添加 nisin 的肉制品能减少发色剂的用量，提高食用安全性。实验表明，火腿中硝酸盐含量由原来的 0.015%降到 0.004%，产品品质仍保持良好；在香肠生产中使用 nisin，一般的添加量为 0.3g/kg。当然，如果单从经济性和防腐效果考虑，在肉制品中添加 nisin 不如添加亚硝酸盐经济、有效。

在罐头制造中，有些耐热的芽孢菌，如嗜热脂肪芽孢杆菌和热解糖梭菌等不易彻底杀灭，残留的芽孢在适宜的条件下便会导致罐头食品腐败，而添加 nisin 可有效地减少这方面的损失。对于低酸性罐头，常需高强度的灭菌条件确保完全杀灭肉毒梭状芽孢杆菌，添加 nisin 后能起到减轻热处理强度的作用。对于果蔬罐头，如番茄酱、罐头汤汁、蔬菜和蘑菇等，添加 nisin 能减弱杀菌条件，保证食品的营养风味，但为了保证罐头在保质期内始终达到商品无菌，应注意使食品中的 nisin 残留量不少于 20mg/kg。

nisin 对酵母菌的作用很弱，因此可在啤酒、果酒等酒精饮料酿造时加入，用来抑制革兰氏阳性菌的污染危害。在啤酒生产中受乳杆菌和啤酒片球菌的污染，会发生混浊、变酸、发黏等现象，在啤酒中添加 100IU/ml nisin 就可抑制常见腐败菌的生长；有试验还表明，在巴氏灭菌的瓶装啤酒添加 10IU/ml nisin，啤酒存放期可延长一倍。

由于 nisin 的抗菌谱较窄，其他对 nisin 不敏感的微生物发酵过程中，均可用其来防止革兰氏阳性菌的污染。另外，nisin 还可与其他防腐剂配合使用，提高防腐效果，降低使用成本。

（二）纳他霉素

纳他霉素（natamycin）又称为游霉素，是由纳他链霉菌（*Streptomyces natalensis*）发酵产生的多烯烃类化合物，其结构式如图 7-1 所示。纯品为白色结晶，熔点为 180℃（分解），在 pH4～7 性质稳定，溶解性较差，在水或乙醇中的溶解度为 0.005%。

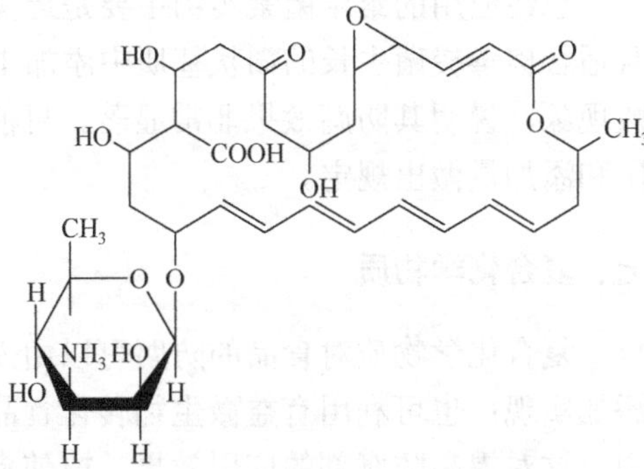

图 7-1　纳他霉素化学结构式

纳他霉素作为食品添加剂在国际上已被广泛认可，其主要作用是抑制食品中的霉菌和酵母菌。我国从 1997 年开始允许纳他霉素在一些食品中添加。FAO/WHO 的食品添加剂专家委员会对纳他霉素的评价是：纳他霉素不作用于细菌，应用纳他霉素很少引起真菌的抗药性，也不诱发真菌对其他抗真菌剂的交叉抗性。

纳他霉素抗真菌的机理目前尚不完全清楚，一般认为它与其他多烯烃类抗菌剂的作用机理相同，即与真菌细胞膜上的固醇结合，破坏膜的选择性透性，影响真菌细胞膜的功能，从而抑制真菌的生长或直接杀死真菌。由于细菌的细胞膜上没有固醇，因此细菌对纳他霉素不敏感。

纳他霉素的抗真菌效果高于山梨酸等防腐添加剂。Klis 等比较了纳他霉素和山梨酸对 16 种不同真菌的抑菌效果，发现要抑制这些真菌需要 100～1000mg/kg 的山梨酸添加量，而对相同的菌株，在相同的培养条件下只需添加 1～25mg/kg 的纳他霉素就可获得相同的结果。在控制草莓真菌发生时，将纳他霉素与制霉菌素的抑菌效果进行比较，制霉菌素的有效使用剂量为 50mg/kg，而纳他霉素为 10～20mg/kg。有人进行过意大利腊肠表面喷涂防霉试验，发现 0.2%纳他霉素的防霉效果与 2.5%山梨酸钾相当或稍好些。

（三）枯草菌素

枯草菌素（subtilin）与乳酸链球菌素非常类似，是一类短肽类的化合物，一般由 32 个氨基酸残基组成。枯草芽孢杆菌的一些菌株在合适的条件下可产生这种抗生素。

枯草菌素的许多性质和抗菌范围也与乳酸链球菌素类似。它对革兰氏阳性菌有较高的抑菌效果，对酸稳定，耐热性强，可耐 121℃、30～60min 的强烈杀菌条件；在罐头食品中，枯草菌素添加量 5～20mg/kg 即可抑制细菌芽孢的萌发。目前我国的有关食品添加剂法规尚未对枯草菌素的应用范围和添加量作出规定。

（四）泰乐菌素

泰乐菌素（tylosin）属大内酯环类抗生素，对革兰氏阳性菌具有强烈的抗菌效果。与乳酸链球菌素等抗生素不同，泰乐菌素是一类可以在动物饲料中添加、用于医疗及作为医治禽类疾病的抗生素，这一特性与人们对食品防腐抑菌剂一般认同的理念有冲突，因而在某种程度上也制约了这种抗生素在食品中的应用。

泰乐菌素的抗菌机理是抑制细菌蛋白质的合成，其作用对象主要是核糖体的 50S 亚基；由于泰乐菌素的结构特点，它与红霉素等大内酯环类抗生素有一定的交叉抗药性。

已经应用的泰乐菌素实例主要是罐头食品。有研究表明，在一种含罐头“平酸型”芽孢，且适合肉毒梭菌生长的糊状基质中添加 1mg/kg 泰乐菌素，经 54℃、30d 培养，罐头仍没有腐败现象，说明其防腐效果非常显著。目前我国的有关食品添加剂法规未对泰乐菌素的应用范围和添加量做出规定。

七、复合化学物质

复合化学物质对食品的防腐可以由人为配制一种以上的防腐剂或防腐增效物质在食品中添加实现；也可利用有益微生物转化食品成分，产生有防腐作用的复合物而对食品起防腐作用。这对提高防腐剂的应用效果，或使食品向天然化发展，减少化学防腐添加剂的可能毒副作用有重要的意义。

（一）复合化学防腐剂

复合化学防腐剂的性质比较复杂。有些是将不同抗菌谱、不同化学性质的防腐剂复合配制使用；也有些是以一种防腐添加剂作主体，添加具有抗菌增效功能的其他添加剂复合而成。这两类复合化学防腐剂的性质、功能方面有一定的差异。

对不同抗菌物质复配的复合防腐剂研究报道较多，它们可以有两种或两种以上防腐剂的组合。不同防腐剂经组合后一般可产生比单一防腐剂相加抗菌效果更强的“增效作用”、与单一抗菌剂相加等同的“等效作用”和不如单一抗菌剂相加的“拮抗作用”。研究复合化学防腐剂就是希望发现有增效作用的配合组成，如前面所述山梨酸与亚硝酸钠复合抑制肉毒梭状芽孢杆菌产毒就是增效的实例。

复合化学防腐剂的抑菌效果与许多因素有关，如食品的成分，食品的酸度、食品中存在的微生物类群等因素均影响其抗菌效果。有时在一种基质中复合的防腐剂间有增效作用，而在另一种基质中却产生拮抗作用。因此复合防腐剂适合应用的对象相对于单一防腐剂更窄，在很多场合甚至为某种食品所专用。表 7-22 是几种防腐剂在不同条件下的复合抗菌效果。

表 7-22 几种防腐剂复配的抗菌效果

试验菌和条件	防腐剂	山梨酸	苯甲酸	尼泊金酯
大肠杆菌 pH＝6	二氧化硫	0	+	0～+
	山梨酸		0	0～−
	苯甲酸			0
啤酒酵母 pH＝5	二氧化硫		0～+	
	山梨酸		−	0～−
	苯甲酸			0～−
黑曲霉 pH＝5	二氧化硫	+	+	+
	山梨酸		0	−
	苯甲酸			0～−

注：“+”表示增效作用；“0”表示等效作用；“−”表示拮抗作用

各国对防腐剂的复合有不同的规定。有些国家专门规定有几种防腐剂不能同时添加，如加拿大规定，在同一种食品中禁止使用一种以上的苯甲酸及其盐类、对-羟基苯甲酸甲酯或乙酯以及亚硫酸及其盐类；另一些国家，如英国、新加坡、马来西亚等规定在同一种食品中使用几种防腐剂时必须减少每一种防腐剂的用量；我国在《食品添加剂卫生管理办法》中规定，复合食品添加剂中各单项物质必须符合国家规定的使用范围和使用量，生产前必须经省（自治区、直辖市）的食品卫生监督机构批准。因此，在配制和应用复合防腐剂时必须遵循食品添加剂的有关法规规定。

一种防腐剂与有些本身不具抗菌功能的化学物质混合使用可产生抗菌增效作用。这种现象一方面与防腐剂本身的特性有关；另一方面也与添加物及食品的性质、抑菌的对象等因素有关。例如，酸性条件下有抗菌活性的防腐剂与酸类物质配合使用；醇类助溶剂、乳化剂等与难溶的尼泊金酯类防腐剂配合使用促使其在基质中均匀分散；一些对基质渗透压、氧化还原电位等具有调节作用的化学物质等均可能有助于防腐剂发挥更大的抗菌效果。

（二）微生物产生的复合抗菌物

利用某些特殊微生物发酵处理进行食品防腐保鲜是一类传统的食品保藏方法。虽然这一处理过程没有人为添加具有特定抑菌作用的化学防腐剂，但微生物发酵作用可将食品的成分转化为多种可以抑制腐败菌生长的化学物质，因此微生物防腐实际上也是一类利用复合化学物质抑制腐败菌生长的结果。

微生物发酵抗菌的机理比较复杂，通常是各种因素综合作用的结果。这些抗菌因素有些已经被人们认识，有些仍然未知。一般认为，微生物发酵抗菌的主要因素有以下几个方面：①微生物发酵可形成一些有机酸，这些有机酸有的通过降低基质 pH 抑菌，也有的可像丙酸等化合物一样直接对微生物的生理或细胞物质起作用，达到抑制微生物生长的目的；②微生物发酵可消耗基质中的氧气、某些特殊的生长素、微量元素等，从而抑制对这些物质有依赖的腐败菌生长；③有些微生物菌株在发酵时可产生具有抗菌活性的化合物，如乳酸菌发酵产生的乳酸链球菌素等；④许多微生物在生长过程中还能产生对其他微生物有特殊抗菌作用的物质，如乳酸菌可产生具有抑菌作用的丁二酮，有些菌在有氧代谢中产生的过氧化氢，酯类物质被分解后产生的具有抑菌作用的脂肪酸、单甘油酯等。

微生物发酵产生的复合因子保藏食品的应用实例很多，如奶制品经发酵后制成的干酪、酸乳等；发酵肉制品中的香肠、火腿等，以及各种发酵的腌菜、泡菜等；它们的储存期均可比其原料制品有相当幅度的延长。

八、气体成分调节防腐

微生物生存环境中的气体成分对微生物的生命活动有非常重要的影响。人为改变气体成分的组成可以抑制微生物的生长，用于食品的防腐保鲜。一般将食品置于特定的气体成分环境中并设法控制气体成分稳定的储藏方法称为气控（controlled atmosphere，CA）储藏；而对设法改变食品储藏环境的气体成分，在以后的储藏过程中不再进行人为气体成分调节的储藏方法则称为气调（modified atmosphere）储藏。另外还有一些气态化学剂可与微生物细胞物质发生生物化学作用，可以杀灭基质上存在的微生物，保持食品储藏的稳定性，这一方法则称为熏蒸杀菌防腐。

气调储藏的应用与研究有悠久的历史。例如，我国自古就已采用的窖藏粮食、薯类、水果等农产品，就是利用在密闭的环境下，新鲜农产品和带有的微生物呼吸耗氧，产生高浓度的二氧化碳控制霉腐微生物的生长，达到食品防腐保鲜的目的。对气调储藏的系统研究则始于 20 世纪初，当时研究的对象主要以果品为主。由于气调储藏对食品的保鲜效果好，有害物质残留少或没有有害物质残留，因此，其应用的范围也越来越广。

（一）气调防腐的基本原理

在正常的大气环境中，O_2 占 19%～21%，CO_2 约占 0.3%，N_2 约占 78%，在这样的气体环境中，可引起食品腐败变质的微生物类群及许多仍具生命力的食品（如水果、蔬菜、粮食等）都能进行正常的代谢活动，如果微生物在储藏的食品中大量生长即可导致品质劣变。气调防腐通常是用一定的手段改变食品储藏空间的气体组分，减弱食品在储藏过程中的呼吸作用，抑制微生物的活动及延缓食品中化学组分的变化，从而延长食品的保藏期，并保持食品良好的品质。

许多食品在储藏过程中仍然保持着生命力，并进行着呼吸作用。在通常情况下，食品的呼吸作用要消耗自身的营养物质，产生CO_2，同时在呼吸作用中产生的H^+和电子与环境中的O_2结合生成水。虽然这种呼吸作用对维持食品本身的生命力和抵御微生物侵害有积极作用，但是营养物的损耗会使食品的营养价值、重量、外观和风味发生不可逆的变化，这些变化不仅降低了食品的食用品质还使食品组织衰老，影响食品的耐储性和抗微生物性能。在低O_2浓度或高CO_2浓度的气调环境中，食品的呼吸作用受到抑制，在维持其正常生命力和抗菌力的前提下，使食品的呼吸强度降到最低水平，减少食品在储藏过程中营养物的损失，从而延长食品的保藏期并保持良好品质。例如，低O_2浓度可抑制叶绿素降解而保绿，减少抗坏血酸损失，降低不溶性果胶物质的减少速度而保持果蔬的脆硬度。虽然降低O_2浓度、提高CO_2浓度可降低食品的呼吸强度，但对于果蔬类，O_2浓度过低或CO_2浓度过高不仅不能有效地抑制呼吸作用，还会使食品的营养物损耗得更快，甚至会造成食品的生理病害；低O_2浓度对果蔬类的危害可以从O_2对其呼吸作用的影响上得到解释。因为在缺氧或无氧的环境中，不再是正常的有氧呼吸，而是发酵作用，由于营养物的氧化不完全，产能效率低，因此营养物消耗得更快，放出的CO_2量也增加了，积累一些营养物不完全氧化的产物，即乙醇、乙醛及其他可引起食品生理病害的有机物。严重时会使食品的抵抗力下降而易被微生物侵害。高浓度CO_2对果蔬损害的第一个信号是产生异味，接着是褪色和组织解体，至于其损害机理现仍不清楚。

食品的种类、品种、产地乃至成熟度不同，对低O_2浓度和高CO_2浓度的忍耐程度也不同。有的能耐很低的O_2浓度和很高的CO_2浓度，如干燥的粮食几乎可在任何气体环境储藏，洋葱在O_2不低于1%和CO_2不高于10%的气调环境中都可储藏。而有些食品则在O_2浓度稍低或CO_2浓度稍高的环境中就可能使其品质发生劣变，如马铃薯储藏中O_2低于10%，番茄储藏中CO_2浓度高于2%，香蕉储藏中CO_2浓度高于5%等，都会损害其品质。

新鲜果蔬类在储藏过程中会产生乙烯，在储藏环境中乙烯的积累不仅会促进果蔬的成熟和衰老，还会使其呼吸强度增强和呼吸高峰提前出现。因此对果蔬类要取得良好的保藏效果，就必须抑制乙烯的形成或减弱其生理作用。由于乙烯的形成是一个需氧过程，因此在无O_2或低O_2浓度的情况下，乙烯的生成就受到抑制，且高浓度CO_2可大大减弱乙烯对果蔬成熟和呼吸的刺激作用。因此选择适宜的气调储藏条件，就可控制果蔬在储藏过程中的生理变化过程，使其在上市时刚好产生可接受的质构、风味和外观。实际上延缓了果蔬的后熟和衰老过程，也减少了它们受微生物侵害的可能性，因为过熟的果蔬易受微生物的侵害，而成熟中的果蔬则对微生物的侵害具有较强的抵抗力。

此外，在气调储藏的环境中，不仅微生物的生长和存活受到相当程度的影响，还可阻止真菌毒素的形成，因此气调储藏的食品较一般储藏方法有更长的保存期，能保持更好的品质。例如，有试验表明，草莓用一般的冷藏只能保存2周，用气调储藏则可保存4周；苹果可冷藏5个月，用气调则可更有利地保藏10个月。对一些低温冷藏易发生冻害的果蔬，采用气调储藏则更能显出其优越性。

（二）气调的方法

食品气调防腐基本上都是采用降低储藏环境中的O_2含量、提高CO_2浓度或提高N_2的浓度。实现食品气调保藏的方法很多，一般根据储藏食品的性质、储藏的工具、环境条件等因素综合考虑，使食品维持在防腐保鲜理想的气体成分中。

1. 自然气调

自然气调是利用生物在密闭环境中的呼吸作用，消耗储藏空间的O_2，并增加CO_2的含量，最后使储藏空间的气体组成达到或接近对储藏物适宜的气体条件。这种方法一般要求储藏的食品有一定的呼吸强度，并需要一定的时间才能达到要求的气体成分组成。因此，它不适用于储藏易腐败的蔬菜，或已收获较长时间的粮食等，但适用于一些水果（如苹果）或新收获的粮食等。

2. 人工气调

人工气调是利用专门的气源、机械设备等人为地改变储藏空间的气体成分，以延长食品保藏期的方法，如燃烧炉制氮机通过燃料的燃烧来消耗 O_2；充 N_2（用液态 N_2）或分子筛富氮；抽真空后再充入 CO_2；真空包装等。由于这种方法可在短时间内改变储藏环境的气体组成，因此对无呼吸作用的食品及易腐败果蔬尤为适用，在肉类、鱼类、禽类、干制食品及粮食储藏中均有应用。另外，应用脱氧剂除去储藏空间的 O_2；将气调库与废弃有机物发酵室连接，利用微生物发酵降 O_2，产生 CO_2；果品采用大分子物质涂膜等也属于人工气调方法。

气调储藏中要求维持储藏环境中气体组成基本稳定，这对储藏设施的气密性要求较高，虽然也可通过不断补充某种气体成分的方法维持，但无疑将提高储藏的成本。现在气调储藏中应用广泛的有气调库、塑料帐幕、聚乙烯塑料薄膜和硅橡胶气调袋等。对大型气调库的气密性可用某一压力下的平衡半衰期来表示，如在气调库中引出一根导管，连接气泵或真空泵，在导管上再引出支管与一个 U 形计连接，将气调库密封后加压或抽负压至一定的压力差（如 500Pa），当压力差减少到一半的读数即该气调库在该压力下的气密半衰期。一般气调库的正压 500Pa 半衰期应大于 10min。

（三）气调对微生物的影响

当食品储藏环境的气体成分被改变后，食品上各类微生物的生理代谢及生长等都会受到不同程度的影响，这也是气调防腐保鲜的基础。

1. 低 O_2 浓度的影响

食品上的微生物绝大多数是好氧性的，在低氧环境中，它们的活动将受到极大限制。在食品储藏中通常可通过降低储藏环境的气压、抽真空、涂膜隔离氧气、化学剂吸氧等方法造成低氧浓度的环境；在储藏环境中充入 N_2 等非活性气体，置换其中的氧气也可造成低氧环境。但以某些化学或生物学方法降低储藏环境中的 O_2 由于伴随有 CO_2 产生，对微生物生理的影响是综合作用的结果。

酵母菌在供氧不足的情况下只能靠发酵作用产能，由于产能效率低，因此生长速度比氧气充足时要慢得多；霉菌在缺氧环境中同样生长缓慢，菌株还会发生畸变，呈酵母状、黏液状，在氧浓度低于其最低要求时，菌丝便停止生长，不形成孢子，孢子也不能萌发，经过一段时间便会死亡。但有些霉菌对氧气浓度要求不高，能耐低氧环境，如灰绿曲霉在氧气浓度为 0.2%的环境中仍能生长，毛霉、根霉、镰刀菌在缺氧环境中仍能生长。以琼脂培养基上的生长情况为标准，多数真菌在氧分压为 2.6～5.2kPa 时的生长情况与在正常空气中的一样，只是菌体干重受影响。以细胞干重计，在严重缺氧条件下，真菌的生长速率仅为有氧条件下的 20%～50%。由此可见，低氧浓度可抑制食品上微生物的活动。

Serafini 等曾试验纯氮气对微生物的影响。他以水分为 18%～19%的小麦为基质，先用 γ 射线表面消毒，然后分别接种黄曲霉、薛氏曲霉、圆弧青霉和克鲁斯假丝酵母，并保存在空气或纯氮气中（30℃）。结果氮气对 4 种微生物都有抑制作用，其中圆弧青霉和薛氏曲霉对纯氮的无氧环境最敏感，在氮气中经 21d 左右，生长几乎完全被抑制；其次是黄曲霉，从第 21 天开始出现明显的抑制作用，60d 后才完全被抑制；克鲁斯假丝酵母从第 21 天开始有抑制作用，27d 后才有一定的抑制作用。一般认为氮气对生物没有直接的毒害作用，纯氮环境下对微生物的作用是低氧或无氧状态产生的效果。因此，上述试验表明，各种微生物对无氧环境的适应能力有一定差别。

Richard-Molard等用含30%水的高压灭菌玉米接种霉菌的分生孢子后，于空气中24℃培养8d，然后分成三部分，分别在空气中、完全厌氧及气密储藏条件下储藏 4 个月后，检查分生孢子的萌发力。结果发现杂色曲霉的分生孢子在厌氧和气密储藏条件下经 4 个月后萌发力都明显下降，萌发率不到 10%；黄曲霉的分生孢子在厌氧储藏 4 个月后仍有 50%可萌发；烟曲霉和娄地青霉则极敏感，经 4 个月气密储藏后，分生孢子基本完全丧失了萌发力。

很多试验证实，适宜的气调储藏条件不仅能抑制微生物生长，而且还可抑制霉菌产毒。Shih 等试验在 28℃下，90% CO_2 和 10% O_2 的气体环境可抑制黄曲霉产毒。Serafini 等试验证实，充氮气调储藏不仅能抑制小麦上黄曲霉的活动，还可以抑制黄曲霉产生黄曲霉毒素 B_1（表 7-23）。

表 7-23　不同气体成分对小麦中黄曲霉生长和产毒的影响

时间/d	孢子数×10^3/g		黄曲霉毒素 B_1/(μg/kg)	
	空气	氮气	空气	氮气
0	10.5	10.5	—	—
7	10	7	8.03	—
14	18	4.9	80.0	—
21	71	3.7	118.0	—
27	72	3.5	120.0	—
34	72.5	3.3	119.0	—

注：“—”表示未检测到毒素

由于低氧气浓度环境对微生物有明显的抑制作用，对防止食品中脂肪等成分的氧化和色泽的变化也很有效，加上近年来食品包装机械和技术的快速发展，包装材料不断被改进，包装的气密可靠性更高，因此，通过真空包装、充氮气包装等对各类食品进行防腐保鲜储藏已越来越普遍，对社会经济和人们的生活质量都有明显的促进和改善作用。

2. CO_2 的影响

高浓度 CO_2 对微生物的抑制作用因菌种、菌龄、CO_2 浓度、食品的水活度不同而异；不同属种和菌株对 CO_2 的敏感性差异很大。一般革兰氏阴性菌较革兰氏阳性菌对 CO_2 更敏感，革兰氏阴性菌中以假单胞菌最敏感，乳酸菌和厌氧菌最不敏感。在 100%的 CO_2 中，芽孢杆菌、肠杆菌、黄杆菌及微球菌的一些培养物在室温下经 4d 即可被杀死，而对变形杆菌、产气荚膜梭菌及乳酸型细菌则无明显作用或作用很微弱。

储藏环境对 CO_2 的抑菌效果有明显影响。例如，低温可提高 CO_2 的抑菌效果，虽然低温本身对微生物也有抑菌作用，但除去这部分因素还有低温下 CO_2 在水中的溶解性增强的原因，在一个大气压下，每 100ml 水在 20℃下可溶解 88ml 的 CO_2，而在 60℃下仅能溶解 36ml 的 CO_2。其他如低 pH 可提高 CO_2 的抑菌效果；在有压力存在的储藏环境中 CO_2 的抑菌作用也会增强。

5%～50%（*V*/*V*）的 CO_2 对大多数霉菌、酵母菌及细菌有抑制作用，但并不能杀死它们或完全抑制其生长。较低浓度的 CO_2 对微生物非但无抑制作用，反而会促进其生长。在 5%～

50%的 CO_2 浓度下，CO_2 的抑菌作用随浓度增加几乎呈线性增强，浓度再高则其抑菌作用不再有明显增强。5%～20%时 CO_2 对延滞期微生物的抑制作用最强，而在微生物适应基质后的对数生长期，CO_2 的抑菌作用则明显降低。高浓度的 CO_2（40%以上）对微生物的抑制作用则受菌龄影响很小。

高浓度 CO_2 气控储藏对肉类食品中微生物总的作用结果，就是使食品上的微生物区系从主要为革兰氏阴性异养细菌转变为以乳杆菌及其他乳酸细菌为主的区系。在 Blickstad 等（1981）的一项研究中，在空气中 4℃储藏 8d，14℃储藏 3d 后，猪肉上的微生物 90%以上是假单胞菌属的种，但在同样温度下 500kPa 的 CO_2 中储藏，则都以乳酸细菌为优势菌。从表 7-24 中也可看出这种作用，同时还可看出在不同气调条件下熏猪排的货架寿命的次序为：CO_2 气控＞N_2 气控＞真空储藏。在另一项研究中，正常的低 pH 牛肉的初始微生物菌群为 13%的荧光假单胞菌和 87%的非荧光假单胞菌，在 4℃真空储藏 21d 后，其菌群的 96%为同型发酵乳酸细菌；而在纯 CO_2 中储藏 51d 后则全部菌群都是同型发酵乳酸细菌。

表 7-24　不同气控条件对熏猪排微生物区系的影响（引自：Jay，2000）

项目	0d	真空，48d	CO_2，48d	N_2，48d
lgAPC/g*	2.5	7.6	6.9	7.2
pH	5.8	5.8	5.9	5.9
优势菌/%	黄杆菌属 20 节杆菌属 20 酵母菌属 20 假单胞菌 11 棒杆菌 10	乳杆菌 52	乳杆菌 74	乳杆菌 67

*在好气平板上测定的每克食品菌落数的对数值

有许多学者对 CO_2 的直接抑菌作用机理进行了研究。King 等的研究认为，CO_2 对铜绿假单胞菌（*Pseudomonas aeruginosa*）代谢抑制作用是由 CO_2 抑制酶催化脱羧引起的；另有一些研究者认为，CO_2 可积累在微生物细胞膜的双分子层中，提高了膜的流动性，从而抑制了微生物的生长。从分子组成和其实际的抗菌效果看，CO_2 与丁二酮是非常类似的。

（四）食品气调防腐保鲜的应用

1. 鲜肉

气调包装的鲜肉可延长货架寿命。有应用表明，在含 75% O_2 和 25% CO_2 的包装中，将鲜肉储藏在−1℃条件下，货架寿命可达两个月。其中高浓度的 O_2 对维持鲜肉的颜色有利。鲜肉保鲜时抑菌的 CO_2 浓度低限为 15%。将 15% CO_2、75% O_2 和 10% N_2 混合气调保藏的保鲜效果优于真空包装储藏。

2. 家禽

新宰杀的家禽储藏在气调包装内有明显的保鲜效果。Hotchkiss 将生鲜禽肉置于含 60%～80% CO_2 的玻璃罐中，在 2℃下储藏，发现其货架寿命至少可达 35d。另有试验表明，同样新鲜的家禽分别用真空包装和普通包装储藏在 5℃下，经 6d 后普通包装家禽表面的好氧性细菌量增加到 $5\times10^7/cm^2$，真空包装组仅为 $2\times10^4/cm^2$。

3. 海产品

新鲜海产品极易滋长微生物而导致变质，而气调保藏对海产品上的微生物生长有明显的抑制作用，从而可延长其货架寿命。这方面的实际应用和相关报道均较多。例如，将对虾置于含 100% CO_2 的包装中，0℃下保藏 14d 仍可食用，其细菌含量比置于空气包装在同温度下储藏 7d 的数值更低。鳕鱼片在 2℃下置于空气包装中 6d 即已变质，细菌平板菌落计数值达到 5×10^7 个/g，而将同样的产品分别置于 50% CO_2 和 50% O_2，或 50% CO_2 和 50% N_2，或 100% CO_2 的包装中，在 2℃下储藏的保鲜期分别达到 26d、34d、34d，这时鳕鱼片的带菌量分别为 1.6×10^7 个/g、4.0×10^6 个/g、3.2×10^5 个/g。从气调技术可行性的角度，显然 100% CO_2 的气调环境更难实现。

4. 果蔬

气控防腐保鲜技术在果蔬产品保藏中应用最为广泛。在国内许多果蔬产地有些利用大型的机械化专业气控库保藏果蔬，有些利用地窖、窑洞等特殊环境进行准气控储藏。由于果蔬产品的储藏有其特殊性，利用气控方法抑菌防腐只是实现保鲜的部分内容，实际应用中还需考虑果蔬的颜色、质地、口感等品质特性的变化，因此果蔬气控保鲜对气体成分的组成要求较高。

低的 O_2 含量可抑制微生物的活动，降低果蔬的呼吸强度，减少叶绿素、抗坏血酸、不溶性果胶的降解，有利于果蔬的保鲜。但过低的氧含量会促进果蔬本身或某些微生物的厌氧性发酵，不利于品质的维持。一般根据果蔬品种、本身成熟度及储藏温度等维持 O_2 的浓度为 2%～5%。

CO_2 的含量对维持果蔬品质也有显著的影响。适当的 CO_2 含量可降低成熟速度，有利于果蔬保鲜，但若 CO_2 浓度过高会阻碍果蔬的正常生理呼吸，从而缩短储藏期。在果品保鲜中一般维持的 CO_2 浓度为 2%～3%，而蔬菜的储藏则一般维持 2.5%～5.5%，具体最佳的浓度值与储藏环境中的 O_2 浓度及储藏温度有关。例如，苹果在 3.3℃的低温下气控储藏，开始第一个月以 O_2 含量 3%、CO_2 2.5%为宜，一个月后应将 CO_2 含量提高到 5%为佳。虽然在适宜果蔬储藏的 CO_2 浓度范围内对微生物的生长抑制作用不明显，但果蔬品质维持的本身可提高果蔬对微生物侵害的抗性。

5. 粮食

我国从 20 世纪 60 年代开始对粮食的气控储藏进行研究，至 70 年代形成一个相对的热潮，许多省（自治区、直辖市）的粮食科研院所和仓储部门进行过粮食气控储藏的试验和应用，采用的方法包括：密闭自然降氧、化学吸氧剂辅助降氧、燃烧辅助降氧、生物发酵辅助降氧、充二氧化碳、分子筛富氮、真空包装等。许多试验和实际应用在抑制储粮微生物和害虫的危害，保持粮食的新鲜度等方面有良好的效果。但像果蔬保鲜那样大规模的、持续性的应用在粮食储藏部门没有开展起来。究其原因，可能有以下几个方面的因素：①我国国库的粮食储存期较长，粮食购销的差价低，不允许有过高的储藏成本；②我国以往的粮仓以平房仓为主，基本上无气密性，采用一些辅助气密措施也难达到气调库的性能指标要求，要实现气调储藏的效果成本太高；③气调储藏虽然有利于维持储粮的品质，但粮食品质在粮价上一直不能有效体现；④干燥粮食的储藏稳定性相对较高，以控制害虫为目的的气调储藏无论在操作的难易程度、杀虫效果、成本等诸方面均难以与化学杀虫剂竞争；粮食的储藏稳定性还与粮堆的温湿度转移，虫、霉种群的演替、数量的变化等因素有关，粮库一般都未配备相应有效、可靠的检测设备，在气调条件下，仓储保管人员进仓检测会受到限制。

目前，粮食部门在小品种、高附加值的粮食及小包装的成品粮的储藏中，仍有一些是采用气调储藏技术。实现气调的方法主要是利用薄膜真空包装、填充 CO_2 等，特别是小包装的粮食，真空或 CO_2 置换处理形成的密实包装既便于产品的运输、销售，又能防止粮食霉菌、昆虫的滋生，并可维持粮食新鲜的品质和风味，深受消费者的喜爱。

九、气态杀菌剂

有些气体可直接对微生物等生命体系起毒害作用，从而迅速杀灭食品中存在的微生物，对食品产生有效的防腐效果，延长食品的储存期。

（一）臭氧

臭氧（ozone）的分子式是 O_3，相对分子质量为 48，密度为 1.658；臭氧由氧气转化而产生，带有特殊的腥味，自然界的闪电可产生臭氧，有些电机、变压器、复印机等电器的运行也可将空气中的氧气转变成臭氧。臭氧的稳定性较差，分解后仍转变成 O_2，在 270℃下臭氧可瞬时分解，常温下可自行分解，一般在空气中的分解半衰期为 20～50min，在水中的分解半衰期约为 16min。

按臭氧产生的方式划分，臭氧发生器主要有三种：高压放电式、紫外线照射式及电解式。大规模臭氧的发生通常采用紫外辐射或高压放电等方法。波长在 185nm 的紫外辐射最易被氧分子吸收并产生臭氧，大气的臭氧层主要由紫外辐射产生。微生物实验室用于无菌室灭菌的紫外灯也由此产生臭氧，由于考虑到经常性吸入浓度较高的臭氧不利于人体健康，目前生产的许多紫外灯滤掉了部分短波紫外辐射，就是所谓的无臭氧紫外灯。用紫外方法产生臭氧虽然纯度较高，但能耗也高，因此实际应用较少。高压放电法是通过交变高压电场使空气电离，将氧分子转变成臭氧。这种方法能耗较低，单机臭氧产量大，是目前应用最多的一类臭氧发生设备。

高压放电式臭氧发生器可以按照发生器的高压电频率、使用的气体原料、冷却方式、介电材料等指标分为不同类型。常用的界电材料有石英管、陶瓷板、陶瓷管、玻璃管和搪瓷管等类型，玻璃界电体成本低、性能稳定但是机械强度差，是人工制造臭氧使用最早的材料之一；陶瓷和玻璃有相似之处，但在大型臭氧机中使用受到限制。目前搪瓷是一种新型介电材料，在大中型臭氧发生器中经常采用，但生产成本比较高。目前世界上最大的臭氧发生器生产厂家是德国的 Wedeco，其次还有法国的 TRAILIGAZ；国内的生产厂家在江苏、山东等地均有分布。图 7-2 分别是工厂中用到的大中型臭氧发生装置。

臭氧具有强的氧化性，可引起细胞活性物质的氧化、变性、失活，对生物细胞具有较强的杀灭作用。由于臭氧性质不稳定，分解后成为正常的氧气，在处理基质上一般无残留，因此被普遍认为是一类可以在食品中安全应用的杀菌物质。人体直接吸入臭氧可产生一定的毒性作用，一般空气中臭氧浓度达到 0.02mg/kg 时人就可觉察，国家卫生部规定臭氧安全浓度为 0.1mg/m^3，工业卫生标准为 0.15mg/m^3，我国劳动保护部门规定在安全浓度下允许工作不超过 10h。

臭氧对各类微生物的强烈杀菌作用已经有许多研究报道。例如，有试验表明，绿脓杆菌（*Pseudomonas aeruginosa*）在 15℃、相对湿度 73%、臭氧浓度 0.08～0.6mg/kg 条件下 30min 的死亡率可达 99.9%；用浓度为 0.3mg/L 的臭氧水溶液处理大肠杆菌（*Escherichia coli*）和金黄色葡萄球菌（*Staphylococcus aureus*）1min 的杀灭率均达 100%。芽孢对臭氧的抗性较营养

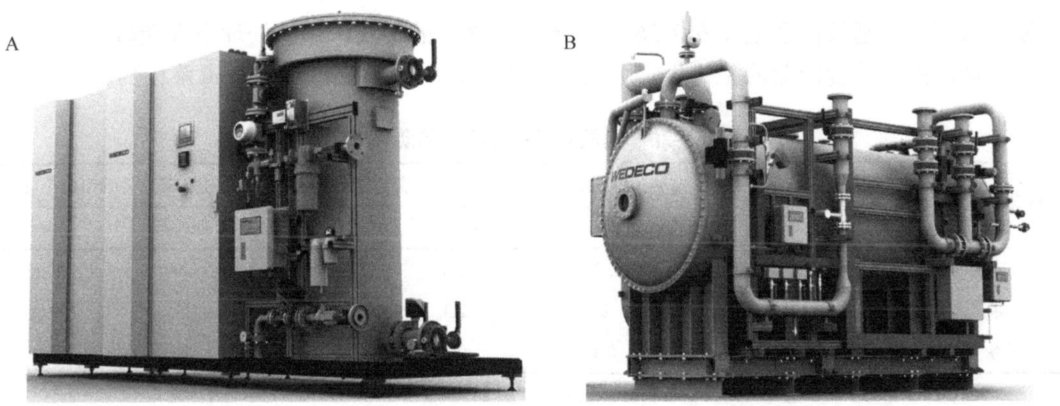

图 7-2　臭氧发生装置

A. 中型臭氧发生装置；B. 大型臭氧发生装置

细胞强，如要杀灭水中枯草芽孢杆菌黑色变种的芽孢需要将水中的臭氧浓度提高到 3.8～4.6mg/L，作用时间延长到 3～10min。臭氧对真菌也有较强的杀灭作用，一些杀菌试验的报道见表 7-25。

表 7-25　臭氧对常见霉菌的杀灭效果

霉菌种类	臭氧浓度/(mg/L)	处理时间/min	杀菌率/%
毛霉（*Mucor* sp.）	3.9～10.7	10～20	96
枝孢霉（*Cladosporium* sp.）	23	30	100
链隔孢霉（*Alternaria* sp.）	3.9～10.7	10～20	96
镰孢霉（*Fusarium* sp.）	15.5	20	100
橘青霉（*Penicillium citrinum*）	15.4	30	100
杂色曲霉（*Aspergillus versicolor*）	9.6	100	100
黑曲霉（*Aspergillus niger*）	15	1	100
烟曲霉（*Aspergillus fumigatus*）	3.9～10.7	10～20	96

臭氧的高杀菌效率和低残毒特性已引起人们的广泛关注，其应用范围正在不断地扩展，目前臭氧应用最多的领域是饮用水杀菌处理、果蔬保鲜及空气的除臭消毒等。其他食品的防腐保鲜方面也有不少成功应用的报道。

臭氧在饮用水杀菌处理方面早在 20 世纪初就已有规模化的应用，其杀菌效果非常理想，不产生二次污染，还兼有脱色、除异味等作用。在欧美许多发达国家，臭氧处理饮用水已相当普及，我国一些大城市也开始应用臭氧水处理设备。水处理的臭氧投加量一般为 1～3mg/L，维持时间 10～15min。

臭氧在果蔬保鲜中的应用一般与气调库相配合，对果蔬表面的微生物有良好的杀灭作用。另外，臭氧的强氧化性可将果蔬产生的乙烯氧化破坏，对延缓果蔬后熟，保持果蔬新鲜品质有理想的效果。应用时需针对不同的果蔬品种确定合适的处理剂量，高的剂量虽有好的杀菌防腐效果，且一般也不产生残毒，但高浓度的臭氧可能对果蔬固有的色泽、芳香风味等有不利影响。

臭氧在粮食储藏保鲜方面的应用也有一些研究报道。有试验表明，对高水分的粮食用臭氧处理后可明显延长保质期（表 7-26）。对于正常水分的粮食，臭氧处理不仅能减少粮食中霉菌的含量，提高粮食储藏的稳定性，而且可杀灭粮食中的害虫，避免有毒杀虫药剂的使用。

表 7-26　臭氧对高水分粮食的防霉效果

粮食品种	水分/%	原始霉菌含量/($\times10^2$个/g)	处理后霉菌含量/($\times10^2$个/g)	5d 霉菌量/($\times10^2$个/g)		10d 霉菌量/($\times10^2$个/g)	
				处理组	对照组	处理组	对照组
小麦	16.3	8.0	0.3	2.6	8000	30	霉变
玉米	16.8	5.0	0	2.3	230	19	霉变
稻谷	15.3	10	0.4	0.6	33	70	霉变

注：臭氧处理浓度 10～40mg/kg，处理时间 30h，储藏温度 25～27℃

应当指出，在大型粮库中应用臭氧防霉、杀虫的技术尚不成熟。其中的原因是多方面的。例如，臭氧的穿透力较弱，分解速度较快，自然扩散仅能作用于粮堆的表层，即使利用风机强制气体环流也较难使臭氧在粮堆中均匀分布，从而会影响臭氧杀灭虫、霉的效果；粮堆渗透障碍的因素也使得臭氧处理粮食需要较高的剂量和延续较长的时间，提高了使用成本，增加了臭氧氧化粮食的程度。总之，臭氧对杀灭虫、霉的有效性和不产生有毒残留污染粮食及环境是人们寻找安全储粮方法的一个希望，但要实际应用尚有许多技术问题需要解决，其应用价值也有待验证。

（二）环氧乙烷

环氧乙烷（ethylene oxide）的结构式为

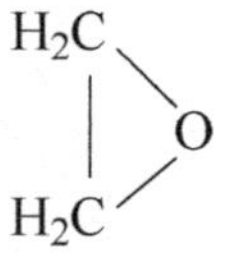

环氧乙烷又称恶烷、氧化乙烯、EO、醇溶液，是一种有毒的致癌物质，熔点为−112.2℃，沸点为 10.8℃，常温下为气体，易燃易爆，不易长途运输。环氧乙烷是一类强烷基化试剂，是继甲醛之后出现的第二代化学消毒剂，杀菌力强，对基质的穿透性好；易挥发、残留少，在低湿条件下（相对湿度 30%）熏蒸杀菌效率更高，因此被广泛地应用于洗涤、制药、印染等行业。

环氧乙烷的三元环不稳定，在有活泼 H 原子存在的条件下可裂解为羟乙烯基，并结合到提供 H 原子的基团中，使有机物发生烷基化反应。生物体内的酶、蛋白质等有机大分子物质均存在—COOH、$—NH_2$、—SH、—OH 等可提供活泼 H 的基团，烷基化使得这些大分子的生化特性发生改变，从而丧失生物活性，这是环氧乙烷熏蒸杀菌的基础。

环氧乙烷为易燃、易爆品，为了使用安全，常将其与二氧化碳混合使用，混合比例一般为环氧乙烷的量∶二氧化碳为 1∶9 或 1∶8。环氧乙烷常用于怕热、怕湿物品，如一些食品包装材料、一次性医疗器械等熏蒸灭菌，也用于果干、坚果、香料等食品的熏蒸杀菌。试验表明，40～80g/m^3 浓度的环氧乙烷可达到 99%的杀菌率，对细菌芽孢的杀灭效果与营养细胞基本相似。

环氧乙烷可作为一些特殊粮食的熏蒸杀菌剂。我国出入境检验检疫行业标准 SN/T 2016—2007 对 TCK（小麦矮腥黑穗病）疫麦环氧乙烷熏蒸处理方法做了详细的规定。小麦矮腥黑穗病是小麦的常见病，在美国等国家非常普遍，常可导致小麦的大幅度减产；我国为防范这种病害的传播，将小麦矮腥黑穗病作为植物检疫对象，美国等疫区小麦如果要出口到我国，必须经可靠的无害化处理，环氧乙烷熏蒸是杀灭小麦矮腥黑穗病病菌的有效手段之一。该标准规定，由环氧乙烷与二氧化碳按照 3∶7 的比例组成的杀菌剂处理大型立筒仓和袋装 TCK 疫麦应在平均粮温 20℃以上，环氧乙烷的剂量为 150g/m^3，密闭处理 120h，可杀灭小麦矮腥黑穗病的孢子。另外，由于环氧乙烷的低残留特性，使其可被用作高水分成品粮的防腐处理手段。有试验表明，水分 16.9%的大米用 40g/m^3 的环氧乙烷处理，从 4 月中旬储藏到 10 月底，大米的米质没有发现异常。

（三）溴甲烷

溴甲烷（methyl bromide）又称甲基溴、一溴甲烷，分子式为 CH_3Br，纯品无色，沸点为 4.5℃，难溶于水，易溶于乙醇、三氯甲烷等有机溶剂及脂类物质中。常用作为杀虫剂、杀菌剂、土壤熏蒸剂和谷物熏蒸剂。

溴甲烷作为粮食熏蒸杀虫剂使用时，通常将其压缩成液体，装在钢瓶中使用，使用成本偏高。但由于该熏蒸剂沸点低，适合低温使用（6℃以上），扩散性强，吸附性小，熏蒸处理后散放毒气容易，因而常用于港口进出口农产品的熏蒸杀虫。

溴甲烷对粮食上常见真菌，如黄曲霉、灰绿曲霉、杂色曲霉、橘青霉等有较强的杀菌作用。一般粮库熏蒸粮食杀虫的正常剂量，如对粮仓中的粮堆用 30～60g/m^3，空间用 15～29g/m^3，密闭熏蒸 48h 即可杀死大部分霉菌孢子。因此，粮食用溴甲烷熏蒸处理可达到杀虫、防霉的双重作用。因溴甲烷对臭氧层具有消耗作用，根据《蒙特利尔议定书哥本哈根修正案》，发达国家和发展中国家分别于 2005 年和 2015 年淘汰使用。我国正积极推进限期淘汰溴甲烷的进程，目前已不在粮食中使用。我国现行有效的两个出入境检验检疫行业标准详细规定了蔬菜类种子溴甲烷熏蒸处理技术标准（SN/T 3070—2011），以及苹果溴甲烷检疫熏蒸处理操作规程及技术要求（SN/T 4333—2015）。

第二节 食品防腐保鲜的物理学方法

利用物理学手段杀灭食品中存在的微生物或抑制它们的生长是保藏食品的有效方法。这些方法一般处理工艺简单，防腐保鲜效果显著，不需添加额外的化学物质，食品安全性上有保障，是食品工业上应用最普遍的食品防腐保鲜方法。

一、低温防腐

温度是影响微生物生命活动最重要的环境因素之一。在一定的范围内，微生物所处的环境温度与微生物细胞内的生化反应速度成正比，降低食品的温度可抑制食品中微生物的生理代谢活性，温度越低，则微生物代谢速率越低。一般当温度降到 16℃以下，许多微生物的生长速率就已降低；在−10℃左右，几乎所有的微生物都不再增殖，在这样的温度下保存食品，一般不会发生微生物引起的变质，但若要防止其他物理、化学或酶作用引起的品质变化，则需要更低的温度。图 7-3 显示食品防腐保鲜的处理温度与微生物的相关性。

食品低温防腐的方法可分为两类：一类为冷藏；另一类为冷冻。食品保藏采用的温度越低，其保藏期就越长。但是温度过低会破坏一些食品的组织或引起其他品质方面的变化，而

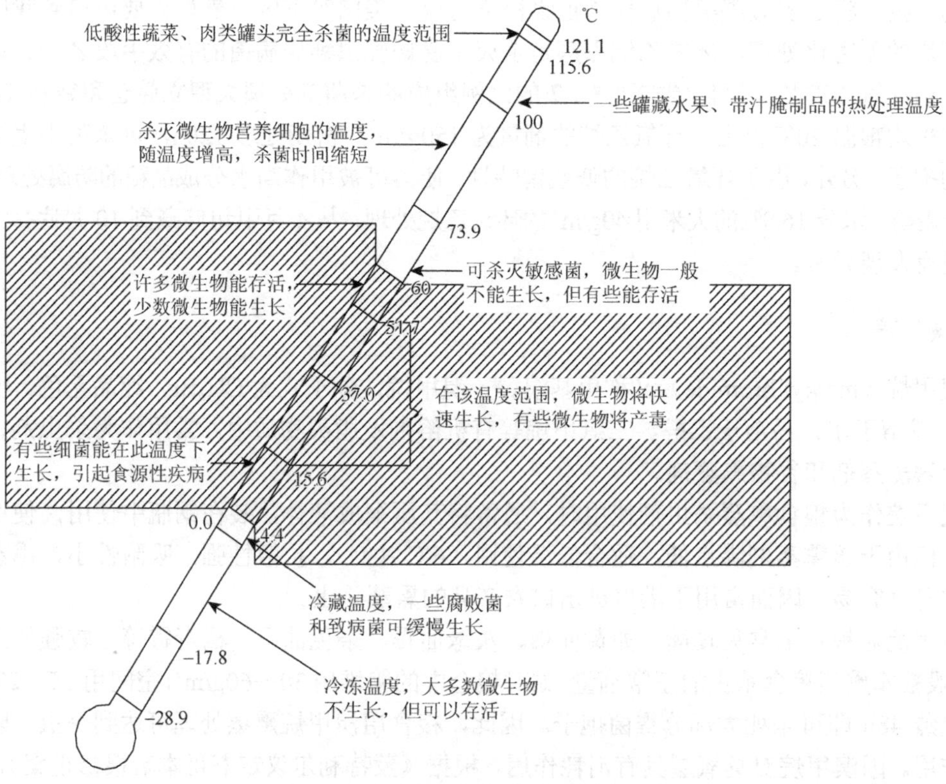

图 7-3　不同温度下食品与微生物的关系

且除去热量和维持低温环境的费用相当高，因此在选择低温保藏的温度时，应从食品的种类和经济两方面来考虑。

（一）冷藏

冷藏（refrigeration）就是将新鲜食品保存在其冰点以上但接近冰点的温度，以延长食品保藏期的一类方法。冷藏的温度可以为−2～16℃。一般家用冰箱冷藏室温度为 4～7℃。新鲜的蔬菜水果在收获后仍在进行生命活动，只要保持其正常的组织结构，对微生物的侵害就有抗性，因此只要降低温度使其呼吸作用减弱、延缓水分蒸发，即可延长其保存期。有的鲜果蔬易受低温损害，因此在冷藏中应根据种类不同选择适宜的冷藏温度。一般的新鲜果蔬可在0℃左右冷藏，但水果中的香蕉、柠檬、芒果、菠萝、甜瓜、西瓜、木瓜、葡萄柚、酸橙及蔬菜中的茄子、黄瓜、马铃薯、甘薯、南瓜、番茄、蚕豆等都必须在较高的温度下冷藏（高于7℃），否则易发生冻伤而使内部变色或解体、腐烂。

1. 冷藏对微生物的影响

（1）冷藏对微生物生长的影响　微生物的生长对温度变化较为敏感。当温度低于某种微生物的最适生长温度时，其生长速度将迅速降低，特别是其延滞期和世代时间会显著延长，如食品中常见的嗜温性微生物在最低生长温度附近，其生长延滞期会成倍地延长（图 7-4）。微生物生长的延滞期延长对食品保藏很重要，因为延滞期长即意味着食品的保存期也长。

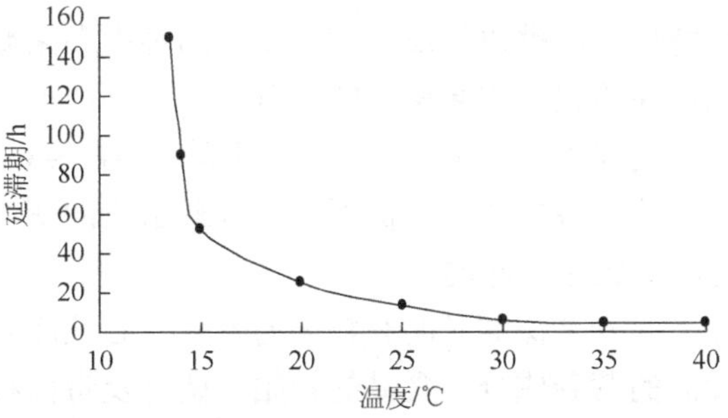

图 7-4　温度对典型嗜温微生物延滞期的影响

由于冷藏温度对嗜温微生物和嗜冷微生物中的冷育菌生长延滞期和世代时间的影响程度不同，因此在这两类微生物的混合群体中，低温可以起到很重要的选择作用，即嗜温菌在群体中的比例逐渐下降，从而在加工和储藏过程中引起食品微生物群体组成发生改变。对污染食品的微生物群体，低温也有类似的选择作用。例如，在同样的冷藏温度下，热带加工的牛肉就较寒带加工的牛肉保存期长，因为前者污染的主要是嗜温菌，而后者多为冷育菌。

（2）冷休克　嗜温菌从正常的生长温度迅速降至0℃左右，可导致菌体细胞的死亡或损伤，这种现象称为冷休克（cold shock）。冷休克现象在许多革兰氏阴性菌中较为明显，如食品中常见的大肠杆菌等；有些酵母菌的冷休克现象也很常见。在革兰氏阳性菌中冷休克现象很少见。另外，细菌对冷休克的敏感程度还与培养温度密切相关。在30℃培养的嗜温菌铜绿假单胞菌（即绿脓杆菌）很易发生冷休克，而在10℃培养时则对冷休克不敏感。

（3）冷藏对微生物形态和生理的影响　低温不仅使微生物的生长受抑制，还可使其形态和生理发生一些改变。

形态变化：低温下霉菌和酵母菌细胞体积较常温下大；可促使大肠杆菌鞭毛的形成；使枯草芽孢杆菌的菌体降解并形成双细胞壁。

生理变化：低温明显地降低细胞内一些酶的活性而使其代谢途径和终产物发生变化。产色素菌在低温下会形成更多的色素，这种效应可能仅限于产生吩嗪类（phenazine）和类胡萝卜素的菌，如黏质赛氏杆菌。有趣的是，很多的海洋冷育菌（酵母和细菌）都是有颜色的，而常见的嗜热菌则很少产生色素。由于这种效应，冷藏食品上常产生色斑。低温还可使冷育菌合成更多的多糖，如明串珠菌和足细菌属的种，低温下很易发生的黏牛奶和黏面团就是极好的例子。在冷藏变质的肉类上也能看见，其表面形成特征性的黏泥也是细菌产生大量胞外多糖之故。假单胞菌和其他一些属的细菌在低温下还易产生脂肪酶和蛋白酶，其中有些酶比菌体本身更耐热，经热处理后仍有活性。

2. *一般食品的冷藏防腐*

在冷藏温度下，微生物的活动受到抑制，尽管嗜温菌在冷藏食品上仍可长时间存活，但绝大多数已不能生长，这是在冷藏条件下食品防腐保鲜的基础。对食品的品质造成威胁的微生物类群是冷育微生物，其最低生长温度为–5～5℃，它们在冷藏食品上仍可缓慢生长，经过足够长的时间后有可能达到使食品腐败变质的数目，因此在食品冷藏过程中应关注食品中冷育微生物的发展。

能引起冷藏食品变质的冷育微生物种类很多，细菌中最重要的就是假单胞菌属，此外还有不动杆菌属、产碱菌属和黄杆菌属等；霉菌和酵母菌中能在冷藏温度下生长的种类更多，霉菌中主要有青霉、毛霉、枝孢霉、葡萄孢霉、地霉属、链格孢属，酵母菌中主要是德巴利酵母属、球拟酵母、假丝酵母、红酵母等属。由于食品的种类和来源的不同，其初始的微生物群体组成也不一样，因而在冷藏中引起腐败的菌群也有差别。但鲜猪肉、牛肉、禽肉及鱼肉在冷藏中的变质则几乎都是因假单胞菌（占腐败菌群的80%～95%）和不动杆菌/莫拉氏菌引起，只是不同的食品，腐败时各类菌的比例不同。冷藏水果的变质主要是酵母菌和霉菌引起的，而蔬菜类则主要是欧文氏菌引起的。

不同食品在冷藏条件下的安全保藏时间有较大的差异。导致冷藏食品保存期差异的因素很多，如食品的种类、食品的营养成分、食品的初始带菌量及带菌种类、保藏条件等，一般食品的冷藏期可自几天至几个月。营养丰富的肉、鱼类和鲜果，冷藏保存期较短；而蔬菜类保存期相对较长（表7-27）。有些食品的含水量及带菌量均较高，适合冷育菌的生长，往往在几天内便可使每克食品中的细菌数达百万个以上，这就会导致食品气味、滋味和组织的变化，使食品失去食用价值。

表7-27 常见食品的冷藏特性

食品	温度/℃	相对湿度/%	保存期限	食品	温度/℃	相对湿度/%	保存期限
南瓜	10～12.8	70～75	2～6个月	蛋黄粉	1.7	尽可能低	6～12个月
蚕豆	7.2	85～90	8～10d	喷雾干燥蛋白粉	1.7	尽可能低	6个月
茄子	7.2～10	90～95	10d	鲜羊肉	−2～1.1	85～90	5～12d
黄瓜	7.2～10	90～95	10～14d	鲜牛肉	−2～1.1	88～92	1～6周
马铃薯	2～8	85～90	6～9个月	鲜猪肉	−2～1.1	85～90	3～12d
红薯	12.8～5.6	90～95	4～6个月	鲜火腿	0～1	85～90	7～12d
白菜	0	90～95	3～4个月	熏火腿	15.6～18	50～60	0～3年
芹菜	0	90～95	2～4个月	鲜禽肉	−2.0～0	85～95	1周
莴苣	0	90～95	3～4周	鲜鱼	0.56～4.4	90～95	5～20d
蘑菇	0	85～90	5d	柠檬	0.13～14	85～90	1～4个月
洋葱	0	70～75	6～8个月	葡萄柚	0～10	85～90	4～8周
大蒜	0	70～75	6～8个月	酸橙	9～10	85～90	6～8周
豌豆（绿）	0	85～90	1～2周	香瓜	7.2～10	85～90	2～4周
萝卜（春季）	0	90～95	10d	西瓜	2.2～4.4	85～90	2～3周
番茄（熟）	4.4～10	85～90	7～10d	苹果	−1～10	85～90	2～7个月
番茄（青）	12.8～21.1	80～85	3～5周	草莓	0	85～90	7～10d
菠菜	0	90～95	10～14d	橘子	0～1	85～90	8～12周
大黄	0	90～95	2～3周	桃	0	85～90	2～4周
黄油	0～2	80～85	2个月	鲜无花果	−2.0～4	85～90	5～7d
蛋（带壳）	−1.7～0.6	85～90	8～9个月	果干	0	50～40	9～12个月

3. 粮食的冷藏防霉

粮食虽然属食品的范畴，但谷物类粮食的储藏有其特殊性。特别是大型粮库的储藏，它们在许多方面与一般食品的储藏存在较大的差异。

粮食从田间收获后需经干燥、去杂等过程处理再入库，若粮食中有害虫，还需进行熏蒸杀虫，然后进入常规管理阶段。粮食储藏的特点之一是入库储藏的粮食水分一般都较低，这是粮食抗微生物危害和安全储藏的基础，但粮食过于干燥却对食用品质有不利的影响，通常是将粮食的水分降到绝大部分微生物不能生长的水活度以下；粮食储藏的时间较长是其另一个特点，我国粮库的粮食储存期一般都超过一年，有些粮库的粮食储存期甚至超过 10 年；还有，粮库基本上都是采用散装储藏，单仓的储藏量较大，一般小的粮仓可储数百万千克，大粮仓的储量甚至可达数千万千克。另外，粮食本身还有其他许多特点。例如，粮食的导热性差；粮食本身有一定的呼吸强度；粮食中还有昆虫等影响粮食品质的其他生物存在；粮食的价格低，储藏差价小，甚至为负差价，不允许投入过高的冷藏成本等。

由于粮食在国民经济和人们生活中的重要性，对粮食储藏的研究历来被人们高度重视，随着社会经济的发展和人们生活水平的提高，对粮食储藏技术的研究和应用已经从注重量的变化转变到注重质的变化。谷物的冷藏防霉保鲜技术作为一类有效的粮食保质手段近年来有了迅速的发展，一些新的技术和设备也不断地被采用，已经成为粮食安全储藏工艺的重要组成部分。

（1）粮食冷藏防霉的一般方法　根据粮食的特点，粮食冷藏通常采用自然冷却低温、机械通风冷却低温及强制制冷低温等方法。具体粮库采用何种方法降低粮食温度取决于粮库的地理环境、仓库条件、机械设备及运行成本等综合因素。

自然冷却低温储粮是成本最为低廉的粮食冷藏方法之一，因而被普遍采用。这种方法主要借助冬季的自然低温使粮食降温，尤其适合我国的大部分北方地区。在冬季低温期间，可通过敞开粮仓门窗、粮食搬倒等措施降低粮温；当气温上升时，将粮仓密闭，通过粮面覆盖等措施减少粮堆的气体流动。由于粮食本身的导热性低，可以维持粮堆相当长时间的低温状态。有些地区利用山洞、地窖等特殊粮仓的自然低温条件可更有效地实现自然低温储粮。例如，承德国家粮食储备库多年来一直利用山洞成功地进行自然低温储粮，其粮食的平均温度常年可维持在 10℃以下，从而可有效地抑制粮食中虫、霉的活动，保证粮食的品质。

机械通风冷却的低温储粮工艺适应面比较广，尤其适合低温季节较短的地区。这种降温工艺必须与良好的仓房通风设施配套，即仓房的风道布置和风机配置必须合理，能确保通风均匀和粮堆的有效降温。应用不合理的通风设备有时可能导致粮堆温度的不均匀，或在通风期间造成粮堆水分的转移，不利于粮食的安全储藏。

用强制制冷的手段降低粮温实现粮食的冷藏是最有效的冷藏方式。我国在 20 世纪 70 年代前后曾经建造过一批用于储粮的低温库、准低温库，主要用来储藏成品粮。这些粮库的制冷设备和采用的技术主要沿用其他食品冷藏库的模式，由于粮食导热性等因素的影响，这些低温粮仓的降温运行效率较低，应用成本较高，制约了这一储粮方式的推广和发展。直到近几年，市场上才出现专用于粮食降温使用的“谷物冷却机”，图 7-5 即谷物冷却机在平房仓中的应用。谷物冷却机实际上是将制冷与通风有机地结合起来，借助于粮仓本身的通风道，将冷空气强制通入粮堆，提高了设备冷却粮食的效率；另外，谷物冷却机还通过调节出风口温度等措施控制冷风的相对湿度，减少粮堆在降温期间的水分含量变化，有利于粮食品质的稳定及避免粮食重量方面的变化。我国近几年新建的许多国家粮食储备库都配备了这种设备，若能解决设备运行的成本高等问题，这些设备将能在粮食的防霉保鲜方面发挥显著的作用。

图 7-5　谷物冷却机在平房仓中的应用

（2）粮食冷藏条件下的微生物学特性　粮食中存在的微生物，特别是与粮食品质密切相关的微生物类群大都属嗜温微生物，它们的最适生长温度一般在 25℃以上，如果环境水活度较高，它们在 10℃左右的温度下也能缓慢生长。由于储藏谷物的水活度较低，因此粮堆维持在 15℃以下的温度基本上能抑制危害性微生物的增殖，可以避免粮食霉腐变质的发生。

一些青霉、枝孢霉等霉菌在粮食冷藏条件下仍能生长，特别是在粮堆或粮仓局部水分较高的情况下，这些霉菌将首先生长、繁殖，并有可能蔓延、发展，影响储粮的安全。例如，在地下仓、山洞仓等自然低温粮仓的仓壁上常有黑色或青绿色的霉斑，这就是因为这些粮仓的仓壁温度较低，粮堆或空气中的水分向低温的仓壁转移导致其水分升高，然后，枝孢霉、青霉等微生物就会在仓壁上缓慢生长，产生霉斑。如果冷藏的粮堆中存在一定的温差，随着水分的转移，局部也有可能出现霉菌生长的现象。

就粮食的微生物类群变化而言，一般冷藏条件下粮食的微生物区系相对稳定，如当储粮温度较高时，粮食中的附生细菌、田间真菌等数量和类群均会以较快的速度下降；而在低温条件下，这些对储粮品质不产生危害的微生物数量减少速度将显著减慢。

（3）影响粮食冷藏效果的因素　粮食冷藏一方面抑制了霉腐微生物的发展及其对粮质的危害；另一方面延缓了粮食自身的陈化速度，有利于维持粮食的新鲜品质。但由于粮食的储存周期长，仍有许多因素可影响冷藏的效果。

粮堆温差是影响粮食冷藏效果的主要因素之一。我国的粮仓以平房仓为主，近年新建的粮仓中还有立筒仓和浅圆仓等，这些仓房无论从密闭性能或保温性能等方面均不能与其他专用的冷藏库相比。对于依靠自然低温降低储粮温度的冷藏方式，在高温季节导致粮堆温差是不可避免的。有许多粮仓的底层粮温维持在 0℃以下，而表层的粮温却已升到 30℃左右；即使对强制制冷的粮仓，由于储藏成本的制约，不可能经常性地开机冷却，粮堆温差也会逐渐加大。粮堆温差的存在有可能导致粮食水分的转移，当局部粮食水分升高到某些微生物能生长的范围，粮食就有发生霉腐的可能性。

湿热空气进入冷藏库对粮食冷藏效果有不利的影响。普通粮仓的门、窗密闭性较差，外界的湿热空气可通过门、窗的缝隙扩散进仓；另外，在粮食储藏期间需要仓储保管人员经常性地进仓检查粮情，这项作业也会将湿热空气带进粮仓。外界进入的湿热空气在低温部位冷凝后将导致仓内局部水分和温度升高，给霉腐菌的生长创造条件。

储粮管理的熏蒸作业等也会影响粮食冷藏的效果。当冷藏粮食随外界温度的变化而局部升温后，粮食的虫害将随着出现，熏蒸杀虫是常规的处理方法。目前，所有的新建粮库为提高熏蒸效果，在储粮工艺的设备中均配备了环流熏蒸系统，如果不科学地运行这一系统，一方面，会使粮仓内的粮堆温度均匀化；另一方面，如果粮堆的温差太大，将有可能导致低温部位的水分有所提高，影响储藏的稳定性。目前有些环流设备配备了可自动控制的间歇环流装置，可设定程序避开高温时间环流，并可提高环流效率，减少环流运行的总时间。

（二）冷冻

将温度降到使食品中的水处于冻结状态的食品保藏方法称为冷冻保藏。食品中水的冻结温度一般为−10～0℃，低于纯水的冰点温度。虽然在−10℃左右食品中腐败性微生物的活动基本上被抑制，但为确保食品的品质，尤其对长时间保藏的食品，一般采用的保藏温度为−18℃或更低。

1. 冷冻对微生物的影响

在食品冷冻的条件下，食品上的微生物不能活动，且在数量上会有不同程度的减少。这种现象的产生与多方面的因素有关。例如，一方面，微生物细胞内的各种酶都需要在一定的温度下才能进行正常的催化反应，低温降低或抑制了微生物酶的催化活性，也就抑制了微生物的生长；另一方面，水结冰后，食品产生的水气分压降低，其水活度随之降低，而且温度越低，食品的水活度也越低，当低于微生物的最低水活度时，微生物就不可能生长。

再如，水的结冰使食品中水相溶质浓度增大，可抑制微生物生长，甚至杀死食品中的微生物。一般在温度降至低于食品冰点时，微生物细胞外基质中的水先结冰，这样一来胞外水中溶质浓度就会增大，当高于细胞内溶质浓度时，因渗透压的作用，细胞内的水便会部分转到胞外，从而使细胞失水。细胞失水程度与冷冻速度有关，冷冻速度越慢，则胞外水相处于冰点而胞内水相未达冰点的时间就越长，因此胞外水相中溶质浓度就会越高，细胞失水就更严重。同时冷冻速度慢时，细胞内形成的冰晶少而大，易使细胞结构破坏，使菌体死亡。但是在缓慢冷冻过程中，新鲜食品的组织细胞也会遭受破坏，致使解冻后的食品不仅质构差，且因液汁流失而使营养价值受损，所以食品冻藏中都尽量采用快速冷冻。

在食品的冷冻储藏及解冻过程中能杀死或损伤许多微生物细胞，但各种微生物对冷冻的抵抗能力相差很大。有些能在整个过程中几乎不受任何损害而存活下来；有些有一定的抗冻能力但在冻藏和解冻过程中易受损害；还有些微生物则对冷冻、冻藏和解冻的任何一个过程都很敏感。大多数芽孢和少数营养细胞在冻藏过程中能不受损害地存活下来，而多数的不产芽孢菌则对冻藏的某一环节或几个环节敏感。

原生生物比细菌对低温更敏感，因此冷冻或冻藏可杀死食品中的原生动物（protozoa）、线虫（nematodes）、变形虫（amoebae）和绦虫（cestode）等寄生虫。一般冷冻温度较高而冷冻速度较慢则对微生物细胞的致死作用更强。在−10～−2℃的温度冷冻比在−15℃冷冻能杀死更多的微生物，而在−30℃几乎没什么致死作用。在鸡脯块中的沙门氏菌−20℃存活最多，经 126d 仍有 60%～80%存活，而在−5～−2℃中存活最少，经 5d 仅 1.3%～5.8%存活。但这种温度效应在盐溶液中不适用，因其冰点在−10℃以下。尽管较高的冷冻温度对微生物的致死作用更大，但对新鲜食品组织的损害也很大，因此一般在实际储藏时不用此法来减少食品带菌量。

（1）食品冷冻对微生物的损伤　冷冻可使微生物细胞受到各种损伤，包括丧失活力、细胞物质渗漏、对表面活性剂及其他化合物敏感性增加。从细胞本身而言，则包括细胞壁、细胞膜、核糖体及蛋白质等几方面的损伤。

革兰氏阴性菌的细胞壁中有一层脂多糖（lipopolysaccharide，LPS），这一 LPS 层对表面活性剂及一些有害物质有一定的抵抗力。若冷冻中细胞壁的 LPS 层受损伤，则失去了对胆盐、脱氧胆盐（deoxycholate）、放线菌素 D、溶菌酶、胰蛋白酶、噬菌体等物质的抗性。

冷冻中若冰晶破坏了细胞膜，则其原有的选择通透性就受到破坏，从而使细胞内容物（蛋白质、磷脂和脂多糖）外漏，环境中的有害物质也更易进入细胞内，所以细胞膜受损后的微生物对胆盐、脱氧胆盐、溶菌酶等更为敏感。

冷冻细胞会向环境中放出 RNA，这可能是冷冻干扰了核糖体与膜的结合，同时活化了 RNA 酶，进而导致核糖体降解。

一般的，冷冻和解冻可使纤维状蛋白的螺旋状结构部分拆开，但不影响球蛋白的构象。有人还曾在冷冻大肠杆菌的介质中检测到大量的氨基酸，这些氨基酸主要为甘氨酸、丙氨酸和亮氨酸等核糖体蛋白中含量较多的氨基酸，由此而推测，冷冻使一些蛋白水解酶活化，降解核糖体中的蛋白质成氨基酸并漏到介质中。

（2）非致死性损伤　冷冻对微生物细胞造成的损伤可能是致死性的，使细胞丧失活力而死亡，也有可能是非致死性的，这样的细胞未丧失活力，但受到不同程度的损伤，结果是对营养要求更复杂和对选择性试剂更敏感。

由于冷冻的损伤作用使微生物的某些代谢环节失效，不能再合成一些生长必需的营养物质，因此在一般的基础培养基上已不能繁殖而形成菌落，但添加一些营养物，如肉浸汁、胰胨、蛋白胨或无维生素酪蛋白，则可促进其在琼脂平板上恢复活力，形成菌落。大肠杆菌、假单胞菌、索氏志贺氏菌（*Shigella sonnei*）、乳酸链球菌和产气杆菌（*Aerobacter aeroenes*）都属于这类微生物。因为这些微生物受到非致死性损伤后，在适宜条件下能修复其损伤。不同菌在代谢损伤后进行修复所需添加的营养物不尽相同，有的需要小分子肽，有的需要 ATP、丙酮酸等。

微生物受到非致死性损伤后，往往对选择性培养基中的一些选择性试剂很敏感，因此在常规检验用的选择性培养基上，这些微生物便不能生长、繁殖而形成菌落，从而使检测出的菌数较实际食品中的存活菌要少。例如，有人研究了接种过沙门氏菌的冷冻储藏食品，用强化营养的非选择性培养基检测时，比用麦康凯（MacConkey）、脱氧胆盐等选择性培养基分离的带菌量多。

除了冷冻储藏过程能导致微生物细胞的非致死性损伤外，冷冻干燥、干燥、辐射、热处理、染料、叠氮钠、盐、重金属、抗生素、芳香油及其他一些化学物质（如 EDTA 和清洁剂）都可导致微生物细胞的非致死性损伤。由于非致死性损伤的微生物在天然食品基质中仍有可能生长导致食品腐败变质或引起摄食者的病害，为了避免带菌量检测的误差，确保食品的安全性，通常可用一些修饰的专门培养基进行分离检测。表 7-28 中列举了某些常见微生物的非致死性损伤及恢复培养方法。

表 7-28　常见微生物的非致死性损伤及恢复培养方法

微生物	损伤方式	选择培养基	恢复培养基和方法
产气荚膜梭菌	0.1mol/L NaOH	TSN 琼脂	TSN 琼脂＋溶菌酶
产气荚膜梭菌芽孢	超高温	多黏菌素和新霉素	TSN 琼脂＋溶菌酶；无抗生素
肉毒梭菌 E 型	亚致死热	PYE＋0.07%胆盐	PY 琼脂
肉毒梭菌 E 型	辐射	多黏菌素和新霉素	TP-EY 培养基＋多黏菌素和新霉素
肉毒梭菌芽孢	辐射	TYT＋5% NaCl	TYT 巯基乙酸盐培养基
大肠菌类	冷冻	VRBA	TSA 表面平板；VRBA 覆盖
肠细菌科	干燥食品	EE 培养基	TSPB，19～25℃ 1～6h
大肠杆菌	冷冻干燥	抗生素和脱氧胆酸钠	TSYA 和微量盐
大肠杆菌	有机和无机酸	VRBA	营养琼脂，37℃
大肠杆菌	冷冻食品	VRBA 和 DCA	TSB，25℃ 1h
大肠杆菌	冷冻和亚致死热	VRBA	补加 3, 3′-硫二丙酸培养基
假单胞杆菌	冷冻	最小限度培养基	TSA
鼠伤寒沙门氏菌	亚致死热	EMBA＋2% NaCl	TSA 上 37℃ 24h
鸭沙门氏菌（*S. anatum*）	冷冻干燥	XLPA	XLPA＋0.25 脱氧胆酸钠
鼠伤寒沙门氏菌	亚致死热	TSA＋酵母膏	M-9 琼脂 37℃
桑夫顿堡沙门氏菌	亚致死热	TSYA	M-9 培养基中 37℃ 2h

续表

微生物	损伤方式	选择培养基	恢复培养基和方法
沙门氏菌	辐射	SS 和 DCA	BGA：NB＋TT＋BG（MPN）
金黄色葡萄球菌	亚致死热	SM#110	丙酮酸钠培养基
金黄色葡萄球菌	亚致死热	TSA＋7.5% NaCl	TSB，4h
金黄色葡萄球菌	冷冻干燥	PCA＋7.5% NaCl	平板计数琼脂 20～50℃
副溶血性弧菌	亚致死热	TCBS＋6% NaCl	TCBS 培养基
寄生曲霉分生孢子	亚致死热	低水活度培养基；YEA＋10% NaCl	高水活度培养基；YEA
酵母苗	亚致死热	PDA，pH 3.5	pH 约 8.0 的 PDA
酵母菌（8 个菌株）	亚致死热	芳香植物油	pH5.5 的 YMPG 肉汤

注：BGA＝亮绿琼脂；DCA＝脱氧胆盐琼脂；EE＝肠细菌培养基；EMBA＝伊红亚甲蓝琼脂；M-9＝一种葡萄糖盐培养基；NB＝营养肉汤；PDA＝马铃薯葡萄糖琼脂；PYE＝蛋白胨-酵母膏；SM#110＝葡萄球菌培养基#110；SS＝沙门氏菌-志贺氏菌培养基；TCBS＝硫代硫酸盐-柠檬酸盐-蔗糖培养基；TSA＝胰酪胨大豆琼脂；TSB＝胰酪胨大豆肉汤；TSN＝胰蛋白胨-亚硫酸盐-新霉素；TSPB＝胰蛋白胨大豆蛋白胨肉汤；TSYA＝胰蛋白胨大豆酵母膏琼脂；TT＝连四硫酸盐肉汤；TYGA＝胰蛋白胨-酵母膏-葡萄糖-磷酸盐培养基；TYT＝硫化蛋白胨-酵母膏-胰酪胨-巯基乙酸盐；VRBA＝紫红胆盐琼脂；XLPA＝木糖-赖氨酸-蛋白胨琼脂；YEA＝酵母膏琼脂

2. 影响微生物在冷冻中存活的因素

冷冻保藏可能对细胞产生致死损伤而杀死部分微生物。但仍有相当部分能存活下来。究竟能存活多少，还受一系列因素的共同影响，如食品中微生物的种类、冷冻前细胞的营养状况、菌龄和菌数、冷冻速率、解冻过程等，其中以微生物种类、冷冻速率和解冻过程影响最大。

（1）微生物种类的影响　冷冻可对微生物细胞造成各种损伤，但不同种、菌株，甚至不同型的微生物对冷冻的敏感性差别很大。在冷冻食品中的微生物类群一般是由食品中原有菌群中抗冻能力最强的种类组成的。

细菌的芽孢对冷冻及冻藏的抗性最强，冷冻保藏后约有 90%的芽孢仍可存活。这可能是芽孢壁厚，原生质含水少且以不冻结的结合态存在之故。真菌的孢子也有较强的抗冻力，干燥的黄曲霉分生孢子经速冻和解冻后，存活率可达 75%；但冰冻前若悬浮在水中则存活率降至 3.2%，若再缓慢解冻，则存活率降至 1%。一般一些酵母菌和革兰氏阳性菌的抗冻力较强，如芽孢杆菌属、芽孢梭菌属、棒杆菌属、乳杆菌属、微杆菌属（*Microbacterium*）、微球菌属、葡萄球菌和链球菌属的菌。而革兰氏阴性菌，如杆菌属、沙门氏菌属、赛氏杆菌属、假单胞菌属、不动杆菌/莫拉氏菌属和弧菌等对冷冻则要敏感得多。但若冷冻前食品中带菌很多，则可在冻藏食品中存活很长时间。革兰氏阳性菌中的葡萄球菌、微球菌、链球菌冷冻后的存活率均在 50%以上，但革兰氏阳性菌中的产气荚膜梭菌则对冷冻极为敏感，冷冻保藏 48h 存活率仅为 0～2.4%。

新鲜牛肉在冷冻前，其典型菌群中革兰氏阳性菌占 15%，革兰氏阴性菌为 85%，而经–30℃冷冻后，不仅总活菌数从 3.85×10^5 个/g 降至 7.7×10^4 个/g，而且其菌群组成也发生改变，革兰氏阳性菌占 70%，革兰氏阴性菌仅占 30%。

（2）冷冻速率的影响　冷冻速率（一般以被冷冻物体在 1min 内温度降低的摄氏度数表示）对微生物细胞的存活有很大影响，且各种类型的细胞对冷冻速率的响应方式相似，图 7-6 为大肠杆菌在冷冻至–70℃的过程中，冷冻速率对其存活率的影响。在冷冻速率较低的区域（即

10℃/min 左右）有一个最适于细胞存活（即存活率最高）的冷冻速率，高于或低于这一最适冷冻速率则细胞存活率都有下降。在冷冻速率极高的区间（100℃/min 以上），细胞存活率趋于超速冷冻时的极限。常用的冷冻方法中，冷冻速率自家用电冰箱的 0.2℃/min（二星级）至液氮的 200℃/min。

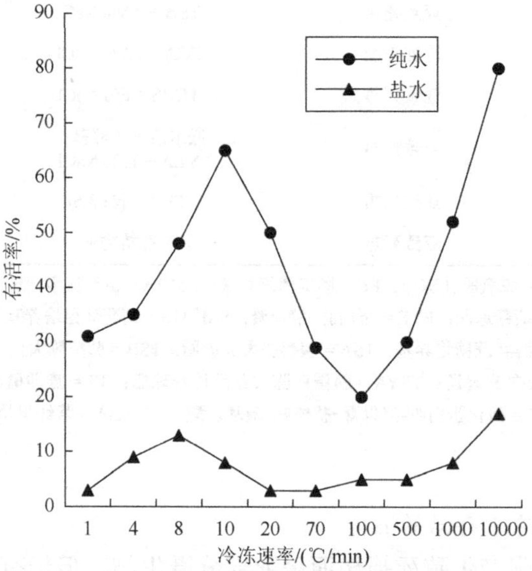

图 7-6　冷冻速率对大肠杆菌存活的影响

在冷冻速率较低的情况下，存在一个存活率最高的最适冷冻速率表明，在冷冻过程中至少有两种受冷冻速率影响的损伤机制。在低于最适冷冻速率时，因冷冻速率慢，主要是细胞外水分的冻结，使胞外水相中的溶质浓度增大而使细胞受损；随着冷冻速率的增加，细胞暴露在高浓度溶质中的时间缩短，因而存活率上升。在冷冻速率高过最适冷冻速率时（大于 10℃/min），由于细胞内形成冰晶而使细胞膜受损，因而存活率下降。在冷冻速率极高的情况下，细胞质内产生的冰晶少了而主要以“玻璃态”存在，因而存活率又高了。

在冷冻时若介质中有各种化学物质存在，可显著影响微生物的存活率。例如，将微生物悬浮在 0.85% NaCl 中冷冻，细胞的存活率显著下降（图 7-6），而葡萄糖、牛奶、脂肪、谷氨酸钠、聚乙二醇等物质存在时对冷冻中的细胞有保护作用而使其存活率提高。

（3）解冻过程的影响　解冻过程对微生物在冻藏食品上的存活也有很大影响。反复冻融可破坏微生物的细胞膜。解冻速度越快则存活菌越多。一般解冻主要靠热传导进行，而食品冷冻后的导热性比冷冻前差，所以在同样的温差条件下，解冻过程要比冷冻过程长。同时由于食品表面很快解冻，而中心部位要相当长时间后（几小时）才能解冻，在这段时间内很可能发生化学反应甚至微生物生长而引起食品变质。

若不加控制地进行解冻，就可能使食品中的微生物数目显著增加。例如，在 10℃、空气流速 0.25m/s 解冻猪肉，则解冻过程菌数变化很小；仍是 10℃，空气流速增加到 5.5m/s，则解冻后菌数有相当大的增长（超过 1000 倍）；而 20℃，空气流速仍为 0.25m/s 解冻，则解冻后菌数增长也不大（小于 10 倍）。用较高的温度解冻虽快，但腐败菌和毒害菌大量生长的可能性较大。

由于冷冻和解冻后，食品的组织结构有所改变，解冻后食品表面出现一层冷凝水。其中含有氨基酸、矿物质、B 族维生素及其他一些水溶性营养物质（主要是新鲜食品）；同时冷冻对嗜热、嗜温菌的致死作用，使得存活菌的竞争者更少，因此解冻后的食品更适合腐败菌的生长。但不能由此就断定解冻食品比其他食品更易腐败，因为解冻食品是否比新鲜食品腐败得更快取决于一系列因素，如冷冻方式、冷冻前食品上带菌的类型和数目、解冻温度等。实际检验中并未发现这两类食品在腐败的难易上有什么差别。

此外，微生物的营养状况、菌龄、冷冻储藏温度和时间对菌的存活都有一定的影响。在含氮少的基质中生长时，菌体内可积累糖类，往往使菌体对冷冻的抵抗力增强。对数生长期的细胞对冷冻抗性最差，稳定期的细胞抗冻能力最强。冻藏温度越低，则存活菌越多。

3. 冷冻食品的储藏稳定性

在−10℃以下冷冻储藏的食品中，绝大部分微生物已不能生长，即使某些微生物尚有所活动，其生长速度也极慢，不会使保藏的食品腐败。但实际上用−10℃的温度冷冻食品并不能较长时间地保持食品的品质。造成这一现象的原因是多方面的，较高温度的冷冻食品存在游离水是影响食品保鲜的原因之一。研究表明，虽然纯水在 0℃下就可结冰，但要使食品中的游离水完全消失则需要远低于纯水冰点的温度。少量的游离水存在会使水中溶质的浓度更高，反应性增大，使食品的新鲜特性发生改变。例如，鲜牛肉在−4℃时就会冻成硬块，但实际上有 70%的水未冻结，在−9.4℃时仍有 3%的水是游离的，即使在−18℃下，鲜牛肉中的未冻结水仍未完全消失（图 7-7）。

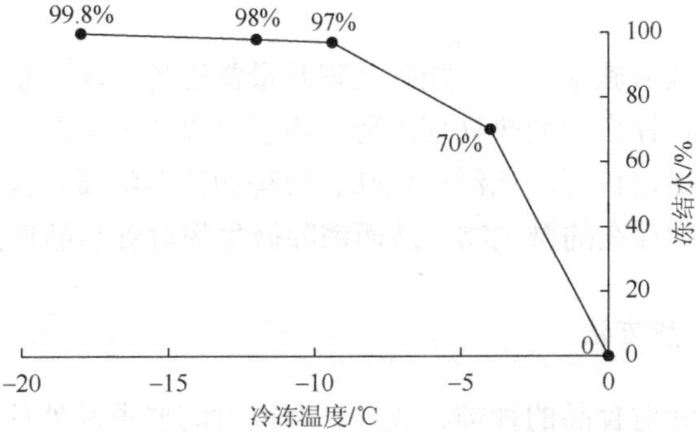

图 7-7　鲜牛肉冻结温度与冻结水比例的关系

另外，由于有游离水存在，冷冻温度下许多酶仍有活性，包括食品中原有的酶及微生物产生的酶，如一些微生物产生的脂酶和蛋白酶，在冻藏的低温下仍有相当的活性。若食品冷冻前已有这些微生物酶，则其冷冻储藏期就会大大缩短。此外，根据解冻后用于烹饪时对食品的质构、风味、嫩度、色泽及总的营养等要求，来共同决定某一冷冻储藏食品的保藏期限。一般情况下，−18℃是食品冷冻储藏的基本温度，冷冻保藏温度越低，保藏期就越长，表 7-29 是常见食品在不同冷冻条件下的保存期。

表 7-29　正常加工和包装的食品在良好条件下的冰冻保藏期　（单位：个月）

食品	−23.3℃	−17.8℃	−15℃	−12.2℃	食品	−23.3℃	−17.8℃	−15℃	−12.2℃
杏	24	18～24	—	6～8	小牛肉丁、薄小牛肉片	—	8～10	4～6	—
四季豆	16～18	8～12	—	4～6	烤猪肉、煎猪排	—	6～12	3～5	—
花菜	24	14～16	—	6～8	碎猪肉、猪肉香肠	—	4	2	—
玉米棒	12～14	8～10	—	4～6	熏制猪肉或火腿	—	5～7	3	—
玉米粒	36	24	—	12	腌熏五花肉	—	3	1	—

续表

食品	−23.3℃	−17.8℃	−15℃	−12.2℃	食品	−23.3℃	−17.8℃	−15℃	−12.2℃
胡萝卜	36	24	—	12	烤羊肉、羊排	—	12～14	8～10	—
多脂肪鱼	10～12	6～8	—	4	羊肉丁	—	10～12	6	—
少脂肪鱼	14～16	10～12	—	6	未加盐熟猪油	—	3～6	1～2	—
牡蛎	10～12	8～10	—	3～4	加盐熟猪油	—	1～3	1～2	—
桃	24	18～24	—	6～8	牛、羊心和肝	—	4	2	—
豌豆	24	14～16	—	6～8	小牛肝、心脏	—	3	1	—
菠菜	24	14～16	—	6～8	猪心、肝	—	2	1	—
草莓	24	18	—	8～10	舌	—	4	2	—
烤牛肉、煎牛排	—	12～14	8～10	—	肾	—	3	1	—
肉丁、小块牛肉	—	10～12	6～8	—	牛尾	—	4	2	—
碎牛肉	—	8	4	—	牛肚	—	1	—	—
烤小牛肉、小牛排	—	10～12	6～8	—	加香香肠、美味熟肉	—	2～3	1	—

注："—"表示没有此温度下的数据

二、高温杀菌防腐

在各种食品防腐处理措施中，高温加热处理是最常用的方法，也是最安全和最可靠的食品保藏方法之一。一个设计合理的热处理过程，不仅可以杀死食品中存在的各类微生物，而且还能使处理过的食品保留良好的色泽、风味、质构和营养物质。高温处理食品防腐的机制就是利用高温杀灭食品中存在的微生物，从而消除微生物对食品品质的危害。

（一）高温杀菌防腐的一般方法

食品的高温处理可针对食品的种类、成分、存放时间要求及处理目的不同而采用不同的加热处理强度。一般热处理温度越高、时间越长，杀菌就越彻底，食品安全存放的时间也越久；但高强度的杀菌处理对食品的品质，尤其是对食品的风味将产生较大的影响。通常食品工业采用的食品高温处理方法有以下一些类别。

1. 灭菌

灭菌（sterilization）即指完全杀灭基质中存在的微生物。在微生物类群中，细菌芽孢具有最强的耐热性，一般需要121℃、15min或等效的杀菌条件才能彻底杀菌。由于食品基质对热传导的阻碍作用，实际食品灭菌时采用121℃、15min这个处理条件是远远不够的，换句话说，只有使食品的所有部分均接受121℃、15min这一杀菌条件的加热处理才能实现食品灭菌的目的。在实际应用中，食品灭菌处理需要考虑食品的体积、食品的组成及热传导性能、食品的包装方式等相关因素。

由于灭菌需要非常强的热处理条件，对食品品质和风味的影响也非常大，因此对大多数食品来说没有必要或不能应用灭菌的方法进行加工处理。

2. 商业无菌

商业无菌（commercially sterile）是指食品经热处理后杀灭了所有致病性和可产毒的微生物，也杀灭了该食品成分组成在常规存放条件下可以生长并能引起腐败变质的微生物。但在被处理的食品中，有些耐热性的细菌芽孢仍有可能存活。因此，将经商业无菌处理的食品用专门的方法分离培养，仍可能检测出有活菌存在。

食品商业无菌处理的应用非常普遍。一般经商业无菌处理的食品有相当长的货架寿命，如许多低酸性罐头食品经商业无菌处理后货架寿命可达两年；牛奶经超高温瞬时处理（ultra high temperatures，UHT；140～150℃，维持数秒）也可实现商业无菌，产品可以在室温下存放 8 周以上。应当指出，经有效商业无菌处理的食品，其货架寿命主要由食品在储藏期间风味、质构等因素发生的变化来决定，而不是由于微生物生长导致食品在储藏期间发生变质。

3. 巴氏消毒

巴氏消毒（Pasteurization）一般是指用低于水沸点温度处理食品的一类方法。这种处理措施最重要的应用价值在于它在杀灭部分微生物的同时，能有效地维持食品的风味。具体应用时，食品的种类不同，处理的目的不同，采用的消毒条件也有差别。通常巴氏消毒可以分为两类：一类以牛奶等产品为代表；另一类以啤酒、果汁等为代表。

牛奶等乳类食品经 100℃的温度煮沸处理风味会发生改变，为了维持乳类的风味，通常采取温度较低的巴氏消毒处理，其目的是杀灭牛奶中的病原菌：结核分枝杆菌（*Mycobacterium tuberculosis*）和伯氏考克斯氏体（*Coxiella burnetii*）。处理条件可以是下列任何一种等效的温度、时间组合：63℃、30min［低温长时间法（low temperature，long time，LTLT）］；72℃、15s［高温短时间法（high temperature，short time，HTST）］；89℃、1.0s；90℃、0.5s；94℃、0.1s；100℃、0.01s。

试验表明，在灭菌牛奶中添加 6 种不同的结核分枝杆菌（添加量为 40～100 000cfu/ml），经 LTLT 或 HTST 处理后在合适的培养条件下培养 4 个月，没有检测出结核分枝杆菌活菌。这些处理条件也可杀死酵母、霉菌的营养体。但由于经巴氏消毒的牛奶仍含有其他一些耐热菌和芽孢菌，若将其存放在常温下，1～2d 就会变质，如果将它们置于家用冰箱或其他冷藏条件下存放，则保质期可达一周或更长。

图 7-8　超高温管式杀菌机

啤酒、葡萄酒、各种果汁等食品进行巴氏消毒的目的是有效杀灭腐败菌或使食品中的各种酶失活，从而延长这些食品的货架寿命。一般这些食品在巴氏消毒时不考虑是否将致病因子完全消除，因为在食品的整个生产工艺中有其他环节或措施可消除病原微生物的危害。例如，在啤酒生产中常将 60℃、1min 的杀菌条件作为一个巴氏单位，一般啤酒可用 20 个巴氏单位进行杀菌处理。调配后的果汁饮料，根据其浊度的不同采用不同的超高温消毒设备，对于浊汁饮料或含乳的果汁饮料，一般采用管式 UHT；对于清汁饮料，一般使用板式换热器的机型。图 7-8 为一种高温消毒设备。

（二）微生物的热致死特点及相关参数

当环境温度高于微生物的最高生长温度时，微生物细胞中的酶及其他具生物活性的物质会受到影响，从而造成细胞的损伤。在人为施加高温的环境中，微生物经一定的高温和时间周期处理，若造成细胞某些关键性的损伤，则受损细胞死亡；即使对细胞造成的损伤不是致死性的，经热处理的细胞的生长也会受到抑制。在一般杀菌条件下，微生物细胞群体在某一瞬时的死亡速率与该时间点的存活细胞数成正比；另外，某种菌的死亡规律与该菌本身的生物学特性有关。可以用以下方程式表示某种微生物细胞群体在杀菌时的死亡速率：

$$-\frac{dN}{dt}=kN, 或 \frac{dN}{dt}=-kN \tag{7-1}$$

式中，N 为在 t 时存在的活菌数，k 为该菌在一定条件下的死亡速率常数。

解上述微分方程可得

$$N=N_0 \cdot e^{-kt} \tag{7-2}$$

或表达为

$$\lg N=\lg N_0-\frac{k}{2.303}t \tag{7-3}$$

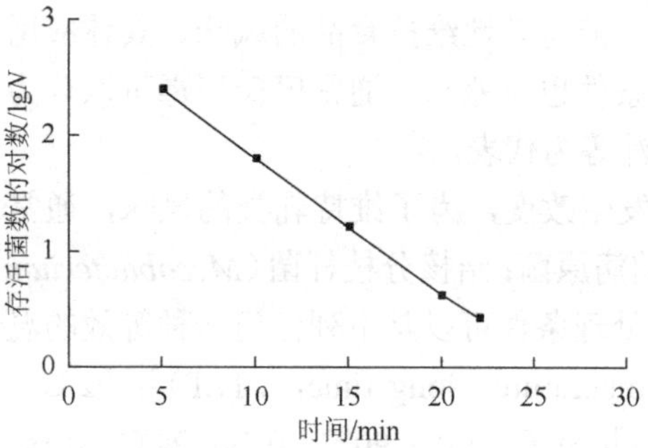

图 7-9 微生物在高温下的存活曲线

以 $\lg N$ 为纵坐标，t 为横坐标作图，即得热处理过程中微生物细胞的存活曲线，这是一条纵截距为 $\lg N_0$，斜率为 $-\frac{k}{2.303}$ 的直线，如图 7-9 所示。

图 7-9 的直线代表了微生物细胞在高温作用下死亡的一般规律。实际上，微生物的存活曲线并不完全是直线，而在开始阶段出现肩峰，最后有拖尾，这是由于有些细菌可产生芽孢，芽孢的抗热性远高于营养细胞；即使是不产芽孢的细菌，由于群体中个体的菌龄有差异等，它们的抗热性也不一致。

微生物种类不同，它们细胞的结构特点、细胞组成成分、胞内酶等生物活性物质的性质也有所不同，所以它们对高温的敏感程度也不相同。在食品工业中为了便于指导生产，提出了一些可以衡量微生物对热等致死因子抗性，或可以衡量杀菌效果的参数。以下是食品热加工中常用的几个重要参数。

1. *热力致死时间*

热力致死时间（thermal death time，TDT）是指在特定温度下杀死一定数量微生物所需的时间。

2. *D 值*

D 值也称 10 倍减少时间（decimal reduction time），即杀死 90%微生物所需的时间，或活菌数减少一个对数周期所需的杀菌时间。根据这个概念，并利用式（7-3），将 $N/N_0=1/10$ 代入，可得

$$D=\frac{2.303}{k} \tag{7-4}$$

由于微生物的死亡速度常数是温度和菌株的耐热性的函数，因此同一种微生物在不同的温度下具有不同的 *D* 值；在同一温度下，不同微生物的 *D* 值也不一样。在同样条件下，*D* 值越大的菌株耐热性越强。一般将 121.1℃（即 250℉）的 *D* 值写作 D_r。由于一种菌株的 *D* 值受很多因素影响，因此在实际测定时，测得值可能有相当大的波动。表 7-30 中列举了一些微生物的 *D* 值。从表中可见，嗜热菌、细菌芽孢的抗热性最强；霉菌比酵母菌抗热性强；孢子的抗热性比营养细胞强。由于菌株不同、热处理前和热处理时的条件对其 *D* 值都有明显影响，因此表中的 *D* 值大多具有较大的范围。

表 7-30　一些微生物的 *D* 值

微生物	温度/℃	*D* 值/min	微生物	温度/℃	*D* 值/min
细菌芽孢	100	0.8～24.1	F 型	82	0.33
	121	0.02～3.0	葡萄球菌	60	0.43～7.9
好氧菌芽孢	121	4～5	链球菌	60	0.83～13.5
嗜热脂肪芽孢杆菌	110	0.2～0.65	乳酸菌	60	0.11～2.86
凝结芽孢杆菌	121	0.01～0.07	好热乳酸菌	70～75	15～30
	100	0.31～17.6	大肠型细菌	60	0.3～0.6
厌氧菌芽孢	121	0.15～1.5	沙门氏菌	57	0.75～31.0
生孢梭菌	121	3.0～4.0	假单胞菌	53	4
热解糖梭菌	121	2.0～3.0	嗜热放线菌孢子	100	11～71
致黑梭菌	110	1.25～1.63	酒精酵母	50	9
肉毒梭菌 A 型	118	0.23	产膜酵母	50	28
	121	0.1～0.2	黑根霉（无性孢子）	50	4
B 型	110	1.17～1.36	曲霉（无性孢子）	55	3～20
C 型	110	0.12	青霉（无性孢子）	60	2.5
E 型	82	0.51～0.74	耐旱霉菌（子囊孢子）	80	2.7～3.6

3. *Z* 值

Z 值就是引起 *D* 值变化 10 倍所需改变的温度值。由于 *D* 值是随温度升高而下降的，因此 *Z* 值也就是 *D* 值降低一个对数周期（或减少 90%）所需升高的温度数。在以 lg*D* 为纵坐标，温度为横坐标的曲线上，*Z* 值即是该曲线斜率的倒数，该曲线又称为热致死时间曲线（thermal death time curve，TDTC）。*Z* 值的意义从图 7-10 可很直观地看出。

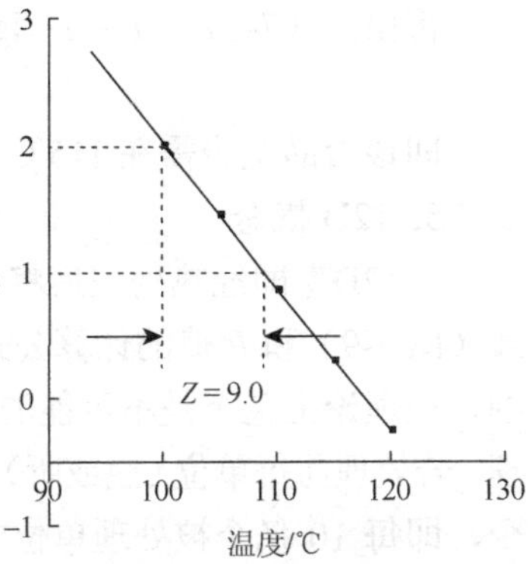

图 7-10　热致死时间曲线

有了 *Z* 值，就可以对不同温度的热加工过程进行比较。在 60℃处理 3min 是一合适的热加工，且 $Z=8℃$，则由 *Z* 值的定义可知，在 68℃热处理 0.3min 和 52℃热处理 30min，可以达到相同的热处理效果。

另外，从 *Z* 值的定义可知：

$$Z=\frac{T_r-T}{\lg D_r-\lg D} \quad (7\text{-}5)$$

式中，D_r 是对照温度为 T_r 时的 *D* 值。一般选对照温度 $T_r=121.1℃$（即 250℉）。

由式（7-5）可得

$$D=D_r\cdot 10^{\frac{T_r-T}{Z}} \quad (7\text{-}6)$$

有了式（7-6）就可由已知对照温度 T_r 时的 D_r 值和 *Z* 值，求得任意温度下的 *D* 值。这在实际的热加工处理中对加工过程的计算是很有用的。

4. *F* 值

F 值最初是指灭菌时间，即在 121.1℃时杀死所有微生物所需的时间。在用来指 $Z=10℃$ 的肉毒梭菌芽孢悬液时，其值记作 F_0。

在食品工业中使用的 F 值是指在特定温度下使活菌数减少一定百分数所需的时间。由式（7-3）和式（7-4）可得

$$F = D\cdot(\lg N_0 - \lg N) \qquad (7\text{-}7)$$

若已知某条件下的 D 值，由式（7-7）就可以确定在该温度下达到任何灭菌要求所需的处理时间。

若食品中的病原菌和产毒菌全被杀死，则可确保人食用后的安全。各类食品中带有的毒害菌不尽相同。副溶血性弧菌多见于海产品中，沙门氏菌多见于肉类及冰淇淋，肉毒梭菌及其毒素则可能存在于杀菌不彻底的蔬菜、肉制品和酱类等罐头食品中。这些毒害菌中以肉毒梭菌的抗热性最强。由于肉毒梭菌在 pH 低于 4.6 的酸性食品中不能生长，因此以杀死 pH 高于 4.6 的低酸食品中的肉毒梭菌作为食品安全的标准。

在实际的食品热加工中，若毒害菌和腐败菌共存时，往往以抗热性强的腐败菌来确定热加工条件。下面举一例说明食品杀菌热处理条件的计算方法。

假设某食品中含腐败菌和毒害菌，且已知毒害菌的 $D_r = 0.2$，大于所有腐败菌的 D_r 值，$Z = 10℃$，现计划以 115℃进行热处理，问需要处理多长时间才可使初始毒害菌带菌量为 10^5 个/单位的食品经处理后达到每 10^7 单位中有活菌的单位不多于 1 个？

解：由题意知 $T_r = 121℃$，$Z = 10℃$，$D_r = 0.2\text{min}$，$T = 115℃$，$N_0 = 10^5$，$N = 10^{-7}$

由式（7-6）　$D = D_r \cdot 10^{\frac{T_r - T}{Z}}$ 得

$$D_{115} = 0.2 \times 10^{\frac{6}{10}} = 0.8(\text{min})$$

再由式（7-7）　$F = D\cdot(\lg N_0 - \lg N)$得

$$F = 0.8 \times 12 = 9.6(\text{min})$$

即该食品至少需在 115℃处理 9.6min 方可达到食品安全所需的灭菌要求。

5. 12D 概念

"12D"即经热处理后将食品中的残留菌数降为原带菌数的 10^{-12} 倍。由微生物的存活曲线（图 7-9）和 F 值的计算公式［式（7-7）］可知，要完全杀死食品中所有的微生物是很困难的，在理论上甚至是不可能的。为了控制适当的热处理强度，食品工业中普遍采用 12D 热处理。若处理前每单位（瓶或听）中带菌 10^3 个，经 12D 值的热处理后每单位中残留菌数降至 10^{-9} 个，即每 10 亿个被处理单位中仅有 1 个单位中残留有活菌。因此，对食品进行 12D 值的热处理后是可以确保食品安全的。

12D 的具体热处理条件可应用相关参数和 F 值计算公式得出。例如，肉毒梭菌在 121℃时的 D 值不大于 0.21min，可计算出此温度下达到 12D 杀菌效果所需的时间为

$$F = D\cdot(\lg N_0 - \lg N) \leqslant 0.21 \times 12 = 2.25(\text{min})$$

上式表明，如果将食品的每一单元均以 121℃的条件处理 2.25min，则对食品中的肉毒梭菌可达到 12D 值的灭菌要求，可确保消费者的安全。但应该指出，食品在热处理前如带菌量很大，则同样的热处理过程，灭菌效果就会受影响，如热处理前每灭菌单位中带菌 10^6 个，则经 12D 值的热处理后菌数可降至 10^{-6} 个/单位，即每百万单位中可能有一个单位有存活菌。可见生产食品原料的状态对生产工艺和产品的质量有重要的影响。

不产芽孢腐败菌的抗热性与普通毒害菌差不多，一般的热加工过程即可将其杀死，但许多产芽孢腐败菌的抗热性比毒害菌强得多，其 D 值甚至比肉毒梭菌的 D 值还高好几倍（相同温度下），如致黑梭菌（*Clostridium nigrificans*）的 $D_r = 2.0$～3.0min，比肉毒梭菌 A 型的 D_r

值（0.1～0.2min）高出 10～30 倍。若要使带致黑梭菌 10^3 个/单位的食品经热处理后每 1000 单位中出现腐败菌数不多于 1 个单位，则其 F 值（取 $D_r = 2.0$min）为 $F = 2.0×(\lg10^3 - \lg10^{-3}) = 12$min，即这批食品要在 121.1℃处理至少 12min 方可达到上述要求。该值比前述的安全性要求的 F 值高 4 倍，相当于杀死肉毒梭菌的热处理的 50D 以上灭菌水平。由此可见防止腐败所要求的热处理条件比确保安全所要求的条件更剧烈。对于 D 值更大的腐败菌（如嗜热脂肪芽孢杆菌的 D_r 值为 4～5min），要达到同样的灭菌目的所需的 F 值更大，实际上因其所要求的灭菌时间太长而无法实施。

（三）影响微生物抗热性的因素

由于细菌芽孢和真菌孢子比其营养细胞的抗热性要强得多，而细菌芽孢的抗热性又较真菌孢子强，因此在讨论影响微生物抗热性的因素时要考虑影响细菌芽孢抗热性的因素，同时又因为影响因素很多，因此很难对某一条件下的各种影响因素都做出圆满的解释。通常可将这些影响因素分为以下两类。

遗传性因素：不同种、菌株及孢子与营养细胞间的抗热性差别是由遗传因素决定的。

环境因素：包括微生物的生长环境和热处理时的环境，如菌龄、生长温度、生长基质（pH 和 A_W）及热处理的基质。

以下仅讨论环境因素对微生物抗热性的影响，从表 7-31 可以看出，同一种微生物在不同的环境条件下，其抗热性有较大的变化。

表 7-31　桑夫登堡沙门氏菌（*Salmonella senftenberg*）在不同条件下的 *D* 值（引自：Jay，2000）

杀菌温度/℃	*D* 值	条件	杀菌温度/℃	*D* 值	条件
61	1.1min	全蛋液	57.2	13.5min	A_W 0.99（4.9%甘油），pH6.9
61	1.19min	胰胨肉汤	57.2	31.5min	A_W 0.99（33.9%甘油），pH6.9
60	9.5min	全蛋液 pH5.5	57.2	14.5min	A_W 0.99（15.4%蔗糖），pH6.9
60	9.0min	全蛋液 pH6.6	57.2	62.0min	A_W 0.99（58.6%蔗糖），pH6.9
60	4.6min	全蛋液 pH7.4	60	0.2～6.5min	HIB**，pH7.4
60	0.36min	全蛋液 pH8.5	60	2.5min	A_W 0.99，HIB，甘油
65.6	34～35.3s	牛奶	60	75.2min	A_W 0.99，HIB，蔗糖
71.7	1.2s	牛奶	65	0.29min	0.1mol/L 磷酸缓冲液，pH6.5
70	360～480min	牛奶巧克力	65	0.8min	30%蔗糖
55	4.8min	TSB*，对数期，35℃培养	65	43.0min	70%蔗糖
55	12.5min	TSB，对数期，44℃培养	65	2.0min	30%葡萄糖
55	14.6min	TSB，稳定期，35℃培养	65	17.0min	70%葡萄糖
55	42.0min	TSB，稳定期，44℃培养	65	0.95min	30%甘油
			65	0.70min	70%甘油
			55	35min	A_W 0.997，胰胨大豆琼脂

* TSB 为胰酪胨大豆肉汤；** HIB 为牛心浸液肉汤

1. 生长期

稳定期的细菌细胞抗热性最强，而对数生长期抗热性较差。同样，对于芽孢，也是老的芽孢较幼龄芽孢抗热性强。一般是细胞的活性越低其抗热性越强，但其机制仍不清楚。

2. 生长温度

微生物的生长温度对其抗热性有很大影响。同一种微生物，在高温下形成的芽孢比在低温下形成的芽孢抗热性更强；对非产胞菌，在其生长温度区间的上限生长的细胞也比在较低温度下生长的细胞抗热性强，如在其他条件相同的情况下，44℃条件生长的桑夫登堡沙门氏菌（*Salmonella senftenberg*）比 35℃生长的细胞抗热性要强 3 倍（表 7-31）。因此，在食品加工中必须注意微生物的这种温度效应，并合理地应用。例如，鲜奶在储藏和巴氏消毒前要保持在较低的温度，这样不仅可以避免嗜温菌的生长引起变质，延长保存期，而且还可避免奶中细菌的抗热性增强。

3. 细胞数目

从表 7-32 的数据中可看出，相同种类的微生物，细胞数目越多，其抗热性就越强。因为微生物细胞聚集在一起经受高温处理时，并不是同时死亡，而是逐渐死亡的。微生物的存活曲线也清楚地表明了这一规律。造成这一现象的原因可能是细胞在热处理时，向外分泌出蛋白质性质的物质，对细胞有保护作用，细胞数目越多，分泌出的保护性物质也就越多，因而表现出更强的抗热性；另外微生物细胞数目多，抗热性变异个体出现的可能性也较大。实际的食品热加工处理目的就是将原料中带菌量降至要求值而设计，因此原料带菌量过多或热加工不当就可能使产品中的存活菌数超过标准。

表 7-32　100℃时肉毒梭菌芽孢数对致死时间的影响

芽孢数	热致死时间/min
7.2×10^{10}	240
1.6×10^{8}	125
3.2×10^{7}	110
6.5×10^{5}	85
1.6×10^{4}	50
3.3×10^{2}	40

4. 基质的影响

热处理时微生物所处基质的物理、化学性质对其抗热性有很大影响，这些因素包括 pH、水活度、盐、脂肪、碳水化合物和蛋白质等。

pH：pH 可能是这几个因素中对热杀菌效果影响最大的。它除了直接影响微生物的抗热性外，还决定了热处理后的存活菌能否继续生长。例如，将热处理食品分为 pH≤4.6 的酸性食品和 pH＞4.6 的低酸食品，就是根据肉毒梭菌在 pH≤4.6 的基质中不能生长这一点，从而对它们分别采用不同的热处理强度。大多数微生物在其生长的最适 pH 时抗热性最大，一般为 pH7 左右。偏离其生长最适 pH 则抗热性明显降低。但也有一些例外，如在全蛋液中的几种沙门氏菌血清型的抗热性则在 pH5.5～8.5 随 pH 上升而抗热性降低。

水活度（A_W）的影响：A_W 的降低可使细菌的营养细胞和芽孢的抗热性大大增强。这一点从蛋白质的热变性速度即可说明，蛋白质在水中的热变性要比在空气中容易得多。蛋白质变性可能是热致死的主要原因。关于水促进蛋白质热变性的确切方式还不清楚，有人认为，蛋白质在水溶液中受热后可产生游离巯基，从而使蛋白质与水结合能力增强。

盐：盐对微生物抗热性的影响因盐的种类、浓度而异。有些盐有保护作用从而提高微生物的抗热性，有些盐的存在使 A_W 降低，从而增强了微生物的抗热性；而另一些盐（如 Ca^{2+} 和 Mg^{2+}）则使 A_W 增加，因而使微生物对热更敏感。有试验证明，在巨大芽孢杆菌的培养基中加入 $CaCl_2$ 后产生的芽孢抗热性更强，加 L-谷氨酸盐、L-脯氨酸或增加磷酸盐浓度，则其芽孢抗热性下降。

脂肪：脂肪的存在常使微生物的抗热性增强。在高脂肪低水分食品中，即使要杀死微生物的营养细胞也要很强的热处理条件。在牛奶巧克力中（含水低于2%，高可可脂）的桑夫登堡沙门氏菌 775w 菌株的 D_{70} 为 6～8h，鼠伤寒沙门氏菌的 D_{70} 为 12～18h；若在其中加入水，可显著降低鸭沙门氏菌（*Salmonella anatum*）的抗热性，加 2%的水，其 D_{72} 值即从 20h 降至一般的 4h。现在研究表明，脂肪对微生物的保护作用是因为加热使水在脂中的溶解性增加，细胞周围的 A_W 下降，从而使脂中微生物细胞的抗热性大大增强。但是，若其中的水量超过了脂的饱和溶解量，则其保护作用就不明显了。

碳水化合物：基质中的碳水化合物可使其中微生物的抗热性增强。这种作用至少部分是由碳水化合物使 A_W 降低所致。不同种类的碳水化合物对微生物抗热性的增强作用不一样。在蔗糖、葡萄糖、山梨醇、果糖和甘油这 5 种碳水化合物中，其对微生物抗热性增强作用的次序为蔗糖＞葡萄糖＞山梨醇＞果糖＞甘油。

蛋白质：蛋白质对微生物具有较强的保护作用。因此，要获得同样的杀菌效果，高蛋白食品的热处理时间要比低蛋白食品长些。基质中的胶体颗粒对其中的微生物细胞也有保护作用。

三、干燥防腐

在食品防腐手段尚未被认识之前，用干燥处理保藏食品的方法就已被广泛应用。食品干燥防腐的基本原理是显而易见的，因为引起食品腐败、变质的关键因素——微生物和酶都需要在有水存在的条件下才能起作用，当食品中的水分降至一定程度，食品就可以安全地保存较长的时间。

一般食品经干燥后不仅耐储藏，而且重量大为减轻、体积缩小，便于包装、携带和运输。有些干燥产品还能产生特有的风味，如干菜、干果等。但是干燥过程也可能给食品品质带来一些不利影响。例如，干燥过程一般在较高温度下进行，因而易使食品中的各种水溶性物质浓度升高（包括酶浓度），从而使一些影响食品品质的反应更易发生。再如，食品中的许多挥发性芳香成分在干燥过程中会逸散或分解，天然色素会因分解而褪色，维生素等易变化的营养素会因在干燥过程中被破坏而降低含量。因此，在食品干燥过程中应注意防止和避免这些反应的发生，以使食品在干燥、储藏过程中能保持良好品质。本部分除介绍一般食品的干燥防腐外，将重点对应用干燥方法为主要保藏手段的粮食防腐储藏保鲜作较为详细的介绍。

（一）常见食品干燥处理的一般特点

如果以温度的高低对食品干燥方式进行分类，可分为高温干燥、常温干燥和低温干燥三大类。为了提高食品干燥的效率，维持食品的品质，各类食品的干燥一般都利用专门的设备，并且与其他食品加工工艺配合应用。

一些浅色水果和蔬菜干燥前要用 SO_2 处理，使其吸附 1000～3000mg/kg 的 SO_2 以保留其色泽，保护某些维生素在储藏中不变，此外还可降低其带菌量。干燥后的水果通常还要在 65.6～85℃巴氏杀菌 30～70min，水分降至 20%～30%。

蔬菜脱水前的烫漂极为重要，产品种类不同，采用的烫漂温度和时间也有差异。这一处理的目的是破坏一些可能引起终产品发生不良变化的酶类。叶菜类通常较豆类和胡萝卜烫漂时间短。多数蔬菜以 60～62.8℃干燥比较好。干燥后叶菜类含水量应降至 4%～8%，根菜类因富含淀粉可含水 10%～12%。多数蔬菜经 SO_2 或亚硫酸盐处理后更稳定。

谷物类粮食可利用阳光晾晒干燥；气候条件不适合自然晾晒或粮食种植机械化程度较高的地区一般采用专门的粮食干燥设备烘干粮食，如果粮食水分过高，要根据水分含量进行分段烘干，避免烘干对粮食品质造成危害。一般谷物类粮食的安全储藏水分在 13%左右。

肉类在脱水前通常要煮熟。牛肉和猪肉干燥后水分大致为 4%。

全脂或脱脂牛奶可用转鼓或喷雾法干燥。全脂奶除去 60%的水后即得淡炼乳，其中含乳糖约 11.5%，浓缩前加蔗糖或葡萄糖，浓缩后总糖为 54%或达 64%以上的称甜炼乳。

蛋可以制成全蛋粉、蛋黄粉或蛋白粉。干燥前蛋中含有的葡萄糖应尽可能去除，因为葡萄糖可与蛋白质中的氨基反应而使蛋品褐变；在脱水前葡萄糖去除得越彻底，则干燥产品的品质和色泽就越稳定。葡萄糖氧化酶处理蛋品是去除葡萄糖的有效方法之一。蛋品干燥常用的方法是喷雾干燥法。

真空冷冻干燥与上述高温或常温干燥方法有较多的不同。其一般的方法是将食品在低温下快速冷冻，然后在高真空度的条件下使食品中的水分直接从冰升华、干燥。由于整个干燥过程在食品冻结条件下进行，因此可最大限度地保持食品的色泽、风味、形状等品质，并且一般都具有非常理想的复水性能。例如，黄淑霞等曾研究用冷冻干燥法保鲜嫩玉米棒，结果表明，干燥后的产品基本上可维持新鲜嫩玉米棒的颜色和形状，在常温下储藏 6 个月仍能正常地复水和保持新鲜嫩玉米棒的风味。目前，市场上已经有系列化的真空冷冻干燥设备。为了提高脱水效率，工业生产中应用的真空冷冻干燥设备通常在抽真空期间要对基质进行适当的加热，但在整个加工环节中将一直保持基质的冻结状态，以保证食品的外观和质构不发生变化，也使脱水产品有良好的复水性能。图 7-11 是工业化食品真空冷冻干燥处理车间的示意图。由于食品真空冷冻干燥的加工成本相对于其他干燥方法要高，因此目前主要应用于一些对品质要求严格且附加值较高的食品进行脱水保鲜。

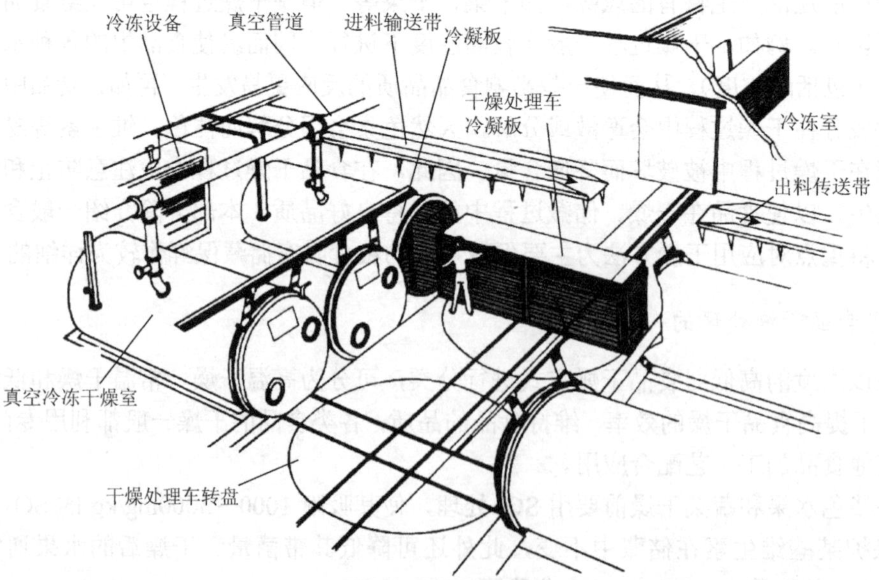

图 7-11　工业化食品真空冷冻干燥处理车间（引自：Potter，1998）

（二）一般干燥食品的储藏和防腐

尽管干燥可杀死一些微生物，但干燥过程本身对微生物并无本质的致死作用。实际上从干燥食品中可分离出大量微生物，质量差的食品或干燥过程中操作不当的食品上更是如此。

在干燥食品的生产中，除了烫漂和预煮熟过程中能杀死微生物外，整个干燥过程可杀死的微生物量很有限，因此细菌的芽孢、霉菌、酵母菌、革兰氏阳性菌及许多革兰氏阴性菌都可在干燥食品中存活下来。May 和 Kelly 的研究发现，在冷冻干燥后又在室温下复水的鸡肉上可分离到占原来菌群 32%的菌。

干燥的食品中可能仍带有相当多的微生物，由于干燥食品的 A_W 相当低，只有其中的少数微生物能继续活动，并最终造成食品变质。例如，大多数细菌需要在基质 A_W 达到 0.90 以上才能生长，而干燥食品大都远低于这一 A_W。最可能在干燥食品中生长的微生物是霉菌和酵母菌。尽管在 A_W 低于 0.65 的情况下食品几乎不发生腐败，但有些霉菌在 A_W 为 0.60～0.62 时仍能很缓慢地生长，其中以灰绿曲霉群的霉菌引起干燥食品变质最为常见。鲁氏酵母等嗜高渗酵母在 A_W 为 0.65 时也有可能生长。

干燥食品的储藏稳定性可用“临界水分”（alarm water）含量来表示，水分含量超过“临界水分”，霉菌即可生长，干燥食品就失去了储藏稳定性。特别要注意的是，有时仅高出 1%的水分就可能导致灾难性后果。表 7-33 中列出了一些食品的“临界水分”含量。

表 7-33　常见食品的临界水分（引自：Jay，2000）

食品	水分/%	食品	水分/%
全脂奶粉	约 8	无脂脱水肉	15
全蛋粉	10～11	豆类	15
面粉	13～15	脱水蔬菜	14～20
大米	13～15	淀粉	18
脱脂奶粉	15	脱水水果	18～25

注：储藏条件为 RH = 70%；温度 20℃

在水分含量很低的食品中，虽然微生物已不能生长，但仍可长期地保持活性。David 检查了 227 个保存了 21 年的细菌、霉菌和酵母菌培养物冻干品的活性，仅有 3 个未存活。因此冷冻干燥又是一种很好的菌种保藏方法，现已广泛应用。

脱水食品在保藏良好的情况下没有微生物的生长，但是某些化学变化往往使其在保藏过程中发生劣变，如脂肪氧化酸败、含有还原糖的食品发生美拉德（Maillard）反应（这不仅影响色泽，还使食品发苦）。冷冻干燥食品的水分高于 2%时也会发生褐变反应，因而要求其含水量在 2%以下。干燥食品中的其他化学变化也会影响食品品质，如蔬菜中维生素 C 损失、变色、组织变硬等。

在防止干燥食品的真菌性腐败方面最重要的就是储藏环境的 RH。若包装不当或储藏环境的 RH 过高，则干燥食品将从环境中吸收水分直至平衡。由于总是食品表面首先吸水，所以干燥食品的变质总是因霉菌在表面生长而引起。

（三）中湿食品的储藏和防腐

有些食品如果进行完全干燥处理会失去食品的应有特性，甚至会丧失商品的价值。但为了延长食品的安全储藏期，在食品加工的某些环节必须进行一些脱水处理，使其水分含量有所降低，通常将这一类食品称为中湿食品。中湿食品的含水量一般在 15%～50%，对应的 A_W 为 0.60～0.85。对于有些易失水的食品，在加工时还要添加保湿剂使食品维持一定的含水量，常用的食品保湿剂有甘油、丙二醇、山梨醇、蔗糖等。表 7-34 是一些中湿食品的 A_W。

表 7-34　一些中湿食品的 A_W

食品	A_W 范围	食品	A_W 范围
果干	0.60～0.75	糖，糖浆	0.60～0.75
糕点	0.60～0.90	蜂蜜	0.75
冰冻食品	0.60～0.90	浓缩果汁	0.79～0.84
部分糖果	0.60～0.65	果酱	0.80～0.91
商品糕点馅	0.65～0.71	甜炼乳	0.83
部分谷物产品	0.65～0.75	发酵香肠（部分）	0.83～0.87
果料蛋糕	0.73～0.83	成熟奶酪（部分）	0.96

在一般中湿食品的水活度范围内，革兰氏阴性菌不能繁殖，革兰氏阳性菌中除了球菌、一些产芽孢菌和乳酸菌外，大部分也不能生长繁殖。在中湿食品中除了低水活度对微生物的抑制作用外，pH、添加的抗菌剂（包括一些保水剂）之间的相互作用、微生物菌群间的竞争等都有抗菌作用。

金黄色葡萄球菌是食品中唯一的一类可以在中湿食品水活度范围（$A_W = 0.86$）内生长的毒害性细菌。图 7-12 表示的是用甘油调控不同 A_W 的猪肉丁中金黄色葡萄球菌的变化情况。经解吸过程达到 A_W 0.880 的猪肉丁中，15d 内菌数基本不变，时间再长则稍有增加；而经吸附过程达到同样 A_W（即 0.88）的猪肉丁中，在最初三周内，金黄色葡萄球菌缓慢死亡，而后死亡速率加快，在所有 A_W 低于 0.880 的猪肉丁中，金黄色葡萄球菌都逐渐死亡；而 A_W 高于 0.9 的猪肉丁中，金黄色葡萄球菌的数量在储藏过程中都逐渐增加。

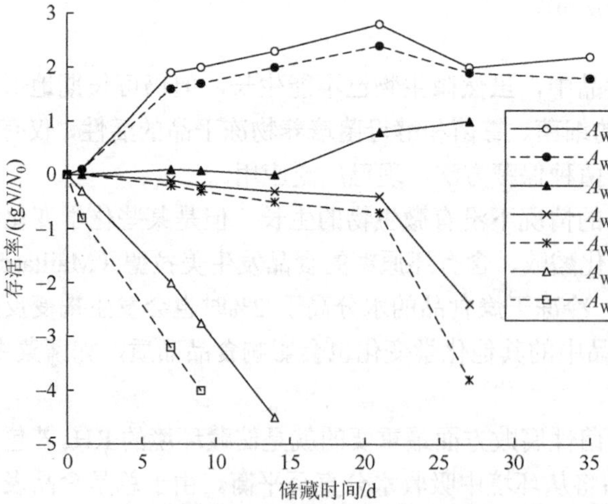

图 7-12　金黄色葡萄球菌在中湿食品中的存活率（引自：Jay，2000）

图中——表示“解吸”组，---表示“吸附”组

许多霉菌可在 A_W 0.80 左右的基质中生长，因而霉菌是影响中湿食品货架寿命的主要因

素。一些研究表明，对 A_W 为 0.80～0.85 的食品，在 1～2 周易因一系列真菌污染而引起腐败变质；当 A_W 降至 0.75 时，食品腐败的发生就变得非常缓慢，食品中腐败菌的种类也有所减少；在 A_W 降至 0.70 时，腐败过程就极为缓慢，基本上可达到抑制微生物生长的目的；而当 A_W 降至 0.65，则仅有极少的几种菌可生长，食品可在长达两年的时间内几乎不发生劣变现象。因此有人建议要保存多年的食品应将 A_W 降至 0.65～0.75，以 A_W 0.70 较为合适。

另外，储藏环境的湿度对中湿食品中的霉菌生长及其货架寿命紧密相关。这里所指的湿度是平衡相对湿度，即食品储藏一段时间后待食品与空间的水分吸附、解吸达到平衡后的相对湿度。如果食品本身的 A_W 低，但储藏空间的相对湿度比食品的平衡相对湿度高，食品仍可通过吸湿而提高 A_W，不利于安全储藏。因此通常需要监测食品储藏环境的相对湿度，防止中湿食品的霉腐现象发生。有时为了延长那些需要在常温下保藏较长时间的中湿食品的货架寿命，在加工时需添加一些化学防腐剂。对 pH 较低的中湿食品，山梨酸钾和丙酸钙等都有较为理想的防腐保鲜效果。

（四）粮食的防霉

粮食是一类储藏量最大的特殊食品，对粮食进行干燥处理是最有效、最经济的储藏解决方案。虽然过度的干燥不利于粮食的品质，但为了安全储藏，通常需要将粮食的水分降到临界安全水分以下。例如，在 30℃下小麦的安全水分为 12.5%，稻谷的安全水分为 13.5%，玉米的安全水分为 13.5%。它们所对应的 A_W 一般在 0.65 左右。

1. 影响粮食储藏稳定性的因素

干燥粮食的 A_W 低于绝大部分微生物可以生长的最低水活度，即使有微生物存在也不会危害粮食的品质。低 A_W 条件下，个别嗜干性微生物虽有生长的可能，但一则这些微生物的生长延滞期非常长，一般难以出现明显的生长现象；二则粮食主要由大分子物质构成，外壳一般都有种皮等保护层，这些微生物并非都能分解粮食的大分子物质并在粮食这种基质中正常生长。因此，将干燥的粮食存放在理想条件下，或人们在日常生活中存放少量的干燥粮食一般都不会发生霉变现象。

当干燥的粮食被大量集中存放在粮仓内，或将粮食存放在不良的条件下，粮食的霉腐变质就成为不可忽视的严重问题。以下介绍影响干燥的粮食储藏稳定性的常见因素。

（1）粮食的品质和杂质　粮食储藏的稳定性与粮食品质密切相关，简单地说，粮食品质应当达到“干、饱、净”的要求。干燥的粮食水活度低，是抑制微生物生长的重要因素；饱满的粮食质地坚实，组织完整，微生物可以直接利用的小分子物质较少，对微生物的生长具有明显的抗性；“净”是指粮食中的泥杂含量少，对粮食的储藏稳定性有重要的影响。

粮食中存在的杂质对储粮稳定性的影响是多方面的。首先，泥杂相对密度轻，在粮食入仓等搬倒操作时容易自动分级而在某些部位积聚，而且它们的颗粒小，比表面积大，容易吸湿，往往容易使这些部位的 A_W 增加，为微生物的生长创造有利条件；其次，杂质中可供微生物利用的营养物质丰富，其自然带菌量也远高于粮食本身，微生物适宜在这些环境中生长繁殖；另外，杂质积聚的部位透气性差，导热性低，微生物生长后自身代谢产生的温湿效应在局部积聚又可能加速微生物发展的速度，并会向其他部位扩展。

有时粮堆中混入少量的高水分粮食或因粮仓的渗、漏等因素造成局部粮食水分含量较高，这对整个粮堆的储藏稳定性都会产生严重的影响。因为微生物在水分含量高的局部生长后，可以产生水分和热量并向四周扩散，使周边部分粮食的水分、温度逐渐升高，微生物开始生长。这样，微生物生长的范围将不断扩展，如不及时采取措施，整个粮仓储藏的粮食品质都有可能受到影响。

（2）粮堆的温差　由于粮食是热的不良导体，当外界温度变化时，粮堆温差的产生是难以避免的，温差可以使粮堆形成微气流从高温部位向低温部位扩散。温度较高的气流含水量高，当高温气流扩散到温度较低的部位时，气体的相对湿度将增大，于是这些部位的粮食将吸收水分，使粮食的含水量升高。这种由于温差而使局部粮食水分增高的现象在大型粮仓中非常普遍，特别对于一些保温性能较差的粮仓，如钢板仓、仓壁较薄的浅圆仓、立筒仓等更易发生，这也是这些粮仓储粮性能较差的主要原因之一。

有些粮仓配置有一些粮仓机械，如自动卸粮口、通风口、环流熏蒸口等，由于金属的强导热性，这些部位的粮食更易发生因温差导致的水分增高现象，通常粮仓首先在这些部位附近发生霉腐变质，然后微生物代谢产生的湿热空气向周边扩散，使粮食的霉腐范围扩大，导致更严重的经济损失。另外，自动卸粮口等部位的粮食发生霉变会导致粮食散落性的降低，严重的甚至可以使出粮口完全堵塞，使粮食无法正常出仓，因此这些部位应该是储粮管理重点关注的对象。

（3）堆粮的高度　在小规模储粮时，堆粮高度与储粮的稳定性一般没有直接的关系；当粮仓规模较大时，堆粮高度对粮食储藏稳定性的影响就相当明显。实际储粮结果表明，有些在4m粮层时能稳定储藏的粮食，当将它们堆成6m或更高时就容易发生局部发热现象。发热的部位一般在近表层1m左右，时间大都在秋冬季。产生这一现象的原因可能是在秋冬季外界气温降低，粮堆的温差使湿热空气向粮堆上层扩散，表层由于温度较低且容易向外界散湿，微生物不易生长；在1m左右的部位，温差效应产生的湿热气流可以使这部分粮食的水分有所增高，而增高的水分向外界散湿又有一定的阻力，其温度也高于表层，因此微生物（一般为霉菌）容易在这一部位生长，造成粮食的板结、发热等现象。

（4）粮食的自然吸湿　粮食水活度是受外界大气相对湿度影响的一个变量，当外界湿度较高时，粮食就会吸湿。这对密闭条件较差的粮仓，特别是农户小规模储粮缺乏有效的储粮装具时更易发生粮食的自然吸湿现象。

粮食自然吸湿并使粮食水分增高的速度虽然较为缓慢，但对微生物的生长而言，自然吸湿引起的水分增高与粮食本身水分含量高产生的效应是不同的。粮食本身水分含量的高低在粮粒上是均匀的，而自然吸湿使粮粒水分增高是自外向内递减的，也即粮食的自然吸湿使粮粒外部的水活度增高更显著，这就为微生物在粮食表面生长提供了必要的条件。因此，当粮食自然吸湿后，虽然有时粮食的含水量仍在安全水分的范围内，但有些微生物已经可以在粮食上生长繁殖了。

（5）粮食自身的呼吸及昆虫的活动　粮堆是一个复杂的生态体系，除了微生物以外，粮食本身和粮食中的昆虫也是重要的呼吸、代谢源，生物呼吸代谢产生的水分和热效应会影响微生物的活动，进而可对整个储粮的稳定性产生影响，如玉米等一些本身呼吸强度较大的粮食储藏稳定性差就有这方面的原因。在粮堆中昆虫活动比较猖獗时，粮食的局部发热现象就较严重，这里面既有昆虫活动产生的湿热效应，也有微生物活动的因素。

（6）微生物在粮食中的演替作用　在水活度较低的干燥粮食上，绝大部分微生物的生长被抑制，但仍有少量的嗜干性微生物可以缓慢活动，这些微生物的活动一方面可以分解少量的大分子物质，为其他微生物的生长创造条件；另一方面，嗜干性微生物的生长也可在某种程度上影响粮食的水活度，当这些因素积累到一定程度后，有发生质变的可能，即其他的微生物类群由不能生长可能演变到能够缓慢生长，然后再加速生长等，直至储粮的品质受到影响。虽然在粮食的长期储藏过程中，粮食中所含的微生物类群必然会发生不同程度的演替，但微生物类群的演替是否会影响储粮的品质受许多因素的影响，科学的储粮管理将大大减少储粮品质受微生物类群演替影响的可能性。

2. 粮食霉腐变质的预防

经干燥处理入库的粮食一般要在粮库内储存较长的周期。如上所述，干燥的粮食在一定程度上提高了储藏的稳定性，但不能保证粮食储藏的绝对安全，必须结合其他有效的储粮工艺才能达到较为理想的粮食保质效果。

在大型国家粮库的粮食储藏期间，预防粮食的霉腐变质和昆虫的危害是储粮管理的主要任务。虽然微生物和昆虫这两类生物在粮食上的活动都会影响粮食的品质，但昆虫对粮食的危害更多的是在粮食的量方面，而微生物对粮食的危害主要在质上。微生物对粮食品质的危害一旦形成，产生的影响将是难以消除的。因此，对粮食中微生物危害控制的关键在于预防。

（1）控制粮食水活度和杂质的含量　粮食中的水分和杂质是粮食储藏的不稳定因素。在粮食入仓储藏前必须通过适当的方法降低粮食的水分至临界水分以下，一般对同一批粮食，水分降得越低，粮食的储藏稳定性越高。但粮食过于干燥会影响粮食的外观品质和食用品质，粮食降水也将耗用人力、物力，增加粮食本身的成本；另外，粮食水分含量与微生物活动的可能性之间的关系不是线性的关系，水分含量只能作为一个参考值。在实际储粮时应该通过测定粮食的水活度来判断粮食储藏的安全性。

粮食水活度的测定可以在粮食入仓并密闭一段时间后进行。因为当基质水分和环境的水气压达到平衡后，通过检测这一微环境的相对湿度值就可换算出储粮的水活度。当然，用这种方法检测水活度会受各种因素的影响，准确度低，耗时长。现在市场上已经有快速、准确检测基质水活度的专门仪器。如果测得粮食的水活度在各类微生物能生长的水活度以下，则粮食的储藏安全性是有保障的。

杂质是粮堆中最易发生微生物学变化的物质，许多粮库在粮食新入仓前通常采取一些措施分离粮食中的杂质，这对提高粮食的储藏稳定性有重要的意义。

（2）监测储粮微生物的变化　干燥的粮食在常规储藏条件下，微生物的类群和数量随着储存期的延长而呈减少趋势。即使有些微生物类群会有所发展，其数量的变化也是相当缓慢的；只有当微生物生长的群体效应形成后，微生物的生长速度才会骤然加速。要防止粮食发霉，只有应该在微生物加速生长之前发现这一趋势，采取相应的解决办法才能奏效。因此，在粮食储藏期间，应当建立有效的微生物监测体系保证储粮安全性。

监测储粮微生物的方法有很多，目前我国的粮食仓储部门大都用测量粮堆温度变化的方法间接监测微生物的活动。一般粮食的温度随着外界气温的变化而有规律地变化，当微生物在粮食中生长时，代谢释放的热量将会使粮食温度发生变化，因此粮温的升高与微生物的生长有一定的相关性。但应该指出，用粮温监测微生物的增长在时间上是滞后的，有时甚至是不可靠的。我们知道，只有当微生物大量生长后才会使粮食的温度升高，这种滞后的检测结果将使得储粮品质已经遭受微生物的危害；另外，微生物活动使粮温升高是建立在粮食是热的不良导体，产生的热量积聚这一前提下的，假如热量被及时散失，即使微生物大量增殖，粮温也不会有升高现象。粮食霉变而没有明显粮温升高的现象在一些保温性能差的粮仓中常会发生，如筒仓、钢板仓在外界气温低时由于温差效应使仓壁附近的粮食水分升高，导致微生物的生长繁殖，但产生的热量会从仓壁迅速散失，所以尽管粮食可能产生结块、霉变，粮温却不会有异常现象。

直接检测粮食的微生物类群和数量的变化是最为有效、准确的方法。对于粮食储藏稳定状态而言，有决定性意义的是它们的“变化”，而不是绝对量的多少及微生物的类别。例如，有两个粮仓的粮食，在两次微生物检测中，A 粮仓的粮食微生物含量从 10^2 个/g 增加到 10^3 个/g，B 粮仓的粮食微生物含量从 10^5 个/g 变化到 10^4 个/g，虽然从微生物的绝对量来看 B 粮仓大于 A 粮仓，但就粮食的储藏状态论，显然 B 粮仓是稳定的，而 A 粮仓有不稳定因素，需要采取相应的处理措施。国家检测标准中对于食品的霉菌检测是利用平板菌落计数法，这种检测法对设备和操作人员的技术要求较高，而且需要较长的检测周期（霉菌一般为 5～7d），目前在粮库中应用还有一些困难。

近年来，国内外对微生物的快速检测方法进行了较多的研究，这一领域的技术发展也较迅速，对食品的安全性和储藏的稳定性有重要的意义。例如，有人研究利用免疫学原理检测霉菌的胞外多糖含量，结果表明，不同类群的霉菌，其胞外的水溶性多糖成分有特异性。将特异的胞外多糖抗体做成专门的检测试纸可快速地检测食品中存在的微生物数量，而且这种检测方法可测出食品中存在的活菌和已经失活的微生物的总量，对监测食品原料的品质，确保食品安全性非常有效，但对于监测粮食中的微生物变化意义不大。

（3）减少或消除粮堆的温差　温差是粮堆水分转移的推动力，也是引起干燥粮食储藏不稳定的关键性因素。当粮堆内的温差较小时，干燥粮食的水分将不会发生明显的变化，各类微生物的活动都将被抑制。因此，减小或消除粮堆内部的温差是防止储粮霉腐变质的有效措施。

减小粮堆内部的温差在技术上是比较容易实现的。目前，国内外粮库可以应用的方法主要有以下几类。

1）隔热保温法。粮堆的温差是由粮堆与环境的温差造成的，保温的方法可减少粮堆受外界温度变化的影响。这种方法虽然是被动性的，但运行经济，特别是可将整个粮堆维持在较低的温度状态，有利于粮食品质的维护。

具体采用哪种隔热方法可因地制宜。例如，近年来有些地区新建的浅圆仓在原仓墙的外部再加一层砖墙，利用砖和中间的空气层减少热传导；有些粮仓在设计、建造时通过增加仓墙的厚度、填加保温材料、外涂隔热涂料、加隔热顶棚等措施保温；在储粮管理期间，高温季节尽可能不开门、窗，粮面直接覆盖保温材料等也有利于减少粮堆温差的出现。

2）机械通风法。机械通风法可主动地消除温差，但存在需要消耗能源、高温季节通风将提高整仓粮食温度等一些问题。我国粮库的粮食储藏期较长，高温不利于粮食的休眠，对于稻谷类的粮食，高温甚至可以导致品质的劣变，因此我国的储藏部门一般不在夏季采用主动通风的方法消除粮堆的温差。国外粮库的储粮周期一般较短，钢板仓等无保温条件的粮仓也比较常见，因此在储藏像小麦这样的耐温粮种时常在夏季以通风的方式减少温差。

在低温季节采用机械通风手段不仅可消除粮堆内的温差，而且可降低粮食的温度，对保持粮食品质和储藏的稳定性都非常有利。

3）冷却法。利用谷物冷却机可以在夏季对粮堆进行降温，对储粮的防虫、防霉、防变质均有良好的效果。目前这类设备已由国内数家企业生产，但设备的价格很高，运行的能耗较大，因此该法的应用还应该与粮堆的保温措施结合。

4）其他方法。预防储粮霉变还有其他许多方法，如气体成分调节、低温、化学防霉剂处理等，这方面的内容在本章的其他部分已有介绍，这里不再重复叙述。对于这些技术的具体的操作工艺可参看粮油储藏学方面的参考书。

3. 粮食霉变发展的控制

储粮中的霉菌一旦开始活动，如通过监测手段发现粮食中的微生物数量有明显增加，特别是粮食的水分也随着升高时，若不采取有效的控制措施，微生物就会出现不断加速生长的过程，将迅速导致储粮的严重损失。有试验表明，将粮食调制成适合微生物生长的水分，在28℃下堆放，24h 后中心温度已超过 45℃。我国的大型粮库中亦发生过数起安全水分粮食因储藏管理不善而发生全仓严重霉变事故的事例。

可以控制粮食中霉菌发展的措施很多，降温、降水是最有效、简便的方法。比较而言，利用大多数粮库均已配备的储粮通风系统对粮堆进行通风处理更为经济一些。在霉菌发展的初期，粮食的水分和温度没有明显升高时，即使用风量较小的通风系统也能对霉菌发展起控制作用；但如果到了霉菌的加速生长期，应该用通风量较大的风机进行通风处理，以便迅速降低粮温和粮食水分，避免粮食品质的损失。谷物冷却机应该能快速有效地降低粮食温度，抑制微生物的生长，但目前该设备在粮库中配备的时间不长，应用效果及经济性等方面的报道仍很少。

粮食倒仓、晾晒等措施也能有效降温、降水。这些方法需要有操作的场地、空仓等条件，人力及能源的消耗较大。但有时粮堆内的微生物代谢比较活跃，粮堆发热后用配置的通风系统难以有效降温，甚至较微弱的通风会因氧气的进入而促进微生物的生长和粮堆的升温，这时采用倒仓、晾晒等手段处理一般可迅速降温，抑制微生物的发展。

利用一些化学方法也可作为控制粮食中霉菌发展的应急措施。例如，高剂量的磷化氢熏蒸处理可使发热粮堆有效降温。其他一些熏蒸杀虫剂通常也有杀菌作用，但一般用于控制霉菌发展或杀菌所需的药剂浓度要高于杀虫的剂量。鉴于化学剂的毒性、熏蒸处理使用的危险性及对粮食品质可能带来的不利影响，在控制粮食霉菌发展时应慎用化学剂。

四、辐射处理

辐射保藏食品是第二次世界大战以后发展起来的放射性同位素应用技术。利用辐射处理食品，可以延迟食品的某些生理过程（如发芽和成熟）的发展，并起到杀菌、消毒、灭虫、防霉和防腐的作用，达到延长保藏时间，提高食品质量的目的。因此与传统的方法相比，辐射保藏食品具有许多优点。首先，射线处理无须提高食品的温度，照射过程中食品温度的升高也是微乎其微。因此处理适当的食品在感官性状、质地和色香味方面的变化甚微，使消费者不易辨别与新鲜食品的差别；其次，有些射线的穿透力强，在不拆包装和不解冻的前提下，射线可以透过，杀灭深藏于谷物、果实和肉类中的微生物，起到化学药品和其他处理方法所不及的作用；再次，这种保藏方法应用范围很广，能处理各种不同的食品种类。例如，从袋装的面粉到装箱的果蔬，从大块的烤肉和火腿到肉、鱼制成的其他食品均可适用，而且照射处理食品不会留下任何残留，可以防止公害，改善食品卫生质量。另外，有些射线处理食品可改进某些食品的工艺质量，如促进大豆的消化性、缩短脱水蔬菜的复水时间、加速酒精饮料的陈酿过程等。同时，射线照射保藏食品可以节约能源。根据 1976 年国际原子能机构的估计，食品采用冷藏能耗为 90kW·h/t，巴氏灭菌为 230kW·h/t，热消毒为 300kW·h/t，脱水处理为 700kW·h/t，而辐射仅需要 6.3kW·h/t。辐射能耗节约在 70%以上。辐射装置加工效率高，又可连续作业，极易于自动化。

（一）食品的辐射处理及其效果

食品经电离辐射后，其内部与外部都将会发生化学和生物学变化，利用这种变化可以达到保藏食品和改进食品品质两个目的。辐射保藏食品，通常就是利用 X 射线、γ 射线、电子射线照射食品，引起食品上微生物发生一系列物理化学反应，使微生物的新陈代谢、生长发育受到抑制或破坏，致使微生物被杀灭，食品的保藏期得以延长。改进食品品质，则是利用辐射处理发生的分解、聚合反应等引起食品的物理、化学性质变化。保藏食品的照射剂量范围比较宽，可以很低，也可以比较高。但用于改进食品品质时，一般需要较高的辐射剂量。经射线处理的食品通常被称为“辐射食品”，目前这类处理方法在世界各地已被广泛应用。

食品辐射处理的生产性应用通常是 ^{60}Co 同位素产生的 γ 射线；X 射线和高能电子射线由于需要大量电能转换发生，处理成本相对较高，至今仍很少被规模化使用。^{60}Co 同位素辐射处理需要有严格安全保护的处理系统和 ^{60}Co 源，对食品的处理可以采用分批式或连续式；连续式处理的自动化程度高，处理量大，一般专业辐射处理机构主要采用这类方式。图 7-13 是连续式辐射处理的示意图。

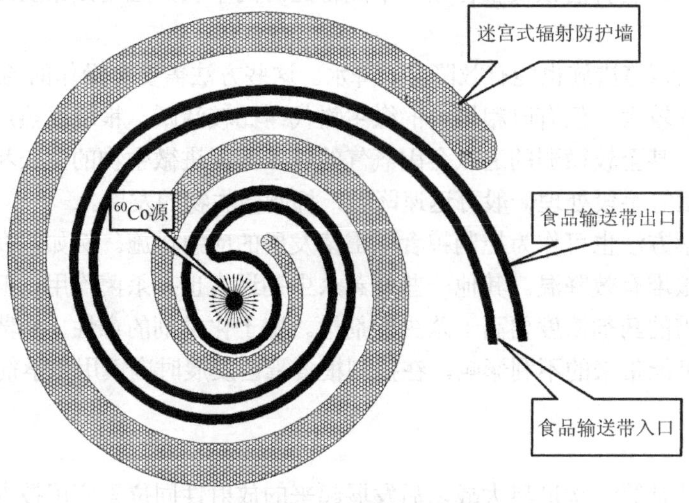

图 7-13　食品辐射处理示意图

农牧产品在生产和加工过程中，很难避免某些有害微生物的污染。若用射线照射处理，由于所含微生物的种类不同，对射线耐受力各不相同，抑制、杀灭它们的剂量也不一致。例如，假单胞菌接受 0.4kGy 剂量照射可被全部杀死；引起大米发霉的各种霉菌接受 2～3kGy 剂量的照射，可基本杀灭。鲜鱼和鲜肉上的沙门氏菌接受 5kGy 照射，能被大量杀灭，但不能被全杀灭。利用辐射处理新鲜果蔬除了可杀灭表面的微生物外，还可抑制果蔬自身的后熟，如草莓、香蕉等新鲜水果收获后，很短时间内就会成熟、过熟、变质、腐烂而失去食用价值，通常用 0.1～0.5kGy 的照射剂量处理可延缓成熟，防止腐烂。由此可见，根据食品的种类和保藏目的不同，适当地控制照射剂量和照射条件，能达到理想的保藏食品的效果。表 7-35 列举了一些食品辐射保藏的辐射剂量与保藏效果。

表 7-35　辐射处理食品的剂量与效果

食品种类	辐射源	剂量/kGy	效果
粮食	^{60}Co γ 射线	0.10～1.0	达到灭菌预期效果
鱼类罐头	γ 射线	15～20	完全灭菌

续表

食品种类	辐射源	剂量/kGy	效果
熏制鱼	γ射线	50	完全灭菌、长期保藏
橘子	0.5～1MeV 电子射线	1.5～2.0	表面杀菌好，提高保藏性
树莓	γ射线	0.03～0.04	微生物量显著减少，延长保藏时间 3～4d
杨梅汁	γ射线	2.0	杀灭霉菌
番茄	γ射线	3.0～4.0	防止腐烂，延长保藏时间 4～12d
鸡肉	γ射线	0.002～0.007	灭菌保藏
牛肉	γ射线	0.035～0.045	灭菌保藏
猪肉	γ射线	0.035～0.04	灭菌保藏
火腿	γ射线	0.03～0.042	灭菌保藏
鲜猪肉	γ射线	0.015	保藏两个月

（二）影响食品辐射处理效果的因素

（1）照射剂量　辐射对微生物有杀菌、抑制生长发育及新陈代谢等作用，因此照射剂量的大小可直接影响食品处理的效果。经多年的深入研究，目前已经清楚，一般 1～1.5kGy 是抑制部分微生物的剂量，15～60kGy 是完全杀菌的辐射剂量。

但是，电离辐射不仅可杀灭微生物，还可引发食品中的其他化学反应，为了保证处理食品的品质和避免可能产生某些有害性物质，一般对处理食品均规定有允许剂量范围。我国的食品法规中也对常见食品的辐射处理规定了允许的处理剂量（表 7-36）。

表 7-36　常见食品允许的辐照剂量

食品种类	允许总体平均吸收剂量/kGy
熟畜禽肉	≤8.0
花粉	≤8.0
干果、果脯	0.4～1.0
香辛料	≤2.0
新鲜水果、蔬菜	≤1.5
鲜猪肉	0.65
豆类及其制品	≤0.2
谷类及其制品	0.4～0.6
薯干酒	≤4.0

资料来源：GB 14891.1～9—1997

（2）辐射剂量率　辐射剂量率，是表示单位时间内辐射的剂量。如果相同剂量处理食品，用高剂量照射，照射的时间就短；以低剂量照射，照射时间就长。照射剂量的选择要根据具体情况而定，即随照射源的强度，照射品种和照射目的而定。

（3）食品接受辐射处理时的状态　接受辐射处理食品状态对辐射保藏效果影响很大。就大米来说，大米的品质、含水量对辐射保藏效果影响很大。上等大米的变质剂量极限是 0.5kGy；中、下等大米变质剂量极限为 0.45kGy。在照射剂量相同的条件下，品质好的大米，食味变化小，相反则食味变化大。用牛皮纸包装的大米，若含水量在 15%以下，2kGy 射线照射后，能延长保藏时间3～4倍。若大米含水量在17%以上时，如照射剂量达不到4kGy就不可能延长保藏时间。

（4）氧气　微生物在缺乏氧气存在的状态下对辐射的抗性提高。例如，有报道指出，将大肠杆菌的悬液完全除去氧后用辐射处理杀菌，其对辐射的抗性可提高三倍。当处理基质中含有巯基类还原性物质时也可使辐射处理的效果下降。

（5）化学药品的影响　为了提高辐射效率，在食品中添加某些化学药品，如维生素K、氯化钠等，可以降低辐射食品的灭菌剂量，提高灭菌效果。

（6）用其他物理方法复合处理　在射线照射食品时，以加热、热水洗、冷气或液氮速冻、加压、红外线、微波等物理方法和射线照射处理相结合，可以达到保护食品、降低照射剂量、提高辐射保藏效果的目的。

（三）辐射对食品中微生物的影响

射线对生物体的影响极其复杂。在照射食品时，辐射主要影响微生物的代谢。但是，微生物对辐射反应却具有恢复损伤的能力，这种能力与许多因素有关，最重要的是照射总剂量，过高的剂量照射可使这种恢复能力失去。一般来讲，辐射的敏感性与微生物个体的大小成反比关系（表7-37）。

表7-37　不同微生物的致死剂量

生物体	剂量/kGy
非孢子菌	0.50～10
孢子菌	10～50
病毒	10～200

由表7-37可以看出，个体最小的微生物——病毒具有最大的耐辐射性，照射剂量达10kGy时，仍有部分存活。带有孢子的菌类，尤其是它们的孢子，对辐射的抵抗力极强，不用大剂量照射，很难消灭它们。与此相反，病原菌类用较低剂量就可达到灭菌目的。

微生物细胞在辐射处理后，并不立即死亡，而是过一段时间以后才死亡。研究表明，照射主要是引起微生物代谢紊乱，特别是引起细胞核活动的紊乱。脱氧核糖核酸的紊乱大于核糖核酸，从而推迟了核蛋白形成，阻碍了细胞核增殖。

1. 病毒

病毒是最小的微生物体。对于食品辐射来讲，主要看能否使其钝化，消除通过食品传染疾病的可能性。实验表明，只有用高剂量照射才能使病毒钝化。例如，30kGy照射可使水溶液中的口蹄疫病毒失活，要钝化干燥状态下的口蹄疫病毒则要40kGy照射剂量。据Massa报道，辐射处理可以作为减少或者消灭许多动物性食品病毒的一种手段，有利于解决检疫问题。但是，必须指出的是，用于生食品的有效照射剂量大多会使食品产生不理想的变化，但没有发现由于照射而引起食品中病毒毒性增加的现象。

2. 细菌

存在于食品中的细菌在形态上和生理特性上各不相同，某些细菌是对人有致病性的。因此食品辐射的目的就是使细菌的数量足够减少，从而推迟食品的腐败，延长保藏时间。由于细菌体内含有水分，因此辐射作用也是通过直接和间接两种效应。这种作用受照射剂量、细菌种类和数量、培养基化学成分、物理状态等因素影响。

各类细菌中，革兰氏阳性菌对辐射的抗性较革兰氏阴性菌更强；产芽孢细菌对辐射的抗性普遍要高些。在梭状芽孢杆菌中，A 型肉毒梭状芽孢杆菌（*Clostridium botulinum*）是对辐射抗性最强的菌种之一；在非芽孢菌中，假单胞杆菌属（*Pseudomonas*）和黄杆菌属（*Flavobacterium*）的细菌对辐射最为敏感。

微生物对辐射的耐受剂量可用杀灭 90%菌体细胞（或孢子）所需的剂量来表示。通常将辐射使微生物减少到原来数量的 10%所需的剂量称 D_{10} 值。表 7-38 是与食品有关的几种细菌的 D_{10} 值。

表 7-38　食品常见细菌的辐射处理 D_{10} 值

细菌	照射的培养基	D_{10} 值/kGy
铜绿假单胞菌	营养肉汤	0.03
荧光假单胞菌	营养肉汤	0.02
大肠杆菌	营养肉汤	0.10～0.20
金色链霉菌	营养肉汤	0.10
金色链霉菌	干燥状态	0.65
枯草芽孢杆菌	盐水	2.6
枯草芽孢杆菌	豌豆浓汤	0.35
肉毒梭菌	磷酸缓冲液	2.4
肉毒梭菌	罐装鸡肉	3.1

利用辐射处理食品也可仅杀灭食品中一定数量的细菌（如食品中的病原微生物），而其他一些细菌仍可存活下来，这种辐射处理方式通常称“辐射巴氏杀菌”，一般使用剂量的范围为 0.5～6kGy。

辐射可以控制食品中某种特殊细菌。在辐射处理食品时，单独或主要针对这种细菌（如沙门氏菌），使之足够减少，这种消除病原菌辐射处理称为“辐射针对性杀菌”，剂量为 1～10kGy。

辐射可以完全杀灭食品中所有的细菌，获得灭菌的产品，这种产品可于冷藏温度下长期保存，这种辐射处理称为“辐射完全杀菌”。

辐射可以减轻传染性病原菌的致病力，未曾发现照射后增加致病力的情况，也未曾发现处于消毒剂量照射后幸存细菌变种在消化道中生长的情况。

3. 酵母和霉菌

酵母和霉菌常常存在于食物中，它们大量生长的结果会使食品发生不良变化，并引起腐败。酵母和霉菌对辐射的敏感性与非芽孢细菌相当，其种类不同，敏感性也有差异。

多年来对引起水果腐败和软化的霉菌进行了很多研究，结果表明，杀灭霉菌所需要的照射剂量如果高于水果的耐受量时，将会使组织软化，而且也因果胶质分解而腐烂。因此照射时必须选择合适照射剂量，如用大约 2kGy 的剂量照射草莓可以明显延长货架期，用相同的剂量可以防止柑橘、苹果上霉菌的生长。

酵母一般不会给新鲜水果带来大的麻烦，但却是果汁和其他类型果类制品发生腐败的原因。杀灭酵母的照射剂量一般较大，并且可能造成果品风味发生改变，但通过热处理后再并用低剂量照射的方法可克服这种弊病。

五、高压处理

随着人们生活水平的提高及食品科学、安全意识的普及，人们对所消费食品的营养特性、风味等的要求越来越高，传统的高温杀菌、干燥、腌制抑菌等方法加工、保藏的食品已不能完全满足人们的消费所需。保持食品的天然营养和原汁原味已成为食品加工业追求的理想目标，食品的高压杀菌加工技术就是近年来应运而生的一类新技术。

高压杀菌技术的原理早已被人们所知，但在食品加工领域中实际应用是从1990 年以后才开始在日本、欧美等地实施，也称为食品加工的“超高压技术”（ultra-high pressure processing，UHP）。这项技术不仅能保证食品在微生物方面的安全性，而且能较好地保持食品固有的营养品质、质构、风味、色泽、新鲜程度。因此，该技术自应用以来就引起了业内的广泛关注。

（一）食品高压杀菌原理

食品的高压杀菌一般是将食品物料以某种方式包装以后，放入液体介质（通常是食用油、甘油、油与水的乳液）中，在 100～1000MPa 压力下作用一段时间后，使之达到灭菌要求。其基本原理就是压力对微生物的致死作用，主要是通过破坏微生物细胞膜、抑制酶的活性和促使细胞内 DNA 变性等途径实现的。

微生物个体小，有坚硬的细胞壁保护，一般的高压主要可对微生物的形态产生影响。例如，高压可对微生物细胞膜、细胞壁产生影响，在压力作用下，细胞膜双层结构的容积随着每一磷脂分子横切面积的缩小而收缩；大肠杆菌的长度在常压下为 1～2μm，当压力达到40MPa 时可使菌体的长度增加到 10～100μm；Kriss 等利用电子显微镜观察 30～45MPa 下的假单胞菌菌株，发现高压可使菌体形态发生多方面的变化，包括细胞外形变长、细胞壁脱离细胞膜、无膜结构细胞壁变厚等。普通高压对微生物生理产生的作用有时是可逆的。例如，高压能使大肠杆菌的酶合成的诱导、翻译、转录受到影响，27MPa 的高压下可使细胞内的酶诱导停止，但翻译仍然可以进行，当压力达到 68MPa 时，翻译受到抑制，转录仍可进行，当压力减除后，这些过程都将恢复正常。

只有在极高的静压下才会对微生物的细胞产生破坏作用。高压处理的细胞膜常常表现出通透性的变化，功能发生劣化，可导致氨基酸等物质的摄取功能被破坏；300～400MPa 下，啤酒酵母的核膜和线粒体外膜会受到破坏；200MPa 的压力下，细胞壁可遭到破坏。

高压杀菌的主要机理还在于高压引起微生物细胞中酶类的变性。一般来说，100～300MPa的压力引起的酶变性是可逆的，而超过 300MPa 压力引起的变性是不可逆的。酶失活的主要原因是酶分子内部结构的破坏和活性部位上构象的变化，这些效应受 pH、底物浓度、酶亚单元结构和处理时温度的影响。

（二）影响高压杀菌效果的因素

高压杀菌效果与许多因素有关，除了压力大小这一决定因素外，加压时间、加压方式、处理温度、微生物的种类和特性、食物本身的组成、水活度等都会影响高压杀菌处理的效果。

1. 压力大小和加压时间

在一定范围内，压力越高，灭菌效果越好。一般 300MPa 以上的压力可杀灭细菌、霉菌、酵母菌等食品中常见的微生物类群；病毒对压力较敏感，在较低的压力下即可失去活力。对于食品中的非芽孢类微生物，施压范围在 300～600MPa 时有可能达到食品灭菌的效果。芽孢细菌对高压的抗性较强，有的细菌芽孢甚至可在 1000MPa 的压力下生存，对于这类微生物，施压范围在 300MPa 以下时，反而会促进芽孢发芽。

在相同压力下，灭菌时间延长，灭菌效果也有一定程度的提高。Watanable 等研究了高压处理菠萝欧文氏菌用于延长食品的保藏期，随着压力的增大，灭菌效果提高。有人研究了高压对鲜牛奶中细菌行为的影响，鲜牛奶中细菌菌落尺寸取决于处理压力的高低以及保压时间的长短，保压时间越长，处理压力越高，细菌菌落直径越小。Calik 等研究了高静水压对牡蛎中副溶血弧菌（*Vibrio parahaemolyticus*）的作用，用平皿计数法测定了牡蛎加压前后的副溶血弧菌数，当压力达 345MPa、处理时间为 30s 时，牡蛎的带菌量从 10^9cfu/ml 降至 10cfu/ml，如果压力降低至 240MPa，要取得同样的效果，则需延长加压时间至 14.5min。Yasumoto 等曾用 100～600MPa 的压力处理番茄汁中的凝结芽孢杆菌（*Bacillus coagulans*），找出了保压时间和施压大小的经验关系式：

$$P = 512-152\lg t$$

式中，t 为保压时间（$5 \leqslant t \leqslant 100$）（min）；$P$ 为压力（MPa）。

2. 加压方式

高压灭菌有连续式、半连续式、间歇式及恒压、变压等多种方式。一些研究表明，间歇式的变压处理有较好的杀菌效果。Hayakawa 等研究了嗜热脂肪芽孢杆菌（*Bacillus stearothermophilus*）在高压下的失活情况，结果表明间歇式的压力处理比较有效，600MPa 的压力、70℃条件下处理 5min，如此重复 6 次，可使含嗜热脂肪芽孢杆菌量为 10^6 个/g 的样品全部灭菌。Yuste 研究了间歇式高压加工对于抑制禽肉中的微生物作用，一种是用 60MPa 的低压处理 30min、60min、90min、120min，再用 450MPa 的高压处理 5min、10min、15min，高压处理总时间不超过 15min；另一种是 450MPa 的压力连续处理 15min，1d 后测定需氧嗜温微生物和需氧嗜冷微生物，发现间歇式加压处理能更有效地抑制微生物。

用不同的压力分别间歇处理或连续处理接合酵母菌（*Zygosaccharomyces bailii*），结果也表明间歇处理组的存活菌数量明显少于相同压力连续处理组（图 7-14）。

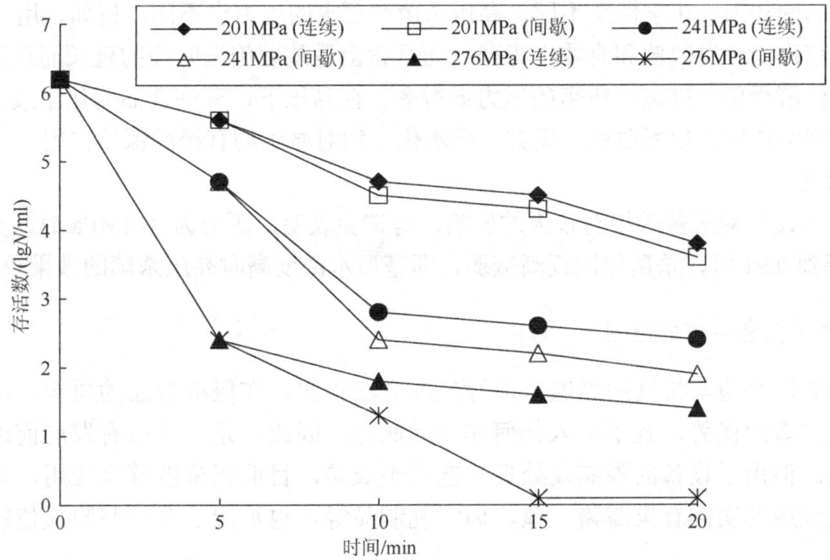

图 7-14　连续加压与间歇加压杀菌效果比较

3. 处理温度

处理温度是微生物生长代谢最重要的外部条件，它对高压灭菌的效果影响很大。由于微生物对温度有敏感性，在低温或高温下，高压对微生物的影响加剧，因此在低温或高温下对食品进行高压处理具有较常温下处理更好的杀菌效果。

大多数微生物在低温下耐压程度降低，主要是因为压力使得低温下细胞因冰晶析出而破裂程度加剧，而且人们发现低温下菌体细胞膜的结构也更易损伤。低温对高压杀菌的促进效果特别引人瞩目，因为低温下高压处理对保持食品品质，尤其是减少热敏性成分的破坏较为有利。有人对包括芽孢菌等常见致病菌在内的16种微生物的低温高压杀菌研究显示，除了芽孢菌和金黄色葡萄球菌外，大多数微生物在–20℃下的高压杀菌效果较20℃下更好。

对一定浓度的糖溶液在不同温度下进行高压杀菌，在同样的压力下，杀死同等数量的细菌，则温度越高，所需杀菌时间越短。因为在较高温度下，微生物中蛋白质、酶等成分均更易发生变性。因此，适当提高温度对高压杀菌有促进作用。Havakawa 报道，当压力达到800MPa，施压时间60min，在60℃条件下，可将嗜热芽孢杆菌的数量从初始的10^6个/ml下降到10^2个/ml，而在室温下，施加同样的压力，菌数不会发生变化。Kinugasa 等研究了高压灭活茶提取物中的微生物时发现，耐热芽孢杆菌孢子在常温下进行加压处理时，不会被灭活，但在较高的温度下，在300～700MPa压力下会被灭活，彻底灭菌条件为700MPa，温度为70℃。由于芽孢菌的耐压性高，因此结合适当的高温处理是一种十分有效的食品杀菌手段。

4. 微生物的种类和特性

不同生长期的微生物对高压的反应不同。一般来说，处于对数生长期的微生物比处于延滞期的微生物对压力反应更敏感；革兰氏阳性菌比革兰氏阴性菌对压力更具抗性，革兰氏阴性菌的细胞膜结构更复杂而更易受压力等环境条件的影响而发生结构的变化；真菌孢子对压力的抵抗力比普通菌体强；芽孢细菌的耐压性比普通营养细胞细菌强，当静压超过100MPa时，许多非芽孢类的细菌都失去活性，但有些芽孢类细菌则可在高达1200MPa的压力下存活。

5. 食物本身的组成

各种食品的物理、化学性质不同，高压杀菌时要求的压力也不同。例如，用300MPa的压力可灭活猪肉糜中腐败菌和食物中毒菌，而且含菌量随着施压时间的延长而逐渐减少，而灭活橙汁中的酵母菌、霉菌，所需的压力低得多。在高压下，有些食品的化学成分对灭菌效果有明显的影响作用，如蛋白质、脂类、碳水化合物对微生物有缓冲保护作用。

6. 水活度

水活度（A_W）对灭菌效果有较大的影响，有试验表明，压力为414MPa时，当基质水活度从0.99降到0.91时，杀菌作用逐渐减弱，即基质水活度高时高压杀菌的效果较好。

（三）高压杀菌在食品中的应用

食品的高压杀菌与常规的高温杀菌等处理方法相比，在保持食品的质构、风味、色泽等方面具有显著的优势，且不引入任何非食品成分。因此，是一类很有发展前途的食品防腐处理方法。但由于设备的限制及处理工艺尚不成熟，目前仍未能普及应用，规模也相对较小。已经应用的实例有果蔬酱、鱼、肉、乳制品等，也被用于对一些附加值较高的食品作保鲜处理。

六、脉冲电场和脉冲磁场杀菌防腐

利用脉冲磁场或脉冲电场处理食品是近几年引起人们关注的一类食品杀菌防腐方法。这些处理方法属非加热型，对食品的质构、色泽、风味等影响小，不产生危害人体健康的物质，符合人们追求的食品处理天然化、无害化的目标。

（一）脉冲电场杀菌

1. 脉冲电场的发生机理和处理方法

脉冲电场可由多种方式获得，利用电容充、放电的特性产生脉冲电场是一类常用的方法。图 7-15 是一种可以产生矩形脉冲的食品杀菌装置电路原理图，它可以产生 10kV/cm 以上的脉冲电场，脉冲周期以微秒（μs）计。

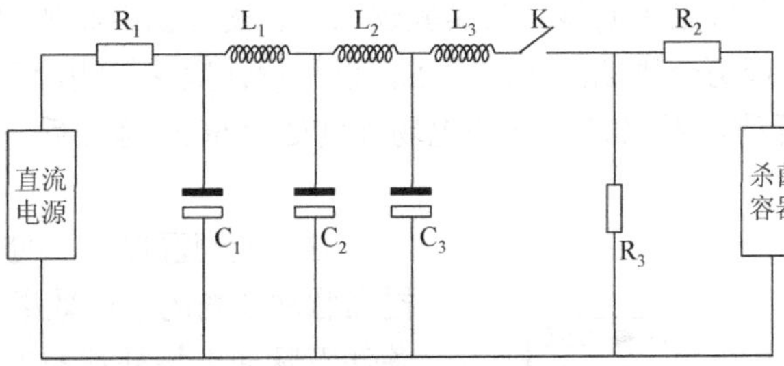

图 7-15　脉冲电场发生及杀菌装置示意图

杀菌容器一般外部有两个极板，相当于在电路上加上一个大的电容。当电路通电后，高压电流对电路中的电容充电；切断电源时，电容在电路中放电，并在极板上建立高压电场；当电荷释放完毕后，板极上的电场反过来对电容进行反向充电，下一周期电容器放电则在板极上建立反向电场；电感器在电路中也通过电磁转化协助电容的充放电。利用自动控制装置，可以对电路进行连续的充放电，在杀菌容器中产生高压脉冲电场；由于脉冲周期极短，且一般数十个脉冲周期即可产生明显的生物学效应，因此食品通常经数十毫秒处理即可完成杀菌过程。

2. 脉冲电场杀菌的机理

脉冲电场杀菌的原理尚未完全明确。目前许多学者提出了各种假说对此进行解释，其中细胞膜穿孔假说有一些试验依据支持，被认为更有说服力。该假说认为，微生物细胞膜内外本来存在有一定的电位差，当有电场存在时可加大膜的电位差，提高细胞膜的通透性。当电场强度增大到一个临界值时，细胞膜的通透性剧增，膜上将出现许多小孔，使膜的强度降低。同时由于所加的电场是脉冲电场，在极短的时间内电压剧烈波动，可在膜上产生振荡效应。微生物细胞膜上孔的出现、加大及振荡效应的共同作用可使微生物细胞发生崩溃。支持这一假说的试验依据有两点：一是利用电子显微镜观察电场杀菌的酵母菌，发现菌体上有许多明显的裂痕；二是杀菌前后菌液中某种离子浓度可发生明显变化，而这种离子被证明来自菌体的细胞内。

对脉冲电场的杀菌机理还有其他多种解释，如有人认为高压脉冲电场可转换为强的磁场而对微生物产生杀灭效应；也有人认为，在电极附近的电解质电离可产生阴、阳离子，这些离子在电场存在的条件下活性增大，非常活跃，可导致细胞内大分子物质的变性；也有些人认为，在脉冲电场作用下可导致介质电解，在溶液中产生有强烈杀菌效果的臭氧，杀死食品中存在的微生物；另外还有人提出，在强烈的电场作用下，可在介质中产生等离子体，并且等离子体可发生剧烈膨胀，产生强烈的冲击波击碎微生物细胞。

对脉冲电场杀菌机理的各种解释均有一定的理论依据和实验依据，但也均存在一些不能解释的方面，也可能脉冲电场杀菌本来就是多种因素综合作用的结果，对此还有待于进一步深入的研究。

3. 影响脉冲电场杀菌效果的因素

（1）微生物类群及生理状态　不同微生物及相同微生物在不同的生理状态下对高压脉冲电场的敏感程度均有所差异。有研究表明，革兰氏阴性菌比革兰氏阳性菌或酵母菌对脉冲电场更敏感；细菌的营养细胞比细菌芽孢对脉冲电场更敏感；处于对数生长期的细胞比处于稳定生长期的细胞对脉冲电场更敏感。

（2）电场强度　在一定范围内，电场强度与杀菌效率呈正比关系。一般认为，当电场强度低于 20kV/cm 时杀菌效果不明显。有实验表明，在豌豆汤中添加 10^6cfu/ml 的大肠杆菌，用 35kV/cm 脉冲电场处理两个周期，共耗时 2s，以平板计数法检测没有菌落检出；对脱脂乳添加 10^7cfu/ml 的大肠杆菌，用 40kV/cm 的电场强度处理 50 个脉冲后，即可使 99%的大肠杆菌失活。

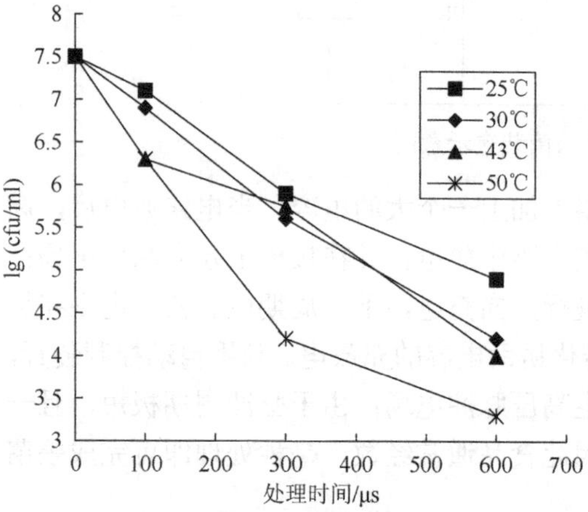

图 7-16　温度对脉冲电场杀菌效果的影响

（引自：Jay，2000）

处理条件：电场强度 30kV/cm；牛乳流速 7ml/s，频率 1700Hz

（3）处理温度　处理温度的升高有助于提高脉冲电场的杀菌效果。图 7-16 是不同温度条件下脉冲电场处理添加有单核细胞增生李斯特氏菌（*Listeria monocytogenes*）牛乳的活菌残留曲线，50℃下杀菌效果有很大程度的提高。由于不加热是脉冲电场杀菌的特点，因此一般宁可提高电场强度或延长处理时间也不采取加热的方法提高杀菌效果。

（4）脉冲频率　提高脉冲电场的脉冲频率可产生更好的杀菌效果，因为频率提高后，对于每一次电容的放电可产生更多的脉冲数目，使电场强度的衰减减慢，延长了脉冲杀菌的时间。

（5）食品基质的 pH　基质 pH 对脉冲电场杀菌处理的效果有一定的影响。因为电场处理使细胞膜的通透性提高，微生物依赖细胞膜对基质环境 pH 影响的调节和适应的功能被破坏，从而使环境的中的 H^+和 OH^-可直接作用于细胞内的各种敏感组分，提高微生物的死亡速率。

（二）脉冲磁场杀菌

脉冲磁场的发生和杀菌应用与脉冲电场有很多相似的地方。图 7-17 是脉冲磁场装置的原理图，它也是一类 RLC 振荡电路。当开关接通 A 时，高压直流电源通过 R_0 限流电阻对电容器 C 充电，一直充到电容器两端的电压达到 V；然后将开关 K 接通 B，则电容 C 通过线圈 L 和电阻 R 放电；由于线圈 L 和回路中的电阻很小，放电回路中便有强大的电流，线圈 L 中就会产生很强的磁场；接着，线圈 L 上的电流又向电容器 C 充电直至接近 V 值，于是电容器又沿反向电阻 R 和线圈 L 放电，线圈中产生反方向的强大磁场，如此循环，便在线圈中得到了交变的脉冲磁场。被处理的食品即放置在线圈 L 中。

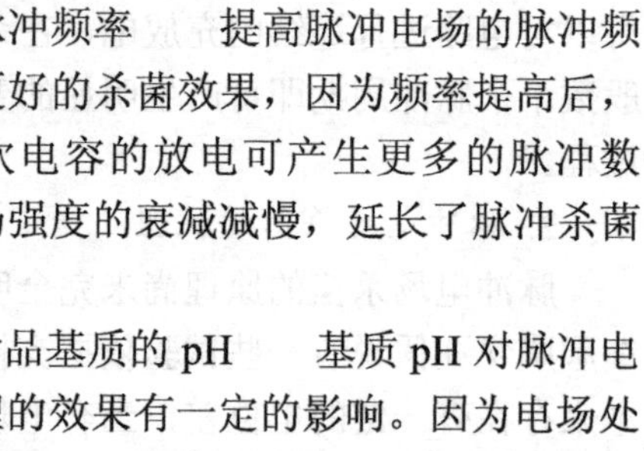

图 7-17　脉冲磁场发生装置示意图

利用脉冲磁场处理杀菌时，食品及包装材料的电阻率应大于10Ω-cm，以25Ω-cm为最佳，以防止材料内部产生涡流效应而导致磁屏蔽。一般的液体、固体食品、药品，以及玻璃、塑料、厚纸等包装材料的电阻率均大于10Ω-cm，金属材料在脉冲磁场处理时不能采用。灭菌时先将包装好的食品送入螺线管内，然后启动电源产生脉冲磁场对食品进行处理。一般每次脉冲磁场持续的时间为1ms左右，可使食品基质中的有害细菌减少两个数量级，整个处理通常只需5～10次脉冲即可满足食品杀菌要求。由于脉冲磁场杀菌处理时间短，不经高温，因此对于一些热敏感的食品杀菌处理尤其适合。例如，有人试验带菌量为2.5×10^4个/ml的牛奶经12万Gs、6kHz的脉冲磁场作用一次，牛奶带菌量降到9.7×10^2个/ml，牛奶的风味没有发生可感觉的改变。

近年来，随着磁性材料和超导技术研究的发展，瞬时产生强磁场的技术（如100万Gs）完全可以实现，因此在技术上为利用脉冲磁场进行食品杀菌扫清了障碍。该项技术有望在对杀菌机理、影响因素及经济性等方面进行深入研究以后，成为食品加工业的杀菌工艺一种理想的新方法。

第三节　食品防腐保鲜的生物学方法

随着人们生活水平的改善和提高，采用安全性高、无毒副作用的生物学方法对食品进行防腐保鲜越来越受到人们的重视。利用自然或人工控制的微生物菌群以及其产生的抗菌物质来延长食品的货架期和提高食品安全性的方法即生物保鲜法。生物保鲜法包括添加天然提取物质保鲜、微生物拮抗保鲜、基因工程技术保鲜等方法。天然提取物质保鲜在第一节中已经涉及，本节主要讨论利用微生物拮抗保鲜以及基因工程技术保鲜在食品防腐保鲜中的应用，并对其保鲜机理做初步的介绍。

一、微生物拮抗保鲜

目前利用微生物的拮抗作用对食品进行保鲜在多个领域有着重要的应用。所用的拮抗菌种类主要有细菌类如乳酸菌、芽孢杆菌、蛭弧菌，以及真菌中的酵母菌、木霉等。

（一）细菌类

1. 乳酸菌

乳酸菌的用途比较广泛，该菌中4个主要菌属的嗜酸乳杆菌、保加利亚乳杆菌、乳酸链球菌和嗜热链球菌主要用于发酵乳、乳酪和干酪；胚芽乳杆菌、明串球菌主要用于渍物；嗜盐足球菌、啤酒足球菌主要用于酱类和干式香肠的发酵。从目前文献报道来看，乳杆菌属（*Lactobacillus*）在肉制品、水产品、乳制品、果蔬等保鲜方面扮演着重要的角色，张燕等在这方面做了较为系统的综述。

肉制品的防腐保鲜方法常采用添加防腐剂及冷藏的方法进行。肉制品被冷冻后，肉中水分结晶，引起蛋白质变性和其他细胞水平肉变质。而且解冻的肉组织坚硬性和味道都不如鲜肉。防腐剂等化学物质经常造成肉类的颜色、风味的改变。乳酸菌不仅延长其货架期，还能对其风味起到较好的维持作用。姚丽娅等发现将乳酸菌发酵液喷洒至羊肉表面可使其货架期延长至40d；Adesokan等将植物乳杆菌发酵液喷洒到经烟熏处理前的肉制品上，发现其对肉制品中主要有害菌如白色念珠菌和变形杆菌有着明显的抑制作用。

水产品的防腐保鲜通常采用腌制、盐浸、烟熏、发酵的手段，研究表明，乳酸菌可以在低温、低 pH、高盐等极端环境中生存并繁殖，因此在加工处理过的水产品中有可能成为优势菌株。周晔等利用嗜冷乳酸菌菌悬液浸泡南美白对虾，成功延长了其货架期。对于乳制品来说，乳酸菌发酵乳制品不仅能提高食品的营养价值，改善食品风味，而且，其发酵代谢产物还能有效抑制引起食品腐败的微生物生长，从而延长了乳制品的保存期。在日常生活中，人们都是用乳酸菌发酵牛奶生产酸奶，酸化后的牛奶易于保存，而且牛奶中的其他成分如蛋白质和脂肪等并未发生变化。水果、蔬菜产品具有较强的季节性和地区性，在贮运、销售过程中经常会出现腐烂变质的现象，而乳酸菌则可以缓解这种现象的产生，如某公司研发了一种植物乳杆菌，喷洒至水果后能明显延长其储藏期。以生物控制方式延长食品的保存期限一般有两种方式：一是利用控制菌种所产生的次级代谢产物抑制食品中其他腐败菌的产生；二是控制菌种形成优势菌，限制食品中其他腐败菌的生长速度与产生数量而达到保鲜目的。诸永志等研究结果表明，乳酸菌必须达到一定的菌体数量才能发挥防腐保鲜的作用：如在肉类食品中，乳酸菌对腐败菌的抑制作用发生在其稳定期附近。乳酸菌产生的代谢物质及其抑菌种类见表 7-39。

表 7-39　乳酸菌产生的抑菌物质及其抑菌种类

种类	抑菌物质	抑菌种类
有机酸	乳酸	革兰氏阴性菌和真菌
	乙酸	肉毒杆菌、酵母与真菌
	H_2O_2	假单胞菌、大肠杆菌、沙门氏菌
酶	含过氧化氢的乳过氧化物酶	牛奶与乳制品中的病原菌及腐败菌
低分子质量代谢产物	罗氏菌素（抑菌素）	细菌、真菌、霉菌
	丁二酮	革兰氏阴性菌
	脂肪酸	细菌
抑菌剂	乳酸链球菌素（nisin）	革兰氏阳性菌及产孢杆菌等

综上所述，乳酸菌对有害菌的抑制作用可能有以下原因：一是营养的竞争，如对营养物质、氧气、碳源、氮源等的竞争；二是产生有机酸（乳酸、丁酸和乙酸等），使环境 pH 降低；第三种可能是乳酸菌产生抑菌代谢产物，如细菌素、过氧化氢、丁二酮等。

2. *芽孢杆菌*

目前芽孢杆菌中能够用于食品防腐保鲜的菌种主要有枯草芽孢杆菌、地衣芽孢杆菌、解淀粉芽孢杆菌、纳豆芽孢杆菌等，应用的范围主要集中在果蔬和肉类食品中。Jiang 等研究发现枯草芽孢杆菌的发酵液能够抑制桃子褐变及腐败变质，同时也对荔枝腐败菌有抑制作用。对在 5℃储藏 30d 的荔枝中的总可溶性固体、可滴定酸值以及抗坏血酸的含量测定结果表明，三者的水平都降低，但处理的水果比未处理的变化慢得多（表 7-40）。

表 7-40　枯草芽孢杆菌萃取物对荔枝品质的影响

项目	对照	处理	重要性
可食质量	2.8	3.7	0.05
总可溶性固体量/%	15.3	15.7	无
可滴定酸值/%	0.56	0.57	无
抗坏血酸/(mg/100g 果浆)	18.7	22.3	0.05

Jiang 等对该发酵液中的抑菌物质进行分析发现是伊枯草菌素 iturin A，它能够抑制斜尖孢子霉菌孢子的萌发。除此之外，枯草芽孢杆菌、地衣芽孢杆菌等益生菌因产生抗菌脂肽（surfactin）、枯草菌素（subtilin）、杆菌肽（bacitracin）等抗菌肽而能够抑制多种细菌及真菌的生长，进而在保鲜过程中发挥了重要作用。

3. 蛭弧菌

蛭弧菌是由德国科学家在 1962 年发现的一类微小的寄生型细菌，依靠裂解宿主菌来完成自身的生长和繁殖，与噬菌体作用较为相似，同时该菌是我国农业部许可的一种微生态制剂，可用于饲料添加剂中，其使用在国内已经得到认可。目前已有的研究表明，不同来源的蛭弧菌的裂解谱有所不同，水体和土壤中分离出来的蛭弧菌对假单胞菌、欧文氏菌、水稻黄单胞菌、细菌性斑点病菌等具有极强的裂解作用；海洋蛭弧菌则能有效裂解副溶血性弧菌、溶藻弧菌以及霍乱弧菌等致病菌。华南理工大学蔡俊鹏等从多个样品中分离得到了蛭弧菌，并对其裂解谱以及在食品保鲜中的应用进行了深入研究，发现蛭弧菌可以抑制沙门氏菌在罗非鱼片中的生长，从而延长了其保鲜期；研究结果还表明淡水蛭弧菌是以机械钻孔的方式对宿主菌进行裂解，并观察到了蛭弧菌附着、侵染、繁殖和释放等典型的生活史过程（图 7-18）。随着研究的深入，利用蛭弧菌侵染、裂解寄主细胞达到清除病菌的特点消除食源性致病菌可能成为未来的研究方向之一。

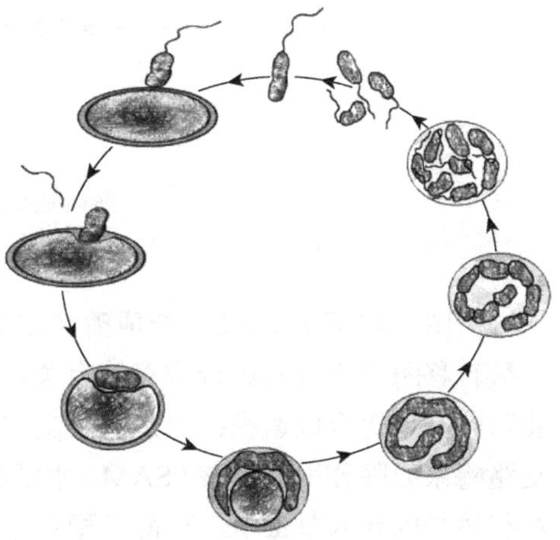

图 7-18 蛭弧菌生活史
（引自：Núñez et al.，2003）

（二）真菌类

1. 酵母菌

拮抗酵母菌保鲜技术是一种无公害的生物保鲜技术，目前常用的菌种有黏红酵母、罗伦隐球酵母、膜醭毕赤酵母、季也蒙毕赤酵母、柠檬形克勒克酵母等。这几类酵母对病原菌拮抗效果好且不产生毒素，在实际的应用过程中常与多种物理、化学及天然抑菌物质等条件配合使用达到最佳保鲜效果。例如，罗伦隐球酵母可与苯并噻二唑一并使用来抑制桃果青霉病的发生；罗伦隐球酵母菌与热处理联合使用对桃果实青霉病和根霉病的防控具有良好的效果；海洋红酵母可与几丁质联合使用抑制苹果果实中扩展青霉的生长；黏红酵母与鼠李糖脂联合使用可对樱桃番茄中链格孢菌的生长起到良好的抑制作用。

2. 木霉

木霉菌（*Trichoderma* spp.）广泛存在于土壤、植物的根、茎、叶中，木霉菌中的大多数对植物病菌具有拮抗作用，因此在植物病害生防中起到重要的作用。目前木霉中应用在食品保鲜中的菌种有绿色木霉、哈茨木霉等。赖健、王男麒等分别将哈茨木霉发酵液用于番茄和柑橘保鲜，取得了良好的效果。前人研究表明，木霉的发酵液中含有几丁质酶、β-1, 3-葡聚糖酶、代谢产物如萜类化合物等，它们可能在抑菌保鲜的过程中发挥作用。

二、基因工程技术保鲜

我国早在“十五”期间 863 计划就启动了现代农业技术领域“主要动植物功能基因组研

究”项目，主要开展了果实中相关基因沉默、启动子替换等技术研究，为果蔬采后保鲜提供了一个新的解决方案。该项目所涉及的基因工程技术主要是通过减少水果生理成熟期内源乙烯以及与细胞壁降解相关酶类的生物生成，从而延缓水果在后期成熟过程中的软化，来达到保鲜的目的。乙烯的生物合成途径如图 7-19 所示，1-氨基丙烷-1-羧酸（ACC）是乙烯生物合成的直接前体。

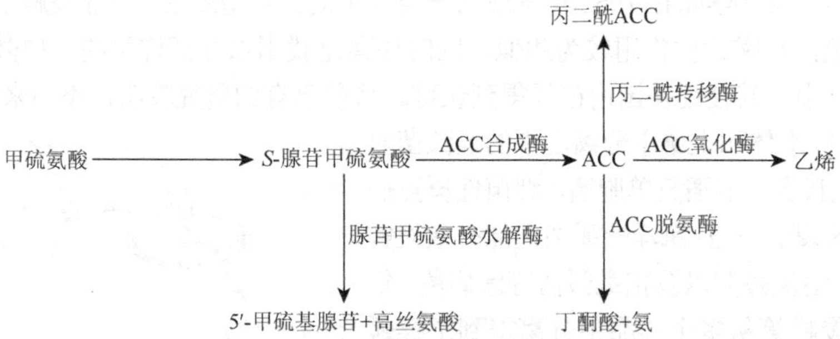

图 7-19 乙烯生物合成途径示意图

由图 7-19 可知，ACC 合成酶（ACS）、ACC 氧化酶（ACO）、ACC 脱氨酶（ACCD）、丙二酰转移酶等均与乙烯合成直接有关。与代谢育种控制类似，要减少乙烯的生物合成，一是要阻断其主要合成途径；二是加大支路代谢流。目前主要的报道有以下两个方面：一是利用支路酶系如腺苷甲硫氨酸（SAM）水解酶、丙二酰转移酶与 ACC 脱氨酶。Mathews 等将 SAM 水解酶基因导入草莓中，获得了稳定遗传的植株；Klee 等将假单胞菌的 ACC 脱氨酶基因成功导入了番茄，获得了能在室温下保存 4 个月的番茄果实；该类基因同样在白兰瓜、哈密瓜中得到了应用提高了其保存期。二是利用 RNA 干扰等技术弱化乙烯主要的合成途径中的酶如 ACC 合成酶与 ACC 氧化酶，目前国内外已经在这方面做了大量的工作。Oeller 等将 ACC 合成酶的基因反向插入载体并转化番茄后，导致乙烯合成大幅度降低，成功控制了果实的成熟，并已投入商业化生产；叶志彪等将 ACC 氧化酶基因的 cDNA 反义转入番茄，成功获得了可在常温条件下贮藏 88d 的转基因果实，储存时间明显高于亲本。

研究表明，多聚半乳糖醛酸酶（polygalacturonases，PG）、果胶甲酯酶（pectin methylesterase，PE）以及纤维素酶（cellulase，EG）在果实软化过程中发挥着重要作用。目前通过抑制细胞壁分解达到保鲜效果的措施主要集中在对以上三种酶酶活的控制。Tucker 等将 PE 的反义基因置于 35S 启动子控制下并导入番茄后，果实中的 PE 活性大大降低，延长了其保鲜期等。

三、生物保鲜的机理及应用前景

生物保鲜技术的一般机理为隔离食品与空气的接触、延缓氧化作用，或是通过有益菌拮抗、竞争等方式抑制腐败菌的生长，或是有益菌产生的保鲜物质具有良好的抑菌作用，或是通过基因工程等手段改变食品自身的性质，从而延长货架期达到保鲜防腐的效果。例如，广泛应用的乳酸菌在食品保鲜中的作用机理主要涉及营养竞争作用以及产生的具有抑菌作用的代谢产物等；木霉菌则可以通过寄生、侵入或穿透寄主菌丝细胞，产生一系列水解酶如几丁质酶、葡聚糖酶等消解病原菌的细胞壁，从而抑制腐败菌的生长。

在传统食品如黄豆酱的发酵生产过程中，一般采用米曲霉和酵母菌的混合发酵来进行生产，在整个的发酵过程中涉及蛋白酶的水解作用、淀粉的糖化，以及有机酸、醇类和脂类的形成等，在发酵过程中两种真菌作为优势菌株，而且 pH 控制在 4.5～5.5，可以在一定程度上抑制某些腐败菌的生长，既生产了目的产物又起到了“生物保鲜”的效果，除此之外在其他传统食品如酱油、米酒、奶酪等的制作过程中也涉及了类似的发酵过程。

目前，物理、化学方法因为其效果明显、作用机理明确等因素在食品的防腐保鲜领域占据着统治地位。而生物保鲜具有天然、安全等优点，因此其应用范围逐渐扩大，已成为食品保鲜领域的研究热点之一，随着人们对食品安全性要求的提高，生物保鲜逐渐成为一种新的应用趋势。目前，益生微生物与腐败菌之间的竞争、拮抗等作用机理的不明确等因素在一定程度上阻碍了生物保鲜的大规模推广及应用，随着相关研究的深入，其应用范围必将进一步扩大。

第八章　微生物与食品工业

社会经济和现代生物技术的快速发展为新型食品的研究和制造带来诸多新的机会，无论是传统发酵食品还是以生物技术为手段的现代食品工业，都离不开微生物这个主题，是微生物独有的生长特性和代谢活动造就了现代发酵食品的研究与生产领域。微生物在现代发酵食品工业所创造的经济效益和社会效益，使人类对微生物的研究与应用技术在不断地深入与拓宽。各种新型发酵食品、功能性食品的不断应市，将使人们的物质生活更加丰富。

第一节　农产品的微生物转化与制造

一、小麦制品

（一）面包

面包是一种营养丰富、组织蓬松、食用方便、易于消化吸收的发酵面食品之一。面包的生产以面粉或面包专用粉为主要原料，以食糖、食用油、果肉、果仁以及食用香料等为辅料，以酵母菌为发酵剂，经面团调制、发酵、整形、成型、焙烤等工序制得。

1. 面包生产用原料与辅料

（1）面粉　　面粉是生产面包的主要原料。面粉品质的好坏与面包质量有直接的关系。用于生产面包的面粉，通常要求粒度细而均匀，湿面筋含量在30%以上。普通面粉很难制作高品质的面包，市场上有专供面包制作的专用粉。

（2）食糖　　食糖是面包生产中一种重要辅料，不仅为酵母菌的生命活动提供必要的碳素营养，而且可以有效地改善面包的色泽和组织。如果用糖量较少，酵母菌发酵力不够，面包体积小，皮色浅，缺乏应有的甜味和香味；但用糖量也不宜过多，否则会因环境渗透压增高而限制酵母菌发酵，使面包质地过软，皮色过深。

（3）食用油　　专业制作面包用油为起酥油，此种油是用精炼的动植物油脂和氢化油先配制成混合物，再经冷却、捏合、充气而制得的具有良好可塑性油脂。与普通食用油相比，起酥油具有稳定性好、易储存等优点。所生产出的面包组织松软、表面光亮、风味良好。

（4）食盐　　食盐在面包生产中的主要作用是调节发酵、稳定面筋、增加风味、改善面包色泽及烘焙品质。使用时，应先将食盐溶于适量的温水中，全部溶解后再与面粉相混，以避免颗粒盐对酵母菌细胞的直接伤害。

2. 酵母菌

用于面包生产的酵母菌主要有压榨酵母和高活性干酵母。

压榨酵母（又称鲜酵母）：是由啤酒酵母经压榨而制得的块状物。其优点是发酵力强，使用方便，但不易久存。

高活性干酵母（high active dry yeast，HADY）：高活性干酵母始于20世纪60年代。我国现代酵母生产技术的发展始于80年代。1989年国家级工业实验基地在湖北宜昌建成，1997年3月科技部批准在湖北安琪生物集团公司建立酵母技术研究推广中心。

高活性干酵母是由啤酒酵母经过连续流化床低温真空干燥而成，水分含量为4%～6%，固形物含量为94%～96%。与压榨酵母相比，活性干酵母的最大优点在于常温下具有良好的稳定性。不足之处是生产成本偏高，在使用前必须经过活化处理，待发酵活性得到恢复后才能使用。

采用现代基因工程技术构建新型啤酒酵母（*Saccharomyces cerevisiae*），其麦芽糖透性酶（maltose permease）及麦芽糖酶（maltase）的含量明显高于普通啤酒酵母。将该菌应用到面包生产中，可使面包发酵过程中的CO_2气体的产生量明显增加，面包膨发性能良好，成品面包松软可口。由于该菌在面包烘烤过程中被杀死，对于消费者食用是安全的。英国政府1990年就已经批准以基因工程手段构建的新型啤酒酵母在面包生产中使用。

3. 面包发酵机理

面团中的酵母菌在适宜的温度（28℃左右）下，首先利用面团中的少量单糖和蔗糖进行生命活动。在此过程中，面粉中的β-淀粉酶将淀粉逐步水解成为麦芽糖。酵母菌体细胞分泌的麦芽糖酶和蔗糖酶，又将麦芽糖和蔗糖分解成单糖而被酵母菌利用。其反应式如下：

$$\underset{\text{淀粉}}{(C_6H_{10}O_5)_n} + n\,H_2O \xrightarrow{\beta\text{-淀粉酶}} \underset{\text{麦芽糖}}{n/2\times(C_{12}H_{22}O_{11})}$$

$$\underset{\text{麦芽糖}}{C_{12}H_{22}O_{11}} + H_2O \xrightarrow{\text{麦芽糖酶}} \underset{\text{葡萄糖}}{2C_6H_{12}O_6}$$

$$\underset{\text{蔗糖}}{C_{12}H_{22}O_{11}} + H_2O \xrightarrow{\text{蔗糖转化酶}} \underset{\text{葡萄糖}}{C_6H_{12}O_6} + \underset{\text{果糖}}{C_6H_{12}O_6}$$

酵母菌在面团发酵过程中，利用这些糖类及其他营养物质进行呼吸作用，产生大量的CO_2气体，使面团发起，呈轻微海绵状结构。焙烤时，面团中的CO_2由于受热膨胀而逸散，并且其面筋和淀粉受热变性、固化，从而使面包疏松多孔。随着呼吸作用的进行，面团中的氧气逐渐减少，由有氧呼吸转变为发酵作用，并产生多种复杂的化学物质，如乙醇、乳酸、乙酸、醛酮类等有机物。在面包焙烤过程中，产生的乙醇使面包具有淡淡的酒香；乙醇与乳酸等有机酸形成的酯类，可赋予面包特有的酯香。至目前为止，面包生产过程中产生的各种芳香物质，已鉴定出200多种。

4. 简要工艺流程

面包生产的简要工艺流程如下：

配料 ⟶ 调制面团 ⟶ 一次发酵（醪头）⟶ 调制面团 ⟶ 二次发酵（大粉）⟶ 成形 ⟶ 醒发 ⟶ 焙烤 ⟶ 冷却 ⟶ 包装 ⟶ 成品面包

5. 面包生产过程中的有害微生物

面包生成过程中的有害微生物主要来自于面粉和生产环境。据测定，每克面粉中通常含有数千个至上万个的细菌。面包在焙烤过程中，由于体积偏大，温度进入不够均匀，面包中心部位温度偏低，往往残留少量活菌体细胞，导致货架期中的面包变质。例如，巨大芽孢杆菌（*Bacillus megaterium*）、黏稠芽孢杆菌（*Bacillus viscosus*）等在成品面包中的活动，可造成面包发黏及抽丝现象的发生。此外，货架期中的面包因包装材料或环境条件的原因，亦可造成霉菌的侵染而发生变质。常见的霉菌有毛霉属（*Mucor*）、根霉属（*Rhizopus*）、曲霉属（*Aspergillus*）、青霉属（*Penicillium*）中的一些种。

（二）馒头

馒头是我国北方人民生活的主食之一。长期以来，我国的馒头生产一直停留在手工制作或作坊式生产模式，其产量低，成品馒头质量不稳定。为配合政府放心工程的实施，解决馒头生产过程中存在的问题，郑州粮食学院（现为河南工业大学）于 1985 年研制成功我国第一台自动化馒头生产线（MTX-300），从而改变了我国手工或作坊式加工馒头的生产方式。

馒头生产以小麦粉为原料，活性干酵母为发酵剂，其发酵机理与面包相同。为提高馒头的营养价值和风味，配料时往往加入适量的糖、鲜牛奶、奶粉、奶油、植物蛋白粉、奶油香精等营养物质和风味物质。

馒头生产的典型工艺流程如下：

活性干酵母 ⟶ 活化酵母

水↓

小麦粉 ⟶ 计量 ⟶ 混合 ⟶ 和面 ⟶ 第一次发酵 ⟶ 成型 ⟶ 醒发 ⟶ 汽蒸 ⟶ 成品

汽蒸后的馒头应自然冷却 30～60min，或风冷（细风）10～15min，待馒头内部温度降至室温时，可用无毒聚酯袋盛装销售。应注意的是，馒头的营养物质丰富，很容易遭受有害微生物的侵染。与面包相比，馒头的含水量较低，在没有外源水的情况下，侵染馒头表面的有害微生物主要是青霉、曲霉、根霉和毛霉。馒头内部的有害微生物以细菌为主，并有部分酵母菌。

二、酿造调味品

（一）酱油

酱油是传统酿造调味品之一，具有悠久的生产历史。世界上的酱油生产方法很多，工艺各异。中国酱油多以大豆、豆饼、豆粕等蛋白质原料以及淀粉质原料为主料，由米曲霉（*Aspergillus oryzae*）、酱油曲霉（*Aspergillus sojae*）等酿制而成。中国酱油的酿制方法可分为天然晒露法、稀醪发酵法、分酿固稀发酵法、固态无盐发酵法以及固态低盐发酵法等。成品酱油含氮量高，比重大，黏度高，多呈黑红色。日本型酱油也称日本酱油，是由等量的大豆和小麦为原料，由一种或多种米曲霉和酱油曲霉酿造而成。黏度较中国酱油低，色泽较中国酱油浅。印度尼西亚的酱油称凯卡普（kecap），主要采用大豆和木薯淀粉为原料，以达到代替小麦的目的。

酱油营养丰富，含有多种氨基酸、维生素、多肽、磷脂、糖分等物质。据测定，每 100ml 酱油中含有可溶性蛋白质、多肽、氨基酸达 7～10g，糖分 2g 以上。此外，酱油还具有一定的香味、鲜味、咸味、酸味、爽适的苦味和色泽。可谓五味俱全，营养与保健功能皆有。

1. 原料

1）蛋白质原料：主要有豆粕、豆饼、花生饼、葵花籽饼、芝麻饼、菜籽饼、黄豆、豌豆、黑豆等。

2）淀粉质原料：主要有小麦、大麦、碎米、高粱、薯干、麸皮、米糠饼、甘薯渣等。

3）食用盐。

2. 主要菌种

1）米曲霉。常用的米曲霉有 AS 3.863、AS 3.951、沪酿 3.042、UE 328、UE 336、渝 3.811 等。

2）酱油曲霉。

3） 酵母菌。大豆接合酒母（*Zygosaccharomyces sojae*）、酱醪接合酒母（*Zygosaccharomyces major*）、易变球拟酵母（*Torulopsis versatilis*）、埃契氏球拟酵母（*Torulopsis etchellsii*）、蒙奇球拟酵母（*Torulopsis mogii*）等。

4） 乳酸菌。代表性菌种有：嗜盐片球菌（*Pediococcus halophilus*）、酱油四联球菌（*Tetracoccus sojae*）、植质乳杆菌（*Lactobacillus plantanum*）等。

3. 酱油发酵机理

酱油发酵过程中，曲中米曲霉所分泌的蛋白酶和淀粉酶分别把原料中的蛋白质和淀粉分解成氨基酸、多肽、胨和糖类（如葡萄糖、麦芽糖、果糖、糊精、五碳糖等）。氨基酸形成钠盐，使酱油具有鲜味。糖的生成对酱油的色、香、味有重要作用。例如，糖被曲中的细菌和酵母菌分解并合成有机酸（如乳酸、乙酸、琥珀酸、葡萄糖酸等）、醇、乙基苯酚、4-乙基愈疮木酚等，有机酸与醇再形成酯类，从而赋予酱油以香味。整个发酵过程是曲霉、细菌、酵母菌共同作用的结果，所生成的氨基酸、糖、有机酸、醇、酯等成分，构成了酱油特有的典型风格。酱油色素形成的主要途径是美拉德（Maillard）反应和酶褐变反应。美拉德反应是氨基化合物和羰基化合物间发生的非酶促反应，参与反应的物质主要包括蛋白质、氨基酸、肽、胺类、单糖、醛、酮以及多糖分解产物等，最后生成褐色的类黑色素。酶褐变反应是氨基酸在有氧条件下发生的，与美拉德反应相比，生成的色素则少得多。

4. 简要工艺流程

豆粕或豆饼 $\xrightarrow{\text{麸皮}}$ 润水 ⟶ 蒸料 ⟶ 冷却 $\xrightarrow{\text{种曲}}$ 接种 ⟶ 通风制曲 $\xrightarrow{\text{水、食盐}}$ 成曲拌盐水 ⟶ 发酵 $\xrightarrow{\text{前次二油}}$ 成熟酱醪淋油 ⟶ 澄清、过滤 ⟶ 配制 ⟶ 装瓶、灭菌、质检 ⟶ 成品酱油

所得生酱油中可加入 0.1%～0.2%的助鲜剂和 1%～1.5%的甜味剂。经热交换器 85～90℃灭菌后，再以 15 000r/min 离心除去固形物，即可进行灌装。为了保证产品质量，有些生产厂家灌装后，再进行 65～68℃巴氏灭菌。

（二）食醋

食醋是最为大众化的酸性调味品。它可赋予食品以特有的酸味、香味和鲜味。如果在食醋的生产原料中添加适量山楂、低聚果糖等成分，即可酿制成具有调节血脂、降低血液胆固醇、增进食欲、促进机体免疫调节的新型保健醋。

我国食醋种类繁多，以生产原料的不同可分为米醋、果醋、酒醋、糖醋等。其中以高粱、大米、碎米等粮谷原料酿制的米醋和以水果等原料酿制的果醋为最佳，如镇江的香醋、山西的老陈醋、北京的熏醋、福建的红曲醋、上海的米醋、河南的柿子醋，以及山楂醋、苹果醋等。近年来，我国食醋酿造工艺有了较大的改进，生料制醋、固定化细胞连续发酵酿醋等新工艺已成功地用于工业化生产。

1. 原料与辅料

（1）原料　我国目前多以含淀粉的粮谷作为酿醋的基本原料，因此酿醋的原料主要有大米、碎米、玉米、小米、高粱、薯干等；酿制果醋的水果主要有苹果、山楂、柿子、香梨等。

（2）辅料　酿醋用辅料需求量较大，主要有豆粕、麸皮、谷糠、砂糖、食盐、香辛料、炒米色等。为了疏松醋醅，积存和流通空气，有利于乙酸菌的好氧性呼吸，常使用粗谷糠、小米壳、高粱壳、玉米芯等作填充料。

2. 菌种

（1）曲霉　黑曲霉 AS. 3.4309、黑曲霉变异株 UV11（3.4309 变异株）、甘薯曲霉 AS. 3.324、邬氏曲霉 AS. 3.758。

（2）酵母菌　适用于淀粉质原料酿醋的酵母菌主要有 AS. 2.109、AS. 2.399、K 字酵母。为了增加食醋的香味，可添加增香酵母菌株，如 AS. 2.300、AS. 2.338 以及中国食品发酵工业研究院的 1295 和 1312 等产酯酵母。

（3）乙酸菌　常用的乙酸菌有 AS. 1.36、AS. 1.41、沪酿 101。

3. 食醋发酵机理

食醋发酵可经历三个过程：糖化过程、乙醇发酵和乙酸发酵。

（1）糖化过程　糖化过程的化学反应如下：

$$(C_6H_{10}O_5)_n + nH_2O \longrightarrow nC_6H_{12}O_6$$

（2）乙醇发酵　酵母菌在无氧条件下，经 EMP 途径将葡萄糖发酵转化为乙醇和 CO_2。其化学反应式如下：

$$C_6H_{12}O_6 + 2ADP + 2Pi \longrightarrow 2CH_3CH_2OH + 2CO_2 + 2ATP$$

在乙醇发酵过程中，约有 94.8%的葡萄糖被转化为乙醇和 CO_2，酵母菌的增殖和副产物消耗葡萄糖的 5.2%。发酵后生成的其他产物主要有醛类、甘油、高级醇、有机酸和微量酯类。

（3）乙酸发酵　乙酸发酵是食醋生产的主要环节，是乙酸菌氧化乙醇生成乙酸的过程。其氧化过程可分为两个阶段：

A. 乙醇在乙醇脱氢酶的催化下氧化成乙醛。

$$CH_3CH_2OH + NAD \longrightarrow CH_3CHO + NADH_2$$

B. 乙醛在乙醛脱氢酶的作用下氧化成乙酸。

$$CH_3CHO + NAD + H_2O \longrightarrow CH_3COOH + NADH_2$$

4. 糖化曲

我国食醋生产用糖化曲主要有 6 种类型。

1）大曲。大曲分中温曲和高温曲两种，前者以大麦、豌豆为原料，制曲温度为 45～50℃，后者以小麦为原料，制曲温度为 55～58℃。制曲方法与白酒生产用大曲基本相同。

2）小曲。小曲的制备以米粉或米糠为主要原料，有时可添加适量中草药。发酵菌以根霉和酵母菌为主。生产过程中多以接入纯种菌制曲。

3）麸曲。麸曲的制备以大麸皮、细谷糠为主原料，原料比例为 5∶1。发酵菌为黑曲霉 AS. 3.4309。制曲方法采用厚层通风制曲，培养过程控制品温 35～38℃，培养时间 48～72h。

4）红曲。制曲原料为籼米，发酵菌用纯种红曲霉（已取代曲母）。简要操作方法为：将籼米浸泡 4～6h，淋去水，将米蒸熟。冷却后，撒入红曲曲母拌和均匀，转入培养室培养。培养过程控制品温 32～45℃，“吃水”2 次。待曲粒全部转为红色，即表示曲已成熟。

5）液体曲。将发酵菌在发酵罐中进行深层液体培养制得的曲料称液体曲。制备液体曲的原料主要有豆饼粉、米糠、甘薯粉、硫酸铵等。原料量为 8.5%，接种量 5%～10%，培养温度 30～32℃，培养时间 36h。

液体曲与固体曲相比，不足之处是曲料中的酶系种类不够丰富。用之酿制出的食醋，其风味往往较差。

6）商品酶制剂。

5. 酒母的制备

（1）酒母制备工艺

试管种 ⟶ 250ml 锥形瓶培养 ⟶ 1000ml 锥形瓶培养 ⟶ 卡氏罐培养 ⟶ 酒母罐培养 ⟶ 酒母

（2）酒母制备技术要点　培养温度 32～34℃，种子罐通风比 1∶0.3，搅拌转速 280r/min，罐压 30kPa，培养时间 18h。由锥形瓶至种子罐培养，每级扩大倍数为 10～20 倍。

6. 我国几种名醋的生产工艺

（1）山西老陈醋　山西老陈醋始创于清顺治年间，至今已有 300 多年。其特点是：食醋色泽黑紫，质地浓稠，清香醇厚。其酿造的简要工艺流程如下：

高粱 ⟶ 粉碎 ⟶ 浸泡 ⟶ 蒸熟 ⟶ 加水 ⟶ 冷却 ⟶ 加曲（↓ 大曲粉）⟶ 加水 ⟶ 糖化及乙醇发酵 ⟶ 制醋醅（↓ 麸皮、谷糠）⟶ 乙酸发酵 ⟶ 加盐 ⟶

（分两路：淋醋 ⟶ 煮沸 ↓；熏醅 ⟶ 浸泡 ⟶ 淋醋 ⟶ 新醋 ⟶）

陈酿 ⟶ 过滤 ⟶ 装瓶 ⟶ 老陈醋

醋液中应加入一定量的香辛料（在淋醋过程中加入，并共煮），加热至 80℃，再转入上次熏醅中浸泡 10h，即可淋醋。所淋出的醋称熏醋，也称原醋或新醋。新醋再经“三伏一冬”陈酿，即可称为老陈醋。

（2）镇江香醋　镇江香醋是我国江苏省镇江市的特产，最早以镇江恒顺、万美两家醋坊的产品著名。其特点主要为色泽光亮，醋香浓郁，酸而不涩。其酿造的简要工艺流程如下：

糯米 ⟶ 浸泡 ⟶ 沥干 ⟶ 蒸熟 ⟶ 冷却 ⟶ 拌酒药 —麦曲⟶ 乙醇发酵 —麸皮、醋醅⟶ 制醅 —砻糠⟶ 补糠 ⟶ 露底 —食盐⟶ 成熟 ⟶ 加盐 ⟶ 陈酿 ⟶ 淋醋 —炒米色⟶ 配制 ⟶ 澄清 ⟶ 煎醋 ⟶ 灌装 ⟶ 成品

头醋汁中加入规定量的食糖进行调配、澄清，煮沸后，降温至 80℃时趁热装坛存放。

（三）味精

味精又称 L-谷氨酸钠，学名为 α-氨基戊二酸一钠，分子式为 $NaC_5H_8O_4N·H_2O$，相对分子质量为 187.13。味精具有强烈的肉类鲜味，被广泛用作食品菜肴的调味品。如果以味精为主要成分，配以少量呈味核苷酸（如 5′-肌苷酸、5′-鸟苷酸），可制成特鲜味精或称强力味精。

关于味精的安全性问题，第 14 届国际食品添加物专门委员会曾做出结论：“味精作为食品添加物是安全的。除婴儿外，普通人一日容许摄食量为 120mg/kg 体重，即体重为 50kg 的人每日食 6g，不会出问题”。美国食品药品监督管理局明确指出：“在现有的使用量、使用方法下长期服用味精，没发现对人体有任何危害”。

1. 发酵原料与培养基配方

谷氨酸发酵用原料通常以淀粉水解糖为碳源，以尿素为氮源，此外还需添加适量的无机盐（如磷、硫、钾、镁等）和含有生物素的原料（如麸皮、米糠、玉米浆、糖蜜等）。

B9、T613 菌株发酵培养基（pH7.0）组成成分（%）：

水解糖	12～14	KCl	0.05

玉米浆	0.6	$MgSO_4 \cdot 7H_2O$	0.06
尿素	0.5～0.8	Na_2HPO_4	0.17

2. 主要生产用菌株

北京棒杆菌 AS 1.299、7338、D110、WTH-1；棒杆菌 S-914，钝齿棒杆菌 AS 1.542、HU7251、B9、B9-17-36、F-263；黄色短杆菌 T6-13、FM84-415、FM-8207、CMTC6282、TG-866、TG-3、D85 等。

3. 谷氨酸的生物合成途径

谷氨酸的生物合成途径主要包括糖酵解途径（EMP 途径）、磷酸己糖途径（HMP 途径）、三羧酸循环（TCA 循环）、乙醛酸循环、二氧化碳固定化反应以及还原氨基化反应等。其简要过程如下：葡萄糖经 EMP 或 HMP 两条途径被降解成丙酮酸，丙酮酸经氧化脱羧生成乙酰 CoA 或经羧化支路生成草酰乙酸，这些物质均可进入 TCA 循环，生成许多对微生物生长繁殖不可缺少的代谢中间物和谷氨酸的前体物质——α-酮戊二酸。由于 α-酮戊二酸脱氢酶的活力极弱或缺陷，α-酮戊二酸不能沿 TCA 循环继续氧化，而是在谷氨酸脱氢酶的催化下，经还原性氨基化作用生成谷氨酸。其反应式如下：

$$C_6H_{12}O_6 + NH_3 + 1.5O_2 \longrightarrow C_5H_8O_4N + CO_2 + 3H_2O$$

4. 味精生产工艺流程

以淀粉质为原料，发酵生产味精的简要工艺流程如下：

淀粉 $\xrightarrow{\text{水解}}$ 水解糖 $\xrightarrow{\text{尿素、无机盐、玉米浆等}}$ 配料 $\longrightarrow$ 灭菌 $\xrightarrow{\text{谷氨酸发酵菌}}$ 发酵 $\longrightarrow$ 提取 $\longrightarrow$ 粗谷氨酸 $\xrightarrow{\text{水、碳酸钠}}$ 中和 $\xrightarrow{\text{硫化钠、活性炭，pH6.6～6.9}}$ 除铁、脱色 $\longrightarrow$ 过滤 $\xrightarrow{\text{粉末活性炭}}$ 脱色 $\longrightarrow$ 过滤 $\longrightarrow$ K-15 活性炭 $\longrightarrow$ 浓缩结晶 $\longrightarrow$ 干燥 $\longrightarrow$ 成品味精

目前我国味精生产多采用高浓度糖流加发酵和低温连续等电点提取法。通常收率可达 90%～95%。其优点主要表现为：晶粒粗、沉淀快、光泽度好。结晶温度一般可控制在 15～20℃，干燥温度以控制在 80℃为宜。

（四）核苷酸

核苷酸由碱基、核糖和磷酸组成，是构成生物遗传信息 DNA 和 RNA 的基础，对生物细胞的物质代谢和能量转换起着多种生物学功能。人们很早以前就发现许多核苷酸类物质都具有强化食品风味的功能，因此利用微生物发酵生产核苷和核苷酸的主要应用领域为在食品工业中作为风味强化剂。

呈味核苷酸通常指 5′-肌苷酸（5′-IMP）、5′-鸟嘌呤核苷酸（5′-GMP）和 5′-黄嘌呤核苷酸（5′-XMP）3 种。按照增鲜能力的大小排列，依次为 5′-鸟嘌呤核苷酸、5′-肌苷酸、5′-黄嘌呤核苷酸。由于 5′-黄嘌呤核苷酸鲜味较低，因此国内外目前只生产前两种。自 20 世纪 60 年代至今，世界呈味核苷酸生产量增加了近 20 倍。在调味品工业中，呈味核苷酸作为增鲜剂而被用于特鲜味精或强力味精的生产，所得产品的鲜味度远大于各单品的鲜味度之和，是当今世界较有发展前途的调味品。

近年来，科学工作者相继发现，核酸类物质如肌苷、腺苷、ATP、辅酶Ⅰ、辅酶 A 及其他核酸衍生物，对于治疗心脑血管疾病、白细胞减少症、血小板下降、抗肿瘤、抗病毒、增强机体免疫调节等具有特殊疗效。医学、医药界的科技人员曾运用分子药理、细胞生物学、分子生物学以及药物生物化学的原理，研究核酸类药物的特点，可以说，核苷、核苷酸是打开这种研究的大门。

1. 肌苷酸（5′-IMP）

肌苷酸为白色结晶粉末状或颗粒状，无臭，易溶于水。肌苷酸产物在生产中以肌苷酸钠形式存在，其分子式为 $C_{10}H_{11}N_4Na_2O_8P \cdot 7.5H_2O$，相对分子质量为 527.2。肌苷酸钠是一种高效增味剂，在味精中添加 2%，可使鲜味增加 3 倍。

（1）肌苷酸生产用菌种　主要有产氨短杆菌（*Brevibacterium ammoniagenes*）KY7208、KY13102、KY13105，谷氨酸棒杆菌（*Corynebacterium glutamicum*），枯草芽孢杆菌 A-1-25，谷氨酸小球菌（*Micrococcus glutamicus*）及嗜乙酸棒杆菌（*C. acetophilum*）等。其中产氨短杆菌（*Brevibacterium ammoniagens*）的突变株 KY13105 是工业上应用的菌株，其优点是细胞的渗透性好，肌苷酸（5′-IMP）的积累不受 Mn^{2+} 影响。而产氨短杆菌（*Brevibacterium ammoniagenes*）KY7208 和 KY13102 对 Mn^{2+} 敏感，当培养介质中的 Mn^{2+} 浓度超过 0.02mg/L 时，会降低 5′-IMP 的产量。

（2）肌苷酸生物合成途径

葡萄糖 ⟶ 核糖 5′-磷酸（R5P）$\xrightarrow{\text{PRPP氨基转移酶}}$ 磷酸核糖焦磷酸（PRPP）⟶ 5′-磷酸核糖胺（PRA）⟶ 5′-氨基咪唑-4-甲酰核苷酸（FAICAR）⟶ 5′-肌苷酸（5′-IMP）

（3）Mn^{2+} 非突变株产氨短杆菌（Mn^{Ins}）培养基配方（g/L）

葡萄糖	100	尿素	6	KH_2PO_4	10	K_2HPO_4	10
腺嘌呤	0.04	玉米浆	5	$CaCl_2 \cdot H_2O$	0.1	$FeSO_4 \cdot 7H_2O$	0.01
蛋白胨	2	$MgSO_4$	2	泛酸钙	0.01		

（4）肌苷酸发酵工艺

葡萄糖 ⟶ 配料 ⟶ 灭菌 $\xrightarrow{\text{产氨短杆菌}}$ 发酵 ⟶ 板框过滤 ⟶ 活性炭脱色 ⟶ 离子交换 ⟶ 减压浓缩 ⟶ 结晶 ⟶ 洗晶 ⟶ 干燥 ⟶ 成品

（5）工艺技术要点　利用产氨短杆菌直接发酵生产 5′-IMP，Mn^{2+} 浓度在发酵过程中对积累 IMP 影响较为明显，必须严格控制发酵培养基中 Mn^{2+} 的水平，使其处于亚适量 Mn^{2+} 浓度，即培养基中积累 IMP 时的最适 Mn^{2+} 浓度应控制在 0.01～0.02mg/L。通过限制 Mn^{2+} 浓度，可以改变细胞膜的通透性，排除相应的代谢抑制和阻遏作用，使细胞内 IMP 的生物合成正常进行，并不断在细胞外积累。

在工业化生产过程中，要将 Mn^{2+} 浓度控制在亚适量水平并不是容易的事，其原因就在于生产原料及水中都含有一定量的 Mn^{2+}。解决问题的方法有两种：一是在发酵期间添加某些抗生素或表面活性剂，解除培养基中过量 Mn^{2+} 的干扰；二是选育对 Mn^{2+} 有抗性的突变株（Mn^{Ins}）。

腺嘌呤是限制菌体细胞生长和积累 IMP、控制发酵的第二重要因子。腺嘌呤过量时，菌体细胞量增加，IMP 积累受阻。因此，腺嘌呤对于 IMP 的积累有一个最适浓度，发酵过程通常将其控制在 0.04g/L。

2. 鸟嘌呤核苷酸（5′-GMP）

鸟嘌呤核苷酸（5′-GMP）为白色粉末状或晶体状，溶于冷水，能完全溶于碱溶液，在冷酸溶液中溶解较为缓慢。生产中多以钠盐形式出现，即 5′-鸟嘌呤核苷酸钠（5′-GMPNa）。

鸟嘌呤核苷酸（5′-GMP）钠与 5′-肌苷酸有相同的助鲜作用，与适量的味精按不同比例混合时，可制成特鲜味精，其助鲜作用优于 5′-肌苷酸。此外，将鸟嘌呤核苷酸（5′-GMP）钠添加到酱油中，可以明显提高酱油的鲜味，生产出特鲜酱油。

（1）鸟嘌呤核苷酸（5′-GMP）产生菌　主要有枯草芽孢杆菌（*Bacillus subtilis*）、微黄短杆菌（*Brevibacterium helvolum*）、铜绿色假单胞菌（*Pseudomonas aeruginosa*）等。

（2）鸟嘌呤核苷酸（5′-GMP）生产方法　工业生产中直接利用野生型菌株发酵生产5′-GMP是相当困难的，GMP和AMP都是嘌呤核苷酸生物合成的终产物。当GMP在细胞中的浓度超过一定限度，将引起反馈调节，使合成途径中的PRPP转酰胺酶、IMP脱氢酶、GMP合成酶等受阻，从而抑制GMP的自身合成，使其产率普遍偏低。因此，我国目前多采用先由酵母菌提取核酸，然后再进行酶解生产鸟苷酸工艺。

（3）酶法生产鸟嘌呤核苷酸（5′-GMP）简要工艺流程

酵母菌细胞 ⟶ 破壁（浓盐法或碱解法）⟶ 提取 ⟶ RNA提取液 ⟶ RNA溶液 ⟶ 加热 $\xrightarrow{\text{5′-磷酸二酯酶}}$ 5′-单核苷酸混合液 ⟶ 阳离子树脂分离 ⟶ 阴离子树脂柱 ⟶ 无离子水洗脱 ⟶ 5′-GMP

（4）鸟嘌呤核苷酸（5′-GMP）工艺要点

1）RNA积累的主要条件。酵母菌细胞内RNA的含量为2.5%～15%。生产中常用的酵母菌株有产朊假丝酵母（*Candida utilis*），其次是啤酒酵母（*S. cerevisiae* Hansen）。在对数生长的初期，培养基的C/N值低时，细胞中的RNA含量较高。此外，在以葡萄糖或糖蜜为碳源的培养基中添加适量的Zn^{2+}（0.25×10^{-7}）、磷酸盐（0.15%），可促进细胞中RNA的明显积累。

2）酶解RNA的主要条件。目前，工业生产中已广泛用于RNA酶解的优良菌株是橘青霉（*Penicillium citrinum*）和金色链霉菌（*Streptomyces aureus*）。先将其在麸皮培养基上，30℃培养120h，用水抽提培养物，用于酶解RNA。

在抽提液中，橘青霉可产生耐热性良好的核酸酶P_1，它可切断多聚核苷酸的3′, 5′-磷酸二酯键和单核苷酸。酶解时，生产过程注意控制pH5.0，最适作用温度65℃，反应时间4h。

在金色链霉菌抽提液中，含有核酸内切酶、核酸外切酶、5′-AMP脱氨酶，以及5′-核苷酸酶和非专一性的碱性磷酸酯酶。为使RNA高效率地生成5′-GMP，必须制备高活性的内切核酸酶、外切核酸酶和5′-AMP。实验表明，分解反应中的最佳底物浓度为0.5%～1.0%，反应温度为45～65℃，pH7.0～7.5，水解10h。

三、蒸馏酒与酿造酒

（一）蒸馏酒

蒸馏酒（spirit liquors）又称烈性酒，是所有酒类中乙醇含量最高的饮料酒，也是人类发酵技术和蒸馏技术的综合产物。蒸馏酒起源于一世纪或更早一些，但成为大众饮用酒之一而广泛流行，其历史不过五六百年。

世界上的蒸馏酒大致可分为六大类：中国白酒、威士忌、白兰地、俄得克、老姆酒、金酒等。本小节仅简要介绍中国白酒。

中国是世界上最早的酿酒国家之一。白酒是我国传统的蒸馏酒。明朝李时珍在《本草纲目》中记有"烧酒非古法也…….惟以糯米或粳米、或黍或秫、或大麦，蒸熟，和曲酿瓮中七日，以甑蒸取，其清如水，味极浓烈，盖酒露也"。唐朝诗句中有"自到成都烧酒熟，不思身更入长安"的描述。1975年河北青龙县出土的铜制烧酒锅，经有关部门鉴定，该锅是专门的蒸酒器具，它的铸造年代最迟不晚于金世宗大定年间（1161～1189年），在世界蒸馏技术史上是独一无二的。

我国白酒生产工艺独特，酒香浓郁，质量优美，品牌繁多。国内白酒以茅台酒、五粮液为首的八大名酒深受国内外酿酒界和消费者的好评。

1. 白酒的分类

以白酒的香型、酒曲、生产工艺可将其进行如下分类。

1）依据白酒香型的不同，可将白酒分为六大香型，即酱香型白酒、浓香型白酒、清香型白酒、米香型白酒、混香型白酒及其他香型白酒。

2）依据酒曲种类的不同，可将白酒分为三种类型，即大曲白酒、小曲白酒和麸曲白酒。

3）依据生产工艺的不同，可将白酒分为三种类型，即固态法白酒、液态法白酒和固液法白酒。

2. 原料与辅料

（1）原料　淀粉、粮谷和薯类是白酒生产的主要原料，如小麦、大麦、高粱、玉米、大米、豌豆等。其他含糖或含淀粉原料亦可用于白酒的生产。全液态法白酒的生产可直接用淀粉和大麦芽酿造。白酒生产常用原料的主要化学组成成分见表 8-1。

表 8-1　白酒常用原料的化学组成　（%）

种类	水分	碳水化合物	粗蛋白	粗脂肪	粗纤维	灰分
小麦	12～13	72	10.3	2.1	1.2	1.3
大麦	12～13	66.3	10.5	2.2	5.4	2.6
高粱	12～13	61～63	9～10.2	3.6	0.3	0.4
大米	12～14	70	7.1	2.4	0.8	0.7
玉米	12～13	61～65	8.5～11	4.1	1.2	1.7
豌豆	11～12	51	27	3.7	1.5	3.1

白酒生产原料的不同，会造成白酒出酒率和风味上的明显差异，原料中所含主要化学成分与白酒酿酒的关系如下。

1）碳水化合物：原料中的淀粉、糖类、纤维素、半纤维素、果胶质等均属于碳水化合物，其中的淀粉、葡萄糖、蔗糖、麦芽糖即可作为霉菌和酵母菌生命过程中的能源，又可直接或间接用作酵母菌发酵产生乙醇。可以说，原料中的糖类越多，产酒量就越大。

碳水化合物中的五碳糖、半纤维素等主要集中在原料的表皮上，在酿酒过程中易生成糠醛，且不能被酵母菌利用。

果胶类物质在酿酒过程中经果胶酶作用可分解产生甲醇，含果胶较多的原料（如甘薯、马铃薯等）酿造的酒，甲醇含量往往偏高。

2）蛋白质：原料中的蛋白质在发酵过程中经蛋白酶分解成氨基酸和小分子含氮物，可为发酵菌的生长繁殖提供良好的氮素营养。此外，部分氨基酸参与发酵菌代谢，可生成高级醇、酯以及其他香味物质，对白酒香型的形成有一定关系。但是，在发酵过程中如果蛋白质含量过高，也易形成杂醇油，造成生酸过多，杂菌生长快，蒸馏出的酒有邪味。

3）脂肪：原料中的脂肪含量在发酵过程中一般都可被发酵菌利用，脂肪含量高，生成的高级脂肪酸酯多，能使酒体醇厚。但是，脂肪含量过高，则会造成发酵过程生酸快，酸度大，高级脂肪酸积累多，并使成品酒有哈喇味。

4）单宁：单宁又名鞣酸，是一类具有多元酚基和羧基的有机化合物，具有收敛性，能与蛋白质作用而使之凝固。原料中单宁含量偏高，会影响酶的活力，对发酵菌的生长繁殖有一定妨碍。但是，少量的单宁经发酵后可形成丁香酸、丁香醛类物质，对改善白酒风味有益。

（2）辅料　白酒生产用的辅料主要有麸皮、稻壳、高粱壳、谷糠等。辅料的功能是为了调整酿酒原料的淀粉浓度、酸度、水分及疏松酒醅，以利于发酵和蒸酒。白酒发酵用辅料的主要化学组成成分如表 8-2 所示。

表 8-2　白酒酿造用辅料的主要化学组成　（%）

种类	水分	粗淀粉	纯淀粉	灰分	疏松度/(g/100ml)
麸皮	12.8	42～54	20	4～6	15.2
稻壳	12.7	—	—	2.8～3.2	12.9
高粱壳	12.7	28～30	1.3～1.6	2.8～3.2	13.8
谷糠	10.3	36～38	3.8～4.0	1.4～1.6	14.3

注："—" 表示不含

（3）白酒生产用水　白酒生产用水主要是指原料糊化、制曲、制备酒母、白酒加浆以及盛酒容器的洗涤用水。因此，白酒工艺用水应符合国家饮用水卫生标准，此外，还应符合以下要求。①色度：≤15 度，不应呈现异色。②混浊度：＜5 度。③气味：应无邪味、腥味、臭味。④总酸度：＜250mg/L。⑤氢化物：＜0.05mg/L。⑥氟化物：＜1.0mg/L。⑦pH：6.5～8.0。⑧大肠菌群：＜3 个/L 水。

3. 大曲的生产

大曲亦称麦曲。依据制曲最高品温，可将大曲分为中温曲和高温曲两大类。

（1）中温曲　中温曲的生产是以大麦、豌豆或小麦、大麦、豌豆为原料生产的。我国汾酒、西凤酒等用曲，多以大麦和豌豆为原料，其生产工艺流程（清香型酒曲）如下：

大麦（60%）+ 豌豆（40%）⟶ 润料 ⟶ 混合粉碎 ⟶ 拌水 ⟶ 踩曲 ⟶ 入房发霉 ⟶ 晾霉 ⟶ 起潮火 ⟶ 大火 ⟶ 后火 ⟶ 养曲 ⟶ 出房 ⟶ 储存

（2）高温曲　高温曲大多以纯小麦或小麦、大麦、豌豆为原料制曲，原料的配比通常为 6∶3∶1、5∶4∶1 或 7∶2∶1。我国泸州老窖和全兴大曲酒的制曲原料是以小麦为主原料，添加 3%～5%的高粱粉制曲。其生产工艺流程（浓香型酒曲）如下：

小麦 ⟶ 润料 ⟶ 磨碎 ⟶ 拌曲 ⟶ 制曲胚 ⟶ 入房长霉 ⟶ 培养 ⟶ 收堆 ⟶ 成曲

成品曲块应有明显的曲香，断面布满白色菌丝，并伴有黄色或红色菌丝斑点，拆曲出房后，转入干燥通风处储存 3 个月后用于酿酒。

4. 麸曲生产工艺

麸曲的制作过程与大曲相似，所用菌株主要是黑曲霉 AS.3.4309，从保藏菌株到生产用麸曲，需要经过斜面培养、锥形瓶扩种、种曲、麸曲等过程。

麸曲生产工艺流程（机械通风制曲）如下：

配料 ⟶ 蒸料 ⟶ 接种 ⟶ 管理 ⟶ 成曲

判断曲是否成熟，可将培养好的麸曲置于光学显微镜下观察，如果大部分分生孢子头刚刚形成，还未分化成成熟的分生孢子穗时，其糖化力最高，此时即为成曲。

5. 小曲生产工艺

小曲又名酒药、酒饼。小曲中的发酵菌主要为酵母菌、根霉和毛霉。近年来，也有一些生产厂家采用纯培养根霉和酵母菌接种制作小曲。

依据小曲的用途，可将小曲分为甜酒曲和白酒曲；依据生产原料的不同可分为粮曲和糠曲；依据配料中添加中草药的不同，可分为药小曲和无药小曲；依据小曲的形状不同，可将小曲分为酒曲丸、酒曲饼和散曲等。典型的小曲的生产工艺（丸状小曲）如下：

大米 ⟶ 浸泡 ⟶ 粉碎 $\xrightarrow{\text{中草药}}$ 配料 $\xrightarrow{\text{曲种}}$ 制丸 ⟶ 裹粉 ⟶ 入曲房 ⟶ 配曲 ⟶ 出房 ⟶ 烘干 ⟶ 成曲

成品小曲应为白色或淡黄色，质地疏松，具有小曲的特殊芳香。水分含量为 12%～14%，总酸 0.6 以下，发酵力为 58°白酒 60kg∶100kg 大米∶1kg 小曲。

6. 大曲白酒的生产

利用大曲作为糖化发酵剂生产的白酒称为大曲白酒。我国名优白酒及地方白酒大部分是大曲白酒。生产中，大曲白酒主要采用续渣法和清渣法两种生产工艺。续渣法大曲酒生产如下：

原料 ⟶ 粉碎 $\xrightarrow[\text{酒醅}]{}$ 出窖、配料 ⟶ 糊化、蒸馏 ⟶ 加浆 ⟶ 扬冷、加曲 ⟶ 入窖 ⟶ 发酵

（蒸馏 ⟶ 酒；发酵 ⟶ 酒醅，循环）

7. 麸曲白酒生产工艺

麸曲白酒的生产是 1955 年总结了烟台酿酒经验后推广的酿酒工艺。其酿酒方法以老五甑居多。与大曲白酒相比，麸曲白酒具有生产周期短、产酒率高、生产成本低等优点。尤其是近年来发展起来的多菌种麸曲白酒生产技术，使麸曲白酒不仅出酒率高，而且产品质量有了进一步提高。

麸曲白酒生产简要工艺流程如下：

原料粉碎 ⟶ 配料 ⟶ 蒸酒蒸料 ⟶ 加曲、水、酒母 ⟶ 入池发酵 ⟶ 蒸酒 ⟶ 麸曲白酒

8. 小曲白酒生产工艺

小曲白酒在我国长江以南有着悠久的历史，尤以广东、广西、福建三省产量最大。用于小曲白酒酿造的原料主要是大米或米粉和米糠，以小曲（酒药、酒饼）为糖化发酵剂。

小曲白酒简要生产工艺流程如下：

大米 ⟶ 浸米 ⟶ 蒸米 ⟶ 摊晾 $\xrightarrow{\text{小曲粉}}$ 拌曲 ⟶ 落缸 ⟶ 培养糖化 ⟶ 泡水 ⟶ 转缸发酵 ⟶ 蒸馏 ⟶ 陈酿 ⟶ 勾兑与调味 ⟶ 成品酒

（二）酿造酒

我国主要的酿造酒（fermented alcoholic drink）有啤酒、黄酒、葡萄酒、果酒等。

1. 啤酒

啤酒是以优质大麦芽为主原料，大米、啤酒花为辅料，经过制备麦芽汁、糖化、啤酒酵母发酵等工序制得的一种富含多种营养成分和二氧化碳的饮料酒。1972 年 7 月在墨西哥举行的第九届国际营养食品会议上，因其酒精度低、营养丰富而被推荐为营养食品。目前啤酒的生产和销售几乎遍及世界各地，是世界上产销最大的饮料酒。

（1）啤酒的分类　啤酒依据发酵方法的不同，可分为两大类：一类是以德国、捷克共和国、丹麦、荷兰为典型的下面发酵法啤酒；另一类为英国、澳大利亚、加拿大、新西兰和南非等国采用上面发酵法生产的爱尔（Ale）型啤酒。依据成品啤酒杀菌与否可分为 3 种类型：鲜啤酒（未经巴氏杀菌的啤酒）、纯生啤酒（未经巴氏杀菌，而经无菌过滤等方法处理的啤酒）和熟啤酒（经巴氏杀菌的啤酒）。依据啤酒色度的不同，可将啤酒分为 3 种类型：淡色啤酒（色

度为 0.4～0.7ml 碘液）、浓色啤酒（色度为 1～3.5ml 碘液）、黑色啤酒（色度为 5～15ml 碘液）。依据啤酒原麦汁浓度的不同，可将啤酒分为 3 种类型：低浓度啤酒（原麦汁浓度为 2.5～8°P）、中浓度啤酒（原麦汁浓度为 9～12°P）、高浓度啤酒（原麦汁浓度为 13～22°P）。目前，小麦啤酒、黑米啤酒、黑麦啤酒、果汁啤酒、功能性啤酒（低糖、低醇）、白啤酒等也将有较大的发展。

（2）重要的酿酒菌种　用于酿造啤酒的酵母主要有两个种：啤酒酵母和葡萄汁酵母，在啤酒生产中又将其分别称为上面酵母和下面酵母。在分类学上属于子囊菌纲原子囊菌亚纲内孢霉目酵母科出芽酵母亚科酵母属。

世界著名的啤酒企业均有自己独特的酿酒菌株，如德国的萨士酵母、道脱蒙酵母，丹麦的卡尔斯伯酵母，荷兰的 Rasse547 酵母以及国内的青岛啤酒酵母、首都啤酒酵母和沈阳啤酒酵母等。不同的啤酒酵母菌株在形态和生理特性方面的差异，形成了啤酒酿造技术和啤酒风味上的差异。

啤酒工业为了提高麦芽汁可发酵糖的比例，往往需要外加糖化酶或异淀粉酶来解决。利用基因工程技术，将大麦中 α-淀粉酶基因转入啤酒酵母中可实现高速表达，这种基因工程菌可直接利用淀粉进行发酵，不仅缩短了生产工艺流程，降低成本，而且可导致啤酒生产的革新。Lancashire 等把 *Schwanniomyces occidentalis* 或 *S. diastaticus* 的糖化酶基因引入啤酒酵母中表达和分泌，可直接用于干啤酒和淡色啤酒的生产。

（3）啤酒发酵机理　啤酒发酵是以麦汁为原料、以纯种啤酒酵母为发酵剂，对麦汁中某些组分进行一系列的代谢过程。整个过程主要包括：糖类的发酵、麦汁含氮物质的转化以及啤酒中风味物质的发酵代谢。

1）糖类的发酵。麦汁的浸出物中糖类占 90%左右，啤酒酵母对各种可发酵性糖类的发酵，均可通过 EMP 途径代谢生成丙酮酸后，进入无氧酶解或有氧 TCA 循环。麦汁接种啤酒酵母后主要进行无氧降解途径，但也存在少量有氧呼吸代谢。其发酵反应式如下：

$$C_{12}H_{22}O_{11} + H_2O + 4ADP + 4Pi + CO_2 \longrightarrow 4C_2H_5OH + 4ATP + \Delta Q$$

在啤酒发酵过程中，发酵糖除转化为乙醇外，有 1.5%～2.5%的糖类转化成发酵副产物，如高级醇、酯、有机酸等，还有 2.0%～2.5%用于形成啤酒酵母的碳骨架。

2）麦汁含氮物质的转化。啤酒酵母吸收氨基酸和吸收糖一样，依赖于细胞壁分泌一系列的氨基酸输送酶调节吸收。发酵初期只有 8 种氨基酸（赖氨酸、精氨酸、谷氨酸、苏氨酸、丝氨酸、谷酰胺、天冬酰胺、天冬氨酸）能被很快吸收，麦汁中的其他氨基酸只是被缓慢地吸收或不吸收。当环境中 8 种氨基酸浓度下降 50%以后，啤酒酵母才分泌其他氨基酸的输送酶，并输送其他氨基酸进入细胞内，用于合成酵母细胞的蛋白质。

发酵初期，啤酒酵母必须合成一系列的氨基酸，葡萄糖经过 EMP 途径形成酮酸，酮酸接受—NH_2 构成早期不能被吸收的氨基酸；在发酵的中后期，尤其是缺乏足够氨基酸的麦汁，酵母菌合成细胞的速度减慢，对 α-酮酸的反馈抑制建立不起来，产生多量的酮酸无法转化成氨基酸，而啤酒酵母又无法承受环境高酮酸量的积累，此时，α-酮酸将转化为高级醇；发酵后期，啤酒酵母细胞向发酵液分泌多余的氨基酸，如甘氨酸、丙氨酸和脯氨酸等，造成啤酒酵母的衰老或死亡，细胞内蛋白酶被活化，分解细胞蛋白质而形成多肽，并通过被适度水解的细胞壁进入发酵液，导致啤酒灭菌过程的混浊。

3）啤酒中风味物质的发酵代谢。啤酒中的风味物质主要有高级醇、挥发酯、醛类、酸类、连二酮类等。下面仅就高级醇和挥发酯代谢做一简述。

A. 高级醇的代谢途径。高级醇是酒类最主要的风味物质之一。Growall（1961）认为，酒类高级醇中异戊醇、异丁醇和活性戊醇，75%来自于糖代谢，25%来自相应的亮氨酸、缬氨酸、异亮氨酸的伊氏路线；酪醇来自于酪氨酸，β-苯乙醇来自于苯丙氨酸，色醇来自于色氨酸。

B. 挥发酯的代谢。啤酒发酵过程中酯类的生成主要依赖于啤酒酵母的生物合成。首先是由酵母先形成酯酰辅酶 A，在酵母酯酶的催化下与醇化合形成酯：

$$RCH_2OH + R'COSCoA \rightleftharpoons RCH_2OOR' + CoASH$$

酯酰辅酶 A 的来源如下。

麦汁中脂肪酸的活化：

$$R'COOH + CoASH \xrightarrow[ATP \quad AMP + Pi]{} R'COSCoA + H_2O$$

α-酮酸的氧化脱羟：

$$R'COOH + CoASH \xrightarrow[NAD \quad NADH_2]{} R'COSCoA + H_2O$$

脂肪酸合成的中间代谢产物使酯酰辅酶 A 的碳链延长：

$$R'COSCoA + HOOCCH_2COSCoA \xrightarrow[2NADH_2 \quad 2NAD]{} R'CH_2CH_2COSCoA + CoASH + CO_2 + H_2$$

如有乙酰辅酶 A 和丙二酰辅酶 A 作用，可形成丁酰辅酶 A，再与丙二酰辅酶 A 作用生成乙酰辅酶 A，以延长碳链。

（4）原料与辅料

1）大麦。大麦是酿造啤酒的主要原料，在酿造前应将大麦先制成麦芽，再进行糖化和发酵。啤酒酿造对大麦的质量要求如下：①外观。麦粒呈淡黄色，有光泽，大小均匀，籽粒饱满，皮薄。从横面切，胚乳断面呈软质白色透明部分越少越好。②发芽率不应低于 96%，发芽力应达到 85%以上。③水分≤13%。④淀粉含量在 65%以上。⑤蛋白质含量为 9%～12%，其中 1/3～1/2 的蛋白质可溶解于麦芽汁中。

2）大米。啤酒酿造用大米，粳米优于籼米，晚稻米优于早稻米，糯米优于非糯米。辅料为糯米酿造啤酒，发酵度适中，啤酒的风味纯正，泡沫持性好。

大米的用量通常为 25%～45%，不宜用量过多，否则将导致发酵迟缓。

3）玉米。欧美国家酿造啤酒通常以玉米为辅料。玉米在酿酒前应进行脱胚、脱皮、皮胚分离，胚乳再经圆盘磨和筛析等工序处理后，即可用于啤酒的酿造。

4）酒花。酒花亦称啤酒花，为桑科多年生草本植物，《本草纲目》中称其为蛇麻花。因酒花果穗（雌花序）可供酿制啤酒而得名。

世界酒花产量中苦型花（D 型）约为 50%，A 型为 10%，B 型为 5%，C 型为 25%，目前主要发展为 A 和 D 两种类型的酒花。我国啤酒花的种植面积约 1.5 万 km^2，产量稍高于工业需求量，故每年有一定量的出口。酒花在啤酒酿造过程中能赋予啤酒柔和、优美的芳香和爽口微苦味，能加速麦汁中高分子蛋白质的絮凝，提高啤酒泡沫和泡持性，并能增加麦汁和啤酒的生物稳定性。

啤酒花的化学成分中，酒花精油、苦味物质和多酚类物质三大成分对啤酒酿造具有特殊意义：①酒花精油。酒花精油具有芳香味，是啤酒重要的香气来源。据测定，酒花精油中含有 200 种以上的组分，其共同的特点是易挥发，所以也是啤酒开瓶闻香的主要成分。②苦味物质。啤酒中的苦味物质主要是指 α-酸、β-酸，以及两者的氧化、聚合产物。尤其 α-酸在加热、稀碱或光照下发生异构化形成异 α-酸，是啤酒愉快苦味的主要物质。③多酚类物质。多酚类物质在酒花中的含量为总量的 4%～8%。大麦中也含有一定量的多酚类物质。多酚类物质按相对分子质量可分为 5 类：酚酸类化合物、黄酮醇类化合物、儿茶酸类化合物、花色素原、水解性单宁化合物。

多酚类物质在啤酒酿造过程中可与蛋白质结合形成沉淀物、汽雾浊、永久混浊物，在麦汁和啤酒中形成色泽物和涩味。

5）啤酒酿造用水。啤酒酿造用水是指糖化用水和洗槽用水，是麦芽汁和啤酒的组成成分，与啤酒的风味、典型性、质量有着密切的关系。

啤酒酿造用水一般采用地下水（深井水或泉水）、软化水，符合我国生活饮用水标准和啤酒酿造用水的要求。水的硬度表示单位各国不一，我国采用德国单位，即以每升水中含 10mg 氧化钙为 1°。习惯上啤酒酿造用水可划分为最软水（0°～4°）、软水（5°～8°）、普通硬水（9°～12°）、中等硬水（13°～18°）、硬水（19°～30°）和最硬水（30°）以上。酿造浅色、柔和、爽口啤酒用水，其总硬度不超过 4.28mmol/L。细菌总数不得超过 100 个/ml，不得检出大肠杆菌和致病性细菌。酿制浓色啤酒对水的硬度要求不太严格，我国不少地区使用中等硬水来酿制浓色啤酒和黑啤酒。

（5）啤酒酿造一般工艺流程

麦芽 ⟶ 粉碎 $\xrightarrow{\text{大米或玉米}}$ 糊化 ⟶ 糖化 ⟶ 过滤 $\xrightarrow{\text{酒花}}$ 煮沸 ⟶ 过滤 ⟶ 麦汁 $\xrightarrow{\text{啤酒酵母}}$ 发酵 ⟶ 过滤 ⟶ 包装、灭菌 ⟶ 熟啤酒

啤酒发酵工艺有上面发酵法和下面发酵法之分。目前除少数国家尚采用上面发酵法外，其他国家均使用下面发酵法酿制啤酒。

下面发酵法分为主发酵（又称前发酵）和后发酵两个阶段。

主发酵阶段为期 5～7d，发酵过程控制品温 5～7℃，最高品温为 8～10℃，酵母菌在此过程分解大部分的可发酵糖进行繁殖，并产生一些主要代谢产物，如乙醇和 CO_2 等。

主发酵结束后，大部分酵母凝集沉淀，发酵液的外观发酵度应在 50%～60%。此时的发酵液称为新酒或嫩啤酒。可直接送入后发酵罐，控温 3.5～5℃敞口发酵 5～7d，排除生青味物质，待泡沫下落可加盖密闭，控制罐压 40～50kPa，后发酵温度 0～3℃，时间约 50d，啤酒即告成熟。

全部发酵结束后，啤酒中还存在少量悬浮酵母、蛋白质、酒花树脂、多酚、β-葡聚糖等悬浮物。应采用棉饼过滤法、硅藻土过滤法、纸板过滤法、离心分离法以及超滤法等加以清除。如果生产熟啤酒，过滤后还应进行巴氏灭菌。

（6）啤酒的质量指标

1）感官指标。成品啤酒应清亮透明，无明显悬浮物和沉淀物。注入清洁的玻璃杯中，泡沫丰富、洁白、持久。口味纯正，并伴有酒花香气。

2）理化指标。乙醇含量≥3.5%，原麦芽汁浓度 12%±0.2%，色度（EBC 单位）5.0～12，真正发酵度≥56%，pH4.1～4.6，总酸≤2.7ml，CO_2≥0.35%，双乙酰≤0.2mg/L，苦味质 15～40BU。

3）卫生指标。二氧化硫残留量＜0.05g/kg，黄曲霉毒素 B_1＜5μg/kg，熟啤酒中细菌总数＜50 个/ml，熟啤酒中大肠菌群＜3 个/100ml，鲜啤酒中大肠菌群＜50 个/100ml。

2. 黄酒

黄酒是世界上最为古老、最富有营养的饮料酒之一，是中华民族的宝贵特产，被誉为“东方美酒”。著名的绍兴黄酒以色泽橙黄清澈、香气浓郁芬芳、滋味甘美醇厚而名扬中外。

黄酒酿造是以含淀粉的谷物为主原料，尤以大米和糯米为多。以酒药、麦曲或米曲为糖化发酵剂。经淀粉糖化、乙醇发酵、陈酿、过滤、煎酒、调配等工序制得。成品黄酒酒度一般为12°～18°，酒体丰满，醇和芳香，酒液中含有糖类、糊精、多种维生素、微量元素、氨基酸、有机酸、酯类等易被人体消化吸收的营养成分。由于黄酒营养丰富，我国有些地区常把黄酒作为产妇的营养食品；有些则在黄酒中加配中草药浸提原汁，作为保健酒饮用；在医药上，黄酒又是重要的辅佐料或“药引子”。

（1）黄酒的分类　黄酒的分类，按生产工艺的不同可分为传统工艺黄酒和新工艺黄酒两大类。而传统工艺黄酒又可分为三种类型，即淋饭酒、摊饭酒和喂饭酒。1980年原轻工业部以黄酒含糖量为主，将黄酒分为4种类型：干黄酒、半干黄酒、半甜黄酒和甜黄酒。也有以酒色、产地等命名的，如绍兴黄酒、即墨老酒、江阴黑酒、竹叶青酒、珍珠红酒等。

（2）生产原料与酿造用水　黄酒酿造用原料主要为含淀粉糯米、粳米、籼米，也可用玉米、黍米、粟米等。在黄酒酿造过程中，淀粉酶首先将米中的淀粉水解成糖，再由酵母菌发酵糖产生乙醇。因此，要求原料中的淀粉含量要高，尤其是淀粉颗粒中的支链淀粉的比例要高，蛋白质和酯类物质含量应低。要求胚乳结构疏松、吸水快而少，体积膨胀小。

1）糯米。糯米分粳糯米和籼糯米两大类。粳糯米所含淀粉几乎全部为支链淀粉，其结构疏松，易于糊化，极适合黄酒的酿造；籼糯米中含有0.2%～4.6%的支链淀粉，其结构紧密，不易糊化，蒸煮时消耗的能量大，吸水多，出饭率高。

2）粳米。粳米中支链淀粉的含量为15%～23%，蒸煮时需要喷淋热水，使米粒充分吸水，以利于糊化和糖化。

3）籼米。籼米中支链淀粉的含量为23%～35%。早、中籼米由于蒸煮过程吸水量大、饭粒干燥、蓬松、色泽暗、淀粉容易老化、出酒率低等缺点，通常不作为黄酒酿造的良好原料。

4）玉米。玉米淀粉集中在胚乳层，淀粉颗粒呈不规则状，堆积紧密且坚硬，成玻璃质状态。玉米中的支链淀粉含量为淀粉总量的85%～90%，而直链淀粉仅为10%～15%。利用玉米酿造黄酒早已在我国一些生产厂家得以实施。但是必须注意，玉米在用于黄酒酿造前应先脱皮、脱胚，做成玉米糁方可用于黄酒的酿造。

5）黍米。黍米也称“大黄米”，米粒金黄，色泽光亮，颗粒饱满，尤以大粒黑脐黄色黍米为上乘。此种米属糯性品种，易于糊化，淀粉含量为71%～73.5%，比较适合黄酒的酿造。

6）小麦。黄酒酿造中，小麦主要用于制备麦曲。要求制曲小麦籽粒饱满、皮薄、色淡红。此外，小麦品种应一致，且无虫蛀、无农药污染。

7）酿造用水。水在黄酒中占全部成分的80%以上，水质的优劣对黄酒的风味和质量有直接的影响。黄酒生产用水，主要包括酿造用水、冷却水、锅炉用水以及洗涤用水。直接用于黄酒糖化、发酵、酶促反应用水，应无色、无味，清澈透明。其理想pH为6.8～7.2，硬度为2°～6°，铁含量小于0.5mg/L，锰含量小于0.1mg/L，游离氯小于0.3mg/L，氨和亚硝酸盐以不检出为好，总固形物小于 100mg/L，耗氧量小于 5mg/L（常用高锰酸钾耗用量表示）。

（3）麦曲　麦曲是黄酒生产用糖化剂。由于制曲过程在自然条件下进行，麦曲上还含有蛋白酶等多种酶制剂。麦曲中积累的各种微生物的代谢产物，又赋予黄酒酒体独特的风格。因此，麦曲质量的优劣，直接影响到黄酒的质量和产量。

麦曲可分为块曲和散曲两大类。块曲又包括踏曲、草包曲和挂曲等，散曲主要为纯种麦曲。

1）踏曲。踏曲的生产时间一般在农历 8～9 月，此时正逢桂花盛开，故又称其为“桂花曲”。踏曲生产工艺流程如下：

小麦⟶过筛⟶轧碎⟶拌曲⟶成形⟶堆曲⟶培养⟶通风干燥⟶成品曲

踏曲的质量要求：成品曲应具有正常的曲香，白色菌丝密结，并伴有少量黄绿色孢子。曲块疏松坚韧，无烂曲、黑心和生腥味。曲块水分含量为 14%～15%，30℃时，每克风干踏曲的糖化力为每小时可产生 700mg 以上葡萄糖。

2）纯种麦曲。纯种麦曲可分为三种类型：生麦曲、熟麦曲和爆麦曲。它们之间的区别在于原料处理上的差异。生麦曲是将生麦直接拌水制曲；熟麦曲是将麦子蒸熟后再拌水制曲；爆麦曲是先将麦子用爆麦机爆熟，再拌水制曲。纯种麦曲生产工艺流程如下：

原种⟶试管种⟶锥形瓶种⟶扩大种曲

↓

小麦⟶轧碎⟶配料⟶蒸料⟶冷却⟶拌曲种⟶厚层通风培养⟶成品曲

纯种麦曲的质量要求：成品曲应有明显曲香，无霉味，无酸味。曲块菌丝茂盛粗壮、均匀。曲块含水量为 20%～25%，糖化力应为 1000 单位以上。

（4）米曲　米曲是我国独特的黄酒糖化发酵剂，主要有乌衣红曲、黄良红曲等。米曲产地主要集中在我国的福建、浙江的金华、温州、丽水等地区。现仅以乌衣红曲为例，将其生产工艺简介如下：

籼米⟶浸渍⟶蒸米⟶摊冷$\xrightarrow{\text{红糟、黑曲霉}}$接种⟶装箩保温⟶翻堆⟶平摊⟶喷水开耙⟶培养⟶制曲⟶晒曲⟶成品曲

红糟也称“红糟娘”，是红曲霉和酵母菌的扩大培养物。成曲红糟的乙醇含量为 14%左右，口尝有刺口且带辣味和微甜。如果甜味明显，则表明发酵不足。

黑曲霉：每年的大小暑制曲，制法与乌衣红曲相同。接种量按 50kg 原料计，接种上年黑曲霉曲 7.54kg、红糟 160g。培养过程喷水一次，约 5d 可出曲。

（5）酒母　酒母是黄酒酿造过程中重要的发酵剂。按照酒母生产方法的不同，可将酒母分为两种类型：淋饭酒母和纯种酒母。

1）淋饭酒母。淋饭酒母又称“酒娘”，是绍兴酒和仿绍酒的传统发酵剂。我国目前的传统黄酒生产工艺均采用淋饭酒母作为发酵剂。

在生产淋饭酒母时，需先用冷水喷淋蒸熟的米饭，然后进行搭窝和糖化发酵，将质量上乘的淋饭酒醅作酒母，剩余部分经压榨、煎酒作为商品淋饭酒。

淋饭酒母简要生产工艺流程如下：

糯米⟶浸米⟶蒸饭⟶淋水$\xrightarrow{\text{酒药}}$落缸搭窝⟶糖化$\xrightarrow{\text{麦曲}}$加曲冲缸⟶发酵⟶后发酵⟶酒母

优良酒母的质量要求是：酒母发酵正常，口味老嫩适中，且爽口，无杂味。乙醇含量为14%～16%，酸度0.31～0.37g/100ml。

2）纯种酒母。纯种酒母是从传统的淋饭酒醅或黄酒酒醅中分离出的优良黄酒酵母菌种。依据生产方法的不同，纯种酒母可分为速酿酒母和高温糖化酒母两种类型。

速酿酒母是用边糖化边发酵的方法生产出的酒母，故又称双边发酵酒母。其培养料配比见表8-3。

表8-3　速酿酒母培养料的配比　（单位：份）

糯米	麦曲	酒母	水
100	15	3.2	300

温度管理：落缸初始温度为25～27℃，落缸10～12h，品温升至30℃，可进行第一次开耙搅拌。以后每隔2～3h开耙搅拌一次，保持品温为28～30℃。总培养时间为24～48h。

成品速酿酒母的质量：酒母细胞健壮整齐，细胞浓度为3亿个/ml以上，乙醇含量为3%～4%，酸度0.24g/100ml以下。

高温糖化酒母是酒精工艺生产的酒母，先采用55～60℃温度糖化，再用90℃高温灭菌10min，快速冷却至30℃，接入锥形瓶，于28～30℃温度下培养12～16h即成。

高温糖化酒母培养料的配比见表8-4。

表8-4　高温糖化酒母培养料的配比　（单位：g）

水	糯米	麦曲	淀粉酶	糖化酶
400	100	3	0.2	0.2

成品高温糖化酒母的质量要求：酒母细胞健壮，出芽率15%～30%，细胞浓度1亿个/ml以上，乙醇含量为3%～4%，酸度0.12～0.15g/100ml。

（6）黄酒的简要生产工艺　不同类型的黄酒在生产工艺上有所差异。例如，干型黄酒，发酵后的成品酒含糖量（以葡萄糖计）一般在0.5g/100ml以下，其特点是发酵完全，酒中残糖较低，酒味欠浓厚。生产方法以绍兴元红酒最具代表性。其简要的生产工艺如下：

浸米 ⟶ 抽米 ⟶ 蒸米 ⟶ 摊冷 $\xrightarrow{\text{麦曲、酒药}}$ 落缸 ⟶ 主发酵 ⟶ 后发酵 ⟶ 压榨 ⟶ 澄清 ⟶ 煎酒 ⟶ 成品酒

3. 葡萄酒

以新鲜葡萄或葡萄汁为原料，经过酵母菌发酵和陈酿等工序制成的乙醇含量不低于8.5%的饮料酒称葡萄酒。葡萄酒是果酒中最大宗的品种，属于国际性饮料酒，其产量在世界饮料酒中仅次于啤酒，名列第二位。

葡萄酒具有优美的风味和色泽，乙醇含量低，营养价值高，适量饮用可促进血液循环、增进食欲、缓解疲劳，并对贫血、夜盲症、神经炎和脂溢性皮炎等疾病有一定的辅助治疗作用。所以，它是世界各国主要发展的饮料酒品种。

（1）葡萄酒的分类　葡萄酒品种繁多，产品风格各不相同，其分类方法亦各不相同。

1）依据葡萄酒的颜色，可将其分为3种类型：白葡萄酒、红葡萄酒、桃红葡桃酒。

2）依据葡萄酒的含糖量，可将其分为4种类型：干葡萄酒、半干葡萄酒、半甜葡萄酒、甜葡萄酒。

3）依据葡萄酒酿制方法，可将其分为 3 种类型：天然葡萄酒、加强葡萄酒、加香葡萄酒。

4）依据葡萄酒含不含二氧化碳，可将其分为 3 种类型：平静葡萄酒、起泡葡萄酒、葡萄汽酒。

5）依据饮用方式，可将其分为 3 种类型：餐前葡萄酒、佐餐葡萄酒、餐后葡萄酒。

（2）葡萄酒酵母及其培养　在微生物分类学中，葡萄酒酵母（*Saccharomyce sellipsideus*）属于子囊菌纲酵母属。葡萄酒酵母细胞为椭圆形或卵圆形，细胞大小一般为（3～10）μm×（5～15）μm。在葡萄汁琼脂培养基上，25℃培养 3d，可形成表面光滑的圆形菌落。无性繁殖为单端（顶端）出芽繁殖。可发酵葡萄糖、果糖、蔗糖、麦芽糖、半乳糖。对氮源的同化，一般只利用氨基酸、氨和铵盐，不利用硝酸态氮。最适生长温度为 28～30℃，生长的最适 pH 为 5～6，最适发酵 pH 为 4.0～4.5。

随着生物技术的进步，葡萄酒专用酵母已经商品化，称为葡萄酒活性干酵母。目前，德国、法国、美国、荷兰、加拿大以及我国等均已有优良的葡萄酒活性干酵母商品出售。葡萄酒活性干酵母在葡萄酒生产过程不能直接使用，必须经过复水活化或活化后扩大培养才能用于葡萄酒的发酵。

（3）葡萄酒发酵的基本原理　乙醇发酵是葡萄酒发酵过程中最基本、也是最重要的反应。葡萄汁中的葡萄糖和果糖在酵母菌的作用下，最终被转化为乙醇、二氧化碳和热，其反应式如下：

$$C_6H_{12}O_6 \longrightarrow 2C_2H_5OH + 2CO_2 + 热$$

乙醇发酵过程中，除主产物乙醇和二氧化碳外，也可形成少量副产物，如甘油、高级醇、羰基化合物、酯类、有机酸等。

葡萄酒发酵过程中产生的乙醇可以促使葡萄中色素、果香物质及其他挥发性物质的浸出，对改善葡萄酒的香气和色泽有较好的作用。

二氧化硫是目前世界各国在葡萄浆生产过程中广泛使用的一种添加剂，在葡萄酒酿造过程中的主要作用为杀菌、抗氧化、增酸、溶解（色素、果香物质及无机盐类）及澄清等。

发酵前，二氧化硫在葡萄汁（浆）中的添加量见表 8-5。

表 8-5　葡萄汁（浆）二氧化硫的添加量　（单位：mg/L）

葡萄状况	红葡萄酒	白葡萄酒
正常葡萄果实，清洁，酸度偏高	40～80	80～120
正常葡萄果实，清洁，酸度适中	50～100	100～150

成品葡萄酒中二氧化硫总含量各国规定不同，一般为 200～400mg/L，我国规定为 250mg/L。其中游离二氧化硫不得超过 500mg/L。

（4）葡萄酒生产工艺的特点

1）干白葡萄酒生产工艺。酿造葡萄酒主要分干白葡萄酒和干红葡萄酒两大类。干白葡萄酒是由浅色葡萄或深色白肉葡萄经果肉分离制得葡萄汁，然后经酵母菌发酵酿制而成的。成品干白葡萄酒颜色近似无色、浅黄、禾秆黄、金黄色，酒液澄清透亮，香味纯正、柔和、协调，具有清新优雅的果香。目前，我国多数葡萄酒生产企业均以干白葡萄酒为基础，然后按照国家规定的标准，依据含糖量，经过精心调制而得半干白葡萄酒、半甜白葡萄酒和甜白葡萄酒。

2）干红葡萄酒生产工艺。干红葡萄酒由深色葡萄酿制而成。成品干红葡萄酒色泽鲜艳，呈紫红色、深红色、宝石红色或红中稍带棕色。酒液澄清透亮，具有优美的葡萄果香，和谐的酒香，酒味醇厚而不烈，醇和协调，微酸而爽口。市场中的半干、半甜、甜型红葡萄酒一般也以干红葡萄酒为酒基调制而成。

发酵葡萄酒简要工艺流程如下：

葡萄⟶分选 $\xrightarrow{\text{二氧化硫}}$ 破碎⟶果浆分离 $\xrightarrow{\text{二氧化硫}}$ 葡萄汁⟶低温澄清 $\xrightarrow{\text{糖液}}$ 调整成分 $\xrightarrow{\text{葡萄酒酵母}}$ 控温发酵⟶换桶⟶干葡萄原酒⟶陈酿⟶调配⟶澄清⟶冷处理⟶过滤除菌⟶包装⟶成品葡萄酒

四、乳酸发酵饮料

乳酸发酵饮料是指以牛乳等为主要原料，经微生物发酵而成的、具有特殊风味和营养的酸性饮料。自20世纪以来，发酵乳制品被公认为是世界性营养保健饮品。20世纪80年代后，食品研究工作者对多种有益微生物能否在人体消化道存在并起积极作用，进行了大量研究工作，提出发酵乳对人体消化道有益微生物菌群生理作用的新观念。基于乳酸菌在人体肠道内具有抵抗产毒杂菌、改善肠道微生物菌群、调节胃肠功能、较鲜乳易于吸收等多种作用，嗜热链球菌（*Streptococcus thermophilus*）、双歧杆菌、保加利亚乳杆菌（*Lactobacillus bulgaricus*）等功能菌被广泛用于发酵乳的生产，所开发的活性酸乳深受世界各国消费者的欢迎。

（一）常用的发酵菌种

1. 嗜热链球菌

嗜热链球菌为微好氧性菌，细胞呈卵圆形，革兰氏染色阳性。能发酵葡萄糖、果糖、蔗糖和乳糖，产生L（+）-乳酸。蛋白质分解力微弱。对抗生素极为敏感。该菌的最适生长温度为40～45℃，在85℃条件下可耐受20～30min。

2. 双歧杆菌

双歧杆菌为专性厌氧菌，根据DNA同源性和糖发酵特征，双歧杆菌属（*Bifidobacterium*）可分为24个种，其中存在人体肠道内的双歧杆菌主要有：两歧双歧杆菌（*Bifidoacferium bifidum*）、青春双歧杆菌（*B. adolescentis*）、幼儿双歧杆菌（*B. infantis*）、短双歧杆菌（*B. breve*）、长双歧杆菌（*B. longum*）。幼儿肠道内以幼儿双歧杆菌和短双歧杆菌为主，成人肠道内缺此2种。生产中也有一些耐氧性菌株，其耐氧能力随菌种不同而异，如幼儿双歧杆菌、短双歧杆菌、长双歧杆菌均有一定的耐氧能力，而青春双歧杆菌在低氧环境中的生长将被抑制。

双歧杆菌细胞形态因菌种和培养条件不同而异，如Y字形、V字形等，革兰氏染色阳性。能发酵葡萄糖、果糖、乳糖和半乳糖，产生L（+）-乳酸、乙酸、乙醇和二氧化碳等，属异型乳酸发酵。蛋白质分解力微弱，对热的耐受力差，对抗生素敏感。该菌的最适生长温度为37℃。

双歧杆菌可从婴儿的新鲜粪便中获得，也可从健康和正常进食的动物体中获得。分离的方法通常可采用Hungate厌氧技术进行。李忠元等曾用罐内厌氧法从人粪便中分离出4株双歧杆菌。张苓花等对不同厌氧培养方法进行了比较，证明联合除氧培养法较为适合双歧杆菌的培养，菌体细胞的浓度可达1.7×10^9个/ml。此外，据马田三夫报道，自然界还存在一些耐氧性双歧杆菌菌株，这些菌株具有一些过氧化氢酶活性，可部分分解过氧化氢。

刚分离到的双歧杆菌必须进行耐氧驯化，以适应工业化生产的要求。研究证明，通过筛选和驯化后获得高耐氧性能的双歧杆菌菌株是可行的，也为耐氧性双歧杆菌在乳制品及其他发酵食品中的应用、简化生产工艺、降低成本奠定了基础。

3. 保加利亚乳杆菌

保加利亚乳杆菌（*Lactobacillus bulgaricus*）为微厌氧菌，革兰氏染色阳性。菌体呈细杆状，两端钝圆单生或成链。最适培养温度为40～43℃。能发酵葡萄糖、果糖和乳糖，属同型乳酸发酵，可产生 D（–）-乳酸，但不能利用蔗糖，对蛋白质利用力弱，对抗生素不如嗜热链球菌敏感。

（二）酸奶

酸奶亦称酸乳，是以新鲜牛乳或优质奶粉为主原料，经乳酸菌发酵制得。依据酸奶物理性状的不同，可将酸奶分为凝乳型、流体型两种；按酸奶中是否含有活乳酸菌，可将其分为活菌型酸奶和灭菌型酸奶两种类型。此外，亦可在生产过程添加适量果汁制成果汁型酸奶。

1. 凝乳型酸奶

牛乳是乳酸菌良好的发酵基质，乳酸菌利用牛乳中的乳糖进行同型或异型乳酸发酵，产生乳酸等产物，导致发酵乳 pH 下降，使乳酪蛋白脱钙并在其等电点附近发生凝集而制得凝乳型酸奶。

（1）简要工艺流程

蔗糖、脱脂奶粉
↓

鲜牛乳 ⟶ 净化 ⟶ 配料 ⟶ 过滤 ⟶ 预热 ⟶ 均质 ⟶ 杀菌 ⟶ 冷却 ⟶ 接种分装 ⟶ 发酵 ⟶ 冷却后熟 ⟶ 检验 ⟶ 成品酸奶

（2）生产方法　酸奶生产首先要求鲜奶总固形物含量不应低于 11.5%，其中非脂干物质不应低于 8.5%。为了避免酸奶中脂肪析出，可在鲜奶中添加 1%～3%的脱脂奶粉。为了改善酸奶的口味，生产中往往在调制乳中添加 4%～8%的蔗糖。

为使酸奶口感细腻，易于被人体消化吸收，避免脂肪上浮现象的发生，在发酵前应进行均质处理。均质前可先将原料加热到 60℃左右，然后在均质机中于 8～10MPa 压力下进行均质处理。均质处理后，于 90℃下杀菌 5min，或在 85℃下杀菌 15min。待冷却至室温后即可达到消毒的目的。

酸奶发酵通常使用保加利亚乳杆菌（*Lactobacillus bulgaricus*）和嗜热链球菌（*Streptococcus thermophilus*）混合菌剂，菌种比例为（1∶1）～（2∶1），接种量为 2%～3%。发酵可在 35～45℃进行，但在 40℃下发酵效果更好。发酵时间一般控制在 3～6h。在发酵初期，发酵菌微弱的蛋白质分解活性，产生出足量的肽和氨基酸，刺激了嗜热链球菌而进行快速生长，并引起乳酸、乙酸、乙醛、双乙酰和甲酸的适量积累，系统的氧化-还原电位下降。此时保加利亚乳杆菌生长则较为缓慢。当发酵酸奶的 pH 下降到 5.5 时，嗜热链球菌的生长速度受到抑制，系统中氧的耗尽和甲酸的积累，刺激了保加利亚乳杆菌的生长。当 pH 达到 4.2 时，嗜热链球菌生长缓慢，整个发酵由保加利亚乳杆菌占优势。发酵结束时，嗜热链球菌和保加利亚乳杆菌的比例大致为 1∶1，能达到此种比例的酸奶，风味往往较好。

发酵结束后，应将酸奶从发酵室取出，冷却至10℃左右，置入0～2℃冷藏室进行冷藏和后熟。最终即得柔和、浓郁的酸奶成品。

2. 流体型酸奶

流体型酸奶是指将发酵至凝乳状的酸奶用搅拌器破乳，使凝乳粒的大小为0.01～0.04mm的酸奶，也称搅拌型酸奶，或在凝乳状的酸奶中补充适量稳定剂溶液，再经均质处理制得。经均质处理后的酸奶，其凝乳粒的直径一般在0.01mm以下。

流体型酸奶简要工艺流程如下：

稳定剂
↓
凝乳型酸奶 ⟶ 混合 ⟶ 均质（或搅拌） ⟶ 分装 ⟶ 冷却 ⟶ 成品

流体型酸奶产品呈粥糊状或液体状，易于消费者吸食。

3. 嗜酸菌乳

嗜酸菌乳亦称改良酸奶，由嗜酸乳杆菌（*L. acidophilus*）发酵全脂乳、半脱脂乳或脱脂乳制得。传统的嗜酸菌乳是一种酸味极高的发酵乳品，因其缺乏其他的平衡风味，故不是一种很流行的饮料。然而，嗜酸乳杆菌在控制人体肠道蠕动、调节慢性便秘、治疗痢疾、保持肠胃健康方面所起的作用，使生产厂商不愿放弃嗜酸菌乳的消费市场，食品学家也试图设计出制造含有大量活嗜酸乳杆菌的可口酸奶。

嗜酸菌乳以牛乳为主料，辅配部分由脱脂奶粉制得。为了促进嗜酸乳杆菌的生长，需要将牛奶在120℃下加热15min，使其变性并从牛奶蛋白质中释放出一些多肽。加热处理后，可将牛奶冷却至37～38℃，接入牛奶发酵剂5%，恒温培养18～24h。当酸度达1.0%时，停止发酵，冷却降温至5～7℃，装瓶。

嗜酸菌乳的简要生产工艺流程如下：

原料乳 ⟶ 过滤（30～40℃） ⟶ 均质 ⟶ 灭菌（115℃，15min） ⟶ 冷却 ⟶ 接种（1%～3%） ⟶ 培养 ⟶（37℃，16～18h） ⟶ 搅拌凝乳 ⟶ 冷却 ⟶ 包装 ⟶ 冷藏（0～7℃）

4. 大豆发酵饮料酿造调味品

大豆营养丰富，是人类理想蛋白质的重要来源之一。大豆中的蛋白质含量是小麦、稻谷等谷类作物的2倍以上，赖氨酸含量与鸡蛋相近。大豆中的亚油酸和亚麻酸含量较高，对治疗中老年人心脑血管疾病有一定疗效。大豆中含有的磷脂和维生素E，可起到调节血脂、延缓机体衰老和增强记忆力的功效。此外，大豆中还含有丰富的矿物质，如钙、磷、铁、锌等，对维护人体健康亦有重要意义。

大豆发酵饮料是指以大豆为主要原料，辅配适量鲜奶、奶粉或添加1%的乳糖，经嗜热链球菌（*Streptococcus thermophilus*）、保加利亚乳杆菌（*Lactobacillus bulgaricus*）或嗜酸乳杆菌（*Lactobacillus acidophilus*）和两歧双歧杆菌（*Bifidobacterium bifidum*）发酵制得的酸性大豆乳，亦称酸豆乳。

酸豆乳的主要特点是营养丰富，组织细腻，口感柔和，含有多种氨基酸、维生素及微量元素，以及一定量的亚油酸和亚麻酸，且不含胆固醇，对促进人体健康具有一定作用。此外，酸豆乳生产成本较低，由于清除了豆腥味，减少了寡糖（胀气因子）的含量而深受消费者欢迎。

（1）酸豆乳简要工艺流程

鲜奶、奶粉或乳糖等 → 配料

大豆⟶浸泡⟶磨浆⟶高温除臭⟶均质⟶配料⟶发酵⟶冷却⟶成品

（2）豆乳的制备　先将大豆用清水清洗干净，于15～20℃温水中浸泡 8～20h。取出，以料水比1∶11的比例，用磨浆机和胶体磨一次性磨浆处理。离心分离除去豆渣。所得豆浆于600kPa的高压蒸汽中加热至140～150℃，然后将热豆浆迅速导入真空冷却室，于19.6kPa的真空下瞬间蒸发，豆浆中的异味物质随水蒸气迅速排除达到脱臭目的。

为使成品酸豆乳组织细腻，口感柔和，存放期不分层，无沉淀，可将脱臭豆浆温度控制在70～80℃，于13～23kPa均质压力下进行均质处理。

（3）酸豆乳的生产　在均质后的豆浆中加入鲜奶、奶粉、1%的乳糖或葡萄糖2%，混合均匀后，于120℃下灭菌5min。待料温降至40℃时，接入嗜热链球菌和保加利亚乳杆菌混合菌剂，总接种量为2%～5%。于40～42℃下发酵6～8h。当pH降至4.5～5.0、酸度达0.8%～1.0%时，即可终止发酵，迅速降温至5℃，转入冷藏室保藏。

五、发酵蔬菜

发酵蔬菜（fermented vegetabie）在罐藏和冷藏法出现以前，是世界上最早的保藏蔬菜的方法。尽管面对西方国家现代化的蔬菜保藏方法发酵蔬菜是次要的，但它仍然是现代高度发达国家制作风味蔬菜的重要方法。

我国发酵蔬菜历史悠久，公元前3世纪已有发酵蔬菜的生产。现在，各种白菜、卷心菜、甜菜、萝卜、黄瓜、芹菜、青番茄、辣椒、青豆、菜豆等，都可用于生产发酵蔬菜。并可根据市场需求，将发酵蔬菜制成酸味、酸甜味、酸辣味、麻辣味等不同风味的蔬菜产品。

（一）发酵期间的微生物

1. 细菌

在蔬菜的起始发酵和主发酵阶段，占优势的细菌包括：肠膜状明串珠菌（*Leuconostoc mesenteriodes*）、短乳杆菌（*Lactobacillus brevis*）、啤酒片球菌（*Pediococcus cerevisiae*）、植物乳杆菌（*Lactobacillus plantarum*）、保加利亚乳杆菌（*Lactobacillus bulgaricus*）以及粪链球菌（*Streptococcus* sp.）等。

2. 酵母菌

蔬菜发酵期间酵母菌是较为活跃的菌类之一。一些表面的或底层发酵的酵母菌生活在发酵蔬菜的盐水中和蔬菜上，在利用可发酵的碳水化合物发酵期间对蔬菜发酵起着有益的作用，直至环境中可发酵的碳水化合物被耗尽为止。

工业化生产发酵蔬菜的过程中主要出现的酵母菌有：易变酒香酒母（*Torulopsis versatilis*）、球形酒香酵母（*Torulopsis etchellsii*）、异常汉逊氏酵母（*Hansenula anomala*）、霍尔姆球拟酵母（*Torulopsis holmu*）、克鲁斯假丝酵母（*Candida krusei*）、罗斯酵母（*Saccharomyces rosei*）、亚膜汉逊氏酵母（*Hansenula subpolliculosa*）等。

3. 霉菌

对蔬菜中的果胶分解能力较强的霉菌，可引起发酵蔬菜组织软化和严重腐败现象的发生。

蔬菜发酵期间主要的有害霉菌有：灰绿曲霉群（*Aspergillus glaucus*）、草酸青霉（*Penicillium oxalicum*）、细链格孢霉（*Alternaria tenuis*）、芽枝状枝孢（*Cladosporium cladosporioides*）、黄瓜壳二孢（*Ascochyta cucumis*）、粉红镰刀菌（*Fusarium roseum*）、尖孢镰刀菌（*Fusarium oxysporum*）、腐皮镰刀菌（*Fusarium solani*）以及串珠镰刀菌（*Fusarium moniliforme*）等。

（二）主要代谢产物

蔬菜发酵期间，乳酸菌是发酵的主体。环境中的乳酸菌可同时进行同型乳酸发酵和异型乳酸发酵，前者产生的代谢产物是乳酸，后者的主要代谢产物除乳酸外，还有乙酸、乙醇、甘露醇、葡聚糖、CO_2以及极少量的其他产物。

酒香酒母在大多数蔬菜发酵前期较为活跃，主要的代谢产物是乙醇及相关酯类，使发酵蔬菜具有一定的醇香和酯香。在发酵中、后期数量较少，基本生活在酸盐水中，对发酵蔬菜的风味无明显影响。

（三）腌制法发酵蔬菜生产工艺流程

食盐
↓
分选 ⟶ 清洗 ⟶ 切条（片） ⟶ 分装 ⟶ 腌制 ⟶ 发酵 ⟶ 调味 ⟶ 装瓶（袋） ⟶ 成品

（四）主要工艺条件控制

1. 腌制前的预处理

腌制前，应首先对蔬菜进行修整，去除枯黄、腐烂、虫蚀部分以及菜茎等，用清水漂洗干净沥去水。如果要腌制新鲜黄瓜等蔬菜，还应对瓜体做穿刺，以防止黄瓜等发酵期内部积累空气而形成鼓包。

2. 腌制方法

干腌法是将预处理好的蔬菜按层放入，随同加盐，然后将发酵容器密封即可；盐水法腌制蔬菜时，应先将少量配制好的盐水放入发酵容器中，然后放入全部蔬菜，再将剩余盐水缓缓加入，最后加盖密封。

在蔬菜发酵过程中，盐的使用量通常以2%～6%较为合适，泡菜类一般为2%～3%。处于临界食盐浓度时，如果提供适宜的发酵条件，环境中的乳酸菌将迅速繁殖，并产生足量的乳酸。食盐与乳酸的联合作用，可有效地阻止有害微生物对发酵期蔬菜的侵染。研究发现，高浓度的食盐溶液（10%～16%）有助于酵母菌的生长，而低浓度的食盐溶液（3%～6%）则有助于乳酸菌的生长。

理想的发酵温度应为18～20℃，对于提高发酵蔬菜的风味是有益的。但发酵温度不宜过高，否则将导致成品发酵蔬菜酸涩味过高而影响其应有的天然风味。

纯种发酵是目前生产发酵蔬菜广泛使用的有效方法。在发酵前加入同型和异型乳酸发酵菌进行纯培养，可以有效地改变蔬菜自然发酵的过程。研究表明，植物乳杆菌（*Lactobacillus plantarum*）因为具有较高的耐酸性和耐高盐（盐含量8%）的特点，可以完成蔬菜发酵的全部过程。

（五）发酵蔬菜的腐败

软化、产气性膨胀以及变色是发酵蔬菜常见的腐败问题。发酵蔬菜的软化大多由蔬菜或微生物的酶、食盐用量不足、酵母菌和霉菌在发酵蔬菜表面过量生长等而引起。研究人员发现，大多数发酵蔬菜控制食盐含量为2%～6%时，即可阻止操作适当的发酵蔬菜的软化。人们也曾讨论了有效控制蔬菜发酵过程中果胶酶产生菌生长的方法，如蔬菜在发酵前充分洗干净，发酵约 36h 将盐水倒出，再转换新的无菌盐水和适量的氯化钙，即可有效防止发酵蔬菜的软化。

在发酵过程中，环境中的氮气和发酵产生的二氧化碳气体，会使环境产生一定的气体压力，这些气体进入蔬菜组织后，将造成发酵期蔬菜的膨胀而导致其发生产气性膨胀。研究发现，当环境中的盐浓度低于 3%、pH 为 5.8～8.5 时，产气性细菌，尤其是大肠杆菌、异型发酵的乳酸菌以及酵母菌等会迅速生长繁殖。

变色、异味和异臭是蔬菜发酵过程中出现的又一变质问题。通常短乳杆菌能引起发酵蔬菜产生粉红色至褐色斑点，粉红色酵母菌、禾谷镰刀菌等会使发酵蔬菜转变成粉红色至红色。保存不当的盐水和发酵蔬菜生产过程中的违规操作，将导致一些氧化型酵母、霉菌及丁酸菌等大量生长。严格清洁生产和无菌操作，将是解决这一问题的有效方法。

第二节　微生物食品及添加剂生产

一、真菌油脂

真菌油脂（fungi oil）是指人们利用酵母菌或霉菌的发酵作用，将其细胞内所积累的油脂经科学的方法提取、精炼制得的纯净油脂。该油脂的成分组成类似于植物油，主要是中性油脂、游离脂肪酸、类脂物及不皂化物。脂肪酸构成与一般植物油相同，尤以油酸、亚油酸、亚麻酸、花生四烯酸、软脂酸、硬质酸含量较多，具有良好的可消化性。

人们对于真菌油脂的兴趣，主要是它的营养特性和可消化性，同时还包括它巨大的开发潜力和良好的市场前景。与植物油脂和动物油脂相比，真菌油脂突出的特点是：①产油真菌繁殖速度快，生产周期短，产油率高；②生产原料来源广泛；③不占耕地面积，不受季节、气候变化的影响；④节省劳动力，能进行大规模工业化生产。因此，在世界人均耕地面积日益减少的今天，开发新型真菌油脂，具有一定的现实意义。

1. 真菌油脂及其化学组成

真菌油脂的主要构成成分为中性油脂、游离脂肪酸、磷脂及不皂化物。其中有些真菌所产油脂中的亚油酸的含量可高出棕榈油 2 倍以上（表 8-6）。

表 8-6　部分丝状真菌的脂肪酸组成（%质量分数）

脂肪酸	构巢曲霉	产黄青霉	索氏青霉	小刺青霉
C16 软脂酸	20.9	17.0	22	18.0
C18 硬质酸	15.9	5.7	7.6	11.9
油酸	40.3	53.3	45.2	43.3
亚油酸	17.0	20.8	20.0	21.1
亚麻酸	0.2	—	0.3	0.3

注：“—”表示不含

近年来的研究发现，一些丝状真菌中含有高活性的花生四烯酸产物以及由此转化而成的前列腺素。在酵母菌脂类中，存在有大量不饱和脂肪酸，如美丽红酵母（*Rhodotorula gracilis*）和掷孢酵母（*Sporobolomyces roseus*）的各种不饱和脂肪酸与棕榈油相近（表 8-7）。

表 8-7　某些酵母菌脂类的不饱和脂肪酸含量（%质量分数）

菌名	C16：1	C18：1	C18：2	C18：3
土色隐球酵母（*Crypotococus terricolus*）	3.9	36	12.6	tr
掷孢酵母（*Sporbolomyces roseus*）	1.0	37.6	3.9	3.6
黏红酵母（*Rhodotorula glutinis*）	1.2	60.1	12.0	2

研究人员发现，在培养红酵母（*Rhodotorula* sp.）、汉逊氏酵母（*Hansenula* sp.）和茁霉（*Pulularia* sp.）时，可以通过显微镜观察到各种大小不同的胞外油脂。深层培养茂物假丝酵母（*Candida bigoriengis*）时，研究人员往往能观察到油滴状或白色长晶状的胞外脂类。对于黏红酵母（*Rhodotorula glutinis*）的胞内和胞外脂类的研究发现，它们的脂肪酸组分存在着实质性差别。在胞内脂类中基本上含有 6 种脂肪酸（主要是油酸），缺乏 C19 和 C20 的脂肪酸、羟基硬质酸和羟基花生酸。而胞外脂类中则含有较高的（约占 30%）羟基硬质酸和羟基花生酸。应该指出，真菌油脂组分与培养条件有密切关系，如构巢青曲霉在 pH2.8～7.4 环境中，油酸随 pH 上升而增加。在环境温度为 17℃或 30℃下培养，其油酸、亚油酸、亚麻酸的积累量明显高于 25℃的培养条件。因此，从生产性、经济性诸方面评价真菌油脂的组分，最佳培养条件是不容忽视的重要因素。

2. 重要的产油真菌

100 多年前，人们就对产油真菌产生了兴趣，至第一次世界大战时，德国就试图利用产脂内孢霉（*Endomyces vernalis*）生产油脂。近年来，对于产油真菌研究较多的是酵母菌，其主要原因可能与酵母菌的安全性和油脂的积累量有关。例如，油脂酵母（*Lipomyces starkeyi*）、掷孢酵母、美丽红酵母（*Rhodotorula gracilis*）等在适宜条件下，能合成达细胞干重 40%～74%的脂类，油脂生成率为 12%～24.8%。较为典型的例子是土色隐球酵母（*Crypotococus terricolus*），其代谢过程趋于脂类的合成。

真菌中的霉菌在适宜的条件下合成脂类的能力差别较大，一些高产脂霉菌，如亚麻镰孢霉（*Fusarium lini*）、球茎状镰孢（*Fusarium bulbigenum*）、小刺青霉（*Penicillum spinulosum*）、无冠构巢曲霉（*Aspergillus nidulans*）以及卷枝毛霉（*Mucor circinelloides*）等，其细胞油脂的积累量可达细胞干重的 25%～65%，油脂生成率为 8%～17.2%。至今世界上对产脂霉菌及其产油条件进行了许多可行性研究，对于部分高产油霉菌脂类合成条件的研究，其油脂积累幅度已较前提高了 2～2.5 倍。现代临床医学、生物化学、生物技术等领域的研究人员发现，人体受老龄、癌症、病菌侵染以及营养、环境等因素的影响，肌体的 Δ6-脱氢酶活力有不同程度的下降或丧失，以至于阻碍了 γ-亚油酸向 γ-亚麻酸的转化，使前列腺素不能顺利合成，最终导致高血压、糖尿病、肥胖、动脉硬化等一系列病症的发生。利用真菌生产 γ-亚油酸和 γ-亚麻酸，将是解决上述病症的重要途径。

一种称为小克银汉霉（*Cunninghamella* sp.）的真菌，于高碳培养液中培养 3～5d，可产生富含 γ-亚油酸的脂类，经皂化后 γ-亚油酸的含量在 20%以上，而另一种称为被孢霉（*Mortierella* sp.）的真菌利用葡萄糖或淀粉糖化液为原料，培养 72h，可积累大量脂类，其中

γ-亚麻酸的含量为 10%～16%，如果利用脂酶对其进行选择性脂化处理，γ-亚麻酸的产生量可提高 50%～80%。

可利用真菌生产类可可脂，研究人员发现，某些真菌所产生的脂类，1, 3-饱和、2-不饱和及三酰基甘油含量较高，如圆红冬孢酵母(*Rhodospridium toruloides*)类脂含量为 47.9%～49.2%，研究人员只需通过结晶分离，即可得到类可可脂。关键的问题是研究人员应首先要筛选出优良菌株，即可利用葡萄糖或淀粉糖化液发酵生产类可可脂。

目前已应用的重要产油真菌有：茁芽丝孢酵母（*Trichosporon pullulans*）、油脂酵母（*Lipomyces starkeyi*）、美丽红酵母（*Rhodotorula gracilis*）以及产脂脂肪酵母（*Lipomyces lipoferus*）等（表 8-8）。

表 8-8　重要的高产油真菌（以细胞干重计）

菌名	细胞油脂含量/%	油脂生成率*
油脂酵母	50～65	12～13
美丽红酵母	61～74	15～21
产脂脂肪酵母	50～63	15～20
小刺青霉	37～63.8	16～23
无冠构巢曲霉	51～57	12～18
卷枝毛霉	46～65	10～14

*按消耗基质所生成的油脂重量%计

3. 真菌油脂的生物合成途径

生物化学的长足发展使研究人员对真菌油脂的生物合成途径有了基本的了解，尤以对真菌甘油三酯的生物合成过程研究较为深入。真菌合成甘油三酯是以 α-磷酸甘油与脂肪酰 CoA 或脂肪酰酰基载体蛋白（ACP）为底物的酶促产物。α-磷酸甘油可由两条酶促反应途径生成：一是甘油直接磷酸化而成；二是糖酵解途径提供的磷酸二羟丙酮还原而成。

真菌脂肪酸的合成较为复杂，先由葡萄糖经 1, 6-二磷酸果糖降解生成丙酮酸，再由氧化脱羧生成的乙酰 CoA 作脂肪酸合成的底物，而酰基载体蛋白（ACP）则是脂肪酸合成酶体系的中心，它具有边缘巯基和中心巯基两个活性基团。脂肪酸合成时，这两个巯基分别与乙酰 CoA 和由乙酰 CoA 羧化而成的丙二酰 CoA 反应，使乙酰基和丙二酰基分别连接在边缘巯基和中心巯基上，接着乙酰基转移到丙二酰基上并发生脱羧反应，生成与中心巯基相连的 β-酮丁酰基，从而使边缘巯基游离出来。而后 β-酮丁酰基相继发生还原、脱水、再还原作用而称为丁酰基化。丁酰基再从中心巯基上转移到边缘巯基上，从而完成脂肪酰基加长一个 C2 单位的过程。下一次合成仍从中心巯基上结合一个丙二酰基开始，在经上述过程，使与 ACP 相连的脂酰加长一个 C2 单位。整个脂肪酰碳链的加长就如此周而复始地进行，直至形成十六烷酰 ACP 为止，最终形成的这一长链脂酰 ACP 或与 CoA 结合生成脂酰 CoA，或直接水解生成游离脂肪酸。

在有氧条件下，真菌合成不饱和脂肪酸，应首先以上述方式合成饱和脂肪酸，然后再经脱氢生成不饱和脂肪酸；在无氧的条件下，当脂肪酰碳链进行 C2 单位加长到一定长度时，所生成的 β-酮脂酰基仅进行一次加氢与脱水，而少去了最后一次还原作用。生成的含有一个双键的脂酰基则再次加长碳链，从而在脂肪酰分子中形成一个双键。

带环丙烷的脂肪酸是在不饱和脂肪酸的双键外通过甲叉小桥的方式形成的，所增加的 C1 来源于 *S*-腺苷甲硫氨酸的甲基。分支脂肪酸的分支部分是由分支氨基酸衍生而来的。

对于类固醇和类胡萝卜素的生物合成，首先由三个乙酰 CoA 经两次缩合生成 β-羟-β-甲基二酰 CoA，产物再经两次还原、两次磷酸化和一次脱羧而成异戊烯焦磷酸。三个异戊烯焦磷酸再经两次缩合与一次异构化作用，生成法尼酯焦磷酸。法尼酯焦磷酸经不同途径形成类固醇和胡萝卜素。

4. 主要发酵原料及生产工艺条件

用于真菌油脂的发酵原料，其碳素营养主要来源是淀粉和含淀粉的粮谷。此外，制糖工业的废糖蜜、纸浆工业的废水、粮油食品工业废弃物、各类纤维质原料水解液等，亦可用于生产真菌油脂的碳素来源。氮素营养通常多选用铵盐、硝酸盐、氨基酸、酵母水、玉米浆以及尿素等。无机盐的选择较为局限，常采用氯化钾和硫酸镁。不少的研究报告表明，在产油真菌培养基中加入适量的乙醇、乙酸盐等，可促进产油真菌对油脂的积累。

5. 真菌油脂生产工艺

试管种 ⟶ 活化 ⟶ 锥形瓶种 ⟶ 卡氏罐种 ⟶ 种子罐种　　　　废液

　　　　　　　　　　　　　　　　　　　　↓　　　　　　　　↑

原料 ⟶ 调配 ⟶ 灭菌 ⟶ 冷却 ⟶ 糖化 —接种⟶ 发酵 ⟶ 分离 ⟶ 菌体细胞

⟶ 干燥 ⟶ 细胞破碎 ⟶ 油脂分离 ⟶ 精炼 ⟶ 成品

　　　　　　　　　　　　↓

　　　　　　　　　　　糟粕 ⟶ 干燥 ⟶ 粉碎 ⟶ 饲料配料

6. 生产真菌油脂的主要技术条件

（1）培养基 C/N 值　用于生成真菌油脂的培养基 C/N 值，对脂类的合成是一个极为重要的因素。在有限的范围内，C/N 值越高，真油脂的积累量就越大；反之，则不利于脂类的合成。在对一些真菌合成油脂的研究中发现，丝孢酵母（*Trichosporon* sp.）适宜的 C/N 值为 320∶1，美丽红酵母（*Rhodotorula gracilis*）适宜的 C/N 值为 66∶1，镰刀菌（*Fusarium* sp.）为 130∶1.1。研究人员为得到更多的脂类而又不浪费时间，往往将真菌油脂的合成分为两个阶段，即产油真菌的生殖阶段和脂类合成阶段。当产油真菌处于生殖阶段时，可适度降低 C/N 值，以促进细胞的增殖；增殖的菌体细胞达到一定数量时而进入脂类合成期，可适度提高碳素的含量，降低氮素的含量，使之基本处于氮营养缺乏状态，以促进产油真菌对脂类的合成，直至碳素消耗殆尽，脂类的积累量将达到最大量。

（2）pH　适宜的环境 pH 将是必不可少的。通常产油酵母菌对环境 pH 的要求为 3.5～7.0，产油霉菌的 pH 为 5.0～7.2。研究人员发现，适当提高环境 pH 可使酵母脂类的游离脂肪酸和磷脂含量增加，甘油三酯减少；如果降低环境 pH，会使脂肪酸总的不饱和度增加。对油脂酵母（*Lipomyces starkeyi*）的研究发现，环境 pH 在 5.5～6.8 时，菌体细胞的油脂含量（占干燥菌体细胞质量分数）为 25.8%～27.2%。

（3）气体　用于生产油脂的真菌均为好氧性，真菌油脂的组分在很大程度上与细胞的呼吸强度有关。研究发现，产油真菌在供氧不足的条件下，甘油三酯的合成会强烈受阻，并引起磷脂和游离脂肪酸的大量积累；在强烈通气的条件下，油酸会部分转化成带 2 个或 3 个双键的脂肪酸，从而使不饱和度脂肪酸大量增加。因此，一致的意见是，无论采用浅层液体培养、固体培养，还是深层液体培养产油真菌，均应在油脂合成期提供充足的氧气保障，以利于产油真菌的生长繁殖和油脂的积累。

（4）无机盐类　培养基中添加适量的无机盐类可促进产油真菌对油脂的积累，据 Carrid 等的报道，在培养基中适当调整 Na、K、Mg 等含量的比例，对构巢曲霉（*Aspergillus nidulans*）的产油能力进行研究，发现该菌株的油脂积累量由 25%～26%提高到 50%～51%。日本的长沼、是永等的研究，证明了在培养基中适当增加 Fe、Zn 离子的含量，可加速产油真菌对油脂的合成。一般真菌在油脂合成阶段适当增加无机盐的含量，对产油真菌的脂类合成会起到积极的效果。但添加量不宜太大，否则，将会严重阻碍真菌对油脂的合成。

（5）温度　研究表明，大多数真菌可以在 20～28℃的条件下积累油脂。如果使产油真菌的油脂积累量处于最大值，目前还不能把最佳产油温度局限在此温度范围。多数的研究报告表明，适当降低环境温度，可使真菌不饱和脂肪酸的积累量明显增加。

二、微生物色素

（一）红曲色素

红曲色素（monascouruarin）是由红曲霉菌丝产生的胞外色素，因其色泽鲜红、着色性好、热稳定性强、安全性高而被广泛用于腐乳、蛋糕、鱼、肉、饮料、配制酒等的着色。

我国是利用红曲色素较早的国家，宋朝的《苕溪渔隐丛话》一书中有“江南人家造红酒，色味两绝”的描述，明代宋应星撰写的《天工开物》和李时珍的《本草纲目》中亦有“红曲性温、味甘、无毒，入肺胃二经，可健脾、燥胃、活血……”的记载。1932 年，NiShiKawa 首次从紫色红曲霉（*M. purpureus*）发酵物中分离结晶出黄色和红色色素晶体。20 世纪 60 年代，中国科学院微生物研究所根据食品工业发展的需要，先后分离 150 余株红曲霉菌种，并从中筛选出 11 株优良红曲霉菌株，其中用于生产红曲色素的菌株为 As3.913、As3.914、As3.973、As3.983；As3.986 和 As3.987 菌株，它们不仅具有多的红色色素，而且也具有较强的糖化力，可兼作两用；As3.555、As3.920、As3.972、As3.976 及 As3.263 菌株则具有较强的糖化力，多用于酿酒用曲菌种；70 年代，上海工业微生物研究所采用液体深层发酵生产红曲霉素获得成功；80 年代，福建南平微生物实验站分离出 116 株红曲霉用于生产。近年来，科技人员相继发现，红曲霉的某些种可产生称为 Monacolin 的生理活性物质。经大量的动物试验和临床试验表明，此类物质具有降低血糖和阻碍胆固醇合成的作用。如果在血液中注射或口服一定量的 Monacolin，对糖尿病和血液高胆固醇症有一定的预防和治疗效果。

1. 红曲色素的特性

用有机溶剂提取的红曲色素可分为三种结晶体：橙红色针状结晶、黄色片状结晶以及紫红色针状结晶，亦称红色色素、黄色色素和紫色色素。其主要特性如下。

（1）溶解特性　水溶性红色色素在中性或偏碱性的水溶液中溶解性较好，而醇溶性红色色素在 82%的乙醇溶液中溶解性最好。

(2)对 pH 的稳定性　红曲色素不像其他天然色素那样易随 pH 的改变而发生显著变化。在水溶液和醇溶液中可保持较好的稳定性。当水溶液的 pH 为 5～10 时，色素为红色；pH 为 11 时，色素为橙色；pH 为 12 时，色素为黄色；当 pH 极度上升，色素则变为无色。而红曲色素在 pH 为 3～11 的醇溶液中，可保持稳定的红色。

（3）耐热特性　红曲色素具有较好的耐热特性。将其加热至 100℃，几乎不发生色调的改变。将其加热至 120℃维持 10min，红曲色素仍能保持良好的稳定性。因此，红曲色素用于食品及酒类着色，完全可以满足工艺上的要求。

（4）耐光特性　醇溶性红曲色素对紫外光相对稳定。王银善等在 1987 年报道，将红曲的乙醇提取液放置在 25℃的自然条件下 20d 后，用可见光扫描，其中的红色色素保持了鲜亮的红色，可见光扫描吸收峰存在，表现出良好的耐光特性。而红曲色素中的黄色色素和橘红色色素已经退色，出现不稳定状态，用可见光扫描，发现其吸收峰已消失。

（5）对金属离子的稳定性　红曲色素对 Ca^{2+}、Mg^{2+}、Fe^{2+}、Cu^{2+}等金属离子表现出较好的稳定性。当环境中含有 0.01mol/L 的 Ca^{2+}、Mg^{2+}、Fe^{2+}、Cu^{2+}等金属离子时，红曲色素几乎不受任何影响。

（6）毒性　红曲色素对供试小白鼠急性毒性试验表明，经口饲几乎无毒，可能的最大给予量 20g/kg，也无死亡现象。腹腔注射，LD_{50} 为 7000mg/kg。亚急性毒性试验未发现异常。

2. 主要红曲霉菌株

中国科学院微生物研究所和原轻工部食品发酵工业科学研究所保藏的重要的红曲霉有 8 种 52 株，它们是红色红曲霉（*Monascus ruber*）、紫红曲霉（*M. purpureus*）、烟色红曲霉（*M. fuliginosus*）、安卡红曲霉（*M. anka*）、巴克红曲霉（*M. barkeri*）、锈红红曲霉（*M. rubiginosus*）、变红红曲霉（*M. serorubescens*）、发白红曲霉（*M. albidus*）。其中，红色红曲霉和安卡红曲霉是我国生产红曲色素和红曲米的重要菌株。

3. 液体法红曲色素生产工艺

（1）培养基组成成分

1）斜面种子培养基：玉米淀粉 6%，麦芽汁（10°Bé）10%，冰醋酸 0.1%。

2）菌种扩大培养基：玉米浆 4%，饴糖 2%，$NaNO_3$ 0.3%。

3）发酵培养基：玉米粉 7%，$MgSO_4·7H_2O$ 0.05%，$KH_2PO·H_2O$ 0.05%，$NaNO_3$ 0.3%。

（2）主要发酵技术参数　发酵温度 35℃，时间 72h，搅拌转速 180r/min。

（3）红曲色素提取工艺

发酵液 ⟶ 过滤 ⟶ 精滤 ⟶ 真空浓缩 ⟶ 喷雾干燥 ⟶ 红曲色素（水溶性）
　　　　　↓
　　　　滤渣 ⟶ 饲料添加剂

4. 固态法红曲色素生产工艺

固态法红曲色素也称红米或红曲米。它是利用红曲霉在蒸熟的米饭上繁殖后，经浸曲、烘干等工艺而制成。

生产工艺流程：

红曲霉原种 ⟶ 斜面培养 ⟶ 米试管培养
冰醋酸 ⟶ ↓（混合）
籼米（或糯米）⟶ 浸泡 ⟶ 淘洗沥水 ⟶ 蒸米 ⟶ 冷却 ⟶ 接种培养 ⟶ 浸曲 ⟶ 烘干 ⟶ 成品

浸曲工序约经 4d，浸曲 7 次，米粒外观呈均匀紫红色，即湿的红曲米。将湿的红曲米转入烘干房内摊成 1cm 厚，控温 70～75℃，烘 12～14h，即红曲米成品。

（二）类胡萝卜素

自然界中类胡萝卜素（carotenoids）种类繁多，按其结构不同可分为胡萝卜素和类胡萝卜素含氧衍生物，即碳氢型（只由碳、氢组成）和氧化型（由碳、氢、氧组成）两大类，其典型代表分别为β-胡萝卜素和黄体素。所有类胡萝卜素在形式上都可以由 11 个共轭双键及 2 个非共轭碳-碳双键构成的番茄红素（lycopene）为基础结构通过氧化、氢化、脱氢、环化，以及碳架的重排、降解而衍生。

类胡萝卜素是一类呈黄色、橙红色或红色的多烯类化合物。目前，类胡萝卜素有 600 多种，其中能作为维生素 A 原的有 50 种之多。据估计，每年天然产生的类胡萝卜素达 1 亿吨。其中 4 种是最主要的，它们是岩藻黄素（fucoxanthin）、黄体素（lutein）、紫黄素（violaxanthin）和新黄素（neoxanthin）。岩藻黄素是海洋类生物所特有的，也是最丰富的天然胡萝卜素，后 3 种是绿叶中主要的类胡萝卜素。其他的类胡萝卜素从全球角度看产量较少，但β-胡萝卜素和玉米黄素则分布非常广泛。在众多类胡萝卜素之中，β-胡萝卜素作为维生素 A 的前体，早已备受医药界的关注。近年来，类胡萝卜素在临床医学、临床药理、食品、保健及化妆品工业上得到越来越多的应用，特别是 20 世纪 90 年代以来，有关专家对其作用机制在流行病学、保健、预防疾病等方面进行了广泛而深入的研究和探讨，并取得了相当的成绩。β-胡萝卜素作为一种食品添加剂、营养增补剂，早已得到 FDA、欧盟和 WTO 等国际组织的认可。大量的研究证实，除了对眼病的医疗作用外，它还对心血管疾病、某些肿瘤、衰老、光敏性疾病、白内障的发生发展具有一定的预防、延缓及治疗作用。类胡萝卜素将作为营养、着色、保健等多重功用的色素用于食品、医药、化工、保健、饲料和化妆品等工业。

1. 类胡萝卜素的特性

类胡萝卜素为由 8 个类异戊二烯单位为主干组成的碳氢化合物（C_4OH_{56}）经氢化、去氢化、环化或氧化所衍生出来的化合物，大部分分子以 C15 为分子中心并呈两侧对称，在自然界以全反式存在。类胡萝卜素为脂溶性物质，易溶于丙酮、三氯甲烷等有机溶剂。而且类胡萝卜素是一种不稳定的化学物质，容易受到许多外在环境因素而发生自动氧化、裂解及异构化等现象，因而影响类胡萝卜素的生物利用率与生理活性。

类胡萝卜素能保护身体免于氧化伤害，并且借其抗氧化能力而降低心血管疾病、白内障以及癌症的发生。类胡萝卜素抗氧化机制是因为它可以清除单重态氧（singlet oxygen），清除氧自由基，阻止脂肪氧化的连锁反应。

2. 类胡萝卜素在微生物体中的分布

利用微生物生产类胡萝卜素是获得生物资源型类胡萝卜素的最重要的途径。类胡萝卜素普遍存在于真菌、细菌和藻类中。

（1）光合细菌　　光合细菌是一类具有原始光能合成体系的原核生物。类胡萝卜素是其第 2 大类色素系统。迄今，光合细菌合成的类胡萝卜素已超过 80 种，也是研究最多的产生类胡萝卜素的微生物类群。主要有：着色细菌属（*Chromatium*）、网硫菌属（*Thiopedia*）、可变杆菌属（*Amoebobacter*）、板硫菌属（*Thiopedia*）、荚硫菌属（*Thiocapsa*）、红杆菌属（*Erythrobacter*）、硫螺旋菌属（*Thiospirillum*）、红螺属（*Rhodospirillum*）、红假单胞菌属（*Rhodopseudomonas*）、绿菌属（*Chlorobium*）等。

（2）非光合细菌　　能产类胡萝卜素的非光合细菌有：黄杆菌属（*Flavobacterium*）、微球菌属（*Micrococcus*）、屈挠杆菌属（*Flexibacter*）、金黄色葡萄球菌（*Staphylococcus aureus*）、藤黄八叠球菌（*Sarcina lutea*）、棒状杆菌属（*Corynebacterium*）、尖粒杆黏菌属（*Chondromyces*）等。

（3）真菌　不同类型真菌合成的类胡萝卜素种类差别较大。酵母和霉菌中的一些种类合成类胡萝卜素的能力备受关注，成为工业发酵生产的选择对象。例如，用深红酵母（*Rhodotorula rubra*）合成红酵母红素、β-胡萝卜素和红酵母烯，红酵母（*Phaffia rhodozyma*）合成虾黄素、β-胡萝卜素和番茄红素。此外，三孢布拉霉和布拉克须霉合成β-胡萝卜素的能力都比较强。能产生类胡萝卜素的真菌有：爪哇异小霉（*Allomyces javanicus*）、三孢布拉霉（*Blakeslea trispora*）、粗糙脉孢霉（*Neurospora crassa*）、掷孢酵母属（*Sporobolomyces*）、红酵母属（*Rhodotorula*）、土生假丝酵母（*Candida humicola*）等。

（4）藻类　类胡萝卜素广泛存在于不同藻类之中，其中以β-胡萝卜素最为普遍。产类胡萝卜素的藻类主要有：色球藻目（Chroococcales）、隐杆藻属（*Aphanothece*）、点形平裂藻（*Merismopedia punctate*）、铜绿微囊藻（*Microcystis aeruginosa*）、聚球藻属（*Synechococcus*）等

3. 类胡萝卜素生产工艺

1）斜面培养：①PDA 培养基；②LB 培养基，28℃培养 24h。

2）液体种子培养：培养基为葡萄糖 40g、蛋白胨 10g、酵母提取物 10g，用蒸馏水定容至 1000ml，pH6.0（真菌）或 7.2～7.4（细菌），28℃振荡培养 20h。

3）摇瓶培养：培养基为葡萄糖 40g、蛋白胨 10g、酵母提取物 10g，用蒸馏水定容至 1000ml，pH6.0（真菌）或 7.2（细菌）。500ml 锥形瓶装培养基 50ml，液体种子的接种量为 5%，28℃振荡培养 120h。

磷酸盐缓冲系统：KH_2PO_4 1.36g/L，$Na_2HPO_4·12H_2O$ 14.33g/L（终浓度），分开灭菌后与摇瓶液体培养基混合。

三、微生物多糖

20 世纪 70 年代初微生物多糖（polysaccharide）作为一种新兴的发酵行业，相继在美国、法国、日本和意大利等国建立起来。中国医学科学院血液学研究所早在 20 世纪 50 年代就开始了对右旋糖苷的研究，并于 60 年代开始推广。目前，微生物多糖作为增稠剂、悬浮剂、絮凝剂、胶黏剂、润滑剂、稳定剂、分散剂、乳化剂等，被广泛用于食品、医药、纺织、化工、石油等工业。

微生物多糖主要由细菌、酵母菌和霉菌产生，故又称为细菌多糖和真菌多糖。依据多糖在微生物细胞上存在的位置不同，可将多糖分为胞内多糖、胞壁多糖和胞外多糖。此外，根据微生物多糖分子结构的组成不同，亦可将其分为同型多糖和异型多糖（也称杂多糖）。

（一）细菌多糖

1. 葡聚糖

葡聚糖（dextranum）又称右旋糖苷，为白色粉末，无臭无味。分子式为$(C_6H_{10}O_5)_n$。在食品工业主要用于饮料和糕点制造中的稳定剂、增稠剂、保湿剂以及增量剂；在现代医药工业，具有降低血液黏稠度、改善微循环和抗血栓作用，且可作为血浆代用品，并有增加血容量作用。其硫酸酯具有阻止脂类代谢异常引起的高血脂动脉硬化的作用。

（1）菌种　用于生产葡聚糖的细菌主要为明串珠菌属中的肠膜状明串珠菌（*Leuconostoc mesenteroides*）和右旋糖苷明串珠菌（*L. mesenteroides*）。目前医药工业主要用肠膜状明串珠菌。

（2）培养基成分配比　蔗糖 12.5%，蛋白胨 0.45%，磷酸氢二钠 0.08%，二氧化锰 0.005%，碳酸氢钠 0.15%，加水至 100ml。

（3）简要工艺流程

试管种 ⟶ 菌种活化 ⟶ 种子培养液 ⟶ 发酵 ⟶ 沉淀 ⟶ 洗涤 ⟶ 水解 ⟶ 一级划分 ⟶ 二级划分 ⟶ 成品右旋糖酐

（4）提取方法　在发酵液中加入 85%～90%的乙醇，使之沉淀。将沉淀物滤出，再以 60%～70%的乙醇洗涤。将洗涤物转入蒸馏水中加热至溶解，加盐酸水解，控制终点黏度，再以氢氧化钠中和，加活性炭脱色，除去热源，过滤。最后经一级划分和二级划分后，再经过滤干燥，即得右旋糖酐。

2. 黄单胞菌多糖

黄单胞菌多糖（xanthomonas polysaccharide）也称为黄单胞菌胶或黄原胶（xanthan gum），是由黄单胞杆菌（*Xanthomonas campestris*）发酵生产的细胞外杂多糖。黄单胞菌多糖是一种淡黄色粉末的阴离子多糖，由 D-葡萄糖、D-甘露糖、D-葡萄糖醛酸、柠檬酸以及丙酮酸组成的“五糖重复单元”聚合体，是微生物多糖中最大的一种。最早由美国伊利诺伊州的皮奥里尔北部研究室于 1962 年发现的，并于 1963 年开始工业化生产。1969 年美国 FDA 正式批准使用黄单胞菌多糖作为食品添加剂。从此以后，世界各国相继开展了对黄单胞菌多糖的研究和生产。1996 年，世界黄原胶产量已超过 6 万 t，仅世界石油工业年消耗黄单孢菌多糖的量就达 5000t。2010 年，中国黄原胶总产量达 7.4 万 t。

（1）菌株　用于生产黄单胞菌多糖的菌株主要有野油菜黄单胞杆菌（*Xanthomonas campestris*）、大豆斑疹黄单胞菌（*Xanthomonas phaseoli*）、胡萝卜黄单胞菌（*X. carotae*）、甘蓝黑腐病黄单胞菌（*Xanthomonas campestris* pv. *campestris*）B-1459、棉花角斑黄单胞菌（*X. malvacearum*）、常春藤叶斑黄单胞菌（*X. hederae*）以及透明黄单胞菌（*X. translucens*）等。其中以甘蓝黑腐病黄单胞菌 B-1459 菌株和黄单胞杆菌较好，如南开大学筛选的 N.K-01 菌株，中国科学院微生物研究所筛选的 L4 菌株，以及山东大学筛选的 S-152 菌株等。

美国的生产菌株多数是从甘蓝黑腐病黄单胞菌得到的 X.C-1459 及其变异株。美国又曾从法国的土壤中分离得到假单胞杆菌（*Pseudomonas* sp.）NCIB11592 和 11264，所产黄原胶的组成为：葡萄糖、半乳糖和丙酮酸盐的物质的量比为 7∶7∶1，分子中最多可含有 2 个琥珀酸盐和 2 个乙酸盐残基。

（2）主要原料

1）碳源。用于生产黄单胞菌多糖的良好碳源为 D-葡萄糖，其次为葡萄糖浆、玉米糖浆、蔗糖、淀粉等。使用的浓度为 2%～5%。据研究，葡萄糖浓度为 5%时，黄单胞菌多糖的得率最高。

2）氮源。常用的有机氮源为酵母膏、玉米浆、鱼粉、豆粕粉、谷粉、小麦浆、肉蛋白胨、尿素、干酒糟可溶物等；无机氮源主要有硝酸盐和铵盐。

3）无机盐及其他辅料。常用的无机盐有 K_2HPO_4、$MgSO_4$、$CaCO_3$ 等。此外，在营养基质中添加富马酸、尿嘧啶、核黄素及其盐类酯或衍生物，可提高黄单胞菌多糖产品的黏度及热稳定性。

4）培养基的组成成分。

A. 种子培养基成分（g/L）：蔗糖 20.0，酵母膏 1.0，混合氮源 50，K_2HPO_4 0.1，$CaCO_3$ 2.0，$MgSO_4·7H_2O$ 0.5，豆油 2.0（作消泡用）。pH7.2，于 120℃下灭菌 40min。

B. 发酵培养基成分（g/L）：淀粉或蔗糖 40.0，酵母膏 2.0，混合氮源 1.3，KH_2PO_4 5.0，$MgSO_4·7H_2O$ 2.0，$(NH)_2SO_4$ 2.0，$CaCO_3$ 2.0，柠檬酸 2.0，豆油 2.0（作消泡剂）。pH7.0～7.2，于 120℃下灭菌 40min。

（3）简要工艺流程

斜面菌种 ⟶ 一级菌种 ⟶ 二级菌种 ⟶ 种子罐 ⟶ 发酵罐 ⟶ 巴氏灭菌 ⟶ 提取 ⟶ 离心 ⟶ 烘干 ⟶ 粉碎 ⟶ 过筛 ⟶ 成品

（4）黄单胞菌多糖的安全性评价　美国西部地区研究所药物实验室进行了黄单胞菌多糖对小白鼠和狗的短期急性饲喂试验，并对狗和大白鼠做了两年的毒性试验。结果表明，黄单胞菌多糖对供试动物无任何毒性和生理方面的影响。根据试验结果，美国 FDA 于 1969 年颁布了食品添加剂法规，允许在食品中正常使用。FAO 和 WHO 于 1983 年在罗马召开的食品添加剂会议上也批准使用。目前世界上许多国家和地区相继批准了黄原胶作为食品添加剂，并制定了相应的质量标准。

（二）真菌多糖

由酵母菌和霉菌产生的多糖统称为真菌多糖（fungi polysaccharide）。自 20 世纪 60 年代以来，科学工作者先后从香菇、灵芝、猴头、银耳、竹荪等真菌中分离到多种真菌多糖。目前，已经证明化学结构和功能的真菌多糖有上百种。美国化学文摘统计，自 20 世纪 70 年代至 80 年代中期，已申请专利的真菌多糖达 150 种。

真菌多糖作为广谱免疫促进剂和调节剂引起了科研工作者的极大兴趣。越来越多的研究表明，真菌多糖不仅能治疗机体因免疫系统受到严重损伤而出现的癌症和多种免疫缺损疾病，而且还能诱导干扰素的产生，促进细胞 DNA、蛋白质的合成，并具有抗凝血、抗辐射损伤作用等。由于真菌多糖独特的医疗和保健作用，在现代食品工业中的应用日益广泛，其市场前景明显看好。近年来，含有真菌多糖的饮料、口服液、保健品等食品相继问世。

1. 茁霉多糖

茁霉多糖（pullulan）是由真菌中的出芽短梗霉（*Aureobasidium pullulans*）在液体培养基中产生的一种胞外黏性多糖，无色、无味、无毒，LD_{50} 为 15g/kg，可溶于水，呈透明液体。其结构以麦芽三糖为单位，按 α-1, 6-糖苷键连接而成，相对分子质量为 5 万～50 万，其聚合度为 100～5000。

茁霉多糖在现代食品工业可用作糖果原料，食品增稠剂、稳定剂，鸡肉、豆制品的组织改良剂，饮料、奶油、酱油的增厚剂，高油脂食品的包膜剂（抗氧化作用），农副产品的保鲜剂等。此外，茁霉多糖还可用于医药工业代替动物胶作粉末药物的胶囊和微胶囊，制备止血剂、血浆增量剂、伤口缝合线、人工脏器的材料；在化妆品制造业，可代替聚乙烯醇用于生产皮肤保护剂。

（1）生产用菌种　能够产生茁霉多糖的真菌主要有出芽短梗霉（*Aureobasidium pullulans*）、发酵茁霉（*Pullularia fermentans*）、出芽茁霉（*Pullularia pullulans*）、出芽暗色孢霉（*Dematium pullulans*）以及黄金银耳（*Tremella mesenterica*）和产气杆菌（*Aerobacter aerogenes*）等。其中，最具有工业价值的菌株为出芽短梗霉（*Aureobasidium pullulans*）。

出芽短梗霉在分类上属半知菌类短梗霉属，是一种具有酵母型和菌丝型形状的两类真菌。1936 年，Bauer 首先发现了出芽短梗霉和茁霉多糖，后来 Baunier 等用液体培养基培养出芽短梗霉并从培养物中分离出茁霉多糖。1959 年，Bender 等对出芽短梗霉产生茁霉多糖的条件进行了研究，证明茁霉多糖是以麦芽三糖为单元，以 α-1, 6-糖苷键重复连接而成的线状多糖类。1968 年，Wallenfels 利用对 α-1, 6-糖苷键有选择水解作用的普鲁兰酶水解茁霉多糖，通过对水解产物的分析，确定茁霉多糖是一种由多个麦芽三糖通过 α-1, 6-糖苷键连接而成的多聚物，分子式为$(C_5H_{10}O_5)_n \cdot H_2O$（$n$ 为 100～5000）。20 世纪 70 年代中期，美国和日本先后选育出多株优良菌株，如 AHU 9553、IFO4464、IFO6401。

20 世纪 70 年代末，中国科学院微生物研究所、南开大学、广东省微生物研究所等单位先后开展相关的研究工作，并筛选出有特色的生产用菌株，如 N28、1126-12 等，这些菌株具有发酵周期短，转化率高，产色素少等优点。20 世纪 80 年代后期，产物对原料的转化率已达 50%～60%。

（2）培养基组成成分

1）碳源。主要的碳源有葡萄糖、果糖、蔗糖、麦芽糖、乳糖、半乳糖、甘露糖、棉子糖，某些五碳糖、醇以及正烷烃也可作为碳源，其中以蔗糖为最好。在规模化工业生产中，人们常常采用中等价格的淀粉作碳源，其浓度常控制在 5%～15%。

2）氮源。常用的有机氮源有玉米浆、豆饼粉、花生粉、酵母膏、蛋白胨等。无机氮源主要有硝酸盐、铵盐和尿素等。

3）无机盐。常用的无机盐有 KH_2PO_4、$MgSO_4$ 等。其用量为 0.2%，过多添加将影响对多糖的提取。此外，磷酸盐添加量过多，生成的多糖分子质量低；pH 愈低，生成的多糖分子质量愈大。

4）发酵培养基（pH6.0）配方（g/L）

蔗糖	50	$MgSO_4 \cdot H_2O$	0.1
酵母膏	2.5	NaCl	1.0
硫酸铵	0.3	KH_2PO_4	2.0

（3）简要工艺流程

试管种 ⟶ 扩大种 ⟶ 种子罐 ⟶ 发酵 ⟶ 过滤 ⟶ 精滤 ⟶ 浓缩 ⟶ 干燥 ⟶ 粉碎 ⟶ 茁霉多糖

（4）工艺条件控制　接种量（对发酵液）5%，发酵温度 25～28℃，pH5～6.5，搅拌速度 180～220r/min，适量通风下发酵 72～120h。

2. D-甘露醇

D-甘露醇（D-mannitol）又名已六醇。为白色针状结晶，无臭，略有甜味，不潮解，易溶于水，溶于热乙醇；在空气中不易氧化，熔点 166℃。

甘露醇可用于保健食品，亦可用于现代医药，具有利尿、防止肾衰竭、降低眼内压、治疗青光眼等作用，并可用于循环虚脱症等的治疗。甘露醇在海藻和海带中含量较高，其洗涤液中的含量分别为 2%和 1.5%。工业生产中利用米曲霉发酵淀粉糖而得甘露醇粗品，再经除杂、分离、结晶等工序，可得纯品甘露醇。

1）重要发酵用菌株：米曲霉 3.409（*Aspergillus oryzae* 3.409）。

2）培养基（pH6～7）组成成分（%）：

淀粉糖化液	2	$MgSO_4$	0.05
玉米粉	2	$FeSO_4$	0.001
玉米浆	0.5	KCl	0.05
$NaNO_3$	0.3	KH_2PO_4	0.2

3）简要工艺流程：

3. 409 试管种 → 种子培养液 → 发酵 → 发酵液 → 除杂 → 减压 → 一次结晶 → 浓缩 → 脱色 → 离子交换 → 浓缩 → 二次结晶 → 纯品甘露醇

3. 香菇多糖

香菇（*Lentinus edodes*）是一种高蛋白、低脂肪的大型食用真菌，含有多种氨基酸、维生素及微量元素。现代医学研究发现，香菇具有促进儿童生长发育、提高机体免疫力、降低血液胆固醇、防止血管硬化和抗癌的多种功效。最新的研究发现，在现代临床用香菇菌丝体提取的多糖治疗甲肝和乙肝，已获得显著效果。

1）香菇多糖的化学结构：香菇多糖是以 β-（1→3）连接的葡聚糖。在香菇多糖分子中除了葡萄糖以外，还有少量的半乳糖、甘露糖以及木糖等。香菇多糖的相对分子质量约为 100 万。

2）培养基（pH5.5～6）组成成分（%）：

淀粉水解糖	8	KH_2PO_4	0.2
玉米浆	2.5	$MgSO_4$	0.05
酵母膏	1.5	KCl	0.05
蛋白胨	0.5		

3）简要工艺流程：

试管种 → 一级种 → 二级种 → 种子罐 → 发酵 → 过滤 → 热水浸提 → 离心 → 热水二次浸提 → 合并清液 → 浓缩 → 95%乙醇醇析 → 离心 → 洗涤沉淀 → 除蛋白 → 透析 → 浓缩 → 95%乙醇醇析 → 沉淀 → 3 次洗涤 → 干燥 → 香菇多糖

↑

无水乙醇、乙醚（Sevag 法）

4）提取方法。将发酵液过滤，所得菌丝用清水洗涤 3 次，磨碎，置于 80～90℃热水中浸提 2h。离心，将沉淀物用热水重复浸提 2 次，收集上清液，与第一次清液合并。浓缩后以 3 倍体积的 95%乙醇溶液醇析 24h。离心，所得沉淀依次用无水乙醇、乙醚洗涤，用 Sevag 法去除蛋白质，再经透析、醇析、无水乙醇和乙醚洗涤，沉淀物经干燥后，即得水溶性香菇多糖。

四、酶制剂

酶（enzyme）广泛存在于一切生物体内，是由生物细胞合成的、具有蛋白质性质的生物催化剂，生物体内进行的各种新陈代谢都是在酶的参与和控制下进行的，因此可以说，酶是一切生命活动的基础。目前已经知道的酶有 2000 多种，根据科学家对最简单的原核生物大肠杆菌染色体的基因图谱分析，就发现可能包含 3000～4500 种不同酶蛋白的信息。由此可见，生物体有更多的酶还有待于科学家去鉴别。

酶作为一种生物催化剂，因其专一性强、反应条件温和，在工业化生产中被广泛用于现代食品、发酵、纺织、造纸、制革、医药、日用化工、畜禽饲料、三废治理等工业。尤其在发酵调味品、酒类、制糖、有机酸工业生产中，酶制剂的生产和应用发展较快。

近年来，世界各国极为重视对酶制剂的生产和应用研究，新型酶制剂不断应市，固定化酶技术也日趋成熟。到目前为止，已工业化生产的酶有数十种之多，这些酶大多属于水解酶类，其中最主要的有淀粉酶、糖化酶、蛋白酶、葡萄糖异构酶和果胶酶等。由于利用酶反应替代化学反应可以简化生产工艺、减少设备与投资、降低原料消耗、提高产品质量、节约能源、减少污染、改善劳动条件等，因此科学工作者普遍认为，在现代食品与发酵工业广泛利用酶制剂，将是21世纪生物技术领域中最重要的技术革命之一。

1. *酶生物合成的基本理论*

世界上至今已知的酶近3000种。酶能否被合成，首先取决于细胞中DNA分子是否存在对应该酶合成的基因。以DNA为模板，以核苷三磷酸为底物，在RNA聚合酶的作用下，生成RNA的过程称为转录。转录后，再经翻译而成多肽链，加工后即为具有完整空间结构的酶分子。

酶的生物合成受基因（转录水平）的调节控制。通常基因对酶生物合成的调节控制有三种基本模式，即分解代谢物阻遏作用、酶合成的诱导作用以及酶合成的反馈阻遏作用。

分解代谢物阻遏作用：指那些容易利用的碳源阻遏某些酶（主要是诱导酶）生物合成的现象。例如，葡萄糖阻遏β-半乳糖苷酶的生物合成，果糖阻遏α-淀粉酶的生物合成。

酶合成的诱导作用：指酶生物合成的过程中加进某种起诱导作用的物质（诱导剂），可使酶的生物合成开始或加速进行。例如，乳糖可以诱导β-半乳糖苷酶的生物合成，淀粉可以诱导α-淀粉酶的生物合成。

酶合成的反馈阻遏作用（产物阻遏作用）：指酶催化作用的产物或代谢途径的末端产物使该酶的生物合成受阻的过程。能够引起阻遏的物质称为共阻遏物。例如，磷酸是碱性磷酸酶催化磷酸单酯水解的产物，如果过量存在则可阻遏碱性磷酸酶的生物合成。

2. *常用的产酶微生物*

自然界中的任何一种微生物都能在一定条件下合成某些酶。但是，并不是每一种微生物都适合于酶的工业化生产，能够用于工业化生产的产酶微生物数量并不多。在酶制剂工业生产中，对于产酶微生物的要求是：菌种的遗传性应比较稳定，具有较高的生长速率，目标酶制剂的产量较高，有利于酶的分离和纯化。除蛋白酶生产菌种外，其他产酶菌种产蛋白酶活力应较低，以防止目标酶被蛋白酶水解。随着分子生物学和重组DNA技术的发展，越来越多的酶制剂可以通过基因工程菌来生产。

到目前为止，美国政府批准用于食品酶制剂生产的菌株仅有枯草芽孢杆菌、黑曲霉、米曲霉、酵母菌和放线菌等约20种。

现代酶制剂工业常用的产酶微生物有：枯草芽孢杆菌 BF 7658、AS 1.398，黑曲霉 AS 3.350、3.4309，米曲霉 3.042、UE328、336。此外，还有青霉、毛霉、根霉、木霉、链霉菌及酵母菌等。

3. *培养基的营养成分*

用于酶制剂生产的菌种均为异养性微生物，发酵过程所需要的碳源主要是淀粉质原料，如玉米粉、甘薯粉、淀粉等；产酶微生物需要的氮源主要为有机氮源，如豆饼粉、花生饼粉、玉米浆、米糠、麸皮等。较为常用的无机氮源有硫酸铵、硝酸铵、硝酸钠、氯化铵等。此外，在制备培养基时，还必须添加一定量的无机盐。酶制剂生产中常用的无机盐有 KH_2PO_4、K_2HPO_4、$MgSO_4$ 等。为了增加酶的产量，除必要的营养物外，发酵时可加入适量的产酶促进剂，如吐温 80、植酸钙镁、聚乙烯醇、EDTA 以及脂肪酰胺磺酸钠等。

4. 酶制剂基本生产工艺流程

1）液体酶制剂生产工艺流程：

液体培养基 ⟶ 发酵 $\xrightarrow{\text{絮凝剂}}$ 过滤 ⟶ 酶液 ⟶ 预处理 ⟶ 分离 ⟶ 脱色 ⟶ 浓缩 ⟶ 液体酶制剂

2）粉状酶制剂生产工艺流程：

固体培养基 ⟶ 发酵 $\xrightarrow{\text{絮凝剂}}$ 提取 ⟶ 过滤 ⟶ 酶液 ⟶ 预处理 ⟶ 分离 ⟶ 脱色 ⟶ 浓缩 ⟶ 喷雾干燥 ⟶ 磨粉 ⟶ 粉状酶制剂

5. 主要工艺技术

（1）酶的发酵技术

1）pH。不同发酵菌株对环境 pH 有不同的要求。适宜的环境 pH，可以促进酶的积累。在发酵过程中，环境 pH 与培养基的碳氮比密切相关。因此，可根据酶生产中所要求的 pH 来确定培养基的碳氮比，使生产过程的 pH 变化适合发酵过程的要求。此外，也可以通过在培养基中添加缓冲剂、加氨、补料、加大通气量等方法来维持一定的 pH。

2）发酵温度。温度是影响发酵产酶的重要因素之一。酶生产过程中，菌体发酵产酶的最适温度与菌体的最适生长温度不同。为了提高酶的稳定性，延长菌体的产酶时间，实际产酶温度往往低于菌体最适生长温度，即进行变温生产。例如，以枯草芽孢杆菌 AS 1.398 菌株生产中性蛋白酶时，培养温度由 31℃逐步升温至 40℃，然后再降温至 31℃培养，蛋白酶的产量比不变温提高 66%；用酱油曲霉生产蛋白酶，在 28℃条件下发酵产酶，比在 40℃条件下高 2～4 倍。因此，酶生产过程应根据不同生产菌株设计出适当的变温培养温度。

3）通气搅拌的控制。酶发酵生产中，产酶菌株大多为好氧性微生物，培养时应进行适当的通风搅拌。但是，通气量的大小、发酵菌的生长繁殖和产酶量的影响是不同的。一般来说，通气量少对菌体生长有利而不利于产酶，通气量大则可促进产酶而不利于菌体的生长。但是也有例外的情况，如利用枯草芽孢杆菌生产 α-淀粉酶时，在对数生长末期降低环境通气量，可以有效地提高酶的产量。因此，生产过程应根据发酵菌的特性、原料的浓度等，适时调节通气量。通气量增大，环境溶氧速率也增大；反之，溶氧速率降低。

（2）酶的提取技术　酶的提取过程主要有发酵液预处理，酶的纯化、浓缩、干燥等几个步骤。

1）发酵液预处理。发酵结束后，如果目的物是胞内酶，应先把发酵液中的菌体分离出来，采用菌体自溶法、机械破碎法、冻融法或超声波等方法进行破碎，使细胞内的酶释放出来。将其转入液相中，加入絮凝剂或凝固剂，搅拌后，用离心沉降分离机或板框过滤机除去絮凝物或凝固物，得到澄清酶液；如果目的物是胞外酶，可以直接在发酵液中添加适当絮凝剂或凝固剂，然后用同样的方法进行处理，得到澄清酶液。

2）酶的纯化、浓缩、干燥。经预处理工序分离过滤后的酶液，仍含有较多的杂质，且酶液的浓度较低，还应进一步纯化、浓缩，才能达到食品酶制剂的质量标准。

常用的纯化方法：超滤法、盐析法、有机溶剂沉淀法、单宁沉淀法以及白土或活性氧化铝吸附法等。如果酶液的色泽较深，还需用 0.5%～1.5%活性炭进行脱色。为提高酶液浓度，减少酶提取过程中试剂的用量和能耗，纯化后的酶液可用真空薄膜蒸发器于 40℃下进行浓缩。

一般酶液被浓缩至原来的1/4～1/3即为液体酶制剂商品；粉状酶制剂还需进行离子交换、干燥（真空干燥、喷雾干燥、气流干燥、冷冻干燥）、磨粉等工序处理后才能制得。

6. 重要的酶制剂生产

（1）淀粉酶生产工艺　淀粉酶是水解淀粉的酶类总称。主要有α-淀粉酶、β-淀粉酶、葡萄糖淀粉酶（糖化酶）、异淀粉酶以及环状糊精生成酶等。现仅将枯草芽孢杆菌7658 α-淀粉酶生产工艺简介如下。

1）培养基组成成分。

种子培养基（%）：玉米粉3，豆饼粉4，Na_2HPO_4 0.8，$(NH_4)_2SO_4$ 0.4，NH_4Cl 0.15，油0.15，α-淀粉酶适量。

发酵培养基（%）：玉米粉7.2，豆饼粉5.6，Na_2HPO_4 0.8，$(NH_4)_2SO_4$ 0.4，NH_4Cl 0.13，$CaCl_2$ 0.13，α-淀粉酶100万单位。

2）简要生产工艺流程：

孢子斜面 ⟶ 孢子悬浮液 ⟶ 种子罐 ⟶ 发酵 ⟶ 过滤 ⟶ 热处理 ⟶ 盐析 ⟶ 过滤 ⟶ 浓缩 ⟶ 喷雾干燥 ⟶ 磨粉 $\xrightarrow{\text{填充剂}}$ 混粉 ⟶ 包装 ⟶ α-淀粉酶

（2）蛋白酶生产工艺　蛋白酶是现代工业最常用的酶之一，可由细菌、酵母菌、放线菌和霉菌产生，主要用于食品、医药、日用化工、皮革等工业。

根据蛋白酶作用的最适pH，可将其分为酸性蛋白酶（最适pH2.5～5.0）、中性蛋白酶（最适pH7.0～7.2）和碱性蛋白酶（最适pH9.5～10.5）。现仅将酸性蛋白酶简介如下。

1）发酵菌种。主要产生菌有黑曲霉（*Aspergillus niger*）3.350、宇佐美曲霉（*Aspergillus usamii*）、杜邦青霉（*Penicillium dupontii*）、凝乳毛霉（*Mucor reninus*）及黏红酵母（*Rhodotorula glutinis*）等。

2）培养基的组成成分（%）。豆饼粉3.65，玉米粉0.6，鱼粉0.65，豆饼粉或蚕蛹粉水解液10，Na_2HPO_4 0.2，NH_4Cl 1.0，$CaCl_2$ 0.5。

3）简要工艺流程：

茄子瓶种 ⟶ 500L发酵罐种 ⟶ 发酵 $\xrightarrow{\text{55\%磷酸铵}}$ 盐析 ⟶ 压滤 ⟶ 装盘 ⟶ 烘干 ⟶ 磨粉 ⟶ 酸性蛋白酶

7. 基因工程酶的构建

基因工程酶是酶学和以基因重组技术为主的现代分子生物学相结合的产物。基因工程酶的构建主要包括3个方面：酶基因的克隆与表达、酶基因的遗传修饰（突变酶）、酶的遗传设计。

应用基因工程技术克隆各种天然酶的基因，使其在微生物细胞中得到表达，可以使人们在很大程度上摆脱对天然酶的依赖。Mayer等应用DNA重组技术，将含青霉素酰化酶的基因克隆到一个多拷贝质粒后转入大肠杆菌，大大增加了含青霉素酰化酶质粒的拷贝次数，有效提高了青霉素酰化酶的生产水平。目前，许多重要的酶制剂生产菌都已经采用基因重组技术替代传统的诱变育种。例如，β-半乳糖苷酶、天冬氨酸转氨甲酰酶、苯丙氨酸合成酶、氯霉素转乙酰酶等的生产已经应用了基因工程菌，有许多酶基因已被克隆成功，如尿激酶基因、凝乳酶基因等。

酶基因的遗传修饰（突变酶）有自然遗传修饰和选择性遗传修饰。通过酶基因的遗传修饰，可以改变酶的结构，也可以改变酶的催化活力、专一性和稳定性。自然遗传修饰是用化学诱变或物理诱变因素作用于活细胞，使其基因发生突变而从中筛选所需突变体，此种方法具有一定的随机性。与自然遗传修饰相比，选择性遗传修饰则是具有目的性和预见性的现代基因工程方法。选择性遗传修饰方法的简要过程：首先了解清楚酶的结构后，再选定突变部位，然后在体外构建具有功能活性的基因结构（重组 DNA），通过核苷酸的置换、插入或删除，获得突变酶基因，再将其引入表达载体，即可获得遗传修饰酶或突变酶。

酶的遗传设计是指人为设计具有优良性状的新酶基因。在充分掌握酶的空间结构以及结构与功能的关系后，研究人员试图根据蛋白质的氨基酸排列顺序，提出从氨基酸序列的同源性预测某些已知氨基酸序列的三维构想。有了合理的基因设计，就可以通过基因工程技术获得具有优良性状的新酶。

第三节　农产品及其加工废弃物的利用和废水处理

随着我国农产品加工业的迅速发展，农产品产业结构逐步向深加工转变，在生产过程中会产生大量的固体残渣或废弃物，并排放废水。农产品加工废弃物主要包括作物及果蔬秸秆，饮料制造业的果皮残渣，畜禽加工的下脚料，生产淀粉的甘薯渣、马铃薯渣，制糖业的甜菜渣、甘蔗渣，粮油加工后的稻壳、麦麸、菜籽饼粕、豆渣等，酿造业的酒糟，乳制品加工过程中的乳清以及餐厨垃圾等。这些废弃物的直接丢弃或废水排放，不仅使许多可利用物质被遗弃，更会造成环境污染。微生物技术的充分应用，能够将农产品及加工废弃物循环利用，将废水处理达标排放，从而缓解能源、水源危机，保护环境。

一、纤维质废弃物转化乙醇

大自然每年赐予我们大量的以木质纤维素为主要成分的生物质，尤其形成大量的农作物废弃物，如小麦秸秆、稻草秸秆、大豆秸秆、玉米秸秆等，以及农产品加工废弃物，包括稻壳、玉米芯、花生壳、甘蔗渣等，其中含有大量的木质纤维素（含纤维素 35%～50%、半纤维素 20%～35%、木质素 12%～20%）。利用微生物产生的纤维素酶、半纤维素酶等多糖水解酶将纤维素、半纤维素等降解为戊糖、己糖等单糖，为乙醇发酵菌提供碳源，使之能把糖转化为乙醇。

木质纤维素转化为乙醇的过程示意图为

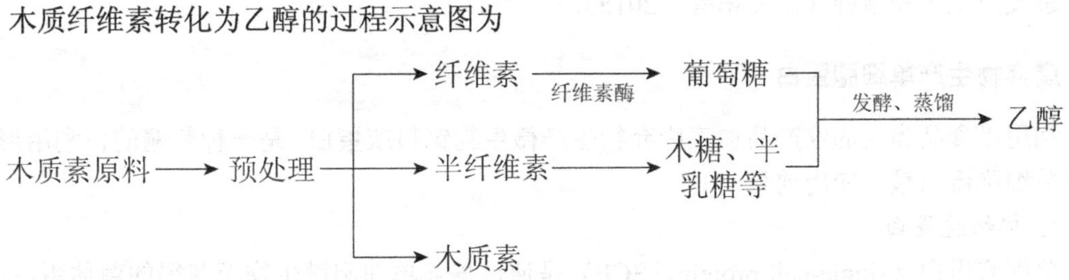

1. 原料的预处理

木质纤维素原料由纤维素、半纤维素和木质素三大部分组成，木质素与半纤维素以共价键形式结合，将纤维素分子包埋在其中，形成一种坚固的天然屏障，以屏蔽效应阻碍了纤维素酶吸附纤维素分子，使一般微生物及其酶很难侵染和进入。因此需要通过各种方法对原料进行预处理，以去除部分木质素来降低其对纤维素的阻碍作用，增加纤维素的结晶度、原料孔隙率和酶的可及度，使酶制剂与纤维素充分接触，提高酶解效率。目前预处理方法很多，大体上可分为物理法（机械粉碎、蒸汽爆破和超声波处理）、化学法（酸、碱、有机溶剂处理）、物理化学法、生物法 4 种。

2. 酶水解

纤维素经过纤维素酶水解转变成单糖的过程，也称为纤维素的糖化。纤维素酶的优劣成为该步骤的关键，也决定了纤维乙醇的成本，高效纤维素酶能够将分解玉米芯、秸秆和甘蔗渣为可发酵糖的能力提高多倍以上。自然界中能分解纤维素的微生物有细菌、放线菌和真菌。文献报道的细菌主要有纤维黏菌属（*Cytophaga*）和纤维杆菌属（*Cellulomonas*）等，细菌所产纤维素酶酶系单一，主要是内切酶，多为胞内酶，产量也不高，且多数结合在细胞膜上，菌体细胞需吸附在纤维素上才能起作用，使用很不方便，酶的分离提取也较困难；具有降解纤维素能力的放线菌主要有纤维放线菌（*Acidothermus cellulolyticus*）、诺卡氏菌属（*Nocardia*）和链霉菌属（*Streptomyces*），但放线菌产量极低，所以研究很少；真菌具有较高的胞外酶活性且其酶种类比较全面，使其有很强的纤维素降解能力，研究报道比较多，其中主要以木霉属、曲霉属、青霉、漆斑霉属（*Myrothecium*）、毛壳霉属（*Chaetomium*）为主（刘爽等，2012）。

3. 糖发酵

纤维素被酶解为单糖后，微生物将葡萄糖、木糖等单糖转化为乙醇。目前，糖化发酵工艺从形式上主要可分为 4 种类型：分步糖化发酵（separate enzymatic hydrolysis and fermentation，SHF），即将预处理后的木质纤维素在酶解罐水解为葡萄糖，再把水解液移入发酵罐中，接种微生物将葡萄糖转化为乙醇，该工艺的优势在于分阶段在最适条件下进行（纤维素酶水解糖化所需的最适温度在 45～50℃，而大多数发酵产乙醇的微生物最适温度在 28～37℃）；同步糖化发酵（simultaneous saccharification and fermentation，SSF），是酶水解与微生物糖发酵同时进行，将酶解罐与发酵罐合二为一，能够降低生产成本，并减少终产物对酶水解的抑制，但需要能够适应非最适温度的新型纤维素水解酶及糖发酵菌种的研发；同步糖化共发酵（simultaneous saccharification and cofermentation，SSCF），是 SSF 的改进，添加水解半纤维素含有的丰富的戊聚糖如木聚糖、阿拉伯聚糖等的水解酶，并在发酵过程中接种能够将戊糖转化为乙醇的微生物，从而提高乙醇产量；联合生物加工（consolidated bioprocessing，CBP），是指纤维素生产、纤维素和半纤维素的水解，以及水解产物的发酵都在同一个发酵罐内完成，高度简化了生物质乙醇生产工艺，有效节省了原料和时间，但乙醇得率仍旧较低，需要进一步改进发酵工艺和菌种（阮文彬等，2015）。

二、废弃物生产单细胞蛋白

利用以食品为主的农产品加工废弃物生产微生物饲料或蛋白，是一种普遍的再利用形式，其中单细胞蛋白最具应用前景。

1. 单细胞蛋白

单细胞蛋白（single-cell-protein，SCP）是通过培养单细胞微生物而获得的菌体蛋白质。用于生产 SCP 的微生物主要包括非病原细菌、酵母菌、丝状真菌以及微型藻类。

世界上首次生产 SCP 是在第一次世界大战时，德国人因缺乏蛋白质和维生素食品，利用木糖生产可食用酵母。战后，许多国家相继建起了生产 SCP 的工厂。从 1955 年起联合国的蛋白质咨询组织（PAG）强调 SCP 的重要性，并制定了 SCP 研究的指导方针，1963 年发表了利用汽油制造酵母的过程。1973 年第二次国际 SCP 讨论会上，就有美国、苏联、英国、法国、日本以及意大利等国生产 SCP 的公司参加。

我国自 1922 年在上海建立起第一座酵母工厂，由于国家对环境保护的重视以及市场对饲用蛋白质需求量的不断增加，对于 SCP 的研究和生产逐步展开。据报道，以味精工业废水为原料，以热带假丝酵母（*Candida tropicalis*）为菌种生产的SCP，蛋白质含量高达58%～60%，产品用作饲料蛋白质补充剂饲喂畜禽，其效果与鱼粉相同。

目前，对于SCP研究的一个主要方向是以现代生物技术手段构建优良的基因工程菌，以提高产品的蛋白质含量、增加必需氨基酸的含量，使菌体细胞壁变脆易碎，以便更有利于人及畜禽的消化吸收。另外，降低SCP的生产成本是生产中应主要考虑的经济问题，选用经济价值较低的农产品加工废弃物为原料生产SCP，将具有特别重要的现实意义。

2. SCP的营养价值

微生物菌体细胞中蛋白质的含量随所用菌种的类别及基质的不同而异。例如，细菌菌体中蛋白质的含量占细胞干物质的60%～80%；酵母菌菌体细胞蛋白质的含量占干物质的40%～55%；丝状真菌菌丝体蛋白质含量占干物质的30%～50%；微型藻类如小球藻属（*Chlorella*）、螺旋藻属（*Spirulina*）、栅列藻属（*Scenedesmus*）等细胞的蛋白质含量占干物质的50%～65%。

微生物菌体细胞蛋白质的营养价值与其氨基酸组成密切相关，氨基酸的组成越接近于人体或动物体蛋白质的组成，其营养价值就越高。因此，通过对菌体细胞蛋白质的氨基酸分析，便可知SCP的营养价值（表8-9）。

表8-9　几种细菌和酵母菌蛋白质的氨基酸组成　（%）

氨基酸	产朊假丝酵母（*Candida utilis*）	肾形杆菌（*Renobacter vacuolatum*）	甲基单胞菌（*Mathylomonas methylovora*）
赖氨酸	6.7	3.0	5.8
丙氨酸	3.4	4.7	5.9
精氨酸	5.4	3.3	4.6
组氨酸	1.9	1.0	1.6
甘氨酸	4.8	3.0	4.3
苏氨酸	5.5	2.7	3.0
甲硫氨酸	1.2	1.0	1.9
色氨酸	1.2	—	—
丝氨酸	5.5	2.1	2.6
酪氨酸	3.3	2.2	2.2
亮氨酸	—	4.7	6.6
谷氨酸	—	9.1	8.2
脯氨酸	3.5	2.3	2.1
天冬氨酸	4.7	5.3	7.4
异亮氨酸	7.0	1.9	3.8
苯丙氨酸	4.3	2.5	3.6

注："—"表示不含或未检测出

评价微生物蛋白质营养价值还应考虑到相关的微生物学指标，如生物价、消化率及净利用率等（表8-10）。

表8-10　几种酵母菌蛋白质的营养价值　（%）

蛋白质	生物价	消化率	净利用率
啤酒酵母（酒厂）	58～69	80～90	47～62
啤酒酵母（干）	52～87	70～90	36～78
啤酒酵母（一次生长）	70～80	91～92	64～82
解脂假丝酵母（烃）	61	80～85	42～45

此外，这些微生物细胞中还含有丰富的碳水化合物、维生素 B_2、维生素 B_6、β-胡萝卜素、麦角甾醇，以及矿物质，如磷、钾、镁等。

3. 生产 SCP 的原料及微生物

一般工业上生产单细胞蛋白的微生物是酵母，主要有啤酒酵母、产朊假丝酵母和脆壁克鲁维酵母。酵母细胞蛋白质构成比较理想，而且比细菌更容易从培养介质中回收。生产单细胞蛋白的原料在很大程度上取决于当地的资源，其中淀粉、糖蜜等糖类物质是生产单细胞蛋白的一种传统原料。

甘薯、马铃薯等淀粉质原料的最大特点是产量高，而蛋白质含量相当低。我国目前薯类原料产量较大，通过微生物发酵使其中一部分淀粉转化为单细胞蛋白，将会在很大程度上缓解人类蛋白食品的不足。正因为如此，许多国家对淀粉原料生产单细胞蛋白展开了深入研究。产朊假丝酵母、啤酒酵母等酵母菌不能直接利用淀粉，需要具有较强淀粉酶类活力的黑曲霉、根霉等与之混合培养。这些菌种可将淀粉水解成葡萄糖和麦芽糖等，单细胞蛋白生产酵母以此为底物生长、增殖。

糖蜜是甜菜与甘蔗制糖的主要副产品，其干物质含量占总量的80%～90%，其中糖类物质占50%左右。按全国白砂糖产量 500 万 t 计算，年产糖蜜可达 140 万 t。以糖蜜为原料生产单细胞蛋白，一般采用热带假丝酵母、啤酒酵母等酵母菌，但也有采用木霉、尖孢镰刀霉菌生产的。

纤维素是地球上最丰富的天然物质，约占生物物质总量的 50%，年产量约为 500 亿 t，是单细胞蛋白发酵生产的潜在资源。由于其蛋白质含量很低，这些废渣直接用来饲喂动物时消化性很差。如果利用微生物转化其中的纤维素，合成菌体蛋白，可改善其消化性，这样既可获得高蛋白质含量的饲料，又可部分地解决因农产品加工中食品与发酵工业废渣的大量排放所带来的环境污染问题。生产 SCP 的纤维素质原料数量庞大，种类繁多，价格低廉，作为生产 SCP 的原料在经济上将具有较强的竞争力。

根据所用生产原料的不同，生产 SCP 的微生物大致可分为以下几种类型。

（1）利用糖质原料生产 SCP 的微生物　糖质原料主要是指淀粉水解糖。主要的微生物是酵母菌，如啤酒酵母和产朊假丝酵母、啤酒酵母、解脂假丝酵母、热带假丝酵母。

（2）利用纤维素质原料生产 SCP 的微生物　能利用纤维素质原料生产 SCP 的微生物主要是木霉属、真菌中的草菇（*Volvaria volvacea*）、香菇、猴头菌（*Hericium erinaceus*）、口蘑（*Tricholoma mongolicum*），其次是细菌中的纤维杆菌属（*Cellulobacillus*）、纤维黏菌属（*Cytophaga*）、纤维单胞菌属（*Cellulomonas*）以及镰刀纤维菌属（*Cellfacicula*）等。

（3）利用醇类生产 SCP 的微生物　利用甲醇或乙醇生产 SCP，因其高度的安全性和营养价值而引起研究者的关注。例如，用乙醇培养的酵母菌，赖氨酸的含量高达 10%，作为食品营养强化剂适量添加到食品中，可以明显提高食品的营养价值。

利用甲醇生产 SCP 的微生物主要是细菌，如甲烷假单胞杆菌（*Pseudomonas methanica*）、嗜甲烷单胞菌（*Methanomonas methanica*）、荚膜甲基球菌（*Methylococcus capsulatus*）等甲烷专性菌；利用乙醇生产 SCP 的微生物主要是酵母菌，并以假丝酵母中的产朊假丝酵母（*Candida utilis*）、热带假丝酵母（*Candida tropicalis*）、解脂假丝酵母（*Candida lipolytica*）为最多。其次是细菌和霉菌。

（4）利用工业废液生产 SCP 的微生物　工业废液如制糖工业废水、造纸工业的亚硫酸纸浆废水以及食品工业和发酵调味品工业的废水等是生产 SCP 的良好原料。在这些废水中适当添加一些所需的营养物质，即可用于生产 SCP。

利用工业废水生产 SCP 的微生物主要是酵母菌，如产朊假丝酵母、热带假丝酵母、解脂假丝酵母、丝光丝孢酵母（*Trichosporon sericeum*）、啤酒酵母等。此外，白地霉（*Geotrichum candidum*）和胶质红色假单胞菌（*Rhodopseudomonas gelatinosa*）多被用于淀粉废水和豆制品废水的 SCP 的生产。

（5）其他

1）利用碳氢化合物生产 SCP 的微生物：碳氢化合物主要是指熔点低于微生物培养温度的石油分馏产物正烷烃及甲烷，能利用碳氢化合物的微生物有假丝酵母属、毛霉科、曲霉属、镰刀菌属、诺卡氏菌属（*Nocardia*）、假单胞杆菌属以及棒状杆菌属（*Corynebacterium*）的一些种。其中假丝酵母主要利用正烷烃，尤其以 C12～C20 的长链正烷烃最易为利用。而细菌中的甲烷假单胞杆菌（*Pseudomonas methanica*）、嗜甲烷单胞菌（*Methanomonas methanica*）、荚膜甲基球菌（*Methylococcus capsulatus*）等甲烷专性菌，可将甲烷作为唯一碳源。

2）利用太阳光能生产 SCP 的微生物：能利用太阳光能生产 SCP 的微生物主要是单细胞的藻类如小球藻属（*Chlorella*）、螺旋藻属（*Spirulina*）及光合细菌。

4. SCP 优良菌种的选育

SCP 工业生产的经济效益是困扰研究者与生产者的重要问题。人们试图利用现代生物技术构建新的基因工程菌、简化生产新工艺来摆脱所面临的困境。

对于 SCP 优良菌种的选育既可以采用传统的人工诱变技术，也可以用基因工程和细胞融合等新技术来改进生产菌的各项指标。已有的研究成果表明，采用遗传育种方法或基因工程技术改良 SCP 生产用菌种，在提高总蛋白含量及原料转化率方面起到了积极的作用，利用基因工程手段构建基因工程菌种已成为当今一个较为活跃的领域。目前，有人已成功地构建、克隆高含量的必需氨基酸编码基因，并在细菌中得到了表达，如食甲基嗜甲基菌（*M. methylotrophus*）菌株已在生产中得到了应用。科学工作者还得到能够向体外大量分泌蛋白质的菌株。一株名为短芽孢杆菌（*Bacillus brevis*）的细菌，在含有糖和氨的简单合成培养液中，可获得 9g 菌体外蛋白/L 培养液。现在，科学工作者正对该菌株作进一步的改良，试图导入牛肉蛋白质的遗传基因，渴望获得能工业化生产人类所需优良蛋白质的基因工程菌。此外，利用基因工程方法将小鸡卵蛋白基因、小鼠二氢叶酸还原酶、人 α-干扰素的基因在细菌或酵母菌中表达，也为工业上利用 SCP 产生菌生产高级蛋白质、药品和化学品创造了必要条件。

5. SCP 的发酵生产

单细胞蛋白的基本生产工艺流程如下：

斜面菌种 ⟶ 扩大培养 ⟶ 发酵培养 ⟶ 分离 ⟶ 菌体细胞 ⟶ 洗涤 ⟶

水解 ↗ 分离浓缩 ⟶ 蛋白质抽提物 ⟶ 纯化 ⟶ 喷雾干燥 ⟶ 食用蛋白粉

水解 ↘ 干燥 ⟶ 饲用蛋白粉

单细胞蛋白生产工艺依据原料和菌种特性的不同而不同。淀粉、纤维质原料发酵前需经适当的预处理，才能为单细胞蛋白生产菌所同化利用；而糖蜜、单糖则只需选用一种单细胞蛋白生产菌即可进行直接发酵。一些食品、发酵工业废渣中含有大量的纤维性物料，需要霉菌的纤维素降解酶系参与发酵，为食用酵母菌提供可发酵性糖，而且这类发酵的目的主要在于提供饲料性单细胞蛋白，因此常常采用固体发酵。食用单细胞蛋白生产则采用液态发酵（液体深层发酵），以便有利于单细胞蛋白的分离与提取。

（1）以淀粉质为原料进行生产　以淀粉质原料生产单细胞蛋白主要有 3 条途径：①在化学分解或酶解底物基础上培养单细胞蛋白生产酵母菌；②将对淀粉分解活力高的酵母（或霉菌）与快速生长的酵母菌混合培养；③单独培养能够同化淀粉的生产菌株。目前以淀粉原料生产单细胞蛋白的最佳方法是酵母菌混合培养法。混合菌发酵法也称同步糖化-发酵法，或水解-发酵并行法。

混合培养工艺的关键是对单细胞蛋白生产菌与其他不同菌种的组合进行比较试验，以期获得共生特性良好的组合菌株。从降解淀粉的角度看，一些霉菌也具有同单细胞蛋白生产菌组合的潜力。以甘薯、玉米等淀粉质原料发酵生产单细胞蛋白得率一般可超过 50%。

（2）以糖蜜为原料进行生产　多采用液体深层发酵法。发酵前，应先采用化学、机械或两者结合的方法对糖蜜进行澄清和灭菌处理。可向糖蜜中添加新鲜石灰乳和磷酸，形成磷酸钙，静置后过滤或离心除去这些沉淀物。也可先用硫酸调节糖蜜的 pH，再依次加入氨水、铝盐、果胶和锌盐进行澄清。过滤材料可选择石棉砂和纤维素等。经机械离心获得的澄清糖蜜，可以加热至 130～140℃进行杀菌。糖蜜作为生产单细胞蛋白主要原料时，需向发酵培养液中补充氨水、硫胺素、尿素等氮源，以及磷酸、磷酸盐等磷源。氮源补充量视原料含氮量而定，最好将 C/N 值控制在 20∶1 左右。种子液培养条件为温度 30℃、pH4.2～4.5。发酵培养液 pH 维持在 4.7～5.0，发酵温度约为 26℃。发酵过程中，可通过添加硫酸、磷酸或酸式过磷酸盐来维持所需要的 pH。培养结束后，发酵液含酵母 5%～8%，通过酵母分离机即可得到酵母，100kg 糖蜜约可获得 60kg 湿酵母。

（3）以纤维素类为原料进行生产　大多数食品、发酵工业废渣的纤维素类原料含有大量纤维素、半纤维素、木质素，会形成纤维束和结晶区，妨碍了纤维素酶的作用，开发利用这些农产品加工废弃物，必须将其进行生物降解。利用纤维素为碳源生产单细胞的方法有“预处理 ⟶ 酶解 ⟶ 发酵”“酸解 ⟶ 发酵”和“纤维素酶混合发酵”3 种，其中前两种方法会发生酶解与酸解反应，酸解会生成糠醛等有毒的分解产物，而且生产成本高，对设备有腐蚀作用，因此常采用纤维素酶法分解天然纤维。一些研究者也采用球磨、高压蒸煮、电子射线照射等方法，使高结晶度纤维素软化，破坏纤维结构，以利于酶解，但这些预处理方法能耗大，使用受到限制。

纤维素酶系由羧甲基纤维素酶、纤维二糖酶和葡萄糖苷酶组成，这些酶协同作用，可将纤维素水解为葡萄糖单体而成为生产单细胞蛋白的碳源。但是，在实际生产的纤维素酶中，纤维素二糖酶活力较低，且不稳定，成为限制水解的关键酶，所以选用能够较好地利用纤维素的菌株，与纤维素酶配合使用，会取得很好的效果。

6. SCP 的安全性

大量的 SCP 是以全细胞形式进行消费，主要用作饲料的蛋白质补充剂。SCP 作为人类的食品消费，目前仅限于酵母菌蛋白。因此，关于 SCP 的安全性问题，联合国系统的蛋白质咨询组织（PAG）和世界卫生组织于 1975 年就提出了相关的安全准则，成人食品中摄入核酸（SCP 全细胞含核酸）的安全水准应为每日 2g 以下。

SCP 作为人与动物的蛋白营养源，必须具有高度的安全性。即生产 SCP 的菌种应是安全菌株，所用生产原料应确保无毒、无有害物质污染，无致癌性重金属存在。成品 SCP 的卫生检验指标必须符合国家或世界卫生组织有关食品或饲料的安全法规。

三、堆肥生产

果蔬生产、加工过程中将产生大量的加工废弃物。目前，我国处理果蔬等加工废弃物的主要方式包括卫生填埋、焚烧与高温堆肥等。其中堆肥技术是指通过依靠自然界广泛分布的细菌、放线菌、真菌等微生物，有控制地消耗废弃物中的有机成分，产生大量 CO_2、H_2O 和热量，使堆积物在维持持续高温中含水率降低，病原体、寄生虫卵被消灭，转化为富含营养物的腐殖质有机肥料，实现废弃物减量化、稳定化、无害化和资源化。堆肥产生的有机肥料，可以直接投放农田，或进一步深加工制备有机、无机复合肥，是节能高效的制肥工艺。

1. 好氧堆肥工艺

堆肥化工艺以好氧堆肥技术为主，其基本反应式可以表示为：有机物 + O_2 ⟶ 稳定的有机残余物 + CO_2 + H_2O + 热，通常好氧堆肥堆温高，一般在 55～60℃，极限温度可达 80～90℃，所以也称为高温堆肥。

好氧堆肥的基本工序包括前处理、主发酵（一次发酵）、后发酵（二次发酵）、后处理及贮藏等。其中前处理主要是调整水分、营养比、破碎、分选、筛分等，除去不能堆肥化的物质，并破碎使表面积增大，便于微生物繁殖，并保证孔隙度和氧气进入，提高发酵速度。主发酵（一次发酵）可以露天或在发酵装置内进行，通过翻堆或强制通风向堆积层或发酵装置内堆肥物料供给氧气。物料内的有机物大部分在此阶段被降解。后发酵（二次发酵）主要是对主发酵时尚未分解的易分解和较难分解的有机物进一步分解，使之变成腐殖酸、氨基酸等比较稳定的有机物，得到完全成熟的堆肥制品，主发酵时间通常在 20～30d，其长短根据堆肥的使用情况。后处理为在两次发酵后，几乎所有有机物变细、变形，数量减少，通过后处理去除堆肥中的塑料、玻璃、小石块等，并根据需要再破碎（生产精制堆肥），进而根据需要进行脱臭处理。最后一道工序是在干燥而透气的条件下贮存，直接堆存在发酵池中，或袋装。其中发酵过程为：

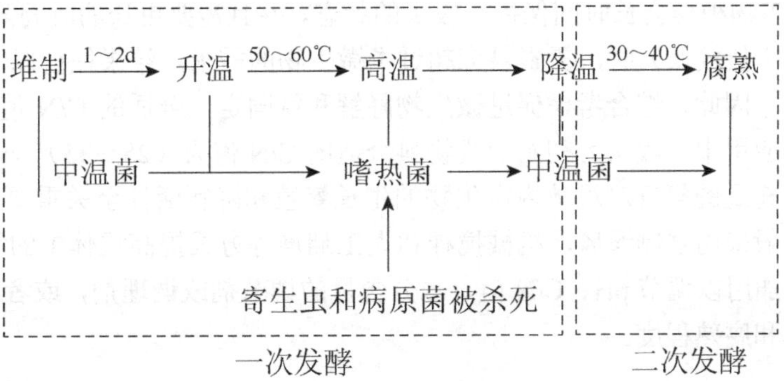

2. 好氧堆肥微生物种类

堆肥化是借助原料中自然存在的微生物进行分解代谢，不同的堆肥时期，微生物种类和数量不同，升温期以嗜温微生物（假单胞菌、芽孢杆菌、酵母菌、丝状真菌）为主，利用糖类、淀粉等可溶性易降解有机物进行生命活动；高温期以嗜热微生物（芽孢杆菌、卡诺菌、链霉菌、单孢子菌）为主，主要为放线菌和部分芽孢杆菌等，分解纤维素、蛋白质等复杂有机物；降温期随着温度的降低，升温期的嗜温微生物（担子菌、子囊菌、芽孢杆菌、假单胞菌）得以重新生长。不同的堆肥方式，如条垛式和槽式堆肥，优势微生物类群也有差异，在整个槽式堆肥化过程中梭菌属（*Clostridium*）均为优势种，而条垛式堆肥不同时期具有不同优势菌种，两种堆肥差异较大（张海滨等，2017）。

在堆肥化过程中可通过添加选育的功能菌株如纤维素降解菌、控氮菌等，或相关复合菌剂，以提高堆肥品质。纤维素是堆肥化过程中难降解的部分，而混合菌剂具有单一菌剂所不具有的功效，效率要远胜于单一菌剂，纤维素降解混合菌剂的选育仍是关键。硝化细菌和反硝化细菌是堆肥化过程中氮素循环的功能菌株，对堆肥品质有重要影响。有研究表明，在蔬菜、花卉、秸秆堆肥过程中添加微生物菌剂可促进水溶性 NH_4^+ - N 向水溶性 NO_3^- - N 转化，降低堆肥容重，在翻堆条件下接种微生物菌剂微元可加快蔬菜、花卉秸秆堆肥化进程，提高堆肥产品品质（徐春钰等，2016）。

3. 好氧堆肥影响因素及参数控制

堆肥效率的高低和最终产品质量的好坏依赖于好氧堆肥过程参数的控制。影响好氧堆肥的因素主要包括温度、水分含量、pH、C/N 值、氧气含量、调理剂、外源菌剂、底物粒度等，优化控制这些条件和参数是保证有机废弃物好氧堆肥过程顺利进行、提高堆肥效率的有效途径，主要参数如下（周继豪等，2017）。

温度：好氧堆肥是一个变温过程，嗜温菌和嗜热菌分别在不同温度阶段发挥主要作用，最适温度分别为 30～40℃、50～60℃，研究发现，嗜热菌对有机固废的降解能力明显高于嗜温菌，可考虑通过一定的加温、保温措施使堆体维持一定的高温，充分发挥嗜热菌对有机固废的降解能力，缩短堆肥周期。

水分含量：一般认为降解阶段水分含量以 50%～60%为宜，水分过高，容易造成通氧不足且升温困难。水分过高和过低也将影响微生物的活性。

pH：有研究表明对堆体中大部分微生物来说最适生长 pH 为 6.5～7.5，也有学者认为好氧堆肥最适宜 pH 是中性或弱碱性（6～9）。pH 也会影响堆肥中氮的存在形式，进而影响堆肥产品最终的氮素损失。

C/N 值：一般用 C/N 值表征这两种主要营养元素在堆肥中的平衡关系。当氮素受限制（C/N 值较高）时，微生物种群会长时间保持在较少的状态，并且需要更长的时间降解可生化的碳；当氮素过量（C/N 值较低）时，氮素供应超过了微生物的需求，结果往往以 NH_3 的形式从系统中挥发而流失。因此，综合考虑促进微生物降解和氮固定，合适的 C/N 值为 30∶1。在国内堆肥的研究和应用中一般认为初始阶段物料合适的 C/N 值为（25～35）∶1。

氧气含量：充足的氧气对堆体内微生物的生长繁殖和降解活性至关重要，自然曝气的作用比较微弱，一般采用强制通风、机械搅拌和人工翻堆等方式提高堆体中的氧气含量。

添加剂：添加用以调节 pH、C/N 值、水分含量的调节剂或调理剂，或者通过添加外源菌剂提高堆肥效率和腐熟程度。

四、食品工业废水处理

食品工业每年向自然环境排放的数千万吨的废水，对自然环境造成了严重的污染，同时也不同程度地危害着人类的健康。

食品工业高浓度有机废水大多来自啤酒、味精、制糖、有机酸、肉食品等食品加工企业。废水中所带有的糖类、蛋白质、脂类及其他固形悬浮物，在自然环境中因生物分解而散发出恶臭，有的废水带有大量的热而形成热污染，还有的废水带有一定的颜色而污染环境水质。

为了有效地解决食品工业对自然环境的污染问题，对于食品生产企业排放水的质量应有一个严格的控制指标并加以有效地治理。

我国技术监督和环保部门对食品生产企业废水的排放，主要掌握 5 项控制指标：①排放水的 pH；②悬浮物；③生物需氧量（BOD）；④化学需氧量（COD）；⑤有害物质的含量。

根据中华人民共和国国家标准 GB 8978—2016 中的规定，食品工业排放的废水属标准中规定的第二类。即污染物最高排放浓度为 pH6～9、色度（稀释倍数）50、悬浮物 70mg/L、生物需氧量（BOD_5）30mg/L、化学需氧量（CODcr）100mg/L。

（一）食品工业废水的好氧生化处理技术

应用好氧性微生物或兼性厌氧微生物来分解氧化食品工业废水的方法称好氧生化处理技术。好氧生化处理技术又以微生物生长形式的不同，分为活性污泥处理法和生物膜法两种类型。

好氧生化处理废水是国内外广泛采用的方法。此方法所需时间较短，在适宜条件下 BOD 的去除率可达 80%～90%，甚至可达 95%以上。

1. 活性污泥处理法

活性污泥处理法始于 1941 年，至今仍是生物处理废水的主要方法，一般日处理百万吨废水的工厂多采用此法。

活性污泥是一种绒絮状小颗粒，主要由菌胶团形成菌、细菌、霉菌、酵母菌、原生动物、微型原生动物、有机和无机胶体以及悬浮物组成。为使活性污泥能有效地处理废水，应控制温度为 20～30℃，pH6～8，BOD_5∶N∶P = 100∶5∶1，溶解氧为 1.5～3mg/L。

活性污泥处理法依据废水在系统中运动的情况，可分为推流式曝气处理法和完全混合式曝气处理法。

（1）推流式曝气处理法　推流式曝气处理法采用一个长条的矩形曝气池，废水与活性污泥同时进入曝气池，向前方推进直到池的末端。池中的曝气装置多采用鼓风式，鼓入的风沿池长在池横面的一侧进入曝气池。曝气池内，前负荷较高，以利于功能菌的生长，不易发生污泥沉淀、膨胀。曝气后的混合液流入次级沉淀槽进行固液分离，去除活性污泥后的清水可排放。沉下的活性污泥一部分回流入曝气槽，其余部分作为剩余污泥排除，使废水的净化连续进行。为了增强曝气效果，各种不同的推流式曝气池在曝气方法上有所不同。最为常规的推流式为普通曝气法。此法通气是在整个池长的范围内均匀地通入空气。在整个曝气池中，其前端以吸附凝聚作用为主，需要 20～40min，可吸附 BOD 85%～90%，后阶段以有机物被氧化分解和细胞原生质合成为主，所需时间较长。

此法对低浓度废水的处理效果良好，污泥负荷为每天 0.2～0.5kg BOD/kg 混合液悬浮固体，曝气池混合液悬浮固体浓度为 1500～3000mg/L，活性物泥回流比为 10%～30%，去除每千克 BOD 需要供氧 44～62m^3，且方法稳定。但是，不适宜进水浓度高、冲击负荷大的某些工业废水的处理。

（2）完全混合式曝气处理法　完全混合式曝气处理法是指流入曝气池的废水一进入曝气池就迅速与池中已有的混合液充分混合，使浓度较高的废水得到较好的稀释，以达到曝气池中各处的水质基本上相同，充氧均匀，其简要流程如下：

废水 ⟶ 曝气池 ⟶ 沉淀池 ⟶ 出水
（沉淀池 ↓ 回流污泥）
剩余污泥

完全混合式曝气处理法的特点是：设备简单、充氧率高。只要控制好进水流速，就能使曝气池工作点维持在微生物生长曲线上的某一点（即维持某一个比生长速度），便于最优化控制，以满足处理要求。另一个特点是在曝气区内好氧速率是均匀的。此外，因废水进入曝气池即被池中原有的混合液（已处理一定时间，BOD 较低的水）稀释，因此本法多用于 BOD

较高的废水和水质不太稳定的废水处理。对完全混合式曝气池的控制，可采用连续培养动力学的有关原理来推算废水在曝气池中的停留时间等参数，并加以对过程的控制，保证出水的质量。

完全混合式曝气法可用压缩空气来曝气，不过目前大多数是用机械进行表面曝气，如在废水处理中常将叶轮装在废水表面进行曝气。叶轮在废水表面旋转，把空气带入液体。另外，旋转的叶轮在中心部位有一定的负压，具有提升作用，促使水和氧在曝气池中混合、循环。

2. 生物膜法

生物膜法又称生物滤池法，是模拟自然界中土壤自净的一种废水处理法。该法可使微生物群体附着于固体填料的表面，形成生物膜。生物膜的外表层一般为好氧性微生物，因此称为好氧层或好气层；内层因受氧扩散的影响而供氧不足，而促使厌氧性微生物大量繁殖形成厌氧层。

近 50 年来，生物膜法在不断改进，出现了生物滤池法、塔氏滤池法和生物转盘法等多种形式。

（1）生物膜中常见的微生物　　生物膜中的微生物主要包括好氧性、厌氧性和兼性厌氧性微生物三大类群，其中也有藻类、原生动物，以及蚊、蝇的幼虫等较高等的动物。

生物膜内常见的细菌有：无色杆菌属（*Achromobacter*）、假单胞菌属（*Pseudomonas*）、黄杆菌属（*Flavobacterium*）以及产碱杆菌属（*Alkaligenes*）等；在生物黏膜内，常出现丝状浮游球衣细菌（*Sphaerotilus natans*）和白硫细菌属（*Beggiata*），在滤液的底部还存在着亚硝化单胞菌属（*Nitrosomonas*）和硝化菌属（*Nitrobacter*）的微生物。在滤液的顶端因有阳光照射常生活着席藻属（*Phormidium*）和小球藻属（*Chlorella*）的藻类生物，而在生物膜滤液中原生动物和一些较高等的动物均以生物膜为食，它们能促使细菌群体高速率增殖新细胞，以利于污水净化。

（2）几种生物膜处理方法

1）生物滤池法。此法适于处理低悬浮物、低 BOD 值的污水，其结构一般由滤池、布水装置、滤料和排水系统组成。生物滤池的操作方式可分为低速滤池和高速滤池两种。通常低速滤池的水力负荷为 1～4$m^3/(m^2·d)$，高速滤池为 8～40$m^2/(m^2·d)$。以 kg BOD/m^3 表示的生化负荷，低速滤池为 0.08～0.4，高速滤池为 0.4～10。

2）塔式滤池法。塔式滤池法是根据填料洗涤塔发展而来的，有机负荷量可达 2000～3000g $BOD/(m^3·d)$，对去除废水中的 BOD、COD 及酚、氰、丙烯氰等有毒物质均有较好的效果。

塔式滤池的主要设备是一高达 20 余米的圆形直筒，由塔身、布水器、滤料、格栅、集水器等组成。处理废水时，废水由泵提升，自上而下不水。与普通生物滤池相比，水力负荷量提高了 5～10 倍，有机负荷量提高了 2～6 倍，由于占地面积小，比较适于大城市处理负荷量较大的废水。

3）生物转盘法。也称浸没生物法，是由生物滤池发展起来的一种较新的处理废水的方法。在对废水的处理上，由于生物转盘上的生物膜能够周期性地交替运动于空气和废水的两相中，因此生物过程进行较快。

生物转盘的结构是由固定在横轴上的一系列间距相等的圆形盘片所组成。圆盘一半浸在废水中，另一半暴露在空气中，依靠电动机带动圆盘缓慢转动，盘片上长着一层生物膜，水中部分的生物膜吸附废水中的有机物。当转至水面时，从空气中吸收所需的氧而进行生化反应，如此反复进行，清除废水中的有机物，达到净化水的目的。

生物膜的形成是需要培养的。其培养方法是：在处理槽中加入少量工业废水和适量粪尿作培养液，用葡萄糖或米泔水作补充碳源，以尿素、硫酸铵作补充氮源，用处理同类型污水的活性污泥或排污口附近的污泥作菌种。开始阶段进行闷曝（即将污泥和废水注入氧化槽中，圆盘转动），48h 后换水，要求水温 25℃，7d 左右生物膜即形成。

（二）食品工业废水的厌氧生化处理技术

厌氧生化处理废水亦称厌氧消化法、污泥消化法、甲烷发酵法，是利用厌氧性微生物的生命活动来分解处理废水中有机物的一种方法。经过厌氧消化法处理废水后的最终产物是甲烷、二氧化碳，以及少量氮气、氢气和氨等。此法较适用于食品工业及发酵工业中有机物浓度高、BOD 达 5000～10 000mg/L 的有机废水。

1. 厌氧生化处理废水的原理

厌氧生化处理废水是一个极其复杂的生化过程，整个过程可分为两个阶段完成。

第一阶段为液化阶段，主要有厌氧菌和兼性厌氧菌如梭状芽孢杆菌属（*Clostridium*）、厌氧硝化球菌（*Peptococcus anaerobus*）、乳酸杆菌属（*Lactobacillus*）、葡萄球菌属（*Staphylococcus*）以及大肠杆菌等，这些微生物将废水中的淀粉水解为单糖，进而生成丙酮酸；将蛋白质等胶体物质水解成氨基酸，进而形成有机酸和氨；将脂类水解成甘油和脂肪酸，再进一步形成甲酸、乙酸、丙酸、丁酸或低级醇，使环境 pH 不断下降，所以此阶段又称为产酸阶段。

第二阶段为气化阶段，也称碱性发酵阶段。是由厌氧性的甲烷菌把低分子的有机酸和低级醇进一步分解为甲烷和 CO_2 的过程。这一过程由于有机酸的消耗和一些含氮有机物的彻底氧化而释放出 NH_3，因此 pH 会回升至 7.2～7.4。在此发酵过程中常见的甲烷细菌有奥式甲烷杆菌（*Methanobacillus omeliankii*）、索氏甲烷杆菌（*M. Soehngenii*）、甲烷八叠球菌属（*Methanosarcina*）以及马式甲烷球菌属（*Methanococcus*）等，其最适 pH 为 6.8～7.2。

2. 厌氧生化处理基本工艺流程

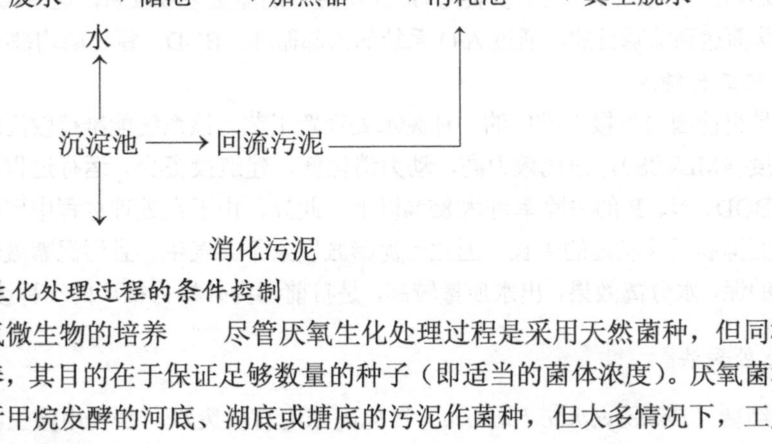

3. 厌氧生化处理过程的条件控制

（1）厌氧微生物的培养　尽管厌氧生化处理过程是采用天然菌种，但同样需要进行种子的扩大培养，其目的在于保证足够数量的种子（即适当的菌体浓度）。厌氧菌种可采用自然界中正在进行甲烷发酵的河底、湖底或塘底的污泥作菌种，但大多情况下，工厂所用菌种来自于废水或污水处理厂。

菌种培养的初期一定要调节 pH 为 7.0 以上，在 CO_2 生成终止后逐步添加废水，随时调节环境 pH，直至菌种培养成熟。

（2）控制氧气　厌氧生化处理过程不需要氧的参加，所以处理废水的系统装置应严格密闭条件，隔绝氧气。

（3）pH 与发酵温度　厌氧生化处理过程的适宜 pH 为 7.0～8.0。当消化情况良好时，消化池内的 pH 为 6.8～7.2。发酵过程的温度应严格控制温差，维持相对恒定的温度，一般要求温差幅度小于 5℃。大于 5℃的温度幅度，将对发酵菌的生命活动产生明显影响。

（4）搅拌　一般来讲，在适宜的条件下处理废水，搅拌越强烈，处理能力就越大。通过搅拌，可以使废水和菌体充分接触、消化温度均匀、沼气迅速逸散、防止污泥沉淀，同时可破坏液面生成的泡沫。

（三）A/O 系统废水处理技术

A/O 系统是亏氧好气系统（anoxicloxic system）的简称，是 20 世纪 70 年代国外开发的新型废水处理工艺。A/O 系统废水处理技术是在原有好氧处理曝气池的基础上，引进亏氧段或缺氧段，采取内部污泥循环，能同时具有脱氮、除磷和去除 BOD 的多种作用。

1. A/O 系统简要工艺流程

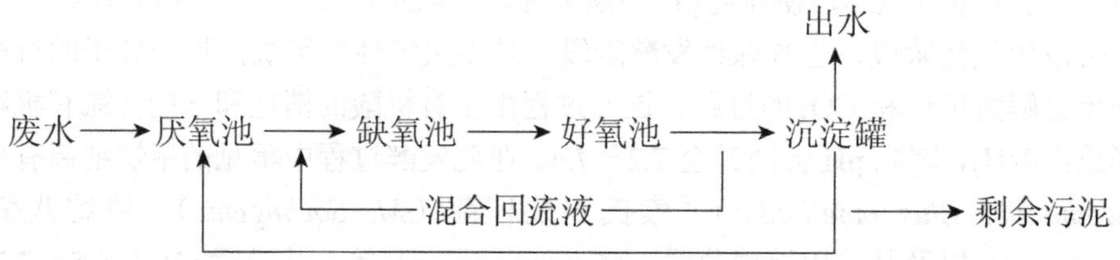

2. A/O 系统工艺说明

废水首先进入厌氧池（溶解氧小于 0.5mg/L），与回流污泥完全混合，反硝化细菌将废水中 BOD 作碳源以 NO_3^- 为电子受体进行无氧呼吸，NO_3^- 被还原成氮气释放于大气中。从厌氧池出来的废水进入缺氧池，与从好氧池出来的回流混合液混合，在反硝化细菌的进一步作用下，将从好氧池带来的 NO_3^- 与剩余的 BOD 进一步作用，而将 BOD 和氮除去，经过反硝化的废水再流入好氧池，BOD 已被除去 50%～60%，此时硝化菌较为活跃，它把废水中的 NH_3-N 氧化为 NO_3^--N，供亏氧阶段反硝化。与此同时，由于以氧化 BOD 所提供的能量来吸收磷，这些磷在剩余污泥中最终被带出，从而达到除磷目的。通过 A/O 系统的内部循环，BOD、氮、磷均被除去。

3. A/O 系统工艺特点

A/O 系统是目前国内外极力推广的一种废水处理新工艺，该系统能维持较高的混合液挥发性悬浮固体浓度（MLVSS），净化效力高，动力消化低，建造投资少。运行过程对生活污水处理 3～5h，对 BOD、N、P 的去除率可达 85%以上。此外，由于在处理过程中硝化和反硝化的交替运行，从而抑制了丝状菌的生长，因此污泥膨胀现象不会发生。且污泥絮凝性好，使二次沉降池有良好的泥、水分离效果，出水质量较高，是目前国内外极力推广的一种废水处理工艺。

（四）PSB 污水处理法

利用光合细菌（*Photosynthtic bacteria*）净化高浓度有机废水，是利用微生物处理废水的一种新方法，简称 PSB 法。此方法的特点是有机负荷高、所需溶氧少、耐盐能力强、除氮效果好、不产生污泥、投资费用低、动力消耗低、占地面积少等。目前，用 PSB 法处理有机废水的报道已有数十例，被处理的有机废水的 BOD 除少数在 2000mg/L 左右外，大多数高达 1000mg/L 以上。经可溶化处理并培养光合细菌后，废水 BOD 去除率高达 90%以上，有的甚至高达 98%。因此，PSB 法处理有机废水已受到人们的高度重视。

1. 光合细菌的特性

光合细菌是一大类以光为能源、以 CO_2 或有机碳化物为碳源进行光合作用的原核生物的总称。在自然界分布极为广泛，可以说凡有光能可利用的地方，都可发现光合细菌。光合细菌的细胞形态、大小因种不同而异，即使是同一种菌，常因环境条件或生长阶段的不同，其细胞形态亦有变化。通常情况下，光合细菌的细胞形态多呈球状、卵形、杆状、弧状、环状、丝状、链状、螺旋状和锯齿状等。

光合细菌依据产氧与否，可分为两大类群：产氧型光合细菌和不产氧型光合细菌。根据不产氧型光合细菌细胞内的细菌叶绿素、类胡萝卜素的组分不同，又将其分为紫细菌、绿细菌和不定位属三大亚群。用于废水处理的细菌主要是不产氧型光合细菌。

光合细菌菌体细胞营养丰富，含有多种氨基酸、B 族维生素、蛋白质、叶酸。就氨基酸组成来看，它接近含甲硫氨酸高的动物蛋白，尤其是维生素 B_{12} 和生物素含量较高。此外，光合细菌细胞内还含有临床所需的生理活性物质——辅酶 Q。据分析，在 1g 纯干的光合细菌菌体中，辅酶 Q 的含量为 10mg。

2. PSB 法净化废水的原理

光合细菌对废水的净化作用与其细胞的结构和物质、能量的代谢有关。尤其是红色非硫细菌中的一些属，其细胞内具有营光合作用的载色体。它由细胞膜分化而成，是一类直径为（600～1000）$\times 10^{-10}$m 的球状体或胞状体。载色体颗粒中密集地包含着细菌叶绿素和类胡萝卜素，进行着光合磷酸化反应和光氧化还原反应。研究表明，当红色非硫细菌处于好氧、黑暗条件下时，像好氧微生物一样，通过三羧酸循环来进行有机酸代谢；在厌氧、光照条件下，这一物质循环被抑制时，它们便迅速转换代谢通路，并能把有机酸异化和同化的氧化还原反应和光氧化还原反应紧密地连接起来。这种随生长条件的变化而灵活改变代谢途径的特性，即为光合细菌被用于处理高浓度有机废水的主要原因。

3. PSB 法简要技术路线

利用光合细菌处理复杂的有机物时，先要经过可溶化处理，使之转化为低分子物质。同时应注意加大接种量，适当添加锰、铁等金属离子，尽可能减少处理过程的杂菌生长量，保持处理系统中的 PSB 的优势。其简要技术路线如下：

废水中高分子有机物 $\xrightarrow{\text{异养菌}}$ 低级脂肪酸 $\xrightarrow{\text{PSB}}$ 低浓度有机物 $\xrightarrow{\text{藻类或活性污泥}}$ 净化水

4. PSB 方法的优点与不足

PSB 法是近年来利用微生物处理高浓度废水方法的新进展。与活性污泥法相比，此法具有处理高浓度废水的能力强、效果好、使用设备规模小、动力消耗低、占地面积小（仅为活性污泥法的 1/5～1/4）等优点。其不足之处是：菌种培养要求严格，运转初期的调试技术要求较高，被处理后的水最终 BOD 浓度为 200mg/L 左右，还需用活性污泥或藻类进一步处理。

第九章　食品微生物检测技术

食品是人类赖以生存和发展的物质基础，而食品安全问题是关系到人体健康和国计民生的重大问题，每年全球因食品微生物感染导致的病患人数达 10 亿，因此食品中微生物检测技术的发展对开展主动监测和危险性评估，预防食源性疾病的危害具有重要意义。食品微生物检测技术包括定量和定性两方面，定量是指食品中微生物的数量测定，定性则是根据食品微生物表现出的各种性状特征，对微生物的种类进行鉴别。传统的食品微生物检测以分离纯化培养为基础，从形态特征、生化反应、生态学特征，以及血清学反应、对噬菌体的敏感性等诸方面鉴别微生物；现代的食品微生物检测融合了代谢学、分析化学、免疫学、分子生物学等学科的最新理论和先进联合技术，把对食品微生物的研究深入基因组特征区域的测序鉴定、细胞组分及代谢流的精确分析，以及利用电子计算机进行数值分类研究等新的领域，使食品微生物检测的水平向快速、灵敏、特异、动态连续监控的方向发展。

第一节　食品卫生微生物学检验

一、检验样品的采集与处理

（一）样品的采集方案

目前国内外使用的采样方案多种多样，如一批产品采若干个样后混合在一起检验，按百分比抽样；按食品的危害程度不同抽样；按数理统计的方法决定抽样个数等。无论何种方案，对抽样的代表性的要求是一致的。

1. 我国对食品采样方法的规定

在国家卫生部和国家标准化管理委员会颁发的食品卫生微生物学检验总则中详细规定了各种食品样品的采样方法，具体操作可参见 GB 4789.1—2016。

2. ICMSF 采样方案

ICMSF 采样方案由国际食品微生物规格委员会（the International Committee on Microbiological Specification for Foods，ICMSF）提出。目前加拿大、以色列等国家，已采用此法。此方案基于统计学原理，根据食品中各种微生物的危害程度不同，以及食品经不同条件处理后其危害度可能受到的影响（包括降低危害度、危害度不变、增加危害度）规定食品的不同采样数，使样品更具有代表性，达到客观反映食品卫生质量状况的目的。

ICMSF 方案分二级法及三级法两种。

（1）二级法　　设定一批产品的采样数为 n，合格菌数限量为 m，菌数超过 m 的检样数为 c，只要 $c>0$，就判定整批产品不合格。例如，二级法规定生食海产品鱼的 $n=5$、$m=10^2$ 个/g、$c=0$，表示这种食品应取样 5 个，其合格菌数限量为 10^2 个/g，若其中有一个检样的菌数超过该限量，则被检产品不合格。

（2）三级法　　除了 n 和 m，三级法还设定了一个大于 m 值的附加菌数限量 M，用 c 代

表菌数为 m～M 的检样数。规定只要 c 值大于允许值或样品中出现菌数超过 M 的检样，产品即不合格。例如，冷冻生虾的 $n=5$、$c=3$、$m=10^6$ 个/g、$M=10^7$ 个/g，其意义是：从一批产品中，取 5 个检样，允许≤3 个检样的菌数在 m 与 M 值之间，如果多一个或有一个检样的菌数超过 M 值，则判定该批产品不合格。

3. 美国 FDA 的取样方案

美国 FDA 的取样方案与 ICMSF 的取样方案基本一致，所不同的是严重指标菌所取的 15 个、30 个、60 个样可以分别混合，混合的样品量最大不超过 375g。也就是说，所取的样品每个为 100g，从中取出 25g，然后将 15 个 25g 混合成一个 375g 样品，混匀后再取 25g 作为试样检验，剩余样品妥善保存备查。各类食品检验时的混合样品的最低数量为：

食品危害度	混合样品的最低数
Ⅰ	4
Ⅱ	2
Ⅲ	1

（二）样品的采集方法

以下列举几种食品的采集方法，其他类型食品的采集方法可参考各自对应的相关国家标准或行业标准。

1. 肉及肉制品

（1）生肉及脏器　如是屠宰场宰后的畜肉，可于开腔后，用无菌刀采取两腿内侧肌肉各 150g（或劈半后采取两侧背最长肌各 150g）；如是冷藏或售卖的生肉，可用无菌刀取腿肉或其他部位的肌肉 250g。检样采取后，放入灭菌容器内，立即送检。如条件不许可时，最好不超过 3h，送检样时应注意冷藏，不得加入任何防腐剂。

（2）熟肉及灌肠类肉制品　各类熟肉制品（包括酱卤肉、肴肉、肉灌肠、熏烤肉、肉松、肉脑、肉干等）一般采取 250g。熟禽采取整只，腊肠、香肚等生灌肠采取整根、整只，小型的可采数根数只，其总量不少于 250g，均放灭菌容器内，立即送检。如条件不许可时，最好不超过 3h，送检样时应注意冷藏，不得加入任何防腐剂。

2. 乳和乳制品

如是散装或大型包装，用无菌刀或勺取样，采取不同部位具有代表性的样品；如是小包装，取原包装品；最终总取样量不少于 250g。乳制品种类较多，送检保存温度要求也不同，如果是未灭菌生鲜乳、乳脂产品等要求 0～4℃；奶酪产品要求 0～8℃；未拆封的超高温灭菌乳、炼乳、乳粉等要求室温（不高于 30℃）；冰激凌产品要求–18℃。

3. 蛋制品

1）鲜蛋、皮蛋用流水冲洗外壳，再用 75%乙醇棉涂擦消毒后放入灭菌袋内，加封做好标记后送检。

2）鸡全蛋粉、巴氏消毒鸡全蛋粉、鸡蛋黄粉、鸡蛋白片，在包装铁箱开口处用 75%乙醇消毒，然后用灭菌的取样探子斜角插入箱底，使样品填满取样器后提出箱外，再用灭菌小匙自上、中、下部位采样，每个检样不少于 100g，装入灭菌容器中。

3）冰鸡全蛋、巴氏消毒的冰鸡全蛋、冰蛋黄、冰蛋白，先将铁听开口处的外部用 75%乙醇消毒，而后将盖开启，用灭菌的电钻由顶到底斜角插入。取出电钻，从中取样 250g，放入灭菌容器中。

4. 液体样品

原包装瓶样品取整瓶，散装样品可用无菌吸管或匙采取。如是冷冻液食品，采取原包装，放入隔热容器内。

5. 罐头

根据厂别、商标、品种来源、生产时间分类进行采取，数量可视具体情况而定。采取原包装样品。

6. 注意事项

1）采样时，首先要了解采样食品的来源、加工、贮藏、包装，运输等情况。

2）采样的器械和容器需灭菌后才可使用。采样时，严格进行无菌操作。

3）不得加防腐剂。

4）液体样品需搅拌均匀后采取，固体样品要在不同部位采取，使样品尽量具有代表性。

5）取样后，应及时送检，最多不得超过3h。如有特殊情况，应放入冷藏或隔热容器内送检。

（三）样品的送检

1）采集好的样品应及时送到食品微生物检验室，越快越好，一般不应超过3h，如果路途遥远，可将不需冷冻的样品保持在1～5℃的环境中，勿使冻结，以免细菌遭受破坏；如需保持冷冻状态，则需保存在泡沫塑料隔热箱内（箱内有干冰可维持在0℃以下），应防止反复冰冻和溶解。

2）样品送检时，必须认真填写申请单，以供检验人员参考。

3）检验人员接到送检单后，应立即登记，填写序号，并按检验要求，立即将样品放在冰箱或冰盒中，并积极准备条件进行检验。

4）食品微生物检验室必须备有专用冰箱存放样品，一般阳性样品发出报告后3d（特殊情况可适当延长）方能处理样品；进口食品的阳性样品，需保存6个月方能处理；阴性样品可及时处理。样品检验完毕后，检验人员应及时填写报告单，签名后送主管人核实签字，加盖单位印章，以示生效，并立即交给食品卫生管理人员处理。

（四）食品微生物检验的样品处理

样品处理应在无菌室内进行，若是冷冻样品，必须事先在原容器中解冻，解冻温度为：2～5℃不超过18h，或45℃不超过15min。通常国际、国家或行业标准都会提供各类食品检样的具体处理方案，以下介绍通用的一些处理方法。

1. 固体样品

（1）捣碎均质方法　将100g或100g以上样品剪碎混匀，从中取25g放入带225ml稀释液的无菌均质杯中8000～10 000r/min均质1～2min，这是对大部分食品样品都适用的办法。

（2）剪碎振摇法　将100g或100g以上样品剪碎混匀，从中取25g进一步剪碎，放入带有225ml稀释液和适量直径5mm左右玻璃珠的稀释瓶中，盖紧瓶盖，用力快速振摇50次，振幅不小于40cm。

（3）研磨法　将100g或100g以上样品剪碎混匀，取25g放入无菌乳钵充分研磨后再放入带有225ml无菌稀释液的稀释瓶中，盖紧盖后充分摇匀。

（4）整粒振摇法　有完整自然保护膜的颗粒状样品（如蒜瓣、青豆等）可以直接称取

25g，整粒样品置入带225ml无菌稀释液和适量玻璃珠的无菌稀释瓶中，盖紧瓶盖，用力快速振摇50次，振幅在40cm以上。冻蒜瓣样品若剪碎或均质，由于大蒜素的杀菌作用，所得结果将低于实际水平。

（5）胃蠕动均质法　这是国外使用的一种新型的均质样品的方法，将一定量的样品和稀释液放入无菌均质袋中，开机均质。均质器有一个长方形金属盒，其旁安有金属叶板，可打击塑料袋，金属叶板由一恒速马达带动，做前后移动而撞碎样品。

2. 液体样品

（1）原包装样品　用点燃的酒精棉球消毒瓶口，再用经石炭酸或来苏水消毒液消毒过的纱布将瓶口盖上，再用经火焰消毒的开罐器开启。摇匀后，用无菌吸管直接吸取。

（2）含有二氧化碳的液体样品　可按上述方法开启瓶盖后，将样品倒入无菌磨口瓶中，盖上一块消毒纱布。将盖开一缝，轻轻摇动，使气体逸出后进行检验。

3. 罐头

先用酒精棉球擦去罐上油污，然后用点燃的酒精棉球消毒开口的一端。用来苏水消毒液纱布盖上，再用灭菌的开罐器打开罐头，除去表层，用灭菌匙或吸管取出中间部分的样品，进行检验。

二、食品微生物卫生指标的检测

（一）食品中菌落总数的测定

1. 菌落总数的概念和测定意义

菌落总数是食品检样经过处理，在一定条件下培养后，1ml（g）检样中所含菌落形成单位数。菌落总数主要用作判定食品被细菌污染程度，也可以应用这一方法观察细菌在食品中的繁殖动态，以便对被检样品进行卫生学评价。

每种微生物都有一定的生理特性，培养时，应采用不同的营养条件和培养条件（如温度、培养时间、pH、好氧性质等）。对于细菌检测，根据国家颁发的标准，将检样接种于平板计数琼脂（PCA），于37℃、有氧条件下进行培养测定；所得结果只包括一群能在平板计数琼脂（PCA）上生长繁殖的、嗜中温性的、好氧的或兼性厌氧的细菌菌落的总数。

2. 检验方法

（1）检样稀释　准确称取25g（ml）样品，经适当处理后，用10倍递增稀释法做成几个倍数适宜的稀释液。为保证菌落总数测定准确，真实地反映被检食品卫生质量状况，检样稀释时应遵循以下要求和规定。

1）为减少样品稀释倍数的误差，在连续递增稀释时，每一稀释液应充分振摇均匀，同时每递增稀释一次，必须更换一支吸管。

2）国家标准方法规定的稀释剂一般是无菌生理盐水或无菌蒸馏水，有时采用磷酸缓冲液或0.1%的蛋白胨水，后者对已受伤的细菌细胞有一定的保护作用。

3）吸管尖端不能伸入无菌水，以防吸管尖端外部黏附的检样匀液也混入其中，影响稀释倍数的准确。

（2）接种　根据食品卫生标准要求或对样品污染情况的估计，选择2～3个稀释度的稀释液，用倾注法或涂布法接种于平板计数琼脂培养基，每个稀释度做两个平行试验。实际操作中，检样稀释和接种交叉进行更为合理，可使操作步骤更简便，并降低受污染的概率。

平板接种时，应注意以下事项：①移取检样匀液时，吸管尖端不能触及任何物品，以免污染。②以倾注法接种时，倒平板的培养基必须冷却至46℃时使用，过热会杀死细菌，过冷则不能使样品稀释液与其混匀。③为防止细菌数量在试验期间发生变化，应尽量缩短稀释和接种的时间，一般不宜超过 20min。④要做空白对照平板，以便于判断试验结果是否可靠，并有利于区别菌落和平板中的异物颗粒。

（3）培养　将接种后的冷凝平板在适当温度下恒温培养，使平板上形成菌落。培养温度及时间应根据食品种类而定。肉、乳、蛋类食品在37℃下培养，水产品由于其生活环境水温较低，故多采用30℃，培养时间均为（48±2）h，其他食品如清凉饮料、糖果、糕点、调味品等，均用37℃、（24±2）h 培养。培养时将平板翻转培养，可以避免菌落蔓延生长。

（4）菌落计数和报告　培养结束后，用肉眼或计数器对平板上出现的菌落进行计数，将计数结果乘以稀释倍数，其乘积就是被检样品的菌落总数。该步骤应遵循以下规则。

1）计数时应选取菌落数在30～300的平板，若有两个稀释度平板上的菌落数均在适宜计数的范围，则按以下公式计算：

$$N=\sum c/[(n_1+0.1\times n_2)\times d]$$

式中，N为样品中菌落数；$\sum c$为两个稀释度所有平板上菌落数之和；n_1为第一稀释度平板个数；n_2为第二稀释度平板个数；d为稀释因子（第一稀释度）。

2）若所有稀释度均不在30～300，如均大于300，则取最高稀释度的平均菌落数乘以稀释倍数报告之；如均小于30，则以最低稀释度的平均菌落数乘以稀释倍数报告之。如菌落数有的大于300，有的又小于30，但均不在30～300，则应以最接近300或30的平均菌落数乘以稀释倍数报告之。如所有稀释度均无菌落生长，则应按小于1乘以最低稀释倍数报告之。有的规定对上述几种情况计算出的菌落数按估算值报告。

3）不同稀释度的菌落数应与稀释倍数成反比（同一稀释度的两个平板的菌落数应基本接近），即稀释倍数愈高菌落数愈少，稀释倍数愈低菌落数愈多。如出现逆反现象，则应视为检验中的差错（有的食品有时可能出现逆反现象，如酸性饮料等），不应作为检样计数报告的依据。

4）当平板上有链状或片状菌落生长时，如呈链状生长的菌落之间又无何明显界限，则应作为一个菌落计，如存在有几条不同来源的链，则每条链均应按一个菌落计算，不要把链上生长的每一个菌落分开计数。如有片状菌落生长，该平板一般不宜采用，如片状菌落不到平板的一半，则另一半又分布均匀，则可以半个平板的菌落数乘2代表全平板的菌落数。

5）当计数平板内的菌落数过多（即所有稀释度均大于300时），但分布很均匀，可取平板的1/2或1/4计数，再乘以相应稀释倍数作为该平板的菌落数。

6）菌落数的报告，菌落数＜100时，按四舍五入原则修约，以整数报告。菌落数≥100时，第三位数字采用四舍五入原则修约后取前两位数字，后面用0代替位数。也可用10的指数形式表示，按四舍五入原则修约后，采用两位有效数字。固体检样以克（g）为单位报告，液体检样以毫升（ml）为单位报告。若所有平板上菌落接蔓延生长，则报告为菌落蔓延。若空白对照上有菌落生长，则检测结果无效。结果报告单位：cfu/g（ml）。

（二）食品中霉菌与酵母的计数

1. 霉菌与酵母的计数意义

在某些情况下，霉菌和酵母也可造成食品腐败变质。由于它们生长缓慢和竞争能力不强，常常在不适于细菌生长的食品中出现，这些食品是 pH 低、湿度低、含盐和含糖高的食品、低温贮藏的食品、含有抗生素的食品等。

霉菌和酵母往往使食品表面失去色、香、味。例如，酵母在新鲜的和加工的食品中繁殖，可使食品发生难闻的异味，它还可以使液体发生混浊，产生气泡，形成薄膜，改变颜色及散发不正常的气味等，有些霉菌还能够合成真菌毒素。因此霉菌和酵母也作为评价食品卫生质量的指示菌，并以霉菌和酵母计数来确定食品被污染的程度。

2. 检验方法

（1）检样稀释　　方法与“食品中菌落总数的测定”相同。

（2）接种　　根据食品卫生标准要求或对样品污染情况的估计，选择2～3个稀释度的稀释液，用倾注法或涂布法接种于马铃薯葡萄糖琼脂平板（PDA）或孟加拉红琼脂平板（RBA），每个稀释度做两个平行试验。

（3）培养　　凝固后，正置平板，置(28±1)℃培养箱中培养，观察并记录培养第5天的结果。

（4）菌落计数和报告　　用肉眼观察，选取菌落数在10～150cfu的平板，根据菌落形态分别计数霉菌和酵母，以菌落形成单位（cfu）表示。在计数及报告时应遵循的规则与“食品中菌落总数的测定”基本相同，只需将cfu范围及上下限调整为10～150cfu。

（三）食品中大肠菌群测定

1. 生物学性状及食品卫生学意义

大肠菌群是指一群好氧及兼性厌氧，在37℃能分解乳糖产酸产气的革兰氏阴性无芽孢杆菌。它包括埃希菌属、柠檬酸杆菌属、肠杆菌属和克雷伯氏菌属等。

大肠菌群直接或间接来自于人和温血动物的粪便。粪便中以埃希菌属为主，称为典型大肠杆菌，其他三属习惯上则称非典型大肠杆菌。

大肠菌群的食品卫生意义在于：第一，它可作为粪便污染食品的指标菌。食品中检查出大肠菌群，则表明食品曾受到人畜粪便的污染，食品中大肠菌群数的高低，表明被粪便污染的程度。第二，它可作为肠道致病菌污染食品的指标菌。因为大肠菌群与肠道致病菌来源相同，而且一般条件下在环境中生存时间也与主要肠道致病菌相近，故常用来作为肠道致病菌污染食品的指标菌。当食品中检出大肠菌群时，就有肠道致病菌存在的可能。大肠菌群数值越高，肠道致病菌存在的可能性就越大，对人体健康就具有更大的潜在的危害性。

食品中大肠菌群的数量，我国和许多国家均采用相当于100ml（g）食品检样中大肠菌群的最可能数（MPN）来表示。它是按一定方案检验结果的统计数值。在我国统一采用样品3个稀释度各3管的乳糖发酵三步法，根据各种可能的检验结果编出相应的MPN检索表供实际查阅使用。

2. 检验方法

国家标准中常用MPN法及平板计数法进行检验，其中第一法（MPN法）适用于大肠菌群含量较低的食品中大肠菌群的计数；第二法（平板计数法）适用于大肠菌群含量较高的食品中大肠菌群的计数。现以第一法为例介绍具体过程。

（1）检样稀释　　具体操作与“食品中菌落总数测定”中的检样稀释相同，根据食品卫生标准要求或对检样污染情况的估计选择3个稀释度，做初发酵试验。

（2）初发酵试验　　每个样品，选择3个适宜的连续稀释度的样品匀液（液体样品可以选择原液），每个稀释度接种3管月桂基硫酸盐胰蛋白胨（LST）肉汤，每管接种1ml（如接种量超过1ml，则用双料LST肉汤），(36±1)℃培养（24±2）h，观察倒管内是否有气泡产生，(24±2) h 产气者进行复发酵试验（证实试验），如未产气则继续培养至（48±2）h，产气者进行复发酵试验。未产气者为大肠菌群阴性。该步骤应注意以下两点：①观察到的结果是样品的初发酵结果，不是纯菌的发酵结果。所以初发酵阳性管，不能肯定就是大肠菌群细菌，经过复发酵试验验证后，有时可能成为阴性。②有时倒管内无气体，但在液面有泡沫或在管壁有缓慢上升的小气泡，此时可用手轻轻拍动试管，如有气泡沿管壁上升，则应考虑可能有气体产生，继续进行检验。

（3）复发酵试验（证实试验）　用接种环从产气的 LST 肉汤管中分别取培养物 1 环，移种于煌绿乳糖胆盐肉汤（BGLB）管中，(36±1)℃培养（48±2）h，观察产气情况。产气者，计为大肠菌群阳性管。

（4）大肠菌群最可能数（MPN）的报告　按确证的大肠菌群 BGLB 阳性管数，检索 MPN 表，报告每克（毫升）样品中大肠菌群的 MPN 值。查阅 MPN 检索表时，应注意以下事项。

1）MPN 检索表只给了三个稀释度，如 1ml（g）、0.1ml（g）、0.01ml（g），如欲改用 10ml（g）、1ml（g）、0.1ml（g）或 0.1ml（g）、0.01ml（g）、0.001ml（g）时，则表内数字应相应降低或增加 10 倍，其余可类推。

2）当检索表内三个稀释度检测结果均为阴性时，MPN 应按小于 3 报告，这样更能反映实际情况。例如，11.1ml（g）和 1.11ml（g）两个检测剂量，当它们都是阴性时，如都按零处理，则两组样品量虽相差 10 倍，但 MPN 值却无法区分，实际上两个零的含义并不相等。如按小于 3 和小于 30 处理，则 MPN 值能反映出两组所用样品量的不同，实际上 11.1ml（g）应为小于 3，而 1.11ml（g）应为小于 30，两者还是有区别的。所以小于 3 和小于 30 处理，更能反映实际情况。

3）在 MPN 检索表第一栏阳性管数下面列出的 ml（g），是指原样品（包括液体和固体）的 ml（g）数，并非样品稀释后的 ml（g）数，对固体样品更应注意。如固体样品 1g 经 10 倍稀释后，虽加入 1ml 量，但实际其中只含有 0.1g 样品，故应按 0.1g 计，不应按 1ml 计。

4）我国食品卫生检验用的大肠菌群 MPN 检索表，其 MPN 值系表示每 100ml（g）的大肠菌群最可能数，这和我国食品卫生标准的要求是一致的。但有的 MPN 检索表内的 MPN 值为每毫升（克）的大肠菌群最可能数，故其表内的 MPN 值也相应减为原来的 1/100。在查阅时应予注意和区分。

5）MPN 法是一种采用数学理论推算，用置信区间描述菌落浓度的一种统计学计数法。实验结果 MPN 值并不表示实际菌落数，实际菌落数落在置信区间内的任何一点。假如某产品的大肠菌群标准为 3.0MPN/g，当样品的检测结果为 9.2MPN/g 时，产品就会被认为不合格。但是 9.2MPN/g 的置信区间为 1.4～38cfu/g，也就是说有部分检测结果为 9.2MPN/g 的产品，其实际菌落数在 1.4～3.0cfu/g，却被当作了不合格产品。另外，3.0MPN/g 的置信区间为＜0.15～9.6cfu/g（阳性管数 0-0-1）或＜0.15～11cfu/g（阳性管数 0-1-0）（0 表示阴性结果；1 表示阳性结果）。也就是说部分实际菌落数为 3～11cfu/g 的产品被当作了合格产品，从而使食品的微生物风险增加。

6）为了查阅方便，国家标准方法提供一个完全的 MPN 检索表。但有的 MPN 检索表只包括经常出现的那些有统计学意义的阳性管数的组合，而那些不大可能的组合则被省略。如果出现被省略的阳性管数的组合，一般来说，最好用原样品重做检验，如果不能重做检验时，可查阅完全的 MPN 检索表。

（四）常见致病菌检验

在一般的食品卫生微生物学检验中，细菌总数和大肠菌群的检验是普遍应用的卫生学指标。致病菌检验并没有被列为每个样品的卫生细菌学检验项目，仅在一部分食品卫生细菌学检验中作为常规检验。以下简单介绍常见致病菌检测的一般过程。

1. 沙门氏菌检验

（1）前增菌和增菌　增菌与前增菌是指使样品中目的菌数量增加的培养过程。前增菌使用通用增菌培养基，通用增菌培养基能满足一般细菌的营养要求，在这种培养基上目的菌和非目的菌都能生长。因此前增菌属非选择性增菌。增菌使用专用增菌培养基（又称选择性增菌培养基），这种培养基中加入了某种特殊的抑制剂，目的在于抑制其他不必要的细菌，有利于目的菌的生长繁殖。

食品中沙门氏菌含量较少，并且在加工过程中常受到冷冻、加热、干燥、高渗、酸碱及辐射等因素的影响，处于濒死状态，只有给以适当的营养和温度才能恢复它们的活力。因此，经过冷冻或加工的食品必须经过前增菌培养，使检品中的沙门氏菌恢复活力，然后再进行增菌培养，达到抑制大多数其他细菌，增殖沙门氏菌的目的，从而可以提高检品中沙门氏菌的检出率。鲜肉、鲜蛋、鲜奶等未经加工的鲜食品不必进行前增菌。

本检验中采用的前增菌培养基是缓冲蛋白胨水（BPW），增菌培养基用的是四硫酸钠煌绿增菌液（TTB）。TTB 培养基中的四硫黄酸钠、胆盐及煌绿可抑制大肠菌群、革兰氏阳性菌及变形杆菌的生长，对沙门氏菌的生长无影响。

（2）分离　取增菌液一环，划线接种于选择培养基上，如亚硫酸铋琼脂（BS）、HE 琼脂、木糖赖氨酸脱氧胆盐（XLD）琼脂等选择性培养基平板或沙门氏菌属显色培养基平板，于(36±1)℃培养 18～24h（BS 平板需培养 40～48h）。分离培养形成的菌落与文献记载的沙门氏菌在各平板上的菌落特征一致或相似者为沙门氏菌可疑菌落。

（3）生化试验　在上述培养中，如未发现可疑沙门氏菌菌落，即可做检品为沙门氏菌阴性的报告。如有可疑沙门氏菌菌落出现，则直接挑取 2 个以上可疑菌落接种于三糖铁琼脂和赖氨酸脱羧酶试验培养基内，于(36±1)℃培养 18～24h，必要时可延长至 48h。根据结果判定其是否为沙门氏菌。

（4）血清学分型鉴定　对沙门氏菌进行血清学分型鉴定时，均采用玻片凝集反应法，即以诊断血清为凝集素，被检菌株为颗粒性凝集原。操作时，取一块洁净干燥的载物玻片，用接种环取诊断血清滴加于玻片的一端，另取一环生理盐水滴加于玻片的另一端作对照。然后用接种环取斜面培养物与血清和生理盐水混匀，在 3min 内观察结果。如果是沙门氏菌培养物，血清发生凝集现象，而对照者应为均匀乳剂，无凝集现象。若对照者出现凝集，表明菌株为粗糙型，不能分型。

首先使用多价 O 血清进行凝集反应试验，得到阳性结果的菌株再进行分群（O 抗原）凝集反应试验，最后再定菌型。

（5）结果报告　综合以上生化试验和血清学分型鉴定的结果，查阅沙门氏菌属抗原表判定菌型，并报告结果。

2. 志贺氏菌检验方法

（1）样品处理及增菌　以无菌操作取检样 25g（ml），加入装有灭菌 225ml 志贺氏菌增菌肉汤的均质杯，用旋转刀片式均质器以 8000～10 000r/min 均质；或加入装有 225ml 志贺氏菌增菌肉汤的均质袋中，用拍击式均质器连续均质 1～2min，液体样品振荡混匀即可。于(41.5±1)℃，厌氧培养 16～20h。

（2）分离和初步生化试验　取增菌后的志贺氏增菌液分别划线接种于 XLD 琼脂平板和麦康凯（MAC）琼脂平板或志贺氏菌显色培养基平板上，于(36±1)℃培养 20～24h，观察各个平板上生长的菌落形态。宋内氏志贺氏菌的单个菌落直径大于其他志贺氏菌。若出现的菌落不典型或菌落较小不易观察，则继续培养至 48h 再进行观察，志贺氏菌在前两种培养基上往往形成半透明无色至浅粉红色，湿润光滑的菌落。

在上述两种分离平板上，如无可疑志贺氏菌菌落出现，则可报告被检食品未检出志贺氏菌。如有可疑志贺氏菌菌落，则在每一个平板上挑取几个可疑菌落，做三糖铁（TSI）琼脂试验和动力试验。志贺氏菌在三糖铁（TSI）琼脂试管内的反应结果为底层产酸，不产气（福氏志贺氏菌 6 型可微产气），斜面产碱，不产生硫化氢；半固体试管内沿穿刺线生长，无动力。试验结果如符合上述特性者，继续做血清学反应试验和进一步的生化试验。

（3）血清学分型和进一步的生化试验　志贺氏菌属分 4 个群，凡经初步生化试验鉴定为可疑志贺氏菌者，按其特性，先用群的多价血清做玻片凝集反应试验，然后进一步做血清分型鉴定。

如可疑菌株初步生化试验的结果与志贺氏菌相符，并且能与某种志贺氏菌分型血清发生凝集，即可判定为志贺氏菌属的培养物。可进一步做生化试验，判定其属于哪一群志贺氏菌。

（4）结果报告　综合生化和血清学的试验结果判定菌型并做出报告。

3. 金黄色葡萄球菌检验方法

（1）检样处理　称取 25g 样品至盛有 225ml 7.5%氯化钠肉汤的无菌均质杯内，8000～10 000r/min 均质 1～2min，或放入盛有 225ml 7.5%氯化钠肉汤无菌均质袋中，用拍击式均质器拍打 1～2min。若样品为液态，吸取 25ml 样品至盛有 225ml 7.5%氯化钠肉汤的无菌锥形瓶（瓶内可预置适当数量的无菌玻璃珠）中，振荡混匀。

（2）增菌及分离培养　为扩大检样中金黄色葡萄球菌的数量，提高阳性检出率，需进行增菌培养。因为金黄色葡萄球菌有耐受高盐的特性，因此采用 7.5%氯化钠肉汤为增菌培养基于(36±1)℃培养 18～24h。在这种培养基上除金黄色葡萄球菌和某些嗜高盐的海洋菌外，大多数其他细菌的生长都受到了高浓度氯化钠的抑制。

用划线法将增菌培养获得的培养物接种于 Baird-Parker 平板和血平板进行分离培养，血平板(36±1)℃培养 18～24h，Baird-Parker 平板(36±1)℃培养 24～48h。金黄色葡萄球菌在 Baird-Parker 平板上呈圆形，表面光滑、凸起、湿润、菌落直径为 2～3mm，颜色呈灰黑色至黑色，有光泽，常有浅色（非白色）的边缘，周围绕以不透明圈（沉淀），其外常有一清晰带。在血平板上，形成菌落较大、圆形、光滑凸起、湿润、金黄色（有时为白色），菌落周围可见完全透明溶血圈。若干板上出现与金黄色葡萄球菌形态特征相同或相似的菌落，可初步判定检样中可能有金黄色葡萄球菌。然后挑取可疑菌落做革兰氏染色试验和血浆凝固酶试验。

（3）确证鉴定　染色镜检：金黄色葡萄球菌为革兰氏阳性球菌，排列呈葡萄球状，无芽孢，无荚膜，直径为 0.5～1μm。

血浆凝固酶试验：挑取 Baird-Parker 平板或血平板上至少 5 个可疑菌落（小于 5 个全选），分别接种到 5ml BHI 和营养琼脂小斜面，(36±1)℃培养 18～24h。取新鲜配制兔血浆 0.5ml，放入小试管中，再加入 BHI 培养物 0.2～0.3ml，振荡摇匀，置(36±1)℃温箱或水浴箱内，每半小时观察一次，观察 6h，如呈现凝固（即将试管倾斜或倒置时，呈现凝块）或凝固体积大于原体积的一半，被判定为阳性结果。同时以血浆凝固酶试验阳性和阴性葡萄球菌菌株的肉汤培养物作为对照，也可用商品化的试剂，按说明书操作，进行血浆凝固酶试验。结果如可疑，挑取营养琼脂小斜面的菌落到 5ml BHI，(36±1)℃培养 18～48h，重复试验。

（4）结果判定　在血平板及 Baird-Parker 平板上形成典型菌落，革兰氏染色镜检为阳性球菌，葡萄状排列，血浆凝固酶阳性者可判定为金黄色葡萄球菌。

4. 溶血性链球菌检验方法

（1）样品处理及增菌　按无菌操作称取检样 25g（ml），加入盛有 225ml 胰蛋白胨大豆肉汤培养基（TSB）的均质袋中，用拍击式均质器均质 1～2min；或加入盛有 225ml TSB 的均质杯中，以 8000～10 000r/min 均质 1～2min。若样品为液态，振荡均匀即可。(36±1)℃培养 18～24h。

（2）分离培养　将增菌液划线接种于哥伦比亚 CNA 血琼脂平板，(36±1)℃厌氧培养 18～24h，观察菌落形态。溶血性链球菌在哥伦比亚 CNA 血琼脂平板上的典型菌落形态为直径 2～3mm，灰白色、半透明、光滑、表面突起、圆形、边缘整齐，并产生溶血圈，链球菌可根据对绵羊血细胞溶血的能力分为三类型别：完全溶血（β 溶血）、部分溶血（α 溶血）、不溶血（γ 溶血）。其中 β 溶血性链球菌致病力强，可引起皮肤、皮下组织的化脓性炎症、呼吸道感染、流行性咽炎等多种疾病。

（3）革兰氏染色试验　挑取可疑菌落染色镜检。β 溶血性链球菌为革兰氏染色阳性，球形或卵圆形，常排列成短链状。

（4）触酶试验　挑取可疑菌落于洁净的载玻片上，滴加适量 3%过氧化氢溶液，立即产生气泡者为阳性。β 溶血性链球菌触酶为阴性。

（5）链激酶试验　吸取草酸钾血浆 0.2ml 于 0.8ml 灭菌生理盐水中混匀，再加入经(36±1)℃培养 18～24h 的可疑菌的 TSB 培养液 0.5ml 及 0.25%氯化钙溶液 0.25ml，振荡摇匀，置于(36±1)℃水浴中 10min，血浆混合物自行凝固（程度至试管倒置，内容不流动）。继续(36±1)℃培养 24h，凝固块重新完全溶解为阳性，不溶解为阴性，β 溶血性链球菌触酶为阳性。进行该试验时，一定要用以草酸钾作为抗凝剂的人血浆。在加入 0.25%氯化钙以后，血浆一定呈现凝固，如不凝固，可能氯化钙潮解，可提高氯化钙浓度，待完全凝固后，再放入水浴，开始计算完全溶解时间。

（6）结果判定　根据形态染色，溶血情况的观察，以及两个试验的结果判定检样中有无溶血链球菌存在，并做出报告。

5. 肉毒梭菌及肉毒毒素检验方法

（1）样品的采集　凡怀疑是肉毒中毒时，应及时收集可疑食品，如无可疑食品，应收集患者的呕吐物或采集患者的胃液，若怀疑患者血中存有毒素时，可采集血液作检验样品。

（2）样品的处理　固体、膏状或半流体的样品，如肉块、土壤、尸体的内脏、患者粪便及呕吐物、豆瓣酱、臭豆腐，以及其他各种固体形态的食品或牲畜的饲料等，均应先称取重量，加入 5～10 倍量（按容积计）的缓冲液或生理盐水（或肉汤）。因为肉毒毒素在偏酸的溶液里面，尤其是在含明胶的溶液中比较稳定，因此一般使用 pH6.2～6.8 的明胶磷酸盐缓冲盐水作为稀释剂。如果没有条件弄到这些稀释剂，也可以使用一般的生理盐水或肉汤，但要求 pH 偏低一些。取样后的剩余样品放 2～5℃冰箱冷藏，直至检验结果报告发出后，按感染性废弃物要求进行无害化处理，检出阳性的样品应采用压力蒸汽灭菌方式进行无害化处理。

（3）肉毒毒素的检测

1）毒素液制备。取样品匀液约 40ml 或均匀液体样品 25ml 放入离心管，3000r/min 离心 10～20min，收集上清液分为两份放入无菌试管中，一份直接用于毒素检测，一份用于胰酶处理后进行毒素检测。液体样品保留底部沉淀及液体约 12ml，重悬，制备沉淀悬浮液备用。

胰酶处理：用 1mol/L 氢氧化钠或 1mol/L 盐酸调节上清液 pH 至 6.2，按 9 份上清液加 1 份 10%胰酶（活力 1∶250）水溶液，混匀，37℃孵育 60min，期间间或轻轻摇动反应液。

2）检出试验。用 5 号针头注射器分别取离心上清液和胰酶处理上清液腹腔注射小鼠 3 只，每只 0.5ml，观察和记录小鼠 48h 内的中毒表现。典型肉毒毒素中毒症状多在 24h 内出现，通常在 6h 内发病和死亡，其主要表现为竖毛、四肢瘫软，呼吸困难，呈现风箱式呼吸、腰腹部凹陷、宛如蜂腰，多因呼吸衰竭而死亡，可初步判定为肉毒毒素所致。若小鼠在 24h 后发病或死亡，应仔细观察小鼠症状，必要时浓缩上清液重复试验，以排除肉毒毒素中毒。若小鼠出现猝死（30min 内）导致症状不明显时，应将毒素上清液进行适当稀释，重复试验。

3）确证试验。不论上清液还是其胰酶激活处理液，凡能致小白鼠发病、死亡者，取样分成三组进行确证存在肉毒毒素的试验。

第一组：加等量的多型混合肉毒抗毒诊断血清，混匀 37℃，作用 30min。

第二组：加等量明胶磷酸盐缓冲液，混匀，煮沸 10min（也有煮沸 30min 的）。

第三组：加等量明胶磷酸盐缓冲液，混合即可，不做其他处理。

三组混合液分别注射小白鼠各 2 只，每只 0.5ml，观察 4d。若第一组、第二组的小白鼠均获得保护存活，而第三组的小白鼠以特症症状死亡，则可判定检样中有肉毒毒素存在。必要时可进行毒力测定及定型试验。

4）毒力测定。取确证试验阳性的试验液，用明胶磷酸盐缓冲液稀释制备一定倍数稀释液，如 10 倍、50 倍、100 倍、500 倍等，分别腹腔注射小鼠各两只，每只 0.5ml，观察和记录小鼠发病与死亡情况至 96h，计算最低致死剂量（MLD/ml 或 MLD/g），评估样品中肉毒毒素毒力，MLD 等于小鼠全部死亡的最高稀释倍数乘以样品试验液稀释倍数。例如，样品稀释两倍制备的上清液，再稀释 100 倍试验液使小鼠全部死亡，而 500 倍稀释液组存活，则该样品毒力为 200MLD/g。

5）定型试验。根据毒力测定结果，用明胶磷酸盐缓冲液将上清液稀释至 10～1000MLD/ml 作为定型试验液，分别与各单型肉毒毒素诊断血清等量混合（国产诊断血清一般为冻干血清，用 1ml 生理盐水溶解），37℃孵育 30min，分别腹腔注射小鼠两只，每只 0.5ml，观察和记录小鼠发病与死亡情况至 96h。同时，用明胶磷酸盐缓冲液代替诊断血清，与试验液等量混合作为小鼠试验对照。

结果判定：某一单型诊断血清组动物未发病且正常存活，而对照组和其他单型诊断血清组动物发病死亡，则判定样品中所含肉毒毒素为该型肉毒毒素。为争取时间尽快得出结果，毒素检测的各项试验可同时进行；根据具体条件和可能性，定型试验可酌情先省略 C、D、F 及 G 型；进行确证及定型等中和试验时，检样的稀释应参照所用肉毒诊断血清的效价；试验动物的观察可按阳性结果的出现随时结束，以缩短观察时间；唯有出现阴性结果时，应保留充分的观察时间。

（4）肉毒梭菌检出

1）接种。取出庖肉培养基 4 支和胰蛋白酶胰蛋白胨葡萄糖酵母膏（TPGY）肉汤管 2 支，隔水煮沸 10～15min，排除溶解氧，迅速冷却，切勿摇动，在 TPGY 肉汤管中缓慢加入胰酶液至液体石蜡液面下肉汤中，每支 1ml，制备成 TPGYT。吸取样品匀液或毒素制备过程中的离心沉淀悬浮液 2ml 接种至庖肉培养基中，每份样品接种 4 支，2 支直接放置(35±1)℃厌氧培养 5d，另 2 支放 80℃保温 10min，再放置(35±1)℃厌氧培养 5d；同样方法接种 2 支 TPGYT 肉汤管，(28±1)℃厌氧培养 5d。接种时，用无菌吸管轻轻吸取样品匀液或离心沉淀悬浮液，将吸管口小心插入肉汤管底部，缓缓放出样液至肉汤中，切勿搅动或吹气。

以上试管于(28±1)℃培养 5d，若无菌生长，可再培养 10d，培养到期，若有生长，取培养液离心，以其上清液进行毒素检测试验，阳性结果证明检样中有肉毒梭菌存在。

2）分离培养。吸取 1ml 增菌液至无菌螺旋帽试管中，加入等体积过滤除菌的无水乙醇，混匀，在室温下放置 1h。取增菌培养物和经乙醇处理的增菌液分别划线接种至卵黄琼脂平板，(35±1)℃厌氧培养 48h。观察平板培养物菌落形态，肉毒梭菌菌落隆起或扁平、光滑或粗糙，易成蔓延生长，边缘不规则，在菌落周围形成乳色沉淀晕圈（E 型较宽，A 型和 B 型较窄），在斜视光下观察，菌落表面呈现珍珠样虹彩。

3）鉴定试验。染色镜检：挑取可疑菌落进行涂片、革兰氏染色和镜检，肉毒梭菌菌体形态为革兰氏阳性粗大杆菌、芽孢卵圆形、大于菌体、位于次端，菌体呈网球拍状毒素基因检测：分别采用针对各型肉毒梭菌毒素基因设计的特异性引物（表 9-1）进行 PCR 扩增。PCR 扩增体系应设置阳性对照、阴性对照和空白对照。用含有已知肉毒梭菌菌株或含肉毒毒素基因的质控品作阳性对照、非肉毒梭菌基因组 DNA 作阴性对照、无菌水作空白对照。完成扩增后用 1.2%～1.5%琼脂糖凝胶电泳检测 PCR 扩增产物。

表 9-1　肉毒梭菌毒素基因 PCR 检测的引物序列及其产物

肉毒梭菌类型	引物序列	扩增长度/bp
A 型	F5′-GTG ATA CAA CCA GAT GGT AGT TAT AG-3′ R5′-AAA AAACAA GTCCCA ATT ATT AACTTT-3′	983
B 型	F5′-GAG ATG TTT GTG AAT ATT ATG ATC CAG-3′ R5′-GTT CAT GCA TTA ATA TCA AGG CTG G-3′	492
E 型	F5′-CCA GGC GGT TGT CAA GAA TTT TAT-3′ R5′-TCA AAT AAA TCA GGC TCT GCT CCC-3′	410
F 型	F5′-GCT TCA TTA AAG AACGGA AGC AGT GCT-3′ R5′-GTG GCG CCT TTG TACCTT TTC TAG G-3′	1137

（5）结果报告

1）肉毒毒素检测结果报告。根据检出试验和确证试验结果，报告 25g（ml）样品中检出或未检出肉毒毒素。

根据定型试验结果，报告 25g（ml）样品中检出某型肉毒毒素。

2）肉毒梭菌检验结果报告。根据肉毒梭菌检出试验结果，报告样品中检出或未检出肉毒梭菌或检出某型肉毒梭菌。

第二节　食品微生物定性检测技术

食品微生物检测常用指标有菌落总数、大肠菌群、致病菌及真菌毒素等，微生物的特性不同，采用的检测技术也就不同，合适的检测技术对提高食品微生物检验效率尤其重要。进行微生物定性检测的技术既有传统的检测法，如形态观察、生化鉴定，也有现代快速的核酸检测和免疫学技术，下面简单介绍这些检测技术。

一、形态观察

形态观察是指用肉眼或借助显微镜观察微生物个体、群体区分微生物类群的方法。对于细胞性状简单的菌体，如细菌、酵母菌等，形态观察只能区分大的类群，在菌种鉴定上起辅助作用。对于形态相对较复杂的霉菌，往往有一些区别于其他种类的突出特征，因此通过形态观察一般可做出种群的鉴定。

（一）个体特征

个体特征主要包括微生物个体的情况，如细菌细胞的构造；革兰氏染色反应；能否运动、鞭毛着生部位和数目；有无芽孢和荚膜、芽孢的大小和位置；放线菌和真菌的繁殖器官的形状、构造；孢子的数目、形状、大小、颜色和表面特征等。

（二）群体特征

群体特征通常是指微生物在一定的固体培养基上生长的菌落特征，主要包括菌体形态、大小、光泽、黏稠度、透明度、边缘、隆起情况、正反面颜色、质地、气味、是否分泌水溶性色素等；在半固体培养基上经穿刺接种后的生长情况；在液体培养基上的生长情况，包括是否产生菌膜、混浊度、有无沉淀和气泡、培养基颜色等。不同生物的生活史有一定的差异，也可作为菌种鉴别的参考依据。

二、生化鉴定

不同种类的微生物适应各自的生长环境，如生长温度、对氧气的需求、适应的生长 pH、水活度等，通过自身独特的酶系统，进行合成代谢及分解代谢。它们在代谢过程中，利用营养物质的能力、经历的代谢途径以及产生的代谢产物都具备各自的特点。利用这些特点区别和鉴定微生物种类的方法就称为生化试验。在进行生化试验时，必须用纯培养，否则会出现错误的结果。

生化试验的项目很多，应根据检验目的适当选择。现将在食品卫生微生物检验中常用的一些生化试验的原理及方法介绍如下。

（一）糖类代谢试验

糖类代谢试验主要用于观察微生物对某些糖类的分解能力以及分解产物，从而进行微生物学鉴定。

1. 糖发酵试验

微生物可对各种糖类、醇类、糖苷类等进行分解，但其分解能力和分解产物均可能因微生物种类不同而不同。例如，大肠杆菌能分解乳糖和葡萄糖，而沙门氏菌只能分解葡萄糖，不能分解乳糖。大肠杆菌有甲酸脱氢酶，能将分解糖所生成的甲酸进一步分解成二氧化碳和氢气，故产酸又产气，而沙门氏菌无甲酸脱氢酶，分解葡萄糖只产酸不产气。在进行大肠菌群测定时，就是根据这一原理采用乳糖发酵试验进行检测。当大肠菌群分解乳糖产酸时，可使培养基中的溴甲酚紫指示剂由蓝紫色变成黄色，产生的气体可以在倒置的小管内观察到。

2. 甲基红试验（methyl red test，M.R 试验）

M.R 试验和乙酰甲基甲醇试验（V.P 试验），都是测定细菌利用葡萄糖产酸能力的试验。某些细菌能够分解葡萄糖产生丙酮酸，并进一步分解产生甲酸、乙酸和乳酸等多种有机酸，使培养基中的 pH 下降至 4.2 以下。因为甲基红变色的 pH 范围是 4.4（红）～6.0（黄），所以往细菌培养液里滴加甲基红试剂可判断试验菌是否具备上述能力。若试验菌培养液滴加甲基红变成红色，为 MR 阳性反应，若变成黄色，则为阴性反应。

值得注意的是，出现甲基红阳性反应的产酸过程一般至少需要 4d，并且甲基红阴性细菌也能分解葡萄糖产酸，只是接着又将产生的酸进一步代谢，在 4d 内生成了中性化合物。因此，进行这项试验时，观察的时间尤其重要。肠道杆菌生长在 37℃以下，培养 4d 后观察为宜，其他细菌也可参照同样时间。如果细菌在 4d 期间 M.R 和 V.P 反应两者均为阳性，就应该培养较长的时间，以确定生成的酸是否完全转换了。

3. 乙酰甲基甲醇试验（V.P 试验）

V.P 试验是检测细菌能否分解葡萄糖产生乙酰甲基甲醇的生化试验。某些细菌如产气杆菌在糖代谢过程中，分解葡萄糖产生丙酮酸，并接着将丙酮酸转化为乙酰甲基甲醇和 2, 3-丁二醇等中性物质。乙酰甲基甲醇在碱性条件下可被氧化成二乙酰，二乙酰能与蛋白胨中精氨酸所含的胍基起作用，生成红色化合物。

V.P 试验所用培养基及培养条件都与 M.R 试验相同，试验菌株接种于葡萄糖蛋白胨水试管中，37℃下培养 4～6d。检测时，在培养液中加入 NaOH（KOH），使其成碱性，根据培养液颜色的变化判断试验结果。若培养液变成红色，试验菌为 V.P 试验阳性，否则为阴性。为使反应更快、结果更明显，可与 NaOH 同时加入少量肌酸或肌酸酐等含胍基的化合物。

4. β-半乳糖苷酶试验（*O*-nitrophenyl-β-galactoside，ONPG 试验）

β-半乳糖苷酶是一种诱导酶，它可以催化它的“天然”底物乳糖及 β-半乳糖苷化合物的水解。当某些细菌生长在含有乳糖的培养基中时，能够产生 β-半乳糖苷酶。

β-半乳糖苷酶试验用三糖铁琼脂（TSI）斜面培养试验菌，37℃培养 18h，挑取菌苔于生理盐水试管中制备成菌悬液，每管加一滴甲苯摇匀（有助于酶的释放），在 37℃下放置 5min，然后在菌悬液中加入 *O*-硝基苯酚-β-半乳糖苷，以此判断该种细菌是否产生 β-半乳糖苷酶。

ONPG 是一种无色化合物，在 β-半乳糖苷酶的作用下，被水解产生深黄色的 *O*-硝基苯酚（*O*-nitrophenol）。如果试验菌产生 β-半乳糖苷酶，其菌悬液最终会从无色转变成深黄色，为 ONPG 阳性；反之，则为阴性。一些迟缓发酵乳糖的肠杆菌 ONPG 试验阳性，如埃希菌属、枸橼酸杆菌属、克雷伯菌属等；不发酵乳糖的细菌如沙门氏菌属、变形杆菌属等 ONPG 试验为阴性。

（二）蛋白质及氨基酸代谢试验

1. 靛基质试验（吲哚试验）

有些细菌（如埃希菌属）含有色氨酸酶，能分解蛋白胨中的色氨酸，生成吲哚（靛基质）。吲哚本身没有颜色，不能直接看见，但能与对二甲基氨基苯甲醛反应，生成红色的玫瑰吲哚。试验时将测试菌接种于蛋白胨水培养基中，37℃培养 24～48h（可延长 4～5d），取吲哚试剂数滴，沿试管壁缓缓加入（均匀摇动试管），在液层界面形成红色者即为阳性反应；如仍为黄色，则为阴性反应。

2. 硫化氢试验

某些细菌（如副伤寒沙门氏菌）能分解培养基中的含硫氨基酸（如甲硫氨酸、胱氨酸及半胱氨酸等），生成硫化氢。硫化氢遇铅盐（或铁盐）会形成黑色的硫化铅（或硫化铁）沉淀物。因此，可利用这一特点对它们进行鉴别。

硫化氢试验可用穿刺接种法，将试验菌接种于具有含硫氨基酸和铅盐或铁盐的培养基中，适温培养2～4d，如穿刺线上或试管底部变黑，则为阳性反应。为了能保持还原环境，使硫化氢不被氧化，培养基中应加入硫代硫酸钠作为还原剂。当所供应的氧足以满足细胞代谢时，试验菌不会产生H_2S，因此不能使用通气过多的培养方式（如斜面培养）。

3. 尿素酶试验

有些细菌（如幽门螺杆菌）含有脲酶，能分解培养基中较多量的尿素，产生大量的氨，使培养基pH升高，并使指示剂（酚红）由黄色变为粉红色。将待测菌株接入加有2%尿素和酚红的葡萄糖蛋白胨斜面培养基，(36±1)℃培养1～4d，培养基变红色者为阳性反应。

应注意：配制本培养基时，调节pH很重要，如pH高于7.0，则培养基加入尿素时就变红色，不宜使用。

4. 氨基酸脱羧酶试验

有些细菌含有氨基酸脱羧酶，使羧基脱出，生成胺类和二氧化碳。此反应在偏酸性条件下进行。肠道杆菌和假单胞菌的鉴定常采用本试验。

用幼龄培养液作为菌种，直针穿刺接种，接种后加液体石蜡；对照管与测定管同时接种并加液体石蜡，肠杆菌科的细菌培养在37℃中，逐日观察，共观察4d。对其他非临床来源的细菌可在30℃下培养，连续观察一周。如指示剂呈紫色或带红色色调的紫色者，为阳性反应，呈黄色者为阴性；对照管应呈黄色。

做该试验时要注意两点：一是不仅要接种试验管，同时还要接种氨基酸脱羧酶对照管。因为氨基酸脱羧酶试验管中含有氨基酸和可以发酵的糖类（葡萄糖），某些细菌在酸性厌氧环境、且有氨基酸底物存在时能诱导产生氨基酸脱羧酶，使氨基酸脱羧产生尸胺，使培养基变紫，而不产生氨基酸脱羧酶的细菌只能代谢葡萄糖产酸，使培养基变黄，而氨基酸对照管中，只含有可以发酵的糖类，不含有氨基酸底物，细菌只能代谢葡萄糖产酸，使培养基变黄。氨基酸脱羧酶对照管的主要作用是判断待检菌株是否生长、是否利用葡萄糖，如果细菌本身不能利用葡萄糖，对照管则也呈现紫色，试验管若呈紫色就无法判断细菌是否产生了氨基酸脱羧酶，使得培养基变紫。如果我们在实验过程中发现对照管紫色，但有明显生长迹象时，说明待检菌可能不发酵葡萄糖。例如，假单胞菌在检验过程中可能会出现这种情况，我们需要结合三糖铁的结果，并补做氧化酶试验，以排除假单胞菌属。假单胞菌的氧化酶试验为阳性。二是接菌后一定要加液体石蜡密封，滴加石蜡是为了保证一个厌氧环境，若接菌后不滴加石蜡，尸胺物质分解可使得培养基难以保持碱性环境造成漏检。

5. 苯丙氨酸脱氨酶试验

某些细菌（如变形杆菌）具有苯丙氨酸脱氨酶，能将苯丙氨酸氧化脱氨，形成苯丙酮酸，苯丙酮酸遇到三氯化铁呈蓝绿色。

将试验菌株接种于加有苯丙氨酸的斜面培养基上，适温培养3～7d（某些芽孢杆菌要培养21d）后，取10%的$FeCl_3$溶液4～5滴，滴加到生长菌苔的斜面上，凡斜面和试剂界面处呈蓝绿色者为阳性反应，表示能从苯丙氨酸形成苯丙酮酸。本试验主要用于肠杆菌科细菌的鉴定，变形杆菌属、普罗威登斯菌属和摩根菌属细菌均为阳性，肠杆菌种中其他细菌均为阴性。

6. 明胶液化试验

某些细菌可以产生一种胞外蛋白水解酶（明胶酶），将明胶分解为氨基酸，使明胶失去凝固能力，因而使半固体的明胶培养基成为流动的液体。取18～24h经斜面培养的试验菌株穿刺接种于明胶培养基，并有两支未接种的作空白对照。于20℃培养7d后观察结果，明胶液化的为阳性。由于室温下明胶培养基呈液状，因此在观察结果时，应将其放置于4℃的冰箱中30min后拿出观察。若明胶仍能全部凝固为阴性，有部分或全部不能凝固为阳性。该试验可以用于肠杆菌科细菌的鉴别，如沙雷菌、普通变形杆菌、奇异变形杆菌、阴沟杆菌等可液化明胶，而其他细菌很少液化明胶。多数假单胞菌也能液化明胶。有些厌氧菌如产气荚膜梭菌、脆弱类杆菌等也能液化明胶。

（三）呼吸酶类试验

1. 硝酸盐还原试验

某些细菌能把培养基中的硝酸盐还原为亚硝酸盐、氨和氮等。如果培养基中的硝酸盐被还原为亚硝酸盐，当培养液中加入格里斯氏（Griess）试剂时，亚硝酸盐与试剂中的对氨基苯磺酸发生重氮化作用，生成对重氮苯磺酸，对重氮苯磺酸再与试剂中的α-奈胺起反应，生成红色的*N*-α-奈胺偶氮苯磺酸，因此培养液呈粉红色、玫瑰红色、橙色或棕色等。亚硝酸盐的形成可能是最终产物，也可能是中间产物，测定时应注意这一变化过程。

将试验菌种接种于硝酸盐液体培养基中（需做不接种的对照管），适温培养1d、3d、5d。取两支干净的试管（或在白色瓷盘小孔中）倒入少许培养液，然后在其中分别各滴一滴试剂A液和B液，在对照管中同样加试剂。当培养液变为粉红色、玫瑰红色、橙色或棕色等时，表示有亚硝酸盐存在，为硝酸盐还原阳性。如无红色出现，则可加1或2滴二苯胺试剂，此时，如呈蓝色反应，则表示培养基中仍有硝酸盐，如不呈蓝色反应，表示硝酸盐和新形成的亚硝酸盐都已还原成其他物质，故仍应按硝酸盐还原阳性处理。肠杆菌科细菌均能还原硝酸盐为亚硝酸盐；假单胞菌属中有的细菌能产生氮气，如铜绿假单胞菌、嗜麦芽窄食单胞菌、斯氏假单胞菌，有的则能还原硝酸盐为亚硝酸盐，如鼻疽假单胞菌等；厌氧菌如韦荣球菌也能还原硝酸盐为亚硝酸盐。

2. 氧化酶试验

氧化酶即细胞色素氧化酶，也称呼吸酶，作为呼吸链中的最后一个电子传递体，在某些细菌细胞中存在。氧化酶在有分子氧和细胞色素c存在时，可氧化二甲基对苯二胺使之呈玫瑰红到深紫红色，此即科瓦克斯（Kovacs）氏法。后来Gaby和Hadley修改Kovacs法，改用盐酸二甲基对苯二胺和α-萘酚一起参与反应，形成吲哚酚蓝。该试验用于奈瑟菌属的菌种鉴定，该属细菌均阳性；也用于假单胞菌属与肠杆菌科细菌的区别，前者阳性，而后者阴性；莫拉菌属、产碱杆菌属等均为阳性。

（1）Kovacs氏法　在干净的培养皿里放一小张滤纸，滴上1%的二甲基对苯二胺水溶液，仅使滤纸湿润即可，不宜过湿。用白金丝接种环（或用细玻璃棒）挑取18～24h菌龄的菌苔，涂抹在湿滤纸上，10s内，菌苔呈现红色者为阳性，60s以上出现红色者不计，按阴性处理。

（2）Gaby和Hadley氏法　用1%二甲基对苯二胺液湿润滤纸后，再滴加等体积的1% α-萘酚乙醇液，然后涂抹菌苔，出现蓝色者为阳性。变色的时间要求同上。

也可将试剂风干在滤纸条上，其方法是：取质地较好的滤纸，先裁成约1cm宽的滤纸条，浸泡在1%二甲基对苯二胺试剂中（或再加等体积的1% α-萘液），在室温下风干，放在带橡皮塞的大试管中，于冰箱中可保存数月。使用方法同上。

本试验应注意以下几点：①盐酸二甲基对苯二胺溶液容易氧化，溶液应装在棕色瓶中，并在冰箱中保存。如溶液变为红褐色，即不宜作用。②铁、镍、铬丝等金属可催化二甲基对苯二胺呈红色反应，若用来挑取菌苔，能出现假阳性；故必须用白金丝或玻璃棒（或用灭菌牙签）来挑取菌苔。③在滤纸上滴加试剂，以刚刚打湿滤纸为宜，如滤纸过湿，会妨碍空气与菌苔接触，从而延长了反应时间，造成假阴性。

3. 过氧化氢酶试验

过氧化氢酶又称接触酶，在许多细菌中都存在，能催化过氧化氢分解成水和氧。但梭状芽孢杆菌和大多数乳酸细菌不产生这种酶。

将测试菌接种于适合该菌生长的培养基斜面上，适温培养 18～24h。然后挑取一环菌苔，在 3%～5%的过氧化氢液滴中涂抹，若有气泡（氧气）出现，则为过氧化氢酶阳性反应，无气泡者为阴性。也可将过氧化氢直接加到菌种斜面上，观察气泡的产生。

测试菌所生长的培养基不可含有血红素或红细胞，因为过氧化氢酶是一种以正铁血红素作为辅基的酶，在这种培养基上生长的菌易产生假阳性。

4. 好氧性试验

在鉴定细菌时，常以它们的好氧性作为指标。

若在培养基中加入还原剂，如巯基乙酸钠和甲醛次硫酸钠等时，可除去培养基中的氧气或氧化型物质，使厌氧菌能在有氧情况下生长。

将试验菌穿刺接种到加有还原剂的培养基中（必须穿刺到管底）。30℃培养，分别在第 3～7 天每天观察结果。在琼脂柱表面生长者为好氧菌，如沿穿刺线生长者为厌氧菌或兼性厌氧菌。

（四）有机酸盐试验

1. 柠檬酸盐或丙酸盐利用试验

某些细菌能利用柠檬酸盐或丙酸盐作为唯一碳源，并利用磷酸铵作为氮源，将柠檬酸分解为二氧化碳，则培养基中由于有游离钠离子存在而呈碱性，使加有酸碱指示剂（如 1%的溴百里酚蓝）的培养基从绿变蓝。本试验为肠杆菌科各属的一项重要鉴别特征。

取幼龄菌种，接种于含有柠檬酸钠（丙酸钠）和酸碱指示剂的斜面培养基上，适温培养 2～7d，培养基呈碱性（蓝色）者为阳性反应，不变色者为阴性。

2. 丙二酸盐试验

琥珀酸脱氢是三羧酸循环的一个环节。丙二酸与琥珀酸会竞争琥珀酸脱氢酶，在丙二酸浓度较高的情况下，琥珀酸脱氢酶不能释放出来催化琥珀酸脱氢反应，故抑制了三羧酸循环。能否利用丙二酸盐也是细菌鉴定中的一个鉴别性特征。

用幼龄菌种接种于加丙二酸钠的测定培养基和空白对照培养基，于适温下培养 1～2d，观察培养基变色情况。如测定培养基有细菌生长并变蓝色，表示该菌可利用丙二酸盐，为阳性反应。如测定培养基未变色，空白对照培养基也不生长，表示该培养基成分不适于测定菌生长，应另选择合适的培养基进行测定。如测定培养基未变色，而空白对照培养基上能生长，则为阴性结果，表示细菌不利用丙二酸盐。

（五）毒性酶类试验

1. 卵磷脂酶试验

某些细菌产生卵磷脂酶，能使卵磷脂分解生成脂肪和水溶性的磷酸胆碱。检测细菌是否产生卵磷脂酶的试验方法有以下两种。

1）将试验的菌种接种于加有卵黄的试管胰胨培养液中，同时接种不加卵黄的对照管，适温培养 1d、3d 或 5d 后观察结果。若与对照管相比较，在卵黄胰胨培养液中或表面形成白色沉淀者，则为阳性反应，表示卵磷脂已被分解，生成脂肪和水溶性的磷酸胆碱，从而说明有卵磷脂酶的存在。

2）将试验菌种点接在加有卵黄的肉汤蛋白胨平板上，每皿可分散点接 4～5 株菌（以不影响观察为宜）。如待测的菌种为厌氧菌，则需要在接种线上面加盖无菌玻片，每株菌至少需重复接两皿；适温培养 1～2d，在菌落周围和下面如有不透明的区域出现，表示卵磷脂被分解，生成脂肪，并说明该菌株有卵磷脂酶存在。

2. 血浆凝固酶试验

致病性葡萄球菌能产生血浆凝固酶，它们可直接作用于血浆中的纤维蛋白，也可作用于血浆凝固酶原，使之成为血浆凝固酶，从而使抗凝的血浆发生凝固。在检验葡萄球菌时，常以它们能否凝固抗凝的人或兔血浆，作为区别有否致病性的依据。

3. 链激酶试验

A 型溶血性链球菌能产生链激酶（即溶纤维蛋白酶），该酶能激活人体血液中的血浆蛋白酶原，使之成为成血浆蛋白酶，而后溶解纤维蛋白。在检验溶血性链球菌时，常以它们能否溶化凝固血浆来判定是否为 A 型溶血性链球菌，溶化时间愈短，表示该菌产生的链激酶愈多。

（六）氰化钾生化试验

氰化钾（KCN）是呼吸链末端抑制剂。能否在含有氰化钾的培养基中生长，是鉴别肠杆菌科各属常用的特征之一。氰化钾抗性试验如下：用幼龄菌种接种于加氰化钾的测定培养基和未加氰化钾的空白培养基中，适温培养 1～2d，观察生长情况。能在测定培养基上生长者，表示氰化钾对测定菌无毒害作用，为阳性。若在测定培养基和空白培养基上均不生长，表示空白培养基的营养成分不适于测定菌的生长，必须选用其他合适的培养基。而测定菌在空白培养基上能生长，在含氰化钾的测定培养基上不生长，为阴性结果。

氰化钾是剧毒药品，操作时必须极其小心。培养基用毕后，每管加几粒硫酸亚铁和 0.5ml 20% KOH 以去毒，然后才可清洗。

三、微生物鉴定系统

进入 21 世纪后，人类感染的致病微生物日趋复杂，严峻的现实要求微生物检验更准确、更快速地检出与监测病原体。传统的生化试验方法既费材料又费时间，难以适应快速鉴定、诊断与治疗。特别是在发生食物中毒的情况下，从增菌、筛选、鉴别到生化实验，每一环节都需耗费大量时间，其中任何环节出错，都会影响后序工作。近代，以 PCR 为代表的分子生物学技术的发展及自动化仪器的应用已明显加快了微生物检验的速度，微量鉴定系统是介于 PCR 分子生物学技术分析和传统手工细菌生化鉴定的分析技术。微生物生化系统在 20 世纪 70 年代就陆续地在国内外出现，具有快速、准确、微量化和操作简便等优点，是在微量生化试验的基础上再配制一套由计算机编码的细菌鉴定手册，就可对某类细菌进行大量的菌种鉴定工作，如商品化的 API 鉴定系统、Enterotube 鉴定系统等。这些鉴定系统最初都是为肠杆菌科的鉴定而设计的，随着实际需要，后来陆续出现了一些新的鉴定系统，用于鉴定肠杆菌科以外的一些微生物，如厌氧菌、淋球菌、酵母菌及不发酵的革兰氏阴性细菌等。

（一）API 鉴定系统

API 系统是由 Analytab Products INC 前三个字头拼写而成。API 鉴定系统是由法国生物-梅里埃公司生产的细菌数值分类分析鉴定系统。API 系统用于细菌鉴定的品种有 15 种，分别有相应的数据库。数据库由细菌条目（taxa）组成，每个条目可能因情况的不同代表细菌种、细菌的生物型、细菌的菌属。鉴定主要依据 API 试剂条的生化反应结果将一种/组细菌与其他细菌相鉴别，并用%id（鉴定百分率）表示每种细菌的可能性。

API 鉴定系统的主要部分是 API 试剂条及检索工具，此外有些反应还需要添加试剂。API 试剂条由透明的 PVC 材料制成，不同的试剂条有不同数量的反应杯，每个反应杯内包被有相应的干燥生化基质，常见的生化反应有以下 5 类。

1）发酵试验：是碳水化合物与酸的分解代谢试验，通过 pH 的变化引起酸碱指示剂颜色的改变来判断结果，如葡萄糖、乳糖、甘露糖、蔗糖、甘露醇、肌醇、山梨醇等。

2）同化试验：根据待测菌能否利用反应杯中的单一碳水化合物作为碳源而得以生长来判断，如葡萄糖、阿拉伯糖、甘露糖、甘露醇、*N*-乙酰葡糖铵、葵酸、乙二酸、苹果酸等。

3）发酵或同化抑制试验：是根据待测菌是否受到反应杯中特异抑制物的抑制而不能产生分解代谢或不能生长来判断。

4）酶试验：根据待测菌含有相应的酶就可分解底物，再通过显色反应来判断，如碱性磷酸酶、氧化酶、β-半乳糖苷酶、赖氨酸脱羧酶、鸟氨酸脱羧酶、色氨酸脱羧酶、吲哚产生等。

5）其他生化反应：如硝酸盐还原酶、七叶苷、明胶、硝酸盐还原等。

检索工具包括生化反应检索手册或 ATB new、API LAB Plus 分析软件。不同的试剂条对应相应的生化反应检索手册进行检索。常用的 API 鉴定系统的种类及用途见表 9-2。

表 9-2　API 鉴定系统的种类及用途

品名	适用范围	孵育时间/h	备注
API 20E	肠道杆菌及其他革兰氏阴性杆菌	18～24	
HAPI 10E/10S	最常见的革兰氏阴性杆菌	18～24	H 为 API20E 的简化试剂条
RapiD 20E	肠杆菌科	4	4h 快速
API 20NE	非肠道革兰氏阴性杆菌	24～48	生化试验与同化试验相结合
API Staph	葡萄球菌和微球菌	24～48	
HAPI 20Strep	链球菌和相关细菌	4	有时需 24h
APl20C AUX	酵母样菌及念珠菌	24～48	同化试验
APl 20A	厌氧菌	24～48	发酵试验，适合所有的厌氧菌
API Listeria	李斯特氏菌属	24	
API Coryne form	棒状杆菌及相关细菌	24	生化试验与发酵试验相结合
API Campy	弯曲菌属	24	
APINH	奈瑟氏菌属嗜血杆菌属黏膜炎布兰汉氏球菌	2	可同时进行鉴定、生物分型（流感和副流感嗜血杆菌）和青霉素酶测定

在实际工作中，梅里埃 API 系统将革兰氏阳性球菌、肠杆菌、弧菌、非发酵菌及酵母样真菌等鉴定到种的正确度很高，操作简便，适合不具备自动微生物鉴定及药敏测试系统的基层实验室使用。

（二）Enterotube（Encise）系统

Enterotuhe 系统是用无菌的互相间隔开的塑料管组成一个整体，其中有 8 个小室，分别装有不同酶作用物和指示剂，每个塑料管两端各有一个帽盖并封存一只接种针，接种时除去接种针外端的帽盖，并用该针从原始培养平皿上挑取菌落，然后捅进塑料管中将菌接种到培养基上，再将针体部分地抽出，拆掉留在管外的部分。遗留在管内的部分针体有助于保持厌氧条件；接种针抽出部分，则可供给需氧条件。盖上帽盖，将接种管孵育过夜。

该装置可做下列 11 种试验：葡萄糖产酸、葡萄糖产气、赖氨酸脱羧酶、鸟氨酸脱羧酶、硫化氢、靛基质、乳糖发酵、卫矛醇发酵、苯丙氨酸脱氨酶、尿素酶、柠檬酸盐等试验。

改进后的 Enterotube 型可做 15 种试验，除上述 11 种外，又增加了侧金盏花醇、阿拉伯糖、山梨醇和 V.P 试验 4 种。

试验结果可直接进行判断或查阅专门设计的结果判定表。Enterotube Ⅱ[a] 系统是 2005 年 FDA 批准使用的用于检测和鉴定肠杆菌科的微量生化系统。

（三）Micro-ID 系统

在一塑料盘上有 15 个小室。前 5 个小室内有两个滤纸片，其中一个是酶作用物纸片，另一个是指示剂纸片；后 10 个小室都是一个滤纸片（酶作用物和指示剂合在一起）。取 18～24h 的细菌培养物溶于盐水中，分别滴加各个小室中，在 37℃孵育 4h，取出观察颜色变化，判定结果。该法可检测下述项目：V.P 试验、硝酸盐还原、苯丙氨酸脱氨酶、硫化氢、靛基质、鸟氨酸和赖氨酸脱羧酶、丙二酸盐、尿素酶、七叶苷水解、ONPG 和阿拉伯糖、侧金盏花醇、肌醇和山梨醇等发酵。该系统主要用于肠杆菌科的细菌鉴定。

（四）Minitek 系统

该系统是一个长方形，带盖的有两行 5 个小室、一行 2 个小室，共 12 个小室的塑料盘。生产厂同时提供一套含有各种酶作用物和指示剂的圆形滤纸片，一根吸管和一瓶含有 1ml 肉汤的小瓶。使用时把此盘放在滤纸片分配卡上，然后把事先选好的滤纸片放在小室内。把分离好的单个菌落在含有肉汤的小瓶内制成菌悬液，用上述吸管吸取菌液，分别加到小室内，在 35℃孵育 18～24h，观察滤纸颜色改变，或加入某些试剂后再观察颜色变化。该系统可做下列试验：尿素酶、阿拉伯糖、硝酸盐、鼠李糖、乳糖、七叶苷、甘油、甘露薄、海藻糖、葡萄糖、甘露糖、水杨素、蔗糖、木糖、靛基质、麦芽糖、硫化氢等。

Minitek 系统既有鉴定肠杆菌科的微量生化系统，也有通过改变底物鉴定酵母菌的系统。

（五）VITEK 自动系统

VITEK 是梅里埃公司的产品，是目前世界上影响力较大的细菌鉴定和药敏系统之一，它针对不同的细菌有不同的鉴定卡：GPI（革兰氏阳性菌）、YBC（酵母菌）、ANI（厌氧菌）、BAC（芽孢杆菌）、NHI（奈瑟氏球菌）、NFC（非发酵）、GNS（革兰氏阴性菌药敏试验）、GPS（葡萄球菌/链球菌药敏试验）、EPS（肠道致病菌筛选）、UID（尿道菌计数及鉴定）。后来梅里埃公司又开发了新一代产品 VITEK2 和 VITEK2COMPACT。

（六）Uni-Yeast-Tek 系统

是鉴定酵母菌用的微量生化反应系统，包括 3 支试管和一个轮状盘。轮状盘的中心孔含有玉米吐温 80 琼脂。周围 11 个孔供脲酶、硝酸盐还原、蔗糖、乳糖、麦芽糖、棉子糖、纤维二糖、可溶性淀粉及单糖的同化试验。3 支试管中一支供酚氧化酶活性的检测，作为新型隐球菌的推测性鉴定；另外两支供芽管形成试验和蔗糖同化试验，作为念珠菌的初筛试验。含基质的轮状盘经 25～30℃培养 6d 观察结果。结果的解释根据该系统所附的索引进行查阅。

（七）Microbial 鉴定系统

Microbial 鉴定系统是基于细菌的代谢特征来鉴定细菌的自动化系统，它是采用气相色谱技术分析细菌纯培养悬液中的萃取物，然后由计算机根据产生的脂肪酸图谱分析计算色谱的峰值数据，并与数据库对比后得出最佳鉴定结果。

（八）Biolog 鉴定系统

Biolog 鉴定系统是由美国 Biolog 公司于 1989 年推出的使用碳源利用图谱开发的微生物鉴定系统，该系统最初用于肠道菌、非发酵菌和苛养菌等革兰氏阴性杆菌的鉴定，后来，该系统扩大了鉴定范围，也可以用于革兰氏阳性球菌、杆菌和芽孢杆菌、酵母菌、厌氧菌、真菌等的鉴定。

（九）微生物质谱检测系统

微生物质谱检测系统是近年来发展的一种微生物鉴定新方法，简便、快速、准确，采用基质辅助激光解析电离飞行时间质谱（matrix-assisted laser desorption ionization time-of-fliz; ht mass spectrometry，MALDI-TOF MS）技术原理，改变了微生物实验室的工作模式和流程。由于微生物可以产生特殊的蛋白指纹图谱，通过 MALDI-TOF MS 测得样品的相对分子质量，依据样品质荷比（*m/z*）的不同进行分析鉴定。鉴定分析过程是先通过 MALDI-TOF MS 获得质谱，然后与细菌数据库中不同微生物家族的种/属特定蛋白质谱相比对，从而得出鉴定结果。此法还可进行细菌毒力因子、耐药分析、细菌分型及大规模的细菌蛋白质组学研究。该技术在欧洲已用于临床微生物常规鉴定检测。

四、核酸检测技术

核酸检测技术是在基因水平上检测目标微生物，特别是对于难培养或抗原结构复杂的微生物的鉴定及分型，主要包括 PCR、核酸分子杂交及基因芯片等技术。

（一）PCR 及其衍生技术

Khorana（1971）等最早提出了核酸体外扩增的设想，Kary Mullis 于 1985 年发明了 PCR 技术。PCR 是在体外酶促合成特定的双链 DNA 片段的技术，通过变性、退火和延伸 3 个步骤反复循环反应实现产物的指数级增长。通过 PCR 技术可在较短时间内将 1 分子的 DNA 成百万倍甚至上亿倍地复制，该技术在分子生物学研究中具有重要的意义，极大地推动了生命科学的发展，广泛地应用在食品、医学、生物学研究等方面，特别在食品安全检测中具有重要的应用价值。

PCR 技术有快速、特异、敏感等特点，因而该技术在食品中致病菌的检测方面具有很大的应用潜力。例如，新生儿感染阪崎肠杆菌主要是因为婴儿奶粉中污染了该菌，国内外传统检测方法都存在时间长、检测结果假阳性的问题，采用 PCR 技术可以快速灵敏地检测出奶粉中的阪崎肠杆菌。致病菌是食源性疾病的主要原因，快速准确灵敏检测食品中的食源性病原菌是保障食品安全，防止食源性疾病暴发的重要手段。每种致病菌中通常都含有特异性的基因，如肠出血性大肠杆菌（enterohemorrhage *E. coli*）O157：H7 是引发食物中毒的重要病原菌，编码 O157：H7 特异性抗原的基因有 *rfbE* 基因、*fliC* 基因和 *eaeA* 基因，通过多重 PCR 特异扩增这三条片段可以检测肉中的大肠杆菌；金黄色葡萄球菌含有 *sea*、*seb*、*sec* 等 9 种特异的肠毒素基因，通过实时定量 PCR 可以快速准确鉴定出肉、干酪等食品中的污染菌；沙门氏菌中含有血清群特异性引物基因和血清型特异性引物基因，志贺氏菌中含有 *ipaH* 特异基因、单核李斯特氏菌含有特异溶血素基因 *hlyA*，副溶血性弧菌含有不耐热溶血素（tl）、直接热稳定溶血素（tdh）和间接溶血素（trh），通过荧光定量 PCR 扩增病菌中的特异基因可以检测出食品中的致病菌。

PCR 技术还可以检测转基因食品。转基因自诞生以来，一直是生命科学研究和讨论的热点，随着研究的不断深入和实验技术的不断完善，转基因技术得到了更广泛的应用，转基因食品应运而生，但对人类的危害尚未有定论，对转基因食品的检测尤其必要。微生物是转基因技术中的材料，通过 PCR 检测食品中特异的外源基因或 35S 启动子、NOS 终止子等可以检测是否是转基因食品。

当食品中含有的微生物难以分离培养进行生理生化分析时，可以通过分析 16S rRNA、内转录间隔区（internal transcribed spacer，ITS）等序列进行微生物鉴定。因为 rRNA 参与生物蛋白质的合成，其功能为所有生物所必需。原核生物中的 16S rRNA 中既有高度保守的序列区域，又有中度保守及高度变化的序列区域，适合用于研究和区分生物之间的亲缘关系；ITS 是真菌核糖体 RNA（rRNA）基因非转录区的一部分，包括 ITS1、5.8S 和 ITS2，ITS 的序列分析能实质性地反映出属间、种间以及菌株间的碱基对差异，并且 ITS 序列片段较小、易于分析，目前已被广泛应用于真菌属内不同种间或近似属间的系统发育研究中。这种序列分析技术的基本原理是从样品中提取微生物总 DNA，通过 PCR 特异扩增 16S rDNA 或者 ITS 序列，再通过克隆测序获得序列信息，与数据库中的序列进行比对，建立系统进化树，从而鉴定样本中可能存在的微生物种类。该技术能够对样品中的优势物种、稀有物种以及一些未知的物种进行检测，获得样品中的微生物群落组成以及它们之间的相对丰度，这对于研究微生物与环境的关系、微生物资源的利用和治理环境有着重要的理论和现实意义。

（二）核酸分子杂交

核酸分子杂交又名核酸探针技术、基因探针技术，它是在 20 世纪 70 年代基因工程学基础上发展起来的一项新技术。核酸分子杂交是利用带有标记的特定 DNA 或 RNA 探针与已变性的待检核酸样品进行杂交，若样品中存在与探针互补的靶标序列，则二者退火形成带标记的双链，通过检测标记物信号的有无及强度即可实现微生物定性或定量分析。分子杂交技术应用的关键在于靶标特异性核酸片段选取及相应探针设计及标记物。^{3}H、^{35}S 和 ^{32}P 是 3 种较常用的放射性同位素标记物，非放射性同位素标记物较常用的是生物素、地高辛和荧光素等。

基因探针具有敏感性高（可检出 10^{-12}～10^{-9} 的核酸）和特异性强等优点，已被广泛地应用于基因工程及医学、兽医学的实验室诊断和进出口动植物及其产品检验方面，特别是在食品中一些常见的病原菌检测方面。在设计探针时要依照待检测微生物特异的 DNA 序列，如检测产气荚膜梭菌时，设计的探针是针对产气荚膜梭菌的产毒基因；以葡糖苷酸酶基因设计核酸探针可用于检测食品中的总大肠杆菌，而其不同致病型的区分则需针对特异毒力基因合成适宜的探针。这种检验在志贺菌、沙门氏菌、小肠结肠炎耶尔森、产单核细胞李斯特氏菌、金黄色葡萄球菌中也已被广泛使用。

由于放射性标记存在标记元素的半衰期短、对人体及环境有害、需要特殊操作设备等缺点，近年来已逐渐被非放射性 DNA 探针检测系统所取代，其主要通过酶促反应将特定的底物转变为有色物质或化学发光物质而达到信号放大的目的。利用核酸杂交技术进行食品微生物检验比传统方法更加准确、灵敏，但同时也增加了假阳性出现的机会。所以在实验过程中，一定要保证实验环境的干净，避免其他 DNA 造成的污染。

（三）基因芯片技术

基因芯片又称 DNA 微阵列，是一种高通量的核酸分子杂交技术。其原理也是核酸分子间的杂交，只是在一块芯片上同时进行多个杂交。利用该技术进行食品微生物检测的方法是：先提取待检测的微生物的基因组 DNA，对特异基因进行 PCR 扩增，然后将扩增后的产物与预先固定在芯片上的探针进行杂交，最后通过荧光扫描或酶学方法检测杂交信号的强度和分布，以确定受检样品中特定微生物的存在及丰度。

食品中的微生物种类多、丰度低、随机性强，传统的培养、鉴定方法往往会掩盖一些低丰度或不易培养的微生物，而 PCR、免疫杂交等现代技术则多限于检测一种或少数几种靶标微生物或基因，难以全面分析食品受污染状况。而基因芯片具有高通量、并行化及高度自动化等优点，为食品微生物群落多样性研究、食源性致病菌含有的多个毒力基因、药敏基因的同步化、快速检测等提供了一个有力的平台。

五、免疫学检测技术

免疫学检测技术是基于抗原-抗体的特异性结合反应发展而成的蛋白质水平上的系列检测方法，相对于核酸技术其更直接地靶向微生物特异性基因的表达产物，是目前生物学检测方法中用途最广泛的一种方法。

（一）血清学反应

抗原抗体可于体外特异性结合，出现凝集、沉淀等可观察现象，反应迅速简便易行。既可用已知抗原检出抗体，又可用已知抗体检出抗原，既可定量又可定性亦可定位。因早期实验采用血清抗体，习惯称其为血清学技术。抗原抗体由分子间作用力按一定比例结合，其反应是可逆的，受电解质、温度及 pH 影响。例如，很多细菌外表完全相同，用电子显微镜或生化反应仍无法分辨它们，但利用血清学的特异性反应则可将它们分为众多的型，血清学反应可以用来鉴别微生物类群。

1. 凝集反应

细菌、血细胞等颗粒性抗原悬液加入相应抗体，在适量电解质存在的条件下，抗原抗体发生特异性结合，进一步凝集成肉眼可见小块，称为凝集反应。参与反应的颗粒性抗原称为凝集原，参与反应的抗体称为凝集素。该类反应分直接凝集反应和间接凝集反应。

（1）直接凝集反应　抗原与抗体直接结合而发生的凝集反应。诊断伤寒、副伤寒病的肥达氏反应（Widaltest）、布氏病的瑞特反应（Wright test）均属定量凝集反应。

（2）间接凝集反应　又称被动凝集反应。它是利用某些与免疫无关的均一的小颗粒物质，如细菌、红细胞、聚苯乙烯乳胶、活性炭等作载体，将可溶性抗原（或抗体）吸附于表面，与相应的抗体（或抗原）结合，在有电解质存在的适宜条件下，发生的凝集现象。

2. 沉淀反应

可溶性抗原（如血清蛋白、细菌培养滤波、细菌浸出液等）与相应抗体结合，在有适当电解质存在的条件下，形成肉眼可见的沉淀物，称为沉淀反应，可溶性抗原称沉淀原，抗体称沉淀素。沉淀反应分为环状法、絮状法和琼脂扩散法三种基本类型。

（1）环状法　将已知的抗血清放入小口径沉淀管底部，然后小心加入经适当稀释的抗原溶液于血清表面，使两者成为界面清晰的两层，数分钟后在液面交界处出现白色沉淀环，为阳性反应。

（2）絮状法　在凹玻上滴加抗原与相应抗体，出现肉眼可见絮状沉淀为阳性反应。

（3）琼脂扩散法　可溶性抗原与抗体在半固体琼脂凝胶内进行扩散，若抗原与抗体相对应，且比例适当，就会在相遇处出现白色沉淀线，此为阳性反应。

血清学技术广泛应用于革兰氏阴性细菌的检测，如大肠杆菌和沙门氏菌。在革兰氏阳性细菌中，血清学技术对李斯特氏菌属极为重要。

（二）免疫标记技术

某些小分子物质结合到抗原或抗体上，不影响抗原抗体反应但使之更容易观察从而提高检测的灵敏度，称为免疫标记技术。与抗原或抗体结合的小分子物质称为标记剂。近年来免疫标记技术发展很快，各类物质被试用作标记物，其中以荧光素、放射性同位素和酶标记最为成熟，合称三大标记技术。

1. 免疫荧光技术

当抗原抗体反应在固定的组织或细胞（如微生物涂片或组织切片）上发生时是不可见的，如果采取化学方法用荧光色素与抗体或抗原相结合，但不影响其反应特性，就能凭借细胞或组织是否显示荧光来判断抗原和抗体的反应情况。这种将免疫反应的特异性与荧光标记分子的可见性结合起来的免疫学技术即免疫荧光技术（immunofluorescence technique）。因被标记的通常是抗体，又称荧光抗体技术。常用的荧光色素有异硫氰酸荧光黄（fluorescein isothiocyanate，FITC）和罗丹明（lissamine rhodamine B，RB200）等。

目前，免疫荧光技术已发展成为三个分支技术：以荧光显微镜为检测工具的免疫荧光显微技术，主要用以检测有形态结构的颗粒性抗原-抗体系统；以各种荧光光度计为检测工具的荧光免疫测定技术，主要用于测定可溶性分子抗原-抗体系统；以流式荧光激发细胞检定或分类器为检测工具的流式免疫荧光细胞鉴定技术，主要用于快速检出和分类细胞性抗原-抗体系统。其中以免疫荧光显微技术应用最多，它有以下优点：①在保持抗原抗体反应特异性的同时，能观察到被检对象的形态学特征（如各种微生物、组织细胞等），显著提高了结果判断的可靠性。②由于免疫荧光是建立在抗原抗体反应的第一阶段，即抗原抗体结合上，所以试验时间比血清学技术大大缩短。这个特点，对于食品检验和传染病的快速诊断，具有重要意义。③免疫荧光可以看作一种特殊的染色技术，只要是在显微镜下可辨认的对象，无论数量多少，原则上都可被检出。由于荧光镜检在暗视野中进行，因此比普通镜检更敏感。如检查细菌纯培养，一般每毫升含菌量5000个左右即能检出，而凝聚试验则需数亿个以上。④免疫荧光原则上可应用于一切抗原抗体系统中。如在微生物学中，既可用于细菌、病毒、立克次氏体，也可用于真菌和原生动物；既可用于活体，也可用于死细胞；既可用于体内，也可用于体外。

免疫荧光显微技术从20世纪60年代开始应用于食品微生物检测，1976年，美国职业分析化学家协会（AOAC）正式将沙门氏菌属荧光抗体检出方法列入食品细菌学分析手册试行。我国从 20 世纪 70 年代初开始这方面的研究，至 70 年代末，从沙门氏菌属荧光抗体的制备到检验操作程序，建立了一套适合我国国情的技术，并开始从实验室研究向应用过渡。目前，我国已成功应用免疫荧光显微技术，从食品中快速检出沙门氏菌、金黄色葡萄球菌、溶血性链球菌等，取得了显著的社会经济效益。

免疫荧光显微技术检验食品细菌的方法是，先将样品通过增菌培养，使被检菌达到一定的浓度（一般达到 10^5 个/ml 以上），然后将含菌培养液涂片或滴加到制备好的玻片固相抗体膜上，使被检菌黏附在玻片表面，再用相应的荧光抗体染色。如样品中含有被检菌，则用荧光显微镜检查时就会发现具有一定荧光强度和相应形态的细菌，否则为阴性。

2. *免疫酶技术*

免疫酶技术的基本原理与免疫荧光技术、放射免疫技术相似。它们都是使要标记的免疫反应物（抗原、半抗原、抗体或种属免疫球蛋白、SPA、生物素、亲和素等）通过化学或免疫学的方法与酶连接形成酶结合物。由于在标记过程中有关免疫活性、抗体活性、抗原决定簇和酶的活性中心并未受到严重的影响，因此酶结合物仍然保持与其相应的反应物（抗原、抗体、生物素、亲和素）互相作用的特异性及酶的催化活性。

因为酶结合物与相应的抗原或抗体结合形成的酶免疫复合物，多数情况是呈不均一状态，即带酶的免疫复合物和游离的酶结合物均能起酶促作用，所以必须将两者分开，再与底物进行反应，借助酶的催化（或称酶促）作用，无色的底物被水解，氧化还原反应形成有色或电子致密的不溶性终产物。可用肉眼、分光光度计、普通光学显微镜或电子显微镜观察。根据上述原理可将免疫酶技术的基本原理概括如下：

$$\text{抗原} + \text{抗体} + \text{酶或第二抗体酶} + \text{底物} \longrightarrow \text{显色}$$

常见酶结合物种类有：酶-抗原结合物、酶-第一抗体结合物、酶-第二抗体结合物、酶-SPA 结合物、酶-生物素结合物、酶-抗生物素（亲和素）结合物等。

在酶结合物中，经常使用过氧化物酶、碱性磷酸酶、葡萄糖氧化酶，β-半乳糖苷酶等。由于辣根过氧化物酶（horseradish peroxidase，HRP）对标记过程中的各种条件有较强的抵抗性，在标记后保存中，其活性不易下降，所以实际工作应用较广泛。

免疫酶技术中，ELISA 技术被广泛应用于食品中微生物的检测和计数，实例如下。

（1）沙门氏菌的检测　　使用具有多价鞭毛抗体 IgG 结构的多克隆 ELISA 和辣根过氧化物酶，对 142 种食品样品进行分析，有 92.2%的结果与培养方法得到的结果一致。ELISA 得到的假阳性结果为 6.4%，有 95.8%的结果与 FA 得到的一致。

（2）金黄色葡萄球菌内毒素的检测　　使用双抗体 ELISA 技术对葡萄球菌内毒素 A 进行检测，可在 20h 内完成对维也纳香肠中 0.4ng 的检测，在 1～3h 完成对牛乳中 3.2ng/ml 和蛋黄酱中 1.6ng/ml 的检测。

（3）真菌毒素的检测　　检测黄曲霉毒素 B_1 的 ELISA 方法中，可检测浓度最低为 0.1ng/ml；聚丙烯微量平板方法可检测浓度为 25pg/ml。T-2 毒素的最低检出量为 0.05ng/ml。赭曲霉毒素的最低检出量为 25pg/ml。

3. *放射免疫测定法*

放射免疫测定法（radioimmunoassay，RIA）是用放射性同位素 ^{125}I、^{131}I、^{8}H、^{14}C、^{32}P 和 ^{35}S 等标记抗原或抗体，再使两者结合，然后用自显影法或竞争性放射免疫测定法进行抗原或抗体的定性定量测定。此法兼有放射性同位素标记物所具有的高灵敏度（达到 ng 和 pg

水平）和血清学反应的高特异性的优点。其缺点是需特殊的设备，并可能使实验人员受到放射性伤害。

固态放射性免疫测定是使单层的抗体分子与固体表面或物质结合。所使用的固态物质有聚丙烯、聚苯乙烯和溴乙酰纤维素。被抗体包裹的聚合物可与有放射性物质标记的抗原相结合，是证实固态 RIA 技术的关键。当洗去游离的标记抗原后，进行放射性定量测量。研究中使用最多的标记物是 ^{125}I。

Johnson 等改进了固态 RIA 技术，将其用于金黄色葡萄球菌内毒素 B 的检测，此方法比免疫扩散技术灵敏度高 5～20 倍。研究者发现实验中使用聚苯乙烯和积分放射计数器检测，灵敏度为 1～5ng。Collins 等在应用 RIA 技术时使用与溴乙酰纤维素相结合的浓缩抗体检测内毒素 B。研究结果发现此方法比免疫扩散技术灵敏 100 倍，其内毒素 B 的检测准确度为 0.01pg/ml。Collins 等从各种食品中如火腿、牛乳、羊肉等，提取出葡萄球菌内毒素 A，用 RIA 技术检测，可在 3～4h 完成。

第三节　食品微生物定量检测技术

对于食品中微生物及其产物的存在、类型和数量的检测是食品微生物学的基础，但迄今为止仍没有一种理想的方法可快速、准确地检测出食品中微生物存在的类群和精确的数量。目前常用的食品微生物定量检测的方法主要有显微镜直接计数法、菌落计数法、代谢测定法和最大可能数测定法等。

一、显微镜直接计数法

食物涂片法属于显微镜直接计数法。在食物涂片法中，将一定量的食品均匀涂布于载玻片的规定区域，进行干燥、固定。如必要，需脱脂、染色，用显微镜在一定数目的视野中计算单个的和成团的微生物细胞数量，将计算的视野数目换算成所检验食品的量，从而计算出每克或每毫升食品中的细菌数。食物涂片法除了广泛应用于鲜奶及其制品的细菌计数，还应用于其他食品的微生物检测，如干燥食品和冷冻食品。

这种方法的优点是：操作简便快速；所需设备少；可以同时鉴定细胞形态和革兰氏染色类型；食物涂片可保存供以后参考。缺点是：仅适于含有大量微生物的食物；由于检验的食品量太少（0.01ml 或 0.001ml），准确性受限制；样品中的食物碎片影响试验的准确性。其操作过程如下。

1）样品制备。为了保证细菌在样品中分布均匀，取样前应将样品经过适当的搅拌、振摇，以充分混匀，并且采用沉降或纱布过滤的方法去除样品中的食物颗粒和碎片。

2）涂片。准确量取 0.01ml 样液，用接种环均匀涂布在载玻片中央面积为 $1cm^2$ 的圆形区域内。

3）干燥。及时将涂片在 40～45℃下，在 5min 内晾干，但不宜干得太快，否则可能造成涂片破裂或脱落。晾干过程中保证涂片平放，以避免涂布面积增加或干燥后涂片上菌体分布不均匀。对高脂肪食物涂片，应将载片浸于二甲苯中脱脂，并在染色之前用甲醇洗掉。Levowitz-Weber 染色不需脱脂步骤。为了鉴别在特殊食品或商品中的某些微生物可以选择特殊染色。

4）显微镜检查。检查涂片有代表性的部分，选择任何一边的中部为开始视野，并选择边缘以内的两三个视野。计数横过涂片的一串分开的视野。然后，自涂片的顶或底的中部开始，计数顺垂直于第一组的线路一系列分开的视野。如果要检查更多的视野，可再选约离第一组 2mm 的视野计数，依涂片内细胞密度和要求的精密度，通常要计算 10～100 个视野。

5）计算和记录显微镜计数。要估计食品中的细菌数，必须测定每单位体积中的细菌数，并乘以制此涂片的稀释倍数。在涂片法计数时，每一视野中的细菌平均数乘显微镜系数（MF）和所用稀释倍数。

每视野平均细菌数×MF×稀释倍数＝直接显微镜数/ml（g）

如果计算一个恒定的视野数，可用视野数除 MF 得出工作系数（WF），再以 WF 进行计算如下式：

WF×在一定视野中的细菌总数×稀释倍数＝直接显微镜数/ml（g）

6）导致误差的因素：①样品缺乏代表性；②在粉碎匀化检样时，一些细菌未从固体食物中游离出来；③量取样液时不准确；④造成载物片的污染；⑤未涂平或未让涂片在水平位置上晾干，致使细菌分布不规律；⑥未计算足够的视野数；⑦在观察和计数上的误差；⑧使用显微镜技术不好，如照明不足或过度照明或焦距不合适。

二、菌落计数法

菌落计数法是把定量样品中的微生物经稀释后接种于固体培养基，经过培养，根据培养基上出现的菌落数检测样品中微生物含量。由于只有活细胞才能在培养基上形成菌落，因此该法属于活菌计数法。然而菌落计数法并不能检测出样品中实际的总活菌数，因为样品稀释液中的细胞以单个、成双、链状或成团等多种形式存在，培养基上的一个菌落可能由一个以上的细胞形成；单一培养条件不能满足样品中各种微生物的生长繁殖所需，有的活细胞没有形成菌落；一些活细胞因受到损伤，生理状态差，不能在培养过程中进行生长繁殖。因此，菌落计数法的检测结果不应报告为活菌数，而应报告为单位重量或体积样品在培养基上形成的菌落数，称菌落形成单位数（colony forming units，cfu）。

（一）标准平板计数法

标准平板计数法（standard plate count，SPC）是食品工业中检测菌落形成单位（cfu）数量的最常用的方法。在标准平板计数法中，将部分样品取出混合均匀，用适当的稀释液进行梯度稀释、涂布或浇注琼脂平板。在合适温度下培养一定时间，然后通过平板上出现的所有菌落进行计数。

尽管 SPC 大多采用倾注平板的方法，但涂布平板方法会取得更好的结果。涂布平板方法是先将琼脂倒在平板上待其凝固后再使用，将一系列的稀释液涂布于同样的平板表面，准确吸取 0.1ml 的稀释液于每一平板中，用涂布棒在整个平板上均匀进行涂布。涂布平板方法的优点在于可检测到热敏性菌体，而在倾注平板方法中，这些微生物在熔融的琼脂培养基中则不能生长，如果菌落形态对于单菌落的鉴定十分重要时，应选择涂布平板方法。显然，对严格好氧菌应该使用此方法，但对微好氧微生物则其生长会较缓慢。涂布方法的主要缺点是涂布物问题（特别是涂布时琼脂表面还不干燥的情况下）和菌落重叠混杂的问题。

标准平板计数法的准确性受以下因素影响：采用的取样方法；微生物在样品中的分布情况；食品中微生物群的特性；食品原料的特性；食品的预检过程；所用培养基的营养情况；培养温度和时间；培养基的 pH、水活度和氧化还原电势（Eh）；稀释剂的类型；食品样品中的相对数量；其他竞争性或拮抗微生物的存在。

（二）螺旋接种法（spiral plater method）

20 世纪 70 年代，美国 FDA 的研究人员研制出一种新的微生物接种仪器，称为螺旋接种系统（spiral system）。用该系统接种省去了传统接种法的必需步骤，如样品的 10 倍系列稀释，每一样品需测定 2～3 个稀释度，每稀释度要做 2 个重复等，从而减少了许多人力、物力和时间上的花费。

螺旋接种法的基本原理是，接种针将样品液以阿基米德螺旋方式，从平板中央往外连续稀释接种。每次接种量约 0.05ml，接种于平板中央部分的菌体密度较高，往外则逐渐稀释。培养后，因平板上每一特定面积的接种量为已知，所以由此部位出现的菌落数可以估计出原来样品每克（或每毫升）的含菌量。

螺旋接种法的优点为：样品不需事先稀释；不需作二重复；接种速度快，每次接种只需 1～2min；培养结果既可人工计数，也可用激光计数器（laser bacteria colony counter）计数，可测定 500～500 000cfu/ml 的菌数；人力与物力的花费成本低廉；测定结果与传统方法比较，相关性更高。1984～1985 年，螺旋接种法相继被美国 FDA 和美国公共卫生协会推荐为正式的细菌总数检验法。但是，螺旋接种法也有一些缺点：设备投资较高；含颗粒的样品容易堵塞接种针的微细孔道（固体样品均质后常有的现象）；如果每毫升样品的带菌量小于数百个或大于 10^5 个，结果的准确性将降低；对琼脂平板的表面品质要求较高，应平整、无皱缩和无气泡，否则会影响接种和计数结果。

（三）疏水网膜滤器法

疏水网膜滤器（hydrophobic grid membrane filter，HGMF）法简称疏水网膜法，又称等格过滤法（isogrid system），由加拿大卫生福利健康保健研究所最早进行研究应用。该法的基本原理是，在 5cm^2、孔径为 0.45μm 的滤膜上，用疏水物质横竖各刻印 40 条线，将滤膜分为 1600 个小格，以疏水刻线作为隔栏，防止菌落的扩散。样品稀释液首先通过 5μm 的前滤器过滤，再通过 HGMF 滤膜过滤，把样品液中的细菌截留在疏水网膜的小格中，然后根据所需检验菌的特性，将滤膜置于适当的选择性培养基上，培养 24～48h，阳性菌落即可通过呈色而显示，据此进行人工计数或计数器计数。

疏水网膜法最初只用于水中大肠菌群的检验，现在则可检验几乎所有食品中的细菌。在此介绍几种已由 AOAC 认定或正考虑采纳的用 HGMF 检测食品微生物数量的方法。

（1）大肠菌群/大肠杆菌检测　先将 HGMF 放在 LMG 琼脂上，35℃培养 24h，对出现的蓝色大肠菌群菌落进行计数，然后将整块滤膜转移至 BMA 琼脂平板上，35℃培养 2h，在长波紫外光下检测，所有大肠杆菌菌落在紫外光下发出蓝白色荧光。此法已被 AOAC 作为证实食品中大肠菌群和大肠杆菌的 24h 计数方法。

（2）沙门氏菌检测　样品经非选择性增菌培养过夜后，再选择性增菌培养 6h，取适量选择性增菌培养液于 HGMF 上过滤，然后置于 EF-18 琼脂平板上培养，出现的绿色菌落即由沙门氏菌形成，检测全过程只需 24h。此法已被 AOAC 采用。Brichata 等曾应用 HGMF 检测了 120 个食品加工样品中的沙门氏菌，最低检测限达到了 1.0cfu/ml。

（3）酵母和霉菌计数　先制备 1∶10 的样品稀释液，取 1ml 经 HGMF 过滤，然后将滤膜转移至 YM-11 琼脂平板上，25℃培养 48h，酵母和霉菌在 YM-11 琼脂上形成蓝色菌落，由此计数。此法比常规方法至少节省 3d 时间。目前，AOAC 正考虑是否采纳这种方法。

疏水网膜法的优点是：能去掉样品中酸类及其他不利于细菌生长的可溶性物质，并排除其中的一些固体物质，因此有利于菌落的生长和菌落的计数；可以浓缩样品中的细菌；便于恢复受伤细菌的活力，且不影响检测结果。因此，疏水网膜法灵敏度高，检测时间短。

（四）Hungate 厌氧滚管培养技术

Hungate 厌氧滚管培养技术不仅可用于有益厌氧菌如双歧杆菌的分离与活菌培养计数，还可用于有害腐败菌（如酪酸菌）或病原菌（如肉毒梭状芽孢杆菌）的分离与鉴定。该法由美国著名微生物学家 R. E. Hungate 发明。其主要原理是利用除氧铜柱制备高纯氮，并用高纯氮驱除小环境中的空气，使培养基的配制、分装、灭菌和贮存，以及菌种的接种、培养、观察、分离、移种和保藏等过程始终处于高度无氧状态，从而保证严格厌氧菌的存活。用这种方法制备而成的培养基称为预还原无氧培养基（pre-reduced anaerobically sterilized medium，PRAS 培养基）。在进行严格厌氧菌的分离时，先用“无氧操作”把样品稀释，并接种到装有融化好的 PRAS 培养基的密封试管中，然后将该试管平放于冰浴中滚动，使含菌培养基在试管内表面形成均匀薄层，经培养后，根据薄层上出现的菌落数计算出样品中严格厌氧菌的含量。

三、代谢测定法

代谢测定法是通过测定微生物的代谢活性了解其生长状态，并由此估计检测样品中活菌数的方法。

（一）阻抗测定法

电阻抗是交流电路中导电物质对电流所起的阻碍和抵抗作用，可由电导和电容计算出来。微生物可使培养基中的电惰性底物，如碳水化合物、蛋白质等营养物质代谢成为电活性产物，如乳酸盐或氨等。当微生物的生长和代谢活性旺盛时，培养基中的电惰性分子即为许多电活性分子所取代，从而使培养基的电导性增大，培养物的电阻抗降低。如将样品接种后从开始培养至阻抗值发生急剧变化的时间称为检测时间（detection time），则该时间的长短与样品中的原始菌数呈反比，即原始菌数越高，检测时间越短，反之越长。

目前已经有根据上述原理制成的细菌检测仪面市，如一种称为 Bactomer 的细菌记数仪对细菌（10^4 以上）计数的准确率（与标准平板计数比较）在 93%以上。该检测仪由孵育器、一对插入培养基的不锈钢电极、阻抗监测系统和一个微处理机组成，据资料报道，在筛选牛奶样品时（21℃），用 Bactomer 可在 22h 之内分出含菌大于 10^3 和小于 10^3 的样品，准确率达 88%；在 13.7h 内区分出大于 10^4 和小于 10^4 的试样，准确率达 91%。

阻抗测定技术可检测的最少细胞数为 10～100 个。在 3～5h 可检测细胞数 10^3～10^6/ml，在 5～7h 可检测细胞数 10^4～10^5/ml。检测的界限为 10^6～10^7/ml。阻抗技术应用于食品微生物检测中的实例如下。

在 200 种蔬菜样品的检测中，有 90%～95%的样品的阻抗测量与平板培养技术的计数结果相一致。阻抗的测量需要 5h，此方法适用于奶油糕点、肉食和其他食品。

用 7h 或更少时间的阻抗检测可以分析得到巴氏消毒牛乳中的微生物数量，其结果与好氧平板计数（APC）相同。在 380 个样品分析中，有 323 个（85%）样品的阻抗分析是正确的。对 27 种牛乳样品使用同一标准分析在 10h 内就可完成。在 6 个实验中对牛乳进行了仔细分析研究，阻抗结果与标准平板计数结果相比变化较小。

麦汁中酵母的生长使阻抗不断升高，而细菌生长过程使阻抗逐渐降低。使用阻抗技术，酿造业中检测啤酒中腐败微生物的时间能够从 3 周或更长时间缩短到 2～3d。

在牛肉中大肠菌群的检测中，使用特殊的培养基，以阻抗技术分析 70 个样品，79%的阻抗结果与最近似数技术（MPN）三试管实验的结果相同。在另一研究中，通过阻抗技术检测鲜肉表面的微生物数量，当细胞浓度为 10^7 个/ml 或更高时，检测可在 2h 内准确地完成。

（二）腺苷三磷酸（ATP）测定法

腺苷三磷酸（ATP）是所有活细胞中的主要能量储藏物，它在细胞死亡 2h 后消失。每个细菌细胞中的 ATP 含量恒定，为 10^{-18}～10^{-17}mol/细胞。因此通过测定样品中微生物的 ATP 量，可以大致估算出样品所含的总活菌数。种类或生长期不同的细菌细胞中 ATP 含量有所不同。

目前经常利用萤火虫的荧光素-荧光素酶系统检测细胞中的 ATP。当 ATP 存在时，在 Mg^{2+} 与 O_2 参与下，萤火虫荧光素酶（firefly luciferase）催化萤火虫荧光素（firefly luciferin）氧化发光，光强度可用液体发光分光计和照度计测量。反应式如下：

$$\text{荧光素} + ATP + O_2 \xrightarrow{\text{荧光素酶}+Mg^{2+}} \text{氧化荧光素} + AMP + PPi + CO_2 + h\nu$$

该反应对 ATP 呈特异性。当固定发光剂于饱和量下，发光强度与样品 ATP 含量成正比。据此，可间接计算出样品中细菌的总活菌数。由于该发光系统的光量子效应高，故对 ATP 的检测下限可达 10^{-15}～10^{-13}mol/L，相当于 1×10^4 左右活菌数。

ATP 检测方法可用于快速检测食品中的微生物，是一种很有潜力的方法。在此，简要介绍它的基本实验步骤。

1. 破坏非微生物性 ATP

检测过程中排除食品中非微生物性的 ATP 的干扰，是保证检测结果准确性的关键步骤。非微生物性的 ATP 可能来自于食品中的动、植物细胞、试剂或器皿，必须在 ATP 测定前彻底去除。去除方法包括物理分离法和化学破坏法。

物理分离法采用吸附、过滤等物理技术将食品中的待检菌与非微生物性的 ATP 分开。以肉类为例，处理过程为肉块匀浆化成混悬液，低速离心取悬液，经阳离子树脂（型号 Bio-Rex70，100～200 孔/in^2，1in＝2.54cm）吸附小颗粒，过滤悬液（滤膜孔径 0.22μm），细菌集于滤膜表面，在滤膜表面做细菌 ATP 提取，冲洗并收集滤液为待检样品。

化学破坏法利用化学药品破坏食品中的非微生物性 ATP，常用于液态食品。以饮料为例，处理过程为样品液离心，取沉淀制成悬液，用浓度 0.12%的 Triton X-100 破坏哺乳动物细胞，释放出 ATP，加入焦磷酸酶水解可溶性 ATP，加入 pH4.8 苹果酸缓冲液破坏膜结合态的残余 ATP，离心，取沉淀再制成悬浮液为待检样品。

2. 细菌 ATP 的提取

有许多种试剂可用于从细菌中提取 ATP，包括离子化和非离子化的有机溶剂（三氯乙酸、Tris-EDTA、二甲基亚砜等）、无机酸或碱（HNO_3、H_2SO_4、KOH 等），甚至在蒸馏水中煮沸后猝冷等。应达到的实用标准是：①能使细菌 ATP 快速而完全地释放；②释出的可溶性 ATP 不被该试剂水解；③释放剂对萤火虫发光素酶活性无抑制作用。对多种方法的比较性研究后发现，三氯乙酸法和硝酸法较好，可制成常规释放剂使用。应该指出，目前国际市场上商品化的 ATP 释放剂有多种型号，分别适用于不同种属的细菌及其他微生物，应注意选择。

3. 细菌 ATP 测定

细菌经 ATP 释放剂处理后，应立即对其可溶性 ATP 做生物发光测定。目前常使用自动化程度较高的发光光度计进行，它们具有高灵敏度，自动注入试剂和启动测光，样品管快速通过能力和用微机对数据进行采集、处理等性能，以保证快速闪光型生物发光的捕获和记录。当然，若使用纯结晶型发光素等酶制品，并使发光素过量，则生物发光曲线可以呈稳定发光持续 20min 以上，如此更便于测定和记录。以一定时间（1min）内的光强度累积值或峰值为定量数据，经标准曲线换算出相应的 ATP 值，再经平行观察的平板菌落计数试验结果换算出测得 ATP 值相当的活细菌数。

ATP 分析方法已用于鸡肉、牛肉和猪肉的检测中。鸡肉经漂洗后检测，在 10h 内就可得到结果，但由于食品中本身含有的 ATP，当细菌数＜1×10^4/ml 时检测结果不准确。检测牛肉时，使用不含 ATP 的海绵棉拭 500cm^2 的表面，而检测猪肉时棉拭 50cm^2 的表面。整个实验在 5min 内就可以完成，牛肉的最小检测菌体数为 lg2.0cfu/cm^2，猪肉的最小检测菌体数为 lg3.2cfu/cm^2。

（三）辐射测量法

辐射测量法的原理是根据细菌在生长繁殖过程中，可利用培养基中加有 ^{14}C 标记的碳水化合物或盐类底物代谢产生 $^{14}CO_2$，然后通过放射测量仪测量 $^{14}CO_2$ 含量的增加与否，来确定标本中有无细菌的存在。在处理过程中使用 50ml 有盖的血清药瓶，内装 12～36ml 含已标记的可代谢物的培养基。药瓶中可为好氧条件也可充入气体形成厌氧条件，然后接种样品。药瓶中的预留空间可用于检测 $^{14}CO_2$ 的存在。检测 $^{14}CO_2$ 所需的时间与食品中微生物的含量成反比。这样可迅速进行细菌计数，检测时间随接种量、繁殖率和代谢类型而变化，但仍比常规方法要快，一般只需 6～18h。

Levin 等首先提出使用辐射线测定微生物的方法。该方法主要用于医用微生物，有时也用于食品和水中微生物的检测。Previte 对牛肉中的金黄色葡萄球菌、鼠伤寒沙门氏菌、肉毒梭菌和腐败厌氧菌 3679 的孢子进行了研究分析，培养基中的菌体含量为 10^4～10^6/ml，检测时间为 2h（鼠伤寒沙门氏菌）至 5～6h（肉毒梭菌孢子）。在另一研究中，Lampi 等发现使用辐射线方法可在 9h 内完成细胞浓度为 1 个/ml 的金黄色葡萄球菌或鼠伤寒沙门氏菌的检测。当细胞浓度为 10^4 个/ml 时检测只需要 3～4h。腐败厌氧菌 3679 的孢子含量为 90 个/ml 时，需要的检测时间为 11h，数量为 10^4/ml 时需要的时间为 7h，研究者发现孢子的检测时间通常比活细胞的检测时间长 3～4h。从 Lampi 等的发现中可知，辐射线检测适用于微生物含量高的食品检测，一般需要 5～6h，而微生物含量低的食品则需更长的检测时间。

四、最大可能数测定法

最大可能数法（most probable number，MPN）是统计学和微生物学结合的一种定量检测法。待测样品经系列稀释并培养后，根据其未生长的最低稀释度与生长的最高稀释度，应用统计学概率论推算出待测样品中微生物的最大可能数。在此方法中，将 3 个稀释梯度的检样稀释液接种于 9 支或 15 支试管培养基中，每个稀释度接种 3 支或 5 支。经培养后，根据结果查阅 MPN 检索表，就可得到原样品中微生物的估计数量。

MPN 测定法检测的结果不是精确的带菌量数值，并且需要大量的玻璃器皿（特别是 5 试管实验），也不能观察微生物菌落的形态，但这一方法仍被普遍应用，主要原因是：此方法相对简单；不同实验室中得到的实验结果与 SPC 相比，相似率较高；使用适当的选择性培养基可检测特殊的微生物菌群，尤其适用于带菌量极少、其他方法不能检测的食品。在现行实施的食品安全国家标准 GB 4789.3—2016《食品微生物学检验　大肠菌群计数》中检验大肠菌群的第一法即是 MPN 法。

食物上细菌的分布有可能是完全均匀的，也有可能存在于固态食物的表面上，或者有可能分布在食物的特定的污染点，或是在全部食物中随机分布的定位的污染点上。MPN 表中所列的值是假定所检验的细菌在样品稀释液中呈均匀分布而计算出来的。而食物中的脂肪和不溶性食物颗粒妨碍了均一性，由于这个原因，由食物样品中所得到的 MPN 值，较由水样中所得 MPN 值的精确度和可重复性差。

第四节　食品微生物学实验

一、基本实验

实验一　显微镜的使用与细菌形态观察

（一）实验目的及要求

1）掌握无菌操作技术。

2）学会细菌的制片和染色技术。

3）熟练光学显微镜的使用方法。

（二）实验原理

微生物个体微小，需借助显微镜才能观察它们的个体形态和细胞构造，熟悉显微镜和掌握其操作技术是研究微生物不可缺少的手段。本实验通过介绍常用的普通光学显微镜的结构和使用方法，使学生通过本实验，对光学显微镜有比较全面的了解，并重点掌握明视野普通光学显微镜中油镜的使用。

细菌细胞小而透明，在普通光学显微镜下不易识别，必须对它们进行染色。细菌常用碱性染料来进行简单染色，这是因为在中性、碱性或弱酸性溶液中，细菌细胞通常带负电荷，而碱性染料在电离时，其分子的染色部分带正电荷，很容易使细菌结合使菌体着色，经染色后的细菌细胞与背景形成鲜明的对比，在显微镜下更易于识别。

（三）显微镜的构造和性能

1. 构造

1）机械系统：镜座、镜臂、镜筒、转换器、载物台、推进器、调节螺旋。

2）光学系统：目镜、物镜、聚光器、反光镜、滤光片。

2. 性能

1）分辨率和数值孔径。分辨率用 D 表示，$D = 0.5\times(\lambda/\text{N.A})$

$$\text{N.A} = n\times\sin（\alpha/2）$$

N.A 为数值孔径；λ 为入射光波长；n 为介质折射率。α 为镜口角。

2）放大倍数。放大倍数 = 物镜的放大倍数×目镜的放大倍数

（四）实验设备及材料

实验菌种：藤黄八叠球菌（*Sarcina lutea*）、芽孢杆菌（*Bacillus* sp.）

器材：显微镜、载玻片、接种针、结晶紫染料、酒精灯等。

（五）实验方法和步骤

1）显微镜对光：光强时用平面镜，光弱时用凹面镜，视野明亮即可。

2）制片：取菌（要求无菌操作）—涂片—干燥—固定—染色（1min）—水洗—干燥。

3）镜检：低倍镜——定位；高倍镜——观察；油镜——观察。

4）镜检完毕后的工作：擦拭镜头（标本）等，还原显微镜，登记，洗手，离开。

（六）作业

1）哪些方法可以提高显微镜的分辨率？

2）为什么有时候在低倍镜下可看到的目标，换用高倍镜则无法看到？

3）画出高倍显微镜下的细菌形态。

实验二　放线菌、酵母菌的形态观察

（一）实验目的及要求

1）掌握放线菌、酵母菌菌落及个体主要形态特征。

2）掌握观察放线菌和酵母菌个体形态的制片方法。

（二）实验设备及材料

1）实验菌种：啤酒酵母、灰色链霉菌。

2）器材：显微镜、载玻片、盖玻片、接种钩、酒精灯、无菌水、吸水纸等。

（三）实验方法和步骤

1）放线菌菌落形态观察。注意观察大小、颜色、边缘、紧密程度等，区别营养菌丝。气生菌丝、孢子丝。

2）气生菌丝、孢子丝的活体观察。将培养皿盖打开，选择菌丝和孢子丝生长较薄的部位，直接用低倍镜和高倍镜观察。

3）气生菌丝、孢子丝的印片观察。取载玻片——滴 1 滴亚甲蓝染液——盖玻片印片——印片面向下置于亚甲蓝中——吸去多余染液——镜检（用油镜观察）——维护还原显微镜。

4）酵母菌菌落的观察。观察菌落颜色、光泽、质地、表面特征等。

5）酵母菌细胞形态观察（水浸片法）。无菌水滴加于载玻片上——取菌——涂片——盖上盖玻片——镜检（10 倍定位，40 倍观察芽殖）。

注：亮的区域为液泡，看不到细胞核，核需染色才可见到。

（四）作业

1）绘出所观察的放线菌、酵母菌的形态并注明名称和放大倍数。

2）放线菌菌落和细菌菌落有何不同之处？

3）放线菌的菌体为何不易挑取？

实验三　根霉、曲霉的形态观察

（一）实验目的及要求

1）掌握根霉、曲霉菌落和个体形态特征。

2）掌握观察根霉、曲霉及青霉的主要形态特征的制片方法。

（二）实验设备及材料

1）实验菌种：灰绿曲霉、黑曲霉、黄曲霉、青霉等。

2）器材：显微镜、载玻片、盖玻片、接种环、酒精灯、乳酸苯酚、吸水纸等。

（三）实验方法和步骤

1. 接合菌活体观察

1）肉眼观察：菌落形态、大小、质地、颜色等。

2）显微镜观察：打开培养皿盖，将盖倒置，在低倍镜下观察，注意假根和匍匐丝的结构、孢囊结构和孢囊孢子。

2. 接合菌制片观察

载玻片——加1滴乳酸苯酚——顺一个方向钩取少量菌丝——盖玻片剥离飘落于乳酸苯酚——加盖玻片——镜检。

注意：乳酸苯酚不必加热，孢囊在制片时已大多被破坏。

区别孢囊与气泡在显微镜下的差别：气泡会吸附大量孢子，且中央亮，两边暗，而孢囊中间厚，整个区域都暗。

3. 曲霉菌落的活体观察

取培养皿用肉眼观察菌落的大小形态，正反面颜色、质地、饰纹边缘、颗粒物（闭囊壳、菌核等）。

4. 曲霉制片观察：

（1）制片：取干净载玻片——加1滴乳酸苯酚——在菌落中心与边缘之间钩出少量菌（带培养基）置于乳酸苯酚——加盖玻片煮微沸——镜检。

（2）观察：将制片放在显微镜下，用低倍镜观察菌丝的粗细、颜色、分生孢子头形态；曲霉顶囊大小、形态、可育面积、分生孢子梗粗细、颜色、表面特征，有无横隔，小梗着生情况、大小、层数，分生孢子形态、大小、表面特征。

（四）作业

画出供试菌典型结构（不是在一个视野可全部看到），并注明放大倍数和名称。

实验四　其他半知菌的形态观察

（一）实验目的及要求

1）掌握串珠镰刀菌、链格孢霉及青霉的菌落形态和个体形态特征。

2）掌握观察上述半知菌的制片方法。

（二）实验设备及材料

1）实验菌种：串珠镰刀菌、链格孢霉及青霉。

2）器材：显微镜、载玻片、盖玻片、无菌水、接种钩、酒精灯、乳酸苯酚、吸水纸等。

（三）实验方法和步骤

1. 链格孢霉制片

取干净载玻片——加1滴乳酸苯酚——在菌落中心与边缘之间钩出少量丝置于乳酸苯酚——加盖玻片——镜检。

2. 串珠镰刀菌制片

取干净载玻片——加1滴乳酸苯酚——在菌落中心与边缘之间钩出少量菌丝置于乳酸苯酚——加盖玻片——镜检。

3. 青霉制片

取干净载玻片——加 1 滴乳酸苯酚——在菌落中心与边缘之间钩出少量菌（带培养基）置于乳酸苯酚——加盖玻片微煮沸——镜检。

（四）作业

1. 画出供试菌典型结构（不是在一个视野可全部看到），并注明放大倍数和名称。

2. 比较青霉和曲霉属霉菌的个体形态特点。

实验五　培养基的制备和常用器皿的准备

（一）实验目的及要求

1）学会培养基的制备和常用器皿的准备方法。

2）学会高压蒸汽灭菌及干热灭菌方法。

（二）实验设备及材料

1）试剂：LST（月桂基硫酸盐胰蛋白胨肉汤）培养基、BGLB（煌绿乳糖胆盐肉汤）培养基、营养琼脂培养基、沙氏培养基、可溶性淀粉等。

2）器皿：移液管、培养皿、试管、杜氏小管、锥形瓶、搪瓷缸、量筒等。

3）仪器：高压蒸汽灭菌锅、干热灭菌箱。

4）其他：报纸、皮筋、棉线绳等。

（三）实验方法和步骤

1. LST、BGLB 培养基的配制

LST、BGLB 培养基各 3 支试管，每支装 10ml 培养基，加入杜氏小管后加棉塞或硅胶塞，颠倒一下排除小管中的气体，用报纸包成一捆高压蒸汽灭菌。

2. 营养琼脂培养基的配制

按照培养基试剂瓶的说明按比例配制营养琼脂培养基 150ml 于锥形瓶中，加入 1.5g 可溶性淀粉，用无菌膜扎口后进行高压灭菌。

3. 沙氏培养基

按照培养基试剂瓶的说明按比例配制营养琼脂培养基 150ml 于锥形瓶中，盖上无菌膜后进行高压灭菌。

4. 无菌水的制备（稀释用）

1）用 10ml 吸管取 9ml 水放入试管中，塞棉塞，用报纸整体包扎成捆高压蒸汽灭菌（准备 6 支）。

2）取 90ml 蒸馏水放入 250ml 玻璃塞锥形瓶中，盖上无菌膜后进行高压灭菌。

取 225ml 蒸馏水放入 500ml 玻璃塞锥形瓶中，盖上无菌膜后进行高压灭菌。

5. 常用器皿准备（干热灭菌）

1）刻度吸管的包装（8 支）。

2）培养皿的包装（10 个）。

6. 高压蒸汽灭菌

将准备好的培养基、水等物品放入高压蒸汽灭菌锅中灭菌，121℃、30min。

7. 干热灭菌

将包扎好的培养皿、移液管等放入电热鼓风干燥箱中进行灭菌，160～170℃、1～2h。

（四）作业

1）高压蒸汽灭菌和干热灭菌各适用于哪些物品？

2）两种灭菌技术应注意哪些关键操作？

实验六　大肠菌群的检测

（一）实验目的及要求

1）了解大肠菌群在食品卫生检验中的意义。

2）学习并掌握大肠菌群的检验方法。

（二）实验原理

大肠菌群是指一群能发酵乳糖，产酸产气，需氧和兼性厌氧的革兰氏阴性无芽孢杆菌。该菌主要来源于人畜粪便，故以此作为粪便污染指标来评价食品的卫生质量，具有广泛的卫生学意义。它反映了食品是否被粪便污染，并间接地指出食品是否有肠道致病菌污染可能。

食品中大肠菌群数系以每 100g（或 ml）检样内大肠菌群最近似数（MPN）表示。

（三）实验设备及材料

1. 样品

乳、肉、禽蛋制品、饮料、糕点或其他食品。

2. 培养基及试剂

月桂基硫酸盐胰蛋白胨肉汤（LST）培养基、煌绿乳糖胆盐（BGLB）肉汤培养基、无菌生理盐水等。

3. 其他设备和材料

恒温培养箱、水浴锅、天平、均质器或乳钵、温度计、平皿、试管、发酵管、吸管、接种针等。

（四）实验方法和步骤

1. 采样及稀释

1）以无菌操作将检样 25g（或 25ml）放于含有 225ml 灭菌生理盐水或其他稀释液的灭菌玻璃瓶内（瓶内预置适当数量的玻璃珠）或灭菌乳钵内，经充分振摇或研磨做成 1∶10 的均匀稀释液。固体检样最好用无菌均质器，以 800～1000r/min 的速度处理 1min，做成 1∶10 的稀释液。

2）用 1ml 灭菌吸管吸取 1∶10 的稀释液 1ml，注入含有 9ml 灭菌生理盐水或其他稀释液的试管内，振摇混匀，做成 1∶100 的稀释液，换用 1 支 1ml 灭菌吸管，按上述操作依次做 10 倍递增稀释液。

3）根据食品卫生要求或对检验样品污染情况的估计每个稀释度按种 3 管，也可直接用样品接种。

2. 乳糖初发酵试验

1）每个样品，选择 3 个适宜的连续稀释度的样品匀液（液体样品可以选择原液），每个稀释度接种 3 管 LST 肉汤培养基，每管接种 1ml（如接种量超过 1ml，则用双料 LST 肉汤）。

2）(36±1)℃培养（24±2）h。

3）观察倒管内是否有气泡产生，（24±2）h 产气者进行复发酵试验，如未产气则继续培养至（48±2）h，产气者进行复发酵试验。未产气者为大肠菌群阴性。

3. 复发酵试验

用接种环从产气的 LST 管中分别取培养物 1 环，移种于 BGLB 管中，(36±1)℃培养(48±2)h，观察产气情况。产气者，计为大肠菌群阳性管。

4. 大肠菌群最可能数（MPN）的报告

按确证的大肠菌群 LST 阳性管数，检索 MPN 表，报告每克（毫升）样品中大肠菌群的 MPN 值。

（五）作业

列表给出所测样品的大肠菌群数。

实验七　食品中菌落总数的检测

（一）实验目的及要求

1）掌握稀释分离的方法。

2）学会微生物接种技术。

（二）实验原理

菌落总数是指食品检样经过处理，在一定条件下培养后（如培基成分、培养温度和时间、pH、需氧性质等），所得 1ml（g）检样中所含菌落的总数。本方法规定的培养条件下所得结果，只包括一群在营养琼脂上生长发育的嗜中温性需氧的菌落总数。

菌落总数主要作为判定食品被污染程度的标志，也可以应用这一方法观察细菌在食品中繁殖的动态，以便对被检样品进行卫生学评价时提供依据。

（三）实验设备及材料

1. 设备

温箱、冰箱、恒温水浴、天平、电炉、吸管、广口瓶或锥形瓶、玻璃珠、平皿、试管、菌落计数器、酒精灯、均质器或乳钵、试管架、灭菌刀或剪子、灭菌镊子等。

2. 材料

营养琼脂培养基、磷酸盐缓冲稀释液、生理盐水、75%乙醇等。

（四）实验方法和步骤

1. 检样稀释及培养

1）以无菌操作，将检样 25g（或 ml）剪碎放于含有 225ml 灭菌生理盐水或其他稀释液的灭菌玻璃瓶内（瓶内预置适当数量的玻璃珠）或灭菌乳钵内，经充分振摇或研磨做成 1∶10 的均匀稀释液。固体检样在加入稀释液后，最好置均质器中以 8000～10 000r/min 的速度处理 1min，做成 1∶10 的均匀稀释液。

2）用 1ml 灭菌吸管吸取 1∶10 稀释液 1ml，沿管壁徐徐注入含有 9ml 灭菌生理盐水或其他稀释液的试管内（注意吸管尖端不要触及管内稀释液），振摇试管，混合均匀，做成 1∶100 的稀释液。

3）另取 1ml 灭菌吸管，按上条操作顺序，做 10 倍递增稀释液，如此每递增稀释一次，即换用 1 支 1ml 灭菌吸管。

4）根据食品卫生标准要求或对标本污染情况的估计，选择 2～3 个适宜稀释度，分别在做 10 倍递增稀释的同时，即以吸取该稀释度的吸管移 1ml 稀释液于灭菌平皿内，每个稀释度做两个平皿。

5）稀释液移入平皿后，应及时将晾至 46℃的营养琼脂培养基［可放置于(46±1)℃水浴保温］注入平皿约 15ml，并转动平皿使混合均匀。同时将营养琼脂培养基倾入加有 1ml 稀释液的灭菌平皿内作空白对照。

6）待琼脂凝固后，翻转平板，置(36±1)℃温箱内培养（48±2）h。

2. 菌落计数方法

做平板菌落计数时，可用肉眼观察，必要时用放大镜检查，以防遗漏。在记下各平板的菌落数后，求出同稀释度的各平板平均菌落总数。

3. 菌落计数的报告

（1）平板菌落数的选择　选取菌落数在 30～300 的平板作为菌落总数测定标准。一个稀释度使用两个平板，应采用两个平板平均数，其中一个平板有较大片状菌落生长时，则不宜采用，而应以无片状菌落生长的平板作为该稀释度的菌落数，若片状菌落不到平板的一半，而其余一半中菌落分布又很均匀，即可计算半个平板后乘 2 以代表全皿菌落数。平皿内如有链状菌落生长时（菌落之间无明显界线），若仅有一条链，可视为一个菌落；如果有不同来源的几条链，则应将每条链作为一个菌落计。

（2）稀释度的选择　应选择平均菌落数在 30～300 的稀释度，乘以稀释倍数报告；若有两个稀释度，其生长的菌落数均在 30～300，则视两者之比如何来决定。若其比值小于或等于 2，应报告其平均数；若大于 2 则报告其中较小的数字；若所有稀释度的平均菌落数均大于 300，则应按稀释度最高的平均菌落数乘以稀释倍数报告之；若所有稀释度的平均菌落数均小于 30，则应按稀释度最低的平均菌落数乘以稀释倍数报告之；若所有稀释度均无菌落生长，则以小于 1 乘以最低稀释倍数报告之；若所有稀释度的平均菌落数均不在 30～300，其中一部分大于 300 或小于 30 时，则以最接近 30 或 300 的平均菌落数乘以稀释倍数报告之。

（3）菌落数的报告　菌落数在 100 以内时，按其实有数报告，大于 100 时，采用两位有效数字，在两位有效数字后面的数值，以四舍五入方法计算。为了缩短数字后面的零数，也可用 10 的指数来表示。

（五）作业

列表给出所测样品的菌落总数。

实验八　微生物的分离和纯化——土壤中产淀粉酶菌株筛选

（一）实验目的及要求

1）掌握稀释分离和平板划线获得微生物纯种的方法。
2）学会微生物接种技术。

（二）实验原理

从混杂微生物群体中获得只含某一种或某一株微生物的过程称为微生物的分离纯化。平板分离法普遍适用于微生物的分离与纯化，其基本原理是选择适合于待分离微生物的生长条件，如营养成分、酸碱度、温度和氧等要求；或加入某种物质与微生物的代谢产物发生反应进一步产生显色等现象，用于鉴别不同种类的微生物。

本实验采用透明圈检验法检测培养物中是否有产淀粉酶微生物的生长。

（三）实验设备及材料

1）材料：土壤、粮食或者食品。
2）培养基：含 1%淀粉的营养琼脂培养基。
3）器皿：锥形瓶、移液管、试管、培养皿、玻璃刮铲、酒精灯、接种环等。
4）仪器：电炉、恒温培养箱。

（四）实验方法和步骤

1）配制所需培养基。
2）培养基、无菌水、玻璃器皿、无菌室的灭菌。
3）制作菌悬液（25g 土样加于 225ml 无菌水中进行振荡）。
4）菌悬液稀释（吸取 1ml 菌悬液加于 9ml 无菌水中，制备梯度稀释液）。
5）将一定稀释度的菌悬液 1ml 加至平皿中（10^{-5}，10^{-6}，10^{-7}）。
6）熔化培养基，冷却至 45℃时加入平皿中并与菌悬液水平摇匀混合，冷却凝固后倒置于恒温培养箱(36±1)℃培养 48h。

7）产淀粉酶微生物菌株的筛选。配制碘液加于培养基平板上，由于产淀粉酶微生物分泌的淀粉酶降解培养基中的淀粉从而在这些菌落周围产生透明圈。

（五）作业

1）为什么用稀释法和平板划线法能获得微生物纯种？

2）霉菌平板接种为什么要使平板倒置？

实验九　粮食霉菌带菌量检测及菌相鉴定

（一）实验目的及要求

1）掌握食品中真菌含量及菌相分析方法。

2）了解检测过程中系统误差产生的原因及控制的机制。

3）掌握粮食中主要的真菌类群的鉴定方法。

4）熟悉常见霉菌的形态特征。

（二）实验原理

粮食、粮食加工产品及饲料上都有大量微生物存在，其中对粮食危害最为严重的是霉菌及其代谢产物。使用适宜霉菌生长的培养基对粮食中的霉菌进行分离培养与纯化，通过菌落形态与个体形态初步鉴定粮食中主要霉菌的种类，并确定各类霉菌的数量。

（三）实验设备及材料

1）试剂和材料：无菌水、小麦样品、改良察氏培养基。

2）器皿：移液管、培养皿、试管、锥形瓶、搪瓷缸、量筒等。

3）仪器：高压蒸汽灭菌锅、干热灭菌箱。

4）其他：报纸、纱布、棉花、棉线绳。

（四）实验方法和步骤

1）制作菌悬液：取25g小麦到装有225ml无菌水的锥形瓶中进行振荡15min，静置5min。

2）菌悬液的梯度稀释：以无菌操作将菌悬液按10倍梯度稀释成若干稀释度。

3）接种：选取合适的几个稀释度菌悬液各1ml加入标记好的培养皿中，取无菌水作为对照组。要求每次更换稀释度时要换用新的移液管，注意无菌操作。

4）培养基熔化后，冷却至恒温（40～50℃），然后与菌液混合摇匀，冷却后倒置培养。

5）28℃培养5d后计数。7d后鉴定。

6）菌种计数：对不同稀释度的平皿进行计数，标出粮食中霉菌的带菌量。

7）菌种鉴定：根据菌落形态与显微镜下个体形态的特征进行初步分类鉴定。

（五）作业

1）列表给出不同浓度的稀释液的真菌种类及数量，分析菌相构成。

2）画出观察到的粮食中常见真菌的典型结构。

二、拓展实验

实验一　甜酒酿的制作

（一）实验目的及要求

学习酒曲的接种及甜酒酿的制作方法。

（二）实验设备及材料

蒸锅、不锈钢盆、篦子、纱布、电炉、保鲜膜、糯米、酒曲等。

（三）实验方法和步骤

1）糯米洗净，用清水泡上，水量要没过米，米要泡到用手一捻就碎的状态。

2）蒸锅里加足够的水，放上篦子，铺上笼布或纱布，将泡好的米均匀地铺在上面；一层不要放太厚的米，米太多会蒸不透，中间要有一个搅拌洒水的过程。开中火，水开后保持中火蒸 30min；尝一下米，咬起来有咬头，有韧性，米粒也是一粒一粒晶莹剔透。

3）关火后，连米带篦子一起拿出来，放凉，夏天放至室温就可以，冬天放至手温。

4）酒曲放碗里，到一点水化开酒曲；把要做酒酿的容器和工具，用沸水烫一会，消毒。

5）米放凉后，将米放到容器里，把泡好的酒曲倒进米饭里，边倒边搅拌，根据米饭的软硬度加入适量的凉开水，但不能加水后变成厚稀饭。用勺子将拌好的米饭压实压平，中间挖个洞，便于观察酒酿发酵的程度。

6）覆上保鲜膜，盖上盖子，放在温暖的地方发酵。室温 25℃左右，发酵两天两夜，米饭中的窝里已经有水，晃动一下盆子，米饭整体滑动，说明酒酿已经做好了。

（四）作业

了解酒曲的菌种构成，并说明这些菌种在酒酿的制作过程中起到什么作用。

实验二　乳酸菌的分离与酸乳的制作

（一）实验目的及要求

1）了解乳酸菌的生长特性和乳酸发酵的基本原理。

2）学习酸乳的制作方法。

（二）实验原理

酸乳是牛乳经过均质、消毒、发酵等过程加工而成的。酸乳的品种很多，根据发酵工艺的不同，可分为凝固型酸乳和搅拌型酸乳两大类。凝固型酸乳在接种发酵菌株后，立即进行包装，并在包装容器内发酵、成熟。凝固型酸乳经调配又可制作成为各种风味保健饮料。

嗜热乳酸链球菌和保加利亚乳杆菌是两类最常用的酸乳发酵菌种。近年来，双歧乳酸杆菌引入酸乳制造，它产生的双歧杆菌抑菌素对肠道中的致病微生物具有明显的杀灭效果，还能分解积存于肠胃中的致癌物 *N*-亚硝基胺，防止肠道癌变，并能促进免疫球蛋白的产生，提高人体免疫力，使酸乳在原有的助消化、促进肠胃功能的基础上，又具备了防癌和抗癌的保健效用。生产上已经由传统的单株发酵，变为双株或三株共生发酵。

（三）实验设备及材料

1. 实验菌种

嗜热乳酸链球菌、保加利亚乳杆菌，乳酸菌种也可从市场销售的各种新鲜酸乳或酸乳饮料中分离。

2. 培养基

BCG 牛乳培养基（A 溶液：脱脂乳粉 100g，水 500ml，加入 1.6%溴甲酚绿乙醇溶液 1ml，80℃灭菌 20min。B 液：酵母膏 10g，水 500ml，pH6.2，琼脂 20g，121℃湿热灭菌 30min。以无菌操作趁热将 A、B 溶液混合后倒平板）；乳酸菌培养基（脱脂奶粉 6%，乳糖 2%，酵母膏 1.5%，121℃湿热灭菌 15min）；脱脂乳试管（脱脂奶粉 6%，蔗糖 4%，装入试管 1/3，115℃灭菌 15min）。

3. 仪器、用具及其他

恒温水浴锅、酸度计、均质机、高压蒸汽灭菌锅、超净工作台、培养箱、酸乳瓶（200～280ml）、培养皿、试管、50ml 和 500ml 锥形瓶等。

脱脂乳粉、全脂乳粉或鲜牛奶、蔗糖等。

（四）实验方法和步骤

1. 乳酸菌的分离纯化

（1）分离　取市售新鲜酸乳或泡制酸菜的酸液稀释至 10^{-5}，其中的 10^{-4}、10^{-5} 两个稀释度的稀释液各 0.1～0.2ml，分别接入 BCG 牛乳培养基琼脂平板上用无菌涂布器依次涂布，或者直接用接种环蘸取原液平板划线分离，置 40℃温箱中培养 48h，如出现圆形稍扁平的黄色菌落及其周围培养基变为黄色者初步定为乳酸菌。

（2）鉴别　选取乳酸菌典型菌落转至脱脂乳试管中，40℃培养 8h，若牛乳出现凝固，无气泡，呈酸性，涂片镜检细胞杆状或链球状（两种形状的菌种均分别选入），革兰氏染色呈阳性，则可将其连续传代，最终选择出在 3～6h 能凝固的牛乳管，保存待用。

2. 乳酸发酵及检测

（1）菌种扩大培养　将分离的 2 种菌种（嗜热乳酸链球菌、保加利亚乳杆菌）各 1 环分别接种到装有 20ml 乳酸菌培养基的 50ml 锥形瓶中，40℃静置培养 6h，按 4%接种量在装有乳酸菌培养基 480ml 的 500ml 锥形瓶中，同样条件下各自扩大培养 1 次。

（2）乳酸发酵培养基的配制　将全（脱）脂乳、蔗糖和水以 10∶5∶70（*m*/*V*）的比例充分混合，于 60～65℃灭菌 30min，然后冷却至 40～45℃，作为制作饮料的培养基质。

如果以鲜牛乳为原料，由于牛乳中的乳脂率和干物质含量相对较低，特别是酪蛋白和乳清蛋白含量偏低，制成的酸乳凝乳的硬度不高，可能会有较多乳清析出。为了增加干物质含量，可用以下 3 种方法进行处理：①将牛乳中水分蒸发 10%～20%，相当于干物质增加 1.5%～3%；②添加浓汁牛乳（如炼乳、牦牛乳或水牛乳等）；③按质量的 0.5%～2.5%添加脱脂乳粉。

（3）接种发酵　将两个菌种按各 2%的比例接入乳酸发酵培养基中混匀实行混菌发酵，同时将单个菌种按 4%的比例接入乳酸发酵基中混匀实行单菌发酵，发酵后比较单菌与混菌产品风味等方面的差异。培养时注意观察，在出现凝乳后即停止培养，然后转入 4～5℃的低温下冷藏 24h 以上。经此后熟阶段，达到酸乳酸度适中（pH4～4.5），凝块均匀致密，无乳清析出，无气泡，获得较好的口感和特有风味。

发酵条件：40～42℃恒温箱中培养 6～8h。

（4）乳酸含量的检测　硝酸银滤纸显色法。

注意事项有以下几方面。

1）采用 BCG 牛乳培养基琼脂平板筛选乳酸菌时，注意挑取典型特征的黄色菌落，结合镜检观察，有利高效分离筛选乳酸菌。

2）制作乳酸菌饮料，应选用优良的乳酸菌，采用乳酸球菌与乳酸杆菌等量混合发酵，使其具有独特风味和良好口感。

3）牛乳的消毒应掌握适宜温度和时间，防止长时间采用过高温度消毒而破坏酸乳风味。作为卫生合格标准还应按卫生部规定进行检测，如大肠菌群检测等。经品尝和检验，合格的酸乳应在 4℃条件下冷藏，可保持 6～7d。

4）采用乳酸球菌和乳酸杆菌等量混合发酵的酸乳比用单独一种菌发酵生产的酸乳香味和口感更佳。品尝时若出现异味（如苦味），可能是由于无菌操作不规范而污染了杂菌。用过高温度灭菌也可能破坏乳酸风味。如选用的乳酸菌未能使牛乳凝固，则可能是由于所选菌落并非乳酸菌。另外，发酵时间过长或温度过高可能会造成乳清析出过多的现象。

（五）作业

将发酵酸乳的感官评价结果记录于表 9-3 中。记录发酵过程、检测结果并进行分析。

表 9-3　乳酸菌单菌及混菌发酵的酸乳测定及品评结果

乳酸菌类	乳酸含量	品评内容				pH
		凝乳情况	口感	香味	异味	
球菌						
杆菌						
混菌						

实验三　黄豆酱的制作

（一）实验目的及要求

学习传统黄豆酱的制作工艺。

（二）实验设备及材料

高压锅、大豆、米曲霉、面粉等。

（三）实验方法和步骤

大豆酱是以大豆为原料，经蒸熟，拌入米曲霉为主的微生物，经发酵制得的豆制品。一般大豆酱呈红褐色，带有光泽、酱香和酯香，含水量为 47%～50%，含蛋白质 16%～17%。传统工艺生产豆酱，先将原料制成曲，再发酵制酱，具体步骤如下。

1）黄豆挑去坏的、破的，洗净，加清水泡发。高压锅煮（蒸）熟黄豆，并取出沥干。晾至豆子表面干爽。

2）米曲霉与面粉混合，和豆子翻拌均匀，使每粒豆子都沾满面粉。放入筛子中约 2cm 厚，盖好干净棉布，底部架空，静置发酵。

3）上架 6h 开始升温，料温保持在 35～40℃（温度过高会变质），黄豆结块长出白毛，这时要进行第一次翻曲。料温保持 32～35℃，直至表面长出黄绿色菌丝。

4）黄豆表面会长满黄绿色菌丝，手摸上去没有之前那么热乎乎的，但仍能感觉到有点温热。此时制曲接近尾声。

5）霉好的豆子稍微一翻就会扬起黄绿色的粉尘。这时可以放在筛子里，晴天时晒两三天，直至豆子干透。

6）黄豆酱：豆曲、水、盐的比例为 1∶2.5∶0.4。盐用开水化开，晾凉，加入豆曲拌一拌，盖上纱布日晒夜露。一定要趁晴天下酱，至少连晒 3d。

（四）作业

为什么黄豆开始发酵时是白色菌丝，后面变为黄绿色菌丝？

实验四　面包的制作

（一）实验目的及要求

通过本节实验学习并掌握面包的传统制作工艺。

（二）实验设备及材料

自动螺旋搅拌机、配方高筋粉 500g、白砂糖 100g、食盐 5g、奶粉 20g、速发活性干酵母 6g、水 110g、鲜鸡蛋 240g、起酥油 90g 等。

（三）实验方法和步骤

面包是一种以小麦粉为主要原料，以酵母、鸡蛋、油脂、果仁等为辅料，加水调制成面团，经过发酵、整形、成型、焙烤、冷却等过程加工而成的食品，具体制作步骤如下。

1）自动螺旋搅拌机中，按要求依次加入各种原辅料，先慢速搅拌，再快速搅拌至面团光滑不粘手，然后加入盐慢速搅拌 1min，再快速搅拌 3～5min 至有弹性、能拉成半透明网状结构的面筋面团，要求面团温度为 28℃。

2）面团分割为每块 450g。

3）醒发时，将面团置于温度 38℃、湿度 85%条件下，发酵 45～60min 至成品的 80%高度。

4）入炉烘烤，温度设定为上 220℃、下 150℃，时间约 30min 至成熟。

5）出炉后经冷却、切片、包装。

6）面包品质检验及比容测定。

（四）作业

面团的发酵过程中，酵母主要起到什么作用？

主要参考文献

蔡静平. 2002. 粮油食品微生物. 北京：中国轻工业出版社

丁晓雯. 2011. 食品安全学. 北京：中国农业大学出版社

何国庆. 2016. 食品微生物学. 3 版. 北京：中国农业大学出版社

贺稚非. 2010. 食品微生物学. 重庆：西南师范大学出版社

胡树凯. 2016. 食品微生物学. 2 版. 北京：北京交通大学出版社

吕嘉枥. 2007. 食品微生物学. 北京：化学工业出版社

沈萍. 2000. 微生物学. 北京：高等教育出版社

滕葳. 2012. 食品中微生物危害控制与风险评估. 北京：化学工业出版社

王若兰. 2016. 粮油储藏学. 2 版. 北京：中国轻工业出版社

韦革宏. 2008. 微生物学. 北京：科学出版社

张水花. 2010. 食品标准与法规. 北京：中国轻工业出版社

周德庆. 2011. 微生物学教程. 3 版. 北京：高等教育出版社

周建新. 2011. 食品微生物学检验. 北京：化学工业出版社

Black JG. 2008. 微生物学：原理与探索. 蔡谨译. 北京：化学工业出版社

Madigan MT. 2009. 微生物生物学. 李明春，杨文博译. 北京：科学出版社

附录1　食品样品的采样方法

（一）采样原则

1）样品的采集应遵循随机性、代表性的原则。

2）采样过程遵循无菌操作程序，防止一切可能的外来污染。

（二）采样方案

1）根据检验目的、食品特点、批量、检验方法、微生物危害程度等确定采样方案。

2）采样方案分为二级和三级采样方案。二级采样方案设有 n、c 和 m 值，三级采样方案设有 n、c、m 和 M 值。n 为同一批次产品应采集的样品件数；c 为最大可允许超出 m 值的样品数；m 为微生物指标可接受水平限量值（三级采样方案）或最高安全限量值（二级采样方案）；M 为微生物指标的最高安全限量值。

注：①按照二级采样方案设定的指标，在 n 个样品中，允许有 $\leqslant c$ 个样品的相应微生物指标检验值大于 m 值。②按照三级采样方案设定的指标，在 n 个样品中，允许全部样品中相应微生物指标检验值小于或等于 m 值；允许有 $\leqslant c$ 个样品的相应微生物指标检验值在 m 值和 M 值之间；不允许有样品相应微生物指标检验值大于 M 值。

例如，$n=5$，$c=2$，$m=100$cfu/g，$M=1000$cfu/g。含义是从一批产品中采集 5 个样品，若 5 个样品的检验结果均小于或等于 m 值（≤100cfu/g），则这种情况是允许的；若≤2 个样品的结果（X）位于 m 值和 M 值之间（100cfu/g＜X≤1000cfu/g），则这种情况也是允许的；若有 3 个及以上样品的检验结果位于 m 值和 M 值之间，则这种情况是不允许的；若有任一样品的检验结果大于 M 值（＞1000cfu/g），则这种情况也是不允许的。

（三）各类食品的采样方法

1. 预包装食品

应采集相同批次、独立包装、适量件数的食品样品，每件样品的采样量应满足微生物指标检验的要求。独立包装≤1000g 的固态食品或≤1000ml 的液态食品，取相同批次的包装；独立包装＞1000ml 的液态食品，应在采样前摇动或用无菌棒搅拌液体，使其达到均质后采集适量样品，放入同一个无菌采样容器内作为一件食品样品；＞1000g 的固态食品应用无菌采样器从同一包装的不同部位分别采取适量样品，放入同一个无菌采样容器内作为一件食品样品。

2. 散装食品或现场制作食品

用无菌采样工具从 n 个不同部位现场采集样品，放入 n 个无菌采样容器内作为 n 件食品样品。每件样品的采样量应满足微生物指标检验单位的要求。

（四）采集样品的标记

应对采集的样品进行及时、准确的记录和标记，内容包括采样人、采样地点、时间、样品名称、来源、批号、数量、保存条件等信息。

（五）采集样品的贮存和运输

应尽快将样品送往实验室检验，在运输过程中保持样品完整，在接近原有贮存温度条件下贮存样品，或采取必要措施防止样品中微生物数量的变化。

附录 2　常见食品中微生物限量国家标准

标准代号	产品名称	菌落总数/[cfu/g（ml）]	大肠菌群个数/[cfu/g（ml）]	致病菌	霉菌及酵母个数/[cfu/g（ml）]
GB 2711—2014	面筋制品	—	≤10^2	不得检出（沙门氏菌）、金黄色葡萄球菌≤100cfu/g	
GB 2712—2014	豆制品	—	≤10^2	不得检出（沙门氏菌）、金黄色葡萄球菌≤100cfu/g	
GB 2713—2015	淀粉制品	≤10^5	≤20	不得检出（沙门氏菌）、金黄色葡萄球菌≤100cfu/g	
GB 2714—2015	酱腌菜	—	≤10	不得检出（沙门氏菌及大肠杆菌 O157：H7）、金黄色葡萄球菌≤100cfu/g	
GB 2717—2003	酱油	≤3×10^4	≤30	不得检出（沙门氏菌）、金黄色葡萄球菌≤100cfu/ml、副溶血性弧菌≤100MPN/ml	
GB 2718—2014	酿造酱	—	≤10	不得检出（沙门氏菌）、金黄色葡萄球菌≤100cfu/g、副溶血性弧菌≤100MPN/g	
GB 2719—2003	食醋	≤10^4	≤3	不得检出（沙门氏菌）、金黄色葡萄球菌≤100cfu/ml、副溶血性弧菌≤100MPN/ml	
GB 2726—2016	熟肉制品	≤10^4	≤10	不得检出（沙门氏菌、单核细胞增生李斯特氏菌及大肠杆菌 O157：H7）、金黄色葡萄球菌≤100cfu/g	
GB 10133—2014	动物性水产品	≤5×10^4	≤10	不得检出（沙门氏菌）、金黄色葡萄球菌≤100cfu/g、副溶血性弧菌≤100MPN/g	
GB 13102—2010	炼乳	≤3×10^4	≤10	沙门氏菌及金黄色葡萄球菌 0/25g（ml）	
GB 19644—2010	乳粉	≤5×10^4	≤10	沙门氏菌 0/25g、金黄色葡萄球菌≤100cfu/g	
GB 5420—2010	干酪	—	≤100	沙门氏菌及李斯特氏菌 0/25g、金黄色葡萄球菌≤100cfu/g	
GB 11674—2010	乳清粉和乳清蛋白粉	—	—	金黄色葡萄球菌≤10cfu/g、沙门氏菌 0/25g	≤50
GB 2749—2015	液蛋制品、干蛋制品、冰蛋制品	≤5×10^4	≤10	不得检出（沙门氏菌）	
GB 2749—2015	再制蛋	≤10^4	≤10	不得检出（沙门氏菌）	
GB 2758—2012	发酵酒及其配制酒	—	—	—	
GB 7099—2015	糕点、面包	≤10^4	≤10	沙门氏菌及金黄色葡萄球菌 0/25g（ml）	≤150
GB 7100—2015	饼干	≤10^4	≤10	不得检出（沙门氏菌）、金黄色葡萄球菌≤100cfu/g	≤50
GB 2759—2015	冷冻饮料和制作品	≤2.5×10^4	≤10	不得检出（沙门氏菌）、金黄色葡萄球菌≤100cfu/g	
GB 8537—2008	饮用天然矿泉水	—	0/100ml	粪链球菌和铜绿假单胞菌 0/250ml、产气荚膜梭菌 0/50ml	
GB 7098—2016	罐头食品	—	—	符合罐头食品商业无菌要求	
GB 14967—2015	胶原蛋白肠衣	—	≤10	金黄色葡萄球菌≤100cfu/g、沙门氏菌 0/25g	≤50
GB 14963—2011	蜂蜜	≤10^3	≤0.3	沙门氏菌、志贺氏菌及金黄色葡萄球菌 0/25g	≤200
GB 13104—2014	食糖	—	—	—	
GB 9678.2—2014	巧克力、代可可脂巧克力及其制品	—	—	不得检出（沙门氏菌）	
GB 14884—2016	蜜饯	≤10^3	≤10	不得检出（沙门氏菌及大肠杆菌 O157：H7）、金黄色葡萄球菌≤100cfu/g	≤50
GB 14891.1—1997	辐照熟畜禽类	出厂≤5×10^2 销售≤5×10^4	≤0.3	不得检出（肠道致病菌及致病性球菌）	

注：“—”表示没有具体规定

附录3 常用微生物培养基配方

（1）牛肉膏蛋白胨培养基（pH7.0～7.2）

序号	原料	称量	序号	原料	称量
1	牛肉膏	3g	4	琼脂	15～20g
2	蛋白胨	5g	5	水	1000ml
3	氯化钠	10g			

培养基的配制：121℃灭菌20min。

（2）高氏（Gause）1号培养基（pH7.2～7.4）

序号	原料	称量	序号	原料	称量
1	可溶性淀粉	20g	5	硫酸镁	0.5g
2	硝酸钾	1g	6	硫酸亚铁	0.01g
3	氯化钠	0.5g	7	琼脂	20g
4	磷酸氢二钾	0.5g	8	水	1000ml

培养基的配制：配制时，先用少量冷水将淀粉调成糊状，倒入煮沸的水中，在火上加热，边搅拌边加入其他成分，溶化后，补足水分至1000ml。121℃灭菌20min。

（3）查氏（Czapek）培养基（pH自然）

序号	原料	称量	序号	原料	称量
1	硝酸钠	2g	5	硫酸亚铁	0.01g
2	磷酸氢二钾	1g	6	蔗糖	30g
3	氯化钾	0.5g	7	琼脂	15～20g
4	硫酸镁	0.5g	8	水	1000ml

培养基的配制：121℃灭菌20min。

（4）马丁氏（Martin）琼脂培养基（pH自然）

序号	原料	称量	序号	原料	称量
1	葡萄糖	10g	5	1/3000孟加拉红（玫瑰红水溶液）	100ml
2	蛋白胨	5g	6	琼脂	15～20g
3	磷酸二氢钾	1g	7	蒸馏水	800ml
4	七水合硫酸镁	0.5g			

培养基的配制：112℃灭菌 30min。临用前加入 0.03%链霉素稀释液 100ml，使每毫升培养基中含链霉素 30μg。

（5）马铃薯（PDA）培养基（pH 自然）

序号	原料	称量	序号	原料	称量
1	马铃薯	200g	3	琼脂	15～20g
2	蔗糖（或葡萄糖）	20g			

培养基的配制：马铃薯去皮，切成块煮沸 30min，然后用纱布过滤，再加糖及琼脂，溶化后补足水至 1000ml。121℃灭菌 30min。

（6）麦芽汁琼脂培养基　培养基的配制如下。

1）取大麦或小麦若干，用水洗净，浸水 6～12h，至 15℃阴暗处发芽，上面盖纱布一块，每日早、中、晚淋水一次，麦根伸长至麦粒的两倍时，即停止发芽，摊开晒干或烘干，贮存备用。

2）将干麦芽磨碎，1 份麦芽加 4 份水，在 65℃水浴中糖化 3～4h，糖化程度可用碘滴定之。加水约 20ml，调匀至生泡沫时为止，然后倒在糖化液中搅拌煮沸后再过滤。

3）将糖化液用 4～6 层纱布过滤，滤液如混浊不清，可用鸡蛋白澄清，方法是将一个鸡蛋白加水约 20ml，调匀至生泡沫时为止，然后倒在糖化液中搅拌煮沸后再过滤。

4）将滤液稀释到 5～6°Bé，pH 约 6.4，加入 2%琼脂即成。121℃灭菌 30min。

（7）无氮培养基（pH7.0～7.2）

序号	原料	称量	序号	原料	称量
1	甘露醇（或葡萄糖）	10g	5	二水合硫酸钙	0.2g
2	磷酸二氢钾	0.2g	6	碳酸钙	5g
3	七水合硫酸镁	0.2g	7	蒸馏水	1000ml
4	氯化钠	0.2g			

培养基的配制：113℃灭菌 30min。

（8）半固体肉膏蛋白胨培养基（pH7.6）

序号	原料	称量	序号	原料	称量
1	肉膏蛋白胨液体培养基	100ml	2	琼脂	0.35～0.4g

培养基的配制：121℃灭菌 20min。

（9）合成培养基（pH7）

序号	原料	称量	序号	原料	称量
1	偏磷酸铵	1g	4	豆芽汁	10ml
2	氯化钾	0.2g	5	琼脂	20g
3	七水合硫酸镁	0.2g	6	蒸馏水	1000ml

培养基的配制：加 12ml 0.04%的溴钾酚紫（pH5.2～6.8，颜色由黄变紫，作指示剂）。121℃灭菌 20min。

（10）豆芽汁蔗糖培养基（pH 自然）

序号	原料	称量	序号	原料	称量
1	黄豆芽	100g	3	水	1000ml
2	蔗糖（或葡萄糖）	50g			

培养基的配制：称新鲜豆芽 100g，放入烧杯中，加入水 1000ml，煮沸约 30min，用纱布过滤。用水补足原量，再加入蔗糖（或葡萄糖）50g，煮沸溶化。121℃灭菌 20min。

（11）油脂培养基（pH7.2）

序号	原料	称量	序号	原料	称量
1	蛋白胨	10g	5	1.6%中性红水溶液	1ml
2	牛肉膏	5g	6	琼脂	15～20g
3	氯化钠	5g	7	蒸馏水	1000ml
4	香油或花生油	10g			

培养基的配制：121℃灭菌 20min。

注：不能使用变质油；分装时，需不断搅拌，使油均匀分布于培养基中；油和琼脂及水先加热；调好 pH 后，再加入中性红。

（12）淀粉培养基（pH7.0～7.2）

序号	原料	称量	序号	原料	称量
1	蛋白胨	10g	4	可溶性淀粉	2g
2	牛肉膏	5g	5	蒸馏水	1000ml
3	氯化钠	5g	6	琼脂	15～20g

培养基的配制：121℃灭菌 20min。

（13）明胶培养基（pH7.2～7.4）

序号	原料	称量	序号	原料	称量
1	牛肉膏蛋白胨液	100ml	2	明胶	12～18g

培养基的配制：在水浴锅中将上述成分溶化，不断搅拌。溶化后调 pH7.2～7.4。121℃灭菌 30min。

（14）蛋白胨水培养基（pH7.6）

序号	原料	称量	序号	原料	称量
1	蛋白胨	10g	3	蒸馏水	1000ml
2	氯化钠	5g			

培养基的配制：121℃灭菌 20min。

（15）糖发酵培养基（pH7.6）

序号	原料	称量	序号	原料	称量
1	蛋白胨水培养基	1000ml	2	1.6%溴钾酚紫乙醇溶液	1～2ml

另配制 20%糖溶液（葡萄糖、乳糖、蔗糖等）各 10ml。

培养基的配制：①将上述含指示剂的蛋白胨水培养基（pH7.6）分装于试管中，在每管内放一倒置的小玻璃管，使之充满培养液。②将已分装好的蛋白胨水和 20%的各种糖溶液分别灭菌，蛋白胨水 121℃灭菌 20min；糖溶液 112℃灭菌 30min。③灭菌后，每管以无菌操作分别加入 20%无菌糖溶液 0.5ml（按每 10ml 培养基中加入 20%的糖液 0.5ml，则成 1%的浓度）。配制用的试管必须洗干净，避免结果混乱。

（16）葡萄糖蛋白胨水培养基（pH7.0～7.2）

序号	原料	称量	序号	原料	称量
1	蛋白胨	5g	3	磷酸氢二钾	2g
2	葡萄糖	5g	4	蒸馏水	1000ml

培养基的配制：112℃灭菌 30min。

（17）麦氏（Meclary）琼脂培养基（自然 pH）

序号	原料	称量	序号	原料	称量
1	葡萄糖	1g	4	乙酸钠	8.2g
2	氯化钾	1.8g	5	琼脂	15～20g
3	酵母浸膏	2.5g	6	蒸馏水	1000ml

培养基的配制：113℃灭菌 20min。

（18）柠檬酸盐培养基（pH6.8）

序号	原料	称量	序号	原料	称量
1	磷酸二氢铵	1g	5	柠檬酸钠	2g
2	磷酸氢二钾	1g	6	琼脂	15～20g
3	氯化钠	5g	7	蒸馏水	1000ml
4	硫酸镁	0.2g			

培养基的配制：将上述各成分加热溶解后，调 pH6.8，然后加入 1%溴麝香草酚蓝乙醇液指示剂 10ml，摇匀，用脱脂棉过滤。制成后为黄绿色，分装试管，121℃灭菌 20min 后制成斜面，注意配制时控制好 pH，不要过碱，以黄绿色为准。

（19）乙酸铅培养基（pH7.2）

序号	原料	称量	序号	原料	称量
1	pH7.4 的牛肉膏蛋白胨琼脂	100ml	3	10%乙酸铅水溶液	1ml
2	硫代硫酸钠	0.25g			

培养基的配制：将牛肉膏蛋白胨琼脂 100ml 加热溶解，待冷却至 60℃时加入硫代硫酸钠 0.25g，调至 pH7.2，分装于锥形瓶中，115℃灭菌 15min。取出后待冷却至 55～60℃，加入 10%乙酸铅水溶液（无菌的）1ml，混匀后倒入灭菌试管或平板中。

（20）血琼脂培养基（pH7.3）

序号	原料	称量	序号	原料	称量
1	pH7.6 的牛肉膏蛋白胨琼脂	100ml	2	脱纤维羊血（或兔血）	10ml

培养基的配制：将牛肉膏蛋白胨琼脂加热熔化，待冷却至 50℃时，加入无菌脱纤维羊血（或兔血）摇匀后倒平板或制成斜面。37℃过夜检查无菌生长即可使用。

（21）玉米粉蔗糖培养基（自然 pH）

序号	原料	称量	序号	原料	称量
1	玉米粉	60g	4	蔗糖	10g
2	磷酸二氢钾	3g	5	七水合硫酸镁	1.5g
3	维生素 B_1	100mg	6	水	1000ml

培养基的配制：121℃灭菌 30min，维生素 B_1 单独灭菌 15min 后另加。

（22）酵母膏麦芽汁琼脂（自然 pH）

序号	原料	称量	序号	原料	称量
1	麦芽粉	3g	3	水	1000ml
2	酵母浸膏	0.1g			

培养基的配制：121℃灭菌 30min。

（23）棉籽壳培养基（pH7.2～7.4）

培养基的配制：棉籽壳 50%，石灰粉 1%，过磷酸钙 1%，水 65%～70%，按比例称好料，充分搅拌均匀后装瓶，较薄地平摊盘上。

（24）复红亚硫酸钠培养基（远藤氏培养基）

序号	原料	称量	序号	原料	称量
1	蛋白胨	10g	4	琼脂	20～30g
2	乳糖	10g	5	蒸馏水	1000ml
3	磷酸氢二钾	3.5g	6	5%碱性复红乙醇溶液	20ml

培养基的配制：先将琼脂加入 900ml 蒸馏水中，加热溶解，再加入磷酸氢二钾及蛋白胨，使溶解，补足蒸馏水至 1000ml，调 pH 至 7.2～7.4。加入乳糖，混匀溶解后，115℃灭菌 20min。称取亚硫酸钠置一无菌空试管中，加入无菌水少许使溶解，再在水浴中煮沸 10min 后。立刻滴加于 20ml 5%碱性复红乙醇溶液中，直至深红色褪成淡粉红色为止。将此亚硫酸钠与碱性复红的混合液全部加至上述已灭菌的并仍保持熔化状态的培养基中，充分混匀，倒平板，放冰箱中备用，贮存时间不宜超过 2 周。

（25）伊红亚甲蓝培养基（pH7.6）

序号	原料	称量	序号	原料	称量
1	蛋白胨水培养基	100ml	3	2%伊红水溶液	2ml
2	20%乳糖溶液	2ml	4	0.5%亚甲蓝水溶液	1ml

培养基的配制：将已灭菌的蛋白胨水培养基（pH7.6）加热熔化，冷却至 60℃左右时，再把已灭菌的乳糖溶液、伊红水溶液及亚甲蓝水溶液按上述量以无菌操作加入。摇匀后，立即倒平板。乳糖在高温灭菌易被破坏必须严格控制灭菌温度，115℃灭菌 20min。

（26）乳糖蛋白胨培养液（pH7.2～7.4）

序号	原料	称量	序号	原料	称量
1	蛋白胨	10g	4	氯化钠	5g
2	牛肉膏	3g	5	1.6%溴甲酚紫乙醇溶液	1ml
3	乳糖	5g	6	蒸馏水	1000ml

培养基的配制：将蛋白胨、牛肉膏、乳糖及氯化钠加热溶解于 1000ml 蒸馏水中，调 pH 至 7.2～7.4。加入 1.6%溴甲酚紫乙醇溶液 1ml，充分混匀，分装于有小倒管的试管中。115℃灭菌 20min。

（27）石蕊牛奶培养基（pH6.8）

序号	原料	称量	序号	原料	称量
1	牛奶粉	100g	3	水	1000ml
2	石蕊	0.075g			

培养基的配制：121℃灭菌 15min。

（28）LB（Luria-Bertani）培养基（pH7）

序号	原料	称量	序号	原料	称量
1	蛋白胨	10g	3	氯化钠	10g
2	酵母膏	5g	4	蒸馏水	1000ml

培养基的配制：121℃灭菌 20min。

（29）庖肉培养基　　培养基的配制如下。

1）取已去肌膜、脂肪的牛肉 500g，切成小方块，置 1000ml 蒸馏水中，以弱火煮 1h，用纱布过滤，挤干肉汁，将肉汁保留备用。将肉渣用绞肉机绞碎，或用刀切成细粒。

2）将保留的肉汁加蒸馏水，使总体积为 2000ml，加入蛋白胨 20g、葡萄糖 2g、氯化钠 5g 及绞碎的肉渣，置烧瓶摇匀，加热使蛋白胨溶化。

3）取上层溶液测量 pH，并调整其达到 8.0，在烧瓶壁上用记号笔标示瓶内液体高度，121℃灭菌 15min 后补足蒸发的水分，重新调整 pH 至 8.0，再煮沸 10～20min，补足水量后调整 pH 至 7.4。

4）将烧瓶内容物摇匀，将溶液和肉渣分装于试管中，肉渣占培养基的 1/4 左右。经 121℃灭菌 15min 后备用，如当日不用，应以无菌操作加入已灭菌的石蜡凡士林，以隔绝氧气。

（30）乳糖牛肉膏蛋白胨培养基（pH6.8）

序号	原料	称量	序号	原料	称量
1	乳糖	5g	5	葡萄糖	10g
2	牛肉膏	5g	6	氯化钠	5g
3	酵母膏	5g	7	琼脂粉	15g
4	蛋白胨	10g	8	水	1000ml

培养基的配制：121℃灭菌 20min。

（31）马铃薯牛乳培养基　培养基的配制：200g 马铃薯（去皮）煮出汁，脱脂鲜乳 100ml，酵母膏 5g，琼脂粉 15g，加水 1000ml pH7.0。制平板培养基时，牛乳与其他成分分开灭菌，倒平板前再混合。

（32）尿素琼脂培养基（pH6.8±0.2）

序号	原料	称量	序号	原料	称量
1	尿素	20g	5	蛋白胨	1g
2	琼脂	15g	6	酚红	0.012g
3	氯化钠	5g	7	蒸馏水	1000ml
4	磷酸二氢钾	2g			

培养基的配制：在蒸馏水或去离子水 100ml 中，加入上述所有成分（除琼脂外）。混合均匀。过滤灭菌。将琼脂加入 900ml 蒸馏水或去离子水中，加热煮沸腾。在 121℃灭菌 15min。冷却至 50℃，加入灭菌好的基本培养基，混匀后，分装于灭菌的试管中，放在倾斜位置上使其凝固。